पत्रकारिता का महानायक

सुरेंद्र प्रताप सिंह

संचयन

पत्रकारिता का महानायक

सुरेंद्र प्रताप सिंह
संचयन

संकलन-संपादन
आर. अनुराधा

राजकमल प्रकाशन

ISBN : 978-81-267-2092-7

मूल्य : ₹1395

पहला संस्करण : 2011
This book is printed on **Print on Demand** Technology : 2024

प्रकाशक : राजकमल प्रकाशन प्रा.लि.
1-बी, नेताजी सुभाष मार्ग, दरियागंज
नई दिल्ली-110 002

शाखाएँ : अशोक राजपथ, साइंस कॉलेज के सामने, पटना-800 006
पहली मंजिल, दरबारी बिल्डिंग, महात्मा गांधी मार्ग, प्रयागराज-211 001
1, अनमोल सोराबजी संतुक लेन, धोबी तलाव, मरीन लाइंस, मुम्बई-400 002

वेबसाइट : www.rajkamalprakashan.com
ई-मेल : info@rajkamalprakashan.com

Patrakarita Ka Mahanayak
SURENDRA PRATAP SINGH SANCHAYAN
Compiled and Edited by R. Anuradha

अपनी बात

“तो ये थीं खबरें आज तक, इंतजार कीजिए कल तक।”–90 के दशक के टेलीविजन दर्शकों को यह जुमला अब भी याद होगा लेकिन इसे बोलने वाले सुरेंद्र प्रताप सिंह का नाम हर किसी को शायद याद न हो। ‘आज तक’ के प्रस्तुतकर्ता होने के अलावा आमजन में सुरेंद्र प्रताप सिंह का कोई और परिचय कम ही है। लेकिन पत्रकार-जगत के लोग जानते हैं कि एस पी के नाम से मशहूर सुरेंद्र प्रताप सिंह ने प्रिंट और टेलीविजन, दोनों ही माध्यमों में पत्रकारिता के नए प्रतिमान गढ़े, नई परंपराएं शुरू कीं। जन-पक्षधरता और राजनीति की पैनी समझ उनकी अभिव्यक्ति को धारदार बनाती थी। खबर के पीछे की खबर को सूंघ पाने की उनकी काबिलियत ने उन्हें अपने समकालीनों से अलग खड़ा किया। अखबार के किसी कोने की एक सिंगल कॉलम खबर को कवर स्टोरी बना लेने की हिम्मत और प्रतिभा हर किसी में नहीं होती।

एस पी के लेखन को इस पुस्तक में कालखंड में नहीं बल्कि विषयों में बांटा गया है। लेकिन विषयों के आधार पर बने खंडों में कालखंड के हिसाब से रखे गए उनके लेखों को देखें तो साफ दिखाई पड़ता है कि जब भी एस पी सिंह किसी अखबार या चैनल के प्रमुख कर्ता-धर्ता रहे तब उन्होंने या तो नहीं लिखा या बहुत कम लिखा। आम तौर पर जब कोई संपादक होता है तो पूरे अखबार को अपनी जमीन मानता है। इसलिए अमूमन सभी संपादक अपने अखबार में कॉलम लिखते हैं। कुछ संपादक अपने अखबार या पत्रिका में ढेर सारी जगह घेरने के लिए कुख्यात भी रहे हैं। लेकिन ऐसा क्यों हुआ होगा कि जब एस पी सिंह ‘रविवार’ के कर्ता-धर्ता रहे, तब उन्होंने सबसे कम लिखा? एस पी के समकलीनों से बात करने पर पता चला और यह तार्किक भी लगता है कि एस पी सिंह जब-जब संपादक रहे, तब-तब उन्होंने समूची पत्रिका, समाचार पत्र या चैनल के जरिए अपनी बात लोगों तक पहुंचाई। कहा जा सकता है कि एस पी ‘रविवार’ में खुद नहीं लिखते थे, लेकिन वे जिस तरह से लोगों तक बात पहुंचाना चाहते थे, वह काम पूरी पत्रिका करती थी। इस मायने में देखा जाए तो ‘रविवार’ के पन्नों पर एस पी का नाम क्रेडिट लाइन के अलावा शायद ही कहीं छपता हो, लेकिन उनकी सोच पत्रिका के हर पन्ने पर होती थी। संवाददाताओं/लेखकों के नाम चाहे जो भी हों, लेकिन समग्रता में पूरी पत्रिका एस पी की जुबान बोलती नजर आती थी। वे नजर न आते हुए भी सर्वत्र होते थे। इसीलिए ‘नवभारत टाइम्स’ छोड़ने के बाद, स्वतंत्र पत्रकार, टिप्पणीकार के रूप में उन्होंने खूब लिखा और कुछ मुद्दों पर पक्ष लेकर सिलसिलेवार लिखा। जब-जब अपनी बात कहने का मौका आया तो उन्होंने साबित कर दिया कि वे न सिर्फ बेहद जोरदार लिखते हैं बल्कि घटनाओं में हस्तक्षेप

भी करते हैं। खासकर मंडल कमीशन विरोधी आंदोलन के दौर में जब पूरा मीडिया आरक्षण के विरोध में बह रहा था, एस पी ने संपादकीय पेज से लेकर फीचर के पन्नों तक पर धारदार तरीके से लेखनी चलाई। सांप्रदायिकता के खिलाफ भी एस पी लगातार सजग रहे और इसका प्रमाण उनकी रचनाओं में मिलता है।

इस पुस्तक के अध्यायों में विषयों की भिन्नता के बावजूद एक निरंतरता है। सभी मुद्दों पर एस पी बिना किसी लाग-लपेट के सत्य और न्याय के पक्ष में खड़े नजर आते हैं। कई दशक तक फैले पत्रकारीय जीवन में एस पी की यह निरंतरता कभी नहीं टूटती। वे जातिवाद के समर्थन में कभी नजर नहीं आते, सांप्रदायिकता को लेकर नरमी बरतते कभी नहीं दिखते। कांग्रेस विरोध भी उनके लेखन में निरंतरता में नजर आता है। वे देश भर में चल रहे जनांदोलनों के पक्षधर के रूप में सामने आते हैं। महिला अधिकारों को लेकर वे कभी भी डगमगाते या चूकते नहीं दिखते। भ्रष्टाचार को लेकर हमेशा बेहद सख्त होते हैं। छद्म और अनावश्यक महिमामंडन से वे परहेज करते हैं और सवाल पूछने और संदेह करने के पत्रकारीय धर्म के प्रति उनकी प्रतिबद्धता कभी कमजोर पड़ती नहीं दिखती।

इस मामले में एस पी सिंह के लेखन को एकरेखीय कहा जा सकता है, जिसकी निरंतरता तब भी नहीं टूटती, जब वे माध्यम बदलकर टेलीविजन में कार्यक्रम करते हैं। दूरदर्शन जैसे सरकारी प्लेटफॉर्म पर होने और सेंसर से बंधे होने के बावजूद 'आज तक' की छवि कभी सरकारी या कांग्रेसी या जनता दली कार्यक्रम के रूप में नहीं बनी, तो इसका श्रेय एस पी को ही जाता है, जो अक्सर उस व्यक्ति और पत्रकार के रूप में सामने आते हैं जो बेलौस अंदाज में जाहिर कर देता है–जो घर फूंके आपनो, चले हमारे साथ। दूरदर्शन पर सभी बाहरी कार्यक्रमों की अनिवार्य स्क्रीनिंग, और जरूरत पड़ने पर सेंसरिंग भी होती थी। मगर एस पी आधे घंटे के 'आज तक' कार्यक्रम के टेप प्रसारण से पहले स्वीकृति के लिए इतनी देर से दूरदर्शन भेजते थे कि उसे सेंसर करना संभव नहीं हो पाता था। ऐसा करने में जोखिम था। समय पर टेप न भेजने पर दूरदर्शन के अधिकारी कभी भी कार्यक्रम प्रसारित न करने का निर्णय ले सकते थे। लेकिन जोखिम उठाने की वजह से ही तो एस पी, एस पी थे। पत्रकारिता की परंपरागत छवि के खंडित होने के दौर में एस पी एक ऐसे पत्रकार के रूप में याद किए जाएंगे जिन्होंने ज्यों की त्यों चदरिया धर देने के सबसे जरूरी लेकिन कठिन पत्रकारीय कर्त्तव्य को लगातार निभाया।

सुलझे हुए, विचारवान, लोकप्रिय पत्रकार होने और अनेक समाचार संस्थानों के बड़े बैनरों का रुतबा रखने के बावजूद पुराने लोग उन्हें भूलने लगे हैं और नई पीढ़ी के लोगों ने एस पी का नाम भी नहीं सुना है, उनके लिखे को पढ़ना-जानना तो दूर की बात है। पत्रकारिता के छात्र तक उनके लेखन से वाकिफ नहीं। इसका एक बड़ा कारण उनका निर्गुट रहना है। प्रभु-वर्ग के साथ उनकी निर्गुटता व्यक्तियों के ही नहीं, बल्कि विचारधाराओं के स्तर पर भी रही है। हालांकि उन्होंने पिछड़ों, कमजोरों की तरफदारी हमेशा की और उनके नजरिए से देश-समाज को देखने और दिखाने की कोशिश की। इस सिलसिले में वे ऐसे किसी गुट के हित-साधक नहीं हो पाए जो उनके जन्मदिन के जलसे मनाता, उनका गुणगान करता और उनके लेखन का व्यवस्थित ढंग से प्रचार-प्रसार करता। इसलिए भी जरूरी हो जाता है कि उनके लेखन को जाना जाए ताकि उसे और आगे बढ़ाया जा सके।

एस पी यानी सुरेंद्र प्रताप सिंह को गए लंबा वक्त गुजर गया है। उनकी बरसी मुझे अपने करीबियों से जुड़ी तारीखों की तरह हमेशा याद रहती है। हमेशा लगता रहा कि उनके लेखन कार्य को समेट कर एक जगह संजोने और नए पत्रकारों के सामने लाने का महत्त्वपूर्ण कार्य अब तक नहीं हो पाया है। काफी समय तक तो यह उम्मीद रही कि इस मामले में ज्यादा समृद्ध और समर्थ लोग यह कार्य कर रहे हैं। लेकिन इतने समय बाद भी जब कुछ सामने नहीं आया तो जोश में आकर मैंने ऐलान कर दिया कि मैं कर सकती हूं यह काम, और करूंगी। यह थी शुरुआत एक औचक, लेकिन दृढ़ फैसले के रूप में। तत्काल ही योजना बननी शुरू हो गई कि एस पी की प्रकाशित सामग्री कहां-कहां से और कैसे इकट्ठी की जाएगी।

सबसे पहले, स्वाभाविक ही था कि नवभारत टाइम्स (नवभारत टाइम्स) का खयाल आया। टाइम्स सेंटर फॉर मीडिया स्टडीज़ में सामाजिक पत्रकारिता की पढ़ाई के दौरान कई बार नवभारत टाइम्स जाते थे। प्रशिक्षु के तौर पर वहां चुनाव डेस्क पर भी काम किया। हालांकि मैंने इंटर्नशिप 'दिनमान टाइम्स' में की थी, लेकिन नवभारत टाइम्स को रोज पढ़ना और उसकी मीमांसा करना हमारी रोज की पढ़ाई का हिस्सा था, और वहीं के वरिष्ठजन हमें पढ़ाने-सिखाने आते थे। इसीलिए आज भी वह अपना घर, सहज पहुंच वाला दफ्तर लगता है। वहां लाइब्रेरी में फोन किया तो पता चला कि नवभारत टाइम्स की सभी पुरानी फाइलों की माइक्रोफिल्मिंग हो गई है। उनमें से एस पी के लेख ढूंढ़ना खासा मुश्किल होता, क्योंकि तारीख और पेज नंबर बताने पर ही वे लेखों के प्रिंट-आउट दे पाते, और उन तारीखों को जानने का मेरे पास कोई जरिया नहीं था। उन्हींने सुझाया कि दिल्ली पब्लिक लाइब्रेरी की श्यामा प्रसाद मुखर्जी मार्ग (पुरानी दिल्ली रेलवे स्टेशन के सामने) शाखा में नवभारत टाइम्स की फाइलें मिल जाएंगी। वहां अखबारों को पन्ना-दर-पन्ना अपनी नजरों से स्कैन करना संभव था। साथ ही पता चला कि साप्ताहिक छुट्टी के दिनों—शनिवार, रविवार को भी यह लाइब्रेरी खुली रहती है, पूरे समय के लिए यानी सुबह साढ़े आठ बजे से शाम साढ़े सात तक। और क्या चाहिए था! तब अपरान्ह के चार बज रहे थे। मैं तत्काल निकल पड़ी दिल्ली पब्लिक लाइब्रेरी के लिए। वहां नवभारत टाइम्स की फाइलें बड़ी सहजता से देखने को मिल गईं। दो-दो महीनों के अखबारों को एक साथ मोटे गत्तों में बाइंड किया गया था। उन धूल खाई बड़ी-बड़ी फाइलों को उठाना-रखना मेहनत का काम था।

एक मुश्किल यह थी कि उन बड़ी-बड़ी फाइलों के चुने हुए पेजों के लेख वाले हिस्सों की फोटोकॉपी कैसे हो। फिर एक कर्मचारी ने सुझाया कि डिजिटल कैमरे से तसवीर लेकर उनका प्रिंटआउट लिया जा सकता है, कई लोग ऐसा करते हैं। फिर तो सब आसान हो गया। उस दिन जनवरी 1989 से दिसंबर 1991 तक की फाइलें देख डालीं और उनमें छपे एस पी के संपादकीय लेखों के शीर्षकों की तारीखवार फेहरिस्त बना ली। उन पुराने अखबारों से इतने साल बाद दोबारा गुजरना भी एक अनुभव था। उस समय के विषय, विज्ञापन, पेज ले-आउट, अपने साथियों और परिचितों के, जाने-माने व्यक्तियों के लेख-खबरें देख-पढ़ कर मैं बार-बार चिहुंक रही थी और उन परिस्थितियों को याद करती जा रही थी। पर रुक कर आनंद लेने का समय नहीं था। अगले दिन रविवार को अपने डिजिटल कैमरे के साथ मैं सुबह ही बड़े उत्साह से वहां पहुंची। जूतों में जैसे स्प्रिंग लग गए थे। पिछले

दिन के सूचीबद्ध किए लेखों के लिए मोटी फाइलों को फिर निकालकर चित्र लेने में कतई देर नहीं लगी। आगे की फाइलें भी देख डालीं। अगले सप्ताहांत में 'अमर उजाला' के मेरठ दफ्तर की लाइब्रेरी में भी इस सरल डिजिटल तकनीक ने भरपूर मदद की। लेकिन इससे ज्यादा और पहले मदद की मित्र, मेरठ के वरिष्ठ पत्रकार, फोटोजर्नलिस्ट हरिशंकर जोशी ने। मेरठ पहुंचने के पहले ही उन्होंने वहां लाइब्रेरी के इस्तेमाल की सारी व्यवस्था कर दी थी।

इस बीच कुछ मित्रों से भी इस मामले पर चर्चा की और एस पी के लेख दूसरे पत्र-पत्रिकाओं में मिलने की संभावनाएं तलाशीं। 'राष्ट्रीय सहारा' के 'हस्तक्षेप' परिशिष्ट में उनके कुछ लेखों और साक्षात्कारों के प्रकाशन का अंदाजा था। इसके लिए वहां सहायक संपादक और 'हस्तक्षेप' के प्रभारी दिलीप चौबे से फोन पर बात की तो उन्होंने फौरन मेरे लिए वह सामग्री फोटोकॉपी करके उपलब्ध करा दी। बस, मुझे इतना करना था कि परिशिष्ट के पन्नों से छानकर उपयुक्त सामग्री अलग करनी थी। उधर लघु पत्रिका 'समकालीन जनमत' में रहे, जन संस्कृति मंच के साथी सुधीर सुमन ने पत्रिका के कुछ पुराने अंकों में प्रकाशित एस पी के लेखों और साक्षात्कारों की फोटोकॉपी तत्परता से दे दी। इसी बीच मैंने दो काम और कर डाले। एक तो, जो सहज ही था—इंटरनेट पर हिंदी-अंग्रेजी में कई संबंधित की-वर्ड डालकर एस पी से जुड़ी सामग्री ढूंढ़ने की कोशिश की। हिंदी में 'मीडिया खबर' वेबसाइट पर वर्ष 2009 में एस पी की बरसी पर किए गए आयोजन की सामग्री में से एस पी के लिखे दो आलेख संग्रह में शामिल कर लिए। दूसरा, घर पर ही वीएचएस टेप में जाने कब से रखे हुए 'आज तक' के कुछ कार्यक्रमों/एपीसोड, को डिजिटल फॉर्म में कन्वर्ट करा लिया। इस टेप में वही दोनों महत्त्वपूर्ण कार्यक्रम थे जो मैं अपनी पुस्तक में शामिल करना चाहती थी। एक था—गणेश जी के दूध पीने की घटना पर और दूसरा एस पी का आखिरी कार्यक्रम, जो उपहार सिनेमा हॉल अग्निकांड को समर्पित था। इन दोनों कार्यक्रमों का ट्रांसक्रिप्शन करने में मुझे दो दिन लगे। जरा-जरा सी कोशिशों से रास्ते खुलते गए और सामग्री जुटती गई। कई और जगहों से सामग्री मिलने की उम्मीद थी, जिसे धीरे-धीरे एकत्र करने की कोशिशें लगातार चलती रहीं। साथ ही साथ लेखों के इन फोटो-लेखों को टाइप करने का काम अशोक मेहता हारी-बीमारी के बाद भी तेजी से करते चले जा रहे थे।

वर्ष 1991 के उत्तरार्ध में एस पी ने 'नवभारत टाइम्स' छोड़ने के बाद वर्ष 1992 में 'इंडिया टुडे' में एक कॉलम 'मतांतर' नाम से शुरू किया, जो महत्त्वपूर्ण है। बाद में 'आज तक' की शुरुआत करने के बाद फिर से उन्होंने 'इंडिया टुडे' के लिए 'विचारार्थ' नाम से स्तंभ लिखा जिसका पहला आलेख 31 दिसंबर 1995 के अंक में 'मेहमान का पन्ना' नाम के स्तंभ में छपा था। 'विचारार्थ' 30 अप्रैल 1996 तक ही चल पाया। इन स्तंभों के लिए पत्रिका की फाइलों की खोज शुरू हुई। फेसबुक पर दीक्षा राजपूत ने सुझाया कि नेहरू मेमोरियल लाइब्रेरी, तीन मूर्ति भवन में 'इंडिया टुडे' (हिंदी) की फाइलें उपलब्ध हैं। वहां अस्थायी सदस्यता के लिए मेरे दफ्तर के वरिष्ठ राजेश झा के पत्र के कारण काम सहज ही हो गया। इस काम में 'इंडिया टुडे' के लाइब्रेरियन हनुमंत सिंह का भी महत्त्वपूर्ण मार्गदर्शन मिला। डॉ. श्योराजसिंह 'बेचैन' की पुस्तक 'दलित पत्रकारिता पर पत्रकार

अंबेडकर का प्रभाव' में प्रकाशित उनका एस पी के 'आज तक' में आने के बाद का साक्षात्कार और एस एस गौतम और 'बेचैन' के संपादन में छपी पुस्तक 'मीडिया और दलित' में एस पी का पुनर्प्रकाशित लेख 'मीडिया हमेशा सवर्णों का पैरोकार रहा है' भी घरेलू अभिलेखागार में मिल गए। और इसी खजाने में अप्रत्याशित रूप से मिले एस पी का एक लेख और बदलती सामाजिक परिस्थितियों में पत्रकारिता की भूमिका पर हुई विचार गोष्ठी के लिए लिखा गया उनका पर्चा। ये दोनों ही, पत्रिका 'प्रथम प्रवक्ता' के जुलाई 2008 के अंक में प्रकाशित हुए थे। एक और अनायास मिला आलेख था–भारतीय जन संचार संस्थान के पत्रकारिता में स्नातकोत्तर डिप्लोमा कार्यक्रम (1996-97) के लिए विजय शर्मा का, 'आज तक : एक विश्लेषण' नाम से शोध कार्य के लिए किया गया एस पी का इंटरव्यू। इसका श्रेय वहां पढ़ा रहे दिलीप मंडल की खोजी नजर को जाता है।

कुछ याद आया और कुछ यहां-वहां पढ़ते-खोजते पता चला कि एस पी ने कुछेक समानांतर धारा की फिल्मों के संवाद भी लिखे थे जिनमें मृणाल सेन की 'तसवीर अपनी-अपनी' और 'जेनेसिस' तथा वर्ष 1984 में आई गौतम घोष की फिल्म 'पार' भी शामिल हैं। फिल्म 'पार' का टाइटिल वाला हिस्सा तो यू-ट्यूब पर मिला लेकिन फिल्म किसी तरह नहीं मिल रही थी। यहां भारतीय सूचना सेवा के अधिकारी और फिलहाल पूना के फिल्म एंड टीवी ट्रेनिंग इंस्टीट्यूट में रजिस्ट्रार प्रकाश मगदुम ने सहयोग किया और फिल्म के संवाद नहीं बल्कि पूरी फिल्म डीवीडी पर उपलब्ध करा दी, जिसके कुछ संवाद-सघन हिस्सों का ट्रांसक्रिप्शन करके इस पुस्तक में शामिल कर लिया। पूरी फिल्म के संवाद लेना कठिन था और अव्यावहारिक भी।

इतने पर लगा कि एस पी का ज्यादातर लेखन मिल गया है। सारा नहीं, तो कम-से-कम इतना तो है कि उस समय के ज्यादातर महत्त्वपूर्ण विषयों पर उनके विचार पाठक को पता लग सकें। लगा कि उनके लेखन को इकट्ठा पुस्तक रूप में लाने के काम का एक बड़ा हिस्सा पूरा हो गया।

उनके शुरुआती लेखन को पुस्तक में मोटे तौर पर छोड़ दिया गया है। कारण यह है कि पहले 'धर्मयुग' में और फिर जून 1977 में 'रविवार' के शुरू होने पर उन्होंने अपनी पत्रिकाओं में जो लिखा वह कई बार बिना नाम के संपादकीय के तौर पर या छद्म नाम से था, जिन्हें पहचान कर पता कर पाना मेरे लिए संभव नहीं था। और इसमें मदद करने वाला भी कोई दिखाई नहीं पड़ा। इसके अलावा उतनी पुरानी पत्रिकाएं मिल पाना भी उतना सहज नहीं था। उपलब्ध सभी स्रोतों में ढूंढ़ने पर भी ये सभी पत्रिकाएं सिलसिलेवार नहीं मिल पाईं। इस पृष्ठभूमि में, इस मौजूदा संचयन में एस पी के सभी आलेखों के शामिल होने का कोई दावा नहीं है। इसकी एक सफाई यह भी दी जा सकती है कि शुरुआती समय एस पी के लेखन के परिपक्व और मजबूत होते जाने का दौर था इसलिए बाद का लेखन शुरुआती लेखों के मुकाबले कहीं ज्यादा महत्त्वपूर्ण है। इसके अलावा एस पी को पहले से जानने वालों की जानकारी के मुताबिक, शुरू में एस पी ने लिखा भी तो विविध विषयों पर, प्रकाशन की जरूरत के मुताबिक। एस पी अंग्रेजी के भी स्थापित और लोकप्रिय पत्रकार और कॉलम लेखक थे। 'इकोनॉमिक टाइम्स', 'बिजनेस स्टैंडर्ड' में उनके नियमित स्तंभ छपे तो 'बिजनेस स्टैंडर्ड' और 'टेलीग्राफ' में वे वरिष्ठ संपादकीय पदों पर भी रहे। लेकिन इस

संचयन में अंग्रेजी में उनके लेखन को नहीं शामिल करने का ही निर्णय लिया, ताकि समरूपता बनी रहे। इसका एक अर्थ यह भी है कि उनके अंग्रेजी में लेखन के संचयन की संभावना बाकी रहती है।

एस पी के प्राप्त आलेखों को इस पुस्तक में विषय के आधार पर आठ हिस्सों में बांटा है। इन विषयों के तहत लेखों को तारीखवार रखा गया है ताकि विषय और घटनाओं के विकास को सहजता से समझा जा सके। पहला हिस्सा 'सामाजिक न्याय' है। सामाजिक बराबरी की पक्षधरता, कमजोर के साथ खड़े होने और अपना पक्ष तर्कों के जरिए स्पष्ट करते जाने की लगातार कोशिश उस सामाजिक उतार-चढ़ाव के दौर में कम ही पत्रकारों ने की है। मंडल आयोग के हंगामे के बीच 'नवभारत टाइम्स' के परिशिष्ट 'रविवार्ता' में उनकी लिखी आवरण कथा–'मुद्दा नौकरी नहीं सम्मान है' को पुस्तक का पहला लेख बनाया गया है जो 'सामाजिक न्याय' खंड में शामिल है। इस अखबार में उनके शुरुआती लेखों में से है यह लेख। सांप्रदायिकता पर फोकस करता किताब का दूसरा हिस्सा 1990 से 1995 के बीच धर्म के नाम पर हुए महत्त्वपूर्ण राजनीतिक उतार-चढ़ाव का पृष्ठभूमि सहित खासा रंगीन खाका खींचता है।

वर्ष 1990 के मध्य में वी पी सिंह की सरकार ने मंडल कमीशन की सिफारिशें लागू करने की घोषणा कर दी तो विपक्ष के नेता लालकृष्ण आडवाणी ने सोमनाथ से अयोध्या तक रथयात्रा निकाली। ऐसे समय में एस पी साफ कहते थे कि इन तात्कालिक भावनात्मक मुद्दों से लोगों को बहलाने वाले राजनीतिज्ञ आम जन की बेरोजगारी, अशिक्षा, सामाजिक असमानता, आर्थिक पिछड़ेपन जैसे मुद्दों पर असंतोष की भाषा नहीं पढ़ पा रहे हैं इसलिए दोनों ही विचारधाराओं के सहारे वे लंबे समय तक सत्ता में नहीं रह सकते।

कांग्रेस को भी उसी गहराई से समझने वाले एस पी ने तीन प्रमुख राजनीतिक घटकों–कांग्रेस, तीसरा मोर्चा और भाजपा के आंतरिक मामलों और कमियों-कमजोरियों के अलावा खास तौर पर राज्यों की चुनाव-राजनीति पर काफी लिखा जिसे पुस्तक के तीसरे खंड–'राजनीति' में इन्हीं चार उप-शीर्षकों–'कांग्रेस', 'तीसरा मोर्चा', 'भाजपा' और 'चुनाव-राजनीति' के तहत लिया है। महंगाई, अर्थनीति, अर्थव्यवस्था पर उनके उपलब्ध आलेखों को 'अर्थनीति' खंड में रखा गया है। देश और राज्यों में चल रहे कुशासन पर उनके लेख 'राजकाज-भ्रष्टाचार' खंड में हैं।

कश्मीर की उलझन पर उनके लेख 'कश्मीर' शीर्षक से अगले खंड में शामिल हैं। कश्मीर की समस्या को बेहद गहरा और सुलझाव के सूत्र के सिरे को काफी दूर कहने वाले एस पी ने साफ लिखा–"घाटी का अलगाववादी मानस आज जिस तरह से रूढ़ हो चुका है अब वह किसी आर्थिक पैकेज या सिर्फ राजनीतिक प्रक्रिया प्रारंभ करने की चेष्टा मात्र से शांत होने वाला नहीं है।"

पत्रकारिता के व्यवसाय और विचार में अपने समय से आगे रहे एस पी के इस विषय पर विचार 'पत्रकारिता' खंड में हैं। पेशे की प्रतिबद्धता को सबसे महत्त्वपूर्ण मानने वाले एस पी ने अपने को हिंदी की पत्रकारिता के कथित पतन के निरर्थक विलाप से अलग रखा। पत्रकारिता की भाषा और तरीके में आ रहे तेज बदलावों पर उनकी सोच लगातार सकारात्मक रही।

हिंदी साहित्य की पढ़ाई करने के बावजूद एस पी भाषा के मामले में लिबरल थे, जो उनके लेखों में साफ झलकता है। भाषा को राष्ट्रीय अस्मिता से जोड़ने की महीन राजनीति करने वालों को उन्होंने अपने लेखन में लगातार आड़े हाथों लिया और लिखा कि उन पर विश्वास करके अपनी भाषा से जुड़ा समाज का एक हिस्सा लगातार पिछड़ता जा रहा है। उन्होंने उस समय की नई विकसित हो रही हिंदी भाषा यानी आज की अखबारी या मीडिया की मिली-जुली भाषा को नई दिशा दी। उन्होंने भाषा के परिष्कार को टेलीविजन माध्यम की तेजी में रुकावट नहीं बनने दिया। "हिंदी की स्थिति इससे बेहतर कभी नहीं रही"—ऐसा कहने वाले एस पी महान प्राचीन भारत के उस तिलस्मी विचार के मोहजाल से निकलकर वास्तविकता के धरातल पर खड़े थे। सबसे महत्त्वपूर्ण बात यह है कि दोनों भाषाओं के जानकार एस पी ने ज्यादातर हिंदी में पत्रकारिता की और अंग्रेजी के मुकाबले हिंदी की पत्रकारिता को दोयम मानने के विचार को तथ्यों और तर्कों के साथ बकवास बताया।

समाज और संस्कृति के विभिन्न पक्षों पर उनके सम-सामयिक लेख 'समाज-संस्कृति' शीर्षक खंड में हैं। हाल ही में हरियाणा के बबली-मनोज की तर्ज पर वर्ष 1993 में मुजफ्फरनगर के गांव खंदराबली में सरिता और सतीश की पंचायत के फैसले के बाद नृशंस हत्या का एस पी ने गहरा विरोध किया था। मर्यादा और सदाचार के नाम पर समाज में बर्बरता का अनुमोदन करने वाले नेताओं को उन्होंने जमकर लताड़ा।

'राजकाज' खंड में उनके वे लेख शामिल हैं जिनमें उन्होंने शासन व्यवस्था की कमजोरियों को उभारा है। सांसदों के कामकाज पर उनकी टिप्पणी है—'यदि उनसे किसी मसले को उठवाना है तो सबसे आसान तरीका है कि अखबारों में खबर छपवाइए और उन्हें फोन कीजिए कि वे उस खबर को पढ़ लें।' भ्रष्टाचार से लेकर महंगाई, फोटो पहचानपत्र बनाने में राज्यों की तत्कालीन हीला-हवाली और जनसंख्या तक के विभिन्न मुद्दों पर उनके लेख इस खंड में रखे गए हैं।

यह मोटा विभाजन सिर्फ पाठक की सुविधा के लिए है, अन्यथा कई लेख अपने विषय की सीमा लांघते-से लगते हैं तो कई लेख लगता है कि एकाधिक खंडों का हिस्सा हो सकते थे।

दरअसल एस पी टेलीविजन पत्रकारिता के शुरुआती लोगों में तो थे ही, वे कई अर्थों में टीवी पत्रकारिता के पायनियर थे। निस्संदेह, हिंदी में टीवी समाचार की भाषा, विषय, प्रस्तुतीकरण और स्टाइल को महत्त्वपूर्ण मुकाम तक पहुंचाने में अकेले एस पी की भूमिका बेहद महत्त्वपूर्ण रही। माध्यम के तौर पर टेलीविजन और सरकारी चैनल पर आधे घंटे के दैनिक कार्यक्रम 'आज तक' की सीमाओं के बाद भी वह एक तरह से उनकी समग्र अभिव्यक्ति का मंच था। वे खुद रिपोर्टिंग भले ही न कर रहे हों लेकिन 'आज तक' की हर स्टोरी में कथासूत्र, यानी आइडिया से लेकर ट्रीटमेंट, स्क्रिप्ट, भाषा और अंततः प्रस्तुतीकरण तक सभी में उनकी छाप रहती थी। 'आज तक' के दो एपीसोड बेहद चर्चित रहे। एक था—गणेशजी के दूध पीने की घटना पर उनका पूर्णतः तार्किक, वैज्ञानिक कार्यक्रम, जो धर्मभीरु आम हिंदुस्तानी के गले नहीं उतर पाया। दूसरा, उपहार सिनेमा अग्निकांड के अगले दिन का संवेदनापूर्ण और भावुक कार्यक्रम, जो पूरा का पूरा उसी अग्निकांड को समर्पित था।

पुस्तक के अंत में 'आज तक' की इन्हीं दो यादगार कड़ियों का ट्रांसक्रिप्शन है। वर्ष 1984 में गौतम घोष के निर्देशन में बनी फिल्म 'पार' के संवाद एस पी सिंह ने लिखे थे। फिल्म के कुछेक संवाद की दृष्टि से प्रभावी हिस्सों का भी ट्रांसक्रिप्शन साथ में लिया गया है।

कोई 15 साल पहले की उनकी विचार-प्रक्रिया और मुद्दों को देखने का नजरिया समय से आगे के थे, जो आज भी ताजा, सामयिक और महत्त्वपूर्ण लगते हैं। उनके विचार इकट्ठा एक जगह मिल पाने की सुविधा जैसे मकसद को ध्यान में रखकर यह पुस्तक तैयार करने का विचार आया और मुझे संतोष है कि कमियों और संभवतः गलतियों के साथ ही सही, पर यह काम हो पाया।

एस पी सिंह के करीबी रहे समाजवादी आंदोलन से जुड़े जुगनू शारदेय की उन पर टिप्पणी पुस्तक के शुरू में दी गई है ताकि रचना को एक संदर्भ में देखा जा सके। जुगनू जी इसके लिए समय निकाल पाए, इसके लिए उनका विशेष धन्यवाद।

एस पी के लेख एक जगह ला पाने का यह काम संभव नहीं था अगर इतने सारे लोग सहृदयता के साथ इससे न जुड़े होते। सबसे पहले तो शिखा त्रिवेदी का आभार, जिनकी अनापत्ति के बिना इस संचयन का प्रकाशन नहीं हो पाता। डिजिटल तकनीक जो फोटोकॉपी का सरल विकल्प बनी, तो उसने प्रूफ का काम ज्यादा कठिन बना दिया। कॉपी होल्डिंग के सबसे थकाऊ, एकरस फिर भी दिलचस्प काम में साथ देने के लिए दिलीप मंडल का आभार। धन्यवाद का एक शब्द 14 साल के होने को आए बेटे अरिंदम के लिए भी, जिसने इस काम के दौरान मेरी सहूलियत का भरसक ख्याल रखा। ऊपर जिनके नाम लिये हैं, और अनेक, जिनके नाम मैं यहां नहीं ले पाई, सबने बिना किसी अपेक्षा के दिल्ली के व्यस्त महानगरीय जीवन की आपाधापियों के बीच इस काम के लिए समय निकाला और भरसक सहयोग किया। उन सब के प्रति मेरा हार्दिक आभार। यह किताब सभी के साझा प्रयासों का नतीजा है।

नई दिल्ली, 05 अप्रैल 2010

आर. अनुराधा

मेरी नजर में सुरेंद्र

जुगनू शारदेय

सुरेंद्र प्रताप सिंह के करीबी रहे वरिष्ठ पत्रकार जुगनू शारदेय ने एस पी से अपने शुरुआती परिचय और फिर मित्रता को इन शब्दों में याद किया :

सुरेंद्र से मेरी मुलाकात जुलाई 1974 के पहले हफ्ते में, 2 या 3 जुलाई को हुई थी। तब वह अपने समय के सबसे बड़े और लोकप्रिय साप्ताहिक 'धर्मयुग' में उप संपादक हुआ करते थे। उस मुलाकात से पहले मैंने सुरेंद्र का नाम नहीं सुना था। उन दिनों नाम सुनने का मतलब होता था—कवि-कथाकार होना या समाजवादी होना या 'धर्मयुग' या 'साप्ताहिक हिंदुस्तान' में खूब छपना। सुरेंद्र इसमें से कुछ भी नहीं था, हालांकि उस समय तक सुरेंद्र 'धर्मयुग' में खूब छपा करता था। लेकिन मेरी बदकिस्मती कि 1974 आते-आते तक जिस विषय पर सुरेंद्र लिखता था, उसका तिलिस्म मैं समझ गया था। आज भी उस विषय पर लिखने वाले तीसमार खां माने जाते हैं। वह विषय है—विदेश। अब तो इंटरनेट की मेहरबानी से विदेश संबंधी विश्लेषण और समाचार आसानी से उपलब्ध हैं। तब विदेश के कुछ समाचार पत्र बड़े शहरों में आते थे और उन्हें पढ़ कर लोग अपने अखबारों का विदेश का पन्ना भर दिया करते थे। हम हिंदुस्तानी आज भी इसे खूब पढ़ते हैं। कलकत्ता के लोगों की तो आदत ही होती है विदेश समाचार पढ़ने की। मेरी बदकिस्मती कि सुरेंद्र का लिखा धर्मयुगीय विदेश मैंने कभी नहीं पढ़ा। औरों की भी नहीं पढ़ता—क्यों नहीं पढ़ता, यह बात फिर कभी।

उन दिनों 'धर्मयुग' में 1969 से सिर्फ गणेश मंत्री को जानता था। पुराने समाजवादी थे। मेरा नाम कुछ वजहों से लोग जानने लगे थे। एक वजह तो समाजवादी युवजन सभा में होना, दूसरी वजह 'दिनमान' में लिखना और सबसे बड़ी वजह बिहार आंदोलन समेत फणीश्वरनाथ रेणु के प्रभामंडल में शामिल होना था। सो सुरेंद्र मेरा नाम जानता था। हालांकि 1972 में मेरा नाम 'धर्मयुग' में छप चुका था। तब के बांबे और आज के मुंबई में जाने का कारण भी फणीश्वरनाथ रेणु की प्रेरणा थी कि देख-सुन माध्यम सिनेमा को समझा जाए।

'धर्मयुग' के कुछ और लोगों का नाम मैंने सुना था, कुछ का नहीं सुना था। परिचय सबसे हुआ, पर मन को भाया सुरेंद्र—शायद उसकी वजह उसके चेहरे पर मेरी तरह दाढ़ी चस्पा होना थी या मेरी समझ से 'धर्मयुग' का मेरा सबसे लोकप्रिय पन्ना 'बालजगत' (स्तंभ के नाम में भूल हो सकती है) 'रंग और व्यंग्य' तथा 'हास-परिहास' का उप संपादक

होना था। एक और बात भायी थी कि सुरेंद्र के बिहार आंदोलन से जुड़े सवाल सटीक होते थे। तब तक गणेश जी बिहार का दौरा कर लौट भी चुके थे। अब उनके लेखन का ब्योरा याद नहीं, पर उसमें हमेशा की तरह समाजवादी भावुकता तो होती ही थी। हम सब उस समाजवादी भावुकता के दौर से गुजर रहे थे पर सुरेंद्र उस भावुकता से मुक्त था। शायद इसीलिए उसके सवाल बड़े सटीक थे। अब 2010 में न सवाल याद है, न मेरा जवाब।

उस दिन मैंने महसूस किया कि बंबई में घर भागने की जल्दी क्या होती है। कोई सूचना आ चुकी थी कि बड़ी भारी बारिश होने वाली है। लोग घर की तरफ भाग रहे थे। मेरी मंजिल मेरे सामने थी 'टाइम्स ऑफ इंडिया' के सामने सड़क पार का वीटी स्टेशन (विक्टोरिया टर्मिनस–आज कल इसे छत्रपति शिवाजी टर्मिनस के नाम से जाना जाता है) जिसके बॉम्बे-हावड़ा मेल के थ्री टायर के डिब्बे में मेरा रिजर्वेशन, उस वक्त के रिजर्वेशन विशेषज्ञ पत्रकार की मेहरबानी से पक्का था। मुझे वक्त काटना था। बड़ी मुश्किल थी क्योंकि जिन लोगों के साथ शाम गुजारने की सोची–वह सब घर की ओर भाग रहे थे। तब एक ही उपाय था कि वीटी के सामने के कैपिटल सिनेमा घर में सिनेमा देखा जाए। मैं टिकट खरीदने जा ही रहा था कि बगल में सुरेंद्र खड़ा था। उसने पूछा, बीयर पीने का मन है? मेरे मुंह से हां ही निकला। बिहार आंदोलन के कारण बीयर या शराब बंद कर रखी थी। बस यूं समझिए कि बीयर की बोतल के साथ धर्मयुगीन जान-पहचान दोस्ती में बदल गई। और सुरेंद्र के जाने के बाद भी मरी नहीं क्योंकि मेरी हर बोतल के साथ सुरेंद्र का मंद-मंद मुस्कानी चेहरा होता है।

मार्च 1975 में फिर एक लेखक सम्मेलन में शामिल होने के लिए बंम्बई जाना हुआ। इस बार मैं रेणु जी का लटक था। तब बहुत सारे लोगों से और मुलाकात हुई। गोरेगांव के केशव गोरे स्मारक न्यास में रेणु जी का भाषण हुआ था। सुरेंद्र उस भाषण को टेप कर रहा था। मुझे उस भाषण की याद फिर जून-जुलाई 77 में हुई, जब पता चला कि वही भाषण 'रविवार' के प्रथम अंक की आवरण कथा है। अगस्त 1977 के 'रविवार' के पहले अंक के पहले बम्बई की बहुत सारी यादें हैं क्योंकि जून 1975 में मैं बम्बई में था। अबकी बार इरादा बम्बई में रहने का और फिल्मकारिता समझने-सीखने का था। यहां यह स्वीकार कर लूं कि मैं यह मान कर चल रहा था कि बिहार आंदोलन भी अन्य आंदोलनों के समान अपनी सहज मृत्यु की ओर बढ़ रहा था। तभी इमरजेंसी लग गई। यह समझ में ही पहले नहीं आया कि यह क्या बला है। तुरत तबीयत थी कि पटना चला जाऊं। तब दो लोगों ने पटना नहीं जाने के लिए समझाया, पहले सुरेंद्र ने और बाद में बाबूराम इशारा ने। तब तक मैं उनका निर्देशन विभाग में इंटर्ननुमा सहायक हो चुका था। मुझे उसमें मजा भी आ रहा था। मगर मानसिक अवसाद बहुत ज्यादा था। उस अवसाद से बाहर निकलने में मदद की बीयर ने–रम ने भी, बी आर इशारा की लाइब्रेरी में पढ़ी जे. कृष्णमूर्ति की किताबों ने और सुरेंद्र की समझदार बातों में। समझदार बातों की तफसील मुझे याद नहीं, पर इतना याद है कि गिरफ्तारी जान-बूझकर अपनी अभिव्यक्ति को बांधना है। बिना जेल जाए भी इमरजेंसी के खिलाफ लिखा-बोला जा सकता है। बस, वह तरीका समझना होगा कि आदमी बोल भी दे और लिख भी दे। बहरहाल, मेरा लेखन उस बात को उस समय नहीं समझ पाया। हम सब लोग 1975 के दिन काटते रहे।

अभी ठीक से याद नहीं कि जेपी को जसलोक 1975 के अंत में भेजा गया या 1976 की शुरुआत में। शायद 1975 के अंत में ही। डर के मारे लोग उन दिनों जेपी से मिलना भी पसंद नहीं करते थे। जो लोग हिम्मत के साथ जेपी से मिलने गए, उनमें सुरेंद्र भी था। विजय तेंडुलकर की बेटी प्रिया थी और कन्नड़ फिल्मों का एक्टर अनंत नाग भी था। अनंत अभी भी है। सुरेंद्र और प्रिया नहीं रहे। सुरेंद्र लगभग रोजवालों में था। बस दिन कट रहे थे। हम सब इमरजेंसी में भी जी रहे थे। एक दिन पता चला कि सुरेंद्र कलकत्ता जा रहा है–संपादक होकर। अनेक लोग दुखी थे कि उनके बीच का एक उप संपादक कलकता जा रहा है संपादक होकर। चूंकि मैं फ्रीलांसर था, और सुरेंद्र का मित्र भी, इसलिए मुझे कुछ ज्यादा ही खुशी थी। चलो, एक और दुकान खुली। 1976 में ही सुरेंद्र कलकता चला गया। 1977 में जब चुनाव की घोषणा हो गई तो मेरे और सुरेंद्र के बीच लगभग रोज ही खतबाजी होती थी। उन खतों का लब्बोलुबाब यह था कि सुरेंद्र के मुताबिक बिहार में 54 की 54 लोकसभा सीटें जनता पार्टी को मिल रहीं थीं। मैं इसे 50 मानता था। जीत उसी की हुई। बहुत सारे कारणों से मैं मानसिक अवसाद का बहुत पुराना रोगी था। मेरे अवसाद में मृत्यु की बड़ी भूमिका थी। 1975 में मेरे गुरुदेव ओमप्रकाश दीपक की मृत्यु हो चुकी थी। 1977 में–याददाश्त सही है तो, 11 अप्रैल 1977 को रेणु जी की मृत्यु हो गई। बहुत बचपन में भी एक प्रियजन की मौत हो गई थी। डिप्रेशन क्या चीज होती है, तब मैं नहीं समझता था। समझा 1997 में, जब जून में सुरेंद्र और सितंबर में भारती जी चले गए। बाद में एक सायकायाट्रिस्ट ने कुछ उपाय बताए थे–तब तक बहुत देर हो चुकी थी। इस बीच 1982 में मेरे पहले और आखिरी लगाव की भी मानसिक मौत हो गई। उदासीनता के उन क्षणों से उबरने में सुरेंद्र ने मेरी बहुत मदद की।

मैं जीवन आज में नहीं, अभी में नहीं बल्कि क्षणों में जीता था। अपने आप से उदासीन मैं असामाजिक और आवारा हो चुका था। मगर सुरेंद्र के साथ बिताए क्षणों में आसामाजिकपन और आवारापन से बाहर निकलता था। सुरेंद्र का दिमाग किस तरह से काम करता था, इसका एहसास मुझे 'रविवार' के पहले अंक 'रेणु के हिंदुस्तान' से हुआ। यह वही भाषण था जो रेणु जी ने 1975 में केशव गोरे स्मारक ट्रस्ट, बंबई में दिया था। मैं इसे पहले अंक में छापने के खिलाफ था पर सुरेंद्र ने छापा। बाकी एक इतिहास भर ही है।

इतिहास यह भी है कि सुरेंद्र ने 'नवभारत टाइम्स' की नौकरी छोड़ दी। कपिलदेव की सीढ़ियों से ले कर सिंडिकेटेड कॉलम, 'आनंदबाजार पत्रिका' का दिल्ली में ब्यूरो चीफ उर्फ सम्मानजनक शब्द पॉलिटिकल एडिटर होना और 'आज तक' की एंकरिंग करना–सब के सब इतिहास ही तो हैं। बीच में कुछ दिनों के लिए वह 'टाइम्स टेलीविज़न' में भी रहा। 1997 से 2010 के बीच उसे याद करते हुए भूल जाना भी तो इतिहास है कि विजेता का इतिहास भी लोग भूल जाते हैं।

कैसा लिखता था सुरेंद्र –यह तो इस संग्रह से ही पता चलेगा। मेरे लिए तो वह मेरी शाम की बीयर का आज भी पार्टनर है क्योंकि 'आज तक' के सुरेंद्र प्रताप सिंह–सॉरी, एस पी ने प्रेस क्लब के बाहर मुझे छोड़ते हुए छलछलायी आंखों के साथ कहा था, 'चूतिए, किस्मत वाले हो कि अभी भी बीयर पी लेते हो।'

हां सुरेंद्र, अभी भी बीयर पी लेता हूं–और मरने के लिए हर पल जीता हूं।

जुगनू शारदेय

जन्म : दिसंबर 1949। हिंदी के जाने-माने पत्रकार हैं। 'जन', 'दिनमान' और 'धर्मयुग' से शुरू कर वे कई पत्र-पत्रिकाओं के संपादन/प्रकाशन से जुड़े रहे। पत्रकारिता संस्थानों और इलेक्ट्रॉनिक मीडिया में शिक्षण/प्रशिक्षण का भी काम किया। अपने बेबाक विचारों की वजह से उन्होंने कहीं भी ज्यादा समय टिकना उचित नहीं समझा, लिहाजा वे लगातार यहां-वहां भटकते रहे। उनके इस घुमक्कड़ी स्वभाव ने उन्हें जंगलों में भी भटकने के लिए प्रेरित किया। जंगलों के प्रति यह लगाव वहां के जीवों के प्रति लगाव में बदला। सफेद बाघ पर उनकी चर्चित किताब 'मोहन प्यारे का सफ़ेद दस्तावेज़' (रेनबो पब्लिशर्स, 2004) हिंदी में वन्य जीवन पर लिखी अनूठी किताब है। इस किताब को पर्यावरण मंत्रालय ने 2007 में प्रतिष्ठित मेदिनी पुरस्कार से नवाजा। फिलहाल पटना में रहकर स्वतंत्र लेखन कर रहे हैं।

अनुक्रम

सामाजिक न्याय

सांप्रदायिकता

राजनीति–कांग्रेस

राजनीति–तीसरा मोर्चा

राजनीति–भाजपा

चुनाव–राजनीति

कश्मीर : समस्या समाधान

राजकाज–भ्रष्टाचार

अर्थनीति

समाज-संस्कृति

पत्रकारिता

परिशिष्ट

सामाजिक न्याय

मुद्दा नौकरी नहीं, सम्मान है

मंडल आयोग की सिफारिशों को मानकर सरकार ने केंद्रीय सरकार तथा सार्वजनिक उपक्रमों की नौकरियों में पिछड़ी जातियों को जो 27 प्रतिशत का आरक्षण दिया है, इससे उत्तर भारत का जनमानस आज बेहद उद्वेलित है। खासतौर से हिंदी क्षेत्र के उच्चवर्गीय-मध्यवर्गीय शहरी युवा का मन, जो अपने पूर्ववर्तियों की अपेक्षा आज कहीं ज्यादा अनम्य और असहिष्णु लग रहा है। वातावरण इतना विषाक्त हो गया है कि आरक्षण जैसे हिंदू समाज के लिए एक महत्त्वपूर्ण सामाजिक मुद्दे पर भी बिना घोर विषयपरक कुतर्क के कोई सार्थक वस्तुपरक बहस अब शायद संभव ही नहीं रह गई।

ऐसे अमित्र माहौल में, आरक्षण के समर्थन में लिखने के लिए मन बनाकर बैठना, एक तरह का दुस्साहस ही कहा जाएगा। इसलिए नहीं कि कहने के लिए नया कुछ नहीं है और आरक्षण-विरोधियों के तरकश में अब ऐसे अचूक और अमोघ नए बाण आ गए हैं, जिनका कोई जवाब ही नहीं है। सच तो यह है कि आरक्षण के विरोध में आज भी करीब-करीब वही सारे तर्क दोहराए जा रहे हैं, जिस तर्क के चादर की पिछले 40 सालों में बार-बार इस्तेमाल होने के कारण अब उसकी चिंदियां उड़ती दीख रही हैं और यही कारण है कि माहौल में हिंसा की बारूदी गंध छाई हुई है। बुद्धि, विवेक और तर्क की सीमा जहां समाप्त होती है, वहीं से प्रारंभ होता है हिंसक प्रतिरोध। झिझक इस माहौल के कारण है, क्योंकि डर है कि ऐसे माहौल में कोई सार्थक बहस हो भी सकती है या नहीं।

संविधान निर्माताओं के मन में भी यह सवाल उठा था कि क्या यह विरोधाभास नहीं होगा कि एक तरफ संविधान समानता और सभी धर्म, वर्ग, वर्ण की बराबरी की बात करे, दूसरी ओर यह भी कहा जाए कि दलितों-आदिवासियों को आरक्षण तो दिया ही जाए, सामाजिक और शैक्षिक रूप से पिछड़ों को भी उसी तरह की सरकारी सहायता मिले। एक तरफ संविधान समानता का मौलिक अधिकार देता है, और दूसरी ओर उन योग्य और प्रतिभाशाली लोगों को अवसर से सिर्फ इसलिए वंचित करता है कि सौभाग्य या दुर्भाग्य से उनका जन्म ऊंची जाति की कोख से हुआ। ऊंची जाति के लोगों की शिक्षा-दीक्षा, प्रतिभा, योग्यता और क्षमता सिर्फ इसलिए नकार दी जाए कि सरकार उन सामाजिक और शैक्षिक रूप से पिछड़ों को आगे लाने का प्रयत्न कर रही है जो ऐतिहासिक कारणों से पिछड़े रह गए और अब भी इसलिए पिछड़े हैं कि यह उनका आनुवांशिक पिछड़ापन है और इस तरह से बैसाखियों के सहारे किसी को खड़ा तो किया जा सकता है लेकिन उसे किसी फर्राटेदार दौड़ की प्रतियोगिता में जबर्दस्ती शामिल नहीं किया जा सकता। तर्क यह था कि वह दौड़ेगा तो नहीं ही, दौड़ की गति भी धीमी करता रहेगा यानि देश पिछड़ेपन के लिए अभिशप्त रहेगा।

जाहिर है, यह तर्क तब भी काम नहीं आए। आरक्षण की बात संविधान में रखी गई। संविधान का अनुच्छेद 370 और निदेशक सिद्धांत इसके गवाह हैं। और गवाह है काका साहब कालेलकर की अध्यक्षता में गठित 1953 का पिछड़ा वर्ग आयोग, जो तब गठित हुआ था जब देश में तथाकथित लोकदली-समाजवादी पिछड़ी मानसिकता की सरकार नहीं थी। सरकार समाजवादी स्वप्नदृष्टा जवाहर लाल नेहरू की थी और आयोग के अध्यक्ष थे महान गांधीवादी काका साहब कालेलकर।

कालेलकर आयोग ने दो साल लगाकर मार्च 1955 में अपनी रिपोर्ट तो दे दी पर कहीं न कहीं वे उन सवर्ण पूर्वाग्रहों के तर्कों से उबर नहीं पाए जो संविधान निर्माण के समय ही इस मुद्दे पर अड़ंगा डाल रहे थे। अपनी रिपोर्ट को राष्ट्रपति के सामने पेश करते हुए काका साहब ने जो तीस पेजी चिट्ठी लिखी उसमें उन्होंने अपनी ही रिपोर्ट को पूरी तरह से धराशायी कर दिया। सर्वोदयी काका साहब का हृदय पिछड़ों की दुरवस्था से द्रवित था पर वे यह लिखना नहीं भूले कि "हिंदू समाज की ऊंची जातियों ने पिछड़ों की उपेक्षा के पाप का जो अपराध किया है, उसका प्रायश्चित्त उन्हें करना पड़ेगा। इसके लिए मैं इस हद तक अनुशंसा करने को तैयार था कि पिछड़े वर्ग को ऊपर लाने के लिए सरकार हर तरह की विशेष सहायता दे और यह विशेष सहायता ऊंची जातियों के मेधावी और गरीब लोगों के हितों की कीमत पर भी पिछड़े वर्ग को दी जाए, लेकिन जब आयोग इस निष्कर्ष पर पहुंचा कि इसका आधार जातिय होगा तो जैसे मेरी आंखें खुल गईं।...

...यह मेरे लिए एक चौंकाने वाला सदमा था जिसने मुझे इस निष्कर्ष पर पहुंचने के लिए मजबूर किया कि जो उपचार हम सुझा रहे हैं वह तो उस व्याधि से भी ज्यादा भयानक होगा जिसे हम दूर करना चाहते हैं।...

...यदि इन (पिछड़ी) जातियों ने शिक्षा का तिरस्कार किया है तो इसलिए कि इनके लिए इसकी कोई उपयोगिता नहीं थी। अब, जब वे अपनी गलती महसूस कर रहे हैं तो यह उन्हीं की जिम्मेदारी है कि वे इस कमी को दूर करने के खुद प्रयास करें।...

...मैं निश्चित रूप से सरकारी नौकरियों में जाति के आधार पर आरक्षण के विरुद्ध हूं क्योंकि ये नौकरियां सिर्फ नौकरी के लिए नहीं हैं, ये नौकरियां मूलतः समाज की सेवा के लिए हैं।...

...मेरा विश्वास है कि पहली और दूसरी श्रेणी की सरकारी नौकरियों में पिछड़े वर्ग के लोग नैतिक और भौतिक, दोनों रूप से लाभान्वित होंगे, यदि वे इन नौकरियों में आरक्षण के कोटे की मांग छोड़ दें और प्रशासन को अपने विवेक से काम करने का अवसर दें ताकि वह पिछड़े वर्गों की बेहतरी के लिए सही उपाय कर सके।...

1955 में काका साहब कालेलकर जब प्रशासन और ऊंची जातियों के विवेक पर इस सवाल को छोड़ने की बात कर रहे थे तब इन नौकरियों में पिछड़ों का वास्तविक प्रतिशत क्या था, इसका सही सरकारी आंकड़ा नहीं मिल पाया, लेकिन एक मोटा अंदाजा लगाया गया था कि केंद्रीय सरकार की प्रथम श्रेणी की नौकरियों में पिछड़ों की भागीदारी 4 प्रतिशत से ज्यादा नहीं थी। 1980 आते-आते मंडल आयोग ने इस तरह के हिसाब- किताब में कोई कमी नहीं रखी। इस रिपोर्ट के अनुसार, केंद्र सरकार की प्रथम वर्ग की 1 लाख 74 हजार 43 नौकरियों में पिछड़ों का कुल हिस्सा केवल 4.69 प्रतिशत था। आज इसकी क्या स्थिति

है? केंद्रीय कल्याण मंत्रालय के एक सूत्र का यदि विश्वास किया जाए तो इस हिस्से में अब .04 प्रतिशत की कमी आ गई है। अब पिछड़ों का हिस्सा 4.65 प्रतिशत है। यह नतीजा है प्रशासन के उस विवेक का, जिसकी बात काका साहब ने 1955 में की थी। पंडित नेहरू की तत्कालीन सरकार ने जाहिर है, कालेलकर आयोग की रिपोर्ट के साथ वैसा ही सुलूक किया, जैसा काका साहब शायद चाहते थे। उस रिपोर्ट को दाखिल दफ्तर करते हुए केंद्र सरकार ने फरमाया कि राज्य सरकारें यदि चाहें तो अपने अपने क्षेत्रों में पिछड़ेपन का आधार ढूंढ़ने तथा उसे दूर करने के लिए जो भी कदम उठाना चाहें उठाएं। लेकिन जहां तक केंद्र सरकार का सवाल है, यहां उचित यही होगा कि इस तरह के किसी भी कदम का आधार आर्थिक होगा न कि जाति-आधारित।

आरक्षण-विरोधी आज भी अपने वही तर्क दोहरा रहे हैं जिनके आधार पर काका साहब का गांधीवादी मन जाति को आरक्षण का आधार मानने के सवाल पर डोल गया था या पंडित जवाहरलाल नेहरू का समाजवादी मन अपने मुख्यमंत्रियों को इस तरह का पत्र लिखने के लिए उन्हें मजबूर कर रहा था कि जाति आधारित आरक्षण से देश रसातल में चला जाएगा। नेहरू जी को अपने समाजवादी समाज की स्थापना के स्वप्न पर पूरा भरोसा था। उन्हें सचमुच शायद लगा था कि उनकी पंचवर्षीय योजनाएं जिन विराट बांधों, दूर-दूर तक फैली नहरों तथा विशाल कारखानों को जन्म देंगी उनमें जाति-पांति की पिछड़ी अवधारणाएं अपने आप डूब जाएंगी। भारतीय समाज की जटिल कुटिलताओं से दूर पंडित नेहरू का मन शायद सचमुच ऐसी अवधारणाओं को अश्लील मानता होगा। उस जमाने के उन भोले गांधीवादी-समाजवादियों को शायद ही इसका आभास रहा होगा कि हमारा दृढ़ समाज न केवल जड़ता की निरंतरता को बनाए रखेगा बल्कि इस धारावाहिकता को अक्षुण्ण बनाए रखने के लिए उनके भोले तर्कों का तोड़-मरोड़कर निरंतर दुरुपयोग भी करता रहेगा।

पिछले 40 वर्षों में हमारे समाज की स्थिति में बदलाव नहीं आया है, इसका अहसास आज 1990 में विश्वनाथ प्रताप को अचानक नहीं हुआ है। बीच के वर्षों में भी कुछ लोगों को यह अहसास कहीं न कहीं निश्चय ही सालता रहा होगा, वरना अलग-अलग 10 राज्य सरकारें अब तक इस तरह के 15 आयोग नहीं बिठातीं। मंडल आयोग के बारे में आरक्षण-विरोधियों का यह कहना है कि यदि भारतीय प्रशासन में 1977-80 का व्यवधान नहीं आता, तो मंडल आयोग जैसी अश्लील अवधारणा के बारे में कोई सोचता भी नहीं। चलिए मान लेते हैं कि यह जातिवादी लोकदली सोच का स्खलन था, पर बाकी के 15 राज्यों में ऐसे आयोग क्यों बने और इन सारे आयोगों ने जाति को ही पिछड़ेपन का आधार क्यों माना?

सिर्फ इसीलिए कि कालेलकर और नेहरू की पवित्र इच्छाओं के बावजूद, आज भी केंद्र सरकार की प्रथम श्रेणी की नौकरियों में पिछड़ों, अनुसूचित जातियों तथा जनजातियों और अल्पसंख्यकों की कुल संख्या 15 प्रतिशत से ज्यादा नहीं है जबकि कुल आबादी की सिर्फ 15 प्रतिशत सवर्ण जातियां और इन जातियों में भूमिहार, त्यागी, मोहियाल सहित ब्राह्मण, राजपूत, जाट, मराठा, कायस्थ और वैश्य–सभी शामिल हैं, अब भी सरकार और प्रशासन के 85 प्रतिशत पदों पर काबिज हैं। जब भी आरक्षण की बात चलती है तो इस व्यवस्था को बरकरार रखने वाले ही योग्यता, प्रतिभा और अनुभव की बात करते हैं। तभी इन्हें याद

आता है कि जाति व्यवस्था हिंदू समाज का कोढ़ है और कोई भी कल्याणकारी सरकार ऐसी व्यवस्था कैसे बना सकती है, जिससे समाज की यह बुराई न सिर्फ जारी रहे, बल्कि और भी मजबूत हो। पिछड़ा वर्ग जब भी इस विषमता की ओर उंगली उठाता है इन्हें संपूर्ण समाज और उसकी दुर्बलताओं की चिंता सालने लगती है। और यह उन कुछ लोगों की बात है, जिनके मन में कहीं न कहीं अब भी एक समतामूलक समाज के प्रति कुछ सम्मान शेष है। शायद आंख की एक शर्म है, जो उन घोर नात्सीवादी और नस्लवादी जुमलों के प्रयोग से उन्हें रोक रही है, जिनका प्रयोग समाज का एक तबका अब खुलकर करने लगा है। आरक्षण के समर्थन में बात करने से झिझक इसीलिए हो रही है। फासिज्म को सबसे ज्यादा चिढ़ तर्क और न्याय से होती है। आरक्षण के विरुद्ध छेड़ा गया हिंसक आंदोलन कहीं हमें उसी ओर तो नहीं ले जा रहा है? आखिर दक्षिण अफ्रीका में भी बेशर्म गोरों का एक बड़ा तबका तो है ही, जो आज भी उस देश में अपनी सड़ी व्यवस्था लागू रखना चाहता है, और वह भी तर्कों के सहारे।

उधर, समाज का एक प्रतिशील तबका है, जो खुलकर इस अन्याय का समर्थन भी नहीं कर सकता और न ही आरक्षण को मानने के लिए अपने को तैयार कर पाता है। ऐसे लोग ही आर्थिक आधार पर आरक्षण की बात करते हैं। ये वे लोग हैं, जो हिंदू समाज के हजारों साल के दमन और शोषण के इतिहास से आंखें मूंदे रहना तो चाहते ही हैं, इस तथ्य को भी नजरअंदाज करना चाहते हैं कि सारी धर्मनिरपेक्षता तथा समाजवादी नारों के बावजूद सामाजिक ढांचा ज्यों का त्यों क्यों है। सच तो यह है कि सदियों के व्यवस्थित शोषण से आज समाज का एक वर्ग पिछड़ेपन की जिस अवस्था में पहुंचा है, उससे उबरने के लिए शायद कुछेक सौ सालों का आरक्षण भी कम पड़ेगा। इस बात को समझने के लिए थोड़े खुले मन की जरूरत पड़ेगी कि जब पिछड़े, दलित या समाज के शोषित वर्ग के लोग जोर देकर यह कहते हैं कि आरक्षण उनकी समस्याओं का एकमात्र समाधान है, तो निश्चय ही वे सिर्फ अपने या अपने समाज की आर्थिक उन्नति की बात नहीं कर रहे होते हैं। पिछड़े समाज की कुछ जातियां अपने बाहुबल से इतना कुछ तो अर्जित कर चुकी हैं कि आर्थिक समस्या अब उनके लिए बहुत बड़ी समस्या नहीं है। सरकारी पद उन्हें सामाजिक सम्मान के लिए चाहिए। यह समाज में बराबरी का अधिकार पाने की ललक है, सिर्फ आर्थिक उन्नति की बात नहीं। हिंदू समाज में शोषण और दमन का यह चक्र जाति व्यवस्था को आधार बनाकर ही चलाया गया था। जब तक यह चक्र एक बार उल्टा नहीं चल पड़ता, तब तक इस समाज में जाति व्यवस्था को समाप्त करने की बात करना एक छलावा ही होगा। या यों कहें कि शोषित पिछड़े वर्ग के लोगों के जायज अधिकारों को हड़पने की एक सवर्ण साजिश।

आरक्षण के मुद्दे पर सवर्ण जातियां, जो कुल जनसंख्या की सिर्फ 15 प्रतिशत हैं, यदि इस तरह सोचने लगें कि अब तक जिन 15 प्रतिशत लोगों के लिए नौकरियों में 100 प्रतिशत स्थान आरक्षित थे, उन्हें अब 50.5 प्रतिशत नौकरियों पर संतोष करना पड़ेगा, तो शायद यह उनके सोचने का स्वस्थ तरीका साबित हो, क्योंकि अब भी आबादी के 85 प्रतिशत लोगों के लिए सिर्फ 49.5 प्रतिशत स्थान ही तो आरक्षित है।

(26 अगस्त 1990, रविवार्ता, नवभारत टाइम्स)

सामाजिक विषमता की खाई पाटनी है

मंडल आयोग की सिफारिशों के आधार पर पिछड़े वर्ग के लोगों को सरकारी नौकरियों में 27 प्रतिशत आरक्षण देने के सरकारी निर्णय के विरोध में तीन तर्क काफी महत्त्वपूर्ण ढंग से उभरकर सामने आए हैं। पहला, यह निर्णय संविधान प्रदत समानता के मौलिक अधिकार के विरुद्ध है; दूसरा, संविधान शैक्षिक और सामाजिक रूप से पिछड़े वर्ग के लोगों को एक सीमित समय के लिए आरक्षण की बात करता है, पिछड़ी जातियों को आरक्षण देने की बात नहीं कही गई है; तीसरा, यदि नैसर्गिक प्रतिभा और योग्यता को दरकिनार कर, पिछड़ेपन के आधार पर सरकारी नौकरियों में नियुक्ति होती रही, तो हमारी कार्यपालिका के उच्च स्तर का क्या होगा?

सबसे पहले संविधान प्रदत्त समानता के मौलिक अधिकार के प्रश्न को लें। यह सही है कि संविधान के अनुच्छेद 14, 15, 16 और 29 इस बात की गारंटी देते है कि किसी भी प्रकार की सरकारी नौकरी या शिक्षण संस्थान में प्रवेश के मामले में धर्म, जाति, नस्ल, लिंग, भाषा या जन्म-स्थान के आधार पर नागरिकों में भेदभाव नहीं किया जाएगा। साथ ही, अनुच्छेद 16 (4) यह गारंटी भी देता है कि राज्य पिछड़े हुए नागरिकों के पक्ष में, यदि राज्य की मान्यता है कि उन्हें उचित प्रतिनिधित्व नहीं मिल रहा है, तो पदों व नियुक्तियों के आरक्षण की व्यवस्था कर सकता है। आज जो लोग विधि के समक्ष समता या लोक नियोजन में अवसर की समता की संविधानिक गारंटी की बात उठाकर आरक्षण का विरोध कर रहे हैं, वे एक तरफ तो अनुच्छेद 16 (4) को जान-बूझकर अनदेखा करने की कोशिश कर रहे हैं, दूसरे, समता के अधिकार की भ्रामक व्यवस्था कर ऐसा मकड़जाल फैला रहे हैं, जिसमें वास्तविकता ओझल हो जाए। यह सवाल बिन्देश्वरी प्रसाद मंडल के समक्ष भी उठाया गया था, जिसका समुचित जवाब उन्होंने यों दिया था कि समता के समान अवसर के मौलिक अधिकार की बात उठाते हुए हम यह भूल जाते हैं कि समाज का यह पिछड़ा वर्ग सैकड़ों सालों से सामाजिक, सांस्कृतिक, शैक्षिक तथा आर्थिक वंचना का शिकार है, इसलिए इस वर्ग की समस्याएं भी विशिष्ट हैं। ऊपरी तौर पर समता का सिद्धांत बहुत ही उचित और न्यायसंगत लगता है, लेकिन इसमें एक बड़ी फांस है। सामाजिक न्याय की यह एक अत्यन्त महत्त्वपूर्ण उक्ति है कि समानता सिर्फ समान लोगों के बीच ही हो सकती है।

असमान लोगों के बीच समानता की बात करना वस्तुतः असमानता को बढ़ावा देने का ही एक तरीका है। जब हम कमजोर और मजबूत के बीच समानता के सिद्धांत के आधार पर प्रतियोगिता की छूट देते हैं, तब हमें पता होता है कि कमजोर इसमें निश्चित हारेगा। वस्तुतः यह प्रतियोगिता नहीं, सिर्फ उसका नाटक रह जाता है। इस तरह की बात

कर समाज में हम परोक्ष रूप से जंगल के उस न्याय की ताईद कर रहे होते हैं, जहां बलिष्ठतम को ही सारे अधिकार मिले होते हैं। जो विद्वान आज अचानक समता के अधिकार की मूल भावना की बात कर रहे हैं, वे इस तथ्य से परिचित नहीं, ऐसा नहीं है, यह सिर्फ इसलिए किया जा रहा है ताकि इस सामाजिक असमानता की धारा को सदियों तक निर्बाध चलाने के लिए उन्हें कुछ नैतिक तथा तथाकथित विधिसम्मत तर्क मिल सकें। जबकि वास्तविकता यह है कि न तो यह आरक्षण संविधान विरुद्ध है, न ही संविधान की मूल भावना के विपरीत जाता है।

आरक्षण विरोधियों का दूसरा तर्क है कि चलिए, यह मान लिया जाए कि संविधान के अनुच्छेद 16 (4) में पिछड़े वर्ग के लोगों के लिए इस प्रकार के आरक्षण की बात कही गई है, पर पिछड़ी जातियों के आरक्षण की बात तो कहीं नहीं है, इसलिए जाति के आधार पर किया गया आरक्षण संविधान सम्मत नहीं हो सकता। चूंकि संविधान 'पिछड़े वर्ग' के आरक्षण की बात करता है, इसलिए यह तर्क आर्थिक पिछड़ेपन को ही आरक्षण का एक मात्र आधार बनाने के बिंदु पर पहुंचकर समाप्त होता है। इस प्रक्रिया में ढेर सारे ऐसे मुद्दे अनावश्यक रूप से घसीट लिए जाते हैं ताकि तर्क धुंधलाएं और बहस का रुख गलत दिशा की ओर मुड़ जाए। इस दौरान अपनी सहूलियत को ध्यान में रखते हुए हम यह भी भूल जाते हैं कि इसी संविधान के तहत अनुसूचित जातियां और जन जातियां आरक्षण पा रही हैं। जाहिर है कि इन्हें आरक्षण प्रदान करते समय भी, उसका आधार ढूँढा गया था और जाति के अतिरिक्त कोई दूसरा ऐसा मजबूत आधार नहीं मिला, जिससे हिन्दू समाज के सर्वाधिक पिछड़े वर्ग की पहचान की जा सके। यह ध्यान देने की बात है कि मंडल आयोग या अन्य दस राज्यों में लागू विभिन्न आयोगों ने शैक्षिक और सामाजिक पिछड़े वर्ग को रेखांकित करने के लिए 'अन्य पिछड़ी जातियों' की सूची बनाई है। चूंकि पिछड़ी जातियां पहले ही अनुसूचित जातियों के रूप में चिह्नित की जा चुकी हैं, इसलिए इन 'अन्य पिछड़ी जातियों' की सूची, ताकि इन्हें आरक्षण देकर इनका सामाजिक और शैक्षिक पिछड़ापन दूर किया जा सके। इसलिए यह कहना कि संविधान वर्ग की बात करता है, जाति की नहीं, यह सिर्फ अर्धसत्य है क्योंकि यही संविधान इससे पहले भी जाति को ही वर्ग का आधार मान चुका है। रही बात आर्थिक आधार पर आरक्षण की, तो यह तो आरक्षण और संविधान, दोनों की मूल भावना के विरुद्ध जाने वाली बात है। आरक्षण की आवश्यकता इसलिए नहीं महसूस की गई कि इससे समाज में व्याप्त आर्थिक असमानता दूर होगी, न ही आरक्षण का प्रावधान करने वालों ने कभी यह सोचा था कि यह कोई रोजगार दिलाऊ योजना होगी, आरक्षण की आवश्यकता समाज में व्याप्त शैक्षिक और सामाजिक गैर बराबरी दूर करने के लिए महसूस की गई थी, इसलिए इस आधार से हटकर किसी नए आधार पर आरक्षण की बात करना संविधान की मूल भावना के विपरीत होगा और फिलहाल यह विचारणीय भी नहीं है।

आरक्षण के विरोध का तीसरा और सबसे मजबूत तर्क योग्यता दिया जाता है। जो आरक्षण विरोधी यह स्वीकार करते हैं कि हमारे समाज में असमानता है और यह तत्काल संभव नहीं कि पिछड़े इतनी बड़ी खाई को लाँघकर अगड़ों की बराबरी कर पाएं, इसलिए निश्चय ही इन्हें कुछ विशेष प्रोत्साहन मिलना चाहिए मसलन, मुफ्त और व्यापक शिक्षा

तथा और सारी छूट, जिनसे ये समाज में आगे आ सकें, लेकिन इसका अर्थ तो यह नहीं हुआ कि सवर्ण छात्र 75 प्रतिशत अंक पाकर भी मेडिकल, इंजीनियरिंग या अन्य तकनीकी शिक्षा में दाखिला न पा सकें और पिछड़े या दलित 40 या 45 प्रतिशत अंकों के सहारे ही इन विशिष्ट पाठ्यक्रमों में दाखिल हो जाएं। ऐसे में योग्यता का क्या अर्थ रह जाएगा और क्या इसे उचित कहा जाएगा कि अयोग्य लोग ऊंची-ऊंची डिग्रियां लेकर बड़े पदों पर पहुंचें और योग्य लोग सिर्फ इसलिए भटकते रहें, क्योंकि उनका जन्म सवर्ण कोख से हुआ है। निश्चय ही बहुत जोरदार तर्क है और आज हमारे शहरी मध्य और उच्च मध्य वर्ग के सवर्ण अभिभावकों को सबसे ज्यादा विचलित करने वाला भी है। लेकिन, जैसा कि बी.पी. मंडल ने सोदाहरण अपनी रिपोर्ट में साबित किया है कि ऊपर से यह बात चाहे जितनी शक्तिशाली लगे, लेकिन यदि थोड़ी गहराई में उतरें तो पता चलेगा कि यह विचार कितने बड़े तर्क दोष से ग्रस्त है।

श्री मंडल ने मोहन और लल्लू नामक दो बालकों के उदाहरण से इस बात को सिद्ध किया है कि श्रेष्ठ समाज में योग्यता जन्मना दान तथा परिवेशगत विशेषाधिकार से प्राप्त होती है। मोहन के मां-बाप मध्यवर्गीय शिक्षित लोग हैं। वह शहर के एक बड़े स्कूल में पढ़ता है, जहां पढ़ने के अलावा वह स्कूल की ढेर सारी अन्य गतिविधियों में भाग लेता है। घर में उसके लिए एक अलग कमरा है और उसके अध्ययन में उसके मां-बाप, दोनों सहायता करते है। घर में रेडियो और टेलीविजन है। पिता ढेर सारे अखबार और पत्र-पत्रिकाएं लाते है। मोहन क्या पढ़ेगा, कौन-सा कोर्स करेगा, इस बाबत उसके अभिभावक हमेशा उससे चर्चा करते हैं और निर्देश देते है। मोहन के मित्र भी उस वर्ग के हैं और उसे यह भी पता है कि भविष्य में उसे कहां पहुंचना है। जबकि लल्लू गाँव में रहता है। पिछड़ी जाति के उसके मां-बाप की गाँव में सामाजिक स्थिति निम्न है। गाँव में उसके चार एकड़ खेत हैं, जिसके उपार्जन से उसका आठ सदस्यीय परिवार दो कमरों के कच्चे मकान में जीवन-यापन करता है। किसी तरह वह गाँव से प्राइमरी शिक्षा पूरी करके पास के कस्बे से हाईस्कूल करता है और उच्च शिक्षा के लिए तहसील मुख्यालय में अपने दूर के चाचा के घर रहकर पढ़ाई करता है। परिवार, अभिभावक या अपने मित्रों से उसके कैरियर के बारे में कभी कोई बात नहीं होती, न ही कोई सहायता मिलती है। किन्हीं सांस्कृतिक गतिविधियों में वह भाग नहीं ले पाता और किसी तरह अपनी पढ़ाई पूरी कर लेता है। ग्रामीण वातावरण में पलने-बढ़ने के कारण उसके स्वभाव में एक अनगढ़ता है, उसका उच्चारण भ्रष्ट, व्यवहार अकुशल और आत्मविश्वास की उसमें थोड़ी कमी है।

मान लें कि जन्म के समय दोनों की बुद्धिमत्ता का स्तर यदि समान था, तो भी, वातावरण, परिवार, रहन-सहन तथा परिवेश के कारण किसी भी प्रतियोगिता में मोहन लल्लू से मीलों आगे रहेगा। यदि लल्लू का जानकारी कोश मोहन से बहुत ज्यादा भी रहा होता, तो भी मोहन अब किसी भी प्रतियोगिता में अपनी 'योग्यता' के आधार पर लल्लू से बहुत काबिल सिद्ध होगा। इसलिए सिर्फ योग्यता की बात करना या योग्य बनाने के लिए सही शिक्षा और अवसर की बात करना एक तरह से इस सामाजिक विषमता का बढ़ाने में ही मदद करेगा, क्योंकि आज यदि लल्लू जैसे लोगों को योग्य बनाने के लिए ईमानदारी से और ठोस प्रयास प्रारंभ भी किए जाएं, तो जब तक लल्लू मोहन के 'स्तर' पर पहुंचेगा, मोहन योग्य

से योग्यतर और योग्यतम तक पहुंच चुका होगा। इसलिए फिलहाल आवश्यकता यह है कि इस तथाकथित योग्यता के तर्क को थोड़ी देर के लिए परे रखकर इस समस्या पर नए सिर से विचार किया जाए। मंडल आयोग को लागू करना इस सामाजिक विषमता की खाई को पाटने का एक तरीका हो सकता है, यदि इसकी भावना को समझकर इसे ईमानदारी से लागू होने दिया जाए।

(28 अगस्त 1990, नवभारत टाइम्स)

बदलाव से नावाकिफ कांग्रेस-भाजपा

मंडल आयोग की रिपोर्ट करीब-करीब सभी राष्ट्रीय राजनीतिक दलों के गले की फांस बन गई है। पार्टिया न तो इसे अन्तर से स्वीकार कर पा रही हैं, न ही दिल खोलकर इसका विरोध कर पा रही हैं। सबसे विकट स्थिति भाजपा और कांग्रेस की है क्योंकि इन पार्टियों का नेतृत्व तो अब भी पारंपरिक श्रेष्ठी वर्ग के हाथों में है, जबकि इनके जनाधार का वर्ग चरित्र धीरे-धीरे खिसककर नीचे चला गया है। यही कारण है कि इन पार्टियों का नेतृत्व निजी बातचीत में इस मुद्दे पर जो रुख अख्तियार करता है, सार्वजनिक जीवन और व्यवहार में उसी आधार पर टिक नहीं पा रहा है क्योंकि जनाधार का दबाव नेतृत्व को कहीं न कहीं मजबूर कर रहा है कि वह कोई आरक्षण विरोधी रवैया अख्तियार न कर सके। जिसका परिणाम यह हो रहा है कि राजीव गांधी पहले तो कोशिश करते हैं कि वे कुछ बोलें ही नहीं, फिर जब बोलते हैं तो जो राजीव फार्मूला बड़े धूमधाम से जनता के सामने पेश किया जाता है, दूसरे दिन खुद उससे दूर खड़े दिखते हैं। फिर (मणि शंकर अय्यर आदि सहयोगियों के अथक प्रयास से) वे लोकसभा में तीन घंटे का एक भाषण देते हैं जिसका लब्बोलुआब यह निकलता है कि आरक्षण का आधार केवल आर्थिक ही हो सकता है लेकिन जब उन्हें याद दिलाया जाता है कि आंध्र और कर्नाटक जैसे कांग्रेस शासित राज्यों में जाति पर आधारित आरक्षण सफलतापूर्वक चल रहा है तो घबराकर दूसरे दिन फिर वे अपनी बात बदल देते हैं। कुल मिलाकर राजीव गांधी और उनके दल के वरिष्ठ नेताओं के वक्तव्यों और भाषणों के आधार पर कोई भी यह निश्चयपूर्वक नहीं कह सकता कि आरक्षण के मामले में कांग्रेस आखिर कहां खड़ी है।

कारण यह है कि भारतीय राजनीति का सामाजिक चेहरा किस जाति से बदला है, मुख्य राजनीतिक दलों के नेताओं को संभवतः इसका अंदाजा ही नहीं है। सन् 1984 की लोकसभा के कुल 543 में 210 यानी 40 प्रतिशत सदस्य ब्राह्मण थे, जबकि 1989 की लोकसभा के कुल 525 में सिर्फ 76 यानी 15 प्रतिशत सदस्य ब्राह्मण हैं। लोकसभा में ब्राहमणों का प्रतिशत इतना कम इससे पहले कभी नहीं रहा है। 1977 में जब कांग्रेस हारी थी तब भी 25 प्रतिशत ब्राह्मण चुनकर आए थे और 1957 में तो लोकसभा के कुल सांसदों का 47 प्रतिशत स्थान ब्राह्मणों के कब्जे में था। इससे पहले की आठों लोकसभाओं में ब्राह्मण सदस्यों का प्रतिशत हमेशा ही 40 के आसपास रहा है जो नौंवी लोकसभा में घटकर 15 पर आ गया है जबकि भाजपा और कांग्रेस दोनों ने ब्राह्मणों को टिकट देने में कोई कोताही नहीं की। भाजपा के कुल 226 में से 113 प्रत्याशी ब्राह्मण जाति के थे, जिनमें से 24 जीतकर भी आए और इतने ही कांग्रेस से भी जीतकर आए जबकि इन दलों के नेताओं को शायद इसका अहसास

भी नहीं हुआ और कांग्रेस तथा भाजपा के क्रमशः 82 तथा 37 सदस्य इस बार पिछड़ी जातियों से चुनकर आ गए और पहली बार इन पार्टियों के संसदीय दल का एक नया चेहरा सामने आया। इन पार्टियों का शीर्ष नेतृत्व शायद इस तथ्य को अभी ठीक से आत्मसात नहीं कर पाया है इसीलिए मंडल आयोग की सिफारिशों को लागू करने के सवाल पर वे पार्टियां कोई ठोस मन नहीं बना पा रही हैं क्योंकि मन जो कहता है पार्टी की आंतरिक शक्ति तत्काल उस पर हावी होकर उसे बदलवाने के लिए बाध्य कर देती है। मंडल आयोग के तत्काल बाद इन पार्टियों के कुछ नेताओं ने चेतावनी दी कि इस निर्णय से भीषण जातीय तनाव बढ़ेगा, जो अंततः गृह युद्ध में परिणत हो सकता है। मजे की बात है कि जातीय तनाव तो बढ़ा परंतु गृह युद्ध गुप्त रूप से इन पार्टियों के अंदर लड़े जा रहे हैं, समाज में नहीं।

कांग्रेस की तो और भी दुर्दशा है, क्योंकि इस पार्टी के नेतृत्व में सामाजिक परिवर्तन के कई बड़े महत्त्वपूर्ण संघर्ष दक्षिण और पश्चिम भारत में शांतिपूर्वक छेड़े गए, जिन्होंने न केवल उन राज्यों में एक सामाजिक क्रांति की, बल्कि उन राज्यों का राजनीतिक स्वरूप भी पूरी तरह से बदल दिया और आज यही पार्टी उत्तर भारत के कुछ नेताओं के बहकावे में आकर आरक्षण और राजनीति में पिछड़ी जातियों के उभार के प्रश्न पर ऐसा प्रतिगामी सोच सामने ला रही है जिससे उत्तर भारत में इस पार्टी का आधार तो संकुचित होगा ही, दक्षिण भारत में भी इसकी जमी-जमाई जड़ भी हिल सकती है। जाति आधारित आरक्षण और उससे उपजी राजनीति के बल पर ही कर्नाटक में कांग्रेस ने पिछड़ी दलित और अल्पसंख्यक जातियों तथा वर्गों का एक ऐसा मोर्चा बनाया था कि देवराज अर्स को लिंगायतों तथा वोक्कालिगाओं जैसी शक्तिशाली जातियों को राज्य की राजनीति से दरकिनार कर देने में सफलता मिली। पिछले 25 सालों से कांग्रेस तमिलनाडु में किसी द्रविड़ पार्टी से जुड़ी रही है जो पिछड़ी दलित जातियों की उग्र राजनीतिक आकांक्षाओं की देश में सबसे बड़ी अभिव्यक्ति कही जा सकती है। आंध्र प्रदेश में भी कांग्रेस को इस जाति आधारित रणनीति के कारण ही सत्ता वापस मिली है, इस तथ्य को कांग्रेस नेतृत्व झुठला नहीं सकता। आंध्र की राजनीति में एन टी रामाराव के उदय से पहले राज्य राजनीति की बागडोर रेड्डी जाति के हाथों में थी और यह जाति पूरे तौर पर कांग्रेस के साथ थी। इस वर्चस्व को एन टी आर ने कम्मा और कापू जातियों के नेतृत्व में बने नए राजनीतिक समीकरण से तोड़ा और तब तक शक्तिशाली बने रहे जब तक कांग्रेस को कापुओं के रूप में एक नई शक्तिशाली पिछड़ी जाति समूह का समर्थन नहीं प्राप्त हो गया। रेड्डी-कापू सहयोग के कारण ही आज चन्ना रेड्डी की कांग्रेस सरकार हैदराबाद में स्थापित दीख रही है। दक्षिण भारत तथा महाराष्ट्र और गुजरात में पिछड़ी जातियों के वोट बैंक के आधार पर बने राजनीतिक समीकरणों से अपनी गोटी लाल करने वाली कांग्रेस पार्टी को ब्राह्मण वर्चस्व वाला स्वरूप हमेशा से उत्तर भारत देता रहा है। इस बार उत्तर भारत में कांग्रेस धराशायी है लेकिन नेतृत्व बरकरार है जबकि लोकसभा में इस पार्टी के कुल सांसदों का 40 प्रतिशत पिछड़ी जातियों से चुनकर आ गया है। आरक्षण के प्रश्न पर पार्टी के इस विरोधाभासी कदम का मुख्य कारण यही है कि पार्टी नेतृत्व जब जगन्नाथ मिश्र की ओर देखता है तो आरक्षण के सवाल पर उत्तर भारत में लाभ उठाने का लोभ संवरण नहीं कर पाता और तभी जब शिवशंकर का चेहरा सामने आता है तो अपनी

पार्टी की जमीनी वास्तविकता का स्वरूप सामने उभर आता है और राजीव गांधी यह कहने के लिए विवश हो जाते हैं कि उनकी पार्टी सामाजिक-शैक्षिक रूप से पिछड़ों को आरक्षण देने के विरुद्ध नहीं है। लेकिन आर्थिक आधार पर भी विचार किया जाए और अगले दिन फिर अपने विचार बदल देते हैं। राजीव गांधी और लालकृष्ण आडवाणी जब तक अपनी राजनीतिक विवशताओं की अनदेखी करने का स्वांग करते रहेंगे, उनके विरोधाभास इसी तरह सामने आते रहेंगे।

(11 सितंबर 1990, नवभारत टाइम्स)

वि.प्र. को कसौटी पर खरा उतरना होगा

'मोहलत' शब्द इन दिनों चर्चा में आम है। खासकर वे लोग, जो मानते हैं कि मंडल आयोग की सिफारिशें लागू करने का सरकारी फैसला शुद्ध राजनीतिक उद्‌देश्य से किया गया था, इस बात पर बार-बार बल दे रहे हैं कि उच्चतम न्यायालय के आदेश से आरक्षण विरोधी आंदोलन की उग्रता और तीव्रता में जो कमी आई है सरकार इस वास्तविकता को देखे, समझे और इस अवसर का लाभ उठाते हुए मंडल आयोग की सिफारिशों को लागू करने के फैसले को वापस लेने का व्यावहारिक कदम उठाए। यह समाज के उस प्रभावशाली तबके का तर्क है जो यह भी मानता रहा है कि विश्वनाथ प्रताप सिंह का यह फैसला मूलतः देवीलाल की किसान रैली की हवा निकालने के एक तुच्छ प्रयास के रूप में उठाया गया एक ऐसा बगैर सोचा-समझा हड़बड़ी में उठाया गया कदम था, जिसने देश को जातियुद्ध के भयानक दावानल में ठेल दिया। यह वह वर्ग है जो यह भी मानता है कि इसका दूरगामी उद्‌देश्य पिछड़े और दलित तबके को सामाजिक न्याय दिलाने का कतई नहीं है, उसका वास्तविक उद्‌देश्य तो सिर्फ पिछड़ों के बीच अपने वोट बैंक का आधार मजबूत करना है, इसके लिए चाहे कितनी भी मासूम जानें बलि क्यों न चढ़ जाएं, हृदयहीन प्रधानमंत्री को इसकी कोई चिंता नहीं है। मूलतः आरक्षण की परिकल्पना का विरोधी यह वर्ग जब उच्चतम न्यायालय द्वारा दी गई इस मोहलत का जिक्र करता है, तो एक तरफ जहां इसमें प्रच्छन्न धमकी होती है कि देखिए, यदि अब भी आप अपनी इस गंदी राजनीति से बाज नहीं आए तो देश में हिंसा का एक ज्यादा भयानक दौर प्रारंभ हो सकता है, जिसके जिम्मेवार आप होंगे और यह कहते हुए कहीं न कहीं कनखी मारकर यह भी साफ कर रहा होता है कि इस तरह की आग लगाने और बुझाने में इस वर्ग की भूमिका को भी कृपया आप समझने का प्रयास करें।

यह सच है कि विश्वनाथ प्रताप सिंह और उनकी सरकार को उच्चतम न्यायालय की कृपा से एक बड़ी मोहलत मिली है वरना समाज में भावनाओं का अतिरेक उस सीमा पर पहुंचा हुआ था, जहां सच तो क्या कुछ भी सुनने के लिए लोग तैयार नहीं दीख रहे थे। अब मौका है कि विश्वनाथ प्रताप सिंह अपनी स्थिति स्पष्ट करें कि क्या सचमुच उनका उद्‌देश्य सिर्फ यही था कि वे देवीलाल की किसान रैली की हवा निकाल दें? यदि हां, तो अब भी देर नहीं हुई है। कृपया मंडल आयोग तत्काल वापस कर लें। या यदि उनका उद्‌देश्य सिर्फ यही था कि इसे लागू करने से उनको वोट बैंक का नया आधार मिलेगा तो उनकी राजनीतिक सूझ-बूझ पर तरस खाना आना चाहिए क्योंकि पिछड़ी जातियों का वोट बैंक तो इस सरकार के साथ था ही और न ही दूर-दूर तक इस बात की कहीं आशंका थी कि यह आधार खिसककर कहीं और जाने वाला है। यह कहा जा सकता है कि यह वोट बैंक विश्वनाथ

प्रताप का अपना नहीं था। इस आधार को बनाने में कहीं लालू-मुलायम, तो कहीं शरद-रामविलास जैसे क्षत्रपों का उन्हें सहारा लेना पड़ता था, इसलिए अपना निजी ठोस आधार बनाने के चक्कर में विश्वनाथ प्रताप ने अपने जनमोर्चा आधार की सारी जमा पूंजी दांव पर लगाकर इस पिछड़े वोट बैंक के व्यापक जनाधार को जीतने का जुआ खेला। यदि सचमुच विश्वनाथ प्रताप की इतनी सीमित महत्त्वाकांक्षा थी, जिसके लिए उन्होंने छात्र, शिक्षक, वकील, बुद्धिजीवी जैसे मुखर समर्थक वर्ग को तथाकथित जाति युद्ध में झोंक दिया, तो उनके राजनीतिक ज्ञान और निर्वाचनी समीकरण का भगवान ही मालिक है। यदि सचमुच ऐसा ही है तो कृपया मंडल आयोग की सिफारिशों को लागू करने के अपने फैसले को तत्काल निरस्त करने के आदेश जारी कर दें। अभी बहुत देर नहीं हुई है। यदि महत्त्वाकांक्षाओं के अपने इस नितांत निजी समुद्र में ही वे डूब-उतरा रहे हैं, तो सचमुच उनके लिए 'मोहलत' शब्द तिनके का सहारा साबित हो सकता है उसे छोड़े नहीं, सामाजिक न्याय भले ही पीछे पड़ जाए।

लेकिन यदि विश्वनाथ प्रताप सिंह ने मंडल आयोग की सिफारिशों को लागू करने की घोषणा इन टुच्चे स्वार्थों के लिए नहीं, बल्कि जैसा कि वे कह रहे हैं पिछड़े वर्गों में तेजी से बढ़ रहे आक्रोश और शहर तथा अभिजात्य वर्ग विरोधी भावना को रोकने के लिए या समाज में व्याप्त उग्र विभाजन की भावना को कम करने के लिए या पिछड़े वर्ग को राज्य संचालन में उनकी उचित निर्णायक भूमिका दिलाने के लिए या सिर्फ सामाजिक-आर्थिक न्याय दिलाने की दिशा में उठाए गए पहले कदम के रूप में यह कार्रवाई की गई है, तो प्रधानमंत्री को इस दिशा में निस्संकोच आगे बढ़ना चाहिए।(मोहलत दिलाने वाले उस वर्ग को धन्यवाद देते हुए) क्योंकि वातावरण निश्चय ही इतना विषाक्त हो गया था और माहौल में चलते मानव मांस की चिराइन गंध कुछ इस कदर हावी थी कि उसमें सामाजिक न्याय दिलाने की बात तो दूर, किसी भी प्रकार का सार्थक-असार्थक संवाद संभव ही नहीं था।

इसमें कोई संदेह नहीं कि विश्वनाथ प्रताप फिलहाल समाज के सबसे प्रभावशाली और मुखर वर्ग में घोर अलोकप्रिय हो रहे हैं। वे निश्चय ही इस तथ्य से भी अवगत होंगे कि इस महत्त्वपूर्ण वर्ग को अपनी ओर रखकर इस देश में निर्वाचनी राजनीति सफलतापूर्वक करना असंभव तो नहीं, लेकिन कठिन अवश्य है। अब तक किसी भी राजनेता ने इस कठिन रास्ते को अपनाने की कोशिश भी नहीं की। ऐसी स्थिति में यदि विश्वनाथ प्रताप अपनी सामाजिक प्रतिबद्धता पर डटे रहते हैं तो यह तय है कि इस देश की राजनीति की दिशा और इस समाज के पारंपरिक ढांचे में ऐसे मूलभूत परिवर्तन आएंगे, जिसकी इस देश-समाज ने कल्पना भी नहीं की होगी। हो सकता है कि इस महती प्रक्रिया से विश्वनाथ प्रताप और उनकी पार्टी अगला चुनाव हार जाए, लेकिन यदि वे सचमुच समता मूलक समाज के निर्धारण के लिए प्रतिबद्ध हैं तो देश इस बलिदान के लिए उनका कृतज्ञ रहेगा और उनके खुद के दामन पर जो टुच्ची राजनीति के छींटे डाल दिए गए हैं, उनसे भी वे मुक्त हो पाएंगे। विश्वनाथ प्रताप यदि पिछड़े एवं दलित वर्गों के शोषण के कुचक्र को तोड़कर वास्तविक सामाजिक-आर्थिक बराबरी की दिशा में बढ़ने के प्रयास के रूप में मंडल आयोग की सिफारिशों को लागू करने की बात कर रहे हैं तो मंडल आयोग के प्रश्न पर पीछे नहीं हटें, और इस मोहलत का उपयोग सरकार की इस प्रतिबद्धता को और दृढ़ करने के एक अवसर के रूप में करें।

कानूनी लड़ाई मूलतः तीन मुद्दों पर लड़ी जाएगी। एक, संविधान सामाजिक और शैक्षिक रूप से पिछड़े वर्ग को आरक्षण देने की गारंटी देता है, पिछड़ी जातियों को नहीं। दो, जातियों की गणना और उनकी पहचान का आधार चूंकि 60 साल पुराना है, इसलिए अवैज्ञानिक और अव्यावहारिक है। तीसरी, सरकारी नौकरियों में आरक्षण की उच्चतम सीमा क्या हो–क्या 50 प्रतिशत नौकरियों को आरक्षित कर देना उचित होगा? ये तीनों प्रश्न कई मुकदमों में कई उच्च न्यायालयों द्वारा विवेचित हो चुके हैं और इनके आधार पर दिए गए निर्णयों के बावजूद देश के अनेक राज्यों में आरक्षण-व्यवस्था सफलतापूर्वक बिना सड़कों पर खून बहाए, सुचारू रूप से चल रही है। यदि विश्वनाथ प्रताप की सरकार सिर्फ राजनीतिक उद्देश्य से मंडल आयोग का दुरुपयोग नहीं कर रही है तो उसके लिए सचमुच यह एक ऐसा अवसर है कि सामाजिक न्याय के आवश्यक अस्त्र के रूप में आरक्षण व्यवस्था को वह वैधानिक, नैतिक और अंततः व्यावहारिक स्वरूप दिलवा सकती है। वह मंडल आयोग के रूप में भी हो सकता है और मुंगेरी लाल आयोग के रूप में भी या दक्षिण में लागू अन्य किसी भी आरक्षण व्यवस्था के रूप में इसे लागू कर सकते हैं। शर्त सिर्फ यही है कि सरकार सदाशयी हो और ईमानदारी से न्यायालय के समक्ष अपना पक्ष प्रस्तुत करे। साथ ही, आंदोलनकारी युवा छात्रों को यह विश्वास दिलाने में भी सफल हो सके कि वह सिर्फ सामाजिक न्याय दिलाने के लिए ही प्रतिबद्ध नहीं है, बल्कि वह इस दिशा में भी सार्थक कदम उठाने जा रही है, जिससे देश के युवाओं में व्याप्त हताशा और कुंठा की ऊर्जा का राष्ट्र निर्माण में सदुपयोग किया जा सके, न कि आत्मदाह या आत्महत्या जैसे पलायनवादी कर्म में। सरकार की विश्वसनीयता फिलहाल शून्य के बराबर है, इसलिए शब्द चाहे वे कितने ही पवित्र क्यों न हों, अभी खोखले ही लगेंगे। इसलिए सरकार इस मोहलत को चाहे तो कर्म के रूप में सार्थक उपयोग कर सकती है। सार्थक संवाद तभी बन सकेगा।

(9 अक्टूबर 1990, नवभारत टाइम्स)

सामाजिक न्याय पर सर्वसम्मति संभव है

आरक्षण विरोधी आंदोलन के अब करीब दो महीने पूरे होने को आ रहे हैं। एक अहिंसक और काफी हद तक लोकतांत्रिक शुरुआत के बाद यह आंदोलन उत्तर भारत के प्रमुख शहरों में हिंसक, युवा और छात्र वर्ग में आत्मघाती तथा राजनीतिक क्षेत्र में विस्फोटक मोड़ लेता हुआ एक ऐसे मुकाम पर पहुंचा है जहां आंदोलनकारियों के अपने अलग-अलग उद्देश्य और उनके वास्तविक चेहरे स्पष्ट रूप से सामने आ गए हैं।

एक तरफ आंदोलन की वह मुख्यधारा है, जिसका सूत्रपात स्कूल-कॉलेजों के छात्र शहरी युवा तथा मूल रूप से पढ़े-लिखे बेरोजगार नौजवानों ने जुलूस, धरनों तथा रैलियों के रूप में प्रारंभ किया था। वह अब आत्मदाह तथा आत्महत्या जैसे विकृत रूप में सामने आ रही है। देश के करोड़ों युवाओं के मन में स्वाभाविक रूप से घोर असंतोष है और कुंठा व निराशा की यह भावना मंडल आयोग की घोषणाओं को लागू करने के सरकारी निर्णय से अचानक नहीं पैदा हुई है। असंतोष के इस संचित बारूद में मंडल आयोग ने पलीता लगाने का काम जरूर किया है। असंतोष और निराशा के कारण भी हैं। विकास तथा प्रगति की भ्रामक अवधारणाओं और योजनाओं की विफलता ने आज एक ऐसा समाज तैयार किया है जहां मध्य वर्ग गांवों से शहरों की ओर अंधाधुंध भाग रहा है। लोग अपने पुश्तैनी काम-धंधों तथा अपनी जमीन से कटकर सरकारी नौकरी की मृगमरीचिका की तलाश में ऐसी अधकचरी शिक्षा प्राप्त कर रहे हैं जो न केवल उन्हें अपने पारंपरिक हुनर से नफरत सिखाती है बल्कि उन्हें इस योग्य भी नहीं रहने देती कि करोड़ों बेरोजगारों के हुजूम में शामिल होकर अपने लिए एक सरकारी नौकरी झपट सकें। सरकारी आंकड़ों के अनुसार, देश में पढ़े-लिखे चार करोड़ से ज्यादा बेरोजगार काम दिलाऊ दफ्तर के रजिस्टर में दर्ज पड़े हैं। सरकार यदि पूरी ईमानदारी से प्रयास करे तो साल में 40 हजार से ज्यादा नौकरियां नहीं दे सकती। ऐसी स्थिति में अंधेरी गुफाओं में भटकते युवाओं को यदि यह लगता है कि कई दिनों की भूख के बाद मिली सूखी रोटी में भी कोई नाजायज़ ढंग से हिस्सा बंटाना चाहता है तो इस तरह की सोच के लिए उन्हें बहुत ज्यादा दोषी नहीं ठहराया जा सकता। ऐसे में यदि उत्तेजित होकर मंडल आयोग के विरुद्ध कोई आंदोलन छेड़ देता है तो उसे बहुत अनुचित भी नहीं कहा जा सकता। ऐसी स्थिति में यदि वे यह भी भूल जाते हैं कि समाज के प्रति उनका भी एक दायित्व है और आर्थिक-सामाजिक न्याय तथा गैर बराबरी को दूर करने के लिए उठाए गए कदम का यदि वे विरोध करते हैं तो उनका दोष कम है और उन लोगों का ज्यादा, जो एक तरफ तो अपने तुच्छ स्वार्थों के लिए इस विषम सामाजिक व्यवस्था को जारी रखने में सहायक होते हैं और दूसरे इन दिशाहीन युवाओं को उस अंधेरी सुरंग में और आगे बढ़ाकर उनके

आक्रोश की ऊर्जा को विध्वंस की आग में बदलने का षड्यंत्र रचते रहते हैं। आज यदि युवक आत्मदाह और आत्महत्या जैसे असंतोष और आंदोलन के विकृत साधनों का सहारा ले रहे हैं तो इसका मुख्य कारण व्यवस्था की विफलता के कारण उपजी निराशा और कुंठा है, न कि मंडल आयोग की सिफारिशें। मंडल आयोग ने तो सिर्फ उत्प्रेरक का काम किया है।

इस मामले में प्रधानमंत्री सिर्फ मीडिया को जिम्मेदार ठहराकर और यह कहकर बरी नहीं हो सकते कि प्रेस ने मंडल आयोग रिपोर्ट के सिर्फ एक पक्ष को ही उभारा, इसलिए सामाजिक रूप से स्थिति विस्फोटक हो गई और यदि प्रेस ने संतुलित रवैया अपनाया होता तो जनभावना के इस कदर भड़कने का नजारा सामने नहीं आता। प्रेस के एक बहुत बड़े हिस्से की भूमिका निश्चित रूप से सराहनीय नहीं कही जा सकती, क्योंकि मीडिया ने न केवल आंदोलन के लिए युवाओं को उत्प्रेरित किया बल्कि आत्मदाह के मामले में 'बलिदान', 'आहुति' या 'शहीद' जैसे शब्दों का प्रयोग कर इस कुकृत्य को इतना महिमा मंडित किया कि पहले से ही कुंठित और निराश युवकों को यह देश और समाज के लिए सचमुच बलिदान का प्रतीक लगने लगा। कुछ समाचार पत्रों का यह कर्म सती के महिमा मंडन जैसे कृत्य से कम जघन्य नहीं था। लेकिन यदि सरकार समय रहते चेत जाती और मंडल आयोग लागू की घोषणा के साथ युवकों के सामाजिक दायित्व और मंडल आयोग की सिफारिशों को आंशिक रूप से लागू करने की बात को समझाकर सामने रखती तो लोग इस तरह के आत्मघाती कदम कतई नहीं उठाते।

इस बात पर विवाद हो सकता है, पर यदि मंडल आयोग के प्रतिवेदन को लागू करने की घोषणा अचानक न की जाती और पहले से विचार-विमर्श करके माहौल बनाने का काम किया जाता तो इसे लागू करना नितांत असंभव कर्म होता। लेकिन सच यह भी है कि इसे लागू करने की घोषणा के बाद जिस व्यापक स्तर पर सरकार को जन शिक्षण का कार्यक्रम प्रारंभ करना चाहिए था, उसमें वह पूरी तरह से विफल रही। सरकारी घोषणा के महीने भर बाद तक लोगों को धीरे-धीरे छन-छनकर यह बात पता चलती रही कि मंडल आयोग की ढेर सरी सिफारिशों में से सरकार ने सिर्फ एक केंद्रीय सरकार की नौकरियों में पिछड़ों को 27 प्रतिशत आरक्षण देने की बात को ही माना है कि शिक्षण संस्थाओं में यह आरक्षण नहीं लागू होगा कि तरक्की में भी आरक्षण नहीं होगा आदि। जानकारी के अभाव में छात्र युवाओं का आंदोलन उग्र से उग्रतर होता रहा और सरकार इसे शांत करने के प्रशासनिक कर्म में भी विफल रही।

आंदोलन के उग्र होने की प्रतीक्षा में दूर बैठे तत्वों के लिए इस स्थिति में घुसपैठ करने का यह स्वर्ण अवसर था। कहीं व्यक्तिगत कारणों से रुष्ट सत्तापक्ष के राजनीतिज्ञ तो कहीं अवसर की तलाश में समाज विरोधी तत्व और सरकार की परेशानियों से लाभ उठाने के लिए सदा तत्पर विपक्षी राजनीतिक पार्टियों—सबके लिए यह आंदोलन अपने स्वार्थ साधन का हथियार मात्र बनकर रह गया। छात्र, युवा, बेरोजगार पीछे रह गए। सामने आ गए राजनीतिक नेता। सारी मांगें पीछे रह गईं, सिर्फ एक मांग ही बची कि विश्वनाथ प्रताप सिंह प्रधानमंत्री पद से इस्तीफा दें। सड़कों पर आंदोलन कर रहे युवा छात्रों के निर्मल चेहरों की जगह मंजे हुए अपराधियों के चेहरे छा गए। कहीं छात्र स्वेच्छा से आत्मदाह कर रहे थे तो

कहीं-कहीं उनकी इच्छा के विरुद्ध मानव दहन होने लगे। शराब की दुकानें लूटना, पुलिस की कनपटी पर रिवॉल्वर रखकर गोली मारना और सारी-सारी रात लूटपाट का तांडव मचाना निश्चय ही छात्रों का काम नहीं हो सकता। वे सारे चेहरे अब सामने आ गए थे जिन्होंने सन् 84 में लोगों को जिंदा जलाने का अभ्यास किया था या जिन्हें दहेज के लालच में अपनी निर्दोष बहुओं को जलाने में हिचक नहीं होती। इसके लिए सभी दोषी हैं। सामाजिक न्याय के प्रति हिंदू समाज की घोर असहिष्णुता, मीडिया और बौद्धिक वर्ग की गैर जिम्मेदार और खतरनाक भूमिका, लेकिन इनसे भी कहीं ज्यादा सरकार की असफलता प्रशासन के क्षेत्र में भी और जन शिक्षण के मामले में भी। मंडल आयोग की सिफारिश लागू करने की घोषणा से लेकर आंदोलन के राजनीतिज्ञों और समाज विरोधियों के हाथ पहुंचने के बीच सरकार के पास पर्याप्त समय था। वह यदि चाहती तो युवाओं, छात्रों की आशंकाओं को दूर कर सकती थी। शिक्षाविदों, बुद्धिजीवियों और समाजशास्त्रियों के साथ मिल-बैठकर एक सर्वसहमति का रास्ता निकाल सकती थी और बहुत थोड़ी सी कोशिश से यह धारणा भी दूर कर सकती थी कि इस कदम के पीछे सरकार की सामाजिक न्याय दिलाने की सदिच्छा नहीं, बल्कि राजनीतिक गोटी बिठाने की वासना है। कांग्रेस, भाजपा तथा वामदलों सहित सभी प्रमुख राष्ट्रीय राजनीतिक दलों में इस बात पर सहमति तो पहले दिन से ही है कि पिछड़े वर्ग को आरक्षण मिलना चाहिए। मतभेद सिर्फ इन मुद्दों पर है कि वर्ग निर्धारण का आधार क्या हो और कितना आरक्षण दिया जाए। थोड़ी-सी चेष्टा से इस पर भी सर्वसम्मति हो सकती है। प्रश्न सामाजिक-आर्थिक न्याय का न्यूनतम समान स्तर दिलाने का है, मंडल आयोग की रिपोर्ट को शब्दशः लागू कराने का नहीं। यदि यह लक्ष्य आम सहमति से संभव है और मुख्य राजनीतिक दलों के बीच यह सहमति है भी तो एक सर्वसम्मत समाधान में बाधा कहां है।

(20 अक्तूबर 1990, नवभारत टाइम्स)

दलितों-वंचितों की राजनीति : चेतावनी की घंटी

कांग्रेस कार्यसमिति के चुनाव में किसी भी दलित, महिला या आदिवासी के न चुने जाने से उत्पन्न संकट ने इस वास्तविकता को गहरे रेखांकित किया है कि कांग्रेस की राजनीति का सामाजिक आधार क्रान्तिकारी रूप से परिवर्तित हो चुका है, जबकि कांग्रेस का वर्तमान नेतृत्व इस तथ्य से अनभिज्ञ बना रहना चाहता है। कांग्रेस अध्यक्ष की विशेष चिंता स्वाभाविक है। दक्षिण भारतीय होने के नाते नरसिंह राव इस ऐतिहासिक प्रक्रिया के साक्षी रहे हैं, इसलिए वे इसे समझ भी पा रहे हैं, जबकि कांग्रेस का उत्तर भारतीय नेतृत्व अब भी अपनी पारम्परिक राजनीति-शैली से चिपके रहना चाहता है।

यह संकट सिर्फ कांग्रेस का निजी राजनैतिक संकट नहीं है, यह संकट भारतीय राजनीति में आ रहे आन्तरिक उफान का प्रतीक भी है। शायद ही कोई राजनैतिक दल इससे अछूता बचा है। एक लोकतान्त्रिक व्यवस्था में बहुसंख्य वर्ग को समुचित और व्यापक राजनैतिक प्रतिनिधित्व कैसे मिले, यह प्रश्न अधिकांश राजनैतिक दलों के पिछड़े, दलित, आदिवासी कार्यकर्ताओं को मथ रहा है। विभिन्न दलों में इस दर्द की अभिव्यक्ति भिन्न-भिन्न रूप से हो रही है। इस प्रक्रिया को यदि इस संदर्भ में देखा जाए तो भारतीय राजनीति के वर्तमान संकट को शायद सही परिप्रेक्ष्य में देख पाना संभव हो।

भाजपा जैसा अनुशासित दल बिहार में टूट गया। ध्यान देने की बात है कि दल से टूटकर अलग हुए अधिकांश कार्यकर्ता पिछड़े वर्ग के थे। इंडियन पीपुल्स फ्रंट जैसे घोर वामपंथी विचारधारा वाले दल में टूट हुई। वहां भी टूटने वाले लोग पिछड़े वर्ग के ही थे। महाराष्ट्र में शिवसेना जैसे अधिनायकवादी दल में भी टूट कुछ इसी प्रकार हुई। छगन भुजबल के नेतृत्व में पिछड़े वर्ग के कार्यकर्ताओं का एक समूह शिवसेना से अलग हो गया और कांग्रेस में शामिल हो गया।

जनता दल के विखंडन का पैटर्न थोड़ा अलग है। यहां हर विघटन के बाद अवर्णों का वर्चस्थ थोड़ा और बढ़ रहा है। नेतृत्व हालांकि अब भी सवर्ण-बहुल है लेकिन अब वह शायद प्रतीकात्मक ज्यादा रह गया है, वास्तविक कम। सभी राजनैतिक दलों के दलित-आदिवासी सांसदों की इस मांग को भी इसी संदर्भ में देखना चाहिए कि कोई दलित ही इस बार भारत का राष्ट्रपति बने। संस्कृति से जोड़ने का दावा करने वाली भारतीय जनता पार्टी में भी कल्याण सिंह और उमा भारती जैसे नेताओं को ही क्यों लांछित होना पड़ता है? इस सचाई को भी इसी संदर्भ में देखा जा सकता है। मामला यहां भी व्यापक राजनैतिक प्रतिनिधित्व तथा अवर्णों की प्रगति से उत्पन्न सवर्ण रोष का ही है लेकिन भाजपा चूंकि अभी तक इस कसौटी पर कसे जाने की आदी नहीं है, इसलिए इस विषय को भविष्य के लिए सुरक्षित रखकर फिलहाल

कांग्रेस के वर्तमान संकट को समझने की चेष्टा से ही ढेर सारे अनसुलझे प्रश्नों का एक संबद्ध उत्तर मिल सकता है।

यह सच है कि कांग्रेस अध्यक्ष की इस चिंता के पीछे मूल कारण राजनैतिक है, जो सीधे कांग्रेस की शिखर राजनीति से जुड़ा हुआ है, वरना क्या कारण है कि राव ने चुनाव हो जाने के बाद ही अपनी चिंता को अभिव्यक्ति देना उचित समझा। यह तो ब्लॉक स्तर के प्रारम्भिक चुनाव से ही स्पष्ट होने लगा था कि कांग्रेसी नेतृत्व समाज के कमजोर वर्ग के स्वार्थ की उपेक्षा कर रहा है। विभिन्न प्रदेश कांग्रेस कमेटियों तथा अखिल भारतीय कांग्रेस कमेटी के सदस्यों की सूची देख डालिए। इसी से स्पष्ट हो जाता है कि कम-से-कम हिंदी भारत का कांग्रेस नेतृत्व इस बात की कतई चिंता नहीं कर रहा था कि समाज के विभिन्न वर्गों के लोगों को कैसे हर स्तर पर समुचित प्रतिनिधित्व मिले। उत्तर प्रदेश में दलित और आदिवासी सम्पूर्ण आबादी के करीब 24 प्रतिशत हैं और पिछड़े 60 प्रतिशत के करीब, लेकिन उत्तर प्रदेश की सूची पर गौर करें तो पता चलेगा कि इस वर्ग का प्रतिनिधित्व इसमें दस प्रतिशत भी नहीं है।

यही हालत बिहार, मध्य प्रदेश, राजस्थान, हरियाणा सहित सम्पूर्ण हिंदी भारत की है। यह अचानक नहीं हुआ। कांग्रेस अध्यक्ष निश्चित ही इस तथ्य से भी अनभिज्ञ नहीं होंगे। इसलिए उचित तो यह होता कि चुनाव प्रक्रिया से अपने आपको निरपेक्ष रखते हुए भी राव कम-से-कम इस तथ्य की ओर चुनाव से पहले ही लोगों का ध्यान आकृष्ट करते कि कांग्रेस की मतदाता सूची विकृत है और इसमें समाज के सभी वर्गों का समुचित प्रतिनिधित्व नहीं हुआ है। जिस क्षत्रप को जहां मौका मिला है, वहीं उसने अपनी स्थिति मजबूत करने की कोशिश की है। इस बात से बिल्कुल बेखबर कि उसका यह कर्म कांग्रेस के वास्तविक सामाजिक आधार के हितों के सर्वथा विपरीत जा रहा है। समाज के वंचित वर्ग को समुचित प्रतिनिधित्व देने के लिए राव यदि चुनाव से ऐन पहले एक आधिकारिक सूची प्रसारित करते, जिसमें केवल दलित, महिला, आदिवासी सहित समाज के वंचित वर्ग को प्रतिनिधित्व देने की अपील होती, तो उनकी आज की चिंता ज्यादा वास्तविक और सार्थक दिखती। चुनाव प्रक्रिया में अनावश्यक दखलअंदाजी का आरोप भी उन पर नहीं लगता, न ही उनकी निरपेक्षता पर कोई प्रश्नचिह्न लगता। इसलिए आज जब दबी जबान यह कहा जा रहा है कि राव अपने इस कदम से क्षत्रपों की बढ़ती शक्ति का मुकाबला करना चाहते हैं, तो इसकी सचाई से इनकार भी नहीं किया जा सकता। हां, यह जरूर कहा जा सकता है कि राव ने वर्तमान भारतीय राजनीति में कमजोर वर्ग की आकांक्षा को भी सही समझा है। यह बात दीगर है कि अपनी इस समझ का वे अपने राजनैतिक हित में भी इस्तेमाल कर रहे हैं। इसलिए जब वे कह रहे होते हैं कि कांग्रेस जैसी संस्था भी यदि दलित, आदिवासी, महिला जैसे वंचित वर्ग को समुचित प्रतिनिधित्व नहीं दे सकती, तो फिर वे और कहां से उम्मीद करें, तब वे भारतीय राजनीति के वर्तमान यथार्थ से भी साक्षात्कार करा रहे होते हैं, शिखर राजनीति की उनकी अपनी विवशताएं चाहे कुछ भी क्यों न हों।

इसीलिए इस मसले को दलित राष्ट्रपति के सवाल या भाजपा-शिवसेना जैसी पार्टियों से पिछड़ों-दलितों के मोहभंग के प्रश्न से जोड़कर देखना भी सार्थक होगा। उसे इस संदर्भ में भी देखना चाहिए कि आरक्षण का बंधन ढीला करते ही समाज के वंचित तबकों को वह

न्यूनतम प्रतिनिधित्व भी क्यों नहीं मिल पाता, जितना उन्हें आरक्षण दिला देता है। इसलिए ये प्रश्न बेमानी हैं कि राव शिखर राजनीति पर अपनी पकड़ मजबूत करने या सिर्फ कमजोर वर्ग के बीच लोकप्रिय होने के लिए इस सवाल को छेड़ रहे हैं। इस बात का भी कोई अर्थ नहीं कि जो आज दलित राष्ट्रपति चुनने की बात कर रहे हैं, उनका उद्देश्य दलित राष्ट्रपति प्राप्त करना नहीं बल्कि इस मुद्दे का राजनीतिक शोषण करना तथा दलित समस्या को विकृत करने की कोशिश करना है।

पर यह घटनाचक्र यह सिद्ध करता है कि जैसे-जैसे भारत में लोकतंत्र की जड़ें मजबूत होंगी, समाज के वंचित लेकिन बहुसंख्य वर्ग को ईंधन बनाकर उसकी आंच पर सवर्ण राजनीति की रोटी सेंकना शायद अब लंबे अरसे तक संभव न रह पाए। यदि लोकतांत्रिक व्यवस्था कायम रहती है, तो यह वर्ग उसमें अपना समुचित हक भी लेकर रहेगा। चेतावनी की यह घंटी हर राजनीतिक दल के अंदर घनघना रही है। जो सुन पा रहे हैं, वे वास्तविक सत्ता में बहुसंख्य वर्ग की हिस्सेदारी के रास्ते में रुकावट नहीं बनेंगे, जो नहीं सुन पा रहे हैं या सुनकर भी अनसुनी कर रहे हैं, उनकी राजनीतिक मंजिल सिर्फ इतिहास की कचरा पेटी ही हो सकती है।

(15 मई 1992, मतांतर, इंडिया टुडे)

गलत परम्परा मत डालिए

राष्ट्रपति पद के प्रार्थी का चयन करते समय राजनैतिक दल व्यक्ति के किस गुण और योग्यता को ध्यान में रखें। अखिल भारतीय अनुसूचित जाति-जनजाति फोरम सभी राजनैतिक दलों के सांसदों का संयुक्त मंच है। इस फोरम ने मांग की है कि राष्ट्रपति पद पर इस बार किसी दलित या वनवासी को चुना जाए। अब तक जितने भी हिन्दू राष्ट्रपति हुए हैं, उनमें से कभी किसी दलित, वनवासी या पिछड़ी जाति के व्यक्ति को राष्ट्रपति बनने का मौका नहीं मिला है।

सोच-समझ से सरोकार रखने वाले अधिकांश लोगों ने राष्ट्र के इस सर्वोच्च पद को जाति से बाँधने की कोशिश को अनुचित माना है। अधिकांश राजनैतिक दलों की भी यही मान्यता है, लेकिन कुछ व्यावहारिक कारणों से सर्वदलीय फोरम की इस मांग को राजनैतिक दल एकबारगी नामंजूर भी नहीं कर पा रहे है। भाजपा और माकपा जैसी काडर अनुशासित पार्टियों का मामला अलग है। कांग्रेस में भी कुल मिलाकर यही माहौल है कि राष्ट्रपति पद के प्रार्थी की योग्यता का आधार सिर्फ जाति न हो।

यह अच्छी बात है। किसी भी सभ्य लोकतांत्रिक व्यवस्था में यदि समाज के सभी वर्गों को समुचित और बराबरी का प्रतिनिधित्व देने के लिए आरक्षण की आवश्यकता पड़े, तो यह मानना चाहिए कि या तो उस समाज की सभ्यता में कहीं कोई कमी है या उस लोकतांत्रिक व्यवस्था में कोई खोट है। हमारे यहां लगता है कि दोनों ही बातें हैं, वरना आजादी के 45 साल बाद दलित-वनवासी जातियों के सांसदों को फोरम बनाकर इस तरह की मांग नहीं करनी पड़ती। यह चिंता का विषय है—एक अलग और व्यापक चिंता का विषय। इसे सिर्फ किसी एक पद से जोड़ देना इस अति महत्त्वपूर्ण विषय को अनावश्यक रूप से संकीर्ण दृष्टि से देखना होगा।

सिर्फ जाति के आधार पर किसी व्यक्ति को राष्ट्रपति पद के लिए उपयुक्त नहीं माना जा सकता। इस तर्क के आधार पर धर्म, भाषा, वर्ग या क्षेत्र भी राष्ट्रपति पद के प्रार्थी की योग्यता के आधार नहीं हो सकते। भारतीय गणराज्य के पहले राष्ट्रपति की बात छोड़ दें तो पता चलेगा कि इस पद के प्रार्थी के चयन में सिर्फ योग्यता या क्षमता का आधार उसके बाद शायद ही कभी ईमानदारी से लागू हुआ हो। भारत के पहले प्रधानमंत्री और पहले राष्ट्रपति, दोनों ही सवर्ण हिन्दू थे। दोनों हिंदीभाषी थे और कमोबेश एक ही वर्ग का प्रतिनिधित्व करते थे। सिर्फ इन्हीं कारणों से उनमें से किसी एक को चुनने की बात तब नहीं उठी। शायद इसलिए कि तब पद प्राप्त करने के लिए सिर्फ योग्य होना ही काफी होता था।

डॉ. राजेन्द्र प्रसाद के बाद राष्ट्रपतियों के चयन का आधार सिर्फ योग्यता ही रही, इस बात को दावे के साथ नहीं कहा जा सकता। डॉ. राधाकृष्णन की योग्यता और क्षमता के

बारे में संदेह की कोई गुंजाइश नहीं है। वे विश्वस्तर के दार्शनिक, विद्वान तथा शिक्षाशास्त्री थे। एक ऐसा व्यक्तित्व, जिसे निस्संदेह राष्ट्रपति पद की गरिमा के सर्वथा उपयुक्त कहा जा सकता है। डॉ. राजेन्द्र प्रसाद और डॉ. राधाकृष्णन तक आते-आते राष्ट्रपति पद का प्रत्याशी चुनने में इतना अन्तर अवश्य आ गया था कि योग्यता और पात्रता के अतिरिक्त भी कुछ और ढूंढ़ा जाने लगा। कहा गया कि प्रधानमंत्री चूँकि उत्तर का है, इसलिए राष्ट्रपति दक्षिण का होना चाहिए। यह अतिरिक्त योग्यता की मांग की शुरुआत थी।

भारत के तीसरे राष्ट्रपति डॉ. जाकिर हुसैल भले ही डॉ. राधाकृष्णन जैसे अंतर्राष्ट्रीय स्तर के विद्वान व शिक्षाशास्त्री तथा डॉ. राजेन्द्र प्रसाद जैसे विख्यात विधिवेत्ता और संविधान सभा के सभापति वाली हैसियत के व्यक्ति न रहे हों, पर उनकी विद्वत्ता, निष्पक्षता, दलगत राजनीति से उनका परे होना तथा मुस्लिम समाज के सांस्कृतिक- सामाजिक नेता की हैसियत उनकी अवश्य थी।

उनके चुने जाने के पीछे एक बड़ा कारण उनका मुसलमान होना भी था। यानी क्षेत्र और भाषा के बाद अब एक अतिरिक्त योग्यता धर्म बन रहा था। जाहिर है, जब सर्वथा योग्य लोगों को चुनने के बाद भी धर्म, क्षेत्र और भाषा के रूप में योग्यता की कुछ अतिरिक्त कसौटियां काम में लाई जाती रहीं तो जाति के प्रश्न को बहुत दिनों तक कैसे दबाया जा सकता था। अतिरिक्त योग्यता को ही प्राथमिक योग्यता मानने की प्रवृत्ति अब थोड़ी और ज्यादा विकृत दिखाई देने लगी है।

इस विकृति का प्रारंभ इंदिरा गांधी के प्रधानमंत्रित्व काल में हुआ। राष्ट्रपति के रूप में वराहगिरि व्यंकट गिरि कांग्रेस की अंदरूनी राजनीति की देन थे। उनका चयन करते समय राष्ट्रपति पद की गरिमा को नहीं, बल्कि इस बात को ध्यान में रखा गया था कि कांग्रेस की अंदरूनी राजनीति में राष्ट्रपति पद के इस चुनाव से श्रीमती गांधी को कितना लाभ मिलेगा।

गिरि के बाद ऐसी परम्परा चली कि राष्ट्रपति पद की सारी वांछित योग्यताएं एक ओर धरी रह गईं और सबसे महत्त्वपूर्ण योग्यता यह बनी कि राष्ट्रपति का कद किसी भी हालत में प्रधानमंत्री के कद से ऊंचा न हो। वे प्रधानमंत्री की सही-गलत—हर बात को स्वीकार कर लें। भारत के पांचवें राष्ट्रपति फखरुद्दीन अली अहमद ने इमर्जेंसी के आदेश पर बिना चूं-चपड़ किए दस्तखत करके इसे सिद्ध भी कर दिया कि राष्ट्रपति का कद अब उतना ही होगा, जितना प्रधानमंत्री चाहेंगे।

योग्यता, क्षमता तथा पात्रता के आधार पर भारत के सातवें और आठवें राष्ट्रपति की बात जितनी कम करें, उतना ही बेहतर होगा। यह राष्ट्रपति पद की पतनगाथा की पराकाष्ठा थी। यहां तक आते-आते प्रार्थी की अतिरिक्त योग्यता ही मुख्य योग्यता बन चुकी थी। पंजाब समस्या को जटिल बनाने वाले जैल सिंह और पनडुब्बी-तोपकांड की लीपापोती के लिए प्रसिद्ध वेंकटरामन आखिर किन योग्यताओं के आधार पर राष्ट्रपति चुने गए।

ऐसी स्थिति में यदि एक वर्ग यह मांग करता है कि वह समाज का बहुसंख्य वर्ग है और उसे आज तक इस पद से वंचित रखा गया है, अतः उसे सिर्फ इसी आधार पर यह पद मिलना चाहिए, तो वह कोई बहुत गैरवाजिब बात नहीं कर रहा होता है। योग्यताओं की कसौटी तो तहस-नहस हो चुकी है। ज्यादा से ज्यादा हम यह कह सकते हैं कि इस तरह

की मांग पतनगाथा की धारावाहिकता को और जीवन प्रदान करेगी। ऐसी स्थिति में वे पलटकर पूछ सकते हैं कि योग्यता की मांग आखिर आज ही क्यों, इससे पहले क्यों नही?

इसलिए सिर्फ जाति के आधार को विनम्रता से अस्वीकार करते हुए भी इन जातियों के दर्द को समझना पड़ेगा, क्योंकि यह पीड़ा वास्तविक है। इस वर्ग का विश्वास समाज को वापस मिले, इसके लिए आवश्यक है कि इस बार ऐसा राष्ट्रपति चुना जाए जो न सिर्फ संविधान के पालक और संरक्षक के रूप में सक्षम हो, बल्कि सक्षम दिखे भी। दलगत राजनीति से वह ऊपर हो। राष्ट्र उसे परिवार के एक ऐसे उदार मुखिया के रूप में देखे, जिसके लिए हर राजनैतिक मतवाद, क्षेत्र, भाषा, जाति तथा धर्म के लोग समान हों। फिर वह किसी भी जाति, धर्म, भाषा या क्षेत्र का क्यों न हो, सम्पूर्ण राष्ट्र उसे स्वीकार करेगा।

इस चयन में जब तक पारदर्शी ईमानदारी नहीं होगी, देश-समाज के वंचितों को यह लगता रहेगा कि जब उन्हें कुछ देने की बारी आती है, तभी योग्यता सर्वोपरि होती है वरना नहीं। दलितों-वंचितों की इस मांग से पूर्ण सहानुभूति रखते हुए भी उन्हें यह समझाया जाना आवश्यक है कि उनकी मांग को ज्यों का त्यों मान लेने का अर्थ होगा—एक गलत परम्परा को और आगे बढ़ाना। इस पर पूर्णविराम कर्म से ही लगाया जा सकता है, सिर्फ शब्दों की चालाकी से नहीं। देखना है कि नरसिंह राव क्या इंदिरा गांधी की इस परम्परा को तोड़ पाएंगे?

(15 जून 1992, मतांतर, इंडिया टुडे)

एक ऐतिहासिक पहल

अनूसूचित जातियों व जनजातियों का दो दिवसीय सम्मेलन एक गंभीर राजनीतिक सोच के मंच के रूप में परिणत हो जाएगा, इसकी उम्मीद शायद ही किसी को थी। अधिकांश लोग यह उम्मीद लगाए हुए थे कि दलित राष्ट्रपति के प्रश्न पर सम्मेलन विभाजित हो जाएगा और राजनीतिक दलों के बंधनों के ऊपर उठकर दलितों का यह जो नया मंच उभर रहा है, उसके बिखरने की शुरुआत भी इसी सम्मेलन से प्रारंभ हो जाएगी। ऐसा कुछ भी नहीं हुआ। उल्टे इस सम्मेलन में जो सामाजिक-आर्थिक प्रस्ताव पास हुए हैं, उन्हें राजनीतिक सूझबूझ का उत्कृष्ट उदाहरण कह सकते हैं।

दलित राष्ट्रपति की मांग इस फोरम की मुख्य मांग कभी नहीं थी। पिछले साल आन्ध्रप्रदेश के संदूर में दलितों पर हुए अत्याचार के खिलाफ ज्ञापन देने गए 106 दलित आदिवासी सांसदों के प्रतिनिधिमंडल से राष्ट्रपति का मिलने से इंकार करने के बाद फोरम ने प्रतिक्रिया स्वरूप एक प्रस्ताव पास किया था कि अगला राष्ट्रपति दलित समुदाय से चुना जाना चाहिए। वह फोरम का भी प्रारम्भिक काल था और तब शायद इस फोरम को भी यह अंदाजा नहीं था कि इस मंच में कितनी संभावनाएं भरी पड़ी हैं। इन दो दिनों के सम्मेलन में हुई चर्चा और पारित प्रस्तावों ने यही सिद्ध किया है कि दलित शक्ति को अपनी क्षमता का पूरा अहसास हो गया है। वे सिर्फ दलित राष्ट्रपति के सवाल को मुख्य सवाल बनाकर अपनी इस नवसंचित उर्जा को यों ही नष्ट करने के लिए तैयार नहीं है।

दलित राष्ट्रपति का सवाल वास्तव में कुछ राजनीतिक दलों और उनके नेताओं के लिए सिर्फ राजनीति का ही प्रश्न है। इसमें दोनों तरह के नेता शामिल हैं। विश्वनाथ प्रताप सिंह और रामविलास पासवान सहित जनता दल का वह वर्ग, जो इसी सवाल पर राजनीतिक वारे-न्यारे कर लेना चाहता है। दूसरी ओर वे राजनीतिज्ञ और बुद्धिजीवी हैं, जिनका ब्रह्मरोष इस बात पर भड़का हुआ है कि आखिर जाति योग्यता का विकल्प कैसे हो सकती है।

पहले वर्ग के लोगों की पूरी शक्ति इसी बात में लगी रही कि चाहे जैसे भी हो, दलित राष्ट्रपति के प्रश्न को सम्मेलन के केंद्र में बनाए रखकर उसे उस सीमा तक ले जाना है, जहां उस प्रस्ताव का बिना शर्त समर्थन नहीं करने वाले लोगों की निष्ठा को संदेह के दायरे में लाया जा सके। संकुचित राजनीतिक दृष्टि वाले दूसरे वर्ग की आकांक्षा इससे कुछ बहुत भिन्न नहीं थी। वे भी इसी प्रश्न का प्राधान्य देखना चाहते थे ताकि यदि वैसा कोई राजनीतिक प्रस्ताव पारित किया जाए तो उन्हें यह कहने का मौका मिल सके कि अब लोकतंत्र से पार्टियों की आवश्यकता समाप्त करने की प्रक्रिया प्रारंभ हो चुकी है और दलितों ने देश को जातिवादी राजनीति के अंधेरे गर्त में धकेल दिया है।

सम्मेलन में भाग ले रहे दलित नेतृत्व को इस खतरे का आभास था। उन्हें पता था कि यदि दलित राष्ट्रपति के प्रश्न को एजेंडे से पूरी तरह बाहर कर देते हैं तो इन दोनों शक्तियों को खुलकर खेलने का मौका मिल जाएगा। एक तरह तो यह कहा जाता कि नेतृत्व को कांग्रेस ने अंततः खरीद लिया और यदि इस मुद्दे को ही केंद्रीय मुद्दा बना दिया जाता तो उनकी चाँदी हो जाती जो अपने तात्कालिक राजनीतिक लाभ के लिए एक महत उद्देश्य को औजार बनाना चाहते है। सम्मेलन को इस बात का अहसास तो था ही कि पिछले साल अचानक शुरू हुआ 106 सांसदों का यह ढीला-ढाला मंच आज करीब 250 सांसदों, विधायकों तथा बुद्धिजीवियों का ही एक प्रभावशाली फोरम इस वजह से भी बना है कि दलित राष्ट्रपति के प्रश्न ने सारे देश का ध्यान इनकी ओर आकृष्ट किया है। चाहे प्रतीक रूप में ही सही, लेकिन दलित राष्ट्रपति के प्रश्न ने ही फोरम को यह अवसर प्रदान किया है कि वह देश का ध्यान दलितों की दारुण दशा और समाज की उनके प्रति उपेक्षा की ओर दिला पाने में सफल रहा है।

इसीलिए सम्मेलन में एक तरफ आर्थिक, समाजिक और राजनीतिक प्रस्ताव पास होते रहे, लेकिन दूसरी ओर दलित राष्ट्रपति का प्रश्न भी अदृश्य रूप से सम्मेलन स्थल पर स्थायी भाव से मंडराता रहा। इस प्रक्रिया में दलित, आदिवासी और वंचित तबकों की अपनी पहचान जिस दृढ़ता से स्थापित हुई, वैसी पहले कभी नहीं हुई थी। इस सम्मेलन में फोरम को एक सुसंगत तथा मुख्य दलितवाणी के रूप में उभारा और कुछ ऐसी बातें पहली बार हुईं जिनका भविष्य की भारतीय राजनीति पर गहरा प्रभाव पड़ना निश्चित है। इसका सबसे अच्छा उदाहरण है—सम्मेलन में पास किया गया दलितों की आर्थिक-सामाजिक अवस्था पर प्रस्ताव। पहली बार एक ऐसा दस्तावेज सामने आया है जिसमें दलितों के प्रति अब तक चली आ रही करुणा और कल्याण का भाव प्रधान नहीं है। इसी दस्तावेज में दलितों की वर्तमान स्थिति का खुलासा लेखा-जोखा है और ऐसी मांगें की गई हैं, जिन्हें मानने पर वास्तव में दलितों की स्थिति में गुणात्मक परिवर्तन हो सकता है।

प्रस्ताव में दलितों पर आए दिन हो रहे अत्याचारों तथा उस समाज की आर्थिक दैन्य दशा को अलग-अलग व्याधि के रूप में देखने के बजाए इसे समाज के आर्थिक-सामाजिक सड़ांध का लक्षण मात्र माना है। प्रस्ताव में कहा गया है कि जब तक सम्पूर्ण समाज के आर्थिक-सामाजिक ढांचे में आमूल-चूल परिवर्तन नहीं हो जाता, इन लक्षणों को मिटाने की कोशिश करना सिर्फ शाब्दिक सहानुभूति बनकर ही रह जाएगी, रोग को जड़ से मिटाने की कोशिश कतई नहीं बन सकती।

इसलिए प्रस्ताव कहता है कि समाज यदि सचमुच रोग की जड़ को मिटाने के लिए प्रतिबद्ध है तो उसे लफ्फाजी से उबरना होगा। शब्दों से ऊपर उठकर ठोस कर्म की दिशा में कदम बढ़ाने के लिए कुछ विशिष्ट उपाय सुझाए गए हैं। मसलन, कुछ निम्नतम मजदूरी के लिए राष्ट्रीय कानून बने, न कि अलग-अलग राज्यों में अलग-अलग दरों पर मजदूरी निर्धारित की जाए।

बंधुआ मजदूरों को सिर्फ मुक्त कर देने मात्र से कर्त्तव्य की इतिश्री न हो, उनके पुनर्वास के लिए ठोस कदम उठाए जाएं। खेती से विरत हो रहे दलित वर्ग को लघु सिंचाई के मामले में प्राथमिकता दी जाए।

मंदिरों और मठों की जमीनों से संबंधित एक अत्यन्त क्रान्तिकारी प्रस्ताव निश्चय ही समाज के प्रभावशाली वर्ग का ब्रह्मरोष तीव्र करेगा। इस प्रस्ताव में कहा गया है कि मंदिरों, मठों तथा धर्मार्थ न्यासों की जमीन दलितों को खेती के लिए पट्टे पर दी जाए। इसके अतिरिक्त भंगी मुक्ति, जंगलों के संरक्षण, जंगलों के उत्पाद पर दलितों-आदिवासियों का अधिकार, कर्ज मुक्ति तथा दलितों-आदिवासियों के स्कूल जाने वाले बच्चों को मुफ्त आहार देने के प्रस्ताव भी पास किए गए। सरकार की नई आर्थिक नीति विषयक प्रस्ताव ने तो नरसिंह राव सरकार को कठघरे में ही खड़ा कर दिया। सम्मेलन में कहा गया कि सरकार ने नई आर्थिक नीति लागू करने से पहले सभी वर्गों से विचार-विमर्श करना उचित नहीं समझा। विभिन्न कॉमर्स चैम्बरों, ट्रेड़ यूनियनों तथा देशी-विदेशी अर्थनीतिविदों से नई अर्थनीति के बारे में चर्चा की गई, पर दलितों-आदिवासियों को किसी भी स्तर पर विचार-विमर्श में शामिल नहीं किया गया।

यह बहुत ही महत्त्वपूर्ण घटना है, क्योंकि पहली बार दलितों ने अपने आपको एक अलग आर्थिक वर्ग के रूप में मान्यता देने की मांग की है। अब तक दलित समस्या को सिर्फ सामाजिक, धार्मिक तथा राजनीतिक स्तर पर ही देखा जाता रहा है, जबकि वास्तविकता यह है कि इस लड़ाई के जड़ में प्रमुख तत्व हमेशा आर्थिक रहा है। इसलिए यह मांग करना कि योजना मद व्यय की राशि निर्धारित करते हुए योजनाकार इस बात का ध्यान रखे कि दलितों-आदिवासियों को उनकी आबादी के अनुपात में ही धन आबंटित किया जा रहा है, अपने आप में एक क्रान्तिकारी मांग है। उस मांग से कहीं ज्यादा दूरगामी महत्त्व की, जिसमें कहा गया है कि राज्यसभा और विधान परिषदों में भी लोकसभा तथा विधानसभा की तरह सीटों का आरक्षण किया जाए। समाज के आरक्षण विरोधी तबके ने इस मांग की गंभीरता को शायद नहीं समझा है। इसलिए उन बातों को उछालकर मुदित हो रहे हैं जो बातें इस सम्मेलन के हाशिए पर चर्चित होती रहीं।

सम्मेलन के मुख्य प्रस्तावों पर अभी लोगों का ध्यान नहीं गया है। यदि इस पर गहराई से विचार किया जाए तो यह स्पष्ट हो जाएगा कि देश में जिस नई राजनीतिक संस्कृति की हवा का आभास थोड़े दिन से लोगों को मिल रहा था, उसका कुछ ठोस रूप इस सम्मेलन के दौरान पहली बार देखने को मिला है। यह सम्मेलन एक ऐसे समय में आयोजित हुआ है जब देश के अधिकांश राजनीतिक दल महत्त्वपूर्ण मुद्दों पर एक ही सोच के सांचे में ढले दिखते हैं। ऐसा लग रहा है कि कोई विकल्प है ही नहीं। ऐसी स्थिति में यह फोरम ताजी हवा के एक ऐसे झोंके के रूप में आया है जिसमें भविष्य की राजनीति के संकेत स्पष्ट देखे जा सकते हैं। इसलिए इसे कृपया सिर्फ दलित राष्ट्रपति के प्रश्न या विश्वनाथ प्रताप सिंह की जीत-हार के प्रश्न के रूप से न देखें। इसमें एक आगामी राजनीति का पूर्वाभास छिपा हुआ है। कृपया ऐतिहासिक पहल को इसी रूप में देखें।

(25 जून 1992, अमर उजाला)

मुसलमान सोच में भी पिछड़ रहे हैं

क्या मुस्लिम मध्य वर्ग पिछले दिनों कुछ ज्यादा ही कट्टर और अनुदार हुआ है? एक के बाद एक घटनाएं जिस तरह से घट रही हैं, उनसे यही नतीजा निकाला जा सकता है कि मुसलमानों के मध्य वर्ग या बुद्धिजीवी वर्ग का बहुमत पहले के मुकाबले कुछ ज्यादा दकियानूस और पुरातनपंथी होता जा रहा है या फिर मुस्लिम समाज में असुरक्षा की बढ़ती भावना उसके मध्य वर्ग के बीच इस प्रकार से प्रकट हो रही है।

जामिया मिलिया इस्लामिया और प्रोफेसर मुशीरूल हसन का मामला तो अब काफी चर्चित हो चुका है, लेकिन मुस्लिम शिक्षा जगत के कुछ अन्य महत्त्वपूर्ण केंद्र, विशेषतः अलीगढ़, बम्बई और पटना में जिस तरह की घटनाएं पिछले दिनों घटी हैं, उनसे यदि कोई इस निष्कर्ष पर पहुंचता है कि आज का शिक्षित मुसलमान जिस रास्ते चल रहा है, उससे समाज थोड़ा और पीछे हटेगा तो ऐसे किसी निष्कर्ष को स्वाभाविक ही मानना चाहिए।

सबसे पहले अलीगढ़ के मामले को लें। यह मामला भी कुछ-कुछ जामिया के मामले की तरह ही है। फर्क सिर्फ इतना ही है कि अलीगढ़ विवाद में धार्मिक मुद्दे प्रमुख नहीं हैं, लेकिन इस विवाद ने जिस तरह से विश्वविद्यालय के छात्रों और अध्यापकों को प्रभावित किया है, इसका अर्थ सिर्फ यही हो सकता है कि आज मुस्लिम समाज का शिक्षित तबका एक भारी मानसिक उथल-पुथल के दौर से गुजर रहा है जिसकी अभिव्यक्ति इस तरह से हो रही है।

अलीगढ़ मुस्लिम विश्वविद्यालय ने आई.टी.आई दिल्ली के प्राध्यापक एस एम याह्या को विश्वविद्यालय के प्रतिकुलपति के रूप में नियुक्त किया था। प्रोफेसर याह्या ने थोड़े दिनों बाद तय किया कि विश्वविद्यालय में शिक्षण का उचित माहौल नहीं है, इसलिए वे आई.टी.आई वापस चले जाएंगे। विश्वविद्यालय के छात्रों और अध्यापकों ने उनकी विदाई का समारोह आयोजित किया, जिसमें प्रोफेसर याह्या ने वही बातें दोहराईं कि किस प्रकार अमुवि में शिक्षण का माहौल खराब हो रहा है। नतीता यह हुआ कि छात्रों का एक हिंसक वर्ग प्रतिवाद करने पहुंचा, जो अंततः मारपीट तथा अध्यापकों को लांछित करने से लेकर कुलपति के निवास पर हमले के रूप में बदल गया और विश्वविद्यालय एक अनावश्यक आन्दोलन का शिकार हो गया।

कुल मिलाकर मामला जामिया की तरह का ही बना कि क्या शिक्षण संस्थाओं में भी लोग अपनी भावनाओं की अभिव्यक्ति स्पष्ट रूप से कर पाएंगे या नहीं। जामिया के प्रोफेसर मुशीरूल हसन ने सलमान रश्दी की विवादास्पद पुस्तक 'शैतानी आयतों' को प्रतिबंध मुक्त करने की बात नहीं की थी। उन्होंने एकदम जायज बात कही थी कि पुस्तकों पर प्रतिबंध

लगाना या कहें कि अभिव्यक्ति की स्वतंत्रता का हनन करना इस तरह की किन्हीं भी समस्याओं का समाधान नहीं है। परिणाम यह निकला कि न केवल जामिया के छात्रों-शिक्षकों का एक बड़ा वर्ग प्रोफेसर हसन के हिंसक विरोध पर उतारू हुआ बल्कि देश भर के पढ़े-लिखे मुस्लिम समाज के बहुमत ने भी कुछ ऐसी ही प्रतिक्रिया व्यक्त की।

प्रोफेसर याहूया ने तो जो बातें कही थीं, उनका तो दूर-दूर तक धार्मिक आस्था से कोई संबंध नहीं है, लेकिन वहां भी छात्रों-शिक्षकों के एक बड़े वर्ग की प्रतिक्रिया जामिया जैसी ही रही। इससे क्या यह अर्थ नहीं निकलता कि नया मुस्लिम समाज उस हद तक अपने को अनुदार बनाए रखना चाहता है कि उसे बाहर की बात तो छोड़ ही दें, अपने समाज से उठी हुई आलोचना का हल्का-सा तेवर भी अपने ही समाज के विरुद्ध षड्यंत्र लगने लगता है। वरना अलीगढ़ के छात्र उस तरह से अपनी प्रतिक्रिया व्यक्त नहीं करते जैसा कि पिछले दिनों हुआ, बल्कि प्रोफेसर याहूया के विश्लेषण को आगे बढ़ाते हुए इसे आत्ममंथन का कुछ ऐसा स्वरूप देते कि यह विवेचना अलीगढ़ विश्वविद्यालय से प्राप्त छात्रों की उपलब्धियों के लेखा-जोखा के रूप में सामने आती कि क्या कारण है कि आज इस विश्वविद्यालय के छात्र प्रतियोगिताओं में कहीं टिक नहीं पा रहे हैं। जिस विश्वविद्यालय ने मुस्लिम समाज की कई सारी ऐसी पीढ़ियां तैयार की, जो योग्यता और क्षमता में देश के किसी भी विश्वविद्यालय के छात्रों से उन्नीस नहीं रहीं, आज मुस्लिम समाज को एक पढ़े-लिखे बेकार की फौज देने के अलावा कोई सार्थक काम क्यों नहीं कर पा रहा?

यदि मुस्लिम समाज का पढ़ा-लिखा तबका सचमुच इस बात से चिन्तित होता कि देश में बेकारों की बढ़ती फौज में सबसे ज्यादा मुसलमान क्यों हैं या गरीबी की रेखा से नीचे भारतीयों में मुसलमानों का प्रतिशत हर साल क्यों बढ़ता जा रहा है तो वे प्रोफेसर मुशीरूल हसन और प्रोफेसर एस.एम. याहूया के विचारों को वितंडा का वह स्वरूप कतई नही देते, जिससे लोगों की इस अवधारणा को और बल मिलता कि मुस्लिम मध्य वर्ग, या कहें कि समाज को नेतृत्व प्रदान करने वाला तबका सचमुच मुसलमानों की गरीबी, अशिक्षा और पिछड़ेपन के बारे में कतई चिन्तित नहीं है बल्कि वे भी उन्हीं हवाई मुद्दों को ज्यादा महत्त्व देते हैं, जिनके कारण मुसलमान आजादी के बाद देश में पिछड़ता ही गया है।

बम्बई का विद्या भवन-अंजुमन विवाद इस प्रवृत्ति का सबसे अच्छा उदाहरण कहा जा सकता है। बम्बई में भारतीय विद्या भवन द्वारा परिचालित जनसम्प्रेषण और प्रबंधन का राजेन्द्र प्रसाद संस्थान अपने क्षेत्र की एक महत्त्वपूर्ण संस्था है, जिसने हजारों की संख्या में युवाओं को आधुनिक सम्प्रेषण की तकनीक में प्रशिक्षित किया है, जो देश में महत्त्वपूर्ण पदों पर कार्य कर रहे हैं। भारतीय विद्या भवन भारत की प्राचीन संस्कृति के गौरव को पुनजीर्वित करने में विश्वास करता है। उसके पिछले कार्यकलाप को देखते हुए यह बात विश्वास के साथ कही जा सकती है कि हिन्दू विचारधारा की श्रेष्ठता को प्रतिपादित करने वाला यह संस्थान किसी भी कोण से साम्प्रदायिक नहीं है। यही बात बम्बई के अंजुमन-ए-इस्लाम के बारे में भी कही जा सकती है, जिसने बम्बई में मुस्लिम समाज को शिक्षित करने के क्षेत्र में अलीगढ़ या जामिया के टक्कर का काम किया है। इस्लामी सभ्यता और मुस्लिम समाज की आवश्यकताओं को ध्यान में रखकर चलाया जाने वाला यह संस्थान अनुदार और पुरातनपंथी नहीं है, यह बात भी विश्वास के साथ कही जा सकती है।

इन परिस्थितियों में विद्या भवन की इस पहल की प्रशंसा होनी चाहिए थी कि वह राजेन्द्र प्रसाद संस्थान की एक शाखा अंजुमन-ए-इस्लाम के बोरीबंदर स्थित स्कूल में प्रारंभ करना चाहता है, जहां तीस प्रतिशत स्थान मुसलमान छात्रों के लिए सुरक्षित रखे जाएंगे। इस प्रस्ताव के दूसरे चरण में अंजुमन में संस्कृत तथा विद्या भवन में अरबी तथा फारसी पढ़ाने की योजना थी, लेकिन बम्बई के मुस्लिम समाज में हंगामा हो गया और इस प्रस्ताव को वापस लेना पड़ा। आश्चर्य की बात यह है कि इस प्रस्ताव का विरोध करने वाले पुरातनपंथी मुल्ला-मौलवी नहीं, बल्कि वे लोग थे जिन्हें मुस्लिम समाज के प्रगतिशील वर्ग का प्रतिनिधि कहा जा सकता है। इस प्रस्ताव का सबसे मुखर विरोध बम्बई से प्रकाशित 'उर्दू टाइम्स' महाराष्ट्र के भूतपूर्व शिक्षा सचिव तथा अंजुमन की प्रबन्ध समिति के सदस्य ए.यू. शेख तथा प्रख्यात मुस्लिम समाज सुधारक स्व. हमीद दलवई के भाई तथा महाराष्ट्र जनता दल के अग्रणी नेता हुसैन दलवई ने किया। मुखालफत का मुख्य आधार यह था कि विद्या भवन जैसी भारी-भरकम संस्था के प्रवेश से अंजुमन का अल्पसंख्यक चरित्र समाप्त होने का खतरा है। इस तरह शिक्षित मुस्लिम बेकार युवाओं के सामने एक अवसर आते-आते रह गया।

मुस्लिम मध्य वर्ग जिस तरह से अपने खोल में सिमटकर पीछेदेखू बनने की कोशिश कर रहा है, इसका एक अन्य उदाहरण है—पटना स्थित खुदाबख्श लाइब्रेरी के निदेशक का मामला। इस पुस्तकालय के निदेशक डॉ. आबिद रजा बेदार इन दिनों विवादों के घेरे में हैं। उन पर इस्लाम और मुसलमान विरोधी होने के आरोप लगाकर उन्हें पुस्तकालय से निकाल बाहर करने का एक आन्दोलन पटना में उग्र रूप धारण कर रहा है। वर्तमान विवाद का विषय हालांकि 'काफिर' शब्द की व्याख्या करते हुए उनकी ताजी टिप्पणी है, लेकिन दो प्रमुख इस्लामी संस्थाओं द्वारा उन्हें काफिर घोषित करते हुए 'दोजख की आग' में डालने का फतवा उनकी एक 23 वर्ष पहले प्रकाशित पुस्तक के कारण जारी किया गया है। डॉ. बेदार ने सन् 1969 में एक पुस्तक 'सीमा की तलाश' प्रकाशित कराई थी, जिसमें उन्होंने मुस्लिम पर्सनल लॉ, जुम्मे की तमाज, हिन्दू उपासना स्थलों को ढहाकर वहां बनाई गई मस्जिदों का मामला तथा इस्लामी कर्त्तव्य के बारे में अपने विचार प्रकट किए थे। आज उस पुस्तक के प्रकाशन के 23 वर्ष बाद डॉ. बेदार को काफिर घोषित करते हुए उन्हें पुस्तकालय के निदेशक पद से हटाने का आन्दोलन किया जा रहा है, जिसमें धीरे-धीरे अब उग्र धार्मिकता का प्रवेश हो रहा है।

इन चारों घटनाओं में एक बात मार्के की है कि इन विवादों के केंद्र में मुस्लिम समाज का कोई ऐसा व्यक्ति है, जो समझदारी की बात करने के कारण अपने समाज के बहुमत का कोपभाजन हो रहा है। जामिया में प्रोफेसर हसन, अलीगढ़ में प्रोफेसर याहूया, अंजुमन में डॉ. इसहाक जामखानवाला तथा पटना में डॉ. बेदार सिर्फ थोड़ी समझदारी की बात करके अपने समाज के उस वर्ग के आक्रमण का निशाना बन रहे हैं, जो संस्थानों की स्थानीय राजनीति में अपना वर्चस्व बनाए रखने के लिए मुस्लिम समाज के अंदर गहरे पैठे असुरक्षा तथा भय की भावना को भड़काकर इसे पूरे समाज के संकट का रूप दे रहे हैं। इस प्रकार एक समाज को थोड़ा और पीछे धकेल रहे हैं, जो ऐतिहासिक कारणों से वैसे ही पिछड़ता जा रहा है।

असल में भारतीय मुस्लिम समाज की यही विडम्बना रही है कि असुरक्षा की भावना को और हवा देकर हमेशा उर्दू, अलीगढ़ मुस्लिम विश्वविद्यालय का अल्पसंख्यक चरित्र तथा मुस्लिम पर्सनल लॉ आदि को ही मुसलमानों की वास्तविक समस्या बनाया जाता रहा है ताकि

इस बात की ओर उनका ध्यान न जाए कि मुसलमान आज देश में सबसे ज्यादा गरीब, सबसे ज्यादा अशिक्षित तथा सबसे ज्यादा असुरक्षित क्यों है। कम-से-कम इस समाज के पढ़े-लिखे वर्ग से यह अपेक्षा तो की ही जा सकती है कि वे इस वर्ग की वास्तविक समस्याओं को समझें और उस वर्ग का हथियार न बनें जिसका स्वार्थ इस समाज को बनाए रखकर अपनी राजनीति चमकाने में है। यह प्रक्रिया वास्तव में बहुसंख्य समाज की साम्प्रदायिकता के हाथ ही मजबूत करती है।

(8 जुलाई 1992, अमर उजाला)

मुरहो को धर्मस्थल और मंडल को अवतार न बनाएं

इस बात में एक हद तक सचाई अवश्य है कि बिहार में जब से लालू प्रसाद की सरकार बनी है, उसके राजनीतिक विरोधियों ने उसे पल-भर भी चैन से बैठने का अवसर नहीं दिया है। पिछले ढाई साल में सरकार का बहुलांश समय और ऊर्जा खुद को बचाए रखने में ही नष्ट हुई है। यह कहा जा सकता है कि लोकतांत्रिक व्यवस्था में विपक्ष का यह धर्म है कि वह सत्तापक्ष को हमेशा चौकन्ना रखे। सत्ता पक्ष का कर्त्तव्य है कि उस अनिश्चय की आग से पर्याप्त ऊर्जा ग्रहण करके कुछ ऐसा सकारात्मक कर्म करता रहे जिसके लिए मतदाताओं ने उसमें आस्था व्यक्त की है।

सिद्धांत के रूप में ये बातें ठीक हैं लेकिन इसके साथ एक शर्त भी जुड़ी हुई है। शर्त यह है कि यह सारा कार्य व्यापार लोकतांत्रिक ढांचे और सिद्धांत के अंदर ही सम्पन्न हो। यदि यह खेल इन नियमों के अंतर्गत खेला जाता है तो सरकार के पास अपने को बचाए रखने का पर्याप्त अवसर रहता है। इसके बाद भी इतना समय बचा रहता है जिसमें वह अपने उस कर्त्तव्य का पालन कर सकें जिसके लिए जनसमूह के बहुमत ने उसे मूल रूप से चुना है। जन प्रतिनिधि चुनने के साथ ही मतदाता का कर्त्तव्य एक तरह से स्थगित हो जाता है। इसके बाद वह उससे परिणामों की अपेक्षा करता है न कि बार-बार इस बात की शिकायत कि न्यस्त स्वार्थ उन्हें काम करने का मौका नहीं दे रहा है।

बिहार में थोड़ी भिन्न परिस्थितियों में लालू प्रसाद की सरकार का गठन हुआ। पारंपरिक रूप से बिहार का प्रशासनिक ढांचा, बौद्धिक और सामाजिक नेतृत्व तथा सांस्कृतिक स्वरूप कुछ ऐसा रहा है कि लालू प्रसाद और उनके वर्ग की सरकार को स्वीकार करने में उनकी प्रारंभिक कठिनाई समझ में आती है। यही कारण है कि इन्हीं परिस्थितियों में किसी अन्य राज्य में इस तरह की सरकार को जो कठिनाइयां झेलनी पड़तीं लालू प्रसाद की सरकार को उनसे कहीं ज्यादा मुश्किलात का सामना करना पड़ा।

शायद इसीलिए बिहार के मतदाता ने भी इस कठिनाई को समझा और एक लोकतांत्रिक व्यवस्था में जनप्रतिनिधियों को जिस सीमा तक अकर्मण्यता के लिए छूट की अवधि परंपरा से निर्धारित है, उससे कहीं बहुत ज्यादा ही समय लालू प्रसाद की सरकार को दिया। जब तक सचमुच उन्हें लगता रहा कि प्रशासन और व्यवस्था के संपूर्ण असहयोग के कारण विकास की गति अवरुद्ध है, जनगण का विश्वास अपने प्रतिनिधियों के प्रति डिगता हुआ कतई नहीं दिखा। उन्होंने अपने जन प्रतिनिधियों की इस कठिनाई को भी निश्चय ही सहानुभूतिपूर्ण ढंग से समझा कि ये वास्तव में अस्तित्व रक्षा का संघर्ष कर रहे हैं इसलिए मूल कर्त्तव्य से डिगना इनके लिए न केवल स्वाभाविक है बल्कि क्षम्य भी है। स्पष्ट है कि यह सारी छूट

वह उस सीमा तक ही देने को तैयार था जब तक उसे लग रहा था कि कठिनाई सचमुच वाजिब है, न कि अकर्मण्यता को ढकने का साधन।

आज जब बिहार में मूड कुछ बदला हुआ दीख रहा है तो इसका कारण यह नहीं है कि वे लोग भी अब सामाजिक न्याय के नारे से अचानक विमुख हो गए हैं जो अब तक इनके साथ थे। अजित सिंह या रामलखन सिंह यादव जैसे राजनीतिज्ञों को जनता यदि ध्यान से सुनने लगी है तो इसका मुख्य कारण यह है कि उनका विश्वास लालू प्रसाद यादव और उनके ब्रांड के सामाजिक न्याय से थोड़ा डिग रहा है, न कि वास्तविक सामाजिक न्याय और धर्मनिरपेक्षता के राजनीतिक दर्शन से। लालू प्रसाद जैसे प्रखर जमीनी राजनीतिज्ञ की यह पहली बड़ी असफलता है कि अपने तिलिस्म को बिखरने से बचाने में वे असमर्थ दीखने लगे हैं। अच्छे और सफल राजनीतिज्ञ की सबसे बड़ी पहचान यह होती है कि वह समय की नजाकत को बखूबी पकड़कर अपने राजनीतिक कर्म को उसी के अनुरूप ढालता है। लालू प्रसाद इस कला में पारंगत रहे हैं। लेकिन लगता है कि इधर उनकी राजनीतिक पकड़ थोड़ी ढीली पड़ रही है वर्ना उनकी बाजी एक के बाद एक उलटी नहीं पड़ती।

राष्ट्रीय स्तर पर जनता दल में हो रहे सतत् बिखराव के दौर में भी लालू प्रसाद यादव ने राज्य में पार्टी को एक तरह से अक्षुण्ण रखा तो इसका कारण सिर्फ सामाजिक न्याय के प्रति राज्य के बहुमत की प्रतिबद्धता ही नहीं थी। इसके पीछे लालू प्रसाद की अपनी योग्यता और क्षमता का भी बहुत बड़ा हाथ था। इसी तरह का समाज और इसी तरह की प्रतिबद्धता उत्तर प्रदेश में भी थी, लेकिन जनता दल को वहां खंड-खंड होते देर नहीं लगी। मुलायम सिंह यादव निश्चय ही लालू प्रसाद के मुकाबले अधिक अनुभवी और जमीनी पकड़ वाले नेता थे, लेकिन वे जहां असफल रहे, लालू उन्हीं बिंदुओं पर सफल होते गए। यह लालू प्रसाद की राजनीतिक व्यवहार कुशलता का ही परिणाम था।

इसे भी राजनीतिक कुशलता ही कहेंगे कि दिन-ब-दिन बिहार की स्थिति बदतर होती गई लेकिन लालू की जड़ें वहां की जमीन में और गहरी पैठती गईं। विकास का कार्य राज्य में पूरी तौर पर ठप है। यह आज की बात नहीं, वर्षों से यही स्थिति है। राज्य करीब-करीब आर्थिक दिवालिएपन के कगार पर है। सरकार महीनों अपने कर्मचारियों को वेतन नहीं दे पाती। फिर इधर-उधर की मदों से कतर-ब्योंत करके किसी तरह भुगतान कर दिया जाता है। आर्थिक मोर्चे पर प्रशासन की विफलता का यह आलम है कि इस माहौल में भी राज्य सरकार करीब 2000 करोड़ रुपए खर्च न कर पाने की स्थिति में केंद्र को लौटा रही है। राज्य में बिजली नहीं, पानी नहीं, कानून व्यवस्था की स्थिति नाजुक, सड़कें खस्ताहाल और कुल मिलाकर राज्य सत्ता अपने आप में समाप्त होती दीख रही है। लंबे अरसे से यही स्थिति है, फिर भी लालू प्रसाद ने जिस वर्ग में लोकप्रियता प्राप्त की उस वर्ग के हीरो वे हाल तक बने हुए थे। सिर्फ इसलिए कि उनकी एक तरह की पारदर्शी गंवई निश्छलता सबके सामने थी।

शायद यही कारण है कि उनके अनेक सारे गलत काम भी इस फिजा में दबे-ढके रह जाते थे। सामाजिक न्याय दिलाने के नाम पर जब लालू प्रसद कांग्रेस के एक परंपरागत बदनाम विधायक रामलखन सिंह यादव को जनता दल के टिकट पर संसद का चुनाव लड़ा रहे थे तब भी लोगों को रामलखन की वास्तविकता का पता था। लालू प्रसाद सहित सारे राज्य को यह पता था कि रामलखन बाबू सिर्फ शिक्षा माफिया और जमीन माफिया ही नहीं,

राजनीति में बाहुबल को प्रतिष्ठा दिलाने वाले राजनीतिज्ञों में प्रमुख हैं। यह भी सबको पता था कि उनके सुपुत्र प्रकाश चन्द ने कलकत्ता की उस बदनाम बस्ती में किस तरह कुल और राज्य का नाम रोशन किया था। यह मानने का भी कोई कारण नहीं है कि लोगों को पप्पू यादव के सामाजिक न्याय की असलियत का पता नहीं होगा। लेकिन जब लालू प्रसाद ऐसे लोगों को अपने सामाजिक न्याय की छत्रछाया में ले लेते थे तो लोग इसे भी स्वीकार कर लेते थे, सिर्फ इसलिए कि उन्हें लालू प्रसाद के पारदर्शी व्यक्तित्व पर विश्वास था। उन्हें लगता था कि पिछड़े परिवार के एक गरीब को विशेषाधिकार प्राप्त वर्ग के लोग जमने नहीं दे रहे हैं। इसलिए फिलहाल इनसे किसी महत्त्वपूर्ण कर्म की अपेक्षा की बजाय इसी बात पर असंतुष्ट होना चाहिए कि ये अपने अस्तित्व की लड़ाई सफलतापूर्वक लड़ पा रहे हैं।

यह स्थिति आगे भी बनी रहती यदि लालू प्रसाद पर आक्रमण सिर्फ उसी वर्ग की ओर से होता, जिस वर्ग को इन्होंने अपना शत्रु घोषित कर रखा था और जो वास्तव में थे भी। आज स्थिति बदल गई है। चाहे पैसे का प्रलोभन हो या शुद्ध अवसरवाद, लेकिन सचाई यह है कि इस बार लालू प्रसाद से जो अलग हुए हैं, वे घोषित शत्रुवर्ग के लोग नहीं हैं। यहां बात सिर्फ रामलखन सिंह यादव या रामशरण यादव की नहीं हो रही। बात यहां रामसुंदर दास और उपेन्द्रनाथ वर्मा की भी हो रही है। यह आक्रमण इस बार उस सामाजिक वर्ग की ओर से हो रहा है जिसके न्याय की लड़ाई लड़ने का लालू प्रसाद दंभ भरते हैं और शरद यादव जिसके लिए रथयात्रा का ढोंग कर रहे हैं। रथ पर सवार होकर अपनी बात कहने की परंपरा अभिजात और विशेषाधिकार प्राप्त वर्ग की विशेषता रही है। हाल में इसका अत्यंत अशिष्टकरण भी हुआ है। दबे-कुचले और शोषित पीड़ित के दर्द की अभिव्यक्ति किसी रथ पर सवार होकर नहीं की जा सकती। इसलिए इस तरह के अश्लील कृत्य के माहौल में जब लालू प्रसाद आरोप लगाते हैं कि थैलीशाह सामाजिक न्याय की धारा को भ्रष्ट कर रहे हैं तो आज वही लोग हंसते हैं जिनकी अभी कल तक इनके साथ पूरी सहानुभूति थी क्योंकि अब यह स्पष्ट हो चुका है कि यह किसी उद्देश्य की विफलता का विलाप नहीं है। यह वस्तुतः एक अवसरवादी प्रलाप और अपनी विफलता को ढकने के लिए पवित्र उद्देश्य का अपहरण है।

राम आंदोलन के बाद उपजी भाजपा राजनीति और आज के शरद-लालू की रथयात्रा मार्का राजनीति में कहीं कोई अन्तर नहीं है। राम मंदिर बनाने का आंदोलन भाजपा के अस्तित्व में आने से वर्षों पहले से चल रहा था। उत्तर भारत के जन-जन में व्याप्त राम प्रेम और उससे उपजी धर्मभीरुता किसी भाजपा आंदोलन का परिणाम नहीं थी। लेकिन जब से भाजपा ने इस आंदोलन को अपने हाथ में लेकर इसे अपनी राजनीतिक स्वार्थ सिद्धि का साधन बनाया, तब से स्थानीय स्तर का एक शुद्ध धार्मिक आंदोलन एक राष्ट्रीय स्तर के सांप्रदायिक आंदोलन के रूप में भी परिवर्तित हो गया। देश में आज अनेक लोग ऐसे हैं जिनकी रामभक्ति में कहीं कोई संदेह व्यक्त नहीं किया जा सकता लेकिन वे आवश्यक रूप से भाजपा-विहिप आंदोलन के पक्ष में भी हों, यह आवश्यक नहीं है। जनता दल के बंटवारे की ताजा प्रक्रिया ने सामाजिक न्याय के आंदोलन को भी अब कुछ वैसा ही स्वरूप प्रदान कर दिया है।

मुरहो से प्रारंभ शरद यादव के मंडल रथ ने इस विभाजन को पूरी तरह से स्पष्ट कर दिया। सामाजिक न्याय का संघर्ष करने वाले आवश्यक नहीं कि वे ही हों, जो मुरहो को

एक पवित्र धर्मस्थल और मंडल को अवतार बनाने का प्रयास कर रहे हैं। शरद-लालू-वि.प्र. आदि की यह भोंडी चेष्टा सिर्फ उनकी राजनीति के प्रति ही करुणा का उद्रेक कर पाने में समर्थ है, सामाजिक न्याय के वास्तविक संघर्ष के प्रति नहीं। वैसे इस आंदोलन के भ्रष्ट होने के संकेत उसी दिन मिल गए थे जिस दिन लालू प्रसाद ने अपने जन्म दिन को एनटीआर, एमजीआर और जयललिता की घोर व्यक्तिवादी तानाशाही शैली में मनाने का फैसला किया। वैसे ही राक्षसी कट-आउट, धन और ऐश्वर्य का अश्लील प्रदर्शन तथा नेता की अतिमानवी छवि बनाने के भोंडे प्रयास में जिस दिन लालू प्रसाद शामिल हुए, उसी दिन लग गया था कि सामाजिक न्याय का प्रश्न अब इनके लिए निष्ठा का प्रश्न कम और अपनी राजनीति चमकाने का ज्यादा है। रही-सही कसर पेंशन वाले उस कानून ने पूरी कर दी जिसे गुपचुप पास कराने के लिए लालू और जगन्नाथ मिश्र ने आपस में समझौता कर लिया।

यही कारण है कि लालू की जिन बातों को लोग सचमुच विशेषाधिकार प्राप्त वर्ग का षड्यंत्र मानकर सहानुभूति जताते थे, आज विद्रूप का कारण बनी हुई है। रामलखन के भ्रष्टाचार और अन्य सांसदों के तथाकथित पतन की बात आज लालू के लिए जन मानस पर कोई सहानुभूति की लकीर नहीं खींच पा रही है तो उसके पीछे यही कारण मुख्य है। अब राज्य को यह भी पता लगेगा कि विकास की दौड़ में पीछे रहने के असली कारण क्या हैं। लोग शायद इस विकल्प को भी तराजू पर तोलें कि क्या सामाजिक न्याय के नाम पर किया गया उनका बलिदान सिर्फ इसी व्यर्थता के लिए था। मुलायम सिंह यादव की गतिविधियों से सन् 90 में सामाजिक न्याय के संघर्ष को एक भारी झटका लगा था। लालू प्रसाद का विश्वासघात कहीं इसे पूरी तरह तोड़कर न रख दे।

(10 सितंबर 1992, अमर उजाला)

कमाल कर दिखाया केसरी ने

सीताराम केसरी निश्चय ही बधाई के हकदार हैं कि जिस काम को पिछली सरकारें करीब 40 साल से टालती आ रही थीं, उसे कर दिखाने का उन्होंने साहस किया। राजनैतिक पंडित कह रहे हैं कि यह काम आगामी चुनाव को ध्यान में रखकर किया गया है। वैसे ही, जैसे यह कहा गया था कि विश्वनाथ प्रताप सिंह ने देवीलाल को राजनैतिक मात देने के लिए मंडलास्त्र छोड़ा था। हो सकता है, दोनों बातें अपनी जगह सही हों पर केवल इसी कारण इस विषय का महत्त्व कम नहीं हो जाता और लोकतांत्रिक व्यवस्था में लोकप्रिय काम चुनाव के गणित को ध्यान में रखकर ही किए जाते हैं।

सच यह है कि देश जिस आर्थिक दिशा की ओर बढ़ रहा है उस व्यवस्था में सरकार के हाथों से काम देने की शक्ति दिन-ब-दिन छिनती जाएगी। यह भी सच है कि इस तरह के आरक्षण से पीढ़ियों के सामाजिक अन्याय की समाप्ति नहीं हो जाएगी। पर सच यह भी है कि इन तर्कों के आधार पर आरक्षण का विरोध मूलतः वही लोग करते हैं जिन्हें सामाजिक न्याय के सिद्धांत में बिल्कुल विश्वास नहीं है। आरक्षण से संपूर्ण सामाजिक न्याय की प्राप्ति नहीं हो सकती, पर इसके बिना आप उस दिशा में बढ़ भी नहीं सकते।

सामाजिक और शैक्षिक रूप से पिछड़े वर्ग को आरक्षण की सुविधा देनी है और इस वर्ग की पहचान का एकमात्र आधार जाति हो सकती है। इस वास्तविकता को सुप्रीम कोर्ट से लेकर कांग्रेस, भाजपा तथा वामपंथियों तक ने समझ लिया है। उसी तरह अब उन लोगों को भी उस वास्तविकता को समझ लेना चाहिए कि आरक्षण की सुविधा शैक्षिक और सामाजिक रूप से पिछड़ों को बराबरी तक लाने के ही लिए दी जानी चाहिए न कि एक नया विशेषाधिकार प्राप्त वर्ग खड़ा करने के लिए। सामाजिक न्याय के संघर्ष और एक नए सुविधाभोगी वर्ग की यथास्थितिवादी चाहत में अन्तर तो करना ही पड़ेगा। इसलिए यह बात कम-से-कम सिद्धांत रूप में तय हो जानी चाहिए कि एक सीमा के बाद उन सारे लोगों को अपनी बैसाखियां उन लोगों के लिए छोड़नी पड़ेंगी जिन्हें इनकी जरूरत उनसे ज्यादा है। मलाईदार परत के सिद्धांत को इस रूप में देखना चाहिए।

सरकार द्वारा घोषित आरक्षित नीति के साथ जुड़ी मलाईदार परत की सूची से असहमति या आपत्ति हो सकती है पर सिद्धांत रूप में इसे मानने में किसी को आपत्ति नहीं होनी चाहिए। इस सूची की सबसे बड़ी खामी यह है कि इसमें राजनीतिकों के साथ पक्षपात किया गया है। पिछड़ी जाति का कोई व्यक्ति राष्ट्रपति बन जाए तो उसकी संतान को आरक्षण का लाभ नहीं मिलेगा, परंतु पिछड़ी जाति के प्रधानमंत्री की संतान आरक्षण की सुविधा प्राप्त करती

रहेगी, यह आसानी से गले उतरने वाली बात नहीं है। लेकिन सूची की अच्छी बात यह है कि मलाई हटाने का काम लगातार चलता रहेगा।

मलाईदार परत हटाने का काम सिर्फ नौकरियों के आरक्षण के मामले में ही नहीं, अन्य क्षेत्रों में भी प्रारंभ होना चाहिए, खासतौर पर उद्योग और वाणिज्य के क्षेत्र में भी इसको तत्काल लागू किया जाना चाहिए।

मलाईदार परत हटाने का काम नौकरियों में आरक्षण नीति लागू होने के साथ किया जा रहा है। इससे विश्वास बन सकता है कि सचमुच यह प्रयास सामाजिक न्याय दिलाने की दिशा में एक महत्त्वपूर्ण कदम हो सकता है। कांग्रेस में जैसा ब्राह्मणवाद आज चल रहा है वैसा इससे पहले शायद ही कभी था। उस प्रतिकूल माहौल में भी सीताराम केसरी ने इतना बड़ा काम कर लिया है, तो उनसे उम्मीद की जा सकती है कि यादव, कुर्मी, कोइरी तथा लोध जैसी पिछड़ी जातियों में अगड़ी जातियों के मुखर विरोध के बावजूद मलाईदार परत हटाने के अपने वादे से पीछे नहीं हटेंगे।

(30 सितंबर 1992, इंडिया टुडे, मतांतर)

दलित राष्ट्रपति के बहाने नए समीकरण

लगता है, दलित राष्ट्रपति के प्रश्न पर ही विभिन्न राजनीतिक दलों के आपसी संबंधों पर भी एक बार फिर से विचार हो जाएगा। आवश्यकता तो इसकी शायद सभी दल महसूस कर रहे थे, लेकिन पहल कौन करे की मजबूरी के कारण संभवतः कुछ नहीं कर पा रहे थे। राष्ट्रीय मोर्चे और वाम मोर्चे के लिए तो यह एक तरह से सुनहरा मौका साबित हो सकता है क्योंकि वास्तविकता तो यही है कि पिछले कुछ समय से इनके आपसी संबंध काफी असहज हो चुके थे। अलग-अलग रास्तों पर चलने का फैसला शायद इसलिए नहीं हो पा रहा था क्योंकि इसके लिए इन्हें अब तक कोई समुचित सैद्धांतिक आवरण नहीं मिल पाया था। इस दृष्टि से राष्ट्रपति पद का चुनाव संबंधों की पुनर्व्यवस्था के लिए एक आदर्श अवसर हो सकता है। राष्ट्रीय मोर्चे के विभिन्न घटकों और यहां तक कि जनता दल के परस्पर विरोधी विचार वाले तत्वों के लिए भी यह चुनाव एक ऐसा मौका प्रदान कर सकता है, जहां से आगे यदि उनके रास्ते अलग दिशाओं में चल पड़ें तो इनके लिए यह एक सहज घटना ही होगी।

जनता दल नेता विश्वनाथ प्रताप सिंह और वामपंथी दलों के बीच इस प्रश्न पर ताजा असहमति के कारण राष्ट्रीय मोर्चा और वामपंथी दलों के बीच पड़ी दरार को इसी दृष्टि से देखा जाना चाहिए। सचाई यह है कि न तो विश्वनाथ प्रताप सिंह वास्तव में इस बात पर गंभीर हैं कि अगला राष्ट्रपति दलित-आदिवासी ही होना चाहिए, न ही वाम मोर्चे के लिए यह प्रश्न उनकी राजनीतिक प्राथमिकता में सर्वोपरि है। लेकिन दोनों पक्ष इस प्रश्न को इस सीमा तक खींचने में नहीं हिचकिचाएंगे, जहां से दरार स्थाई बन सकती है, क्योंकि दोनों पक्षों के लिए अपने राजनीतिक हित साधने का यह एक अच्छा मौका है। मुद्दों की तलाश में भटक रहे विश्वनाथ प्रताप सिंह को अपनी आगामी राजनीति के लिए इसी बहाने कुछ ऐसे स्थाई मुद्दे मिल जाएंगे, जिनके सहारे उनकी रुकी पड़ी राजनीति थोड़ी आगे बढ़ सकती है। वाम मोर्चे को भी एक ऐसा अवसर मिल जाएगा जिस बिंदु से वह कांग्रेस के साथ एक नए सिरे से संबंध भी स्थापित कर पाएगा और यह भ्रम भी बना रहेगा कि वामपंथी अपनी स्वाभाविक राजनीति ही कर रहे हैं। वामपंथियों की राजनीतिक दिशा में कहीं कोई भटकाव नहीं आया है। यह राजनीतिक इंतजाम दोनों पक्षों को माफिक पड़ता है।

सबसे पहले विश्वनाथ प्रताप सिंह के राजनीतिक कष्ट को समझने का प्रयास करें। जनता दल के गठन में चाहे जितने भी महारथियों का योगदान क्यों न रहा हो, लेकिन उसे एक सैद्धांतिक आधार प्रदान करने, उसे राष्ट्रीय मोर्चे का एक घटक बनाने तथा उस मोर्चे को वाम मोर्चे के साथ जोड़कर एक राजनीतिक शक्ति के रूप में खड़ा करने में सबसे महत्त्वपूर्ण योगदान विश्वनाथ प्रताप सिंह का ही था। विश्वनाथ प्रताप सिंह ने शुद्ध राजनीतिक अवसरवाद

को एक राजनीतिक दर्शन का मुलम्मा चढ़ाकर देश के सामने पेश करने का एक असंभव कार्य किया था। सर्वथा विपरीतधर्मी राजनीतिक तत्वों को जोड़कर जनता दल का गठन करना, केंद्रीय शक्ति के विरोध में उभरी विभिन्न शक्तियों को संगठित करके राष्ट्रीय मोर्चे का स्वरूप देना और उसे एक ओर वाम मोर्चे से तो दूसरी ओर भाजपा से समर्थन दिलाकर सरकार चलाने के असंभव कार्य को थोड़े समय के लिए ही सही, लेकिन संभव कर दिखाना वास्तव में एक भारी नट-खेल था जिसे ज्यादा दिनों तक चलाया भी नहीं जा सकता था। स्वाभविक है कि वह चला भी नहीं। विश्वनाथ प्रताप सिंह की सरकार के पतन के साथ वह ताना-बाना जो बिखरना प्रारंभ हुआ, वह प्रक्रिया अब भी जारी है। एक स्तर पर जहां वह विश्वनाथ प्रताप सिंह और वाम मोर्चे के संबंधों में दरार के रूप में सामने आ रही है, तो दूसरे स्तर पर वह जनता दल के अंदरूनी तनाव के रूप में। अनेक स्तर पर हो रहे इस बिखराव का कारण एक ही है कि इन शक्तियों को जोड़ने वाला तंत्र गैर कांग्रेसवाद अब प्रभावी नहीं रह गया है। कांग्रेस से नेहरू परिवार का वर्चस्व समाप्त होने के बाद अब आगे यह तत्व अनेक विपरीतधर्मी विपक्षियों को जोड़ने का काम कर पाएगा, यह संभव भी नहीं दिखता।

इस तथ्य को तो विश्वनाथ प्रताप सिंह, जनता दल के अन्य नेता तथा वामपंथी सभी स्वीकार करते हैं लेकिन यह सहमति सिर्फ इसी बिंदु तक सीमित है। आगे की राजनीति का स्वरूप क्या होगा और इस ढांचे में विभिन्न राजनीतिक दलों की अपनी स्थिति क्या होगी, इस बिंदु पर सहमति तो है ही नहीं वरन् घोर मतभेद भी हैं। यह तथ्य इन सबको अच्छी तरह पता है कि उनकी अब तक की एकता में भी समानता का कोई विशेष कारक नहीं था। आर्थिक मुद्दों पर इस गठबंधन के विभिन्न घटकों के मतभेद तो जगजाहिर ही थे, जनता दल के अंदर भी कभी इस मुद्दे पर कोई आम सहमति नहीं रही। यही हालत सामाजिक न्याय के प्रश्न की रही जिसे मजबूरन जनता दल ने अपना मुख्य नारा तो बना लिया लेकिन दल के अंदर कभी इस प्रश्न पर एकता नहीं रही। इस प्रश्न पर राष्ट्रीय मोर्चा भी बंटा रहा। वाम मोर्चे ने कभी भी इस विषय को मुद्दे के रूप में मान्यता ही नहीं दी लेकिन अवसरवादिता की वैचारिक बेईमानी के कारण खुलकर कभी भी इस विषय पर अपने विचार भी प्रकट नहीं किए। इस गठबंधन के एजेंडा में विदेश नीति को कभी प्रमुखता दी ही नहीं गई वरना इस विषय पर जितने दल हैं उतनी नीतियां तो होती हीं। यह भी संभव है कि जितने नेता हैं उतनी ही नीतियां भी होतीं। कुल मिलाकर इन्हें बांधने वाला एक ही तथ्य था, जिसकी समाप्ति को ये स्वीकार कर चुके हैं और अब इन्हें ऐसे नए तत्वों की तलाश है जिनसे एक महागठबंधन भले ही न हो पाए लेकिन कम-से-कम आगे की राजनीति चलती रहे।

राष्ट्रपति पद का चुनाव इन तत्वों के लिए शाश्वत तलाश का एक अच्छा अवसर साबित हो रहा है। वाम मोर्चे को गैर कांग्रेसवाद का विकल्प गैर भाजपावाद में दीख रहा है। इस नीति के सहारे वामपंथी, राष्ट्रीय मोर्चा आदि के साथ अपने संबंध समाप्त करके कांग्रेस के साथ नए सिरे से संबंध स्थापित करना चाहते हैं। यह अवसर इन्हें एक सैद्धांतिक आवरण तो देगा ही, इन्हें शासक दल के साथ जुड़ने का एक आसान मौका भी देगा। वामपंथी हमेशा से इसके आदी भी रहे हैं। वामपंथियों का यह रास्ता जनता दल के भी कई नेताओं को अनुकूल लग रहा है। ये वे लोग हैं जो सिर्फ इस कारण इस गठबंधन में शामिल थे क्योंकि कांग्रेस ने तब इन्हें अपने साथ रखा नहीं था। अब यदि गैर भाजपावाद

इन्हें किसी व्यापक गठबंधन में सम्मानपूर्वक शामिल होने का मौका दे रहा है तो ये मुद्दों के अनावश्यक पचड़े में क्यों पड़ें।

दूसरी ओर जनता दल के वे तत्व हैं चाहे-अनचाहे मुद्दों के साथ रहना जिनकी मजबूरी है। विश्वनाथ प्रताप सिंह, शरद-लालू यादव तथा राम विलास पासवान आदि जनता दल की राजनीति को सायास या अनायास उस दिशा में मोड़ चुके हैं जहां से वापस मुड़ने का अर्थ होगा उनका निश्चित राजनीतिक सफाया और आगे का रास्ता और भी कठिन है। वर्तमान जनता दल उत्तर प्रदेश-बिहार के पिछड़ों के एक वर्ग की पार्टी है, जिसे मुसलमानों का समर्थन प्राप्त है। इसके वर्तमान सामाजिक-धार्मिक आधार के कारण इसे उन वर्गों का समर्थन नहीं मिल सकता, जो फिलहाल भाजपा और कांग्रेस के साथ हैं। अब यदि इन्हें अपने आधार को और संकुचित होने से बचाना है तो स्वाभाविक ही इन्हें नए आधार के लिए दलित-आदिवासी वर्ग की ओर देखना होगा। दलित राष्ट्रपति का सवाल इस दिशा में एक प्रयास हो सकता है जिसे जनता दल का यह वर्ग आजमाना चाहता है क्योंकि इन्हें पता है कि आज जो इनका आधार है उसमें धीरे-धीरे कमी ही आनी है। हालांकि इसकी भी कोई गारंटी नहीं है कि दलित-आदिवासी राष्ट्रपति का प्रश्न पिछड़े वर्ग को भी उतना ही आंदोलित करे जितना दलितों-आदिवासियों को। फिर भी यह एक सोच-समझकर उठाया गया जोखिम है।

वाम मोर्चे के सामने ऐसी कोई मजबूरी नहीं है कि वह भी इस तरह का कोई ऐसा जोखिम उठाए। वामपंथी ढाई राज्यों में सिमटे हुए हैं और उनकी महत्त्वाकांक्षा उस सीमित दायरे से बाहर निकलने की है भी नहीं। दूसरी ओर, यदि सचमुच सामाजिक न्याय का प्रश्न उनके लिए भी गंभीर राजनीतिक प्रश्न बन जाता है तो उनके अपने आधार पर प्रहार की आशंका ज्यादा रहेगी। वामपंथी इसे भले ही न मानें लेकिन वास्तविकता यही है कि जिन दो राज्यों में उनका वर्चस्व है वहां समर्थन भले ही इन्हें समाज के कमजोर तबकों से मिलता हो लेकिन नेतृत्व हमेशा सवर्ण और शहरी मध्य वर्ग के हाथ में रहा है। अतः इस सवाल को छेड़कर आज जनता दल जिन अंतर्विरोधों का सामना कर रहा है, वामपंथी भी उनसे अंततः बच नहीं पाएंगे। अतः वामपंथियों ने सही हिसाब लगाया है कि इस गठबंधन से जो कुछ उन्हें प्राप्त करना था वह प्राप्त कर चुके हैं। अब आगे यदि इस संबंध को बनाए रखा जाता है तो इन्हें भी बेचैनी के उस दौर से गुजरना पड़ेगा जिस दौर से इस गठबंधन के मूल उत्प्रेरक यानी जनता दल को गुजरना पड़ा है। जबकि इनके सामने सांप्रदायिकता के प्रश्न पर भाजपा को अलग-थलग करने के सैद्धांतिक सवाल को आगे कर के कांग्रेस के साथ मधुर संबंध बनाने का आसान रास्ता मौजूद है।

जबकि जनता दल का रास्ता इतना आसान नहीं है। यहां न तो अभी सैद्धांतिक आधार तय हो पाया है और न ही नेतृत्व का प्रश्न। विश्वनाथ प्रताप सिंह ने दलित राष्ट्रपति के प्रश्न को उठाकर दल के इस अंतर्द्वंद्व को ही तीव्र किया है। संभव है, दल इस सवाल पर एक बार और बंटे, लेकिन इस बंटवारे को स्वाभाविक ही मानना चाहिए। देखना है कि विश्वनाथ प्रताप सिंह-राम विलास पासवान द्वारा उठाए गए इस मुद्दे को जनता दल के भीतर कितना समर्थन प्राप्त होता है। दल के सैद्धांतिक आधार और भविष्य के नेतृत्व की दिशा उसी समर्थन से तय होगी। दलित राष्ट्रपति का प्रश्न तो वास्तव में इनके लिए भी सांकेतिक ही है। इसलिए बहुत संभव है कि यह प्रश्न इस विवाद के दौरान ही कहीं खो जाए। इस बात को जनता

दल के अंदर विश्वनाथ प्रताप समर्थक भी समझते हैं और विश्वनाथ प्रताप विरोधी भी। राष्ट्रीय मोर्चे का हर घटक इस तथ्य से वाकिफ है कि यह विवाद उनके भविष्य की राजनीति की दिशा तय करेगा। वाममोर्चा तो इसी प्रश्न के सहारे अपना अलग कदम तय भी कर चुका है। कांग्रेस के अंदर दलित राष्ट्रपति की बात उठाने वाले तो अब शांत भी हो चुके हैं। यानि कुल मिलाकर इस प्रश्न से जितनी राजनीति साधी जा सकती थी या तो साधी जा चुकी है या उसी रास्ते बढ़ रही है। सिर्फ दलित राष्ट्रपति का प्रश्न वहीं छूट गया लगता है जहां से यह प्रारंभ हुआ था। दलित और दलित राजनीति की यही वास्तविकता है।

(4 जून 1992, अमर उजाला)

राजनीति का मुहावरा बदल रहा है

विश्वनाथ प्रताप सिंह की राजनीति जहां समाप्त होती है, मुलायम सिंह यादव की राजनीति का वह प्रारंभिक बिंदु है। इस दृष्टि से मुलायम सिंह, वीपी सिंह से एक कदम आगे हैं।

वीपी सिंह ने मंडल आयोग यानी सामाजिक न्याय का नारा सिर्फ देवीलाल को पीछे छोड़ने के लिए दिया था, मैं इस बात से कभी सहमत नहीं रहा, लेकिन था वह कुल मिलाकर चुनावी नारा ही, इससे ज्यादा कुछ नहीं। मुलायम सिंह के लिए यह उससे ज्यादा महत्त्वपूर्ण है, वे उसी राजनीति की पैदावार हैं, लोहिया की ट्रेनिंग, अपनी निजी जातिगत पृष्ठभूमि और उसकी राजनीति करने के कारण मुलायम सिंह और लालू प्रसाद यादव की प्रतिबद्धता जनता दल के अन्य नेताओं से थोड़ी ज्यादा रही।

पांच राज्यों से इस बार जिस तरह के चुनाव परिणाम आए हैं, उससे यह साफ हो गया है कि सिर्फ तदर्थवाद की राजनीति नहीं चलेगी, जो जिस मुद्दे पर पूरी तरह खड़ा है और लोगों को लगा कि यह ज्यादा ईमानदारी से खड़ा है, उसके साथ लोग जाने वाले थे। जनता दल का सारा का सारा समर्थन-आधार मुलायम सिंह की तरफ जाने का सबसे बड़ा कारण यही था। मुस्लिम और कांशीराम फैक्टर उसी का विस्तार है।

उग्र पिछड़ापन या कि दलित उभार बहुत दिनों से रुका हुआ था। कुछ कांग्रेस ने रोक रखा और और कुछ प्रमुख वामपंथी दलों ने। ये मुद्दों को भटकाते रहे। जो नीचे का आदमी था उसे लग रहा था कि ये हमारे लिए काम कर रहे हैं। कांशीराम से मैं पूरी तरह सहमत नहीं हूं पर जब वे कहते हैं कि कांग्रेस, भाजपा, जनता दल, सीपीआई और सीपीएम, ब्राह्मणवाद की ए, बी, सी, डी, ई, पांच टीमें हैं तो बहुत गलत नहीं कहते। ए टीम ने 40 साल बरबाद किए, बी टीम पांच साल और बरबाद करेगी। इतना समय बर्बाद करने की जरूरत नहीं है। सीधी लड़ाई लड़ के एक साथ परास्त कर दो सभी टीमों को। तो यह बात उनके सामाजिक आधार को प्रभावित करती है। मुलायम को मैं कैंडे का (इंटिग्रेटेड) राजनीतिक नहीं मानता। तरह-तरह के समझौते करते हैं फिर भी औरों से थोड़ा ठीक हैं। ये भले ही ज्यादा दिन न चलें, लेकिन यह राजनीति चलेगी।

देश की राजनीति में अब गुणात्मक परिवर्तन हो रहा है। यह दो तरफ से हो रहा है। एक, भारतीय जनता पार्टी के आने के कारण भाजपा उस काम को खुलेआम कर रही है जिसे कांग्रेस थोड़ा दबा-छिपा के, ढक-तोप के कर रही थी। ये दोनों उनकी पार्टियां हैं जिन्हें इस व्यवस्था से सबसे ज्यादा मिलने वाला है। ऐसे लोगों का ध्रुवीकरण एक तरफ हो रहा है। इसलिए जो चुनाव नतीजे आए हैं उसे इस बात का कोई बड़ा संकेतक नहीं माना जा सकता कि कांग्रेस वापस आ रही है या भाजपा हार रही है। ऐसा नहीं होगा, होगा तो यही

कि या तो कांग्रेस रहेगी या भारतीय जनता पार्टी, और इसके बाद जिस तरफ राजनीति बढ़ रही है उससे आश्चर्य नहीं कि अब कांग्रेस नहीं रहेगी, रहेगी तो भाजपा।

कांग्रेस कभी भी सिर्फ एक राजनीतिक संगठन नहीं थी। इसके साथ-साथ कांग्रेस एक सामाजिक संगठन भी थी। इस देश में समाज को अलग करके कोई राजनीति नहीं हो सकती। वे समाज की सचाई को समझकर भी समझना नहीं चाहते। सिर्फ राजनीति और अर्थनीति को मुख्य मुद्दा बनाकर वे राजनीति करना चाहते हैं।

कांग्रेस ने इस सचाई को आजादी की लड़ाई के दौरान मजबूरी में ही सही, लेकिन समझ लिया था। वह इस यथास्थितिवाद को बनाए रखकर ही चल रही थी। उसमें ब्राह्मण भी था, दलित भी था, मुसलमान भी, पिछड़े भी लेकिन चातुर्वर्ण वाला जो हिंदू ढांचा था उसको बनाए हुए एक पार्टी चल रही थी, उसमें अब गड़बड़ी आ गई है। कांग्रेस अपने दलित आधार को पूरी तरह त्याग चुकी है। दलितों ने उसे नहीं छोड़ा है पूरी तरह, लेकिन कांग्रेस ने उसे छोड़ दिया है। कांग्रेस ने अल्पसंख्यकों को पूरी तरह त्याग दिया है। सुविधा की जिस राजनीति को अब कांग्रेस कर रही है उसमें किसी को इस सबको देखने का मौका नहीं रहता। पिछड़े कांग्रेस के साथ पूरी तरह से कभी भी नहीं थे। धीरे-धीरे उनको जब एक राजनीतिक वाणी मिलने लगी है तो वे अब अपनी दिशा में जा रहे हैं।

कांग्रेसी जमीन से इस तरह कट गए हैं कि कर्नाटक में उन्हें बंगरप्पा जैसे नेता को पार्टी से निकालना पड़ा और कुछ हो या न हो, बंगरप्पा अगले चुनाव में इन्हें हरा जरूर देंगे। कर्नाटक में कांग्रेस की हार अबकी पक्की है। वहां उच्च वर्ण जो कांग्रेस का आधार था, बीजेपी के साथ जा रहा है। दलितों को इन लोगों ने धक्का मार के बाहर कर दिया। पिछड़ों में देवगौड़ा हमेशा से ही बाहर रहे हैं। उनकी हालत मुलायम सिंह जैसी है। जहां उनको कोई दलित आधार मिला, पूरे राज्य को समेट ले जाएंगे। दक्षिण में जो ध्रुवीकरण हो चुका है वही ध्रुवीकरण अब उत्तर भारत में हो रहा है। यूपी में कांग्रेस अब लौटकर आने वाली नहीं है।

अगर भाजपा सचमुच पूरी तरह से दलितों की पार्टी बनना चाहे तो कांग्रेस की वापसी हो सकती है। ऊंची जाति के लोग कांग्रेस की तरफ वापस जा सकते हैं। लेकिन ऐसा होगा—लगता नहीं। आरएसएस के कुछ बड़े नेताओं की बातचीत से लग रहा है कि ये भाजपा को दलितों-पिछड़ों की पार्टी बनाने की बात तो जरूर कर रहे हैं लेकिन वे सचमुच में ऐसा करने नहीं जा रहे हैं। इससे उनका सारा का सारा अस्तित्व ही खत्म हो जाएगा। इस बात को वे समझ रहे हैं। वे ऐसा नहीं करेंगे। इसलिए कांग्रेस की पुनर्वापसी की कोई संभावना उप्र में नहीं है। अगला राज्य दिखाई दे रहा है बिहार, जहां से कांग्रेस अगले चुनाव में साफ हो जाएगी।

जो भी नीतियां बनाई जा रही हैं या जो भी राजनीतिक समीकरण ऊपर से बनाए बिठाए जा रहे हैं, वे सारे के सारे इस देश के बहुसंख्यक समाज को कहीं से नहीं छूते। साठ फीसद लोग इस देश में पूरी तरह दरिद्र हैं जो किसी व्यवस्था में नहीं हैं। सार्वजनिक वितरण प्रणाली के जाल में नहीं हैं, किसी किस्म के आर्थिक विकास कार्यक्रम के जाल में नहीं हैं। डंकल आता है कि जाता है, इससे उनकी स्थिति पर कोई फर्क पड़ने वाला नहीं है। कांग्रेस क्या कर रही है, बीजेपी क्या कर रही है, गैट समझौता लागू हो रहा है या नहीं—इस देश की

पिसी हुई जनता को इससे कुछ भी लेना-देना नहीं है। ये लोग इतने नीचे जा चुके हैं। उनके सारे के सारे सरोकार बदल गए हैं। जिसको राजनीतिक दल संबोधित नहीं कर पा रहे हैं। इस देश में पूरी की पूरी दो दुनिया बन गई हैं। एक मध्यवर्ग की दुनिया—इसके अंदर सारे संगठित मजदूर, मझौले किसान, व्यापारी, सारे नौकरी-पेशा लोग, शहरी लोग—वे शहरी लोग भी जो झुग्गियों में रहते हैं लेकिन जिनके हाथ में थोड़े-से साधन हैं, सुविधा है, जो थोड़ी-सी अलग जिंदगी जी रहे हैं—शामिल हैं। इन चालीस फीसद की राजनीति हो रही है बकिया साठ फीसद लोगों को पूरी तरह से छोड़ दिया गया है।

जो सामाजिक आधार वाली पार्टियां हैं सतही रूप से ही सही, कहीं न कहीं उनकी भावनाओं को छू रही हैं। पूर्वी उत्तर प्रदेश के किसी एक चुनाव क्षेत्र को उठाकर देख लीजिए। भाजपा 70 हजार, तो बसपा 76 हजार, कांग्रेस 4 हजार और जनता दल 3 हजार। ध्रुवीकरण की यह दिशा है। जो उस तरफ गए हैं वे इसलिए नहीं कि उन्हें कोई बड़ा भारी आश्वासन मिला है या कि कोई बड़ा भारी परिवर्तन होने वाला है। वो धक्के खाते-खाते ऐसी जगह पहुंचे हैं कि उन्हें लगता है कि यही है जो हमारी भाषा बोल रहा है। शायद उसके पास समाधान भी हो, न भी हो तो कम-से-कम मुहावरे के स्तर पर उनसे एक तादात्म्य हो रहा है। खान-पान, रहन-सहन, वेशभूषा, बोली-बानी इस सबमें कहीं-न-कहीं उसे एक तादात्म्य दिख रहा है। उसे लग रहा है, फिर इसी को वोट दीजिए।

हो सकता है उसे वहां यह सब न मिले लेकिन वह उसी दिशा में आगे जाएगा। लौटकर पुनर्मूषकोभव नहीं होने वाला। भारत के अंदर एक यूरोप और एक अफ्रीका का यह जो विभाजन होता जा रहा है उसका अभी शांतिपूर्ण सहअस्तित्व चल रहा है, लेकिन यह बहुत दिन नहीं चलेगा। दलितों-पिछड़ों, अल्पसंख्यकों में धीरे-धीरे यह बात साफ होती गई है कि ये ऊपर के लोग उन्हें कुछ दे भी रहे थे तो उनकी भलाई के लिए नहीं, उनके पास हमारी भलाई के लिए कोई दूरगामी योजना नहीं है। इनके मन में हमारे लिए कोई दर्द नहीं है। हमारे पास सिर्फ हमारा वोट था जो ये मांग लेते थे हमें कुछ दे देते थे। ज्यादा खुद खाते थे। अब यह एहसास बढ़ रहा है तो दूरी भी बढ़ रही है। ये बसपा के पास जाना, मुलायम सिंह के पास जाना या इस तरह की पार्टियों के पास जाना इसी एहसास का नतीजा है। उनका यह जाना अंतिम जाना (फाइनल) नहीं है लेकिन यह चेतना अब आ गई है तो उससे लड़ाई बहुत साफ, बहुत क्लियर कट होगी।

मुलायम-कांशीराम के रूप में जो चेतना दिखाई दे रही है वह स्थानीय चरित्र की कतई नहीं है। देश में राजनीति की एक अंडरकरेंट (अन्तर लहर) चल रही है। यह उसका एक क्षेत्रीय उभार या एक क्षेत्रीय अभिव्यक्ति है। देश में आगे, इन सामाजिक आधार वाली पार्टियों का उभार होगा। कहीं यह कांग्रेस के रूप में दिखाई दे रहा है, कहीं मुलायम-कांशीराम के रूप में। हो सकता है, कहीं भाजपा के रूप में भी दिखाई दे—महाराष्ट्र में भाजपा के मजबूत होने का सबसे बड़ा कारण वहां पिछड़ी जातियों का इसके साथ होना है। उप्र में कांशीराम जीत रहे हैं और विदर्भ में विश्वविद्यालय के नामांतरण के नाम पर चार लोग आत्मदाह कर लेते हैं—ये कोई विच्छिन्न घटनाएं नहीं हैं, जुड़ी हुई घटनाएं हैं।

उत्तर प्रदेश में दलित-पिछड़ा उभार तो इसलिए भी महत्त्वपूर्ण है कि इस देश में अकेला उप्र ऐसा राज्य है जहां की पूरी हिंदू आबादी में सवर्णों की संख्या सबसे ज्यादा है—तीस-पैंतीस

फीसद। उस राज्य में यह चेतना कितनी तीव्र हुई होगी कि इस तरह का ध्रुवीकरण होकर एक ऐसा नतीजा सामने आ गया। यह पूरे देश में फैलेगा। इसे रोका नहीं जा सकता।

ये सामाजिक प्रश्न हमेशा से हमारे बीच थे। बस, हम लोग इसे अनदेखा कर रहे थे। अगर इन सामाजिक शक्तियों को प्रगतिशील पार्टियां उसी शिद्दत से उठातीं कि उनको लगता कि हमारी बात की जा रही है, हमारे साथ कोई बेईमानी नहीं हो रही है तो इस तरह की शक्तियों को बढ़ने का अवसर नहीं मिलता। जाहिर है, कहीं न कहीं से उनकी लगातार उपेक्षा की गई है।

यानी क्या कारण है कि जातिवाद-जातिवाद होने लगा? अचानक देश में जातिवाद बढ़ गया। प्रधानमंत्री नरसिंह राव ब्राह्मण हैं, उनकी सलाहकार समिति में सारे ब्राह्मण हैं, उनके मंत्रिमंडल में सबसे ज्यादा मंत्री ब्राह्मण हैं, देश का राष्ट्रपति ब्राह्मण है, देश का सेनापति ब्राह्मण है, पर कोई नहीं कहता कि देश में जातिवाद हो रहा है। एक मुलायम सिंह यादव कहीं एक यादव लाकर बैठा दे तो अखबारों में संपादकीय छपने शुरू हो जाते हैं कि जातिवाद बढ़ गया, अभी बहुत सारी बहसें जातिवाद पर चल पड़ी हैं।

इससे पहले जो सामाजिक समीकरण था, वह उच्च और निम्न वर्ण यानी ब्राह्मण और शूद्र के बीच था, बहुत दिनों तक इसे सफलतापूर्वक चलाया जाता रहा, जबकि उनके बीच खाई बहुत बड़ी थी। दलित और पिछड़ों के बीच भी खाई है—सामाजिक भी, आर्थिक भी, लेकिन एक छोटी सी बात देखिए, एक जमींदार जो भूमिहार, राजपूत या ब्राह्मण हो उसके और शूद्र जो खेतिहर मजदूर हैं उसके बीच जो संबंध हैं वह काफी टकराहट वाले थे। उसका कारण यह था कि ऊंची जाति का व्यक्ति शारीरिक श्रम में नहीं था। मालिक और नौकर या कहें राजा और प्रजा के संबंध थे, इससे दुराव, टकराव बहुत ज्यादा था, उसके बावजूद समीकरण चलता रहा।

पिछड़ी जातियों में जो अच्छी खेती-बाड़ी वाले लोग हैं, उन्होंने उसे अपनी मेहनत से अर्जित किया है। उनकी औरतें, मां-बाप, बेटे-बेटियां—सब मिलजुल के खेत में काम करते हैं। उन्हें जरूरत पड़ती है मजदूर की, अधिक से अधिक बुआई या कटाई के समय। बीच में उनका कोई संबंध नहीं होता। बहुत ही आर्थिक आधार पर वह संबंध निर्धारित होता है। उसमें बहुत तनाव की गुंजाइश नहीं होती। तीन दिन का काम हुआ और तीन दिन का पैसा लो और जाओ। जिस तरह के तनाव मालिक और मजदूर के संबंध में सालों साल बने रहने के कारण होते थे, पिछड़ी और दलित जातियों के बीच वे तनाव उतने और उस ऊंचाई पर नहीं रहते।

दूसरी प्रक्रिया है संस्कृतिकरण की। वह हिंदू धर्म में लगातार चलती रहती है। हर वह आदमी जो नीचे बैठा है वह अपने से ऊपर जाने की कोशिश करता है। चाहे जितनी गालियां दें लेकिन हर आदमी के मन में ब्राह्मण बनने की इच्छा लगातार रहती है—जरा जनेऊ पहन ले, थोड़ा संस्कृत बोल ले, सबके साथ चारपाई पर बैठ ले, थोड़ा पूजा-पाठ कर ले, भगवान से सीधी पहुंच बना ले—इस सबमें लगा रहता है। इसमें भी पिछड़ों और दलितों के बीच इतना फर्क नहीं है कि कोई बड़ा भारी तनाव जनम जाए। पिछड़ों के मंदिर में दलित चले जाएं तो इस पर लाठी नहीं चल जाती, ब्राह्मण के मंदिर में दलितों के चले जाने पर जरूर चल जाती है। ये तनाव जिस मात्रा में भी है, आगे चलकर विरोध और टकराव का रूप ले लेंगे।

लेकिन जिस तरह शहरों में बैठे लोग कयास लगा रहे हैं कि वे आपस में लड़-कट मरेंगे, ऐसा नहीं है। यह इतनी आसानी से नहीं होने वाला। उनके अन्तरविरोध किसी बिंदु पर पहुंचकर तनाव में बदलेंगे लेकिन इसमें समय लगेगा।

यह सारी सामाजिक परिघटना जो हमारा मूल भारत था, उसी में सीमित है। मूल भारत से मतलब अंग्रेजों के आने से पहले जो सांस्कृतिक रूप से भारत था—आर्याव्रत या उसे जो कुछ भी कह लीजिए। कश्मीर, उत्तर-पूर्व आदि ये हमारे राजनीतिक भारत के हिस्से हैं। इसलिए यह सामाजिक लड़ाई वहां नहीं पहुंचेगी। यह उनकी समस्या भी नहीं है। ये पूरी तरह से भिन्न राजनीतिक इकाइयां हैं। इसलिए वहां लड़ाई दूसरी है। राजनीतिक है। जो भी सत्ता में रहेगा उसको इसे हल करना पड़ेगा।

इस देश में अगर ब्राह्मणवाद विरोधी शक्तियां बढ़ती रही हैं तो इससे संघात्मक ढांचे को मजबूत बनाने की परिस्थितियां मजबूत होंगी। कश्मीर, उत्तर पूर्व की समस्याएं हल होंगी, तो एक सच्चे संघात्मक ढांचे में ही। उन्हें उनका वाजिब हक चाहिए। उन्हें भ्रष्ट बनाकर, रिश्वत देकर, बेवकूफ बनाकर, उनको मार-पीटकर भारत में नहीं रखा जा सकता। क्षेत्रीय उभार के रूप में आ रही ब्राह्मणवाद विरोधी ताकतें एक शुभ संकेत हैं जो अपने अधिकार के साथ इन प्रदेशों के अधिकार की भी मांग करेंगी तभी वे प्रदेश भारत में रह पाएंगे, नहीं तो भारत से उनका निकलना तय है। बिना सामाजिक ढांचे को समझे किसी तरह का राजनीतिक, आर्थिक आंदोलन नहीं चलाया जा सकता।

(31 जनवरी-14 फरवरी 1994, समकालीन जनमत)

गोया सवर्ण जातिवादी नहीं होते

जाति फिर चर्चा में है। यह बात आजकल कहीं भी सुनने को मिल जाएगी कि कैसे जाति-पांति की बुराई फिर से सिर उठाने लगी है। ईमानदारी की बात तो यह है कि जाति-पांति का जोर सचमुच कोई खास नहीं बढ़ा है। फर्क सिर्फ यह आया है कि जिन्हें हम सामाजिक और शैक्षिक रूप से पिछड़ा, दलित या अल्पसंख्यक कहते हैं, उनमें से कुछ लोग थोड़ी ज्यादा प्रमुखता पाने लगे हैं। कुछ पिछड़ी जातियों के लोग चुनकर आए हैं। उनमें से कुछ मंत्री और मुख्यमंत्री बन गए हैं।

ऐसे नौकरशाह जो हर बाधा-विपत्ति से टकराते हुए अब भी किसी तरह बचे रह गए, उनमें से कुछ की अच्छे पदों पर नियुक्तियां होने लगी हैं। ये थोड़े-बहुत परिवर्तन हो रहे हैं पर इनका असर न के बराबर है। हलचल सिर्फ सतह पर है। मूलभूत परिवर्तन की दूर-दूर तक संभावना नहीं दिखाई देती। जिन्हें जाति-पांति फैलाने का अपराधी माना जा रहा है वे चाहकर भी हर पद पर अपने लोगों को नहीं रख सकते। लोग वहां हैं ही नहीं। हां, आरोप खूब लग रहे हैं।

वंचित तबके के लोग उस ऐतिहासिक गलती को सुधारने का प्रयत्न भी प्रारंभ करें तो उन पर जातिवाद फैलाने का आरोप लग जाता है। अभी राज्यसभा के टिकट बंट रहे थे। आप कोई भी अखबार उठा लीजिए अगर चर्चा उत्तर प्रदेश और बिहार की हो रही है तो अक्सर टिप्पणीकार यह अवश्य लिखते थे कि लालू यादव और मुलायम सिंह यादव अपनी जाति के लोगों को तो अवश्य टिकट देंगे ही। कहीं किसी ने यह पढ़ा कि राव अपनी जाति के लोगों को अवश्य टिकट देंगे।

कांग्रेस ने राज्यसभा के अपने उम्मीदवारों की जो सूची जारी की है उसमें 50 प्रतिशत स्थान ऊंची जातियों को दिया गया जिसमें 26 प्रतिशत ब्राह्मण हैं। कल्पना कीजिए कि ऐसा ही कोई काम लालू या मुलायम कर दें तो अखबारों में आज कुहराम मचा होता, पर सवर्णों द्वारा फैलाई गई जाति-पांति को हमारे समाचार माध्यम जाति-पांति की बुराई नहीं मानते।

अभी दिल्ली स्थित अखिल भारतीय आयुर्विज्ञान संस्थान में एक क्रंतिकारी काम हो गया। अनुसूचित जाति-जनजाति के कोटा से आए छात्रों ने मांग की कि पोस्ट ग्रेजुएट कक्षाओं में दाखिले के लिए आरक्षण समाप्त कर दिया जाए। मेरिट के आधार पर दाखिला हो। सवर्ण छात्रों का कहना था कि उनका अपना अलग से आरक्षण बना रहना चाहिए। कल्पना कीजिए, दलित मेरिट की बात कर रहे हैं। सवर्ण आरक्षण मांग रहे हैं। वे समाचारपत्र जो मंडल आयोग आंदोलन के समय आरक्षण का विरोध करते हुए मेरिट और योग्यता की बात कर रहे थे क्या उनमें से किसी भी अखबार में इसके बारे में कुछ भी पढ़ने को मिला?

आज अचानक बड़े-बड़े लेख, विश्लेषण और संपादकीय इसीलिए लिखे जा रहे हैं क्योंकि दलितों, वंचितों और पिछड़ों के अदंर एक नई चेतना आ रही है। भद्र समाज में लोग कहते मिल जाएंगे कि देखिए, अपराध बढ़ते जा रहे हैं आदि। फिर अचानक बड़ी-बड़ी खबरें छपने लगती हैं कि पश्चिम उत्तर प्रदेश अपराधियों का स्वर्ग बनता जा रहा है। कोई कैमरा टीम बिहार पहुंचकर किसी नरसंहार का चित्र ले आएगी। हमेशा इसी तरह माहौल बनाया जाता है। यह अक्सर सफल भी होता है। इस बार भी यही कोशिश हो रही है। जाति-पांति की बुराई बढ़ने की खबरें आजकल इसलिए आम हैं।

(15 फरवरी 1994, मतांतर, इंडिया टुडे)

उत्तराखंड अपवाद है

उत्तर प्रदेश के पर्वतीय जिलों में आरक्षण के विरोध में एक व्यापक जनांदोलन छिड़ गया है। आंदोलन इतना व्यापक और सर्वग्राह्य है कि करीब-करीब सभी दल, जो राष्ट्रीय स्तर पर आरक्षण का समर्थन करते हैं, इस क्षेत्र में मजबूरन इसका विरोध कर रहे हैं। कांग्रेस और भाजपा मूलतः सवर्ण मानसिकता की पार्टियां हैं। मंडल आयोग के विरुद्ध जो हिंसक आंदोलन हुआ था उसमें निजी तौर पर इन्हीं दलों के नेताओं की सक्रिय भागीदारी थी। पर बाद में, जब मंडल आयोग लागू करने के अलावा कोई चारा नहीं था, तब सार्वजनिक और सैद्धांतिक रूप से आरक्षण के समर्थन में भी आगे आ गईं।

उत्तराखंड में जो पिछड़ों को आरक्षण दिए जाने के विरुद्ध आंदोलन छिड़ा हुआ है, उसमें इस तरह की भी कोई मजबूरी नहीं है। सभी राष्ट्रीय दल, क्षेत्रीय राजनीतिक पार्टियां तथा छात्र-अध्यापक-बुद्धिजीवी इस आंदोलन में सक्रिय हैं। वे भी जो हर क्षेत्र में आरक्षण का बढ़-चढ़कर समर्थन करते हैं, इस बार यह नहीं समझ पा रहे हैं कि उत्तर प्रदेश सरकार के इस निर्णय का समर्थन आखिर कैसे करें। उत्तराखंड की सामाजिक संरचना मैदानी क्षेत्रों से बिल्कुल अलग है। यह बात सिर्फ उत्तर प्रदेश के पहाड़ी क्षेत्रों पर ही लागू नहीं होती, सारे पर्वतीय क्षेत्रों की सामाजिक संरचना मैदानों से भिन्न है। चाहे वह हिमाचल प्रदेश हो या पश्चिम बंगाल का पर्वतीय क्षेत्र। इन क्षेत्रों में पिछड़ी जातियों के लोगों की संख्या नगण्य है। या तो ब्राह्मण, क्षत्रिय तथा वैश्य के रूप में सवर्ण हैं या दलित, अनुसूचित जातियों के लोग। बीच की जातियां यहां सिरे से नदारद हैं।

इसलिए यदि इन क्षेत्रों में भी मैदानी क्षेत्रों की तरह ही आरक्षण का प्रावधान किया गया तो इससे अनेक परेशानियां पैदा होंगी। एक अंदाज के मुताबिक, उत्तर प्रदेश के कुमाऊं तथा गढ़वाल क्षेत्र में अन्य पिछड़ी जाति के लोगों का प्रतिशत डेढ़ से दो के करीब है और ये लोग भी हाल के दिनों में ही मैदानों से चलकर पहाड़ों पर पहुंचे हैं। अब यदि उत्तर प्रदेश में पिछड़ों के लिए 27 प्रतिशत आरक्षण का प्रावधान रखा जाता है और उसे पहाड़ी जिलों पर भी लागू कर दिया जाता है तो इसका अर्थ यह होगा कि मैदानी क्षेत्र के लोग आरक्षण का लाभ लेकर पहाड़ी क्षेत्र की नौकरियों पर कब्जा कर लेंगे।

इसमें कई मसले हैं। एक, एक ही राज्य में दो तरह के विधान कैसे चल सकते हैं कि जो नियम पूरे राज्य पर लागू होगा वह कुछ जिलों में नहीं लागू किया जाएगा। इस तर्क में दम है लेकिन इसकी अपनी सीमाएं भी हैं। यह तर्क तब दमदार होता, जब पूरे राज्य को एक इकाई के रूप में माना जाता। यहां तो यह स्थिति है कि इन जिलों के लोग अरसे से अलग राज्य की मांग कर रहे हैं। आप उत्तराखंड कह लें या उत्तरांचल, इसकी मांग लंबे

समय से चल रही है और इसे इस क्षेत्र की आम जनता का व्यापक समर्थन भी मिल रहा है। अलग राज्य बनाने के लिए सक्रिय उत्तराखंड क्रांति दल (उक्रांद) को व्यापक समर्थन इसलिए नहीं मिलता कि उस क्षेत्र के राष्ट्रीय दल भी अलग राज्य का ही समर्थन करते हैं। पिछली सरकार ने विधासनसभा में प्रस्ताव पास करके केंद्र सरकार के पास भेज दिया था कि उत्तरांचल राज्य शीघ्र गठित कर दिया जाए।

पिछले चुनाव में भले ही मुलायम सिंह के गठबंधन को इस क्षेत्र से सिर्फ एक सीट मिली हो पर वे भी सार्वजनिक रूप में उत्तराखंड निर्माण के पक्ष में रहे हैं और प्रशासनिक कार्यवाही का भी आश्वासन देते रहे हैं। यानी कुल मिलाकर राज्य में एक तरह की सर्वानुमति रही है कि पहाड़ी जिलों की आवश्यकताएं अलग हैं इसलिए इनकी व्यवस्था भी अलग होनी चाहिए। अलग उत्तराखंड राज्य भले ही अब तक न बना हो पर राज्य इस तथ्य को स्वीकार कर चुका है कि वह एक न एक दिन अवश्य बनेगा तथा उसकी आवश्यकता भी है। ऐसी स्थिति में आरक्षण के प्रावधान को उसी तरह उस क्षेत्र में भी लागू करने का क्या तुक है जहां अन्य पिछड़े वर्ग के लोगों की संख्या दो प्रतिशत भी नहीं है। यदि ऐसा होता कि मुलायम सिंह यादव उत्तराखंड को अलग करने के विरोध में होते तो उनका यह तर्क समझ में आता कि एक राज्य में वे अनेक तरह के कानून नहीं लागू कर सकते, पर ऐसा भी नहीं है।

इसका मसला और भी गंभीर है। राज्य के पर्वतीय क्षेत्र की अर्थनीति भी बिल्कुल भिन्न है। वहां न तो ढंग के उद्योग धंधे हैं और न ही खेती। कोई भी व्यक्ति किसानी के सहारे अपनी जिंदगी नहीं चला सकता। हिमाचल प्रदेश में भी अलग राज्य बनने से पहले यही स्थिति थी, लेकिन अब बागवानी और उससे सम्बद्ध उद्योगों के कारण परिस्थितियां भिन्न हैं। चूंकि उत्तर प्रदेश की सारी राजनीति का केंद्र मैदानी क्षेत्र रहे हैं इसलिए पहाड़ी क्षेत्रों पर कभी कोई ध्यान ही नहीं दिया गया। इसलिए उस क्षेत्र में आमदनी का साधन सिर्फ सरकारी नौकरियां हैं। काफी लोग सेना या पुलिस में हैं। बड़ी संख्या में लोग क्षेत्र के बाहर नौकरियां करते हैं। इसलिए कभी-कभी मजाक में इस क्षेत्र की अर्थनीति को मनीऑर्डर अर्थनीति भी कहते हैं। इस स्थिति में यदि यहां की नौकरियों में आरक्षण के कारण बाहर के लोग भरे गए तो निश्चय ही सामाजिक संतुलन बिगड़ जाएगा और यदि यह आरक्षण शिक्षा संस्थानों में भी लागू होता है तो पहाड़ी युवाओं का भविष्य और अंधकारमय हो जाएगा।

मुलायम सिंह को इस विशेष परिस्थिति को समझना चाहिए और धमकी तथा चेतावनी की भाषा से बचना चाहिए। यह सामाजिक न्याय का रास्ता नहीं है। यह सच है कि हमारे देश में आरक्षण की अत्यंत आवश्यकता है। इसमें भी कोई बुराई नहीं कि आरक्षण को आबादी के औसत तक भी पहुंचा दिया जाए, पर यह करते हुए यह ध्यान भी रखना पड़ेगा कि इसे लागू करने की मूल इकाई क्या हो, राज्य या जिला? स्वाभाविक है कि यह इकाई राज्य ही हो सकती है, पर कुछ क्षेत्रों में अपवाद बनाने होंगे। पश्चिम बंगाल के पहाड़ी क्षेत्र या बिहार, मध्य प्रदेश तथा उड़ीसा के आदिवासी क्षेत्रों के लिए इस विधान में संशोधन करना ही पड़ेगा, वरना अनेक सामाजिक तनाव होंगे।

तमिलनाडु यदि आरक्षण बढ़ाकर 69 प्रतिशत करना चाहता है तो उसमें दम है। उस राज्य में सिर्फ ब्राह्मण ही ऊंची जाति है बाकी सारी आबादी या तो पिछड़ी है या अनुसूचित। इसी तरह बिहार में यदि लालू प्रसाद यादव आरक्षण को 80 प्रतिशत तक ले जाने की धमकी

दे रहे हैं तो उसके पीछे भी एक तर्क है। कर्नाटक में भी कमोबेश यही स्थिति है। यदि संविधान में संशोधन करके इसे लागू किया जाता है तो कोई गुरेज नहीं होना चाहिए। पर लालू प्रसाद को यह ध्यान तो रखना ही पड़ेगा कि इस आरक्षण नीति के कारण कहीं छोटा नागपुर के आदिवासी बहुल इलाकों में उनके भाईबंद तो थोक में नहीं पहुंच रहे हैं। सामाजिक न्याय की तार्किक परिणति यही है कि हर व्यक्ति को उसके समाज में उसका उचित और तर्कसंगत स्थान मिले। इसलिए यह देखना पड़ेगा कि यदि पूरे राज्य में 80 प्रतिशत आरक्षण लागू होता है तो उन क्षेत्रों में जहां आदिवासी ज्यादा हैं, वहां कम-से-कम उनकी आबादी के अनुपात में तो स्थान मिले।

जब तक उत्तराखंड अलग राज्य नहीं बन जाता तब तक उत्तर प्रदेश में रहते हुए भी इसका समाधान हो सकता है। उत्तर पूर्व के कई राज्यों की तरह पहाड़ के मूल लोगों को अनुसूचित जनजाति का दर्जा दिया जा सकता है। फिर उनका आरक्षण का प्रतिशत उनकी आबादी के अनुपात तक बढ़ाकर इस समस्या का समाधान हो सकता है। इसके लिए थोड़ी-सी समझदारी और दूर-दृष्टि से काम लेना होगा, न कि धमकी की भाषा से। इस तरह की भाषा बोलकर मुलायम सिंह न सिर्फ अपनी राजनीति का कबाड़ा कर रहे हैं बल्कि सामाजिक न्याय के सिद्धांत पर भी प्रहार कर रहे हैं। वैसे ही कोई कम विरोध नहीं है।

(24 अगस्त 1994, अमर उजाला)

सांप्रदायिकता

जद-भाजपा एक छायायुद्ध लड़ रहे हैं

भारतीय जनता पार्टी कुछ विचित्र सशोपंज में है। न तो उसे राष्ट्रीय मोर्चे की सरकार को निगलते बन रहा है और न ही उगलते। कश्मीर-पंजाब समस्या हो या रामजन्म भूमि-बाबरी मस्जिद विवाद का समाधान ढूंढ़ने की चेष्टा, चाहे मंडल आयोग की सिफारिशें लागू या न लागू करने का मामला हो या मूल्यवृद्धि के प्रश्न पर सरकार की असफलता का सवाल–भाजपा करीब हर महत्त्वपूर्ण मुद्दे पर सरकार के काम या नीतियों से नितांत अप्रसन्न है। पर विडम्बना कुछ ऐसी है कि सरकार से हाथ खींचने की बात तो दूर, वह जमकर आलोचना भी नहीं कर पा रही है।

भाजपा भले ही यह कहे कि इस सरकार को गिराने से कांग्रेस को यह कहने का मौका मिल जाएगा कि गैर-कांग्रेसी पार्टियां सरकार चला नहीं सकतीं, इसलिए वह अपने सीने पर मजबूरन पहाड़ ढो रही है, लेकिन वास्तविकता यह है कि इस सरकार की रीति- नीति के कारण भाजपा का अंकगणित थोड़ा गड़बड़ा गया है। उसे लग रहा है कि आज यदि सरकार गिर जाती है, तो सबल एवं एकल विकल्प बनने का भाजपा का सपना पूरा नहीं हो सकता, जिसके लिए यह पार्टी सरकार बनने के पहले दिन से ही कोशिश कर रही है। सच तो यह है कि विश्वनाथ प्रताप सिंह के नेतृत्व में राष्ट्रीय मोर्चे की सरकार और उसका जनता दल तथा लालकृष्ण आडवाणी के नेतृत्व में भारतीय जनता पार्टी सारे ऊपरी प्रेम और सौहार्द्र के बावजूद अंदर ही अंदर लगातार एक-दूसरे को काटने में लिप्त रहे हैं।

इन लोगों ने यह सोचा कि राजीव गांधी के नेतृत्व में कांग्रेस विफल हो चुकी है और यह पार्टी अगले चुनाव तक इस काबिल नहीं रह पाएगी कि सार्थक चुनौती के रूप में उभर सके। इसलिए अगली लड़ाई तो विश्वनाथ प्रताप सिंह के नेतृत्व में राष्ट्रीय मोर्चे तथा लालकृष्ण आडवाणी के नेतृत्व पर धर्मदीप्त राष्ट्रवादी दक्षिणपंथी शक्तियों के बीच लड़ी जाएगी। यही सोचकर दोनों पक्ष सरकार गठन के पहले दिन से ही अगले निर्वाचन को लक्ष्य बनाकर अपनी गतिविधियां संजो रहे हैं। फर्क सिर्फ यह है कि एक नंगी लड़ाई लड़ने की बजाए दोनों पक्ष शतरंज बिछाकर एक अच्छे मित्र की तरह अपनी-अपनी चाल चल रहे हैं और क्षमतानुसार अगली तीन-चार चालों के बारे में सोच रहे हैं।

मंडल आयोग की सिफारिशें लागू करने के लिए सरकारी निर्णय के ठीक पहले तक शतरंज का यह खेल अपने अपने प्यादों को एक-एक कर आगे सरकाने तथा सिर्फ घेरेबंदी करने तक सीमित था। भाजपा का कहना था कि लामबंदी थोड़े दिनों तक इसी तरह चलती रहेगी कि अचानक मंडल आयोग के रूप में विश्वनाथ प्रताप सिंह ने इनका एक महत्त्वपूर्ण प्यादा मार डाला और इस तरह खेल को खूनी दौर तक पहुंचाने की पहल कर डाली। भाजपा

ने जवाबी हमले के रूप में सोमनाथ से अयोध्या तक 10 हजार किलोमीटर की रथयात्रा का अपना इरादा घोषित किया और पहली बार विश्वनाथ प्रताप सिंह को भाजपा ने शह देने की कोशिश की।

रामजन्म भूमि के प्रश्न पर भारतीय जनता पार्टी बहुत चतुराई से अब तक अपना खेल खेलती रही है। ऐसे सारे काम, जिनसे एक राजनीतिक पार्टी के रूप में भाजपा की साख बढ़े और अगले चुनाव तक यह पार्टी देश में एक सक्षम विकल्प के रूप में उभर सके, भाजपा का राष्ट्रीय नेतृत्व खुद करता रहा है। अन्य सारे काम, जिनसे हिंदू उग्रवाद को बढ़ावा मिले और देश में हिंदू एकता का ऐसा माहौल बने, जो आगे चलकर भाजपा के लिए मजबूत और विश्वसनीय वोट बैंक बन सके, विश्व हिंदू परिषद के जिम्मे है। इस खेल में तीसरा महत्त्वपूर्ण भागीदार है राष्ट्रीय स्वयंसेवक संघ, जो इन दोनों संगठनों से थोड़ी पृथक राय रखता है, लेकिन उसके क्रिया-कलाप अंततः उसी दिशा की ओर ले जाते हैं। अपने समर्थन, विरोध, आलोचना, प्रत्यालोचना तथा नरम- गरम नीतियों के बीच में तीनों संगठन राम जन्मभूमि के प्रश्न को अपनी वांछित दिशा में ले जाकर इसका सम्पूर्ण लाभ सिर्फ अपने पक्ष में उठाने का योजनाबद्ध काम कर रहे थे कि मंडल आयोग के रूप में इस योजना से भारी व्यवधान आ गया।

हो सकता है कि विश्वनाथ प्रताप सिंह ने जब मंडल आयोग की सिफारिशों को ताबड़तोड़ लागू करने की घोषणा की, उस समय उनके सामने एक सीमित लक्ष्य सिर्फ यही रहा हो कि कैसे अगले दिन देवीलाल की रैली फ्लॉप कर सकें और इसके दूरगामी परिणामों के बारे में उन्होंने ध्यान न दिया हो। पर अब जो बौखलाहट भाजपा नेतृत्व में लक्ष्य की जा रही है, उससे ऐसा नहीं लगता कि विश्वनाथ प्रताप सिंह ने सिर्फ देवीलाल को ठिकाने लगाने के लिए ही यह मंडलास्त्र छोड़ा था।

अब तो इस विश्वास के लिए पूरा आधार दीख रहा है कि जो लड़ाई विश्वनाथ प्रताप सिंह और भाजपा शतरंज के बिसात पर सद्‌भावनापूर्ण वातावरण में लड़ रहे थे, उसकी अगली कड़ी निश्चय ही मंडल आयोग को लागू करने का निर्णय थी। अगस्त का पूरा महीना मंडल आयोग के उदर में समा गया और यह वही महीना है जिसे विश्व हिंदू परिषद ने कार सेवकों की सेना इकट्ठी करने, उन्हें ग्राम, शहर, ब्लॉक तथा जनपद स्तर पर संगठित करने तथा गांव स्तर पर उन वीरों का स्वागत करने के लिए चुना था। देशभर में यह कार्यक्रम कितना सफल-असफल हुआ, इसके बारे में कोई आधिकारिक जानकारी फिलहाल उपलब्ध नहीं है, लेकिन उत्तर प्रदेश से जो सूचनाएं आई हैं वे विश्व हिंदू परिषद तथा उससे सहानुभूति रखने वालों को निश्चय ही चिंता में डालने वाली हैं। इस राज्य के 63 जिलों में से 16 में ही जिला स्तर पर स्वयंसेवकों का जत्था संगठित किया जा सका। बाकी राज्य आरक्षण के विरोध-समर्थन के माध्यम से बेरोजगारी, शिक्षा व्यवस्था से उपजे असंतोष तथा अन्य सामाजिक, शैक्षिक, आर्थिक पिछड़ेपन तथा गैर बराबरी की सार्थक बहस में शामिल हो गया और रामजन्म भूमि का मामला पीछे पड़ गया। आरक्षण का विरोध या उसके समर्थन में आयाजित जुलूस और रैलियां आज भले ही एक जाति युद्ध का आभास दे रही हों लेकिन वास्तविकता यही है कि इस प्रक्रिया से ही वह सार्थक बहस प्रारंभ होगी जो सदियों से जड़ हिंदू समाज में कोई हलचल पैदा कर पाएगी। यह काम कोई राम शिला या राम ज्योति नहीं कर सकती, यह एहसास ही विश्व हिंदू परिषद के कार्यक्रमों की उत्तर प्रदेश में विफलता का मुख्य कारण है।

वि.हि.प. के कार्यक्रमों की विफलता की परिणति अंततः भाजपा और आरएसएस के राजनीतिक सपने के धराशायी होने में होगी, भाजपा नेतृत्व इस बात को अच्छी तरह समझता है। यही कारण है कि हर मोर्चे पर राष्ट्रीय मोर्चा सरकार की असफलता भाजपा के लिए अचानक मुखर चिंता का विषय हो गई है। सोमनाथ से अयोध्या तक की लंबी रथयात्रा का नेतृत्व लालकृष्ण आडवाणी खुद करें और अपने विधायकों-सांसदों को रामजन्म भूमि मंदिर निर्माण में सक्रिय भागीदारी की अनुमति दें, यह राष्ट्रीय मोर्चे की सरकार के प्रति भाजपा के उग्र और नए आक्रामक तेवर की शुरुआत है। प्रश्न भविष्य में सत्ता की पूर्ण भागीदारी का है, इसलिए देश को इसके लिए तैयार रहना चाहिए कि यह छायायुद्ध उग्र से उग्रतर भी हो सकता है, पूर्ण युद्ध में भी परिणत हो सकता है या फिर एक ऐसे यादवी संघर्ष का रूप ले सकता है जिसके अंत में सिर्फ वही कांग्रेस बची रह सकती है जिसका अंत अंतिम मानकर यह लड़ाई छेड़ी गई है।

(18 सितंबर 1990, नवभारत टाइम्स)

मंदिर मुद्दे पर भाजपा में आत्ममंथन

लगता है, भारतीय जनता पार्टी में आत्ममंथन के निर्णायक दौर की शुरुआत हो गई है। वह वर्ग पार्टी के भीतर काफी प्रभावशाली दीख रहा है, जो मानता है कि राष्ट्रीय मोर्चे के सहयोगी दल की भूमिका में पार्टी का एक-एक दिन न केवल जनता में भाजपा की साख गिरा रहा है, बल्कि इसके जनाधार में क्षरण का एक महत्त्वपूर्ण कारण भी बन रहा है और यदि इसी तरह चलता रहा तो अगले चुनाव तक पार्टी का एक दल के रूप में विकल्प बनकर उभरने का सपना निश्चित बिखर जाएगा। पार्टी में बहुमत वाला यह वर्ग अब मुखर होकर मांग करने लगा है कि हिन्दुत्व के रास्ते चलने में यदि पार्टी की सहयोगी भूमिका बाधक बन रही है, तो इसे तत्काल राष्ट्रीय मोर्चे के साथ अपने संबंधों पर पुनर्विचार कर लेना चाहिए लेकिन विश्व हिंदू परिषद के सहयोग से चलाए जा रहे 'कार सेवा' या 'रथ यात्रा' आदि कार्यक्रमों से अब सिर्फ इस कारण हाथ नहीं खींचना चाहिए कि इससे पार्टी पर साम्प्रदायिकता का ठप्पा लग जाएगा। इस वर्ग की निश्चित धारणा है कि भाजपा का प्रभाव विस्तार सिर्फ इसी रास्ते संभव है, गांधीवादी समाजवाद या साम्प्रदायिक सौहार्द की बातों से नहीं। इस भटकाव के कारण ही पार्टी 10 सालों में कहीं नहीं पहुंच पाई। आज जो इसका प्रभाव विस्तार दीख रहा है, वह इसके जनसंघीकरण के कारण ही है अतः पार्टी के सामने अब केवल एक ही रास्ता है और वह रास्ता है राम जी का।

भोपाल में आयोजित भाजपा के सांसदों और विधायकों की कार्यशाला में रामजीवादी बड़े पैमाने पर हावी रहे, इसका प्रमाण है भाजपा में जनसंघी विचारधारा के एक प्रमुख सिद्धांतकार और प्रसिद्ध अंग्रेजी पत्रकार जय दुबाषी का लालकृष्ण आडवाणी को लिखा गया पत्र, जिसे श्री दुबाषी ने प्रेस में प्रकाशन के लिए भी जारी कर दिया। यह थोड़े आश्चर्य की बात लग रही है, क्योंकि आपसी विचार-विमर्श को पार्टी हमेशा सार्वजनिक बनाने से बचती रही है और ऐसे में इनके विचारक पार्टी की नीतियों को सार्वजनिक अपील करें, इससे एक निष्कर्ष यह भी निकाला जा सकता है कि इस बार पार्टी में जो आत्ममंथन की प्रक्रिया चल रही है, उसमें कहीं-न-कहीं कड़वाहट भी सतह पर आ रही है और उसके छींटे सार्वजनिक भी हो रहे हैं, जो भाजपा जैसी अनुशासित पार्टी के लिए एक नई बात है।

इसमें संदेह की अब कोई गुंजाइश नहीं रह गई है कि भाजपा के राजनीतिक निर्णय राष्ट्रीय स्वयंसेवक संघ 'विश्व हिन्दू परिषद' भारतीय जनता पार्टी युति के कठोरपंथी नेतृत्व द्वारा ही लिए जा रहे है और यही कारण है कि पार्टी अब इस राय पर दृढ़ है कि राम जन्म भूमि मसले का हल अदालत के जरिए नहीं निकल सकता, क्योंकि अदालतें भावना से जुड़े ऐसे मामले का फैसला कर ही नहीं सकतीं, इसलिए पार्टी के सामने विश्व हिन्दू परिषद के

रास्ते चलने के अलावा अन्य कोई विकल्प नहीं है। राम जन्म भूमि के मामले में पार्टी की यह राय अब सर्वविदित है। आश्चर्य सिर्फ इस बात पर होता है कि जब भी इस बारे में पार्टी नेतृत्व कोई बयान देता है, तो साथ में यह जोड़ना नहीं भूलता कि इसका यह मतलब नहीं कि भाजपा अदालत के फैसले के खिलाफ है और भाजपा ने ऐसा कभी नहीं कहा कि वह अदालत के फैसले का सम्मान नहीं करेगी।

इसे जरा इस रोशनी में भी देखें कि भोपाल की कार्यशाला में जब एक के बाद एक भाजपा नेता गर्जन-तर्जन के साथ घोषणा कर रहे थे कि भावना के मामलों में अदालतों का क्या काम, या हिन्दू अपने बाहुबल से 30 अक्टूबर को राम मंदिर का निर्माण प्रारंभ कर देंगे और संसार की कोई भी शक्ति उन्हें मंदिर निर्माण से नहीं रोक सकती, उसी दौरान भाजपा के वरिष्ठ नेता आशा व्यक्त कर रहे थे कि 30 अक्टूबर से पहले निश्चय ही कोई सर्वसम्मत हल ढूंढ़ लिया जाएगा। यानी मंथन अभी जारी है। हिन्दुत्व की शक्ति के सहारे इस समस्या का समाधान ढूंढ़ने वाला भाजपा-विहिप-आरएसएस युति का वर्चस्व भले ही पार्टी पर स्थापित हो गया हो, पर एक वर्ग अब भी ऐसा सक्रिय है, जो अयोध्या में किसी भी समुदाय की भावनाओं को आहत किए बिना मंदिर निर्माण के प्रति आशावान है। इसीलिए 'पल में तोला, पल में माशा' वाला दृष्टिकोण पहली बार भाजपा के संदर्भ में सामने आ रहा है। अपनी अनुशासनप्रियता के लिए प्रसिद्ध इस पार्टी के कुछ नेता कहीं सरकार से समर्थन वापस लेने की बात कर रहे हैं, तो दूसरी ओर अन्य नेता कह रहे हैं कि इसका सवाल ही नहीं उठता। वरिष्ठ सिद्धांतकार अपना पत्र सार्वजनिक कर देता है। श्रीमती विजयराजे सिंधिया और सुश्री उमा भारती अदालतों के अधिकार क्षेत्र को चुनौती देते हुए कार सेवा और सीधी कार्रवाई से मंदिर निर्माण के लिए प्रतिबद्ध दीखती हैं, तो अटल बिहारी वाजपेयी और लालकृष्ण आडवाणी राष्ट्रीय एकता परिषद की साम्प्रदायिक सौहार्द समिति की बैठक में जो तय करते हैं, इस बात के सार्वजनिक होने पर पहले सफाई देते हैं, फिर खंडन करते है और अंततः राष्ट्रीय एकता परिषद जैसी महत्त्वपूर्ण संस्था की बैठक का बहिष्कार करने का फैसला कर लेते हैं।

साम्प्रदायिक सौहार्द समिति की बैठक के बाद भाजपा ने इस पूरे प्रकरण में जो रुख अख्तियार किया है, उससे यह निष्कर्ष निकालने का पर्याप्त कारण बनता है कि पार्टी का नेतृत्व निश्चित रूप से किसी दबाव में काम कर रहा है वरना साम्प्रदायिक सद्भाव के लिए तैयार की गई एक अपील यदि समय से पहले प्रेस में पहुंच जाती है, तो उसके बारे में यह कहना कि इससे देश और समाज में सिर्फ बिखराव और दुराव बढ़ेगा, पार्टी के अंतर्विरोध का ही उदाहरण है।

साम्प्रदायिक सौहार्द समिति की बैठक की अध्यक्षता का काम सर्वसम्मति से अटल बिहारी वाजपेयी को सौंपा गया। इस बैठक में अन्य लोगों के अतिरिक्त लालकृष्ण आडवाणी भी उपस्थिति थे, जिन्होंने इस बात पर जोर दिया कि साम्प्रदायिक सौहार्द के लिए अयोध्या में राम मंदिर का निर्माण आवश्यक है। लेकिन जब सर्वसम्मति से यह तय हुआ कि मंदिर ऐसे स्थान पर बने, जिससे किसी भी समुदाय की भावना आहत न हो, विवाद हल करने के लिए सरकार से कहा जाए कि वह अदालती प्रक्रिया तेज करे और सभी पक्ष उस फैसले का सम्मान करें तथा अयोध्या विवाद के कारण समाज में फैल रही उत्तेजना को शान्त किया जाए तो

भाजपा के उपस्थित प्रतिनिधियों ने इस प्रस्ताव से कोई असहमति न तो व्यक्त की, न ही इसे दर्ज कराया, जबकि यह प्रस्ताव भाजपा की ताजा और सार्वजनिक रूप से घोषित नीति का एक हद तक परिपंथी है। स्पष्ट है कि भाजपा का शीर्ष नेतृत्व इस प्रस्ताव से एक हद तक सहमत है लेकिन शायद कट्टरपंथियों के दबाव से बचने के लिए इसे तत्काल सार्वजनिक नहीं करना चाहता, लेकिन इससे यह बात तो सामने आती ही है कि अयोध्या के मामले में अदालतों की क्या भूमिका हो और पार्टी टकराव को किस हद तक आगे ले जाए, इन मुद्दों पर अभी भी पार्टी में विचार मंथन की प्रक्रिया चल रही है और कट्टरपंथी हावी भले ही दीखें, लेकिन पूरी तरह काबिज नहीं हो पाए हैं।

विश्व हिन्दू परिषद के उपाध्यक्ष देवकी नंदन अग्रवाल का परिषद सहित श्री राम जन्मभूमि न्यास तथा श्री राम जन्म भूमि मुक्ति समिति से त्यागपत्र भी भाजपा-विहिप-आर.एस.एस में चल रहे आत्ममंथन का ही एक भाग है। जिस दिन भाजपा का शीर्ष नेतृत्व साम्प्रदायिक सौहार्द समिति की बैठक के ब्यौरे के प्रकाशन पर अपनी अप्रसन्नता जाहिर करते हुए यह आरोप लगा रहा था कि एक उच्चस्तरीय मंच का दुरुपयोग संकीर्ण राजनीतिक हितों के लिए किया जा रहा है और इससे देश और समाज में सिर्फ बिखराव और दुराव ही बढ़ेगा, उसी दिन विश्व हिन्दू परिषद का शीर्ष नेतृत्व आपसी मतभेद के समाचार का खंडन करते हुए इन तथ्यों की पुष्टि कर रहा था कि श्री अग्रवाल ने न सिर्फ सभी पदों से इस्तीफा दे दिया है बल्कि इस मामले में अदालतों में अनास्था व्यक्त करने वाली परिषद की ताजा नीति के विपरीत जाकर श्री अग्रवाल सभी मुकदमे जारी रखना चाहते है और उन्हें पूरा विश्वास है कि विलम्ब भले ही हो, लेकिन इन अदालतों से इन्हें न्याय अवश्य मिलेगा। श्री अग्रवाल परिषद की घोषित नीति से अलग चलने का निर्णय लेने के बावजूद यदि इसे नीतिगत मतभेद न मानना चाहें, तो यह उनकी समस्या है लेकिन वास्तविकता यह है कि विहिप-भाजपा-आर.एस.एस. युति के शीर्ष नेतृत्व में इस बात पर अवश्य दो राय है कि न्याय प्रक्रिया में आस्था के प्रश्न पर न्यायप्रिय नागरिक को किस हद तक जाना चाहिए। साम्प्रदायिक सौहार्द समिति की बैठक से उपजे विवाद और देवकी नंदन अग्रवाल के इस्तीफे तथा अदालतों में लड़ाई जारी रखने के उनके निर्णय ने यह साबित किया है कि इस मुद्दे पर पार्टी अभी विभाजित है, इसीलिए इनके सार्वजनिक व्यवहार में 'भात भी खाएं और जात ना गवाएं' वाली दुविधा सार्वजनिक रूप से पहली बार दीख रही है।

(24 सितंबर 1990, नवभारत टाइम्स)

कहीं न पहुंचने वाली एक रथयात्रा

लालकृष्ण आडवाणी का रथ जैसे-जैसे बढ़ रहा है और ज्यों-ज्यों 30 अक्तूबर की तिथि करीब आ रही है, देश के सांप्रदायिक तापमान का पारा ऊपर की ओर चढ़ता जा रहा है। देश भर के शांतिकामी, प्रगतिशील, गैर-सांप्रदायिक लोग आडवाणी से बार-बार आग्रह कर रहे हैं कि वे इस विनाशकारी रथयात्रा को तत्काल स्थगित करें। लेकिन लगता है कि श्री आडवाणी या तो जहां तक आगे बढ़ चुके हैं, वहां से वापस निकलने का रास्ता नहीं ढूंढ़ पा रहे हैं या उनकी पार्टी यह तय कर चुकी है कि चाहे इसके लिए देश को कोई भी कीमत क्यों न चुकानी पड़े, यदि इस बार पीछे हट गए, तो फिर पीछे हटते ही जाएंगे और 21वीं सदी के प्रारंभ तक इस देश को भगवा रंग में रंग देने का उनका सपना कहीं आगे खिसक जाएगा। इसलिए समाज भले ही खंड-खंड हो जाए, हाथ आए इस अवसर को नहीं गंवाना है।

राम रथयात्रा जिस तरह से लोकप्रिय हो रही है, उससे भाजपा नेतृत्व का मन हुलसना स्वाभाविक है। बात सिर्फ इनकी यात्रा में लाखों के शामिल होने की ही होती तो अपनी इस सफलता से अभिभूत भाजपा का चतुर राजनीतिक नेतृत्व दिल्ली तक इस रथ यात्रा को लाकर देश पर अहसान करते हुए इसे स्थगित करने की घोषणा भी कर देता, लेकिन मामला सिर्फ रथयात्रा की सफलता का ही नहीं है। ये देख रहे हैं कि जिस उत्तर प्रदेश में उन्हें निर्णायक लड़ाई लड़नी है, वहीं मुलायम सिंह यादव डेढ़ महीने से भी कम समय में सांप्रदायिक सद्भाव की 48 सफल रैलियां करते हैं और जब लखनऊ में उनका समापन करते हैं तो वह लखनऊ के इतिहास की अब तक हुई सबसे बड़ी रैली बन जाती है, तो इन्हें थोड़ी चिंता होती है और इन्हें लगता है कि एक बार ठहरकर इसका एक आकलन कर लिया जाए कि आखिर ये जो लाखों लोग श्री आडवाणी के पीछे चल रहे हैं, वह सत्य है या वह भीड़ सत्य है जो मुलायम सिंह यादव के पीछे खड़ी है। समझाने वाले तत्काल समझा देते हैं कि राम रथयात्रा जैसे महान उद्देश्य के यात्रियों को इस विधर्मी भीड़ से चिंतित नहीं होना चाहिए, क्योंकि इस भीड़ में अधिकांश अल्पसंख्यक हैं, बचे-खुचे कम्युनिस्ट हैं और स्वाभाविक है कि पिछड़े भी थोड़े बहुत होंगे ही। ये वे नहीं हैं जिनका मन जीतने ये रथयात्री निकले हैं। इन शक्तियों के पराभव से ही राम राज्य का पथ प्रशस्त होगा, इसलिए यात्रा चलती रहनी चाहिए। मुलायम के पीछे खड़ी भीड़ से रामरथ यात्रियों को तनिक भी विचलित नहीं होना चाहिए।

लेकिन विचलित करने वाली इसकी खबर उसी दिन आती है कि अपनी सद्भावना यात्रा के दौरान राजीव गांधी जब अयोध्या की 16 किलोमीटर की परिक्रमा करने पहुंचे तो ढोल, बैंड-बाजे, शंख तथा घड़ियाल के साथ उनकी आरती उतारते लोगों का स्वागत देखकर वे शायद खुद भी आश्चर्यचकित रह गए। एक संवाददाता ने अपनी रिपोर्ट में लिखा कि फैजाबाद

की हवाई पट्टी से अयोध्या की राम की पैड़ी के घुमावदार लंबे मार्ग में कोई ऐसा स्थान नहीं था जहां भीड़ ने उनका ललककर स्वागत न किया हो। श्री मुलायम सिंह यादव के पीछे खड़ी भीड़ के वर्ग चरित्र से भाजपा नेतृत्व अवगत है। इसलिए वृथा चिंता का कारण नहीं है। लेकिन यह भीड़, जो राजीव गांधी के पीछे जाकर खड़ी होने लगी है, इसका वर्ग चरित्र भाजपा नेतृत्व के लिए जानना अत्यंत आवश्यक है, क्योंकि यदि उनका संदेह थोड़ा भी सही निकला और ये वही लोग निकले, जो इस सरकार की आरक्षण और राम मंदिर नीति से दुखी होने के कारण राजीव गांधी का ललककर स्वागत कर रहे हैं तो यह भाजपा नेतृत्व के लिए अवश्य ही चिंता का कारण है। मंदिर वहीं बनाने के लिए राम की सौगंध खाने से शुरू कर के रथयात्रा में रक्त तिलक लगाने तक भाजपा ने धर्मनिरपेक्षता की झीनी परत को नोच फेंकते हुए अपना जो सांप्रदायिक स्वरूप दिखाया है, वह आखिर इसी मध्यवर्गीय, शहरी, धर्मभीरू, उच्चवर्णीय हिंदू वोट के लिए ही तो था, जिसे ये मानकर चल रहे थे कि अब यह पूरी तरह से कांग्रेस से विमुख हो चुका है और विश्वनाथ प्रताप, शरद, पासवान की कारगुजारियों तथा 'मौलाना' मुलायम जैसे क्षत्रपों की प्रादेशिक हरकतों के कारण जनता दल की ओर जा ही नहीं सकता। इस पके फल को तो भाजपा की झोली में ही गिरना था। लेकिन लगता है कहीं कोई गड़बड़ रह गई।

भाजपा के इस अचानक उग्र राम प्रेम के पीछे इनके वोट की लालसा के अतिरिक्त कोई अन्य आध्यात्मिक कारण भी हो सकता है, यह तो इस पार्टी के विश्व हिंदू परिषद या बजरंग दल जैसी सहयोगी संस्थाओं का एक हिस्सा भी नहीं मानता। इसी कारण इन संस्थाओं में कहीं-न-कहीं एक दबा हुआ रोष भी है कि सांप्रदायिकता की जिस खिचड़ी को वे इस आश्वासन के साथ धीमी आंच पर बना रहे थे कि पक जाने पर वह संपूर्ण सुस्वादु भोजन अंततः भाजपा का ही होगा, उस अधपकी खिचड़ी को भाजपा का हड़बड़िया नेतृत्व बीच में ही ले भागा। अब डर यह है कि न तो वह खिचड़ी खाने योग्य होगी न ही आगे खिलाने योग्य। प्रश्न यह है कि भाजपा नेतृत्व को अचानक इतनी हड़बड़ी क्यों हो गई। विश्व हिंदू परिषद, बजरंग दल तथा विराट हिंदू सम्मेलन जैसी संस्थाएं तो राम मंदिर के नाम पर प्रत्यक्ष रूप से अच्छी-भली गर्मी पैदा कर रही थीं, जिसका परोक्ष लाभ भाजपा को मिल ही रहा था, तो क्या आवश्यकता पड़ गई कि इन सहयोगी संस्थाओं से पहल छीनकर भाजपा एक शुद्ध सांप्रदायिक खेल में खुद कूद पड़े।

इसकी एक व्याख्या यह हो सकती है कि केंद्र में राष्ट्रीय मोर्चे की सरकार को जिलाए रखते हुए अपनी राजनीतिक महत्त्वाकांक्षाओं की पूर्ति के लिए भाजपा ने जो समय सीमा तय कर रखी थी उसके गणित में कहीं कोई गड़बड़ी आने लगी थी। तय था कि राष्ट्रीय मोर्चे की झगड़ालू, अकुशल तथा एक हद तक निकम्मी सरकार को भाजपा इसलिए चलाती रहेगी क्योंकि ऐसा ही जनादेश था और जब यह गिर जाएगी तब सारे देश में भाजपा की अनुशासित भूमिका की प्रशंसा होगी। इसी बीच हिंदू संगठन अपना करम करते रहेंगे, भाजपा अपना काम करती रहेगी ताकि चुनाव के समय देश के सामने एक कर्त्तव्यपरायण विक्रम की तरह उपस्थित होकर आदेश मांग सके कि कृपया अब इस शव से मुक्ति दिलाएं। यह सारा कुछ गणित के नियमों के अनुसार ही चलता रहता, यदि बीच में इस सरकार को मंडल आयोग लागू करने की न सूझती। भाजपा के सपनों के हिंदू जनाधार को न सिर्फ बांटने

की कोशिश कर रहे थे, बल्कि उसके एक बड़े हिस्से को अपने नाम पट्टा लिखाने की चेष्टा भी कर रहे थे। रथयात्रा भाजपा का हड़बड़ी में चलाया गया ब्रह्मास्त्र था, जो अब इनके हाथ से छूट गया है जिसे न ये वापस ले पा रहे हैं और न ही इन्हें लग रहा है कि जिस उद्देश्य से इसे छोड़ा गया था उस उद्देश्य को यह पूरा कर पाएगा। रथयात्रा की इस सीधी कार्रवाई ने पार्टी नेतृत्व को घोर दुविधा में डाल रखा है। इसे स्थगित करें तो इनका इतने दिनों में बड़ी मेहनत से बनाया गया जनाधार है, वह पूरी तरह टूटे और यदि इसे जारी रखते हैं तो इसका लाभ अंततः राजीव गांधी लूट ले जाएं।

(16 अक्टूबर 1990, नवभारत टाइम्स)

इनका उद्‌देश्य सिर्फ मंदिर बनाना नहीं है

"चन्द्रशेखर प्रारंभ में इस बात पर सहमत लगे थे कि राम जन्मभूमि का मसला अंततः भावनाओं से जुड़ा सवाल है। फिर अचानक पलटा खाकर उन्होंने घोषित कर दिया कि यह मुद्‌दा अदालतों में ही निपटाया जा सकता है। इससे पहले राजीव गांधी और विश्वनाथ प्रताप की दो सरकारें इस मसले को आपसी विचार-विमर्श से हल करने की विफल चेष्टाओं के बाद इसे अदालतों पर ही छोड़ने का निश्चय कर चुकी थीं। चन्द्रशेखर को चाहिए कि वे राम जन्मभूमि मुद्‌दे पर मुसलमानों को समझाने की कोशिश करें। वरना मुसलमानों के तुष्टिकरण की उनकी नीति उनकी सरकार के लिए भी बहुत महंगी साबित होगी।" विश्व हिंदू परिषद के महामंत्री अशोक सिंघल के 14 नवंबर 1990 को बम्बई में दिए गए वक्तव्य का यह एक प्रकाशित अंश है।

अशोक सिंघल की इस प्रत्यक्ष चेतावनी में चन्द्रशेखर के अतिरिक्त अन्य राजनीति सचेतन व्यक्तियों और दलों के लिए भी अनेक गूढ़ निहितार्थ छिपे हैं। सबसे पहला तो यही कि चन्द्रशेखर यदि अशोक सिंघल या उनकी तरह के अन्य हिंदू नेताओं से प्रत्यक्ष विचार-विमर्श के द्वारा या गुप्त मुलाकातों के जरिए इस समस्या के समाधान की दिशा में कोई प्रयत्न करते हैं तो वे निश्चित विफल होंगे, क्योंकि यह मामला हिंदुओं के तुष्टिकरण का नहीं है। मसला मूलतः मुसलमानों की तथाकथित तुष्टि समाप्त करने का है। इस संदर्भ में श्री सिंघल ने दो अच्छे उदाहरण दिए हैं। राजीव गांधी और उनके तत्कालीन गृहमंत्री सरदार बूटा सिंह को लगा था कि सरकार के परोक्ष सहयोग से अयोध्या में विवादास्पद स्थल पर शिलान्यास करा देने से हिंदुत्ववादी भी प्रसन्न हो जाएंगे, मामला भी सुलट जाएगा और राम भक्तों के सारे वोट भी उनकी झोली में आ गिरेंगे। शिलान्यास, इसके तत्काल बाद हुए मतदान और उसका परिणाम देश के सामने है। पता नहीं राजीव गांधी ने इस घटना से कोई सबक सीखा या नहीं, क्योंकि जब तक वे दोबारा सत्ता में नहीं आ जाते, तब तक इसे जांचने का कोई आधार किसी के पास नहीं है।

अलबत्ता विश्वनाथ प्रताप सिंह ने इस दुर्घटना से कोई सबक नहीं सीखा, उनकी सरकार की अकाल मृत्यु के बाद यह बात अब विश्वास के साथ कही जा सकती है। श्री सिंह के कान तभी खड़े हो जाने चाहिए थे, जब चुनाव के तत्काल बाद भाजपा के दोयम दर्जे के नेताओं ने दबी जुबान से यह कहना प्रारंभ किया कि ठीक है, देश की जनता ने कांग्रेसी भ्रष्टाचार के कुशासन से तंग आकर गैर कांग्रेसवाद के विरुद्ध एक जनादेश दिया है, लेकिन हमारी 86 सीटों में शिलान्यास के लिए देशभर से भेजी गई रामशिलाओं का

भी कोई कम योगदान नहीं है। किसी भी राजनीतिक प्रेक्षक के समक्ष यह स्पष्ट था कि इन नेताओं के लिए अयोध्या का राम मंदिर कोई धार्मिक या आध्यात्मिक आवश्यकता नहीं, बल्कि एक वृहद् राजनीतिक उद्देश्य की प्राप्ति का सहज साधन मात्र है। फिर भी, विश्वनाथ प्रताप या तो अपने भोलेपन में या शायद बहुत चतुर बनने की कोशिश में इस बात के लिए तरह-तरह से चेष्टा करते रहे कि अयोध्या विवाद का कोई समाधान निकल जाए। साधु-संतों के समागम में समाधान निकालने की कोशिशों से जो प्रक्रिया प्रारंभ हुई, वह गुप्त मुलाकातों, मान-मनव्वल, तरह-तरह के प्रस्तावों से गुजरती हुई अध्यादेश लागू करने और उसे हड़बड़ी से वापस लेने पर जाकर रुकी। तब तक इस प्रक्रिया ने विश्वनाथ प्रताप की प्रतिष्ठा को धूल धूसरित कर दिया। उनकी एक ऐसी छवि बन चुकी थी, जो एक मक्कार, धूर्त और अविश्वसनीय व्यक्ति की छवि थी और इसे वे लोग बना रहे थे, जो उनसे गुप्त मुलाकातों में उनके सामने तरह-तरह के प्रस्ताव रखते थे, उनसे हर सप्ताह मिलकर उनसे विचार-विमर्श के बाद उनके संदेशों को सही या गलत स्थान पर पहुंचाने का काम करते थे, जो बार-बार आश्वासन देते रहते थे कि बस थोड़ा सा आप और इधर या उधर झुक जाएं, समस्या का समाधान निकलना ही चाहता है करना आपको सिर्फ यह है कि जैसे भी हो, इसे आप गुप्त रखें। दूसरी तरफ, जनता के सामने यह छवि बनाते रहते थे कि यह व्यक्ति बार-बार सिर्फ समय मांगता रहता है, वस्तुतः यह करना कुछ भी नहीं चाहता। यह दौर तब तक चला, जब तक विश्वनाथ प्रताप ने किसी दिन अदालत के शरण में जाने की बात न कह दी। उसी दिन विहिप-भाजपा-आरएसएस के लिए विश्वनाथ प्रताप की उपयोगिता समाप्त हो गई क्योंकि अब अगले चरण की तैयारी करनी थी।

भोले थे राजीव गांधी, जिन्होंने इसे सिर्फ अयोध्या में राम मंदिर निर्माण का मामला समझा और अपने विवेक से समझौता करते हुए विवादास्पद स्थल पर शिलान्यास के लिए राजी हो गए और एक विराट योजना के प्रथम चरण की नींव के पत्थर बन गए। विश्वनाथ प्रताप शायद उनसे भी ज्यादा भोले थे, जिन्होंने राजीव गांधी के उदाहरण से कुछ भी सबक सीखना उचित नहीं समझा। सचमुच इसे शुद्ध राम मंदिर निर्माण का मामला मानते हुए इसके समाधान के प्रयास में वे एक ऐसी कठपुतली की तरह खेलते रहे, जिसकी डोर किन्हीं और हाथों में थी। अशोक सिंघल ने चाहे जिस संदर्भ में चन्द्रशेखर को चेतावनी दी हो, लेकिन ईमानदारी से उन्होंने यह भी स्पष्ट कर दिया है कि मामला सिर्फ मंदिर का नहीं है। अपनी महत्त्वाकांक्षा की नींव में दबी दो सरकारों की ओर इशारा करके उन्होंने चन्द्रशेखर को यह साफ-साफ जता दिया है कि आप चाहे अदालतों का फैसला हासिल कर लें या लाख विचार-विमर्श कर के समस्या का सर्वसम्मत समाधान ढूंढ़ने का प्रयत्न कर लें, लेकिन हम इस समस्या का समाधान नहीं होने देंगे, क्योंकि यदि समस्या का समाधान हो जाता है तो उस राजनीति का क्या होगा, जिसके रथ पर सवार होकर इन शक्तियों को दिल्ली के सिंहासन पर आरूढ़ होना है।

इन शक्तियों के सामने समस्याएं कई हैं। सिर्फ यही नहीं कि मंदिर के मसले का यदि कोई सर्वमान्य हल निकल आया तो ये क्या करेंगे, बल्कि यह भी कि देश में उन्माद की आंधी चलाने के लिए अगला कौन-सा अध्याय ढूंढ़ेंगे। इन हिंदुत्ववादियों के पास कोई आर्थिक,

सामाजिक, राजनीतिक एजेंडा तो है नहीं, जिनके आधार पर एक ऐसे वैकल्पिक हिंदू समाज की संरचना का वादा कर सकें, जो वर्तमान व्यवस्था से अलग और उत्तम हो। मंदिर का मामला यदि सुलझ गया, तो राज्यारोहण का अभियान अधूरा ही रह जाएगा। चन्द्रशेखर अशोक सिंघल की चेतावनी का निहितार्थ समझने की चेष्टा करें और यदि संभव हो तो राजीव गांधी और विश्वनाथ प्रताप सिंह के अनुभवों से सबक भी लें।

(20 नवंबर 1990, नवभारत टाइम्स)

मंदिर की अपनी-अपनी उपयोगिता

अयोध्या के मसले पर हाल का राजनीतिक विवाद एक पूर्व परिकल्पित और सुविचारित रणनीति का परिणाम है। कांग्रेस और भारतीय जनता पार्टी, दोनों दलों को ही अपनी अत्यंत निजी राजनीतिक विवशताओं के कारण इस खेल को खेलना पड़ रहा है। पिछले दस दिनों में जिस तरह से यह विवाद अयोध्या से उभरकर संसद में गूंजता रहा है, उससे दोनों पक्षों को अपनी-अपनी भूमिका की सफलता पर प्रसन्न होने के पर्याप्त कारण हैं। भारतीय राजनीति की दो प्रधान शक्तियां इन दिनों जिस आंतरिक अंतर्विरोधों से जूझ रही हैं, वर्तमान अयोध्या विवाद उस चक्रव्यूह से निकलने की छटपटाहट का ही नतीजा है।

पहले भारतीय जनता पार्टी की भूमिका को समझने की चेष्टा करें। राम मंत्र के कारण पिछले आम चुनाव में भारतीय जनता पार्टी संसद में प्रमुख विपक्षी दल तो बन गई, लेकिन उस चुनाव ने यह भी स्पष्ट कर दिया कि सिर्फ मंदिर के नारे पर एक राजनीतिक दल को इससे और ज्यादा सफलता की अपेक्षा नहीं करनी चाहिए। इस मंत्र की सीमा को पार्टी नेतृत्व के प्रबुद्ध वर्ग ने बखूबी समझा और प्रयास आरंभ किए कि कैसे पार्टी के आधार को और व्यापक तथा विस्तृत किया जाए। पहला प्रयास था, हिंदू भावना को व्यापक राष्ट्रीय भावना में बदलने का। अवसर भी था। पंजाब, कश्मीर, असम में अलगाव की लहर और पूरे देश के ताने-बाने में एक अजीब-सी बेबस बिखराव की कसमसाहट के संकेत। भाजपा ने कश्मीर को मुद्दा बनाने का निर्णय किया, जिसकी सफलता पर संदेह का कोई कारण तब नहीं दीख रहा था।

परिणाम थी—भाजपा अध्यक्ष मुरली मनोहर जोशी की कन्याकुमारी से कश्मीर की एकता यात्रा। प्रधानमंत्री नरसिंह राव की समझदारी ने इस यात्रा को राजनीतिक रूप से असफल कर दिया। यात्रा श्रीनगर के लाल चौक तक पहुंच गई लेकिन इससे उपजे राष्ट्रीयता के ज्वार में प्रधानमंत्री भी अपने सहयोग के कारण बराबरी के भागीदार बन गए। दूसरे, मुरली मनोहर जोशी कोई लालकृष्ण आडवाणी तो है नहीं, इसलिए उनका व्यवहार और व्यक्तित्व भी इस यात्रा की असफलता का एक प्रमुख कारण बना। यदि यह यात्रा राष्ट्रीयता का पर्याप्त देशव्यापी उफान पैदा करने में सक्षम हो पाती तो भाजपा नेतृत्व को अपने अंदर के आरएसएस-विहिप-बजरंग दल रूपी कट्टरपंथी दबाव से थोड़ी राहत मिलती और भाजपा की भविष्य की राजनीति की दिशा भी तय हो जाती। इसकी असफलता ने कट्टरपंथियों को फिर यह कहने का मौका दे दिया कि इस दल का भविष्य सिर्फ हिंदुत्व हित की रक्षा के प्रयास में है न कि कांग्रेस रूपी खिचड़ी दल के रूप में उभरने की चेष्टा में। इस वर्ग

ने दबाव डालना शुरू किया कि मंदिर निर्माण की अपनी घोषित नीति और लक्ष्य पर दल वापस आए और जनता के बीच जो संदेह पनप रहा है कि मंदिर सिर्फ इनके लिए चुनाव जीतने का मुद्दा था, उसका निराकरण करे।

भाजपा की दूसरी समस्या है—उनकी आर्थिक नीति की दिशा। राष्ट्रीयता के इनके गुब्बारे में नरसिंह राव पिन चुभा ही चुके थे। अर्थनीति के मामले में भी पार्टी कांग्रेस से कोई बहुत अलग नहीं दीख रही थी। आर्थिक मामलों में भाजपा की छवि हमेशा से गैर समाजवादी, दक्षिणपंथी, अनुदार और निजीकरण को प्रश्रय देने वाली पार्टी की रही है। नरसिंह राव के नेतृत्व में उनकी सरकार के वित्तमंत्री मनमोहन सिंह सिर्फ वाणी से ही नहीं, कर्म से भी इन शब्दों को एक-एक कर भाजपा की झोली से निकाल रहे थे। भाजपा की मजबूरी यह कि आंखों के सामने अपनी थाती सरकते देखकर भी वे व्यावहारिक रूप से कुछ कर पाने की स्थिति में नहीं थे। परिणामस्वरूप, भाजपा में इस विषय पर घोर आत्ममंथन प्रारंभ हुआ। लखनऊ में आरएसएस तथा सारनाथ में भाजपा कार्यकारिणी के समक्ष मुख्य मुद्दा अर्थनीति ही रही और इस मुद्दे पर पार्टी कई दिशाओं में एक साथ चलती दीख रही है। पार्टी के अंदर आरएसएस का वर्चस्व चलाने वाला वर्ग 'स्वदेशी' और 'स्वराज' के नारे को पुनर्जीवित करने के क्रम में अमेरिका की साम्राज्यवादी लिप्सा और बहुराष्ट्रीय कंपनियों की भर्त्सना करता लग रहा है, तो पार्टी के अंदर एक दूसरा वर्ग स्व. दीनदयाल उपाध्याय के एकात्म मानवतावाद को एक आर्थिक दर्शन के रूप में पुनर्जीवन प्रदान करने की चेष्टा कर रहा है। भाजपा एक सुविचारित रणनीति के तहत कांग्रेस को राजनीतिक रूप से अपने करीब दिखाने की कोशिश में लगी है, तो संगठन के अंदर का एक महत्त्वपूर्ण वर्ग अपनी आर्थिक नीतियों में समाजवादियों, गांधीवादियों, सर्वोदय कार्यकर्ताओं और यहां तक कि कम्युनिस्टों के करीब जाता दीख रहा है। इस प्रश्न पर लखनऊ और सारनाथ ने कोई सर्वसम्मत आर्थिक दर्शन तो प्रस्तुत किया ही नहीं, संगठन में आपसी दूरी को और बढ़ाया ही। यहां तक कि भाजपा जैसी अनुशासित पार्टी पूर्व घोषणा के बावजूद अपनी आर्थिक नीतियों का मसौदा नहीं पेश कर पाई। इस घटना ने पार्टी और संगठन में राम मंत्र को ही अंतिम मंत्र मानने वालों का और मनोबल बढ़ाया कि उनकी ही राय ठीक थी और इस पार्टी के सामने इस दिशा में जाने के अलावा और कोई चारा नहीं है। बाकी अन्य रास्तों पर न केवल कठिनाइयां हैं, बल्कि राह भटकने का भी भारी खतरा है। पार्टी पर राम-राह पकड़ने का दबाव और बढ़ रहा था।

उधर उत्तर प्रदेश में कल्याण सिंह के नेतृत्व वाली भाजपा सरकार किसी भी दृष्टि से अपनी पूर्ववर्ती सरकारों से विशिष्ट या भिन्न नहीं दीख रही थी। वहां संकट यह है कि एक तो सरकार भी कांग्रेस-जद शैली की और दूसरे, मंदिर निर्माण के जिस नारे पर सरकार चुनकर आई, उस मोर्चे पर भी बिल्कुल निस्तब्धता, तो लोगों में कसमसाहट तो होगी ही। उंगलियां उठेंगी तो जुबान चलते कितनी देर लगती है, इसलिए भाजपा को अयोध्या में तत्काल कुछ-न-कुछ करना ही था, लेकिन सिर्फ उतना ही करना था जिससे फिलहाल काम चल जाए। इसे किसी निर्णायक मोड़ पर भाजपा अभी नहीं पहुंचा सकती थी, क्योंकि यह आजमाया हुआ फार्मूला है। यदि इसकी उपयोगिता को तत्काल समाप्त कर देते हैं और अगर राष्ट्रवाद और स्वदेशी का नारा कारगर नहीं होता है तो अगले चुनाव में फिर क्या

होगा, जबकि मंदिर के मुद्दे में अभी काफी जान बाकी है और इसे कभी भी सिर्फ थोड़े-से प्रयत्न में ही हिंदुत्व के व्यापक प्रश्न में बदला जा सकता है। इसलिए पहले राम परकोटा बनाकर देखा गया कि इस पर कितनी और कैसी प्रतिक्रिया होती है। इस पर जब वांछित प्रतिक्रिया नहीं हुई तो पुराने कांग्रेसी फार्मूले यानि राम कथा पार्क को जीवनदान मिला। इस पर भी जब मामूली-सी हरकत हुई तो विवादित क्षेत्र की परिसर की सफाई का काम हाथ में लिया गया जिसकी वांछित प्रतिक्रिया तत्काल सामने आ गई। अब संगठन के अंदर घोर मंदिरवादी तत्व फिर हावी हो गए। पार्टी पर निष्क्रियता का आरोप लगाने वाले समर्थकों और कार्यकर्ताओं का दबाव अब निश्चय ही थोड़ा घटेगा और पार्टी को निश्चिंत होकर अपनी अगली रणनीति बनाने के लिए कम-से-कम छह महीने की राहत तो मिल ही जाएगी।

भाजपा अपनी रणनीति में सिर्फ एक जगह थोड़ी मात खा रही है। वह है—कांग्रेस से अपने प्रतीत संबंधों में आई रुकावट। इन दोनों दलों के संबंध वास्तविक नहीं थे लेकिन संबंधों की इस प्रतीति को बनाए रखने में दोनों दलों के अपने-अपने रणनीतिक कारण थे। भाजपा सैद्धांतिक और वैचारिक रूप से किसी भी अन्य विपक्षी दल की अपेक्षा अपनी पार्टी को कांग्रेस के करीब इसलिए प्रोजेक्ट करना चाहती है ताकि कांग्रेस के सैद्धांतिक आधार पर वैचारिक धुंध की छाया बनी रहे और वे तत्व जो कांग्रेस से अलग होकर वामपंथ या जनता दल आदि की ओर आकृष्ट हैं, वे कहीं दोबारा कांग्रेस में वापस न आ जाएं। इसीलिए भाजपा जनता दल या मुलायम सिंह जैसी शक्तियों का भी पूरी तरह से राजनीतिक सफाया कभी नहीं चाहेगी क्योंकि इन दलों के बचे हुए तत्व निराश होकर कांग्रेस में ही वापस आएंगे, भाजपा में नहीं। कांग्रेस से अपनी वैचारिक निकटता प्रकट करके भाजपा मुसलमानों और उन्हीं के शब्द में कहें, तो छद्म धर्मनिरपेक्ष लोगों को रामो-वामो में ही सीमित करने की एक रणनीति पर काम कर रही थी, जिसका चुनावी लाभ भाजपा को मिलना असंदिग्ध है। इस घटनाचक्र से इस रणनीति को थोड़ा सदमा लगेगा, लेकिन भाजपा ने शायद जान-बूझकर इस सदमे को झेलने का निर्णय किया है क्योंकि उन पर दूसरी ओर अपने संगठन का आंतरिक दबाव भी था, जिससे निपटना उनकी पहली मजबूरी थी।

कुछ इसी प्रकार का खेल कांग्रेस या कहें कि प्रधानमंत्री नरसिंह राव भी खेल रहे थे। भाजपा की यह रणनीति उन्हें कांग्रेस के अंदरूनी समीकरण में लाभदायक लग रही थी। प्रधानमंत्री अपनी अल्पमत सरकार को भाजपा के कभी प्रत्यक्ष कभी प्रच्छन्न समर्थन के सहारे अपनी पार्टी के अंदर उभरते किसी सम्भाव्य मतभेद का भी प्रबंधन कर रहे थे। इसकी भी अपनी सीमा थी और वह इस रूप में सामने आने लगी कि भाजपा विरोध ही कांग्रेस के अंदर गोलबंदी का एक कारण बनने लगा। इसका लाभ उठाने के लिए अर्जुन सिंह, माधव राव सिंधिया और शरद पवार—प्रधानमंत्री के तीनों दावेदार, उपयोग करने लगे। जाहिर था कि प्रधानमंत्री को कुछ ऐसे कदम उठाने थे जिससे यह पता चले कि जिस तरह कांग्रेस भाजपा से सहयोग कर सकती है, आवश्यकता पड़ने पर उसी तरह कांग्रेस भाजपा का डटकर मुकाबला भी कर सकती है। लेकिन यह सिर्फ नरसिंह राव के नेतृत्व में ही संभव है। अयोध्या की ताजा घटनाओं ने प्रधानमंत्री को यह मौका दे दिया।

अब स्थिति यों है कि भाजपा का शीर्ष नेतृत्व भी अंदरूनी दबाव से अपने आपको थोड़ा मुक्त महसूस कर रहा है और नरसिंह राव भी आश्वस्त मुद्रा में तिरुपति जा पाने की स्थिति में हैं जहां उन्हें चुनौती तो क्या, उसकी कोई चर्चा भी नहीं कर पाएगा। मंदिर का मसला थोड़े दिन तक फिर परे डाल दिया जाएगा ताकि आवश्यकता पड़ने पर राजनीतिक दल फिर से उसका दुरुपयोग कर सकें।

(4 अप्रैल 1992, अमर उजाला)

मंदिर के नाम पर फिर वही खेल

अयोध्या में विश्व हिंदू परिषद की ओर से किए जा रहे मंदिर निर्माण ने मानो फिर से भारतीय जनता पार्टी को अपने अस्तित्व का औचित्य प्रदान कर दिया है। भाजपा को एक बार फिर पिछले साल जैसा ही राजनीतिक महत्त्व मिलने लगा है। पिछले आम चुनाव के बाद उत्तर प्रदेश में कल्याण सिंह की सरकार के गठन के साथ ही भाजपा विरोधी राजनीतिक दलों ने मानो चिढ़ाने के स्वर में पूछना प्रारंभ किया कि भाजपा आखिर मंदिर बनाने का काम प्रारंभ क्यों नहीं कर रही है। अब तो उत्तर प्रदेश में उनकी अपनी सरकार है और उन्होंने चुनाव घोषणा पत्र में यह वायदा किया है कि भाजपा की सरकार मंदिर निर्माण के पथ में आने वाली बाधाओं-विपत्तियों को दूर करेगी। भाजपा अब किस घात का इंतजार कर रही है। और तो और, मुलायम सिंह यादव भी चुनौती उछालने लगे थे कि भाजपा मंदिर का निर्माण प्रारंभ करके दिखाए।

यह सच है कि भाजपा के राजनीतिक दर्शन में पिछले एक साल के दौरान ऐसा कोई क्रांतिकारी परिवर्तन नहीं आ गया था कि वह मंदिर निर्माण के प्रश्न को अपने राजनीतिक एजेंडा के केंद्र बिंदु से हटाने का यत्न कर रही थी। यह जरूर था कि इस मुद्दे को विवाद की जिस बुलंदी पर भाजपा ने पिछले साल पहुंचाया था और उससे जिस परिमाण में राजनीतिक लाभ उठाया था, उसे उसी अनुपात में जारी रखने का अर्थ होता कि यह अस्त्र निश्चय ही भोथरा हो जाता। यही कारण था कि तमाम चुनौतियों के बावजूद भाजपा एक बचाव की मुद्रा अपनाए रही। दूसरा कारण शायद यह था कि पहली बार उत्तर प्रदेश में भाजपा को बिना किसी अन्य राजनीतिक दल के सहयोग या सहायता के सरकार बनाने का अवसर मिला। इसलिए इसका एक प्रभावशाली वर्ग पूरी तरह सत्ता का सुख उठा लेना चाहता था।

दूसरी ओर भाजपा का राष्ट्रीय नेतृत्व इस राजनीतिक मध्यावकाश का लाभ इस तरह के प्रयोगों में उठाना चाहता था जिससे भाजपा एक मध्यमार्गी सर्वस्वीकृत दल के रूप में सारे देश में प्रतिष्ठित हो सके। इसीलिए एक तरफ दल की भावी अर्थनीति की दिशा तय करने के लिए मंथन चल रहा था, तो दूसरी ओर कोशिश चल रही थी कि भाजपा शासित प्रदेश में भले ही क्रांतिकारी कुछ न कर पाएं लेकिन एक स्वच्छ प्रशासनिक राजनीतिक इकाई के रूप में जरूर उभरकर सामने आएं। इसके अतिरिक्त, भाजपा के राजनीतिक नेतृत्व के मन में अंदर-ही-अंदर शायद यह इच्छा भी कहीं छुपी हुई थी कि यदि उनके ये प्रयोग सफल हो जाते हैं तो शायद वे विहिप और साधु-संतों के निर्देश के तहत राजनीति चलाने से मुक्त हो जाएं। भाजपा का नेतृत्व इस आंतरिक उथल-पुथल से जूझते हुए अपनी एक अलग

राजनीतिक दिशा तलाश करने की कोशिश कर रहा था तो भाजपा विरोधी इस बात पर बगलें बजा रहे थे कि देखिए, भाजपा वायदा करके भी मंदिर नहीं बना पा रही है।

एक राजनीतिक दल के रूप में प्रतिष्ठित होना भाजपा की महत्त्वाकांक्षा या समस्या हो सकती है, लेकिन यह परेशानी या महत्त्वाकांक्षा विश्व हिंदू परिषद और उन साधु-संतों की कतई नहीं है जो राम मंदिर निर्माण को अपने जीवन का एकमात्र लक्ष्य मानकर चल रहे हैं। यह विरोधाभास पिछले एक साल में अनेक प्रकार से प्रकट हुआ है। भाजपा का राजनीतिक नेतृत्व एक दिशा में जाता दिखा है तो आरएसएस-विहिप-संत समाज का त्रिगुट एकदम भिन्न दिशा की ओर जाता दिखा है। भाजपा नेतृत्व के मन में भले ही अपने उद्देश्यों के प्रति दुविधा रही हो, पर इस त्रिगुट के मन में कोई दुविधा या संशय बिल्कुल नहीं रहा। इनके लिए कल्याण सिंह सरकार का बनना, चलना या जाना कोई महत्त्व नहीं रखता था क्योंकि इनकी व्यावहारिक दिशा और राजनीतिक दिशा में कहीं कोई द्वंद्व नहीं था जबकि भाजपा ने एक साथ कई उद्देश्य साधने का कठिन रास्ता चुन लिया था।

इस आपसी खींचतान में साल निकल गया और पता चला कि उत्तर प्रदेश की भाजपा सरकार राजस्थान और मध्य प्रदेश की अनुभवी भाजपा सरकारों से भिन्न रास्ते पर तो चल ही नहीं पाई, उत्तर प्रदेश की अपनी पूर्ववर्ती सरकारों से भी किसी क्षेत्र में श्रेष्ठ नहीं साबित हो पाई। भ्रष्टाचार पूर्ववत जारी रहा। साल भर में ही भ्रष्टाचार में सरकार के मंत्री उसी तरह लिप्त हो गए मानो उन्हें इस मामले में वर्षों का अनुभव रहा हो। नौकरशाह पूर्ववत सरकार पर हावी हो गए और तबादला प्रदेश का सबसे ज्यादा मुनाफा देने वाला उद्योग बन गया। उत्तर भारत के बाकी तीन राज्यों से भाजपा की जो छवि देश में बन रही थी, उत्तर प्रदेश की सरकार ने उसे और पुख्ता किया कि भाजपा भी कोई दूध की धुली पार्टी नहीं है। ऊपर से यह धब्बा और गाढ़ा होता जा रहा था कि राम के नाम पर वोट मांगने के बाद भाजपा मंदिर निर्माण के प्रश्न पर टाल-मटोलकर रही है। आरएसएस-विहिप-संत समाज के त्रिगुट का दबाव बढ़ता जा रहा था कि भाजपा अपने राजनीतिक स्टैंड पर पुनर्विचार करे।

इस बीच, भाजपा के केंद्रीय नेतृत्व ने इस राजनीतिक तथ्य को भांप लिया कि केंद्र में नरसिंह राव की सरकार अपना पहला वर्ष पूरा करने के तत्काल बाद तेजी से अलोकप्रियता की ओर बढ़ने वाली है। स्थायित्व के नाम पर जो समर्थन नरसिंह राव को मिल रहा था, वह बढ़ती मंहगाई, शताब्दी के सबसे बड़े आर्थिक घोटाले तथा बोफोर्स प्रकरण के फिर से जीवित हो उठने के कारण धीरे-धीरे समाप्त होने वाला था। भाजपा साल भर तक इसलिए चुप रही या कांग्रेस के साथ हनीमून का नाटक करती रही, क्योंकि वह नहीं चाहती थी कि उनकी पार्टी देश में अस्थिरता फैलाने की दोषी मानी जाए, लेकिन जैसे ही भाजपा को लगा कि नरसिंह राव सरकार पर अब जल्द ही पत्थरों की बारिश होने वाली है, उसने नए सिरे से सरंजाम को संभाला और राजनीतिक गतिविधियों के इस खेल के नए अध्याय में पूरी ताकत से कूद पड़ी।

हिंदूवादी त्रिगुट के सामने तो कोई दुविधा कभी थी ही नहीं, लेकिन भाजपा नेतृत्व ने भी अब पूरी तरह से समझ लिया कि यदि देश में भाजपा की सरकार कभी बनानी है तो इसके लिए सबसे जरूरी काम होगा—उत्तर प्रदेश की कल्याण सिंह सरकार का बलिदान। इनके सामने यह स्पष्ट हो चुका था कि जितने दिन उत्तर प्रदेश में भाजपा की सरकार रहेगी,

पूरे देश में भाजपा की लोकप्रियता का ग्राफ नीचे ही जाता रहेगा और अगले चुनाव के समय जब देश पर शासन के लिए दावा पेश करने का समय आएगा तब भाजपा भी कांग्रेस या अन्य किसी भी मध्यमार्गी पार्टी से भिन्न नजर नहीं आएगी।

इस तरह की सोच का एक अन्य महत्त्वपूर्ण कारण यह भी था कि कांग्रेस अयोध्या में मंदिर निर्माण के प्रश्न पर भाजपा से बिना टकराव मोल लिए उसकी रणनीति को तहस-नहस करने पर तुली हुई थी। कांग्रेस की घोषित रणनीति मंदिर निर्माण के पक्ष में है। चुनाव घोषणापत्र में कांग्रेस ने वायदा किया है कि वह बाबरी मस्जिद के ढांचे को सुरक्षित रखते हुए मंदिर निर्माण के पक्ष में है। अपनी इस घोषित नीति को और आगे बढ़ाते हुए कांग्रेस ने राष्ट्रीय एकता परिषद की बैठक में उत्तर प्रदेश के मुख्यमंत्री कल्याण सिंह से यह आश्वासन भी ले लिया कि सरकार विवादित ढांचे को सुरक्षित रखेगी और उच्च न्यायालय के आदेश का सम्मान करेगी। इस तरह से पिछले एक साल की राजनीतिक गतिविधियों का जो परिणाम निकला है वह कांग्रेस के पक्ष में ज्यादा है न कि भाजपा के पक्ष में, जो राम के नाम पर वोट लेकर सत्ता में आई है।

भाजपा और हिंदूवादी त्रिगुट की समस्या यही थी कि मंदिर निर्माण की पहल भी उनके हाथ से छिन रही थी और पार्टी की छवि एक आमफहम राजनीतिक दल की अलग से बन रही थी इसलिए ऐसी रणनीति बनानी थी जिससे भाजपा अपने चुनाव क्षेत्र को और मजबूत कर सके तथा ऐसी परिस्थितियां बनें जिनमें कांग्रेस अैर भाजपा राजनीतिक रूप से एक-दूसरे के आमने-सामने खड़ी दिखें। रामो-वामो की प्रतिक्रिया की चिंता भाजपा को निश्चय ही नहीं होगी, क्योंकि उनकी प्रतिक्रिया का स्वरूप अपेक्षित था और इन पार्टियों ने अपेक्षा के अनुरूप व्यवहार भी किया।

अयोध्या में आज जो हो रहा है, वह इसी वैचारिक मंथन का परिणाम है। हिंदूवादी त्रिगुट द्वारा संविधान, न्याय व्यवस्था तथा सामाजिक प्रतिक्रिया की कोई परवाह किए बिना मंदिर निर्माण का कार्य किया जा रहा है। उत्तर प्रदेश की सरकार राष्ट्रीय एकता परिषद के समक्ष दिए गए आश्वासन की आत्मा को कुचलते हुए सिर्फ अपने शब्दों पर कायम रहने के कुतर्क का सहारा ले रही है कि सरकार विवादित ढांचे को नुकसान नहीं पहुंचने देगी और कोर्ट के आदेश की अवहेलना नहीं होगी। लालकृष्ण आडवाणी ने फिर पुराना राग अलापा है कि उत्तर प्रदेश में भाजपा की सरकार को मंदिर बनाने का जनादेश मिला है। यानि इन गतिविधियों का स्पष्ट संदेश यही है कि हम चाहते हैं कि केंद्र सरकार उत्तर प्रदेश की सरकार को बर्खास्त करे या विवादित ढांचे साहित संपूर्ण परिसर का अधिग्रहण करके उसकी सुरक्षा अपने हाथ में ले ले ताकि भाजपा अपनी भविष्य की राजनीति का रास्ता सुरक्षित कर सके।

उत्तर प्रदेश कांग्रेस का एक वर्ग भाजपा के इस राजनीतिक खेल में सहर्ष शामिल होने को तैयार लग रहा है। तिलहर में अपनी जीत से प्रदेश के कांग्रेस के एक वर्ग को यह लग रहा है कि राज्य में राजनीतिक ध्रुवीकरण का एक नया दौर प्रारंभ हो गया है। जनता दल तीन टुकड़ों में बंटकर सामाजिक न्याय के अपने नारे की धज्जियां उड़ा चुका है। मुसलमान अब अपनी त्रिधाविभक्त निष्ठा से ऊबकर कांग्रेस में वापस आने के लिए तैयार बैठे हैं। इसलिए यदि आज उत्तर प्रदेश की सरकार को बर्खास्त करके चुनाव करा दिया जाए तो कांग्रेस निश्चित जीत कर सरकार बना लेगी।

भाजपा भी इसी तर्क को और आगे बढ़ाने के लिए मानो तैयार बैठी है कि सामाजिक न्याय और धर्मनिरपेक्षता का दम भरने वाली शक्तियां तो हिंदू द्रोही सिद्ध हो चुकी हैं, इस घटना के बाद कांग्रेस भी उसी कतार में खड़ी नजर आएगी। जिस समीकरण के आधार पर उत्तर प्रदेश के कांग्रेसी अगले चुनाव में सरकार बनाने का सपना देख रहे हैं, उसी समीकरण को भाजपा सारे देश में अपने हिंदू मतों का आधार बढ़ाने के लिए इस्तेमाल करने की सोच रही है। कुल मिलाकर भाजपा आज फिर वहीं आ खड़ी हुई है जहां पिछले साल रथयात्रा के दौरान वह खड़ी थी। फैसला नरसिंह राव को करना है कि क्या वह इस खेल को भाजपा की शर्तों पर खेलते हुए फिर से देश को उसी आग में झोंकना चाहेंगे, जिससे बड़ी मुश्किल से वह निकला है या उद्वेलन की इस घड़ी में खेल के नियम और शर्तें वे खुद ही तय करेंगे जैसा पिछले साल भर में वे करते रहे हैं।

(8 जुलाई 1992, अमर उजाला)

केंद्र भी अयोध्या विवाद के प्रति गंभीर नहीं

बाबरी मस्जिद-राम जन्मभूमि विवाद को गर्म कर उसे एक बार फिर भारतीय राजनीति के केंद्र बिंदु में स्थापित करने में भाजपा-विहिप-आर एस एस शक्तियों को मनोवांछित सफलता हासिल हुई है। इस बार सिर्फ केंद्र सरकार ही इनके इशारे पर नाचने के लिए मजबूर नही है बल्कि सारा देश इनकी ओर टकटकी लगाए हुए है। क्योंकि इन शक्तियों ने इस विवाद को अब जिस मुकाम पर पहुंचाया है, वहां से यदि वे वापस नहीं लौटतीं और लौटने की संभावना अत्यन्त क्षीण है तो इसकी एकमात्र परिणति होगी–हमारे लोकतांत्रिक और संवैधानिक ढांचे का बिखराव।

इन शक्तियों का यह दावा कि राम जन्मभूमि का मामला संविधान और न्यायपालिका की परिधि के बाहर का मामला है, अपने आप में एक ऐसे खतरनाक खेल की शुरुआत है जो अंततः देश के अंदर पनप रहे विभिन्न विघटनकारी तत्वों के हौसले ही बुलंद करेगा। देश की एकता और अखंडता को रेखांकित करने के लिए कन्याकुमारी से कश्मीर तक की एकता यात्रा निकालने वाले अपने इस एक कदम से पंजाब और कश्मीर के उन अलगाववादियों के साथ खड़े दिख रहे हैं जिनका विश्वास हमारी लोकतांत्रिक और संवैधानिक व्यवस्था में नहीं है। आखिर मकबूल बट और सुक्खा-जिंदा को मृत्यु दंड देने वाली हमारी न्याय व्यवस्था को कश्मीर-पंजाब में एक वर्ग खलनायक तो मानता ही है।

विश्व हिन्दू परिषद और बजरंग दल के कार्यकर्ताओं द्वारा इलाहाबाद उच्च न्यायालय के लखनऊ पीठ के तीन न्यायाधीशों के पुतले जलाने और उत्तर प्रदेश की सभी अदालतों के अहाते में धरने और प्रदर्शन करके न्यायपालिका की अवमानना करने तथा मकबूल बट को फांसी की सजा सुनाने की प्रतिक्रिया में श्रीनगर की न्याय व्यवस्था को गैर-लोकतांत्रिक ढंग से ठप कर देने का प्रयास करने में आखिर क्या मौलिक अन्तर है?

सबसे दुखद समाचार तो यह मिला है कि इलाहाबाद उच्च न्यायालय और उच्चतम न्यायालय के आदेश प्राप्त हो जाने के बावजूद फैजाबाद बार एसोसिएशन के वकीलों ने अपने काले कोट पहनकर अयोध्या स्थित विवादास्पद स्थल पर चल रही तथाकथित कार सेवा में बड़े उत्साह से भाग लिया। न्याय के इस मंदिर की खुली अवमानना करने के बाद ये वकील आखिर किस नैतिक आधार पर भविष्य में आम आदमी को यह विश्वास दिला पाएंगे कि न्यायपालिका अब भी हमारी सबसे सक्षम और पवित्र लोकतांत्रिक संस्था है।

इससे भी ज्यादा चिंता का विषय है–उत्तर प्रदेश सरकार द्वारा न्यायपालिका की घोर अवहेलना। उत्तर प्रदेश की सरकार चाहे कुछ भी दावा करे, पर सच यह है कि भाजपा सरकार को कोई आध्यात्मिक जनादेश नहीं मिला है। यह जनादेश भारतीय संविधान के तहत जन

प्रतिनिधित्व कानून के रास्ते मिला है, जिसकी व्याख्या और संरक्षण का एकमात्र अधिकार भारतीय न्यायपालिका का है। इस संविधान और न्यायपालिका का खुला उल्लंघन करके भारतीय जनता पार्टी की सरकार आखिर राष्ट्र के प्रति अपनी कौन-सी और कैसी निष्ठा सिद्ध करना चाहती है? पिछले एक साल के अपने कार्यकाल में कल्याण सिंह की सरकार ने न्यायपालिका के प्रति अपनी मौखिक निष्ठा व्यक्त करते रहने के बावजूद अनेक ऐसे काम किए हैं जिनसे न्यायपालिका के प्रति उनकी अवमानना की भावना ज्यादा ही उजागर हुई है।

पिछले अक्टूबर में उत्तर प्रदेश सरकार ने यात्रियों और भक्तों को सुविधा प्रदान करने के नाम पर अयोध्या में विवादित स्थल के पास 2.77 एकड़ भूमि का पर्यटन विभाग के लिए अधिग्रहण करके न्यायपालिका की पहली अवमानना की। हिन्दुत्व की रक्षा के नाम पर इस सरकार ने अयोध्या में मंदिरों को ध्वस्त करके वहां की मूर्तियों को अन्यत्र स्थानांतरित कर न्यायपालिका की दूसरी अवमानना की थी। राष्ट्रीय एकता परिषद के समक्ष विवादित स्थल पर यथास्थिति बनाए रखने के मुख्यमंत्री के आश्वासन को झुठलाने तथा अदालत के आदेश को अँगूठा दिखाते हुए चुपचाप वहां नींव खुदवाने का काम प्रारंभ कराके न्यायपालिका की तीसरी अवमानना की गई। खुले आम नींव भराई का काम प्रारंभ करके जब से उसे मंदिर निर्माण के पहले चरण की कार सेवा का नाम दिया गया है, तब से तो उत्तर प्रदेश सरकार कम-से-कम दैनिक एक बार अदालत की अवमानना तो कर ही रही है।

क्या यह विश्वास करने वाली बात है कि फैक्स मशीन की खराबी के कारण उत्तर प्रदेश सरकार न्यायालय के आदेश को सम्बद्ध जिलाधिकारी तक नहीं पहुंचा पाई। संविधान और न्यायालयों का आदेश मानने के लिए वचनबद्ध उत्तर प्रदेश सरकार जिस तरह से छल और फरेब के सहारे तथाकथित जनादेश का पालन कर रही है और भाजपा के वरिष्ठ नेता मंदिर निर्माण के नाम पर जिस तरह धोखे की राजनीति कर रहे हैं उससे शायद मंदिर निर्माण भले ही हो जाए, लेकिन इस कार्य से देश की नींव जर्जर होगी, इसमें कोई संदेह नहीं है। भारत का पिछला विभाजन मुस्लिम साम्प्रदायिकता के कारण हुआ था। यदि धोखे की यह राजनीति सफल होती है तो देश के इस बिखराव के लिए इस बार वे जिम्मेदार होगे, जो राष्ट्र की एकता-अखण्डता का दंभ भरते हैं।

अयोध्या विवाद को इस गंभीर मुकाम पर लाने के लिए भाजपा-आर एस एस विहिप बड़े पैमाने पर दोषी है, लेकिन सिर्फ इन्हें ही दोषी ठहराकर अन्य राजनीतिक दल अपनी जिम्मेदारी से मुक्त नहीं हो सकते। मामले को वर्तमान विस्फोटक स्थिति तक पहुंचाने में कांग्रेस सहित अन्य राजनीतिक दल भी बराबर के नहीं तो कम दोषी भी नही हैं। फर्क सिर्फ इतना है कि इन दलों में भिंडरावाले नहीं हैं जबकि भाजपा पर ये तत्व एक बार फिर बड़े जोर-शोर से हावी हो रहे हैं। अयोध्या विवाद में राजनीतिक दुष्चक्र की भूमिका का यह सबसे चिन्तनीय पहलू है। अल्पसंख्यक उग्रवाद की परिणति हम पंजाब और कश्मीर में देख रहे है। बहुसंख्यकों का उग्रवाद हमें कहां ले जाएगा, इसकी कल्पना भी भयावह है।

जहां तक राम जन्मभूमि-बाबरी मस्जिद विवाद का मामला है, केंद्र की नरसिंह राव सरकार ने पिछला पूरा साल बर्बाद ही किया है। इससे पहले की दो सरकारें न तो सिर्फ अपनी संरचना में, बल्कि विचार और दर्शन में भी घाल-मेल की सरकारें थीं, इसलिए उनसे यह अपेक्षा करना कि वे इस विवाद को सुलझाने के सूत्र ढूंढ़ने की चेष्टा भी करेंगी, वस्तुतः वाचालता ही होगी।

उससे पहले राजीव गांधी की सरकार से इसलिए कोई अपेक्षा नहीं की जा सकती थी क्योंकि इस मृतप्रायः विवाद को उन्हीं की सरकार के अरुण नेहरू और वीर बहादुर सिंह ने पुनर्जीवन प्रदान किया था। राजीव गांधी को खुद भी शायद भरोसा था कि साम्प्रदायिकता को हल्की-हल्की थपकी देकर ढेर सारे राजनीतिक उद्देश्य साधे जा सकते हैं, इसीलिए उन्होंने चुनाव के ऐन पहले मंदिर का शिलान्यास करा दिया था।

नरसिंह राव का कार्यकाल ऐसे समय में प्रारंभ हुआ जब भाजपा इस प्रश्न को जीवन-मरण का प्रश्न बनाकर भी कोई बड़ी भारी सफलता हासिल नहीं कर पाई थी। देश को साम्प्रदायिकता की आग में झोंकने के बावजूद यदि भाजपा लोकसभा चुनाव में 120 का आंकड़ा नहीं पार कर पाई तो इसे क्या कहेंगे। भाजपा हिन्दुत्व की एकमात्र ठेकेदार होने का दावा करे और हिन्दू बहुल देश नरसिंह राव की कांग्रेस को सत्ता सौंप दे, इससे बड़ा जनादेश आखिर नरसिंह राव को और क्या मिल सकता था। फिर नरसिंह राव की छवि कोई विश्वनाथ प्रताप और मुलायम सिंह की छवि तो थी नहीं कि उनकी किसी भी पहलकदमी को हिन्दू विरोधी कृत्य के रूप में देखा जाता।

यदि केंद्र की सरकार इस समस्या को सुलझाने के प्रति सचमुच गंभीर होती तो चुनाव के पहले विवाद को सुलझाने के सूत्र जहां से टूटे थे, सरकार बनते ही उन्हीं सूत्रों को फिर से पकड़कर साल भर में इस विवाद का सर्वसम्मत हल निकाला जा सकता था। भाजपा उत्तर प्रदेश में सरकार बना लेने के बाद चाहे आज भले ही जनादेश का दावा कर ले, लेकिन तथ्य तो यह भी है कि कांग्रेस को भी एक राष्ट्रव्यापी जनादेश मिला था कि वह विवादित ढांचे को सुरक्षित रखते हुए मंदिर निर्माण का पथ प्रशस्त करे। सरकार यदि चाहती तो विवादित भूमि का अधिग्रहण करके अपने इस चुनावी वादे को पूरा कर सकती थी। उस समय इन्हें प्रबल जनसमर्थन भी मिलता क्योंकि ये तथाकथित हिन्दुवादी शक्तियां अपनी सफलता के दावे के बावजूद वस्तुतः मायूस थीं।

इससे इनकार नहीं किया जा सकता कि अयोध्या विवाद में अदालतों के आदेशों का उपयोग वस्तुतः यथास्थिति बनाए रखने के लिए ही किया जा रहा है। छोटी अदालतों से लेकर सर्वोच्च न्यायालय तक अनेक सारे मुकदमे लम्बित पड़े हैं, आवश्यकता पड़ने पर विभिन्न पक्ष जिनका अपने-अपने पक्ष में इस्तेमाल करते रहते हैं। सरकार यदि सचमुच ईमानदार होती तो सर्वोच्च न्यायालय का एक आयोग बनाकर इन सारे मुकदमों का एक साथ निबटारा करा सकती थी और उस निर्णय पर कोई अपील भी नहीं होती।

यह आवश्यकता नहीं कि इस तरह के अदालती फैसले के बाद इस विवाद का निबटारा ही हो जाता, लेकिन इतना तो अवश्य होता कि कानूनी रूप से यह बात अंतिम बार के लिए मान ली जाती कि वह विवादित ढांचा मंदिर है या मस्जिद। एक बार कानूनी फैसला होने के बाद उसके आधार पर राजनीतिक या धार्मिक फैसले लेने में शायद बड़ी दिक्कत भी नहीं आती, क्योंकि जीता पक्ष उदार हो सकता है और हारे हुए पक्ष को पता रहता है कि हारने के बाद भी इस समाज का हृदय इतना विशाल है कि उनकी भावनाओं की कद्र करते हुए उनकी मांग का भी सम्मान हो रहा है।

इसके लिए बड़ी फराखदिली की आवश्यकता थी। यह वही राजनीतिज्ञ कर सकता था, जिसके लिए राष्ट्र और समाज का हित उसके राजनीतिक स्वार्थ से ऊपर होता। नरसिंह राव

इस कसौटी पर विफल हुए हैं। राष्ट्रीय एकता परिषद जैसी नपुंसक संस्था को बार-बार अपना अधिकार सौंपकर सरकार ने वस्तुतः संसद रूपी सबसे बड़ी राष्ट्रीय एकता परिषद का मूल्य घटाया है। इसी का नतीजा है कि राम मंदिर का निर्माण करने के नाम पर कुछ अविवेकी न्याय के पवित्र मंदिर की नींव खोद रहे हैं। सरकार का यह कर्त्तव्य है कि वह इस न्याय मंदिर की रक्षा करे, क्योंकि वही इसमें समर्थ है। राम तो जन-जन के हृदय में बसे हैं। उनके मंदिर के लिए न्याय के मंदिर को तोड़ना उन्हें भी पसंद नहीं आएगा।

(22 जुलाई 1992, अमर उजाला)

कार सेवा स्थगन के बाद

अयोध्या में विवादित स्थल पर कार सेवा किन शर्तों पर रुकी है, इसके अनेक संस्करण अभी से सामने आने लगे हैं। सर्वमान्य समाधान तीन या चार महीने में निकल आएगा। प्रधानमंत्री कहते हैं कि उन्होंने साधु-संतों से चार महीने का समय मांगा है। इन चार महीनों में क्या होगा, इस विषय पर भी दोनों पक्षों में विवाद है। साधु-संत या उनके बहाने विश्व हिन्दू परिषद के महामंत्री अशोक सिंघल का कहना है कि प्रधानमंत्री ने वादा किया है कि अगले तीन महीनों में इस विवाद को निबटाकर अयोध्या में राम मंदिर निर्माण के लिए कार सेवा फिर से प्रारंभ करने का रास्ता प्रशस्त करवा देंगे।

कार सेवा रोकने का निर्णय लेने के दिन से लेकर संसद में प्रधानमंत्री के बयान देने तक यह असमंजस बना रहा कि मोहलत आखिर कितने महीनों की मिली है। प्रधानमंत्री ने सदन के सामने बयान दिया कि साधु-संतों से बातचीत के क्रम में उन्होंने ऐसा कोई आश्वासन नहीं दिया है कि एक निश्चित समयावधि में वे इस समस्या का सर्वसम्मत हल निकाल ही देंगे। उन्होंने चार महीने का समय इसलिए मांगा है ताकि इस दौरान सभी पक्षों से सौहार्दपूर्ण वातावरण में चर्चा करके इस समस्या का कोई सर्वमान्य समाधान ढूंढ़ा जा सके और यदि यह चेष्टा सफल नही होती है तो इस पूरे प्रकरण को किसी ऐसे न्यायाधिकरण को सौंप दिया जाएगा जहां सारे मुकदमों को इकठ्ठा करके उनका एकमुश्त फैसला किया जा सके, उसकी कोई अपील न हो और उस फैसले को मानने के लिए सभी पक्ष बाध्य हों।

हालांकि इस बिंदु पर भी प्रधानमंत्री और साधु-संतों की राय मेल नहीं खाती है। अयोध्या में जिस दिन कार सेवा बंद होने की घोषणा हो रही थी, उसी दिन अशोक सिंघल यह बयान भी दे रहे थे कि राम मंदिर का मामला करोड़ों हिन्दुओं की भावना से जुड़ा हुआ है और संसार की कोई भी अदालत हिन्दुओं की भावना से जुड़े इस मसले पर फैसला देने में सक्षम नहीं है। कार सेवा बंद होने के 24 घंटों के अंदर ही और भी अनेक सारे बिंदुओं पर विचार प्रारंभ हो गए। मोहलत की अवधि तीन महीने है या चार महीने? साधु-संतों के अनुसार इन तीन या सरकार के अनुसार चार महीनों में प्रधानमंत्री क्या करेंगे? क्या वे बातचीत से सर्वसम्मत समाधान ढूंढ़ने का प्रयास करेंगे या अपनी ओर से कोई निश्चित फैसला सुना देंगे? प्रधानमंत्री कहते हैं कि यदि कोई सर्वसम्मत समाधान नहीं निकलता तो इन सारे मामलों को वे किसी एक के सामने लाएंगे जबकि सिंघल कहते हैं कि अदालतें इस मामले का फैसला करने में सक्षम नहीं हैं। फिर दोनों पक्षों में क्या वार्ता हुई और उसके बारे में आखिर सच कौन बोल रहा है?

चलिए अशोक सिंघल की बात फिलहाल छोड़ देते हैं, क्योंकि अपने समुदाय में भी वे हमेशा से चरमपंथियों के प्रवक्ता रहे हैं, पर लालकृष्ण आडवाणी के बारे में ऐसा नहीं कहा जा सकता है। उनके सुलझे विचार और संयत व्यवहार की प्रशंसा तो वे भी करते हैं, जो उनकी राजनीतिक विचारधारा से रत्ती भर भी सहमत नहीं होते। आश्चर्य तो इस बात का है कि इस बार आडवाणी भी किसी बिंदु पर टिके हुए नहीं दिखते। प्रारंभ में उन्होंने संयमित और गरिमामय व्यवहार के लिए प्रधानमंत्री की प्रशंसा की और विश्वास व्यक्त किया कि इन चार महीनों के दौरान निश्चय ही नरसिंह राव जी कोई सर्वमान्य हल निकाल देंगे। साथ ही, उन्होंने यह भी जड़ दिया किया कि वे निजी तौर पर यह नहीं मानते कि इस तरह के मामले अदालतों के रास्ते सुलझाए जा सकते है।

प्रधानमंत्री और साधु-संतों के इस समझौते में दो मुख्य बिंदु हैं। एक, सभी पक्षों से बातचीत करके इस विवाद का सर्वमान्य हल निकालने की कोशिश की जाएगी। दो, यदि चार महीनों में यह संभव नहीं हुआ तो पूरे प्रकरण को समेटकर एक न्याय प्राधिकरण के समक्ष प्रस्तुत कर दिया जाएगा। समझौते के पहले भाग पर कोई विवाद नहीं है लेकिन इसके दूसरे भाग पर पहले दिन से ही प्रश्न चिह्न लगा हुआ है। अशोक सिंघल और विनय कटियार इसे अपनी लट्ठमार भाषा में व्यक्त कर रहे हैं तो आडवाणी अपनी संयत शैली में। फर्क सिर्फ यही है।

चूंकि प्रधानमंत्री के साथ इस समझौते के दौरान आडवाणी जी सक्रिय भूमिका निभा रहे थे, इसलिए वे सिंघल-कटियार शैली में भावना का प्रश्न उठाते हुए अदालतों की व्यर्थता को उनकी भाषा शैली में व्यक्त नहीं कह सकते थे। फिर भी, उन्होंने इतना तो कहा ही कि साधु-संतों और प्रधानमंत्री की बातचीत से लगता है कि कहीं कोई समझ का फेर रह गया है। साधु-संत इस बात पर सहमत नहीं हैं कि इस प्रकरण को किसी एक न्यायिक प्राधिकरण को सौंप दिया जाए, क्योंकि इस प्रक्रिया में फिर कई साल बर्बाद हो सकते हैं। फिर आडवाणी जी ने अपनी निजी राय दे दी कि इसे कृपया हिन्दू मूलवाद न समझें, लेकिन इस समस्या का समाधान अदालतें नहीं कर सकतीं। हालांकि लोकसभा में आडवाणी ने यह घोषणा करके सरकार को इतनी मोहलत अवश्य दी कि यदि वार्ता विफल हो जाती है तो सरकार अयोध्या मसले को संविधान की धारा 143 के तहत सर्वोच्च न्यायालय को राय देने के लिए सौंप सकती है।

यह उस दिन की बात है कि जिस दिन प्रधानमंत्री ने सदन को सूचित किया कि मंदिर-मस्जिद विवाद को जल्दी निपटाने के लिए सरकार प्रधानमंत्री कार्यालय में एक प्रकोष्ठ स्थापित करने जा रही है। प्रकोष्ठ इस बातचीत के दौरान इस विवाद से संबंधित दस्तावेज इकट्ठा करता रहेगा। प्रधानमंत्री ने अपनी इस घोषणा से यह स्पष्ट कर दिया कि प्रधानमंत्री इन चार महीनों में दो समानांतर कार्रवाइयों की नीति अपनाना चाहते हैं। इससे यह स्पष्ट है कि यदि वार्ता विफल रही तो न्याय प्राधिकरण के सामने जाना होगा। इसलिए वार्ता जारी रहे और अदालत में जाने की तैयारियां भी चलती रहें। जाहिर है, विश्व हिन्दू परिषद को तो यह फैसला पसंद है ही नहीं, लेकिन लगता है कि आडवाणी जी इस मामले में चाहे जितना उदार दिखने की कोशिश करें, विहिप के दबाव से उनकी भाषा भी बदल ही जाती है। इसके परिणाम दूसरे दिन से ही मिलने लगे।

संविधान की धारा 143 के तहत सर्वोच्च न्यायालय को मामला सौंपने की सीमा तक जाने को तैयार आडवाणी ने प्रधानमंत्री के प्रकोष्ठ निर्माण की घोषणा के तत्काल बाद एकदम अलग रुख अपना लिया। बातचीत या अदालतों की सीमित भूमिका के रास्ते विवाद का समाधान निकालने की वकालत करते-करते उन्होंने अचानक आक्रामक तेवर अख्तियार कर यह घोषित कर दिया कि चाहे जो हो जाए, अयोध्या में रामलला की मूर्ति जहां रखी है, वहीं रहेगी। मूर्ति के हटने को देश कभी किसी हाल में स्वीकार नहीं करेगा। उन्होंने धमकी दी कि सरकारी निर्णय का दायरा बढ़ाने के नतीजे अच्छे नहीं होंगे। सरकार को सिर्फ यह तय करना है कि बाबरी मस्जिद मंदिर को तोड़कर बनाई गई थी या नहीं। यानि समझौते के सप्ताह भी नहीं बीते हैं और इसकी सारी समझदारी छिन-भिन्न नजर आने लगी है।

अदालत के फैसले के सवाल पर विहिप और साधु-संत तो प्रारंभ से ही टाल-मटोलकर रहे थे। अब आडवाणी के इस बयान का सीधा अर्थ यही होता है कि बातचीत के रास्ते भी वही समाधान निकलना चाहिए, जो साधु-संत चाहते हैं। विहिप-भाजपा-आर एस एस त्रिगुट फिर अब उस दौर में आ पहुंचा है, जहां वह इस समझौता वार्ता से पहले खड़ा था, यानि हम एक इंच भूमि नहीं छोड़ेंगे। समझौता वे करें जो न्याय व्यवस्था, संविधान या लोकतांत्रिक ढांचे के प्रति अपने को बहुत ज्यादा प्रतिबद्ध मानते हों। इन लोकतांत्रिक संस्थाओं के सम्मान की जिन्हें बहुत ज्यादा चिंता है, वे हमारी शर्तों पर आकर समझौता कर लें। इसी के लिए हमने तीन महीने का समय दिया है।

आश्चर्य की बात तो यह है कि इस त्रिगुट के नेता अपने बयानों में विरोधाभास को छुपाने का भी यत्न नहीं करते। एक तरफ आडवाणी जी कहते है कि सरकारी निर्णय का दायरा इतना सीमित है कि उसे सिर्फ यह तय करना है कि बाबरी मस्जिद मंदिर को तोड़कर बनाई गई थी या नहीं। दूसरी सांस में वे यह भी कहते हैं कि चाहे जो हो जाए, अयोध्या में रामलला की मूर्ति जहां रखी है, वहीं रहेगी। ये दोनों बातें एक साथ कैसे संभव हैं। सिर्फ तर्क के लिए ही सही, मान लें देश की सर्वोच्च अदालत यदि यह फैसला दे दे कि बाबरी मस्जिद मंदिर को तोड़कर नहीं बनाई गयी थी। जाहिर है, वैसी स्थिति में आडवाणी जी इस फैसले को नही मानेंगे, क्योंकि वह ऐलान कर चुके हैं कि चाहे जो हो जाए, अयोध्या में रामलला की मूर्ति जहां रखी है, वहीं रहेगी।

स्पष्ट है कि यह समझौतावादी रुख नही हैं। विहिप अपने तर्क के समर्थन में समय-समय पर टनों ऐतिहासिक, धार्मिक तथा पुरातात्विक साक्ष्य प्रस्तुत करती रही है और इन्हें अपने साक्ष्यों पर इतना विश्वास है कि वे किसी भी निरपेक्ष न्यायाधिकरण के सामने इस तथ्य को सिद्ध करने का दावा भी करते हैं कि आज जहां बाबरी मस्जिद है, वहां वस्तुतः कोई प्राचीन मंदिर ही था। अभी कार सेवा के दौरान खुदाई में कुछ ऐसी मूर्तियां प्राप्त होने का दावा किया गया है, जिनसे यह बात निर्विवाद सिद्ध होती है कि वहां मंदिर ही था। इसके बावजूद, जब भी अदालत की बात आती है तो ये लोग न जाने क्यों पीछे हटने लगते हैं? दूसरी तरफ, शहाबुद्दीन सहित बाबरी मस्जिद संघर्ष समिति के सभी प्रमुख नेता कई बार इस बात को दोहरा चुके हैं कि अगर मंदिर तोड़कर मस्जिद बनाना सिद्ध हो जाए तो वे अपने हाथों से इस ढांचे को तोड़ देंगे। आडवाणी जी का दावा है कि इसी बात से प्रेरित होकर चन्द्रशेखर और राजीव गांधी ने इस विचार के सिमटने की बात कही थी और नरसिंह

राव को भी सिर्फ इसी मुद्दे को निबटाने का प्रयत्न करना है। मजे की बात यह है कि आडवाणी जी जिस बात से नरसिंह राव को प्रेरित करना चाहते हैं, खुद को उसकी जद से बाहर रखना चाहते हैं।

जिस बात को राजीव गांधी मान चुके थे, चन्द्रशेखर जिसे हद तक आगे बढ़ा चुके थे, शहाबुद्दीन जिसके आधार पर वचनबद्ध हो चुके हैं और आडवाणी जिसे चाहते हैं कि नरसिंह राव मान लें, उसी बात को न वे खुद मानने को तैयार दिखते हैं और न ही साधु-संत, विहिप या आर एस एस, भाजपा या बजरंग दल के नेता-कार्यकर्ता। ऐसी स्थिति में प्रधानमंत्री को यह मानकर चलना चाहिए कि वार्ताओं की सफलता-विफलता का दारोमदार सिर्फ उन पर ही है। दूसरा पक्ष तो तय कर चुका है कि उसे तीन महीने बाद क्या करना है। इनके मन में कोई भ्रम नहीं है।

(6 अगस्त 1992, अमर उजाला)

कुशल रणनीति, जिसने पत्रकारों को भी चकमा दिया

हम पांच तारीख की दोपहर लखनऊ के रास्ते अयोध्या पहुंचे थे। लखनऊ में उसी दिन अटल बिहारी वाजपेयी का भाषण था। वे भी सुबह की ट्रेन से उसी दिन लखनऊ पहुंचे थे और राज्य अतिथि निवास में अपने सहयोगियों से विचार-विमर्श कर रहे थे। कुछ पत्रकार भी पहुंच गए थे और वाजपेयी से पूछ रहे थे कि आप कार सेवा के लिए अयोध्या क्यों नहीं जा रहे हैं। वाजपेयी कह रहे थे कि उन्हें न जाने का आदेश है। उनकी आवश्यकता अयोध्या के बाहर पड़ेगी। उनसे पूछा गया कि क्या आपको विश्वास है कि अयोध्या में सब कुछ शांतिपूर्वक निबट जाएगा। वाजपेयी ने दावा किया कि आशा है, फिर थोड़ी देर ठहरकर उन्होंने कहा कि आशंका भी है, और एक गहरी चुप्पी छा गई। वे इसकी और व्याख्या करते हैं इससे पहले ही अयोध्या मामले के प्रभारी मंत्री लालजी टंडन और प्रदेश भाजपा के अध्यक्ष कलराज मिश्र बातचीत में कूद पड़े और बताने लगे कि कार सेवक कितने शांतिप्रिय और अनुशासित हैं।

जब उन्हें याद दिलाया गया कि अयोध्या में मुसलमानों को आतंकित करने तथा कुछ मजार तोड़ने की खबरें आई हैं तो इन नेताओं ने कहा कि यह गलतफहमी के कारण हो गया। कार सेवकों को पता नहीं था कि वे मजार हैं। वे तो सुग्रीव और कुबेर टीलों की सफाई कर रहे थे कि कब्रें निकल आईं। पर जैसे ही यह पता चला कि ये मजार है, तत्काल काम रोक दिया गया। अनुशासित कार सेवक अपने शिविरों में चले गए। वाजपेयी ने कहा कि देखिए, इसी से आपको अंदाजा हो जाएगा कि इन कार सेवकों पर अनुशासन का कितना कड़ा बंधन है। आदेश के विरुद्ध जाकर ये कुछ कर ही नहीं सकते। आप अयोध्या में देखिएगा।

लखनऊ से फैजाबाद के रास्ते सचमुच यह अहसास पक्का होने लगा कि वास्तव में इस बार न केवल अनुशासित लोग आए हैं, बल्कि वही आए हैं, जिन्हें आने की अनुमति दी गई है। फैजाबाद पहुंचकर अभी सामान रखा ही था कि उधर से बीबीसी के मार्क टुली आ पहुंचे। वे मार्गदर्शक मंडल की बैठक का निर्णय सुनकर आए थे कि कल की कार सेवा में लोग अंजुरीभर सरयू का पानी और मुट्ठीभर रेत लेकर जन्म स्थान के चबूतरे की सफाई करेंगे। मार्गदर्शक मंडल का यह निर्णय उसी शाम कार सेवकों की एक सार्वजनिक सभा में सुनाया जाना था।

रामकथा कुंज का मैदान कार सेवकों से खचाखच भरा हुआ था। कथा कुंज कार्यालय की छत ही मंच का काम कर रही थी। अनुशासित कार सेवक अपने नाम, पते की पट्टियां लगाए धैर्य से नेताओं का भाषण सुन रहे थे। आश्चर्य की बात यह थी कि भाषणों की भाषा मार्गदर्शक मंडल के प्रस्ताव की भाषा के बिल्कुल विपरीत जा रही थी। वही घृणा फैलाने

वाली आगलगाऊ पुरानी भाषा। पत्रकार बेचैनी से प्रतीक्षा कर रहे थे कि कब उस प्रस्ताव की सार्वजनिक घोषणा हो और वे खबरें भेजने के लिए फैजाबाद भागें। काफी इंतजार के बाद आचार्य धर्मेंद्र उस प्रस्ताव की घोषणा करने खड़े हुए। उनके भाषण की भाषा और शैली में कहीं भी कोई नरमी नहीं थी और काफी लाग-लपेट के बाद उन्होंने उस प्रस्ताव को किसी तरह कार सेवकों के सामने प्रस्तुत कर दिया। जाहिर है कि उन्हें भी इस बात का अंदाजा था कि कार सेवक सिर्फ यही करके संतुष्ट होने वाले नहीं हैं। आखिर वर्षों से उन्हें जिस नफरत की आग में तपाकर यहां लाया गया था, वह आग अंजुरी भर पानी से और भड़कने ही वाली थी। कार सेवकों की बेचैनी मुखर हो उठी। तभी अशोक सिंघल उठे और उन उत्तेजित कार सेवकों का मन बहलाने के लिए यह कहना प्रारंभ किया कि कैसे अखबार वाले झूठ फैला रहे हैं। इसका उचित प्रत्युत्तर इन्हें मिलना ही चाहिए।

शाम हो रही थी। कुछ पत्रकार सोच रहे थे कि क्यों न कार सेवकों के अलग-अलग कैंपों में जाकर उनसे बातचीत की जाए, ताकि यह पता चल सके कि आखिर वे क्या चाहते हैं। मैं कुछ पत्रकारों के साथ कार सेवक पुरम पहुंचा। राम जन्मभूमि निर्माण न्यास की ओर से जारी परिचय पत्र के बावजूद हमेशा कुछ कार सेवक साथ लगे रहे और किसी से भी बातचीत के प्रयास को विफल करते रहे। हारकर हम फैजाबाद लौट आए। वहां पता चला कि जर्मन टेलीविजन के लोगों को कार सेवकों ने बुरी तरह पीटा है। उनके कैमरा आदि तोड़ डाले हैं। कुछ लोगों ने यदि बीच-बचाव न किया होता तो उन्हें जान से मार दिया जाता। मारपीट करने वाले चिल्ला रहे थे कि ये बीबीसी वाले हैं, इन्हें मार डालो। सिंघल ने ठीक ही कहा है कि इन्हें सबक सिखाना बहुत जरूरी है।

पत्रकार अभी इस सदमे से उबरने की कोशिश ही कर रहे थे कि कोई भागा-भागा वहां खबर लाया कि एक महिला पत्रकार को रामकथा कुंज के कैंप में कार सेवकों ने बंद कर रखा है और उसके साथ दुर्व्यवहार किया जा रहा है। कुछ पत्रकार साथी तत्काल अयोध्या रवाना हो गए। काफी देर बाद जब सब लौटे तो पता चला कि उस कैंप को कैसे अति सुरक्षित क्षेत्र का दर्जा दिया गया है। वहां किसी भी बाहरी व्यक्ति को घुसने नहीं दिया जा रहा है। उस महिला पत्रकार को अंदाजा नहीं था कि अनजाने वह उस वर्जित क्षेत्र में पहुंच गई थी जहां कार सेवक रिहर्सल कर रहे थे और रिहर्सल यों हो रहा था कि बड़े-बड़े रस्से और कांटे ऊंचाई की पहाड़ियों पर फेंके जाते थे। उन्हें ऊपर फंसाकर कार सेवक उलटे लटकते हुए चोटी पर चढ़ते थे। फिर बड़ी-बड़ी चट्टानों को रस्सों से बांधकर खींचा जाता था। बाद में पता चला कि कार सेवकों की नजर बचाकर कुछ छायाकार उस रिहर्सल का चित्र भी उतार लाए थे, जिनमें से एक रविवार के दिन दिल्ली के समाचारपत्र में प्रकाशित भी हुआ था। पत्रकार आपस में चर्चा कर इस रहस्य को समझने का प्रयास कर रहे थे कि तभी किसी व्यक्ति ने जानकारी दी कि पत्रकार बंधु कल जरा संभलकर ही जाएं। उनके लिए वहां कुछ विशिष्ट इंतजाम किया जा रहा है। जिन पत्रकारों के पास न्यास द्वारा जारी किया गया परिचय पत्र नहीं था, वे स्वाभाविक ही चिंतित हुए और देर रात तक पास का प्रबंध करने में लगे रहे।

तब तक मेरा पास भी नहीं बना था। एक प्रभावशाली स्थानीय पत्रकार को लेकर देर रात हम पास बनवाने के लिए रवाना हो गए। बड़ी मुश्किल से रात 11:00 के करीब पास

बने, तो सोचा कि क्यों न एक बार विवादित परिसर भी हो लें। वहां पहुंचे तो देखा कि बजरंग दल प्रमुख विनय कटियार किसी से गहरे विचार-विमर्श में लीन हैं। जैसी कि पत्रकारों की आदत होती है, हम कटियार की ओर लपक लिए। हम चार लोग थे और सभी कटियार से पूर्व परिचित थे। इसलिए उस समय उनसे बात करने की चेष्टा करना हमें कुछ भी अस्वाभाविक नहीं लग रहा था। हम अभी उनकी ओर दो कदम ही बढ़े थे कि कुछ बलिष्ठ भुजाओं ने हमें पकड़कर बाहर की ओर झटक दिया। वे संघ के कार्यकर्ता थे, खाकी हाफपैंट में। उन दोनों व्यक्तियों के चारों ओर स्वयंसेवकों ने जबरदस्त घेरा डाल रखा था। वे बातचीत करते हुए चल भी रहे थे। घेरा भी उनके साथ ही चलता था और रास्ते में जो भी पड़ता था, उन्हें बलपूर्वक दूर फेंक दिया जाता था। एक स्थानीय पत्रकार ने बताया कि कटियार जिनसे श्रद्धापूर्वक बात कर रहे थे, उनका नाम चंपत राय है। वे संघ के अत्यंत महत्त्वपूर्ण कार्यकर्ता हैं और सारी कार्रवाई के इंचार्ज भी।

हमें लगा कि कार सेवकों का असंतोष दूर करने के लिए ये विवादित क्षेत्र से बाहर कोई ऐसी जगह ढूंढ़ रहे हैं जहां वे कुछ निर्माण कार्य भी प्रारंभ कर सकें, ताकि उनका रोष कम किया जाए। दूसरे दिन सुबह जब बीबीसी ने मुझ से पूछा कि वहां स्थिति कैसी है तो मैंने यह भी कहा कि रात कटियार और चंपत राय एक ऐसा कोना ढूंढ़ आए हैं जहां काम शुरू करके वे कार सेवकों को भड़कने से रोक लेंगे। सच तो यह है कि हमारे जैसे लोग भी इस प्रचार से प्रभावित हो गए थे कि इस बार के कार सेवक कोई उच्छृंखल भीड़ नहीं हैं। वे संघ के तपे-तपाए लोग हैं और आदेश के उलट कोई भी कार्य नहीं कर सकते। इसलिए विनय कटियार और चंपत राय की गतिविधियों में हमें संदेहास्पद कुछ भी नहीं लगा। यह तो अब पता चल रहा है कि परिसर में उतनी रात गए वे वहां क्या कर रहे थे और उनका अगला आदेश क्या था।

दूसरे दिन सुबह सात बजे से पहले ही हम वहां पहुंच गए थे। चबूतरे पर एक छोटा सा भगवा झंडा फहरा रहा था। पास ही एक यज्ञ कुंड बना था। तब तक कोई खास भीड़ नहीं थी। परिसर की जो दीवार रामकथा कुंज की ओर थी वहां कुछ कार सेवक जोर-जोर से कुछ पुलिसवालों से बातें कर रहे थे। नजदीक गए तो पता चला कि मराठी पुट में हिंदी बोलने वाला एक नौजवान पुलिस को ललकार रहा था, 'क्या समझता तुम लोग कि इधर हम लोग खाली झाडू-पोछा करने के वास्ते आया? हर छह महीना पर हम लोग इधर नहीं आएगा। आज इसको खलास करके ही जाएगा, उंगली बाबरी मस्जिद की ओर संकेत कर रही थी। हमें लगा कि कोई ज्यादा उत्तेजित कार सेवक हैं। बाकी अन्य निश्चित ही अनुशासित रहेंगे। उत्तेजित युवक महात्मा गांधी और अर्जुन सिंह, दोनों को एक ही असभ्य भाषा में गालियां दे रहा था।

हम परिसर के चारों ओर चक्कर लगाकर लोगों से बातचीत करने की कोशिश करते रहे। यह देखकर आश्चर्य हुआ कि उस उत्तेजित युवक की भाषा बोलने वाले वहां और भी अनेक थे। वे सारे उस कंटीले बाड़ के आसपास ही मंडरा रहे थे। समय बीतता जा रहा था, पर कार सेवा प्रारंभ करने की कोई विशेष उत्सुकता कहीं नजर नहीं आ रही थी। अधिकांश पत्रकार चबूतरे पर इकट्ठे हो चुके थे। वहां हमें एक बिहार के परिचित नेता मिले। उन्होंने बताया कि भारी भीड़ के कारण सारा कार्यक्रम अस्त- व्यस्त हो गया है। अब सरयू से पानी

और रेत लाने का कार्यक्रम भी आज नहीं होगा। शायद कल कभी करें। सवा बारह बजे का मुहूर्त भी बदल गया है। वामदेव जी ने नई गणना की है। अब कुंभ लग्न की बजाय तुला लग्न में कार सेवा प्रारंभ करेंगे।

इस बीच संघ परिवार के नेता उस चबूतरे के पास आते रहे। निरुद्देश्य से घूम- फिर कर फिर गायब हो जाते थे। संघ के सेवकों ने चबूतरे के चारों ओर घेरा डाल रखा था। साक्षी गोपाल मंदिर की ओर से एक उत्तेजित भीड़ बार-बार घेरा तोड़कर अंदर आने का प्रयत्न कर रही थी। पुलिस और सेवक बलपूर्वक उन्हें रोक रहे थे। इस बीच एक भीड़ ने अलग से क्षेत्र की परिक्रमा प्रारंभ की, हाथ में नंगी तलवारें और हवा में गोलियां चलाते हुए। किसी जानकार ने बताया कि ये शिव सैनिक हैं। माइक पर घोषणा कर एक के बाद दूसरे बड़े नेता को उस क्षेत्र से बाहर बुलाया जाता रहा। यह कार्यक्रम घंटों चला, लेकिन कार सेवा की कोई तैयारी नहीं दीख रही थी। बाहरी घेरों पर दबाव बढ़ रहा था।

अचानक स्वयंसेवकों की एक नई टुकड़ी दिखी। इनके सिर पर केसरिया पट्टी नहीं थी। सिर पर पीली पट्टी बांधे ये नौजवान पहली बार अयोध्या में दिखे थे। माइक पर घोषणा हो रही थी कि बजरंग दल के नौजवान चबूतरे को अवांछित लोगों से खाली करा दें। बहुत हो चुका, अब आप बल प्रयोग करें। ये नौजवान इधर-उधर दौड़ने लगे थे। अभी दस मिनट भी नहीं बीते होंगे कि इन्हें फिर माइक पर आदेश मिला कि आप लोग वापस आकर मंच की बाईं ओर बैठ जाएं। जिस फुर्ती से ये नौजवान आए थे, उसी फुर्ती से लौट भी गए। साथ ही वे स्वयंसेवक भी, जो सुबह से ही जूझ रहे थे। सारे वरिष्ठ नेता पहले ही निकल चुके थे। इन सबके निकलते ही अचानक चारों ओर से भीड़ अंदर टूट पड़ी और अभी उन्हें देख ही रहे थे कि एक व्यक्ति गुंबद पर खड़ा नजर आया, दूसरा भी। उसके हाथ में भगवा झंडा था और पलक झपकते ही पत्थरों की एक बरसात हुई। हजारों लोग ऊपर चढ़ गए। पुलिस दो मिनट में गायब हो गई और ढांचा तोड़ने का काम प्रारंभ हो गया।

रस्से बांध दिए गए। हथौड़े, फावड़े आदि निकल अए। नए स्वयंसेवकों की एक टोली आ गई। ये सीटी बजाकर नीचे से निर्देश देने लगे। माइक पर घोषणा की भाषा बदल गई। घंटे, घड़ियाल, शंख बजने लगे। आसपास के नलों में पानी आने लगा। बिजली और टेलीफोन स्तब्ध हो गए। पत्रकारों पर एक साथ हमले हुए। पहचान के लिए लाल पास थे ही, जो उनके सीनों पर टंके हुए थे। नेता दूसरी ओर मंच से कुछ बोल रहे थे। वह नहीं, जिसका दावा किया जा रहा है, बल्कि वह जिसकी किसी को कल्पना भी नहीं थी। यह सारा कार्य-व्यापार घंटों चलता रहा। अयोध्या आने के सारे रास्तों पर घेराबंदी कर दी गई थी। एंबुलेंस गलियों में हाजिर थे, लोग स्ट्रेचर लेकर पहुंच गए।

पत्रकारों की पिटाई और लांछना का काम चरम पर था। पांच बजे तक तीनों गुंबद गिर चुके थे। पत्रकारों को उन्हीं कार सेवकों में से कुछ लोग फुसफुसाकर कह रहे थे कि अब आप भाग लीजिए। अंधेरा होने के बाद आपके साथ क्या होगा, इसकी आपको कल्पना भी नहीं है। हम चार पत्रकार एक साथ निकले। सारी गाड़ियां भगा दी गई थीं। सिर्फ एक गाड़ी थी। गाड़ी अभी चली भी नहीं थी कि कुछ कार सेवक चारों तरफ आकर गाड़ी घेर खड़े हो गए। उनके साथ एक आहत कार सेवक था, जिसे वे गाड़ी में डाल रहे थे। हम उसे बिठाकर चल पड़े।

फैजाबाद के रास्ते में अनेक बाधाएं खड़ी की गई थीं लेकिन इतनी विकट नहीं कि उन्हें पार न किया जा सके। हम अकेले होते तो शायद मुश्किल आती, पर आहत कार सेवक के कारण रास्ते साफ होते गए और हम फैजाबाद अस्पताल पहुंच गए। वहां पूर्व स्वास्थ्य मंत्री हरिश्चन्द्र श्रीवास्तव के नेतृत्व में स्वयंसेवकों का एक समूह घायलों की देखभाल कर रहा था। पता चला कि श्रीवास्तव जी वहां सुबह से ही मौजूद थे और बारह बजे से बेचैन होकर घड़ी देखने लगे थे कि घायल अभी तक आए क्यों नहीं।

फैजाबाद पहुंचकर हमने पता लगाने की कोशिश की कि केंद्रीय सुरक्षा बलों ने अयोध्या जाने की कोशिश की या नहीं। पता चला कि सिर्फ एक बार कुछ सिपाही चले थे, पर रास्ते में पहली बाधा को देखकर ही लौट आए थे। सारी रात उस रास्ते के आसपास ही हम थे, पर कहीं कोई ऐसी चेष्टा नहीं दिखी जिससे लगे कि वहां पहुंचने की कोई कोशिश हो रही है। आधी रात तक स्थिति ऐसी थी कि पत्रकार फिर भी पहुंच रहे थे। रात एक बजे कुछ पत्रकारों ने वहां से लौटकर बताया कि विवादित ढांचा पूरी तरह से ध्वस्त हो गया है। जमीन बराबर करके रामलला की मूर्ति स्थापित कर दी गई है। पूजा अर्चना प्रारंभ है और दीवार बनाने का काम चल रहा है।

सुबह सात बजे हम तीन पत्रकार फिर अयोध्या की ओर रवाना हुए। रास्ते में बाधाएं अब भी खड़ी थीं, पर इतनी नहीं कि हम अयोध्या के उस विवादित स्थल परिसर के पास तक न पहुंच पाएं। गाड़ी करीब 200 गज दूर रुक गई क्योंकि उससे आगे ले जाना संभव नहीं था। हम पैदल उस ओर चल पड़े। रास्ते में कई मकान जलते दिखे। सड़क पर आग जल रही थी और पुलिस के जवान अपनी हथेलियां सेंक रहे थे।

विवादित स्थल पर शांतिपूर्वक काम चल रहा था। एक समूह मलबे की सफाई कर रहा था। दूसरा मंदिर के निर्माण में लगा था। दुर्गा वाहिनी की सदस्याएं गीत गाते हुए परिसर में प्रवेश कर रही थीं, पुलिस के हजारों नौजवान हंसते-मुस्कुराते टहल रहे थे। सारा कार्यक्रम बिना किसी बाधा के सुचारु रूप से चल रहा था। हम कई घंटे वहां घूमते रहे। आज पत्रकारों को कम खतरा था, क्योंकि स्वयंसेवकों को भी आदेश दिया जा रहा था कि वे अपनी पट्टियां उतार लें। भीड़ में कौन क्या है, पहचानना असंभव था।

हम दोपहर फैजाबाद लौट आए। राष्ट्रपति शासन लगे 18 घंटे हो चुके थे, पर किसी तरह का नया प्रयास होता नहीं दीख रहा था। फैजाबाद से लखनऊ के रास्ते पुलिस का एक ट्रक उधर जाता नहीं दिखा। लखनऊ में राजभवन के सामने सन्नाटा था। पता चला कि राज्य अतिथि गृह में राज्यपाल के सलाहकार आ गए हैं और प्रशासन वहीं से काम कर रहा है। वहां पहुंचने पर पता चला कि सलाहकार अंदर कमरों में हैं। आसपास कोई नहीं था। भाजपा अध्यक्ष मुरली मनोहर जोशी अपनी भुवन मोहिनी मुस्कान के साथ पत्रकारों को अवश्य कुछ स्पष्ट करते दीख रहे थे।

दिल्ली पहुंचने पर पता चला कि केंद्रीय सुरक्षा बल छह तारीख से वहां पहुंचने का अथक प्रयास करता रहा।

(14 दिसंबर 1992, अमर उजाला)

अनिर्णय के निर्णय की पहली हार

नरसिंह राव निर्णय करने के बजाए परिस्थितियों को इस तरह घिसटने देना चाहते हैं कि फैसला अपने आप निकल आए। आम सहमति निकालने का उनका ढंग भी ऐसा ही है। अपनी तरफ से वे कोई बात नहीं करते। कोई कहता है और फिर इसकी प्रतिक्रिया होती है। वे क्रिया और प्रतिक्रिया को खुलकर खेलने देते हैं। धीरे-धीरे बीच की वह जमीन निकल आती है, जिसे आम सहमति कहा जाता है।

इन दिनों यह विवाद जोरों पर है कि प्रधानमंत्री निर्णय लेने में दक्ष हैं या नहीं। अनेक सारे लम्बित निर्णयों को आधार बनाकर यह बात इन दिनों खुलेआम कही जाने लगी है कि नरसिंह राव में निर्णय क्षमता का अभाव है। विपक्ष और समाचार पत्रों की बात तो छोड़ ही दें, कांग्रेस के अंदर से भी इस तरह की सुगबुगाहट सुनाई पड़ने लगी है। यही कारण है कि कांग्रेस के कुछ औसत दर्जे के नेताओं को एक बयान देकर कहना पड़ा है कि नरसिंह राव भारत के सबसे निर्णयकारी प्रधानमंत्रियों में से एक हैं। यह बात अलग है कि बयान देने वाले सभी नेता मंत्रिमंडल के अगले परिवर्तन-परिवर्धन में मंत्रिपद प्राप्त करने की उम्मीद लगाए बैठे हैं। बहरहाल, इस विवाद पर टिप्पणी करते हुए 'जनसत्ता' ने एक अग्रलेख लिखा है। इस लेख का प्रारम्भिक पैराग्राफ उसी अग्रलेख से लिया गया है।

प्रधानमंत्री सचमुच अपने पूर्ववर्ती प्रधानमंत्रियों से ज्यादा निर्णयकारी हैं या उनमें निर्णय करने की क्षमता का घोर अभाव है, फिलहाल इस विवाद को मैं यही छोड़ना चाहता हूं और 'जनसत्ता' के अग्रलेख के उस महत्त्वपूर्ण पैराग्राफ का उपयोग एक भिन्न संदर्भ में करने की अनुमति चाहता हूं। यह धारणा निराधार नहीं है कि प्रधानमंत्री निर्णय को टालकर परिस्थितियों को घिसटने देने में विश्वास करते हैं। कई मामलों में इस टालमटोल से उन्हें लाभ भी हुआ है। कम-से-कम दो मामले तो तत्काल याद आते हैं। एक, कांग्रेस के सांगठनिक ढांचे से संबंधित और दूसरा, मंडल आयोग की रिपोर्ट लागू करने से संबंधित विवाद।

उस स्थिति में यदि नरसिंह राव कांग्रेस को उसी तरह परिचालित करने की कोशिश करते, जिस तरह कांग्रेस इंदिरा गांधी-राजीव गांधी के युग में चलती थी, तो निश्चय ही उन्हें मुंह की खानी पड़ती। उस शैली में परिचालित कांग्रेस के नेता वे नहीं, सोनिया गांधी होतीं। इस दृष्टि से यह नरसिंह राव की मजबूरी थी कि वे कांग्रेस में लोकतांत्रिकरण की प्रक्रिया तेज करें तथा आम सहमति की एक ऐसी रणनीति विकसित करें, जिसके धुंध में वे संगठन पर अपनी पकड़ मजबूत करने का काम भी सफलतापूर्वक कर सकें। प्रारम्भिक दिनों में नरसिंह राव ने इस काम को सफलतापूर्वक किया।

इस प्रक्रिया की अपनी परेशानियां भी थीं, जिन्हें नरसिंह राव निश्चय ही प्रारंभ से समझ रहे होंगे, लेकिन उस समय उस धारा को मोड़ने की न तो उनके पास क्षमता थी और न ही उचित समय। यह स्पष्ट है कि एक लोकतांत्रिक संगठन के रूप में कांग्रेस ऐसे किसी नेता को अनंतकाल तक झेलने के लिए कतई तैयार नहीं होती, जो न चमत्कारिक है और न ही जिसने अपनी ऐसी कोई छवि बनाई है, जिससे यह भ्रम पैदा किया जा सके कि यही देश के लिए स्वाभाविक और देवप्रदत्त नेतृत्व है। इसके हटते ही प्रलय हो जाएगा। इसलिए नरसिंह राव के लिए यह आवश्यक था कि लोकतांत्रिक प्रक्रिया को किसी तरह स्थगित किया जाए और कांग्रेस को फिर उसी पटरी पर डाला जाए, जिस पर वह बरसों से चलती रही है।

कांग्रेस अध्यक्ष के रूप में नरसिंह राव ने निर्णयों को घिसटने देते हुए आम सहमति विकसित करने की दुर्लभ कला को सफल अंजाम दिया है। कांग्रेस के लोकतांत्रिकरण की धारा को तिरुपति में अवरुद्ध करने के बाद, अब उसे सफलतापूर्वक वापस मोड़ दिया गया है। कांग्रेस कार्यकारिणी का गठन पूरा नहीं हो सका है। निर्वाचित स्थानों की पूर्ति नहीं हो सकती, क्योंकि अखिल भारतीय कांग्रेस कमेटी की कोई बैठक ही नहीं हुई है, लेकिन नामांकित पद भी नहीं भरे गए हैं। चूंकि कार्यकारिणी अभी पूरी नहीं बनी, इसलिए संसदीय बोर्ड के गठन का कोई प्रश्न ही नहीं उठता। नीति निर्णयों पर बहस करके भविष्य की सैद्धान्तिक दिशा निर्धारित करने के लिए नरौरा टाइप बैठक की बात सुन-सुनकर लोगों के कान पक गए हैं, पर उस बैठक की दूर-दूर तक कोई संभावना नहीं दीख रही है। कुल मिलाकर कांग्रेस पर तदर्थवाद एक बार फिर हावी है। अर्जुन सिंह के पत्र के रूप में क्रिया और नरसिंह राव के करीबियों द्वारा परिचालित प्रतिक्रिया के खुलकर खेलने से कांग्रेस में जो जमीन तैयार हुई है, नरसिंह राव उस पर बैठकर चैन की बंसी बजा रहे हैं।

सिर्फ संगठन ही क्यों, सरकार तथा विशिष्ट नीति निर्णयों के मामलों में भी नरसिंह राव की यह कार्यशैली उन्हें काफी हद तक सुकून दिलाने में समर्थ हुई है। मंडल आयोग लागू करने के प्रश्न को ही लें। आयोग की रिपोर्ट सुप्रीम कोर्ट के ठंडे बस्ते में पड़ी है। इसे लागू करने के पक्षधर इस बात से संतुष्ट नजर आ रहे हैं कि सरकार निर्णय आते ही लागू करने के बारे में ईमानदार लग रही है, जबकि इसके विपक्षी इस बात से प्रसन्न हैं कि कितनी सफाई से सरकार ने इसे टाल रखा है और उन्हें यह पक्का विश्वास है कि इसे हमेशा के लिए ही टाल दिया जाएगा। इसका वास्तविक असर क्या हो रहा है, इसकी दोनों पक्षों को कोई चिंता नहीं है। मंडल आयोग लागू कराने के पक्षधर सरकारी नौकरियों में पिछड़े वर्ग के आरक्षण से वंचित तो हैं ही, आरक्षण विरोधियों को भी पता नहीं चल पा रहा है कि आरक्षण लागू करने से जितनी नौकरियों के अवसर उनके लिए कम होते, उससे कहीं बहुत ज्यादा नौकरियों के अवसर सरकार अब तक घटा चुकी है।

मंत्रिमंडल में फेरबदल हो या भ्रष्ट और निकम्मे मंत्रियों की छुट्टी करनी हो, इस क्षेत्र में भी प्रधानमंत्री अपने अनिर्णय को निर्णय साबित करने की क्षमता को सफलतापूर्वक प्रयुक्त करने की कलाकारी दिखा रहे हैं। धूमधड़ाके से प्रारंभ की गई आर्थिक सुधार की योजनाएं भी परिस्थितियों को घिसटने देने की नीति का शिकार हो रही हैं। सरकार में एक वर्ग ऐसा है, जो इस अनिर्णय के निर्णय से संतुष्ट दीख रहा है। इस वर्ग का मानना है कि आर्थिक

सुधार की गति इससे ज्यादा तेज करना हमारे लिए घातक सिद्ध हो सकता है। बहरहाल, इस क्षेत्र की परेशानियां अभी पूरी तरह से सामने नहीं आई हैं, इसलिए यह विश्वास के साथ नहीं कहा जा सकता कि आम सहमति निकालने का प्रधानमंत्री का विशिष्ट ढंग इस क्षेत्र में असफल हुआ है या नहीं।

लेकिन एक क्षेत्र ऐसा है, जहां प्रधानमंत्री की चतुराई वाली यह नीति पूरी तरह से ध्वस्त हो गई है। वह क्षेत्र है, अयोध्या विवाद को हल करने या कहें कि हल निकालने के निर्णय को प्रधानमंत्री की विशिष्ट शैली में टालने की कोशिश। साधु-संतों की धर्मसंसद ने 6 दिसंबर को कार सेवा शुरू करने का फैसला करके नरसिंह राव द्वारा आयोजित तितरफा बातचीत को बिलकुल बेमतलब बना दिया है। सरकार अपनी इस उपलब्धि से अत्यन्त प्रसन्न थी कि जुलाई में बिना खून-खच्चर किए तथा कल्याण सिंह की सरकार को बिना बर्खास्त किए कार सेवा रुकवाकर सभी पक्षों को समझौते की टेबल पर लाने में सफल रही। इसलिए सरकार को यह भी विश्वास था कि इस मामले में भी वे क्रिया और प्रतिक्रिया को खुलकर खेलने का अवसर देंगे, जिससे धीरे-धीरे बीच की वह जमीन निकल आएगी, जिसे आम सहमति कहते हैं।

प्रधानमंत्री को शायद यह अंदाजा नहीं था कि इस बार अनिर्णय के निर्णय का खेल वह अपनी पार्टी के राजनीतिज्ञों से नहीं खेल रहे हैं। न ही यह खेल विपक्ष के उन राजनीतिज्ञों के साथ खेला जा रहा है, जिनमें भ्रम पैदा करके उनकी कमजोरियों का लाभ नरसिंह राव लगातार उठाते रहे हैं। यह खेल सिर्फ भाजपा के साथ भी नहीं था, जिसे प्रारंभ में नरसिंह राव ने कुछ इस तरह भरमा लिया था कि आडवाणी जैसे मंजे हुए नेता भी थोड़ी देर के लिए मोहित हो गए थे और कहने लगे थे कि ये देश के अब तक के सभी प्रधानमंत्रियों में उत्कृष्ट हैं।

इस बार मुकाबला भाजपा, बजरंग दल, विश्व हिन्दू परिषद, साधु-संत तथा आर.एस.एस. से अलग-अलग नहीं, बल्कि उस संघ परिवार से था, जो अयोध्या को एक बड़े उद्देश्य की लंबी लड़ाई का मोहरा बनाए हुए हैं। अनिर्णयों और परिस्थितियों को घिसटते रहने देने से फैसले अपने आप निकलने की संभावना यहां शून्य थी। यह स्थिति प्रारंभ से ही थी। ऐसा नहीं कि तीन महीने की मोहलत समाप्त होने पर संघ परिवार ने अचानक कोई कड़ा रुख अपना लिया हो। संघ परिवार के मन में अपने अगले पदक्षेपों के बारे में कभी कोई भ्रम नहीं रहा। न ही इन लोगों ने इसे छिपाने का कोई प्रयास किया। इस पूरी बातचीत के दौरान संघ परिवार के भविष्य के कार्यक्रम यथावत चलते रहे। सरकार तीन और चार महीनों की बात करके मोहलत की अवधि के बारे में भ्रम पैदा करने की कोशिश करती रही, इसका लाभ भी सरकार न उठा पाए, इसलिए साधु-संतों ने छह दिसंबर से कार सेवा प्रारंभ करने की घोषणा कर दी ताकि प्रधानमंत्री को चार महीने सात दिन की मोहलत मिल जाए।

चार महीने की क्यों, यदि चार साल की भी मोहलत मिल जाए तो प्रधानमंत्री इस समस्या का समाधान अपने आजमाए हुए फार्मूले को लागू करके नहीं निकाल सकते। यहां तो अपनी तरफ से बात कहनी ही पड़ेगी। जब तक सरकार अपना स्टैंड साफ नहीं करती, तब तक यह मामला घिसटता जरूर रहेगा, लेकिन एक अन्तर के साथ। यहां मामला घिसट कर किसी

अनिर्णय की ओर नहीं जाएगा बल्कि सम्पूर्ण पहल उन लोगों के हाथ में ले जाएगा, जो निर्णय के निर्णय में विश्वास करते हैं। प्रधानमंत्री अपनी ओर से टकराव भले ही टाल लें, संघ परिवार नहीं टालेगा और अपनी शर्तों से भी नहीं डिगेगा। सरकार को अपनी बात कम-से-कम इस बार तो कहनी ही पड़ेगी। कम-से-कम इस मामले में फैसला अपने आप नहीं निकलेगा। यदि निकला तो वह फैसला संघ के पक्ष में जाएगा।

(5 नवंबर 1992, अमर उजाला)

फिर अनिर्णय से उलझाव की ओर

छह दिसंबर की घटनाओं से लगता है कि केंद्र सरकार ने कोई भी सबक नहीं लिया है। वरना इस तरह अनाप-शनाप घोषणाएं न होतीं और न ही इस तरह के कदम उठाए जाते जिन्हें आगे चलकर जायज ठहराना असंभव होगा। सबसे पहले बाबरी मस्जिद के ढहाए गए ढांचे के पुनर्निर्माण को लें। दूसरे ही दिन प्रधानमंत्री ने घोषणा कर दी कि सरकार बाबरी मस्जिद का पुनर्निर्माण करेगी। यह नहीं बताया कि वह मस्जिद कहां बनेगी। क्या उसी स्थान पर बनेगी, जहां दोबारा रामलला प्रतिष्ठित कर दिए गए हैं या वहां से कहीं दूर ले जाकर वह मस्जिद बनाई जाएगी? यदि सरकार का इरादा यही करने का है, तो फिर बार-बार उसे बाबरी मस्जिद कहने की क्या तुक है?

या यदि यह नहीं करना है तो क्या रामलला की मूर्ति को वहां से हटाकर वहां मस्जिद बनाएंगे? इन दो विकल्पों के अलावा और भी कई विकल्प चर्चा में हैं। मसलन, वहां राष्ट्रीय स्मारक बनाना या कोई ऐसा ढांचा खड़ा करना, जिसमें मंदिर और मस्जिद दोनों समाहित हों। पर इस तरह के सुझाव देने वाले इतने अल्पसंख्यक हैं कि इन सुझावों पर कोई गंभीरता से विचार भी नहीं कर रहा है। आमतौर पर दो ही विकल्प माने जा रहे हैं। एक, उसी स्थान पर बाबरी मस्जिद का निर्माण करना। दो, अब चूंकि मस्जिद का ढांचा रहा नहीं, इसलिए मंदिर को वहीं रहने देना और मस्जिद का निर्माण अन्यत्र कहीं करना।

अधिकांश लोग चूंकि इन्हीं दो अतिवादी ध्रुवों पर खड़े हैं, इसलिए इन दोनों में से किसी एक विकल्प को चुन लेने का अर्थ होगा कि एक बड़ा वर्ग इस निर्णय से घोर असंतुष्ट हो जाएगा, जबकि इन दो विकल्पों को छोड़कर किसी तीसरे विकल्प को चुनने का अर्थ होगा कि ये दोनों ध्रुव असंतुष्ट होंगे। सरकार को यह निर्णय करना है कि वह किस ध्रुव पर खड़े लोगों को तात्कालिक रूप से असंतुष्ट करने का जोखिम उठाना चाहती है। तात्कालिक रूप से इसलिए कि सरकार यदि दृढ़ता से कोई एक निर्णय ले लेती है और उस पर खड़े रहने का साहस दिखाती है तो उस नैतिक बल का यह प्रभाव अवश्य पड़ेगा कि तात्कालिक रूप से असंतुष्ट वर्ग भी अंततः अपने स्टैंड की निस्सारता को समझेगा और राष्ट्र की मुख्यधारा में शामिल हो जाएगा। इसके लिए सरकार के निर्णय में न केवल घोर नैतिक बल अपेक्षित है, बल्कि वह साहस भी, जिससे वह कठिन परन्तु कड़वा निर्णय ले सके और उसे स्पष्ट रूप से कह भी सके।

एक क्षण के लिए यह मान लेते हैं कि छह दिसंबर के बाद जिस तरह से देश में आग लगी हुई थी, उसे शान्त करने के लिए इस तरह की घोषणा जरूरी हो गई कि बाबरी मस्जिद और श्री राम मंदिर, दोनों का निर्माण किया जाएगा, लेकिन जब 18 दिसंबर को गृहमंत्री

ने संसद में फिर वही घोषणा की कि ढहाया गया ढांचा फिर से बनेगा और राम मंदिर का भी निर्माण होगा और यह नहीं बताया कि वह कैसे होगा तो सरकार की मंशा पर शक अनायास बढ़ गया। यह सरकार की वही नीति है, जो छह दिसंबर से पहले लागू थी। किसी को असंतुष्ट न करने के प्रयास में अंततः सबको असंतुष्ट कर देने वाली नीति।

लोकतांत्रिक व्यवस्था में लोग सरकारें चुनने के बाद निर्णय का अधिकार उस सरकार को सौंपकर मुक्त हो जाना चाहते हैं। फिर लोगों की अपेक्षा होती है कि सरकारें स्पष्ट रूप से निर्णायक हों। जब भी समाज के सामूहिक हित में कोई निर्णय करना पड़ता है तो जाहिर है कि वह निर्णय समाज के प्रत्येक वर्ग को प्रसन्न करके नहीं लिया जा सकता। यदि हमारे संविधान निर्माताओं ने भी आज की सरकार का रुख ही हर मामले में अपनाया होता तो न हम धर्मनिरपेक्ष होते, न समाजवादी और न ही दलितों-पिछड़ों को सामाजिक न्याय दिलाने की कोई सांविधानिक गारंटी होती। 'गरीबी हटाओ' का कार्यक्रम लागू करना हो या बैंकों का राष्ट्रीकरण या फिर राजा-महाराजाओं के विशेषाधिकार की समाप्ति का मामला हो—समाज का एक प्रभावशाली वर्ग इन सारे कदमों का लगातार विरोध करता रहा। लेकिन समाज के समष्टिगत हित में ये सारे कठिन निर्णय अततः लिए ही गए। तीसरी दुनिया के देशों में भारत को जो एक विशिष्ट सम्मान का दर्जा आज हासिल है, वह हमारी इसी बुनियाद पर आधारित है।

छह दिसंबर से पूर्व सरकार को यह लग रहा था कि आंख मूंदकर बैठ जाने से ये कठिन निर्णय अपने आप टल जाएंगे। जो निर्णय सरकार और संसद को करने चाहिए थे, उन्हें कभी साधु-संत, मुल्ला-मौलवियों से कराने की कोशिश हुई तो कभी राष्ट्रीय एकता परिषद जैसी घाल-मेल संस्था से। एक चुनी हुई सरकार के लिए इससे बड़ी शर्म की बात और क्या हो सकती है कि जब उसे निर्णायक कदम उठाना था उस समय वह अपना काम कुछ संपादकों और जिम्मेदार नागरिकों को सौंपकर अपनी जिम्मेदारियों से भागने का प्रयत्न करती रही। उसका परिणाम छह दिसंबर को जिस रूप में सामने आया, उसकी शायद ही किसी ने कल्पना की हो। विश्व हिन्दू परिषद ने भी नहीं।

छह दिसंबर के बाद सरकार कुछ दिनों तक हडबड़ी में काम करती दिखी। प्रशासकीय निर्णय और राजनीतिक सूझबूझ में कोई तालमेल तो कहीं था ही नहीं। बड़े शर्म की बात यह है कि यह राष्ट्रीय संकट सत्ताधारियों के लिए केवल कांग्रेस का अंदरूनी संकट बनकर रह गया। जब राष्ट्र-राज्य के मूलाधार पर प्रबल आघात हो रहा था, उस समय कांग्रेस के अंदर सत्ता समीकरण का नया खेल खेला जा रहा था।

साम्प्रदायिक संगठनों पर प्रतिबंध से लेकर भाजपा शासित तीन राज्य सरकारों को बर्खास्त करने के फैसले के पीछे कहीं-न-कहीं कांग्रेस के अंदरूनी सत्ता संघर्ष की महती भूमिका थी। यही कारण है कि इतने बड़े दुष्कर्म के बावजूद, सिर्फ दो सप्ताह के भीतर ही संघ परिवार फिर से अपनी आक्रामक राजनीति पर उतर आया है। जो काम देश की सबसे बड़ी गैर साम्प्रदायिक पार्टी यानि कांग्रेस को करने चाहिए थे, उसे लेखक, वकील, पत्रकार, साहित्यकार, कलाकार तथा अन्य बुद्धिजीवियों के छोटे-छोटे समूहों को करना पड़ रहा है।

राष्ट्रीय स्वयंसेवक संघ जैसी गहरे जड़ें जमाए संस्था को प्रतिबंधित करने के लिए जिस प्रकार की प्रशासनिक और राजनीतिक तैयारी की आवश्यकता थी, उसके दूर-दूर तक दर्शन नहीं हो रहे हैं। हिन्दूवादी संगठनों पर आधे मन से प्रतिबंध तो लगा दिया है पर उसे लागू

करने की न इच्छाशक्ति दिख रही है, न उचित प्रयास। इस संगठन के लोग गांव-गांव से कार्य के समर्थन में जनमत बना रहे हैं, जबकि जिन्हें उसी स्तर पर उसका राजनीतिक जवाब देना था, वे दूर-दूर तक दिखाई नहीं पड़ रहे हैं।

राजस्थान, मध्यप्रदेश और हिमाचल की राज्य सरकारों को बर्खास्त करने का अब तक कोई ठोस औचित्य केंद्र सरकार प्रस्तुत नहीं कर पाई है। स्वाभाविक है कि संघ परिवार से जुड़ी राजनीतिक शक्तियां कांग्रेस के सत्ता संघर्ष से उपजी इस कार्यवाही को अल्पसंख्यकों के तुष्टीकरण के रूप में लोगों के सामने पेश कर रही हैं। प्रत्यक्षदर्शियों से लेकर जितने भी जानकार हैं, सबका यह दावा है कि छह दिसंबर को मस्जिद का ढांचा गिराने का काम पूर्वनियोजित कार्यक्रम के अनुसार किया गया। इस पूर्वानिर्धारित योजना में संघ परिवार में कई वरिष्ठ सदस्यों का सक्रिय सहयोग था। मथुरा के भाजपा सांसद साक्षी जी महाराज का बयान तो समाचार पत्रों में भी प्रकाशित हुआ है कि पांच दिसंबर की रात को साधु-संतों की बैठक में यह निर्णय ले लिया गया था कि कल बाबरी मस्जिद को गिरा देंगे। इस बीच अनेक सारे परिस्थितिजन्य प्रमाण भी आ गए हैं, जिनसे इस आरोप की पुष्टि होती है। और तो और, खुद दूरदर्शन के कैमरे में जो दर्ज है, उससे भी इस बात को प्रमाणित किया जा सकता है। पर सरकार किसी भी तरह के साक्ष्य को देश के सामने आने से रोक रही है। खुद तो कुछ बता ही नहीं रही है, न्यूजट्रैक जैसी स्वतंत्र संस्थाओं को भी सच सामने लाने से रोक रही है।

ऐसी स्थिति में यदि भाजपा की राज्य सरकारें, संघ के नेता और यहां तक कि कार सेवक अपने पक्ष को मजबूती से सामने लाते है, तो आम जनता को इनके पक्ष पर विश्वास करना ही पड़ेगा। सरकार ने वादा किया था कि अयोध्या मामले पर वह एक श्वेत पत्र लाएगी। उस घोषणा के बाद की चुप्पी भयानक है। इस बीच गोलमोल बयान फिर आने लगे हैं।

इनसे समस्याएं उलझेंगी ही, सुलझने का कोई सवाल ही नहीं है। इन्हीं में से एक है—ढहाए गए बाबरी मस्जिद के ढांचे को फिर से बनाने की घोषणा। वह भी अधूरी घोषणा, जिससे दोनों पक्षों के मन के संदेह और भी बद्धमूल हों। दूसरी ओर, सचाई यह है कि अयोध्या के रामकोट क्षेत्र में छह दिसंबर के बाद से ही 24 घंटे का लगातार कर्फ्यू इसलिए लगा हुआ है कि सरकार को अंदेशा है कि कर्फ्यू हटते ही रामलला के दर्शनार्थियों की बेकाबू भीड़ को नियंत्रित करना कठिन हो जाएगा।

संसद में गृहमंत्री घोषणा करते हैं कि बाबरी मस्जिद बनाएंगे, उत्तर प्रदेश में राज्यपाल का शासन इस बात की तैयारी कर रहा है कि मलबे पर स्थापित मंदिर में दर्शनार्थियों की भीड़ को कैसे नियंत्रित किया जाए। अब तो उत्तर प्रदेश में कल्याण सिंह की सरकार नहीं है, क्या अब भी केंद्र और राज्य सरकारें बयान देने से पहले आपस में तालमेल नहीं कर सकतीं। छह दिसंबर से पहले के नरसिंह राव के अनिर्णय ने देश को आज इस मुकाम पर पहुंचाया है। नए घालमेल की नीति इसे कहां ले जाएगी, इसकी भयानक कल्पना मात्र से रोंगटे खड़े हो जाते हैं।

(22 दिसंबर 1992, अमर उजाला)

शब्दों के खेल में माहिर

संघ परिवार की वाचालता की तुलना एक सीमा तक चतुरानन की अवधारणा से की जा सकती है। जिस प्रकार ब्रह्मा के चारों मुख एक ही समय पर चार अलग-अलग वाक्य उच्चरित करने के बावजूद आपस में अर्थ का एक तादात्म्य बनाए रखने की क्षमता रखते थे, कुछ वैसी ही कुशलता संघ परिवार ने भी, लगता है, अर्जित कर ली है। 6 दिसंबर के बाद से यह विभ्रम और गहरा हुआ है। नतीजा, आम लोगों को यह लगने लगा है कि संघ परिवार में वास्तव में सिद्धांत स्तर पर भी कुछ मतभेद हैं, जिनके कारण इस तरह की विपरीतधर्मी बातें सामने आ रही हैं। जबकि वास्तविकता यह है कि ये विपरीतधर्मी बयान, जिनसे यह भ्रम उत्पन्न होता है कि इस परिवार में कुछ उदारपंथी हैं तो कुछ कट्टरपंथी, वस्तुतः पूर्वनियोजित होते हैं।

इसका सबसे ताजा उदाहरण है—रामजन्म भूमि आंदोलन से संपृक्त दो प्रमुख संत स्वामी वामदेव और स्वामी चिन्मयानंद के बयान, जिसमें इन दो प्रमुख संतों ने कहा है कि भारत का संविधान वस्तुतः गुलामी का दस्तावेज है। अब समय आ गया है कि इस कलंक से भी राष्ट्र मुक्ति पा ले। कृपया ध्यान दें कि ये संत इन बातों को उसी दिन कह रहे थे, जिस दिन भाजपा की राष्ट्रीय कार्यकारिणी ने सर्वसम्मति से प्रस्ताव पास किया था कि हम 'धर्माश्रित राज्य' में विश्वास नहीं करते।

एक संतों के स्तर की बात, दूसरी भाजपा स्तर की घोषणा और एक तीसरे स्तर पर कुछ और ही हो रहा था। इस स्तर पर भारतीय जनता पार्टी के सुघड़ स्वरूप यानी अटल बिहारी वाजपेयी की अप्रसन्नता के समाचार विभिन्न स्तरों पर फैल रहे थे या फैलाए जा रहे थे। खबर थी कि अटल जी दल के कट्टरवादी रवैये से नितांत असंतुष्ट हैं। इतने असंतुष्ट कि वे राष्ट्रीय कार्यकारिणी की बैठक से भी उठकर चले गए।

इसका अर्थ समझने का यत्न करें। एक तो यह कि भाजपा के मंच से जो कड़ी-कड़ी बातें कही जा रही हैं, वह संपूर्ण भाजपा की राय नहीं है। इसमें भी दो खेमे हैं और सुंदर सिंह भंडारी जैसे कट्टरपंथी पार्टी पर हावी हो रहे हैं। अटल जी आवश्यक नहीं कि इन सारी बातों से सहमत ही हों, फिर अटल जी पार्टी में अकेले नहीं हैं जो इस गरमपंथी व्यवहार से दुखी हैं।

संघ परिवार के वे तीन स्तर उनसे अलग हैं, जिनकी भूमिका का पहला चरण 6 दिसंबर को पूरा हो गया था। कुछ संत-महंत अशोक सिंघल, उमा भारती, साध्वी ऋतंभरा तथा विनय कटियार जैसे लोगों ने न केवल उस दिन अपना काम किया था, बल्कि उन्होंने औपचारिकता के लिए भी खेद या दुख व्यक्त करने की आवश्यकता नहीं समझी थी। एक वर्ग और था

जिसने कहा कि उस दिन जो कुछ हुआ, उसका हमें दुख है। लेकिन इसके लिए हमारे मन में कोई विषाद नहीं है। दुख और विषाद में बारीक अन्तर करने वाला यह वर्ग दूसरे-तीसरे दिन से ही फिर अपनी भाषा में आक्रामक हो चुका था।

इस बीच राष्ट्रीय स्वयंसेवक संघ से भी दो तरह के विचार सामने आने लगे थे। संघ परिवार का हर अंग अपनी-अपनी तरह से अलग-अलग बातें बोल रहा था। एक दिन एक बात बोली जाती थी। दूसरे दिन उसका मूल्यांकन होता था कि क्या इस तरह की बात लोग सुनने के लिए तैयार हैं। यदि हां, तो तीसरा वर्ग कोई और उग्र बात छेड़ देता था। इस तरह सार्वजनिक बयानों के माध्यम से संघ परिवार में यह जानने का प्रयोग निरंतर चलता रहता है कि जनमन किस हद तक कौन से नारे को स्वीकार करता है।

यह सारा प्रयोग सुचारू रूप से इसलिए चलता है कि इनके मूल उद्देश्य के बारे में इनके खुद के मन में कहीं कोई विभ्रम नहीं है। धर्मनिरपेक्षता के बारे में लोगों के मन में काफी बड़ा संदेह पैदा कर दिया गया है। इतिहास को अपनी आवश्यकतानुसार तोड़-मरोड़कर जनमानस में उसकी एक विकृत छवि बैठा दी गई है। राष्ट्र की अवधारणा को अपने अनुसार परिभाषित करने के इक्का-दुक्का स्वर परिवार के सदस्यों के बीच से उभरने लगे हैं। ऐसे में भाजपा की राष्ट्रीय कार्यकारिणी यदि संविधान की दुहाई देती है तो वह परिवार की तात्कालिक आवश्यकता है और संत-महंत यदि इस संविधान को मानसिक और ऐतिहासिक दासता का दस्तावेज कहते हैं तो यह इसके दूरगामी लक्ष्य का अंश। इसलिए जो आज कह रहे हैं कि धर्माश्रित राज्य नहीं बनाना चाहते, कल वही संत-महंतों की हिंदू धर्म की अवधारणा को स्वीकार कर लें तो कोई आश्चर्य नहीं। शब्दों से खेलते हुए लक्ष्य की ओर निरंतर बढ़ते रहना तो कोई इनसे सीखे।

(15 जनवरी 1993, इंडिया टुडे)

पहली बार गंभीर वैचारिक टकराव

अब तक के अनुभव के आधार पर संघ परिवार के आपसी मतभेदों को दो भागों में बांटा जा सकता है। पहला, संघ परिवार के नीति नियंताओं के इशारे पर प्रारंभ किए गए सुनियोजित विवाद, जिनका असली मकसद सर्वसम्मत रास्ते की तलाश होता है। दूसरा, नेतृत्व के स्तर पर व्यक्तित्व और अहं के टकराव के कारण उत्पन्न मतभेद, जिनका अंत हमेशा उस व्यक्ति के राजनैतिक और सार्वजनिक जीवन के सफाए के रूप में होता है जो संघ नेतृत्व की उपेक्षा का दुस्साहस करता है। विडंबना यह है कि जब हिंदुत्व के नाम पर देश में समर्थन की एक लहर का भ्रम पैदा किया जा रहा है, तब संघ परिवार में वैचारिक स्तर पर गंभीर टकराव की खबरें सामने आ रही हैं। ऐसा शायद पहली बार हुआ है।

नोट करने की बात यह भी है कि टकराव इन तीनों स्तरों पर एक साथ हो रहा हैं, ऐसा भी पहली बार ही हो रहा है। एक साथ कई तरह की बातें बोल कर जनमानस को विभ्रांत करने की कोशिश और उसके माध्यम से अपना रास्ता ढूंढ़ने की चेष्टा का संघ का कार्यक्रम सफलतापूर्वक चल ही रहा है। अटल बिहारी वाजपेयी के इंटरव्यू और बयान तथा उनके विरुद्ध छेड़े गए अभियान को दूसरी श्रेणी के विवाद के खाने में रखा जा सकता है, जबकि साधु-संतों के बयान और उससे उपजी कठिनाइयों को हम तीसरे तरह के मतभेद के रूप में देख सकते हैं। भाजपा और संघ परिवार ने कड़ी मेहनत करके अपने समर्थन का जनाधार व्यापक किया था, जिससे पहली बार पिछड़ी जातियों, दलितों तथा आदिवासियों का प्रतिनिधित्व उल्लेखनीय रूप में दिखाई पड़ने लगा था। मस्जिद विध्वंस से उत्साहित साधु-संतों के उत्तेजक बयानों ने संघ के इन नए समर्थकों को भारी उलझन में डाल दिया है। संघ परिवार में पहली बार वैचारिक टकराव का रास्ता भी इसी संदर्भ में खुला है।

पहले वाजपेयी प्रकरण को लें। हालांकि इस कारण पार्टी में फूट की या वाजपेयी को पार्टी से निकलने की संभावना न के बराबर है, पर जिस स्तर पर यह लड़ाई पहुंची हुई है उससे पार्टी की अनुशासित छवि को जरूर धक्का पहुंचेगा। वाजपेयी के बयान और इंटरव्यू यदि एक योजना के तहत थे कि इससे पार्टी का एक सुघड़ और भद्र चेहरा भी सामने रहे तो यह योजना हाथ से निकलती दीख रही है। उत्तर प्रदेश भाजपा के महामंत्री राजनाथ सिंह ने जिस भाषा और शैली में वाजपेयी पर प्रहार किया है, उससे मतभेद की गंभीरता का पता चलता है। राजनाथ सिंह ने वाजपेयी को याद दिलाया है कि संघ के लिए उनका योगदान एक कविता मात्र है, जो निश्चय ही बलराज मधोक के योगदान के आगे कहीं नहीं ठहरती। उधर, वाजपेयी के निकटस्थ माने जाने वाले उत्तर प्रदेश भाजपा के अध्यक्ष कलराज मिश्र ने बीमार राजनाथ सिंह पर यह कहते हुए हमला किया है कि यह सिर्फ शारीरिक रूप से

बीमार व्यक्ति की भड़ास नहीं है। संघ परिवार में सदस्य एक-दूसरे के विरुद्ध जब इस भाषा में बोलने लगें तो समझिए कि विवादियों में से किसी एक के जाने का फैसला हो चुका है।

फर्क सिर्फ यह है कि इस निर्णय के साथ पार्टी का भविष्य थोड़ा और गहरे जुड़ गया है। यदि वाजपेयी और उनके समानधर्मा इस विवाद में विजयी होते हैं तो पार्टी और आंदोलन का वर्तमान स्वरूप बरकरार रहने की संभावना है। यदि दूसरा पक्ष हावी होता है, जिसकी संभावना बहुत ज्यादा है तो यह आंदोलन जिस दिशा में जाएगा, उसकी कल्पना मात्र से पार्टी के कुछ नवदीक्षित वर्गों के सदस्य परेशान हो रहे हैं। इसकी एक बानगी संतों-महात्माओं ने अभी हाल में दिखाई है। भाजपा की अनुसूचित जाति-जनजाति मोर्चे की राष्ट्रीय कार्यकारिणी ने इस बात को रेखांकित किया है। 6 दिसंबर की घटना ने जाति, संप्रदाय और धर्म के आधार पर तेज ध्रुवीकरण किया है। कई संत-महात्मा वर्ण-व्यवस्था को फिर से लागू करने, अपनी कल्पना का धर्मराज्य बनाने तथा आरक्षण खत्म करने की बात कर रहे हैं। संतों के तुष्टीकरण की नीति ने पार्टी के साथ जुड़े पिछड़ों, दलितों तथा आदिवासियों को गंभीर रूप से आशंकित किया है। यह भी कम आश्चर्य की बात नहीं कि हिंदुत्व की लहर चले महीना भी नहीं बीता कि पंथ के अंतर्विरोध इस लहर पर हावी होने लगे हैं।

(31 जनवरी 1993, मतांतर, इंडिया टुडे)

नए शब्द और नए मुहावरे

सिक्कों की तरह शब्द भी ज्यादा इस्तेमाल होने के कारण घिसकर अपना अर्थ और महत्त्व खोने लगते हैं। ऐसी स्थिति में पुराने शब्दों और मुहावरों को त्यागकर नए और खनखनाते शब्द ढूंढ़ने पड़ते हैं। अपने देश की किसी भी गड़बड़ी के लिए पहले विदेशी हाथ को जिम्मेदार ठहराया जाता था फिर इसे सीमा पार का हाथ कहा जाने लगा। विदेशी हाथ का दायरा बहुत व्यापक था। यह इस पर निर्भर था कि कौन इसका प्रयोग कर रहा है। यदि सत्ताधारी कांग्रेस इसका प्रयोग करती थी, तो इसे आवश्यकतानुसार सीआईए, पाकिस्तान या चीन कुछ भी समझा जा सकता था। जब इसका प्रयोग संघ परिवार करता था, तो अक्सर इसका अर्थ पाकिस्तानी हाथ हुआ करता था।

अयोध्या आंदोलन ने यह सिद्ध किया है कि संघ परिवार को भविष्य की राजनीति के लिए यह शब्द अब नाकाफी पड़ रहा है। सिर्फ शब्दों के सहारे घृणा की राजनीति एक सीमा तक ही चलाई जा सकती है। लेकिन यदि घृणा का पात्र साक्षात सामने हो, तो इस प्रकार की राजनीति न केवल असरकारक होती है, बल्कि स्थाई भी होती है। 'बांग्लादेशी' शब्द इस मामले में निश्चय ही ज्यादा प्रभावकारी सिद्ध हो रहा है।

याद कीजिए 6 दिसंबर के तत्काल बाद के कुछ दिन। तब तक संघ परिवार अपनी रणनीति को पुख्ता नहीं कर पाया था कि इस घटनाक्रम का आखिर कैसा इस्तेमाल करना है। यह उन दिनों की बात है जब ब्रह्मा के सभी मुख अलग-अलग बातें कह रहे थे। तभी एक प्रायोजित समाचार अखबारों में आया कि बाबरी मस्जिद गिराने का काम वस्तुतः बांग्लादेशियों ने किया है। संघ परिवार के एजेंडों में बांग्लादेशियों के घुसपैठ का मामला काफी ऊपर है। उसे पता है कि मंदिर का मामला शांत होते ही नए मुद्दों की आवश्यकता पड़ेगी। उसे विश्वास है कि यह मसला पूरे देश में आलोड़न पैदा करने में सक्षम हो सकता हैं क्योंकि सरकार भी यह आंकड़ा दे चुकी है कि करीब एक करोड़ बांग्लादेशी घुसपैठिए गैरकानूनी रूप से भारत में प्रवेश कर चुके हैं। पाकिस्तानी घुसपैठियों को चिन्हित करने में यह समस्या थी कि रहन-सहन, भाषा आदि के कारण भ्रम बने रहने की गुंजाइश थी। बांग्लादेशी अपनी भाषा, रहन-सहन, खानपान तथा वेशभूषा से भी उत्तर भारत में आसानी से छिप नहीं सकता। इसलिए उसे नफरत का निशाना बनाना ज्यादा आसान होगा।

इस नुस्खे का दूसरा प्रयोग बंबई के लिए किया जा रहा है। बंबई में नरसंहार के लिए संघ परिवार के कुछ जिम्मेदार लोग बांग्लादेशी घुसपैठियों को जिम्मेदार ठहराने की कोशिश कर रहे हैं। बांग्लादेशियों को निशाना बनाने में सबसे बड़ी सहूलियत यह है कि इसमें संघ परिवार द्वारा फैलाए गए एक और झूठ को बल मिलता है। यह कहा जाता है कि आजादी

के बाद से भारत में मुसलमानों की आबादी की बढ़ोतरी का प्रतिशत हिंदुओं की आबादी-वृद्धि के मुकाबले कई गुना ज्यादा रहा है। हालांकि यह बात बिल्कुल बेबुनियाद है लेकिन पढ़ा-लिखा शहरी मध्यम वर्ग भी इस झूठ पर विश्वास करने लगा है। इसके साथ यदि यह बात भी लोगों के मन में बिठा दी जाए कि इसी योजना के तहत बांग्लादेश से करोड़ों मुसलमान भारत में घुसपैठ कर रहे हैं तो यह झूठ मन में और गहरे पैठ जाएगा। कहते हैं कि देखिए ये असम, बंगाल तथा बिहार के कुछ क्षेत्रों में अभी से मिनी पाकिस्तान बनाने लगे हैं। 'बांग्लादेशी' शब्द इन दिनों असरकारक सिद्ध हो रहा है।

बांग्लादेशियों के विरुद्ध प्रचार अभियान चलाने में संघ परिवार को एक अन्य लाभ मिलता भी दिखाई पड़ रहा है। चूंकि श्रमिक वर्ग की लड़ाई रोजी-रोटी की लड़ाई है और मध्यम वर्ग की तरह वह आसानी से सांप्रदायिक सोच का शिकार नहीं होता। इसलिए गरीबों और झुग्गी-झोंपड़ियों में रहने वालों के मन में यह बात बिठा दी जाए कि ये घुसपैठिए तुम्हारा हक मार रहे हैं तो उससे उपजी नफरत की आग ज्यादा स्थाई हो सकती है।

इसका अर्थ यह नहीं कि बांग्लादेशियों को भारत से निकालने की कोई कार्रवाई न हो। अवश्य हो, पर वह उचित अधिकार वाले लोगों द्वारा ही हो। निकालने वाले यह अवश्य ध्यान रखें कि यह घुसपैठ राजनैतिक या धार्मिक कारणों से नहीं बल्कि आर्थिक कारणों से है। भूख का अपना अलग भूगोल होता है। ग्लोब पर खिंची लकीरों का उस भूगोल में कोई अर्थ नहीं होता।

(15 फरवरी 1993, मतांतर)

आग से खेलने की नीति

हालांकि यह संदेह विश्व हिंदू परिषद के एक वरिष्ठ नेता ने व्यक्त किया है कि शिवसेना की उत्तेजक, हिंसात्मक और भड़काऊ गतिविधियों के पीछे सत्ताधारी कांग्रेस का हाथ है। लेकिन सिर्फ इसी वजह से इसे नजरअंदाज नहीं किया जा सकता। यह आरोप गंभीर है और इसके पीछे कुछ ऐतिहासिक आधार भी है। शिवसेना और भाजपा का चुनावी गठबंधन न केवल काफी पुराना है, बल्कि समय के साथ काफी मजबूत भी हुआ है। यह भी सच है कि पिछले कुछ वर्षों से संघ परिवार ने अपने ब्रांड के हिंदुत्व के पक्ष में जितने भी आंदोलन छेड़े हैं, उनमें शिवसेना न केवल बढ़-चढ़कर हिस्सा लेती रही है, बल्कि कई मामलों में तो संघ परिवार के अन्य सदस्यों को पीछे भी छोड़ती रही है जैसे, बाबरी मस्जिद गिराने की बात सरेआम स्वीकार करना। भाजपा अध्यक्ष मुरली मनोहर जोशी को तो यह गर्वबोध अब कहीं दो महीने बाद जाकर होने लगा है। बाल ठाकरे को न पहले कोई भ्रम था और न आज कोई लोक-लज्जा का भाव है।

ऐसे वातावरण में शिवसेना की उत्तेजक गतिविधियों के पीछे संघ परिवार ही नहीं, कांग्रेस का भी हाथ देखना थोड़ा अजीब जरूर लग सकता है पर यह असंभव नहीं है। शिवसेना का इतिहास गवाह है कि जब-जब महाराष्ट्र कांग्रेस में दिग्गजों की आपसी तनातनी और सत्ता का खेल चरम पर पहुंचा, तभी शिवसेना भी सक्रिय नजर आई है और सफल भी हुई। यह बात गौर करने के काबिल है कि शिवसेना का जन्म उस वातावरण में हुआ था जब महाराष्ट्र में वसंतराव नाइक, सदाशिव पाटील तथा रजनी पटेल का आपसी सत्ता संघर्ष अपने चरम पर था। कभी शिवसेना के दो गुटों को बंबई में लोग मजाक में वसंत सेना और सदाशिव सेना कहने लगे थे। यह वह दौर था जब बम्बई कांग्रेस पर महाराष्ट्र के दिग्गज कांग्रेसी उंगली भी नहीं रख पाते थे। उस समय शिवसेना ने बंबई को दक्षिण भारतीयों के शिकंजे से या यों कहें कि गैर महाराष्ट्रियों के चंगुल से मुक्त करने का बीड़ा उठाया था। यह शिवसेना के जन्म और उसके पहले दौर में स्थापित होने का काल था।

कांग्रेस की राजनीति में जैसे-जैसे स्थिरता आती गई और नेतृत्व पर चुनौतियां जिस अनुपात में घटती गईं, शिवसेना की ताकत और बंबई की राजनीति में उसका महत्त्व भी कुछ उसी अनुपात में घटता रहा। शिवसेना का राजनैतिक इतिहास कांग्रेस के आंतरिक सत्ता संघर्ष के साथ ओतप्रोत भाव से जुड़ा हुआ है। यह बात अलग है कि इस बीच वैचारिक रूप से शिवसेना संघ परिवार के और करीब आती गई। विश्व हिंदू परिषद के वरिष्ठ नेता महोदय को शिवसेना और कांग्रेस की सांठगांठ के संबंध में बयान देने की जरूरत इसलिए पड़ी कि वैचारिक निकटता के कारण वे मान बैठे कि सेना भी संघ परिवार के एक अनुशासित

सिपाही की तरह ही उनके इशारों पर नाचती रहेगी जबकि सेना के राजनीति इतिहास और उसकी अवसरवादिता से परिचित कांग्रेस को यह नया एहसास हुआ है कि इनकी उग्र सांप्रदायिकता की राजनीति का संघ की सांप्रदायिक राजनीति के विरुद्ध सफलतापूर्वक इस्तेमाल हो सकता है।

कश्मीर से लेकर उत्तर-पूर्व तक तथा पंजाब से लेकर तमिलनाडु तक इस नीति को कांग्रेस ने सरकार के स्तर पर वर्षों से आजमाया है। भिंडरांवाले के उदय और पंजाब की राजनीति पर उसके छा जाने के पीछे किन शक्तियों का हाथ था; असम गण परिषद को नीचा दिखाने के लिए बोडो आंदोलन को किसने बढ़ावा दिया; किसने तरह-तरह के तमिल उग्रवादी आंदोलनों को प्रश्रय दिया; यह अब किसी से छिपा नहीं है। नक्सलवादी आंदोलन हो या झारखंड आंदोलन या कोई भी ऐसा लोकतांत्रिक आंदोलन, जो हाथ से निकलता दीख रहा हो, उसे समाप्त करने के लिए उस आंदोलन के अंदर और ज्यादा उग्र लोगों को किसने घुसाया, यह भी अब अनजान नहीं रहा। ऐसी स्थिति में एक उग्र सांप्रदायिक आंदोलन को एक उग्रतर सांप्रदायिक आंदोलन से यदि दबाने की किसी चेष्टा को प्रयोग के रूप में आजमाया जाता है, तो इसमें आश्चर्य की कोई बात नहीं। आश्चर्य की बात सिर्फ यही है कि इस फार्मूले को ऐसी स्थिति में भी आजमाया जा रहा है जब यह सबको पता है कि यह फार्मूला कहीं भी पूरी तरह से सफल तो हुआ ही नहीं, स्थितियां और बिगड़ती गईं। कांग्रेस आग से खेलने से बाज भी तो नहीं आती।

(28 फरवरी 1993, मतांतर, इंडिया टुडे)

सत्ता का खतरनाक खेल

यह कहना कि निष्ठुरता चूंकि भारतीय राज्य का स्थाई भाव बनता जा रहा है, इसलिए सरकार ने भारतीय जनता पार्टी की 25 फरवरी की रैली को रोकने के लिए व्यापक दमन का सहारा लिया, पूरी तरह से सच नहीं है। निष्ठुरता भारतीय राज्य का स्थाई भाव कोई अचानक नहीं बन गया है। चाहे वह भारतीय राज्य हो या कोई अन्य राज्य, राज्य का यही भाव हमेशा से रहा है। फिलहाल प्रश्न भारतीय राज्य की निष्ठुरता या कठोरता का नहीं है।

आज सबसे बड़ी समस्या यह है कि देश की कुछ राजनीतिक शक्तियां राज्य को ही नकारने में लगी हुई हैं। सरकार द्वारा 25 फरवरी की रैली को कड़ाई से रोकने की घटना को सिर्फ इसी संदर्भ में देखकर इसका उचित विश्लेषण किया जा सकता है। भाजपा और उसका पितृ संगठन सिर्फ सरकार का विरोध नहीं कर रहे हैं। जब से इन संस्थाओं ने अयोध्या में बाबरी मस्जिद के स्थान पर राम मंदिर बनाने के आंदोलन को अपने प्रमुख राजनैतिक हथियार के रूप में उपयोग करने का निश्चय किया, तभी से इनका हमला सिर्फ सरकारों पर नहीं, बल्कि पूरी राज्य व्यवस्था पर केंद्रित रहा है।

भाजपा की 25 फरवरी की रैली इस आंदोलन का एक अत्यंत महत्त्वपूर्ण अगला पड़ाव थी। इसकी असफलता इस आंदोलन को निश्चय ही एक नई दिशा की ओर ले जाएगी। या तो भारतीय जनता पार्टी और उसका पितृ संगठन राज्यसत्ता की असीमित क्षमता के महत्त्व को स्वीकार करके अपने आंदोलन के चरित्र पर गंभीर पुनर्विचार करेंगे, जिसकी बहुत ज्यादा संभावना नहीं दिखाई देती या फिर आंदोलन को इसी दिशा में और उग्र रूप से आगे बढ़ाएंगे तथा पार्टी पर विहिप तथा अन्य कट्टरपंथियों का शिकंजा और ज्यादा कस जाएगा। इसी की आशंका ज्यादा है।

25 फरवरी की जिस सरकारी कार्रवाई को राज्य की दमन शक्ति का प्रदर्शन कहा जा रहा है उसे राज्य द्वारा प्रभावकारी ढंग से अपनी उपस्थिति दर्ज कराने का यदि प्रयास कहा जाए तो कोई अतिशयोक्ति नहीं होगी। सचाई यह है कि सरकार और राज्यसत्ता को आपस में गड्ड-मड्ड करके संघ परिवार सरकार विरोध के नाम पर भारतीय राज्य के मूल आधार पर लगातार प्रहार करता रहा है, चाहे वह मंदिर के नाम पर पिछले चार सालों का उग्र राम जन्मभूमि आंदोलन हो या इस बार का तथाकथित राजनैतिक आंदोलन, जो लोकतांत्रिक मर्यादाओं की आड़ में लड़ा जा रहा था।

यह रैली निश्चय ही सिर्फ कुछ राजनैतिक मांगों को लेकर छेड़े गए आंदोलन का हिस्सा नहीं थी। यह 6 दिसंबर का अगला चरण था। उत्तर प्रदेश में पुलिस और प्रशासन को यह समझाने में सफलता मिली थी कि अयोध्या आंदोलन इतना महान आंदोलन है कि उसमें

सहयोग करने के लिए यदि आप सरकारी आदेशों की अवहेलना करते हैं, तो यह कोई अपराध नहीं है। इस तरह की अवहेलना करके वस्तुतः आप भारतीय राज्य और हिंदू राष्ट्र को और सुदृढ़ ही कर रहे हैं। केंद्र की कांग्रेस सरकार की अपनी निजी तुच्छ राजनीति के कारण यह षड्यंत्र पूरी तरह से सफल रहा। जाहिर है कि इससे उत्साहित संघ परिवार अपनी राजनीति के अगले चरण के रूप में किसी भी तरह इस रैली की सफलता चाहता था। इस रैली के सफल होने का अर्थ होता कि सरकारें चाहे किसी की हों, राज्य इस आंदोलन के साथ हैं क्योंकि यह आंदोलन वस्तुतः धर्मराज्य की स्थापना की दिशा में छेड़ा गया एक न्याय युद्ध है।

इस रैली को रोकने में केंद्र की कांग्रेस सरकार ने अत्यंत निजी कारणों से अपनी सारी शक्ति झोंक दी। इस क्रम में उसने अनजाने ही सही, यह भी स्थापित कर दिया कि राज्य सिर्फ अपनी शक्ति और उपस्थिति का अहसास कराकर ही अनेक सारे लोकतंत्र विरोधी विघटनकारी आंदोलनों से निबटने में सक्षम हो सकता है। भाजपा और संघ का यह भ्रम इससे टूटना चाहिए कि राज्य तो उनके कब्जे में ही था, अब सिर्फ सरकार बनने की देरी थी। सिर के बल खड़ी उनकी राजनीति शायद इससे अब फिर अपने पैरों पर खड़ी हो सके ताकि पहले वे वैधानिक ढंग से सत्ता प्राप्त करने का यत्न करें, फिर राज्य पर कब्जा करें न कि राज्य को भितरघात से खंडित करके सत्ता प्राप्त करें। यह बहुत खतरनाक खेल है और यही रैली की विफलता का सबक भी है।

(15 मार्च 1993, मतांतर, इंडिया टुडे)

वैचारिक क्रांति के संकेत

उत्तर प्रदेश से एक मूक वैचारिक क्रांति के संकेत मिल रहे हैं। छह दिसंबर को अयोध्या में बाबरी मस्जिद गिराए जाने के बाद राज्य के विश्वविद्यालयों में हुए चुनावों में जिस तरह से स्थापित राजनैतिक दलों के उम्मीदवार हारे हैं, उससे यह निष्कर्ष निकाला जा सकता है कि उत्तर प्रदेश की राजनीति एक नई दिशा तलाश रही है। बनारस, इलाहाबाद, कुमाऊं, लखनऊ तथा अलीगढ़ विश्वविद्यालय के चुनावों में भाजपा तथा कांग्रेस समर्थित उम्मीदवार तो बुरी तरह हारे हैं, जनता दल तथा सपा समर्थित उम्मीदवार भी वामपंथियों का समर्थन पाकर ही जीते हैं। इलाहाबाद, बनारस तथा कुमाऊं विश्वविद्यालयों के अध्यक्ष पद पर इस बार इंडियन पीपुल्स फ्रंट (आईपीएफ) की छात्र शाखा 'आइसा' के उम्मीदवार भारी बहुमत से जीत गए हैं।

छह दिसंबर के बाद यह कहा जाने लगा था कि उतर प्रदेश में भारी भगवा लहर चल रही है। ऐसे माहौल में एक के बाद एक विश्वविद्यालय न सिर्फ साम्यवादियों के साये में जा रहे हैं, बल्कि ऐसे साम्यवादियों के साथ जा रहे हैं जिन्हें कल तक नक्सलवादी कहा जाता था। इस अचरज का संकेत गणतंत्र दिवस के दिन ही मिल गया था, जब 'आइसा' के नेतृत्व में छात्रों ने विहिप नेता अशोक सिंघल को इलाहाबाद विश्वविद्यालय में झंडोत्तोलन नहीं करने दिया था। अब तक परंपरा रही है कि झंडा यूनियन के अध्यक्ष ही फहराते थे। उस समय लोगों ने कयास लगाया कि इलाहाबाद पहले भी कई बार वामपंथी रुझान वाले छात्रों का गढ़ रह चुका है। इसलिए शायद ये फिर इकट्ठा होने की कोशिश कर रहे हैं। फिर बनारस के चुनाव में जब आईपीएफ समर्थक छात्र जीते तो पहली बार लगा कि उत्तर प्रदेश शायद मूक वैचारिक क्रांति के दौर से गुजर रहा है। कुमाऊं विश्वविद्यालय में वामपंथियों की जीत ने तो इस भ्रम को भी तोड़ दिया कि यह मामला सिर्फ पूर्वी उत्तर प्रदेश तक ही सीमित है।

क्या कारण है कि जहां भगवा लहर चलने की बात थी, वहां लाल लहर चल पड़ी है, और इस प्रक्रिया का भविष्य की राज्य राजनीति पर क्या असर पड़ सकता है। भाजपा के सिद्धांतकार कहते हैं कि इन जीतों का कोई विशेष अर्थ नहीं निकालना चाहिए। विश्वविद्यालयों में पहले भी विद्यार्थी परिषद की कोई खास पैठ नहीं रही है और वैसे भी विश्वविद्यालय चुनाव के नतीजों के आधार पर राजनैतिक भविष्यवाणी नहीं की जा सकती। यह दावा पूरी तरह से ठीक नहीं लगता। आपातकाल से लेकर हाल तक, यदि विश्वविद्यालयों की छात्र राजनीति का अध्ययन किया जाए तो एक पैटर्न अवश्य बनता है। यह कोई अकारण नहीं था कि आपातकाल के तत्काल बाद राज्य के विश्वविद्यालयों में जयप्रकाश नारायण अचानक प्रभावी हो गए थे। उसकी प्रतिछाया बाद के चुनावों में दिखाई पड़ी।

इसका अर्थ यह नहीं है कि तत्काल चुनाव कराते ही उतर प्रदेश में आईपीएफ की सरकार बन जाएगी या जिस तरह से विश्वविद्यालयों में भाजपा समर्थित छात्र बुरी तरह से पराजित हुए हैं उसी तरह से राज्य राजनीति से भी उनका सफाया हो जाएगा। यह समीकरण इतना सरल नहीं है, लेकिन इसका एक संकेत स्पष्ट है कि राज्य का पढ़ा-लिखा तबका धर्म को आधार बनाकर सांप्रदायिकता की राजनीति को नकार रहा है। दूसरा संकेत साफ है कि इस राजनीति को नकारते हुए वह उस राजनीति को भी नकार रहा है जो अवसरवादी लबादा ओढ़कर हमेशा से इन स्थितियों का लाभ उठाती रही है।

यह एक तरह से यह कहना हुआ कि सांप्रदायिकता की राजनीति का विरोध करते हुए कांग्रेस या जनता नामधारी किसी गुट की झोली में जा गिरना अपने आप में कोई समाधान नहीं है। यह राज्य में एक तरह के ध्रुवीकरण का भी प्रारंभ है। जहां एक तरफ भाजपा रहेगी और दूसरी ओर वे प्रगतिशील तत्व, जिनका प्रतिनिधित्व आज आईपीएफ करने की कोशिश कर रही है, सैद्धांतिक राजनीति से यह कांग्रेस के सफाए की भी शुरुआत है। राज्य की राजनीति में अगले जो भी समीकरण बनेंगे वे इस तथ्य को नजरअंदाज करके सफल नहीं हो सकते कि राजनीति में सिद्धांत तथा आम आदमी की भी कोई जगह है। छात्र राजनीति की यह चेतावनी सिर्फ भाजपा और कांग्रेस के लिए ही नहीं, उन सभी मध्यमार्गी दलों के लिए भी है जिनके लिए राजनीति गोटी बिठाकर इस या उस सत्ता समीकरण में साझेदारी का साधन रही है।

(15 अप्रैल 1993, मतांतर, इंडिया टुडे)

आरोप पत्र का राजनीतिक लाभ किसे

यह कम अचरज की बात नहीं है कि जब भी नरसिंह राव सरकार संघ परिवार को अनुशासित करने का कोई कानूनी प्रयास करती है, उसका असली लाभ अंततः संघ परिवार को ही मिलता है। निश्चय ही केंद्रीय सरकार जान-बूझकर ऐसा नहीं करती होगी पर जब बार-बार एक ही गलती दोहराई जाए तो स्वाभाविक ही मन में यह सवाल उठेगा कि आखिर नरसिंह राव सरकार ऐसा क्यों करती है? सबसे ताजा उदाहरण है—सीबीआई का संघ परिवार और शिवसेना के नेताओं के खिलाफ लखनऊ के एक विशेष न्यायाधीश के सामने आरोप पत्र दायर करना। जिस अपराध को लाखों ने अपनी आंखों से और करोड़ों लोगों ने टेलीविजन और अखबारों के माध्यम से देखा, उसके बारे में आरोप पत्र दायर करने में सीबीआई को दस महीने क्यों लग गए, यह महत्त्वपूर्ण मुद्दा है, परंतु फिलहाल इस पर विचार करना है कि सीबीआई और प्रकारांतर से केंद्र सरकार ने आरोप पत्र दाखिल करने का यही समय क्यों चुना? एक आम समझ का आदमी भी कह रहा है कि इसका सीधा लाभ भाजपा को मिलेगा क्योंकि मंदिर मुद्दा कम-से-कम उत्तर प्रदेश में जाग्रत रहने के बावजूद इतना प्रभावकारी नहीं रह गया था कि आम लोगों में भावना का वैसा ही ज्वार पैदा कर सके, जैसा पिछले साल दिसंबर में किया था। केंद्र सरकार का यह कदम इस मुद्दे को फिर केंद्र बिंदु में ला खड़ा करेगा, जिसका सीधा लाभ भाजपा को मिलने वाला है, कम-से-कम उत्तर प्रदेश में तो निश्चित ही।

पिछले साल दिसंबर में बाबरी मस्जिद के ध्वंस होने के बाद भारतीय जनता पार्टी के लिए यह बड़ी समस्या थी कि अब किस मुद्दे पर लोगों को भवनात्मक रूप से उत्तेजित किया जाए। भाजपा ढेर सारे मुद्दों को आजमाने के बाद ही इस निष्कर्ष पर पहुंची थी कि अयोध्या में राम मंदिर के निर्माण का प्रश्न ही एकमात्र ऐसा मुद्दा है जिसके आधार पर भारी तूफान खड़ा किया जा सकता है। चूंकि भाजपा एक राजनीतिक दल के रूप में अपने अस्तित्व के साथ समझौता करने की स्थिति में नहीं थी, इसलिए राम मंदिर निर्माण का काम संघ परिवार के अन्य सदस्यों के जिम्मे छोड़कर अपने लिए यह काम चुना कि वह मंदिर निर्माण के रास्ते में आने वाली बाधाओं को दूर करेगी। इसका साधारण भाषा में यह अनुवाद किया जा सकता है कि उस स्थान पर खड़ी मस्जिद को वह हटा देगी। छह दिसंबर को मस्जिद का ढांचा गिरने के बाद कल्याण सिंह सरकार ने यह कहते हुए ही इस्तीफा दिया था कि खड़े ढांचे को हटा दिया गया है ताकि वहां भव्य राम मंदिर का निर्माण हो सके। कुछ अति उत्साहियों ने तो उस समय नारा भी दिया था कि सोलह महीने राम के, अब जीते तो काम के। यानी कल्याण सिंह की सरकार ने अपने अस्तित्व का पूरा समय सिर्फ राम काज में ही लगाया, अबकी बार सरकार बनवाइए तो प्रदेश का काम करेंगे।

भाजपा के लिए वह भारी दुविधा की घड़ी थी। संघ परिवार के सदस्य के रूप में वह उल्लास का क्षण था क्योंकि मंदिर निर्माण के रास्ते में पड़ने वाली बाधा हटा दी गई थी। परेशानी का कारण यह था कि जिस मुद्दे के आधार पर पार्टी को इतनी भारी सफलता मिली थी, वह मुद्दा अब समाप्त हो रहा था। यह ठीक है कि मंदिर अभी नहीं बना था पर भाजपा बार-बार यह कहती रही है कि मंदिर बनाना उनका काम नहीं है। मंदिर बनाने वाले अन्य लोग और संगठन हैं। ऐसी स्थिति में कांग्रेस और उसकी सरकार यदि समझदारी से काम लेती और संघ परिवार के सदस्यों के साथ आवश्यकतानुसार अलग-अलग व्यवहार करती तो राम मंदिर का प्रश्न जीवित रहने के बावजूद कम-से-कम भाजपा के लिए परेशानी बनी रहती कि वे अब क्या करें।

इस दिशा में सबसे महत्त्वपूर्ण काम यह होता कि अन्य लोगों के साथ आडवाणी को तब गिरफ्तार नहीं किया जाता। वैसी स्थिति में भाजपा संघ परिवार के अंदर ही अलग-थलग पड़ जाती। पर सरकार ने न केवल आडवाणी को गिरफ्तार किया बल्कि बिना किसी तैयारी के और आधे-अधूरे आरोपों के आधार पर गिरफ्तार किया। जिस पार्टी को राजनीतिक रूप से जवाब देना मुश्किल पड़ रहा था, उसे इतना अच्छा अवसर मिल गया कि वह उस प्रश्न को टाल जाए जिसका जवाब देना उसके लिए कठिन था और ऐसे मुद्दे पर आंदोलन छेड़ दे जो उसके लिए आसान था। यानी पार्टी और कार्यकर्ताओं के लोकतांत्रिक अधिकारों का हनन। फिर गिरफ्तार करने के बाद बिना कोई ठोस कार्रवाई किए छोड़ दिए जाने के कारण भाजपा का पक्ष और मजबूत हुआ। इसी तरह संघ पर प्रतिबंध तथा तीन अन्य राज्य सरकारों को बर्खास्त करने का निर्णय भी अंततः भाजपा के ही पक्ष में गया। एक पार्टी, जो अपना संपूर्ण राजनीतिक नारा खर्च कर चुकी थी, उसे फिर से खाता खोलने का अवसर मिल गया। संविधान कानून और मर्यादाओं को मिट्टी में मिलाने के तत्काल बाद इस पार्टी ने लोकतांत्रिक अधिकारों के हनन के प्रश्न को उठाया। लोगों को इसमें कुछ भी अजूबा नहीं लगा, क्योंकि सरकार ने इतने लचर और कमजोर ढंग से उन पर वार करने की कोशिश की थी।

इस मुद्दे की भी अपनी एक सीमा थी। न्यायालयों के निर्णय आ जाने तथा नेताओं की रिहाई के बाद यह प्रश्न स्वाभाविक रूप से उस तरह की उत्तेजना फैलाने में समर्थ नहीं रहा। इस समय फिर भाजपा के लिए परेशानी बढ़ी क्योंकि मंदिर का मुद्दा ही एकमात्र मुद्दा उनके पास बचता था और उन्हें पता था कि सिर्फ इस एक मुद्दे के सहारे बड़ी सफलताएं तो प्राप्त की जा सकती हैं पर केंद्र में सिर्फ एक मुद्दे को आधार बनाकर सरकार नहीं बनाई जा सकती। विधानसभा चुनाव सिर पर थे और पार्टी घोर उहापोह में। ऐसे माहौल में केंद्र सरकार ने तय किया कि वह धर्म और राजनीति को अलग करेगी। 'धर्म' शब्द का प्रयोग भारतीय समाज में किस रूप में होता है, निश्चय ही सरकार इससे अवगत होगी। इसलिए यह मानकर चलना चाहिए कि सरकार चाहती होगी कि राजनीति में धर्म के नाम का दुरुपयोग न हो, पर जो प्रस्ताव सामने आया उससे यही झलकता था कि एक तो सरकार धर्म पर ही हमला कर रही है। दूसरे, इस बहाने वह अपने विरोधियों को सबक सिखाने का अस्त्र अपने हाथ किसी तरह से हासिल कर लेना चाहती है। परिणाम यह हुआ कि जो पार्टियां कांग्रेस से कहीं ज्यादा धर्मनिरपेक्षता के प्रश्न पर चिंतित थीं वे भी इस विधेयक के खिलाफ

हो गईं। विधेयक तो पारित हुआ ही नहीं, मुद्दाविहीन भाजपा को बोनस के रूप में एक मुद्दा अलग से मिल गया।

भाजपा इस मुद्दे को ले उड़ी। हम चाहते हैं कि राजनीति से भ्रष्टाचार हटाया जाए, उधर कांग्रेस राजनीति से धर्म हटाने पर तुली हुई है। राजनीति से सांप्रदायिकता हटाने के सवाल को भाजपा ने अपनी चालाकी तथा कांग्रेस की मूर्खता के कारण धर्म और राजनीति का मुद्दा बना दिया। इस सवाल पर प्रारंभ की गई जन-जागरण यात्राओं को जनता के एक वर्ग का समर्थन तो मिला, पर उतना उत्साहवर्धक समर्थन नहीं मिला जितना राम मंदिर निर्माण के लिए प्रारंभ की गई रथ यात्रा को मिला था। भाजपा ने महसूस किया कि इस मुद्दे के आधार पर कांग्रेस के विरुद्ध एक राजनीतिक नुक्ते पर तो जीत दर्ज की जा सकती है लेकिन सिर्फ इसी को आधार बनाकर अगले चुनाव नहीं जीते जा सकते। भाजपा ने बहुत मन मार कर यह तय किया कि अगला विधानसभा चुनाव भी मंदिर के प्रश्न पर ही लड़ा जाए। यदि कोई दूसरा चमत्कारिक मुद्दा भाजपा के पास होता तो वह जरूर उसे ही आजमाती। चूंकि भाजपा की समझ में कुछ नहीं आ रहा था इसलिए नए प्रयोग करने की बजाए एक आजमाए हुए नुस्खे पर यकीन करना ज्यादा उचित समझा।

अयोध्या को जनमत संग्रह का प्रश्न बनाकर भाजपा अभी आगे की योजना पर विचार करती कि कांग्रेस ने फिर भाजपा को संकट से उबारने का काम कर डाला। सीबीआई द्वारा दाखिल किए गए आरोप पत्र ने भाजपा में नई जान फूंकने का काम किया है। हालांकि सरकार ने शायद तय किया है कि इस आरोप पत्र के आधार पर किसी को गिरफ्तार नहीं करेंगे या किसी बड़े नेता को गिरफ्तार नहीं करेंगे। पर भाजपा चाहती है कि उसके बड़े नेता इस प्रश्न पर गिरफ्तार किए जाएं ताकि मंदिर का मामला फिर से राजनीति के केंद्र में आ सके। इस आरोप पत्र के दाखिल किए जाने से पहले यदि भाजपा अयोध्या के प्रश्न को जनमत संग्रह बनाने की बात करती तो आम जनता शायद उस पर कोई भारी प्रतिक्रिया नहीं व्यक्त करती क्योंकि मस्जिद तो गिर ही चुकी है। अब होड़ इस बात की है कि मंदिर भाजपा के नेतृत्व में बने या कांग्रेस के। इस माहौल में उस तरह का धार्मिक रोष नहीं पैदा होता, जैसा भाजपा चाहती है। अब भाजपा घर-घर इस आरोप पत्र को पहुंचाएगी।

सवाल यह है कि कांग्रेस को क्या इसका अनुमान नहीं था। क्या कांग्रेस नहीं जानती थी कि इस तरह के कदम उठाकर वह उत्तर प्रदेश में मुसलमानों का वोट तो हासिल कर ही नहीं सकती, हिंदुओं के एक वर्ग को अवश्य भाजपा की ओर धकेल देगी। फिर कांग्रेस ने किस रणनीति के तहत ऐसा किया। इसकी एक ही व्याख्या हो सकती है। कांग्रेस ने यह मान लिया है कि वह चाहे कुछ भी कर ले, उसे उत्तर प्रदेश में हारना ही है। इस कदम के बाद यह हो सकता है कि मध्य प्रदेश, राजस्थान, हिमाचल तथा दिल्ली के अल्पसंख्यकों का जरूर कुछ रोष कम हो जाए। दूसरे, इन राज्यों के हिंदुओं का एक वर्ग उस तरह प्रतिक्रिया में गोलबंद नहीं होगा, जैसा उत्तर प्रदेश में हो सकता है। हालांकि यह दूर की कौड़ी है, पर बिल्कुल असंभव भी नहीं है। शतरंज के खेल में बढ़त हासिल करने के लिए अपने महत्त्वपूर्ण प्यादे को कुर्बान करने का पुराना चलन है। हो सकता है, कांग्रेस ने यही सोचकर ऐसा फैसला किया हो।

(14 अक्टूबर 1993, अमर उजाला)

मूक वैचारिक क्रान्ति का विस्तार

किसी विश्वविद्यालय के छात्रसंघ के चुनाव परिणामों के आधार पर देश की राजनीतिक दशा-दिशा के बारे में भविष्यवाणी नहीं की जा सकती। यदि कोई इस तरह का प्रयास करता है तो इस बात की संभावना रुपए में पंद्रह आने रहेगी कि वह भविष्यवाणी ठीक नहीं हो सकती। लेकिन यदि इस तरह के परिणामों को पूरी तरह से अनदेखा करके कोई देश की राजनीति का विश्लेषण करता है तो यह भी दावे के साथ कहा जा सकता है कि वह विश्लेषण अधूरा ही रहेगा। अधूरे राजनीतिक विश्लेषण को आधार बनाकर किसी ठोस राजनीतिक निष्कर्ष पर पहुंचने की कल्पना भी नहीं करनी चाहिए।

इस आधार पर जवाहर लाल नेहरू विश्वविद्यालय के छात्र संघ चुनावों के परिणामों को देखना बहुत ही महत्त्वपूर्ण है। जेनवि के चुनाव देश तो क्या, दिल्ली की राजनीति का भी प्रतिबिंब नहीं माना जा सकता। लेकिन इस विश्वविद्यालय का इंटैलेक्चुअल आतंक कुछ इस प्रकार का है कि हर राजनैतिक दल यह चाहता है कि उस विश्वविद्यालय के छात्रसंघ पर उसके दल के छात्र-युवाओं का कब्जा रहे। इसका अर्थ यह लगाया जाता है कि देश का जो सोचने-समझने वाला वर्ग है, वह किस तरफ झुक रहा है। दूसरे, इससे यह भी अंदाजा लगाया जाता है कि देश की अगली पीढ़ी जो शीघ्र ही निर्णायक स्थानों पर रहेगी, किस दिशा में जाने वाली है। एक ही शहर में स्थित दो विश्वविद्यालय–दिल्ली और जवाहर लाल नेहरू–अक्सर अलग-अलग छात्र राजनीति करते हैं लेकिन दोनों का अपना महत्त्व है। यही कारण है कि दिल्ली विश्वविद्यालय में अरसे से छाए रहने के बावजूद संघ समर्थक अखिल भारतीय विद्यार्थी परिषद ने जनेवि छात्रसंघ को प्रतिष्ठा का प्रश्न बना रखा है। कम-से-कम पिछले दो सालों से विद्यार्थी परिषद एड़ी-चोटी का जोर लगा रहा है ताकि इस विश्वविद्यालय पर कब्जा जमा सके। इस बार भी इस संगठन ने छात्रसंघ के इस चुनाव को सिद्धांत का प्रश्न बना दिया था, जिसमें इंडियन पीपुल्स फ्रंट की छात्र शाखा ऑल इंडिया स्टूडेंट्स एसोसिएशन विजयी रही।

विद्यार्थी परिषद और प्रकारान्तर से संघ परिवार का यह दावा है कि देश के युवाओं की नई पीढ़ी मार्क्सवाद और धर्मनिरपेक्षता से दूर होती जा रही है। नई पीढ़ी पर संघ के विचारों का असर गहरा रहा है और वामपंथ देश में अब अंतिम सांसें ले रहा है। संघ इस दावे को पुख्ता करने के लिए जनेवि को प्रतीक के रूप में इस्तेमाल करना चाहता है कि देखिए किस प्रकार वामपंथ का सैद्धान्तिक गढ़ भी हमारे विचारों की आंधी के सामने नहीं टिक पाया। इसलिए, विद्यार्थी परिषद छात्रों के दाखिले से लेकर सत्रारंभ होने के हर स्तर पर योजनाबद्ध ढंग से देश भर के अपने समर्थकों को चुन-चुनकर इस विश्वविद्यालय में भिजवाता

रहा है। पिछले चुनाव में विद्यार्थी परिषद के उम्मीदवारों को प्रतिष्ठा लायक मत मिले थे। उस प्रदर्शन से उत्साहित होकर परिषद ने इस बार थोड़ा और जमकर काम किया तथा उन्हें यह विश्वास हो गया कि इस बार वामपंथी के इस वैचारिक दुर्ग पर वे अवश्य काबिज हो जाएंगे। इस उत्साह का एक कारण यह भी था कि वामपंथी छात्र अलग-अलग खेमों में बंटकर चुनाव लड़ रहे थे।

भाकपा और माकपा के छात्र संगठन इस विश्वविद्यालय के स्थापना के समय से ही यहां हावी रहे हैं। एकाध बार हारते भी रहे हैं, पर इनका प्रभाव इस विश्वविद्यालय पर पूरी तरह कभी समाप्त नहीं हुआ। इसलिए चुनाव घोषित होते ही उन शक्तियों की ओर से दबाव पड़ने लगा कि इस बार सभी वामपंथियों को मिलकर विद्यार्थी परिषद की चुनौती का मुकाबला करना चाहिए। कुछ वैसे ही, जैसे उत्तर भारत के चुनावों के बारे में कहा जा रहा है—यदि उत्तर प्रदेश में भाजपा को हारना है तो सारी धर्मनिरपेक्ष, वामपंथी और प्रगतिशील शक्तियों को इकठ्ठा होकर उसका मुकाबला करना चाहिए। इस बारे में सब चुप रहते हैं कि क्या विचार के स्तर पर भी इकठ्ठा होना है या सिर्फ चुनावी तालमेल करके मतों का विभाजन रोकना है, पर मन के अंदर खिंची विभाजन की रेखाओं को मिटाने का कोई प्रयास नहीं करना है।

आज के माहौल में इस तरह के किसी प्रस्ताव को खारिज करने का एक ही अर्थ होता है कि अलग रहकर चुनाव का सामना करने का साहस दिखाने वाले के खिलाफ सभी हो जाते हैं। कहा जाता है कि यह पद के लोभ में बलिदान से बचने और साम्प्रदायिक शक्ति को ताकत दिलाने का काम है। 'आइसा' ने जनेवि में अलग चुनाव लड़ने का निर्णय लेकर एक बड़ा जोखिम अपने सिर लिया था। विद्यार्थी परिषद के उम्मीदवार कोई भारी मतों के अन्तर से नहीं हारे हैं। कुछेक प्रतिशत इधर से उधर होने मात्र से विद्यार्थी परिषद के उम्मीदवार इस बार जवाहर लाल नेहरू विश्वविद्यालय के छात्रसंघ पर काबिज हो जाते। फिर कोई यह नहीं देखता कि जितने मत संघ समर्थक उम्मीदवारों को मिलाकर मिले हैं, उससे करीब दोगुने मत वामपंथी उममीदवारों को मिलाकर मिले हैं। फिर, यही प्रचार होता कि वामपंथ और धर्मनिरपेक्षता का सर्वोच्च झंडाबरदार विश्वविद्यालय भी हिन्दुत्व की आंधी के आगे नहीं टिक सका।

इस जोखिम को उठाते हुए भी 'आइसा' ने चुनाव गठबंधन नहीं किया तो अब उसके महत्त्व को अवश्य स्वीकार करना चाहिए। अगर सारे वामपंथी एक साथ मिलकर चुनाव लड़ते तो हो सकता है कि जीत का अन्तर थोड़ा और ज्यादा होता। लेकिन विद्यार्थी परिषद फिर भी दूसरे नम्बर पर ही रहती, क्योंकि इस वर्ग में वैचारिक ध्रुवीकरण की प्रक्रिया बहुत तेज चल रही है। जबकि इसका कुपरिणाम यह होता कि अगली लड़ाई में मुद्दे और धुंधले हो जाते। भाकपा, माकपा, अन्य मध्यमार्गी दल तथा इसमें कांग्रेस को भी शामिल कर लें, इन सभी दलों का राजनीतिक एजेंडा आजकल संघ परिवार तय कर रहा है। राजनीति के मुददे वे तय करते हैं तथा अन्य दल उस पर अपनी प्रतिक्रिया देते हैं। जब और जैसे वे चाहें, मुद्दों में परिवर्तन करते रहते हैं। कम-से-कम छात्र राजनीति के स्तर पर ही सही, पर 'आइसा' ने यह साहस जरूर दिखाया है कि अपनी राजनीति के मुद्दे वह खुद तय कर रही है। कांग्रेस की तरह नहीं कि अगर मंदिर का प्रश्न आए तो यह स्टैंड ले ले कि मंदिर तो हम भी चाहते

हैं, लेकिन...। यह 'लेकिन' अलग-अलग स्थान पर भिन्न-भिन्न ढंग से प्रयुक्त किया जाता है। यही हालत अन्य दलों की भी है। कमोबेश हर दल आज कहीं-न कहीं बचाव की मुद्रा में राजनीति करता हुआ दिखाई पड़ रहा है।

इस माहौल में यदि कोई संगठन अपनी नीतियों और सिद्धांतों के आधार पर अपनी बात को बेलाग-बेलौस ढंग से कहता है तो उसे मिला समर्थन उस समर्थन से कहीं ज्यादा महत्त्वपूर्ण है जो अपनी बात मन में रखकर स्वार्थी चुनाव समझौतों के रास्ते हासिल होता है। जवाहर लाल नेहरू विश्वविद्यालय छात्र संघ चुनाव के नतीजों से उन सभी राजनीतिक दलों को सबक लेना चाहिए, जो युद्धों से बचते हुए सिर्फ चुनाव समझौतों की अवसरवादी राजनीति के सहारे किसी खतरे का सार्थक मुकाबला करने की बात करते हैं। महत्त्वपूर्ण यह नहीं है कि किसी लड़ाई में कितने लोग खड़े हैं। इससे ज्यादा महत्त्वपूर्ण यह है कि आप किस जमीन पर खड़े है और किन मुद्‌दों को हथियार बनाकर यह लड़ाई लड़ रहे हैं। यदि मुद्‌दे स्पष्ट हों और जमीन मजबूत, तो उस लड़ाई में उस न्याय पक्ष के जो भी समर्थक हैं वे उस अकेले योद्धा के पास भी आ खड़े होते हैं। जनेवि छात्रसंघ चुनाव के नतीजों से यदि उत्तर प्रदेश के राजनीतिज्ञ कुछ भी सीखते हैं और सार्वजनिक मोल-तोल छोड़कर अपनी-अपनी जमीन से सिद्धांतों की ईमानदार लड़ाई लड़ने का प्रयास करते हैं तो उन्हें ज्यादा समर्थन मिलेगा, न कि अवसरवादी गठजोड़ से।

जनेवि छात्रसंघ चुनाव नतीजों को इस दृष्टि से भी देखना चाहिए कि यह जीत कोई अचानक नहीं हो गई और न ही एक पारंपरिक वामपंथी समर्थक वर्ग थोड़ा और ज्यादा वामपंथी हो गया है। इसे इलाहाबाद और बनारस हिन्दू विश्वविद्यालय छात्रसंघ चुनाव से जुड़ी कड़ी के रूप में भी देखना चाहिए। यह कोई अकारण नहीं है कि जब उत्तर भारत की राजनीति एक स्तर पर साम्प्रदायिक और दूसरे स्तर पर समझौतापरस्त तथा अवसरवादी हो रही है तो इस क्षेत्र का युवा वर्ग एक स्पष्ट राजनीतिक लाइन की ओर झुक रहा है। यह वैचारिक ध्रुवीकरण की एक ठोस प्रक्रिया है, जो प्रारंभ में तो शायद संघ परिवार की राजनीति करने वालों को प्रसन्न करने का कारण लगे, पर इसकी दीर्घकालिक परिणति निश्चय ही उनके लिए उतनी आसान नहीं होगी। इस प्रक्रिया के वर्तमान दौर में अनेक मध्यमार्गी विचार वाले दलों का पतन तथा भाजपा और उससे जुड़े संगठनों को लाभ मिलता दिखाई पड़ सकता है, पर ध्रुवीकरण की जो दिशा है, वह इसे निर्णायक संघर्ष की ओर ही ले जाएगी। जहां एक तरफ वह शक्तियां होंगी जो धर्म और सांप्रदायिकता की सांस्थानिक शक्तियों की तानाशाही की पक्षधर होंगी और दूसरी तरफ वे होंगे, जो अपनी शर्तो पर मुद्‌दे तय करेंगे और लड़ाई में आम जनता के जनजीवन से जुड़े मुद्‌दों को प्रमुखता देंगे, न कि मुद्‌दा निर्धारण का काम अपने विपक्षी पर छोड़ देंगे। इस प्रक्रिया में थोड़ा समय लग सकता है, पर यह सब साफ दिखाई दे रहा है कि इस क्षेत्र की राजनीति का नक्शा भविष्य में यही नहीं रहेगा।

(21 अक्टूबर 1993, अमर उजाला)

दोमुंहेपन की मिसाल

बांग्लादेश की विवादास्पद लेखिका तस्लीमा नसरीन के प्रति संघ परिवार का अचानक उपजा प्रेमभाव संभाले नहीं संभल रहा है। नसरीन ने अपनी ताजा पुस्तक 'लज्जा' में उन शर्मनाक घटनाओं को अपनी कथा का आधार बनाया है, जो आए दिन बांग्लादेश में अल्पसंख्यकों के साथ घटती रहती हैं। अयोध्या घटना के बाद बांग्लादेश में अल्पसंख्यकों के मंदिर जिस तरह से गिराए गए और उनके साथ बर्बर व्यवहार किया गया, उसका भी मर्मस्पर्शी वर्णन इस पुस्तक में है। इस पुस्तक के प्रकाशन के बाद बांग्लादेश के कुछ कट्टरपंथी और धर्मांध लोगों ने तस्लीमा नसरीन के विरुद्ध घृणा का प्रचार प्रारंभ किया है। एक अति चरमपंथी धर्मांध गुट ने तो अपनी ओर से तस्लीमा को मृत्युदंड भी सुना दिया है।

तस्लीमा नसरीन कोई पहली बार विवाद का केंद्र नहीं बनी हैं। अपने बेबाक विचार तथा पैनी लेखनी के कारण अक्सर समाज का पुरातनपंथी प्रतिक्रियावादी तथा कट्टर वर्ग तस्लीमा का मुखर विरोध करता रहा है।

जब तस्लीमा की पहली पुस्तक 'निर्वाचित कॉलम' प्रकाशित हुई, तब भी बांग्लादेश में कुछ ऐसा ही बावेला मचा था। उस संग्रह में तस्लीमा के समय-समय पर प्रकाशित उन निबंधों का संग्रह है जो वे समाज की कुरीतियों, धर्म और परिवार की नारी पर जकड़ तथा पोंगापंथ के विरुद्ध लिखती रही हैं। इस संग्रह को जब अतिप्रतिष्ठित 'आनंद पुरस्कार' के लिए चुना गया, तब विरोध की गति और तेज हुई। तस्लीमा को वहां के धर्मांध, सांप्रदायिक तथा पोंगापंथी वर्ग ने भारत तथा हिंदुओं का दलाल भी कहा।

आश्चर्य की बात है कि तब संघ परिवार को तस्लीमा के साथ सहानुभूति प्रकट करने की जरूरत नहीं पड़ी जबकि इस बार न केवल आरएसएस ने औपचारिक रूप से तस्लीमा के प्रति सहानुभूति व्यक्त की है, बल्कि उसके मुखपत्र 'पांचजन्य' ने इस पुस्तक के अंशों को भी प्रकाशित किया है। एक और खास बात यह है कि पुस्तक का वह अंश प्रकाशन के लिए चुना गया है जिसमें 6 दिसंबर की घटना के बाद बांग्लादेश के एक हिंदू परिवार की दशा-दुर्दशा का वर्णन किया गया है। जाहिर है इस अंश को प्रकाशन के लिए चुनने के पीछे मात्र एक ही कारण है, वह यह कि देखिए बांग्लादेश में अल्पसंख्यक हिंदुओं के साथ कैसा अत्याचार हो रहा है।

यह संघ परिवार की दोमुंही नीति तथा अपने स्वार्थ के लिए तथ्यों को तोड़ने-मरोड़ने का सर्वोत्तम बेशर्म उदाहरण है। तस्लीमा जब धर्मांधता, कट्टरपन, रूढ़िवादिता तथा पोंगापंथ का पर्दाफाश करती हुई पुस्तक लिखती हैं और उस कारण बांग्लादेश में उन पर आक्रमण होता है तो संघ परिवार चुप्पी साध लेता है। शायद इसलिए कि यह उन मूल्यों पर हमला

है जो उन्हें खुद प्रिय हैं। जब तस्लीमा अपने इस संघर्ष को तार्किक परिणति की ओर पहुंचाने के यत्न में धर्मनिरपेक्षता पर वार करने वाली शक्तियों को बेनकाब करने की कोशिश करती हैं तो उनके इस प्रयत्न को संघ परिवार का समर्थन मिलता है। यह आश्चर्य इसलिए घटित होता है क्योंकि संघ परिवार को संदर्भ से कोई मतलब नहीं है। उसे तो संदर्भ से काटकर वे उदाहरण मात्र चाहिए।

तस्लीमा के साथ वे खड़े हैं जो 6 दिसंबर को हिंदू विजय दिवस के रूप में मनाने का संकल्प लिए हुए हैं। जिन्हें उस दिन की घटना पर गर्व है। जिन्हें उस घटना की परिणति के रूप में हुए खून-खराबे पर तनिक लज्जा नहीं आती। जो भारत में अल्पसंख्यकों पर हुए अत्याचारों की जांच कर रही समितियों को निर्लज्ज मुस्लिम तुष्टीकरण तथा साम्यवादी साजिश कहते हैं।

इन्हें इस बात पर घोर चिंता है कि बांग्लादेश में धर्मनिरपेक्षता की लड़ाई लड़ रही एक लेखिका पर वहां के कट्टरपंथी धर्मांध हमला कर रहे हैं। ये वे लोग हैं, जो अल्पसंख्यकों के प्रति प्रकट की गई सहानुभूति को मुस्लिम तुष्टीकरण कहते हैं, जिन्होंने 99 प्रतिशत सवर्ण हिंदुओं द्वारा शासित इस देश में यह प्रचार सफलतापूर्वक किया है कि हिंदू इस देश में दूसरे दर्जे के नागरिक बन गए हैं और इसका कारण इस देश की धर्मनिरपेक्ष नीति है। जिस ध र्मनिरपेक्षता को ये विकृत और छद्‌म धर्मनिरपेक्षता कहते हैं, उसी के पक्ष में ये बांग्लादेश में तस्लीमा नसरीन के साथ अपने को खड़ा दिखाने के प्रयत्न कर रहे हैं।

संघ परिवार से एक ही प्रार्थना है कि अपनी दोमुंही नीति को देश की राजनीति तक ही सीमित रखे, तस्लीमा को उसके हाल पर छोड़ दे। जिस तरह का समाज संघ परिवार भारत में बनाने की कामना करता है, तस्लीमा उन्हीं शक्तियों से टकरा रही हैं। यह स्वार्थपरक सहानुभूति उन्हें ताकत नहीं देगी। उलटे, वे भारत और हिंदुओं की दलाल घोषित हो जाएंगी। हालांकि इससे संघ परिवार को लाभ ही होगा, आखिर वे भारत में वैसी ही व्यवस्था तो चाहते हैं।

(31 अक्टूबर 1993, मतांतर, इंडिया टुडे)

भाजपा के लिए सबक

भारतीय जनता पार्टी के विकट पराभव का दो तरह से विश्लेषण किया जा सकता है। एक, बेशर्मी का विश्लेषण, जो भाजपा के नेता कर रहे हैं दूसरा, वास्तविक विश्लेषण, जिसके लिए हृदय टटोलने की जरूरत है। यदि भाजपा दूसरे विकल्प को स्वीकार नहीं करती, तो राष्ट्रीय विकल्प बनने का इसका सपना कभी नहीं पूरा होगा। यह चुनाव भाजपा के लिए जीवन-मरण का प्रश्न था। इस इम्तहान में भाजपा फेल हुई है।

इस तथ्य को भाजपा नेतृत्व आंकड़ों के जाल में उलझाकर नहीं नकार सकती, इसलिए यह कहना कि भाजपा को प्राप्त मत प्रतिशत बढ़े हैं, इसलिए उसकी नैतिक विजय हुई है, सचाई से मुंह मोड़ना है। राजस्थान में कांग्रेस को प्राप्त मत प्रतिशत भाजपा से एक अंक अधिक है। हिमाचल में ध्रुवीकृत स्थिति के बावजूद बाबरी मस्जिद ध्वंस, हिंदुत्व के नाम पर सांप्रदायिकता के नंगे नाच का सहारा लेकर भारतीय जनता पार्टी यदि उतर प्रदेश में एक इंच भी आगे नहीं बढ़ पाती है तो इसे स्वीकार करना पड़ेगा कि कहीं मूलभूत गड़बड़ी हुई है। 6 दिसंबर, 1992 के बाद भाजपा ने दावा किया कि उसके कुकृत्य को व्यापक जनसमर्थन मिला है। इसी उत्साह में भाजपा नेतृत्व ने इस चुनाव को जनमत संग्रह घोषित कर दिया। अन्य राज्यों की बात छोड़ दें। उत्तर प्रदेश के जनमत ने भी भाजपा की सांप्रदायिक और ध्वंसात्मक राजनीति को नकार दिया है।

इसका सरल निष्कर्ष यह है कि एक-मुद्दा पार्टी के रूप में भारतीय जनता पार्टी न आम जनता को स्वीकार है न पार्टी के समर्थकों को। दूसरी बात, किसी भी तरह की उत्तेजना स्थाई नहीं हो सकती। कुछ आधुनिक धर्मों की तरह हिंदू धर्म को हमेशा उबाल बिंदु पर नहीं रखा जा सकता। भारतीय जनता पार्टी जितनी जल्दी इस सचाई को समझ ले, उतना ही लाभदायी होगा।

लालकृष्ण आडवाणी जैसे राजनैतिक व्यक्तित्व की अध्यक्षता वाली पार्टी सालभर में राम के अलावा अन्य कोई मुद्दा नहीं ढूंढ़ पाई। यह इस पार्टी के वैचारिक दिवालिएपन का ही प्रतीक है। ऐसा भी नहीं कि आडवाणी ने कोशिश नहीं की। पहले भ्रष्टाचार, फिर अर्थनीति और अंत में पिटे-पिटाए डंकल प्रस्ताव को मुद्दा बनाने में विफल होने के बाद हजरतबल उनके हाथ लग गया। कल्पना कर सकते हैं कि ऐन चुनाव के पहले यदि नरसिंह राव की सरकार इतनी बड़ी मूर्खता कश्मीर में न करती तो भाजपा नेताओं को बोलने के विषयों का टोटा पड़ जाता। राष्ट्रीय विकल्प बनने का दावा करने वाली पार्टी के लिए यह चिंताजनक स्थिति है।

उत्तर प्रदेश में कल्याण सिंह सरकार के पाप का फल मध्य प्रदेश, राजस्थान और हिमाचल प्रदेश को भुगतना पड़ा। कितनी निकम्मी और अलोकप्रिय रही होंगी ये सरकारें, कि उन्हें

न तो अन्याय किए जाने के कारण स्वाभाविक रूप से प्राप्त होने वाली सहानुभूति ही मिली और न ही हिंदुत्व उनकी रक्षा कर पाया। अगर भाजपा को यही राजनीति करनी है तो बड़ी कठिनाई होगी क्योंकि हिंदुत्व की इससे बड़ी लहर पैदा करने में उसका वर्तमान नेतृत्व अक्षम है।

दूसरा रास्ता यह है कि भाजपा अपने आप को एक सक्षम राजनैतिक दल के रूप में व्यवस्थित करने का प्रयत्न करे, जिसकी एक स्पष्ट आर्थिक नीति हो और जो सामाजिक मुद्दों पर एक साफ दृष्टिकोण रखता हो। इतिहास में हुए अन्यायों का बदला लेने या एक मंदिर के इर्द-गिर्द बुनी राजनीति के सहारे लंबी अवधि की राजनीति नहीं की जा सकती, चुनाव ने यह स्पष्ट कर दिया है।

इसकी एक प्रतिक्रिया यह भी हो सकती है कि मुरली मनोहर जोशी, विनय कटियार तथा उच्छृंखल साधु-संतों का एक समूह फिर से पार्टी को और कट्टरपंथ की राह पर धकेलने की कोशिश करे। आखिर इसी नीति ने इन्हें यहां पहुंचाया था कि पार्टी यह नारा दे सके कि आज पांच प्रदेश-कल सारा देश। परंतु यह रास्ता विनाश का रास्ता है। यह संदेश भी इसी जनादेश में छिपा हुआ है।

भाजपा यदि इस वास्तविक विश्लेषण को स्वीकार न करके इस जिद पर अड़ी रहती है कि हमारे नारे की जीत हुई है तो वह कभी-कभी छिटपुट और अस्थायी सफलता भले ही प्राप्त करती रहे, स्वीकार्य राष्ट्रीय विकल्प तो कतई नहीं बन सकती।

(151 दिसंबर 1993, मतांतर, इंडिया टुडे)

कांग्रेस के गले की फांस

गृहमंत्री शंकर राव चव्हाण अनायास नहीं बोल पड़े हैं। गहरी तैयारी के बाद उन्होंने यह बात कही है कि प्रधानमंत्री ने यह वादा कभी नहीं किया था कि वे बाबरी मस्जिद उसी स्थान पर पुनः बनवाएंगे, जहां वह विध्वंस के पहले खड़ी थी। इस तरफ चुनाव परिणाम आ रहे थे, उस तरफ गृहमंत्री का बयान। तब तक कई बातें तय हो चुकी थीं। एक, भारतीय जनता पार्टी की उत्तर प्रदेश में सरकार नहीं बन रही है। यानी इस मसले पर जनमत संग्रह में संघ परिवार हार चुका है। दो, मुसलमानों ने कांग्रेस को पूरी तरह से खारिज कर दिया है। छह राज्यों में विधानसभा के चुनाव हुए, करीब 1, 000 विधायक चुने गए लेकिन इनमें से कांग्रेस के टिकट पर सिर्फ एक मुसलमान चुना गया। तीन, सिर्फ कांग्रेस ऐसी पार्टी है जिसे तीन राज्यों में सरकार बनाने का अवसर मिला।

यह ऐसा मौका था जिसका उपयोग करने से कांग्रेस चूकना नहीं चाहती थी। जिस दिन प्रधानमंत्री ने यह घोषणा की थी कि सरकार मस्जिद बनवाएगी, उसी दिन से यह फांस भी उसके गले पड़ी हुई थी कि वह मस्जिद कहां बनवाएगी। पहले कांग्रेसी नेता इसका खुलासा टाल जाते थे, अब कांग्रेस को यह भय नहीं रहा कि मुसलमानों का समर्थन वह खो देगी। चुनावों ने तो यह सिद्ध किया ही है कि मुसलमान भाजपा और कांग्रेस में कोई फर्क नहीं करना चाहते। इस माहौल में कांग्रेस को गले की इस फांस को निकाल फेंकने में आसानी हुई।

यह सच है कि प्रधानमंत्री ने साफ शब्दों में यह नहीं कहा था कि मस्जिद वहीं बनवाएंगे जहां ढांचा खड़ा था। लेकिन विध्वंस के तत्काल बाद इस तरह के आश्वासन का क्या दूसरा अर्थ भी हो सकता है, सिवाय इसके कि जो नष्ट हुआ उसे वहीं बनवाएंगे। घोषणा के तत्काल बाद यह एहसास भी हुआ कि इसका मतलब है भाजपा को हमेशा के लिए मंदिर का मुद्दा सौंप देना। यह ठीक है कि इस बार मतदाताओं ने सिर्फ मंदिर के मुद्दे पर मतदान से मना कर दिया लेकिन मस्जिद बनने के बाद एक बार फिर से राम लहर का आना अवश्यंभावी है।

सरकार इस स्थिति से बचना चाहती थी। इसके दो प्रमाण हैं। एक, सरकार ने संविधान के उस अनुच्छेद के तहत सुप्रीम कोर्ट को मामला नहीं सौंपा जिसके तहत वह कोर्ट की राय मानने को बाध्य होती। दो, अपने चुनाव घोषणा पत्र में भी कांग्रेस ने इसे गोलमोल ही रखा। एक तरफ यह कहा गया कि सरकार इस मामले में सुप्रीम कोर्ट की राय का आदर करेगी। दूसरी ओर, यह भी आश्वासन दिया गया कि कांग्रेस अयोध्या में मंदिर और मस्जिद, दोनों बनवाएगी। सच तो यह है कि दोनों बातें एक साथ संभव नहीं हैं। यदि सुप्रीम कोर्ट की

राय आती है कि विवादित स्थल पर मंदिर था तो सरकार के पास वहां मदिर बनवाने के अलावा कोई और चारा नहीं रहेगा क्योंकि दोनों पक्ष समय-समय पर पुरातात्विक दावे प्रस्तुत करते रहे हैं। यह आधार बहुत ही खतरनाक है। एक बार यदि यह परंपरा चल पड़ी तो इसका कोई अंत नहीं होगा। सैकड़ों बौद्ध विहार तथा चैत्य नष्ट करके मंदिर बनवाए गए और हजारों मंदिरों को गिराकर उनके स्थान पर मस्जिद या दरगाह बना दिए गए। पंजाब-हरियाणा में सैकड़ों मस्जिदों को या तो नष्ट कर दिया गया या वहां गुरुद्वारे बना दिए गए। पुरातात्विक साक्ष्यों के आधार पर उनकी स्थिति में उलट-फेर करना यदि प्रारंभ करें तो इसका कोई अंत नहीं है। लेकिन इस मामले में इन सक्ष्यों को तो मानना ही पड़ेगा, क्योंकि दोनों पक्ष इन्हीं के आधार पर दावे-प्रतिदावे करते रहे हैं।

कल्पना कीजिए कि यदि सुप्रीम कोर्ट कहता है कि वहां कभी कोई मंदिर था ही नहीं, वैसी स्थिति में क्या होगा? यदि कोई यह मांग करे कि वहीं मस्जिद बननी चाहिए तो यह उसका दुराग्रह नहीं होगा। सरकार इस आशंका से भी अवगत है। गृहमंत्री का बयान इसी की एक कड़ी है। यदि सचमुच कोई ऐसा ही निर्णय आ गया तो सरकार यह कह सकती है कि हमने सिर्फ एक मस्जिद बनाने का वादा किया था। उसे अयोध्या में कहीं भी बनवा देंगे। सरकार ने यह समय इसीलिए चुना है क्योंकि इस समय दोनों पक्ष कमजोर हैं। इस समय मुसलमानों के एक प्रभावशाली वर्ग में यह विचारधारा काफी प्रबल हो रही है कि इस समस्या का ऐसा समाधान निकाल लिया जाए जिससे भाजपा भविष्य की राजनीति में इस मुद्दे का कभी इस्तेमाल न कर सके। सरकार शायद इसी दिशा में बढ़ रही है।

(30 दिसंबर 1993, मतांतर, इंडिया टुडे)

परिवार तो परिवार ही रहेगा

संघ परिवार ने बहुत सोच-समझकर अपने को परिवार कहा था। भारतीय समाज में संयुक्त परिवार का बहुत महत्त्व है। एक संयुक्त परिवार में अच्छाइयां भी होती हैं, तो बुराइयां भी। सारे सद्गुणों और दुर्गुणों के साथ ही एक परिवार पूरा परिवार बनता है। राष्ट्रीय स्वयंसेवक संघ ने अपने विभिन्न संगठनों को एक परिवार के रूप में जब प्रस्तुत करना प्रारंभ किया तो इसके पीछे यही मंशा थी कि लोग इस संगठन को एक सच्चे भारतीय संगठन के रूप में स्वीकार कर लें। लोगों ने किया भी। संघ परिवार एक ऐसे परिवार के रूप में सामने आया जिसमें आडवाणी और वाजपेयी के नेतृत्व वाली भाजपा थी, तो साधु-संतों का संगठन विश्व हिन्दू परिषद भी। एक उनकी दृष्टि में आधुनिक संगठन, तो दूसरा परंपरावादी। एक तरफ संघ विचार से प्रभावित बुद्धिजीवी थे, तो दूसरी ओर बजरंग दल के बाहुबली। जैसा एक अच्छा हिन्दू संयुक्त परिवार होता है, ठीक वैसी ही व्यवस्था। कमाने वाले कई होते हैं, लेकिन यह आवश्यक नहीं होता कि सबकी क्षमता भी समान हो। हर व्यक्ति अपनी योग्यता और क्षमता के अनुसार उपार्जन करता है और ईमानदारी से संयुक्त परिवार के खर्चों को बराबरी से वहन करता है।

इसका अर्थ यह बिलकुल नहीं कि जो ज्यादा उपार्जन करता है, उसे कोई विशेषाधिकार प्राप्त हो। जो ज्यादा कमाता है या जो कम कमाता है या फिर बिलकुल नहीं कमाता, सबकी स्थिति परिवार के कर्ता की दृष्टि में समान रहती है। आर्थिक, बौद्धिक तथा भौतिक क्षमताओं के आधार पर कोई बड़ा-छोटा नहीं होता। कुछ ऐसे लोग भी होते हैं, जो कमाते कुछ भी नहीं, पर गँवाते ज्यादा हैं। ऐसे लोगों को भी परिवार में वही स्थान प्राप्त होता है, जो ज्यादा योग्य या क्षमतावान लोगों को है। आचार-विचार तथा चाल-चलन में कोई एकरूपता या समानता हो, इसकी भी कोई आवश्यकता नहीं है। कोई विलासी और शाहखर्च है, तो कोई जोड़ने वाला और मितव्ययी। किसी का मिजाज अक्सर गर्म रहता है और अक्सर हिंसक हो उठता है तो कोई बहुत ही सहनशील और धर्मभीरु होता है। सब अलग भाषा और मुहावरों का प्रयोग करते हैं, लेकिन जब परिवार के स्वार्थ की बात आती है, तो सब परिवार के कर्ता को ही प्रवक्ता मानते हैं। आपस में घोर मतभेद भी हों, समय-समय पर वे प्रकट भी होते रहते हों, पर जब एक बार कर्ता अपने विचार प्रकट कर दे, तो वही परिवार का आधिकारिक बयान होता है। भारतीय समाज की यह विशेषता और उपलब्धि रही है कि एक कृषि प्रधान देश में अन्यत्र के स्रोत की साधने के लिए जिस प्रकार के आर्थिक समीकरण की आवश्यकता थी, उसे संयुक्त परिवार के रूप में एक सामाजिक ढांचा देकर खड़ा किया।

भगवा भाईचारे ने अपने विभिन्न संगठनों को जब संघ परिवार कहना प्रारंभ किया, तो वह अचानक या अनायास गढ़ा गया कोई मुहावरा नहीं था। इसके पीछे गहरी सोच काम कर रही थी, इसका लाभ भी संघ परिवार को मिला। भारतीय जनता पार्टी के कुछ नेता जहां अपने आप को जिम्मेदार बताने के क्रम में यह आश्वासन देते रहे कि वे विधि और विधान के विरुद्ध नहीं जाएंगे तथा न्यायालय की बात मानेंगे, तो इस तरह के यह संकेत दे रहे थे कि वे परिवार के इस अंग के साथ हैं जो जिम्मेदार कहा जा सकता है। बजरंग दल के लोग जब कहते थे कि उन्हें राष्ट्रीय एकता परिषद, सरकार, अदालत और संविधान की कोई परवाह नहीं और वे ताकत के बल पर मस्जिद गिरा देंगे तो इससे परिवार यह संकेत देना चाहता था कि ये कम उम्र वाले लोग हैं। इनका खून गर्म है, लेकिन उनकी बातों पर मत जाइए। परिवार अंततः वही करेगा, जो इसके कर्ता का निर्णय होगा। इस परिवार में ऐसे लोग भी थे, जो आमूल चूल परिवर्तन के पक्ष में थे। इन्हें इस सरकार, अदालत या व्यवस्था की बात कौन कहे, पूरे संविधान से ही असहमति थी। इनके बयान होते थे कि हमारा संविधान गुलामी का दस्तावेज है। भारत हिन्दू राष्ट्र है और जो हिन्दू नहीं है, उन्हें समान अधिकार नहीं प्राप्त हो सकते। इस तरह का बयान अगर कोई स्वतंत्र राजनीतिक दल देता, तो अब तक वह समाज बहिष्कृत हो चुका होता। या फिर, अन्य वैधानिक कार्रवाईयां होतीं।

चूंकि ये एक परिवार के अंग थे, इसलिए इन्हें एक प्रकार की प्रमुक्ति मिली हुई थी। कहा गया कि यह विचार संघ परिवार का विचार नही हैं, यह उसके अंदर एक अत्यन्त छोटे समूह की राय है। होगा वही जो संघ परिवार के अंदर सर्वानुमति से होगा या फिर वह निर्णय, जो कर्ता अपने विशेषाधिकार का उपयोग करते हुए करेगा। ऐसी स्थिति में परिवार के अंदर यदि किसी विषय पर सर्वानुमति भी उभर रही हो, तो कर्ता के पास इतना अधिकार तो होता ही है कि वह उस सर्वानुमति को भी बदल दें।

भारतीय संयुक्त परिवार की जो अच्छाइयां हैं, संघ परिवार चतुराई से उनका इस्तेमाल करता रहा। और तो और, बाबरी मस्जिद गिराए जाने जैसी घटना को भी परिवार के इस ढांचे ने बखूबी झेल लिया। ऐसी तस्वीर पेश की गई कि गर्म खून अचानक बेकाबू हो गया और उन पर वरिष्ठों का कोई नियंत्रण नहीं रहा। पर क्रोध का ज्वार समाप्त होने के बाद देखिए कैसे परिवार की सत्ता फिर से स्थापित हो गई है। और सरल हिंदू मानस ने इस तर्क को एक हद तक स्वीकार भी कर लिया। जिस दुष्कर्म के लिए पूरे परिवार को जिम्मेदार ठहराया जाना चाहिए था, उसके लिए परिवार के कुछ उच्छृंखल सदस्यों को जिम्मेदार ठहराकर दोषमुक्त भी कर दिया गया। संयुक्त परिवारों में ऐसा ही होता है।

यह सारा कुछ अब तक ठीक-ठाक और योजनानुसार चल रहा था, पर अचानक इधर कुछ दिनों से परिवार की दरार उभरकर सामने आ गई है। पारिवारिक कलह के स्वर चारदीवारी के पार भी सुनाई देने लगे हैं। एक-दूसरे पर दोषारोपण का एक दौर चल रहा है, ऐसा नहीं कि आपस में झगड़े, तनाव या टकराहट की स्थिति पहले नहीं आती थी, पर तब और अब में फर्क यह है कि ये खबरें अब बाहर साफ-तौर पर सुनाई पड़ने लगी हैं। संयुक्त परिवार के साथ सबसे विषम स्थिति तब आती है, जब परिवार के वरिष्ठ जन और कर्ता भी पारिवारिक कलह में अपनी निष्पक्षता बरकरार नहीं रख पाते। वे भी जब किसी-न-किसी का पक्ष लेकर

बात करना प्रारंभ कर दें, तो समझिए कि अब उस परिवार के विखंडन का समय आ गया है। संघ परिवार से कुछ इसी प्रकार के संकेत मिल रहे हैं।

यह स्थिति पिछले विधानसभा चुनावों के बाद से पैदा हुई है। इस दौर के चुनावों ने कम-से-कम इतना तो सिद्ध किया ही कि भाजपा अगले ही चुनाव में सत्ता में नहीं आ रही है। संयुक्त परिवारों के साथ भी अक्सर ऐसा ही होता है। जब परिवार के सदस्यों को लगने लगता है कि उनका एका उनकी आर्थिक समृद्धि को आगे बढ़ाने में अब सक्षम नहीं रहा, तो सारे के सारे अलग-अलग दिशाओं में खींचने लगते हैं। फिर उन्हें लगता है कि इससे अच्छा तो यह है कि अपनी अब अलग इकाई बना लें। संयुक्त परिवार इसी तरह बिखरते हैं। यह अलग बात है कि बिखरते हैं, एक नया संयुक्त परिवार बनाने के लिए, परन्तु इस संक्रमण काल में नई इकाइयां पुरानी संयुक्त इकाई जितनी सबल तो नहीं ही होतीं। संघ परिवार शायद इसी प्रक्रिया से गुजर रहा है।

वरना किसने यह सोचा था कि विश्व हिन्दू परिषद धर्म संसद के बाद जो बयान देगा, उसका एक तरह से खंडन भाजपा की ओर से कर दिया जाएगा। इन दिनों ऐसा हो रहा है। नासिक धर्म संसद के बाद विहिप का बयान आया कि वे भारत में कहीं भी बाबरी मस्जिद नहीं बनने देंगे। अयोध्या की बात तो अलग ही है। अभी बाबरी मस्जिद कमेटी या मुसलमान नेता कोई प्रतिक्रिया व्यक्त करें, उससे पहले भाजपा के प्रवक्ता ने कहा कि इस्लाम धर्म में किसी व्यक्ति के नाम पर मस्जिद बनाने की कोई व्यवस्था नहीं है। इसलिए यह मांग करना कि बाबरी मस्जिद भारत में कहीं नहीं बनने देंगे, एक असंगत बात है। यह सिर्फ एक उदाहरण है। भाजपा समर्थक पत्रकार आजकल लगभग दो खेमों में बंट गए हैं। आडवाणी खेमे के पत्रकार जान-बूझकर ऐसी खबरें लिख रहे हैं कि जिनसे जोशी को नीचा दिखाया जा सके। जोशी खेमे के पत्रकार तो सीधी लड़ाई पर उतर आए हैं। 'पांचजन्य' में भानुप्रताप शुक्ल ने तो आडवाणी के खिलाफ एक मुहिम ही छेड़ दी। मामला इतना आगे बढ़ा कि संघ को बीच-बचाव के लिए आना पड़ा और शुक्ल जी का स्तम्भ 'इन दिनों' स्थगित है। पार्टी की आर्थिक इकाई का संयोजक कौन है, यह विवाद भी खेमे की लड़ाई से ही जुड़ा हुआ है।

कुल मिलाकर संघ परिवार का व्यवहार इन दिनों वैसा ही है, जैसा संकट के दिनों में भारतीय संयुक्त परिवार का होता है। कलह अंततः विघटन की ओर अगर नहीं भी जाती है, तो कम-से-कम वह परिवार को इतना क्षीण तो अवश्य कर देगी कि अगली लड़ाई को वह निर्णायक लड़ाई के रूप में न लड़ पाए।

(6 फरवरी 1994, अमर उजाला)

सुप्रीम कोर्ट में किसकी जीत हुई?

अयोध्या मामलों पर सुप्रीम कोर्ट के निर्णयों ने एक रोचक स्थिति पैदा की है। हर पक्ष दावा कर रहा है कि उसकी जीत हुई है। सुप्रीम कोर्ट के निर्णय से वामपंथी भी दावा कर रहे हैं कि उनकी बात खरी उतरी है। मुस्लिम पक्ष भी प्रसन्न दिखाई दे रहा है और संघ परिवार कह रहा है कि देखिए, यह तो हम अरसे से कह रहे थे। कांग्रेस को सोचने-विचारने में थोड़ा समय लगा, पर उनका भी यही कहना था कि बात तो हमारी ही रही। आखिर किसकी बात पर सुप्रीम कोर्ट ने मुहर लगाई है?

मामला इतना सरल नहीं है, जितना राजनीतिज्ञ इसे बनाकर पेश कर रहे हैं। यह जटिल कानूनी मसला था। सुप्रीम कोर्ट ने इसके सरलीकरण से साफ इनकार कर दिया। इसलिए हर पक्ष एक हद तक झूठ का सहारा लेकर यह दावा कर रहा है कि उसकी बात ही रखी गई है, पर वास्तविकता यह है कि जीत भारतीय गणतंत्र की न्याय व्यवस्था की हुई है। दूसरे स्थान पर धर्म-निरपेक्षता है। इसे मारने में दोनों विवादी पक्ष तो लगे ही हुए थे। छह दिसंबर 1992 के बाद के घटनाचक्र ने यही सिद्ध किया है कि सरकार भी इस काम में पीछे नहीं थी। सुप्रीम कोर्ट के तीनों निर्णयों ने हर तरह के साम्प्रदायिक कट्टरपंथियों तथा सरकार के मृदु साम्प्रदायिक प्रयासों को विफल कर दिया है।

कांग्रेस का दावा तो बिलकुल हास्यास्पद है, क्योंकि नरसिंह राव की सरकार ने जिस वास्तविक कारण से सुप्रीम कोर्ट को राय देने के लिए मामला सौंपा था, उसे कोर्ट ने साफ पकड़ लिया और सरकारी चालाकी को साफ करने की गरज से राय दिए बिना उसे ज्यों का त्यों सरकार के पाले में फिर से डाल दिया। सच तो यह है कि सरकार न केवल निर्णय को टालना चाहती थी, बल्कि इसके किसी ईमानदार समाधान से भी डर रही थी। इसीलिए सुप्रीम कोर्ट को मामला सौंपते समय अनेक सारी चालाकियां की गईं, यह सोचकर कि हमारी जिम्मेदारी टल जाएगी। सुप्रीम कोर्ट ने इस चालाकी को खूब समझा तथा सर्वसम्मत फैसला सुनाया कि सरकार की यह कोशिश दिखावटी और अनावश्यक है।

नरसिंह राव सरकार की बेईमानियां क्या-क्या थीं? इस राय को संविधान के अनुच्छेद 138 (2) में न सौंपकर इसे अनुच्छेद 143 (1) के तहत सुप्रीम कोर्ट को सौंपना सबसे बड़ी चाल थी। 143(1) के तहत दी गई राय सिर्फ सुप्रीम कोर्ट का विचार होता, जिसे मानने न मानने के लिए कोई पक्ष बाध्य नहीं होता। जबकि 138 (2) के तहत दिया गया फैसला कानूनी रूप से अंतिम होता, जिसे लागू कराना सरकार की जिम्मेदारी होती। एक ऐसा मामला, जिसमें कानून बहुत सहायक नहीं हो सकते। इस पर सुप्रीम कोर्ट की राय मांगना और यह आश्वासन भी न देना कि उस राय की इज्जत करेंगे या नहीं, एक तरह का कायरपन है।

सुप्रीम कोर्ट ने अपनी प्रतिष्ठा को ध्यान में रखते हुए उस पर राय नहीं दी। इससे सर्वोच्च न्यायालय की इज्जत और बढ़ी है।

दूसरा खोट प्रश्न की भाषा में था। प्रश्न था कि बाबरी मस्जिद के निर्माण के पूर्व क्या उस स्थल पर कोई हिन्दू मंदिर या हिंदू ढांचा था, जिसे तोड़कर वह मस्जिद बनाई गई? सरसरी तौर पर यह प्रश्न उचित जान पड़ता है, क्योंकि विवाद का मामला भी यही लगता है। जरा गहराई में उतरकर इस प्रश्न को देखें तो इसका खोखलापन उजागर हो जाता है। प्रश्न यह पूछा गया है कि क्या वहां कोई हिन्दू मंदिर था? जबकि विवाद इस बात पर है कि वहां राम का मंदिर था जिसे तोड़कर वह मस्जिद बनाई गई थी। राम का मंदिर वहां क्यों था? क्योंकि उसी स्थल पर भगवान श्रीराम ने जन्म ग्रहण किया था। वह स्थल श्रद्धालुओं का अत्यन्त पवित्र स्थल है। इसलिए राम मंदिर का गर्भगृह उसी स्थान पर बनना चाहिए। चूंकि विवाद इस बिंदु पर है इसलिए प्रश्न भी यही पूछा जाना चाहिए था, पर यह प्रश्न नहीं पूछा गया। यह नहीं पूछा गया कि क्या यह वही भूमि है जहां भगवान श्री राम ने जन्म ग्रहण किया। यह भी नहीं पूछा गया कि जो मंदिर तोड़ा गया, यदि वह तोड़ा गया, क्या वह भगवान श्रीराम का ही मंदिर था। प्रश्न यह पूछा गया कि क्या किसी मंदिर को तोड़कर वहां मस्जिद बनाई गई। इस प्रश्न का जवाब देकर भी सुप्रीम कोर्ट इस विवाद का समाधान नहीं कर पाता, क्योंकि विवाद के बिंदु कहीं और हैं। जाहिर है कि नरसिंह राव की सरकार इस मामले में ईमानदार कोशिश बिलकुल नहीं कर रही थी। सुप्रीम कोर्ट ने इस कोशिश को नाकाम कर दिया।

संघ परिवार इस निर्णय की व्याख्या अपने तौर पर कर रहा है। उनका दावा है कि वे पहले से ही कह रहे थे कि यह करोड़ों हिन्दुओं की आस्था का प्रश्न है, और आस्था के प्रश्न पर निर्णय देने में संसार की कोई भी अदालत सक्षम नहीं है। यह प्रश्न सरकार को ही कानून बनाकर या समझौते के आधार पर करना होना और इस प्रयास में इस बात का ध्यान रखना होगा कि यह करोड़ों हिन्दुओं की आस्था और उनके धार्मिक विश्वास का प्रश्न है। यानी मंदिर बिलकुल उसी स्थान पर बनना चाहिए। संघ परिवार सुप्रीम कोर्ट के इस निर्णय में अपनी जीत देख रहा है कि कोर्ट ने भी यह मान लिया कि यह आस्था का प्रश्न है। इसीलिए राय वापस भेज दी गई। जबकि वास्तविकता क्या है, यह ऊपर लिखा जा चुका है।

रही बात यह कि क्या यह विवाद कानून से ऊपर है, तो इसे समझने के लिए इससे जुड़े दूसरे फैसले को देखना होगा। अयोध्या भूमि अधिग्रहण को कोर्ट ने 3-2 के बहुमत से सही माना है, लेकिन इसकी धारा 4 (3) को इस कानून से बाहर कर दिया गया है। इस धारा में यह प्रावधान था कि इस अधिग्रहण के बाद इस भूमि के लिए चल रहे सारे मुकदमे अपने आप निरस्त हो जाएंगे। कोर्ट ने इसे नहीं माना। इसका अर्थ यह है कि जो मुकदमे जहां चल रहे थे, वे फिर से चालू हो जाएंगे। फैसले और अपील आदि के बाद भूमि का जो असली मालिक घोषित होगा, वह भूमि उसे सौंप दी जाएगी। यानी इस विवाद का फैसला न सिर्फ अदालत करेगी, बल्कि सिर्फ इस आधार पर करेगी कि उस भूमि का असली मालिक कौन है। इसका दूसरा बिंदू यह है कि सरकार को यह अधिकार है कि वह किसी भी धार्मिक स्थल का अधिग्रहण कर सकती है। कोर्ट ने यह भी मान लिया कि

अधिग्रहण के पश्चात वह उसके रखरखाव और संचालन के लिए किसी को भी सौंप सकती है। शर्त सिर्फ यह है कि मालिकाना स्पष्ट हो।

इस फैसले को किस आधार पर कहा जा सकता है कि कोर्ट ने मान लिया कि आस्था के प्रश्न पर न्यायालय निर्णय नहीं दे सकते। यह तो वरन उलटे जाते है। एक, यह सम्पत्ति और मालिकाना का मामला है, जिसका फैसला देश के विधि-विधान और नियम कानून के तहत ही होगा। दो, सरकार यदि चाहे तो किसी भी धार्मिक स्थल का अधिग्रहण कर सकती है। इस निर्णय के बहुत ही दूरगामी प्रभाव पड़ने वाले हैं। उधर संघ परिवार अपनी डफली बजा रहा है कि मामला अदालतों से बाहर निकल आया। भाजपा का दोमुंहापन तो और उजागर है। एक ओर वे सुप्रीम कोर्ट की प्रशंसा कर रहे हैं, तो दूसरी ओर कल्याण सिंह को दी गई सजा का जश्न मना रहे हैं। कल्याण सिंह कह रहे हैं कि मंदिर बनाने के लिए यदि सौ अपराध भी करने पड़े तो मैं करूँगा। इस तरह की बात करके जब वे शहीदाना अंदाज में जेल जाने की तैयारी करते हैं तो सम्पूर्ण भाजपा नेतृत्व उनकी आरती उतारता है।

यह सुप्रीम कोर्ट के न्याय का कैसा सम्मान है। सच तो यह है कि भाजपा और संघ परिवार सिर्फ इस संभावना से प्रसन्न हैं कि मंदिर का मुद्दा एक बार फिर भारतीय राजनीति के केंद्र में आ बैठा है। क्या सचमुच ऐसा हुआ है। बाबरी मस्जिद गिराए जाने के बाद एक बार भाजपा को ऐसा ही भ्रम हुआ था जो पांच विधानसभा के चुनावों के बाद चकनाचूर हो गया। आंध्र, कर्नाटक के चुनाव नतीजे इसका भी फैसला कर देंगे।

(3 नवंबर 1994, अमर उजाला)

राजनीति–कांग्रेस

नरसिंह राव के सामने कोई चुनौती नहीं

धर्मप्राण हिंदुओं के प्रसिद्ध तीर्थस्थल तिरुपति में इन दिनों चल रहा कांग्रेस महाधिवेशन कई दृष्टियों से महत्त्वपूर्ण है। सबसे महत्त्वपूर्ण बात तो यही है कि 1972 के बाद पहली बार कांग्रेस के किसी महाधिवेशन के लिए अधिकांश प्रतिनिधि सीधा चुनाव जीतकर पहुंचे हैं। हिंदीभाषी राज्यों के कुछेक अपवादों को छोड़कर अधिकांश प्रांतों में चुनाव गंभीर लोकतांत्रिक तेवर से सम्पन्न हुए। कहीं आम सहमति से, तो केरल या पश्चिम बंगाल जैसे राज्यों में तीव्र चुनावी प्रतिद्वंद्विता के बीच। इस आशंका को निर्मूल सिद्ध करते हुए कांग्रेस जैसी महाकाय पार्टी के संगठन तंत्र को लोकतांत्रिक ढंग से खड़ा करने का प्रयास दल में गंभीर मतभेद पैदा कर सकता है। इस लोकतांत्रिक प्रक्रिया ने राजीवोत्तर कांग्रेस को और मजबूत किया है। आने वाले दिनों में यह बात और उभरकर सामने आएगी।

यह सच है कि इंदिरा-राजीव काल में कांग्रेस एक नितांत व्यक्ति केंद्रित पार्टी के रूप में परिवर्तित होती चली गई थी। यह इस पार्टी का एक तरह से आंतरिक बल भी था, लेकिन यही इसकी सबसे बड़ी कमजोरी भी बनती जा रही थी। नेतृत्व के प्रति पार्टी के पूर्ण समर्पण के कारण दल की एक सतही अनुशासित छवि तो बनती थी, पर इस कारण पार्टी का जनाधार भी धीरे-धीरे छीजता जा रहा था, इसके प्रमाण एक के बाद एक चुनावों से मिल रहे थे। लेकिन पार्टी अपने शतुरमुर्गी व्यवहार के चलते इसका वास्तविक कारण ढूंढ़ने की जगह नेतृत्व के चमत्कार के कवच की आड़ में जाकर सफलता प्राप्त करने का सरल नुस्खा तलाशने लगती थी। थोड़े समय के लिए ही सही, पर यह नुस्खा बार-बार एक हद तक सफल भी हो जाता था, पर जड़ को थोड़ा और कमजोर करते हुए। कांग्रेस जैसी पुरातन संस्था इस तथ्य को शायद जान-बूझकर नहीं समझना चाहती थी कि लोकतांत्रिक व्यवस्था का सफल परिचालन सिर्फ एक वास्तविक लोकतांत्रिक संगठन ही कर सकता है।

राजीव गांधी की हत्या के पश्चात कांग्रेस के पास उस सरल किंतु आत्मघाती विकास को पूरी तरह से खोने के अलावा दूसरा कोई रास्ता नहीं था। हालांकि पुरानी व्यवस्था के मोह से ग्रस्त कुछ कांग्रेसी श्रीमती सोनिया गांधी के नेतृत्व में उस सरल व्यवस्था को जिलाए रखना चाहते थे। लेकिन वे यथार्थ से कितने कटे हुए थे, घटनाक्रम ने इसे आज सिद्ध कर दिया है। पिछले 20 सालों में कांग्रेस ने जैसा अपना स्वरूप बनाया था, नरसिंह राव के नेतृत्व में कांग्रेस का वही स्वरूप रहना संभव भी नहीं था। नरसिंह राव के पास न परिवार की पृष्ठभूमि थी और न ही उससे उत्पन्न चमत्कार। जाहिर है कि यदि नरसिंह राव कांग्रेस को पूरी तरह से बदलने की कोशिश नहीं करते तो उनका नेतृत्व तो छिनता ही, बची-खुची कांग्रेस भी उसी रास्ते चल पड़ती। सदस्यता अभियान चलाकर कांग्रेस को उसके पुराने स्वरूप में वापस

लाने के अलावा राव के पास दूसरा कोई विकल्प नहीं था। कांग्रेसियों के मन में संगठन के प्रति एक ऐसी श्रद्धा भरने का काम करना था जिससे मन में यह बोध वापस आ जाए कि वे एक महान परंपरा के वारिस हैं और यह विरासत उनकी अपनी निर्णय क्षमता से परिचालित होती है। हिंदीभाषी राज्यों में कांग्रेस संगठन और उसका नेतृत्व अभी पूरी तरह से इस भावना को शायद आत्मसात नहीं कर पाया है लेकिन हिंदी भारत के बाहर कांग्रेस धीरे-धीरे अपने पुराने राष्ट्रीय स्वरूप को प्राप्त कर रही है, इसके प्रमाण मिलने लगे हैं।

इतने अल्प समय में ही नरसिंह राव ने सरकार और संगठन, दोनों पर अपनी पकड़ मजबूत कर ली है। नरसिंह राव एक अति आश्वस्त नेता के रूप में तिरुपति पहुंचे हैं। उनकी नीतियों का वहां चाहे जितना विरोध हो, लेकिन उनके नेतृत्व को कोई चुनौती नहीं है। शरद पवार और अर्जुन सिंह के मन में भी यह बात स्पष्ट है कि वे नरसिंह राव के उत्तराधिकार की लड़ाई के लिए युद्ध की कवायद कर रहे हैं, न कि नेतृत्व का संघर्ष। तिरुपति के इस महाधिवेशन में अपने निर्विवाद नेता को धन्यवाद देने के अलावा प्रतिनिधि शायद ही कोई अन्य महत्त्वपूर्ण राजनीतिक काम कर पाए।

विवाद होंगे, चुनौतियां उछाली जाएंगी लेकिन मुद्दे कुछ और ही होंगे। पिछले एक साल से भी कम समय में नीतियों और आदर्शों के मामले में कांग्रेस पूरी तरह से बदल गई है। वरिष्ठ राजनीतिज्ञ श्यामनंदन मिश्र का यह कहना एक हद तक ठीक है कि पी वी नरसिंह राव नेहरू के बजाए स्वतंत्र पार्टी के संस्थापक राजाजी की भाषा बोल रहे हैं। यह सच है कि प्रधानमंत्री और वित्तमंत्री की भाषा से 'समाजवाद' शब्द का लोप हो चुका है। यह भी सच है कि वित्तमंत्री अपनी पूर्ववर्ती सरकार की पहचान कोटा परमिट और लाइसेंस राज के रूप में करते हैं। ये मुहावरे और यह भाषा साठ के दशक के स्वतंत्र पार्टी के नीति पत्र से उधार लिए हुए हैं, न कि 1955 के आवड़ी कांग्रेस की नीति विषयक घोषणाओं से, जहां कांग्रेस ने अपने आपको समाजवाद के लिए पूरी तरह समर्पित किया था। कांग्रेस ने औपचारिक रूप से अभी भी समाजवाद को नहीं छोड़ा है। बहुत मुमकिन है कि तिरुपति कांग्रेस में पारित आर्थिक प्रस्ताव में यह शब्द बार-बार आए। हो सकता है कि यह भी कई बार दोहराया जाए कि कांग्रेस नेहरू-इंदिरा-राजीव के रास्ते से नहीं डिगेगी। या इसी आशय के अनेक सारे अन्य प्रस्ताव भी पास किए जा सकते हैं।

यह कुछ वैसा ही होगा जैसा अब तक गांधीवाद के साथ होता रहा है। आजादी के बाद कांग्रेस का कोई भी आर्थिक-राजनीतिक दस्तावेज ऐसा नहीं आया, जिसमें गांधीवाद की दुहाई न दी गई हो। कांग्रेस इस शब्द को सिर्फ शब्द तक ही सीमित रखना चाहती थी, लेकिन रणनीतिक कारणों से इसे त्याग भी नहीं सकती थी। इसलिए इसकी निस्सारता को समझते हुए भी कांग्रेस ने इस मंत्र को कभी नहीं छोड़ा। तिरुपति महाधिवेशन 'समाजवाद' शब्द को भी शायद वही महत्ता दिलाने में सफल हो जाए। जो सरकार की नई आर्थिक नीतियों का विरोध कर रहे हैं, उनके लिए भी यह मुद्दा शुद्ध राजनीतिक ही है। आर्थिक नीतियों पर यदि गहरे मतभेद होते तो वे अब तक किसी अन्य रूप में प्रकट होकर सामने आ चुके होते। कांग्रेस में चूंकि इस मुद्दे पर ऐसा कोई गंभीर मतभेद दीख नहीं रहा है इसलिए इस शब्द का बार-बार आर्थिक प्रस्ताव में अवतरित होते रहना ही इस वर्ग को यथेष्ट राजनीतिक संतोष प्रदान करेगा। जैसे कांग्रेस संगठन एक नई राजनीतिक दिशा की ओर चल पड़े हैं, वैसे आर्थिक

नीतियों के मामलों में भी कम-से-कम जब तक नरसिंह राव नेता हैं, इसकी दिशा मनमोहन सिंह आदि ही तय करते रहेंगे, तिरुपति में आर्थिक प्रस्ताव की भाषा चाहे कुछ भी हो।

अर्थनीति की तरह ही भारत की विदेश नीति एक ऐसा क्षेत्र है जिसमें पिछले एक साल में अकल्पनीय परिवर्तन हुए हैं। शीत युद्धोत्तर एक ध्रुवीय विश्व में भारत अब स्पष्ट रूप से अमेरिका के करीब पहुंचता दीख रहा है। इस्राइल को मान्यता देना तथा संयुक्त राष्ट्र संघ के सुरक्षा परिषद के उस प्रस्ताव के पक्ष में मतदान करना, जिसमें कहा गया था कि यहूदीवाद और नस्लवाद एक ही वस्तु नहीं है, भारत की विदेश नीति की ऐसी महत्त्वपूर्ण घटनाएं हैं जिनकी साल भर पहले कल्पना भी नहीं की जा सकती थी।

हालांकि अमेरिका व्यापार नीति, डंकेल प्रस्ताव, बौद्धिक संपत्ति अधिकार, विदेशी विनियोग तथा नाभिकीय अप्रसार संधि आदि मामलों में भारत को लगातार दबाव में डाले हुए है, फिर भी भारत की विदेश नीति अमेरिकापरस्त होती जा रही है, इसमें संदेह नहीं है। यह ऐसा मुद्दा है जो किसी न किसी रूप में तिरुपति महाधिवेशन में गर्मी पैदा करेगा, लेकिन किसी बड़े विवाद का रूप लेगा, इसकी आशंका कम ही है। कारण, भारत की वर्तमान विदेश नीति के आलोचकों के पास कोई ठोस वैकल्पिक नीति नहीं है, वैसे ही जैसे आर्थिक नीति के मामले में। सोवियत संघ के अवसान ने कितनी तरह की समस्याएं पैदा कर दी हैं, इसकी एक झलक तिरुपति महाधिवेशन के दौरान समाजवाद समर्थकों की असहायता में भी दिखेगी।

जो सबसे विस्फोटक मुद्दा हो सकता था, लेकिन जिस पर चर्चा की दूर-दूर तक संभावना नहीं दीखती, वह मुद्दा है—कांग्रेस का बदलता हुआ सामाजिक स्वरूप और इस समीकरण को कम-से-कम हिंदी भारत में न समझने की इस क्षेत्र के कांग्रेसी नेताओं की जिद। ऐसा पहली बार हुआ है कि संपूर्ण हिंदी भारत में सफाए के बावजूद कांग्रेस केंद्र में सत्तासीन है। इसका प्रधान कारण शायद यह है कि दक्षिण-पश्चिम भारत में कांग्रेस ने अपने जनाधार को समझकर उन आरोपित नेताओं से अपना पिंड छुड़ाया है जो दलित-अल्पसंख्यक-पिछड़ा वर्ग को कांग्रेस से विलग कर रहे थे। यही संपूर्ण देश में कांग्रेस का स्वाभाविक सामाजिक जनाधार है, जिस तथ्य से उत्तर भारत के कांग्रेसी नेता जानकर भी अनजान बने रहना चाहते हैं। इसी का परिणाम है कि जिन्हें कांग्रेस का वर्तमान नेतृत्व आकृष्ट कर सकता है, वे भाजपा की ओर आकर्षित हैं। जिन्हें इनके पास स्वाभाविक रूप में आना चाहिए वे मजबूरन जद, सजपा, बसपा में बंटे हुए हैं। कांग्रेस का वर्तमान नेतृत्व इन शक्तियों से इतना आतंकित है कि इस प्रक्रिया को रोकने के लिए बार-बार संगठन के चुनाव स्थगित कराता है और नेता के हाथ मजबूत करने के नाम पर अपने सारे अधिकार एक व्यक्ति को सौंप देता है ताकि असली नेता संगठन के माध्यम से सामने न आ जाए।

ध्रुवीकरण की देशव्यापी प्रक्रिया को हिंदी भारत में थोड़े समय के लिए टाला जा सकता है पर इसे स्थगित नहीं किया जा सकता। इस बात को उत्तर भारत के यथास्थितिवादी कांग्रेसी नेताओं को भी समझ लेना चाहिए और कांग्रेस के अंदर सक्रिय उस नेतृत्व के समक्ष भी यह बात स्पष्ट हो जानी चाहिए कि ध्रुव का दूसरा छोर भाजपा ही है। इसलिए इनसे कोई भी तालमेल या समझौता सिर्फ वक्ती हो सकता है, स्थाई नहीं। पता नहीं तिरुपति में यह तथ्य कितनी साफगोई से सामने आ पाएगा।

(16 अप्रैल, 1992, अमर उजाला)

तिरुपति अधिवेशन : नरसिंह राव का कद और ऊंचा हुआ

कांग्रेस के तिरुपति महाधिवेशन से वही संकेत उभरे, जिनकी अपेक्षा थी। फर्क सिर्फ यह रहा कि ये संकेत इतने साफ और खनकदार होंगे, इसकी अपेक्षा शायद कम प्रेक्षकों को ही थी। वैचारिक रूप से पार्टी थोड़ी और सुसंगत होती दिखी तो नरसिंह राव का नेतृत्व थोड़ा और निर्विवाद और चुनौतियों से परे होता लगा। सरकार की नई आर्थिक नीति पर जिस तरह देशभर से जुटे कांग्रेसजनों ने अपनी स्वीकृति की मुहर लगाई, उससे यह और स्पष्ट हो गया कि नरसिंह राव सरकार के समक्ष फिलहाल अंदर से किसी गंभीर चुनौती की आशंका नहीं है। भाजपा की नीतियों के खिलाफ पहली बार सार्वजनिक रूप से मुंह खोलने के लिए धर्मनगरी तिरुपति को चुनकर नरसिंह राव ने गहरी राजनीतिक सूझ का परिचय दिया। केंद्रीय कार्यसमिति का चुनाव जिस गर्मजोशी और उत्साह से लड़ा गया, उससे पार्टी में गहरे जीवन का संचार तो हुआ ही, दल के अंदर दूसरी पंक्ति के नेताओं को अभी कुछ और समय तक आपस में ही लड़ने का एक नया बहाना भी मिल गया। ये सारी बातें नरसिंह राव के पक्ष में जाती हैं।

सबसे पहले नरसिंह राव की राजनीतिक उपलब्धियों को लें। इस महाधिवेशन के प्रारंभ होने से पहले तक सिर्फ दो व्यक्ति ऐसे थे, जो नरसिंह राव को थोड़ी-बहुत चुनौती दे पाने की स्थिति में थे। शरद पवार ने अपनी चुनौती को कभी किसी प्रकार के सैद्धांतिक आवरण में ढकने की चेष्टा नहीं की जबकि अर्जुन सिंह ने अपनी महत्त्वाकांक्षा को हमेशा सिद्धांतों और मतवादों की ठोस जमीन पर खड़ा करने का प्रयास किया। इसीलिए शरद पवार का विरोध और उनकी महत्त्वाकांक्षा, दोनों का आधार सिर्फ राजनीतिक जोड़-तोड़ रहा। इसके विपरीत, अर्जुन सिंह एक स्तर पर अपने आपको पार्टी में नेहरूवादी समाजवाद तथा धर्मनिरपेक्षता के एकमात्र संरक्षक के रूप में उभारने की कोशिश करते रहे तो दूसरी ओर जोड़-तोड़ के स्तर पर, राजीव गांधी की राजनीतिक विरासत के ध्वजवाहक के रूप में सोनिया गांधी को राजनीतिक प्रतिष्ठा दिलाने के एक छद्म अभियान के संचालक के रूप में भी दिखने की कोशिश करते रहे। नरसिंह राव के समक्ष शरद पवार की चुनौती सीधी और सरल थी, जबकि अर्जुन सिंह की चुनौती जटिल थी, जो कई धरातल से एक साथ दी जा रही थी। नरसिंह राव ने अपनी सूझ-बूझ से इन सारी चुनौतियों को तिरुपति में एक साथ ही निपटा दिया।

अर्जुन सिंह कांग्रेस में भाजपा विरोधी शक्तियों की धुरी के रूप में उभर रहे थे, जबकि नरसिंह राव की छवि कुछ ऐसी बन रही थी कि वे भाजपा के प्रति नरम हैं। अर्जुन सिंह मध्य प्रदेश और उत्तर प्रदेश में जन आंदोलन छेड़कर भाजपा से सीधे संघर्ष में कूद रहे थे, तो नरसिंह राव एक परिवार के मुखिया की तरह सुलह-समझौते के रास्ते भाजपा से निबटने

की नीति की बात कर रहे थे। कुल मिलाकर कुछ ऐसा माहौल बन रहा था कि नरसिंह राव अपनी अल्पमत सरकार को टिकाए रखने के क्रम में धीरे-धीरे भाजपा की ओर सरकते जा रहे हैं, जबकि अर्जुन सिंह धर्मनिरपेक्षता के कांग्रेसी सिद्धांत की कीमत पर किसी तरह का समझौता नहीं होने देना चाहते। अर्जुन सिंह को निश्चय ही इसका राजनीतिक लाभ मिल रहा था। वे कांग्रेस के अंदर एक वैकल्पिक सत्ता केंद्र के रूप में भी उभर रहे थे। एक ऐसा नेता, जो आर्थिक नीतियों के मामलों में कांग्रेस के पारंपरिक सिद्धांतों में निरंतरता चाहता है, कांग्रेस की धर्मनिरपेक्ष नीतियों का ध्वजवाहक है और जिसे नेहरू-गांधी परिवार के विरासत की सबसे ज्यादा फिक्र है।

नरसिंह राव अर्जुन सिंह की इस छवि को बनते देखते रहे, क्योंकि उन्हें मालूम था कि देश में माहौल ऐसा नहीं है जिसमें धर्मनिरपेक्षता के प्रश्न पर भाजपा से भाजपा की शर्तों पर मुकाबला किया जाए। अयोध्या विवाद के कारण भाजपा ऐसा माहौल बनाने में एक हद तक सफल तो हुई ही है कि जिसे देश धर्मनिरपेक्षता कहता है वह वास्तव में विकृत या छद्म धर्मनिरपेक्षता है। इस नीति का पालन सिर्फ अल्पसंख्यकों के तुष्टीकरण के लिए ही कांग्रेस करती रही है। नरसिंह राव अर्जुन सिंह की इस चुनौती की गंभीरता को समझ रहे थे, पर वे इस खतरे से भी वाकिफ थे कि यदि वे इस मोर्चे पर तत्काल कोई पहल करते हैं, तो हो सकता है कि कांग्रेस के अंदर उसकी स्थिति मजबूत हो जाए और इस बात का खतरा ज्यादा बढ़ जाए कि देश की राजनीति में भाजपा कांग्रेस के मुकाबले थोड़ी भारी पड़ने लगे। धर्मनिरपेक्षता के इस खेल को नरसिंह राव भाजपा की शर्तों पर कतई नहीं खेलना चाहते थे। नरसिंह राव ने धर्म नगरी तिरुपति को कांग्रेस महाधिवेशन के लिए चुना, इससे परोक्ष रूप से यह अपने आप स्थापित हो गया कि वह धर्म के प्रति श्रद्धाशील हैं। पिछले कुछ वर्षों में जिस प्रकार भाजपा हिंदुओं की एकमात्र प्रतिनिधि पार्टी के रूप में उभर रही थी, इस कदम से उस छवि को निश्चय ही आघात पहुंचा। तिरुपति के मंच से नरसिंह राव जब धर्म और राजनीति को अलग करने की बात कह रहे थे, तो कम-से-कम भाजपा के लिए यह कहना संभव नहीं रह गया कि यह धर्म विरोधियों के समावेश से उभरी आवाज है। इससे पहले शायद ही किसी प्रधानमंत्री ने इतने स्पष्ट शब्दों में कहा हो, जैसा कि नरसिंह राव ने तिरुपति में कहा, 'हम धर्महीन समाज नहीं हैं। मैं धर्म को मानता हूं। मैं धर्म पुरुषों को मानता हूं। धर्म पर आस्था का होना बहुत स्वाभाविक है। इसलिए मैं धर्म पुरुषों से आग्रह करूंगा कि वे कृपया धर्म को राजनीति से बचाएं। धर्म यहां आकर अपवित्र हो रहा है।' फिर धर्म की इस जमीन पर खड़े होकर नरसिंह राव ने भाजपा पर सीधा प्रहार किया कि भाजपा धर्म का राजनीतिक इस्तेमाल कर रही है, इसे वह तत्काल बंद करे। धर्म के आसन से की गई नरसिंह राव की यह अपील जितनी भाजपा के लिए थी, शायद उतनी ही अपनी पार्टी के उन नेताओं से भी थी जो अपनी राजनीति के लिए धर्म का दूसरी तरह से इस्तेमाल कर रहे थे।

नरसिंह राव ने तिरुपति महाधिवेशन में यह स्पष्ट कर दिया कि भाजपा के प्रति कांग्रेस की भावी नीति अब क्या रहेगी। साथ ही, यह भी साफ कर दिया कि भाजपा अब तक कांग्रेस की धर्मनिरपेक्षता की नीति की जिस प्रकार से व्याख्या करके अपना राजनीतिक हित साधती रही है, कांग्रेस अब उसे भी नहीं चलने देगी। साथ ही यह भी स्पष्ट हुआ कि मंदिर के मुद्दे

पर भाजपा से सीधा टकराव लेकर उनकी धर्माश्रित राजनीति को अब और आगे फलने-फूलने नहीं दिया जाएगा, पर धर्म और राजनीति को अलग करने वाली धर्मनिरपेक्षता की नीति को भी नहीं छोड़ा जाएगा। अगले दशक की भारतीय राजनीति की संभवतः यही आधारशिला बने। अर्जुन सिंह आदि की चुनौतियों का मुकाबला करते हुए नरसिंह राव ने धर्मनिरपेक्षता की राजनीति को जो नई परिभाषा दी है, उससे पार्टी में उनका नेतृत्व तो सुदृढ़ हुआ ही है, भाजपा के लिए भी सचमुच एक नई चुनौती उपस्थित हुई है। अब उन्हें विकृत धर्मनिरपेक्षता की जगह धर्मप्राण धर्मनिरपेक्षता का मुकाबला करना होगा।

राजनीतिक मोर्चे पर नरसिंह राव की सबसे बड़ी उपलब्धि यदि धर्मनिरपेक्षता के प्रति कांग्रेस की प्रतिबद्धता को स्थापित करना रहा, तो आर्थिक मोर्चे पर उनकी सफलता यह रही कि उनकी सरकार की आर्थिक नीतियों के घोर आलोचक भी कोई वैकल्पिक प्रस्ताव पेश करने में सक्षम नहीं हो पाए। आलोचना जमकर हुई, लेकिन उनकी भाषा और मुहावरे वही पुराने और घिसे-पिटे रहे। पार्टी के अंदर उनकी आर्थिक नीतियों को आलोचना का आधार बनाकर उनके नेतृत्व को चुनौती देने का सपना देखने वालों को इस मुद्दे पर भी मुंह की खानी पड़ी। नई आर्थिक नीतियों पर कांग्रेस के देशभर से आए कार्यकर्ताओं की स्वीकृति की मुहर लग चुकी है। पार्टी के अंदर इस जनादेश को चुनौती देकर शायद ही कोई नेता अब इसे राजनीतिक मुद्दा बनाने का साहस कर सके।

संगठन के मोर्चे पर सफलता शायद नरसिंह राव की सबसे बड़ी उपलब्धि रही। कांग्रेस कार्य समिति का चुनाव कराकर नरसिंह राव ने पार्टी के अंदर उन्हें चुनौती देने वालों को एक ऐसी लड़ाई में डाल दिया है जिसमें वे ऐसा उलझेंगे कि आने वाले दिनों में उन्हें नरसिंह राव के नेतृत्व को चुनौती देने की फुर्सत भी नहीं रहेगी। अर्जुन सिंह को यह संतोष हो सकता है कि कार्य समिति के चुनाव में उन्हें सर्वाधिक मत मिले, लेकिन यह भी उन्हें नहीं भूलना चाहिए कि मतदाताओं के पचास प्रतिशत ने उन्हें अपने चयन सूची के पहले दस में भी नहीं रखा। प्रधानमंत्री पद के दूसरे दावेदार पार्टी के अंदर लोकप्रियता के आधार पर चौथे स्थान पर आ गए। ए के एंथोनी और जितेन्द्र प्रसाद जैसे पार्टी के कार्यकर्ताओं को इनके मुकाबले के वोट पड़े। पार्टी में दूसरे नंबर का नेता कौन है, इसका फैसला तो हुआ ही नहीं। जो दो नेता चुनौती दे पाने की स्थिति में थे, तिरुपति महाधिवेशन के बाद वे भी दल में एक होकर रह गए। पार्टी में नीचे तक यह संदेश अलग से पहुंचा कि कांग्रेस में सिर्फ जोड़-तोड़ की राजनीति करके शीर्ष तक पहुंचने या सत्ता केंद्र के इर्द-गिर्द बने रहने के रास्ते अब बंद हो रहे हैं।

संगठन, सरकार, नीति और वास्तविक राजनीति–हर स्तर पर तिरुपति ने नरसिंह राव को और मजबूत किया है। इस महाधिवेशन की एक उपलब्धि यह भी हो सकती है कि नरसिंह राव और उनकी सरकार को अब किसी भी मुद्दे पर आसानी से ब्लैकमेल करना शायद संभव न रहे और ऐसी किसी भी कोशिश के जवाब में नरसिंह राव यदि मध्यावधि चुनाव की पेशकश कर दें तो किसी को आश्चर्य नहीं होना चाहिए। तिरुपति महाधिवेशन से नरसिंह राव को यह विश्वास और यह शक्ति, दोनों मिली हैं।

(23 अप्रैल 1992, अमर उजाला)

परिवार की विरासत से मुक्त एक साल

कांग्रेस के लिए पिछला पूरा साल दुविधा और संशय का साल था क्योंकि अरसे से कांग्रेस एक ऐसी संस्था बन चुकी थी जो यह भूल चुकी थी कि नेहरू परिवार की छाया से बाहर आकर भी किसी कांग्रेस का अस्तित्व रह सकता है। बीते साल ने यह सिद्ध किया है कि नेहरू परिवार की छाया से मुक्त होकर कांग्रेस न केवल जीवित रह सकती है बल्कि एक और जीवंत तथा स्पंदनशील संस्था के रूप में भी उभर सकती है। कांग्रेस की दुविधा यह थी कि एक तरफ तो पार्टी एक सशक्त लोकतांत्रिक संस्था के रूप में उभर रही थी, दूसरी ओर परंपरा में विश्वास और परिवार के प्रति स्वाभाविक कृतज्ञता के कारण कांग्रेस के एक वर्ग के मन में सदा यह संशय बना रहा कि नेहरू परिवार से मुक्त होकर आखिर पार्टी का अस्तित्व कैसे बचेगा।

यही कारण है कि पार्टी में एक वर्ग लगातार सोनिया गांधी को सक्रिय राजनीति में लाने के लिए सक्रिय रहा। शुरू में शायद बार-बार के आग्रह से तंग आकर ही श्रीमती सोनिया गांधी ने यह कहा होगा कि फिलहाल वे इस संबंध में सोचना भी नहीं चाहतीं। उनका जीवन कितना सार्वजनिक होगा, इसका निर्णय वह राजीव गांधी की पहली पुण्यतिथि के बाद ही करने वाली थीं। 21 मई तथा बाद के घटनाक्रम ने यह आभास दिया है कि सोनिया कांग्रेस के उस वर्ग को निराश करेंगी जो अब भी यह मानता है कि नेहरू परिवार के किसी सदस्य की सक्रिय भागीदारी के बिना कांग्रेस एक जीवन-स्पंदनहीन पार्टी ही रहेगी। सोनिया गांधी ने सक्रिय सार्वजनिक जीवन में जो थोड़ी-बहुत दिलचस्पी दिखाई है, वह सब परिवार के अत्यंत निजी दायरे में केंद्रित है। उनकी वर्तमान गतिविधियों से यह निष्कर्ष अवश्य निकाला जा सकता है कि अपने सार्वजनिक जीवन को वह उस सीमा तक ही विस्तार देंगी जिससे आवश्यकता पड़ने पर उनके बच्चे सही समय पर यदि वे चाहें तो राजनीति में प्रवेश कर सकें, लेकिन खुद वे तत्काल सक्रिय राजनीति में नहीं आने वाली हैं। बीते एक साल की यह सबसे महत्त्वपूर्ण घटना है और यह जब तय हो चुका है, तब यह देखना बहुत रोचक होगा कि अब कांग्रेस की दिशा क्या होगी।

कांग्रेस की वर्तमान दशा-दिशा को यदि नेहरू परिवार की विरासत के आलोक में देखें तो बड़े रोचक तथ्य सामने आते हैं। कांग्रेस के नेता चाहे जितनी बार इस बात को दोहराएं कि वर्तमान कांग्रेस नेहरू की नीतियों से अलग नहीं है पर सचाई यह है कि आज की कांग्रेस का नेहरू की नीतियों और आदर्शों से दूर-दूर तक कोई लेना-देना नहीं है। चाहे वह आर्थिक-सामाजिक-राजनीतिक मुद्दे हों या नेहरू की प्रिय विदेश नीति हो–हर क्षेत्र में कांग्रेस आज नेहरू जी की निजी विरासत से बहुत दूर छिटकी हुई है। यह अच्छा है

या बुरा या फिर इसका परिणाम पार्टी और राष्ट्र को किस रूप में झेलना पड़ेगा, इस निष्कर्ष पर विवाद हो सकता है, लेकिन इस विषय में अब कोई दुविधा नहीं है कि कांग्रेस ने पिछले एक साल में अपने लिए एक नया रास्ता चुन लिया है। यदि थोड़ा गहराई में जाकर देखा जाए तो यह तथ्य भी ढूंढ़ा जा सकता है कि कांग्रेस आज जिस रास्ते चल पड़ी है, इसके बीज कांग्रेस में मौजूद थे, लेकिन सचाई यह भी है कि आजादी के बाद से पिछले साल तक कांग्रेस जिस बिरवे को सींच रही थीं, वह पौधा यह नहीं था। नरसिंह राव-मनमोहन सिंह आज जिस बिरवे को पानी दे रहे हैं, उसका बीज इतने सालों तक मिट्टी में कहीं अलग दबा हुआ था।

हालांकि यह भी कहा जा सकता है कि वर्तमान कांग्रेस की आर्थिक नीतियां वस्तुतः राजीव गांधी के सपनों को साकार करने की दिशा में आगे का एक कदम है और यह दावा गलत भी नहीं होगा। याद करें सन 85 के राजीव गांधी को, जिन्होंने प्रधानमंत्री बनते ही पिछली सरकार की विरासत को करीब-करीब पूरी तरह से ही नकार दिया था। बम्बई में उनका यह उद्घोष कि कांग्रेस को सत्ता के दलालों से मुक्त करना है या पंजाब, कश्मीर, असम में एक के बाद एक उन शक्तियों से बातचीत करके समाधान का कोई रास्ता ढूंढ़ना, जिन्हें पिछली सरकार ने देशद्रोही मानकर अवांछित घोषित कर रखा था या फिर उनकी सरकार के पहले के दो बजट जो किसी भी सूरत में नेहरू-इंदिरा विरासत की कड़ी नहीं थे। यानि राजीव गांधी अपने शासनकाल के प्रारंभिक वर्षों में जो भी नीति-विषयक महत्त्वपूर्ण कदम उठा रहे थे, वे वस्तुतः अपनी मां की सरकार की नीतियों के बिल्कुल उलट थे।

यह बात अलग है कि पिछले दो सालों के बाद राजीव गांधी ने जो एक बार पीछे कदम उठाया तो फिर उससे वे उबर नहीं सके। कांग्रेस के अंदर की पुरातनपंथी शक्तियों ने उन्हें कुछ इस प्रकार जकड़ा कि वे न तो नेहरू परंपरा के वारिस रह सके और न ही इंदिरा परंपरा के। विचारों और क्रिया-कलापों का कुछ ऐसा घालमेल हुआ कि वे नेहरू परंपरा का सायास अनुकरण करने की प्रक्रिया में इंदिरा-परंपरा की ओर अनायास बढ़ते गए। उनके शासनकाल के बाद के वर्षों में पैदा हुई राजनीतिक कटुता, पार्टी और संगठन के अंदर उनका अधिनायकवादी व्यवहार, आंतरिक आलोचना को कुचल देने की प्रवृत्ति, भ्रष्टाचार को या तो अनदेखा करना या फिर उसे प्रश्रय देने की प्रवणता और बार-बार घोषणा करने के बावजूद पार्टी के लोकतांत्रिक ढांचे की पुनर्स्थापना न कर पाना राजीव गांधी की वैचारिक दुविधा और उससे उत्पन्न परस्पर विरोधी क्रियाओं का परिणाम था।

राजीव गांधी को करीब से जानने वालों का यह दावा है कि सन् 89 में अपनी पराजय के बाद सत्ताच्युत राजीव गांधी गहन आत्ममंथन के दौर से गुजर रहे थे और उन्होंने यह महसूस किया था कि सन् 85 में उठाए गए कदमों को सन् 87 में पीछे खींच लेना न केवल गलत बल्कि घातक निर्णय भी था। सन् 91 के चुनाव के दौरान तथा उससे पूर्व जारी किए गए चुनाव घोषणा पत्र में राजीव गांधी के इस पुनर्विचार की प्रक्रिया की स्पष्ट झलक मिलने लगी थी। यदि इस दृष्टि से देखा जाए तो यह कहा जा सकता है कि वर्तमान कांग्रेस राजीव गांधी के सपनों को ही साकार कर रही है। फर्क सिर्फ यह है कि ये सपने सन् 87 से सन् 89 तक के राजीव गांधी के सपने नहीं हैं। ये सपने सन् 85, 86 या संभवतः सन् 90-91

के राजीव गांधी के सपने हैं, जो वर्तमान कांग्रेस की गतिविधियों के माध्यम से मूर्त होने की चेष्टा कर रहे हैं। नरसिंह राव-मनमोहन सिंह की आर्थिक नीतियां अचानक कहीं से राजनीति के केंद्र में नहीं आ टपकी हैं। इन नीतियों के गुण-अवगुण का विचार फिलहाल स्थगित रखकर इतना तो कहा ही जा सकता है कि यह स्रोत अचानक कहीं गलती से नहीं फूट पड़ा है। इस धारा का उद्‌गम इंदिरा-उत्तर राजनीति में छिपा हुआ है। यह कह सकते हैं कि कुछेक सालों के लिए यह धारा धरती में लुप्त हो गई थी और आज कहीं ज्यादा वेग से फूट पड़ी है। फर्क सिर्फ इतना ही है।

नेहरू परिवार की विरासत की दृष्टि से यदि इस फर्क को देखना चाहें तो इसे इस रूप में देख सकते हैं कि पंडित नेहरू प्रखर राष्ट्रवादी, स्वप्नदर्शी, समाजवादी, विश्वबंधुत्ववादी तथा लोकतांत्रिक संस्थाओं तथा परंपराओं में विश्वास करने वाले राजनीतिज्ञ थे। नेहरू युग की कांग्रेस का भी यही रास्ता था। श्रीमती इंदिरा गांधी ने विरासत में करीब-करीब इन सारे स्वप्नों का उत्तराधिकार प्राप्त किया था, लेकिन लोकतांत्रिक मूल्यों और परंपराओं के प्रति वे अपने पिता की तरह उदार नहीं थीं, आलोचना उन्हें कतई बर्दाश्त नहीं थी। यहां तक कि लोकतांत्रिक ढांचे के अंदर की गई सृजनात्मक आलोचना भी। इसका प्रतिफल पार्टी के एकनायकवादी स्वरूप में सामने आया। पहले पार्टी के अंदर लोकतांत्रिक ढांचा समाप्त हुआ, फिर एक ऐसा समय आया कि इमर्जेंसी के रूप में देश के लोकतांत्रिक ढांचे पर ही प्रहार किया गया। आश्चर्य नहीं कि लोकतांत्रिक संस्थाओं का सबसे ज्यादा क्षरण श्रीमती गांधी के काल में ही हुआ।

राजीव गांधी को नेहरू-इंदिरा विरासत का मिश्रित उत्तराधिकार मिला। अपनी मां और नाना की तरह वे भी प्रखर राष्ट्रवादी और आधुनिक थे, लेकिन उनकी तरह वे समाजवादी नहीं थे। हालांकि नेहरू और इंदिरा गांधी के समाजवाद में काफी गुणात्मक अन्तर था, लेकिन राजीव गांधी का समाजवाद तो इतना अलग था कि उसे सिर्फ शब्द रूप में ही 'समाजवाद' कहा जा सकता है। राजीव गांधी का विश्व से सरोकार न तो नेहरू जी की तरह विश्वबंधुत्ववादी था, न ही श्रीमती इंदिरा गांधी की तरह विश्व में अपनी अलग किंतु प्रखर पहचान बनाने की चेष्टा वाला सरोकार था। अपने समय के अनुसार विश्व से उनका सरोकार विश्व बाजार से था, जो उनके शासनकाल के प्रारंभिक दौर में बहुत साफगोई से प्रकट हुआ था और बाद में आंतरिक दबावों के कारण राजीव जिससे पीछे हट गए थे। कुछ यही हादसा उनके साथ लोकतांत्रिक तेवर के मामले में भी हुआ। आंतरिक आलोचना के प्रति असहिष्णुता उनका स्वाभाविक गुण नहीं था, लेकिन परिस्थितिवश इन मामलों में वे धीरे-धीरे अनुदार होते गए। संस्थाओं को नष्ट करने का प्रयास उन्होंने नहीं किया, पर अपनी तमाम सदिच्छा के बावजूद पार्टी में आंतरिक लोकतंत्र वे स्थापित नहीं कर सके।

अपनी ढेर सारी कमियों के बावजूद कांग्रेस आज एक ऐसी संस्था है, जो आचार और विचार, दोनों स्तरों पर आंतरिक लोकतंत्र स्थापित करने के प्रति प्रतिबद्ध नजर आती है। कांग्रेस कार्य समिति के चुनाव और उसके बाद के नाटक के बावजूद संस्था के अंदर कुछ ऐसा माहौल बन रहा है कि अब यह संभव लगने लगा है कि एक छत्र के तले अनेक सपने पल-बढ़ सकें। वे आपस में टकराएं, लेकिन उसी सीमा तक कि कुछ सपने खंडित हों, कुछ नए उभरकर सामने आएं, लेकिन छत्र सर्वदा सुरक्षित रहे। पार्टी अब इस धरातल

पर आ गई है कि उनके नेता में अब दैवीय गुणों की अपेक्षा शायद ही कोई करता हो। लोगों की अपेक्षा सिर्फ यही है कि अपने गुण-अवगुण सहित नेतृत्व मानवीय बना रहे। भविष्य के नेतृत्व की यदि कोई आकांक्षा करता है तो इसे कोई बहुत बड़ा दुर्गुण न माना जाए।

राजीव गांधी और नेहरू परिवार के बिना कांग्रेस के एक साल की यह उपलब्धि कही जा सकती है कि विरासत की परंपरा से ऊर्जा ग्रहण करते हुए पार्टी एक ज्यादा जीवंत, सार्थक तथा ढेर सारे सपनों को अपने में समेटे एक बहुमखी मंच के रूप में उभर रही है। वैसी कांग्रेस, जैसी आजादी के पहले हुआ करती थी।

(28 मई 1992, अमर उजाला)

एक नींद उड़ाने वाली चिट्ठी

कांग्रेस अध्यक्ष के राजनीतिक सचिव को लिखे अर्जुन सिंह के पत्र को लेकर कांग्रेस में जिस तरह का हंगामा खड़ा किया गया है, यही सिद्ध होता है कि साल बीतते न बीतते पार्टी एक बार फिर अपनी पुरानी राह पर चल पड़ने को तैयार खड़ी है। इंदिरा-राजीव विरासत से मुक्त होने के बाद कांग्रेस सचमुच कमजोर हुई या नहीं, यह विवाद का विषय हो सकता है, पर यह निर्विवाद है कि कांग्रेस लंबे अरसे के बाद एक बार फिर से एक मुक्त लोकतांत्रिक मंच के रूप में उभरकर सामने आने लगी थी। एक ऐसी पार्टी, जहां विभिन्न मतवाद एक-दूसरे को निगल जाने की कोशिश किए बगैर संपूर्ण सहिष्णुता के वातावरण में शांतिपूर्ण सह अस्तित्व में विश्वास करते हों।

इंदिरा-राजीव काल में कांग्रेस का कुछ ऐसा स्वरूप बन गया था कि वहां पार्टी या नेता की आम राय से भिन्न मत व्यक्त करने का एकमात्र अर्थ होता था कि इस तरह की बातें करके आप अस्थिरता का माहौल बना रहे हैं जिसे राष्ट्रद्रोह से कम बड़ा अपराध नहीं माना जाता था। कुल मिलाकर मानसिक रूप से पार्टी एक नेता और उसके परिवार के इर्द गिर्द कुछ इस तरह सिमटकर रह गई थी कि मानो देश, नेता, परिवार, राष्ट्र—सब आपस में गड्ड-मड्ड हों। एक की आलोचना दूसरे की आलोचना बन जाती थी, इसका अहसास होते-होते आलोचक साफ हो चुका होता था। ऐसे माहौल में नरसिंह राव पार्टी में एक नई बयार का झोंका लेकर आए थे।

अपनी आदत से मजबूर कांग्रेसी हालांकि बार-बार उस परंपरा की ओर कांग्रेस को धकेलना चाहते थे जहां अधिनायकवाद को एक स्वस्थ लोकतांत्रिक परंपरा के रूप में पहचाना जाता था। इसीलिए पार्टी में निचले स्तर से लेकर नीति निर्धारण करने वाली उच्चतम संस्था का गठन निर्वाचन के माध्यम से हो, इस बात को आम कांग्रेसी तब नहीं पचा पा रहा था। पार्टी में चुनाव का न केवल सबसे ज्यादा विरोध ये लोग कर रहे थे, बल्कि हर स्तर पर इस तरह की कठिनाइयां भी पैदा करते रहते थे, जिससे पार्टी में आंतरिक लोकतंत्र की वापसी का रास्ता थोड़ा और कठिन हो जाए।

उस दौर में नरसिंह राव अडिग रहे। जिस काम को करने की इंदिरा गांधी ने कभी कोई कोशिश भी नहीं की, राजीव गांधी जिसे करने की बार-बार घोषणा करके टालते रहे, उस काम को नरसिंह राव ने इतनी आसानी के साथ यों हो जाने दिया मानो कांग्रेस के लिए यह बहुत ही रूटीन मामला हो। कांग्रेसियों को हर स्तर पर अपना नेता चुनने का अवसर दिया जाता रहा और अपनी पुरानी आदत के कारण अधिकांश मामलों में वे अपना यह पवित्र अधिकार नरसिंह राव को सौंपकर अपने दायित्व से भागने की कोशिश करते रहे। तिरुपति

में कार्यकारिणी के चुनाव के समय तो कुछ ऐसा माहौल बनाया गया कि यदि सभी सदस्य अध्यक्ष द्वारा मनोनीत नहीं होते और इसके लिए चुनाव की नौबत यदि आ ही जाती तो पार्टी और देश का इससे बड़ा दुर्भाग्य शायद कुछ और नहीं होगा। इस पार्टी में चुनाव का अर्थ होता था विवाद, और विवाद का परिणाम माना जाता था बंटवारा। पिछले दिनों में कांग्रेस की जो परंपरा बनी थी उसमें इन्हें पीट-पीटकर समझाया गया था कि पार्टी के बंटवारे का अर्थ होता है—देश का बंटवारा और राष्ट्र का विनाश।

पिछले साल भर से ऐसी गुलाम मानसिकता से ग्रस्त पार्टी को नरसिंह राव बार-बार झकझोरकर लोकतंत्र के सही रास्ते पर लाने का यत्न करते रहे। हालांकि जिस तरह नरसिंह राव ने पार्टी अध्यक्ष और प्रधानमंत्री, दोनों पदों पर खुद को स्थापित करके एक व्यक्ति एक पद के स्वघोषित नियम को अपने पर लागू नहीं होने दिया और कांग्रेस कार्यसमिति के चुनाव के बाद नामांकन के प्रश्न पर जिस तरह का घपला किया, उससे उनका स्खलन भी सामने आया, पर कुल मिलाकर पार्टी में एक लोकतांत्रिक माहौल का तेवर स्थापित करने में उन्होंने मदद ही की। उन्होंने खुद को किसी ऐसे देव-प्रदत्त नेता के रूप में स्थापित करने की कोशिश नहीं की जिसे किसी भी प्रकार की चुनौती मिलते ही राष्ट्र में प्रलय की आशंका व्यक्त की जाने लगे।

ऐसे माहौल में अर्जुन सिंह के पत्र पर कांग्रेस के अंदर जैसी तीव्र प्रतिक्रिया हुई है या जैसी प्रतिक्रिया आयोजित की गई है, वह कुछ मायने में आश्चर्यजनक है। अब यह लगने लगा था कि कांग्रेस बदल रही है परंतु इस एक घटना ने यही सिद्ध किया है कि कांग्रेस फिर से उसी बिंदु पर पहुंच गई है जहां से नरसिंह राव ने इसका भार अपने कंधों पर उठाया था। इसमें भी अविश्वास का कोई कारण नहीं दिखता कि कांग्रेस को फिर उसी मुकाम पर पहुंचाने में नरसिंह राव का भी उतना ही अप्रत्यक्ष योगदान है, जितना प्रत्यक्ष योगदान उन मुखर कांग्रेस नेताओं का है जो आज बढ़-चढ़कर अर्जुन सिंह के निंदा-अभियान में लगे हुए हैं।

आश्चर्य की बात यह है कि अर्जुन सिंह की निंदा करने वाले इस बात पर ज्यादा उत्तेजित नहीं लगते कि उन्होंने भाजपा और मंदिर के मामले में कांग्रेसी नेतृत्व की नीति विषयक विफलता की ओर परोक्ष संकेत किया है। उनकी उत्तेजना का कारण महज यह है कि उन्होंने उस पत्र को सार्वजनिक क्यों कर दिया। यानि कांग्रेस में फिर से सक्रिय हो रहे नए हल्ला ब्रिगेड को इसकी परवाह नहीं कि अर्जुन सिंह अयोध्या मसले पर नरसिंह राव की अस्पष्ट नीति की आलोचना कर रहे हैं, उन्हें सिर्फ इस बात पर मजा आ रहा है कि वे फिर से एक बार कठपुतली बनाए जा रहे हैं जिसकी डोर अब सीधे उच्च कमान की उंगलियों में रहेगी।

दुख की बात यह है कि कांग्रेस के अंदर ऐसे लोग भरे पड़े हैं, जो इस मुद्दे पर अर्जुन सिंह से अलग नहीं सोचते, लेकिन उनके अंदर इतना साहस नहीं कि इन शोर मचाने वालों को डपटकर चुप कराएं और उनसे पूछ सकें कि अर्जुन सिंह ने कौन सी ऐसी गलत बात की है या प्रधानमंत्री पर कौन सा ऐसा लांछन लगाया है या पत्र लिखकर उन्होंने पार्टी का कौन सा अनुशासन भंग किया है कि आप लोग आसमान सिर पर उठाए हुए हैं। यदि ऐसा नहीं है और अर्जुन सिंह ने कांग्रेस को उसकी पारंपरिक ऐतिहासिक और उसकी अंतर्निहित शक्ति का ही अहसास कराया है तो उस पर चर्चा होनी चाहिए न कि इस बात पर चांव-चांव

होती रहे कि उनका पत्र अखबारों के पन्नों पर कैसे पहुंच गया। क्या इस तरह का पत्र लिखकर अर्जुन सिंह वास्तव में प्रधानमंत्री की गद्दी हथियाना चाहते हैं या जैसा कि पार्टी के अंदर दबे-जुबान कहा जा रहा है कि इस चर्चा को छेड़कर वे चुरहट कांड की जांच रुकवाने का यत्न कर रहे हैं। हो सकता है, इन दोनों बातों में दम हो या ये बात बिल्कुल बे-बुनियाद हो, लेकिन इससे वह बात कैसे छोटी हो जाती है, जो उन्होंने अपने पत्र में उठाई है।

अर्जुन सिंह ने आखिर यही कहा है न कि अयोध्या निर्माण कार्य के बारे में कांग्रेस की प्रतिक्रिया अस्पष्ट है या कि 21 जुलाई को कार्य समिति की बैठक में कांग्रेस अध्यक्ष ने महासचिवों को निर्देश दिया था कि सांप्रदायिक शक्तियों से मुकाबला करने की कार्य योजना तैयार की जाए, लेकिन उस पर अब तक कोई कार्रवाई प्रारंभ नहीं हुई है तो इसमें झूठ या गलत क्या है। क्या अर्जुन सिंह को यह नहीं कहना चाहिए कि भाजपा के मुख्य राजनीतिक हथियार को देखते हुए उनकी सांप्रदायिक नीतियों और मंसूबों के खिलाफ ठोस, स्पष्ट और सक्रिय रणनीति बनाना आवश्यक है या उनकी यह बात गलत है कि अयोध्या प्रकरण में कांग्रेस जनों को पता ही नहीं था कि वे क्या प्रतिक्रिया व्यक्त करें और उनके निजी विवेक पर छोड़ दिया गया था कि वे इस बारे में क्या कहें और क्या करें, जिसके कारण इस धारणा को बल मिला कि कांग्रेस की इस बारे में कोई ठोस और स्पष्ट नीति नहीं है। यदि हम यह समझने और प्रकट करने में विलम्ब करेंगे कि भाजपा किस प्रकार असत्य और घातक आधारों का सहारा लेकर एकाग्र भाव और बेरहमी से राजनैतिक सत्ता प्राप्त करने की कोशिश कर रही है तो कांग्रेसजन के रूप में अपना कर्त्तव्य पूरा करने में असफल होंगे। क्या यह कहना प्रधानमंत्री को अपदस्थ करके खुद गद्दी पर बैठने का षड्यंत्र है, जिसकी ओर ऑर्केस्ट्रा के डंडे से संचालित कांग्रेस जनों का एक समूह इशारा कर रहा है।

अर्जुन सिंह कह रहे हैं कि यह कर्त्तव्य का आह्वान है कि कांग्रेसजन की यह पीढ़ी अपने मतभेद समाप्त कर सांप्रदायिक, अंधविश्वासी और विघटनकारी शक्तियों का मुकाबला करने में जुट जाए, इसलिए मुझे यह कहने में संकोच अनुभव नहीं होता कि हम सब इस आह्वान का निश्चित और स्पष्ट कर्म द्वारा उत्तर देने में सक्षम हैं तथा निर्णय और कार्रवाई की रूपरेखा बनाने की जिम्मेदारी हमारी है। अर्जुन सिंह और कांग्रेस का दुर्भाग्य कि कांग्रेसी एकजुट होकर निश्चित और स्पष्ट कर्म द्वारा उत्तर दे रहे हैं लेकिन भाजपा या सांप्रदायिक शक्तियों को नहीं, खुद अर्जुन सिंह को।

सच तो यह है कि कांग्रेस के शीर्ष नेतृत्व और उसकी प्रेरणा से परिचालित इस निंदा मुहिम के नेताओं को पता है कि प्रधानमंत्री ने विश्व हिंदू परिषद और साधु-संतों से जो तीन महीने की मोहलत मोल ली है, उसके अंत में स्थितियां वही की वही रहेंगी जहां कार सेवा स्थगन घोषित होने के समय थीं। मंदिर बनाने वाले और हैं तथा मंदिर बनाने के विवाद को समाप्त न होने देने वाले लोग कुछ और हैं। फिलहाल मंदिर निर्माण का दूसरा वर्ग हावी है। यह वर्ग न सर्वसम्मत समझौता होने देगा, न अदालत की अंतिम राय को निर्णायक बनने देगा, क्योंकि इसका लक्ष्य अयोध्या में राम मंदिर बनाना उतना नहीं है, जितना उस रास्ते से दिल्ली में राज प्राप्त करना है।

अर्जुन सिंह ने प्रधानमंत्री के इस क्षणिक आत्मतोष पर उंगली रखकर जिस लंबी लड़ाई और उसके लिए कांग्रेस से तैयारी के अभाव के जिस कमजोर रग को झनझना दिया है,

यह बौखलाहट उसी का परिणाम है। कांग्रेस को अंततः यह फैसला तो करना ही पड़ेगा कि आखिर उसका रास्ता क्या हो सकता है। क्या वही रास्ता जो भाजपा का है या उससे कोई अलग रास्ता, जो कांग्रेस की पारंपरिक शक्तिस्रोत से ऊर्जा प्राप्त करता है। नरसिंह राव यह जानते-बूझते कि ऐसे ही प्रयास करते हुए उनसे पहले तीन प्रधानमंत्री एक अंधी गली के मुकाम पर ही पहुंच पाए थे, इस प्रयास को इसलिए जारी रखना चाहते हैं कि किसी उपयुक्त क्षण में अपनी विफलता को सांप्रदायिक शक्तियों के सिर मढ़कर वे अलग हो जाएंगे। वह अर्जुन सिंह की इस कार्रवाई से चिढ़े इसीलिए हैं कि अर्जुन सिंह इस गली के मुहाने पर बैठकर इस बात को दोहरा रहे हैं कि न सिर्फ यह अंधी गली है जहां से आप आगे नहीं जा सकते बल्कि यह ऐसी गली भी है जहां से निकलकर भी शायद ही आ पाएं।

कांग्रेस अपनी इस पारंपरिक भूमिका और शक्ति उत्स को पूरी पिछली चौथाई शताब्दी भूलने का ही यत्न करती रही है। आज अनुशासनहीनता और पदलिप्सा का आरोप लगाकर कांग्रेसी अपनी इस चौथाई सदी की परंपरा को पुनर्स्थापित करना चाहते हैं, न कि अपनी उस शताब्दी व्यापी चेतना को, जिसके पुनर्जीवित होने के संकेत पिछले साल मिलने लगे थे। कांग्रेस आज उस मोड़ पर है, जहां उसे न सिर्फ यह तय करना है कि धर्मनिरपेक्षता, लोकतंत्र और राष्ट्रीयता के प्रश्न पर वह कहां खड़ी रहेगी, बल्कि यह भी तय करना है कि एक पार्टी संगठन के रूप में एक स्वस्थ लोकतांत्रिक मंच बनेगी या एक ऐसी संस्था, जो भय, असुरक्षा, षडयंत्र और व्यक्तिपूजा से जीवनीशक्ति प्राप्त करती है। यदि कांग्रेस को इसी रास्ते पर चलना है तो उसे फिर एक अतिमानवी नायक परंपरा का निर्माण करना पड़ेगा क्योंकि नेहरू गांधी विरासत तो अब आने से रही।

(14 अगस्त 1992, अमर उजाला)

कौन से मूल्य और कौन सी परंपरा

काफी खींचतान और मोल-तोल के बावजूद जब जनार्दन रेड्डी नहीं माने तो इस खेल में माहिर मूपनार को हैदराबाद भेजा गया। मूपनार ने निश्चय ही पारंपरिक कांग्रेसी शैली में रेड्डी को समझाया-बुझाया होगा, क्योंकि चौबीस घंटे के अंदर ही उन्होंने आंध्र प्रदेश के मुख्यमंत्री पद से अपने इस्तीफे की पेशकश कर दी। मूपनार से यही अपेक्षित था। वे इंदिरा गांधी-राजीव गांधी के जमाने से इस प्रकार के काम सफलतापूर्वक करते रहते हैं। उन्हें पता है कि कांग्रेस के मूल्य और परंपराएं क्या हैं।

आंध्र प्रदेश हाईकोर्ट का यह फैसला आए सप्ताह बीत चुका था कि प्राइवेट मेडिकल कॉलेजों को पचास फीसदी सीटों पर कब्जा दिलाने की रेड्डी सरकार की नीति कैपिटेशन शुल्क जैसी ही अनैतिक और असंवैधानिक है। इस निर्णय के आने के तत्काल बाद ही विपक्ष के विघ्नसंतोषी, पत्रकार और कांग्रेस के असंतुष्ट इस बात का दबाव बनाए हुए थे कि रेड्डी उच्च न्यायालय के इस फैसले की नैतिक जिम्मेदारी स्वीकार करते हुए अपने पद से इस्तीफा दे दें। रेड्डी को स्वाभाविक ही यह तर्क समझ में नहीं आ रहा था। एक तो कांग्रेस की ऐसी कोई खास परंपरा नहीं है और दूसरे, उनके सामने ऐसे अनेक ताजा उदाहरण मौजूद थे, जहां परिस्थिति ऐसी ही थी, लेकिन त्याग पत्र आदि का कोई प्रश्न ही नहीं उठता था। फिर रेड्डी ही आखिर क्यों इस्तीफा दें।

जाहिर है, मामला वह नहीं है, जो सतह पर दीख रहा है इसलिए मूपनार मार्का हस्तक्षेप के पीछे निश्चय ही कोई और गहरा कारण होगा, लेकिन फिलहाल इसे यहीं छोड़ते हैं क्योंकि इस इस्तीफे की घोषणा से ज्यादा चौंकाने वाली बात थी–उस समय दिया गया आंध्र मामलों के प्रभारी कांग्रेसी महासचिव जनार्दन पुजारी का बयान। पुजारी ने बताया कि प्रधानमंत्री पद से विदा ले रहे रेड्डी से राव ने कहा कि आपका फैसला कांग्रेस के मूल्यों और परंपराओं के अनुरूप है और इन मूल्यों-परंपराओं के लिए आपके द्वारा दिखाए गए आदर की मैं प्रशंसा करता हूं। यही नहीं, प्रधानमंत्री ने साथ यह भी जड़ा कि रेड्डी द्वारा मुख्यमंत्री पद पर रहते हुए किए गए योगदान की भी मैं तारीफ करता हूं। भ्रम की स्थिति यहां से पैदा होती है कि कांग्रेस के आखिर किन मूल्यों और परंपराओं की बात राव कर रहे थे क्योंकि कांग्रेस में पिछले कीर्तिमानों को फिलहाल यदि छोड़ भी दें तो हाल में भी इस महान संस्था के योग्य उत्तराधिकारियों ने जो नए मूल्य और नई परंपराएं स्थापित की हैं वे भी इतनी वैविध्यपूर्ण हैं कि एक निष्कर्ष पर नहीं पहुंचा जा सकता।

कांग्रेस संस्था के रूप में जिस मूल्य को गहरे स्थापित कर चुकी है वह यह है कि भ्रष्टाचार अपने आप में कोई महत्त्वपूर्ण मुद्दा नहीं है। इस दिशा में ऐसी परंपरा विकसित हुई है जिससे

यदि यह निष्कर्ष निकलता है कि लोकतंत्र और भ्रष्टाचार एक-दूसरे के पूरक हैं तो इसे गलत निष्कर्ष नहीं कहा जा सकता। यहां एच डी डब्ल्यू पनडुब्बी या बोफोर्स तोप घोटाला तथा उनकी जांच में उत्पन्न की गई बाधाओं की बात हम नहीं कर रहे हैं। वह प्रकरण एक व्यक्ति और उसके परिवार के साथ ही चला गया। यहां बात जाफर शरीफ, रामेश्वर ठाकुर, दलबीर सिंह तथा बंगारप्पा के अपने निजी घोटालों सहित उन अनेक अनाम कैबिनेट मंत्रियों की भी हो रही है जिनके नाम हर्षद मेहता, कृष्णमूर्ति घोटाले में खुलेआम सामने आ रहे हैं और प्रधानमंत्री इन्हें अपने केबिनेट में ससम्मान संजोए हुए हैं।

जहां तक हाईकोर्ट के फैसले की बात है तो उसके सर्वोत्तम उदाहरण हैं—केंद्रीय रेलमंत्री जाफर शरीफ। रेलवे के लिए बिजली के इंजन खरीदने के मामले में एक विदेशी फर्म को अनुचित प्राथमिकता देने की बात अर्से से फिजा में थी। अखबार इस विषय पर पन्ने रंगते रहे। विपक्ष बार-बार इस मसले को संसद में उठाता रहा, पर जाफर शरीफ पर तो कोई असर पड़ना ही नहीं था। प्रधानमंत्री भी अविचलित रहे। फिर दिल्ली उच्च न्यायालय ने इस मामले में अपनी राय दे दी कि यह अनुचित प्राथमिकता का स्पष्ट मामला है।

हाईकोर्ट की विपरीत राय के बाद पद छोड़ने की एक परंपरा रही है। महाराष्ट्र में दो मुख्यमंत्री—अब्दुर्रहमान अंतुले तथा शिवाजी राव पाटिल निलंगेकर तथा मध्य प्रदेश में अर्जुन सिंह इस तरह के स्ट्रिक्चर के बाद अपने पद से त्यागपत्र दे चुके थे। अतः स्वाभाविक ही यह मांग उठी कि जाफर शरीफ अपने पद से इस्तीफा दें। शरीफ ने न खुद इस्तीफा दिया और न ही प्रधानमंत्री ने उनसे इस्तीफा मांगा। कहा गया कि एक तो हाईकोर्ट ने सिर्फ उक्त निर्णय को गलत पाया है, उसमें यह कहीं नहीं है कि उक्त निर्णय से जाफर शरीफ को व्यक्तिगत रूप से कोई लाभ हुआ हो। दूसरे, रेल मंत्रालय ने सर्वोच्च न्यायालय में अपील कर दी है। इसलिए जब तक इसका फैसला नहीं आ जाता, शरीफ को त्याग पत्र देने की कोई आवश्यकता नहीं है।

अब एक नहीं, कई परंपराएं हो गईं और सारी आपस में गड्ड-मड्ड भी। सुप्रीम कोर्ट में अपील तो अंतुले और अर्जुन सिंह की भी पड़ी हुई है। और तो और जनार्दन रेड्डी ने निजी तौर पर तथा आंध्र प्रदेश सरकार ने अपनी ओर से भी सुप्रीम कोर्ट में अपील कर रखी है। नई परंपरा तो यह हुई कि हाईकोर्ट के निर्णय का कोई मतलब नहीं होता। अर्जुन-अंतुले-शिवाजी के जमाने में होता होगा, अब इसका कोई अर्थ नहीं है। भ्रष्टाचार में राजनेता लिप्त है या नहीं या उसकी नैतिक जिम्मेदारी किसकी है, सुप्रीम कोर्ट के फैसले के बाद ही तय होनी चाहिए। उससे पहले पद त्यागने की कोई आवश्यकता नहीं है। कम-से-कम जाफर शरीफ के मामले में तो यही परंपरा बनी है। फिर जनार्दन रेड्डी को इस परंपरा के लाभ से क्यों वंचित किया जा रहा है, यह बात फिलहाल समझ से परे है। इसीलिए यह भी समझना कठिन है कि प्रधानमंत्री आखिर किन मूल्यों और परंपराओं की बात कर रहे थे और अब देखना है कि बंगारप्पा कौन सी परंपराएं स्थापित करते हैं?

जाफर शरीफ की तरह बंगारप्पा के भी भ्रष्टाचार तथा भाई-भतीजावाद के किस्से आम हैं। अखबार लिख-लिखकर तंग आ चुके हैं। लोकतांत्रिक फोरमों पर भी इन मामलों को उछाला जा चुका है। अब तक लोग असंतुष्ट विधायकों की बात करते थे। बंगारप्पा का अनूठा मंत्रिमंडल, जिसमें अधिकांश मंत्री न केवल असंतुष्ट हैं, बल्कि मुखर रूप से असंतुष्ट हैं, फिर भी बंगारप्पा का बाल बांका नहीं हो रहा है।

आंध्र प्रदेश की इस ताजा उथल-पुथल के बाद कर्नाटक उच्च न्यायालय से भी एक महत्त्वपूर्ण फैसला आ चुका है। उच्च न्यायालय ने राज्य में नौ नए इंजीनियरिंग कॉलेज खोलने के बंगारप्पा के आदेश पर रोक लगा दी है। यदि जनार्दन रेड्डी की ताजा परंपरा का पालन किया जाता है तो बंगारप्पा को इस्तीफा देना चाहिए। सुप्रीम कोर्ट में अपील हो या न हो, उससे कोई फर्क नहीं पड़ता। यदि जाफर शरीफ की परंपरा का विस्तार होता है तो बंगारप्पा को अपनी कुर्सी पर जमकर बैठे रहना चाहिए क्योंकि भ्रष्टाचार का सीमा पार जाना या अधिकांश विधायकों का विश्वास खो देना या उच्च न्यायालय की विपरीत टिप्पणी का जाना, इन सबका तब तक कोई अर्थ नहीं होता, जब तक कांग्रेस में जिसे आला कमान कहते हैं, उसका संकेत न मिल जाए कि अब आप हट जाएं।

इसके बाद कोई विकल्प नहीं बचता। यदि कोई बड़े अकडू खां हैं तो मूपनार जैसे बाहुबली भेज दिए जाते हैं। वे समझाते-बुझाते हैं। सारे समर्थकों को हीले से लगाने का आश्वासन देते हैं। विश्वास दिलाते हैं कि वही आपका उत्तराधिकारी बनेगा, जिसे आप आशीर्वाद देंगे। फिर भी नहीं मानते तो उन्हें पता होता है कि कौन सा दांव आपको बिल्कुल असहाय करके पस्त कर सकता है। एक परंपरा यह भी है जो अभी आंध्र प्रदेश में आजमाई गई है। माफ कीजिए, गुत्थी अभी भी उलझी हुई है, क्योंकि नरसिंह राव ने सिर्फ मूल्यों और परंपराओं के लिए रेड्डी द्वारा दिखाए गए आदर की ही तारीफ नहीं की थी, उन्होंने साथ ही रेड्डी द्वारा मुख्यमंत्री के पद पर रहते हुए किए गए योगदान की भी तारीफ की है।

इसका अर्थ है कि मूल्यों और परंपराओं की खोज में एक बार मुख्यमंत्री के पद पर रहते हुए रेड्डी के योगदान की तह में जाना पड़ेगा, तब शायद इस शंका कोई समाधान निकल सके। एक योगदान तो शायद वह है, जिसकी चर्चा एन टी रामाराव अरसे से कर रहे हैं। कांग्रेस ने जब से तेलुगुदेशम को तोड़ने का प्रयास प्रारंभ किया, एनटीआर बार-बार कहते रहे कि पार्टी तोड़ने के लिए कांग्रेस न सिर्फ थैली का सहारा ले रही है बल्कि और भी अनेक तरह के प्रलोभन दिए जा रहे हैं। एनटीआर ने एक ठोस आरोप लगाया था कि तेलुगुदेशम असंतुष्टों के नेता भूपति विजय कुमार राजू को एक प्राइवेट मेडिकल कॉलेज देने का प्रलोभन भी दिया गया है। तब इस प्रलोभन का अर्थ ठीक ठीक समझ में नहीं आया था।

अब जब तेलुगुदेशम बंट चुकी है और टूटे हुए सांसद लोकसभा में कांग्रेस के लिए आरक्षित सीटों पर बैठने लगे हैं, तब कहीं जाकर इस आरोप का अर्थ खुलासा हुआ है। आंध्र प्रदेश उच्च न्यायालय ने जिन प्राइवेट कॉलेजों के आधार पर आंध्र प्रदेश सरकार पर भ्रष्टाचार का फैसला सुनाया है, उन कॉलेजों में एक कॉलेज माननीय भूपति विजय कुमार राजू का भी है। जाहिर है, लोकसभा में तेलुगुदेशम को तोड़ने का काम अकेले जनार्दन रेड्डी नहीं कर रहे होंगे। निश्चय ही कहीं न कहीं इसमें आला कमान की भी कोई भूमिका अवश्य होगी तो क्या प्रधानमंत्री जनार्दन रेड्डी के इसी योगदान की तारीफ कर रहे थे। यदि ऐसा है तो हम एक अन्य खतरनाक नतीजे पर पहुंचेंगे क्योंकि यह परंपरा तो सीधे सोलंकी प्रकरण से जुड़ती है।

प्रधानमंत्री जिन मूल्यों की बात करते हैं, वे शायद यह हैं कि आप भ्रष्टाचरण करते रहें, करते हुए पकड़े जाने पर लीपापोती करें, कोर्ट के आदेश की अवहेलना करें, जनमत

की अवमानना करें तथा आवश्यकता पड़ने पर उलटे आरोप जड़ दें कि इस तरह के सवाल उठाकर विपक्ष और गैर जिम्मेदार प्रेस राष्ट्र की एकता और अखंडता पर चोट पहुंचा रहा है। त्यागपत्र तभी दें जब आला कमान को अपने किसी अन्य स्वार्थ के लिए आपको अस्थायी रूप से त्यागने के लिए बाध्य होना पड़े। कांग्रेस के ये मूल्य और यह परंपरा रही है।

आश्चर्य यह है कि यह परंपरा न केवल जीवित है बल्कि नए निजाम में और भी फल-फूल रही है। जबकि राजनीति के ज्ञाता कह रहे थे कि यह परंपरा परिवार के साथ ही समाप्त हो गई। आश्चर्य सिर्फ यही है।

(1 अक्टूबर 1992, अमर उजाला)

कांग्रेस अपनी पुरानी आदत नहीं छोड़ेगी

कांग्रेस कार्यसमिति की पिछली विस्तारित बैठक इतिहास के ऐसे क्षण में हो रही थी, जहां देश को यह तय करना है कि वह लोकतंत्र और धर्मनिरपेक्षता जैसी संविधान प्रदत्त दिशा में ही आगे बढ़ती रहेगी या आगे के लिए उसे अब कोई नई दिशा तय करनी है। उसके अगले ही दिन अखिल भारतीय संत समिति ने यह घोषणा की कि भारत का संविधान हिंदू-विरोधी है और समय आ गया है कि गुलामी के इस दस्तावेज को खत्म कर दिया जाए। सिर्फ संत समिति या संघ परिवार ही नहीं, देश में पहली बार एक ऐसा मुखर वर्ग सामने आया है जो निःसंकोच अपनी इस बात को कह रहा है कि सिर्फ धर्मनिरपेक्षता की हमारी अवधारणा ही नहीं, बल्कि राष्ट्रीयता की हमारी अवधारणा की भी पुनर्व्याख्या होनी चाहिए। ऐसे माहौल में कांग्रेस के 170 से ज्यादा वरिष्ठ नेताओं ने अपने एकमात्र नेता में आस्था व्यक्त करके राष्ट्र और संविधान के प्रति अपना कर्त्तव्य पूरा मान लिया। यही है पारंपरिक कांग्रेस संस्कृति का उत्तम नमूना।

छह दिसंबर को अयोध्या में विवादित बाबरी मस्जिद का ढांचा ढहाए जाने तथा 24 दिसंबर को कार्यसमिति की विस्तारित बैठक बुलाए जाने के बीच देश और कांग्रेस में इतना कुछ घटित हो चुका था कि स्वाभवतः लोगों की अपेक्षा थी कि इस बार कांग्रेस इस संकट से कोई क्रांतिकारी निर्णय लेकर ही सामने आएगी। अनिर्णय और अकर्म के लिए कुख्यात प्रधानमंत्री ने इस बीच अनेक महत्त्वपूर्ण निर्णय कर लिए थे। धर्म-निरपेक्षता में प्रतिबद्धता और सांप्रदायिक ताकतों के खिलाफ संघर्ष की घोषणा तो वह कर ही चुके थे, साथ ही उन्होंने यह भी कहा था कि इस संघर्ष में वे हर समान मना दल का सहयोग भी चाहेंगे। इसलिए यह माना जा रहा था कि पार्टी संघर्ष की रणनीति तय करेगी। अन्य दलों में तालमेल के तत्व तलाशेगी तथा अयोध्या के आइने में अपने दल का आत्मनिरीक्षण भी करेगी। विचार शून्यता के जिस वातावरण में पार्टी की यह बैठक समाप्त हुई, उसमें यह विश्वास कतई नहीं बनता कि वह सांप्रदायिक शक्तियों के विरुद्ध कोई सार्थक संघर्ष छेड़ पाएगी। संघर्ष की बात छोड़िए, यह विश्वास भी नहीं उपजा कि वह वास्तव में संघर्ष करना भी चाहती है।

वैसे कांग्रेस संघर्ष कर भी कैसे सकती है, क्योंकि इन मुद्दों पर पार्टी की वैचारिक स्थिति खुद स्पष्ट नहीं है। बताया जाता है कि कांग्रेस संसदीय दल की बैठक में प्रधानमंत्री ने यह भाषण दिया कि हमारी धर्मनिरपेक्षता भगवान राम का मुकाबला करने में सक्षम नहीं है। धर्मनिरपेक्षता की अवधारणा के सामने यदि खुद भगवान राम खड़े हो जाएं, तो आखिर

यह मुकाबला बराबरी का तो रह नहीं जाता। यह उसी बैठक की बात है, जिसके बारे में बताते हुए कांग्रेस प्रवक्ता ने कहा था कि सांप्रदायिकता के विरुद्ध संघर्ष में कांग्रेस अन्य धर्मनिरपेक्ष राजनीतिक दलों के साथ तालमेल का प्रयत्न करेगी। कांग्रेस प्रवक्ता का बयान या अखबारों में छपी उस बैठक की रिपोर्ट गलत नहीं है, क्योंकि यह बात भी कही गई थी, पर वैचारिक स्तर पर जो बात कांग्रेस नेतृत्व को मथ रही है और पहली बार किसी पार्टी फोरम पर जिसका उन्होंने खुलासा किया था, उसी बात को प्रवक्ता दबा गए। वे कर भी क्या सकते थे क्योंकि सांप्रदायिकता के साथ संघर्ष की रणनीति तैयार करना तथा धर्मनिरपेक्षता की अपनी खुद की अवधारणा को प्रश्न के घेरे में लाने की विरोधाभासी बातें आखिर एक ही सांस में कैसे कही जा सकती हैं।

कांग्रेस फिलहाल इसी विरोधाभास के भंवर में फंसी हुई है। उस बैठक में शामिल सांसदों ने बताया कि प्रधानमंत्री ने यह भी कहा कि यह दुविधा कोई आज की नहीं है और न ही इसका कारण अयोध्या संकट है। अरसे से कांग्रेस के नेता इस दुविधा को झेल रहे हैं, पर उसका कोई उचित हल सामने नहीं आ पा रहा है। राव ने कहा कि जब वे राजीव सरकार में मानव संसाधन विकास मंत्री थे, तब भी यह प्रश्न उनके सामने आया था। नई शिक्षा नीति बन रही थी और इनका प्रयत्न था कि इसी में धर्म-निरपेक्षता की भारतीय अवधारणा को भी सम्मिलित कर लें। सारे प्रयत्न जब निष्फल रहे तो राव ने राजीव गांधी के सामने यह समस्या रखी। राजीव, राव तथा दो अन्य विद्वानों ने इस विषय पर घंटों सिर खपाया, फिर भी जब किसी निष्कर्ष पर नहीं पहुंचे, तो राजीव गांधी के सुझाव पर इस विषय को भविष्य के लिए टाल दिया गया। संसदीय दल की बैठक में राव ने इस घटना का बयान करते हुए कहा कि अब समय आ गया है कि इसकी पुनर्व्याख्या हो जाए।

धर्मनिरपेक्षता के बारे में कांग्रेस की यदि यही स्थिति है, तो भला उनसे सांप्रदायिकता से सार्थक संघर्ष की अपेक्षा कैसे की जा सकती है, यही बात तो भाजपा के आडवाणी थोड़ी संसदीय भाषा में और संत समाज के लोग लट्ठमार सधुक्कड़ी भाषा में कर रहे हैं कि हमारी धर्मनिरपेक्षता छद्म या विकृत धर्मनिरपेक्षता है। असली धर्मनिरपेक्षता वह है, जिसमें हिंदू भावनाओं का विशेष ध्यान रखा जाए। आश्चर्य की बात यह है कि कांग्रेस कार्य समिति की विस्तारित बैठक में उत्तर भारत के अनेक नेताओं ने इन्हीं बातों को थोड़ी अलग भाषा और शैली में अभिव्यक्त किया। जाहिर है कि वैसे वातावरण में सांप्रदायिकता से संघर्ष की रणनीति बन ही नहीं सकती थी, जहां यही नहीं पता कि सांप्रदायिकता क्या है और धर्मनिरपेक्षता क्या है।

अपनी इस दुविधा और विरोधाभास को कांग्रेस ने कई बार कार्यरूप में भी अभिव्यक्त किया है। राम लला के प्रकट होने से लेकर शिलान्यास तक की बातें तो पुरानी पड़ चुकी हैं और अनेक बार कही जा चुकी हैं। ताजा उदाहरणों को लें। कांग्रेस ने सांप्रदायिक संगठनों पर प्रतिबंध का फैसला किया। उसे लागू किया, पर आधे-अधूरे मन से। खबरें आ रही हैं कि चारों हिंदीभाषी राज्यों में प्रशासन और पुलिस सचमुच यदि कड़ाई से इन प्रतिबंधों को लागू करना चाहती है तो स्थानीय कांग्रेस नेताओं की ओर से ही बाधाएं पैदा की जा रही हैं। कांग्रेस की आंतरिक रीति-नीति की कल्पना इसी तथ्य से की जा सकती है कि

प्रधानमंत्री दिल्ली में बाबरी मस्जिद बनाने की घोषणा करते हैं तो उत्तर प्रदेश कांग्रेस के वरिष्ठ नेता लोकपति त्रिपाठी कहते हैं कि राम लला की मूर्ति को अब कोई ताकत वहां से नहीं हटा सकती। अकबर अहमद डंपी कहते हैं कि कर्फ्यू के दौरान बरेली में मुसलमानों पर बड़ा अत्याचार हुआ तो उसका खंडन भाजपा या संघ के लोग नहीं करते। उत्तर प्रदेश कांग्रेस के महामंत्री कहते हैं कि डंपी के आरोप बे-बुनियाद हैं और पुलिस ने मुसलमानों के साथ वही सुलूक किया, जो दंगाइयों के साथ होना चाहिए।

सांप्रदायिक संगठनों पर प्रतिबंध तथा उनको लागू करना एक भारी मजाक बनकर रह गया है। इन संगठनों की सारी गतिविधियां यथावत चल रही हैं। भाजपा राजनीतिक रूप से और मजबूत हो रही है। राम लला के दर्शन का प्रश्न, जिसे संघ अगले महीने से उठाने वाला था, केंद्र सरकार के अनिर्णय के कारण आंदोलन का बड़ा मुद्दा बनकर उभर रहा है। नरसिंह राव फिर छह दिसंबर से पहले वाले अनिश्चय के माहौल में पहुंच गए हैं। 20 दिन तक अयोध्या में कर्फ्यू इसलिए लगवाया गया कि प्रशासन यह फैसला नहीं कर पा रहा था कि कर्फ्यू हटते ही जब दर्शनार्थी उमड़ेंगे, तो उनसे कैसे निपटा जाएगा। 21 वें दिन गृहमंत्री ने कहा कि यह फैसला स्थानीय प्रशासन को करना है। 22वें दिन कैबिनेट की राजनीतिक समिति ने इस निर्णय को अदालत पर टाल दिया। उसी दिन भाजपा ने अपना निर्णय घोषित किया कि राम लला के दर्शनों पर से पाबंदी उठाने के लिए वह जन आंदोलन छेड़ेगी। यह तय है कि राम लला के दर्शनों पर से पाबंदी उठानी पड़ेगी, लेकिन जब तक यह होगा, भाजपा इसका राजनीतिक लाभ उठा चुकी होगी।

कांग्रेस की यही मूल समस्या है। सिद्धांत रूप में भले ही वह धर्मनिरपेक्षता को स्वीकार करती है, पर कार्यरूप में भी वह उसे मानती हो, ऐसा नहीं लगता। उस पर तुर्रा यह कि व्यावहारिक रूप से इस तरह के कार्य करने के बाद वह सांप्रदायिकता से संघर्ष छेड़ने की बात करने लगती है। ऐसी स्थिति में आम आदमी आखिर किसके साथ खड़ा होगा? उसके साथ, जो यह खुले आम कहता है कि हमारी धर्मनिरपेक्षता छद्म और धोखा है तथा जो कुछ हम आज तक करते रहे हैं वह वास्तव में अल्पसंख्यकों का तुष्टीकरण है या उसके साथ, जो प्रत्यक्ष रूप से तो धर्मनिरपेक्षता की दुहाई देता है, पर परोक्ष रूप से यह मानता है कि मृदु हिंदुत्व की लाइन लिए बिना देश में राजनीति अब संभव नहीं। जाहिर है कि छद्म की यह राजनीति अब आगे नहीं चल सकती। ऐसी स्थिति में लोग उन्हीं के साथ जाएंगे, जिनकी कथनी और करनी एक है, चाहे वह धर्मनिरपेक्षता की बात हो या उनकी बात, जो इसे विकृत धर्मनिरपेक्षता मानते हैं। कांग्रेस इन दोनों ध्रुवों पर कहीं नहीं है।

कांग्रेस कार्यसमिति की विस्तारित बैठक में यह अहसास किसी को हुआ हो, इसका कोई प्रमाण नहीं मिल रहा है। वहां न परिस्थिति की कोई राजनीतिक समीक्षा हुई, न यह पता लगाने का कोई प्रयास किया गया कि देश आज जिस दोराहे पर खड़ा है, वहां तक पहुंचाने में कांग्रेस की क्या भूमिका रही। सांप्रदायिकता के विरुद्ध संघर्ष के 31 या 32 सूत्र बन तो गए, पर वैचारिक या व्यावहारिक स्तर पर संघर्ष की कोई तैयारी हो, ऐसा कतई नहीं लगता। कुल मिलाकर यह अंधों-बहरों की एक वार्षिक सभा बनकर रह गई,

जिसमें बोलने वाले सभी थे, पर सुन कोई किसी की नहीं रहा था। आंखें न केवल वास्तविकता को नहीं देख रही थीं, बल्कि आत्मावलोकन से भी नजरें चुरा रही थीं। मकसद था–प्रधानमंत्री के प्रति निष्ठा व्यक्त करना और अंदर से उपज रही संभावित चुनौती को समाप्त करना। फिलहाल दोनों मकसद पूरे हो गए हैं। कांग्रेस को और क्या चाहिए।

(30 दिसंबर 1992, अमर उजाला)

भ्रष्टाचार ही कांग्रेस को जोड़ता है

पतन के लक्षण प्रारंभ से ही प्रकट होने लगे थे, लेकिन तब लोगों ने उसे नजरअंदाज करना ही उचित समझा। कारण यह था कि लोगों को कम-से-कम व्यक्ति के रूप में नरसिंह राव पर भरोसा था। कांग्रेस अध्यक्ष या प्रधानमंत्री के रूप में लोग उनसे यह अपेक्षा नहीं कर रहे थे कि रातों रात उस संगठन या उसकी संस्कृति में कोई क्रांतिकारी परिवर्तन कर देंगे। लेकिन जिस तरह का जीवन उन्होंने जिया था, या सार्वजनिक जीवन में उनकी जो छवि थी, उसके आधार पर लोगों को यह विश्वास था कि कांग्रेस को कम-से-कम वे उस रास्ते पर नहीं चलने देंगे जिस पर वह पिछले 25 साल से चल रही थी। एक ऐसी संस्था जिसमें आंतरिक लोकतंत्र को देशनिकाला दे दिया गया हो और जहां चापलूसी, जी-हजूरी और भ्रष्टाचार ही संविधान का रूप धारण कर चुके हों।

नरसिंह राव ने प्रारंभ में जब पार्टी के अंदर लोकतंत्र की प्रक्रिया प्रारंभ की या सामूहिक नेतृत्व की बात करने लगे तो लोगों का यह विश्वास थोड़ा और पुख्ता हुआ। हालांकि यह तब भी लक्ष्य किया जा रहा था कि वे बहुत झिझककर कदम उठाते थे। एक कदम उठाने से पहले दस दफा सोचते थे और कभी-कभी तो ऐसा भ्रम पैदा करते थे कि लगता था मानो वे अगला कदम उठा रहे हैं, जबकि वास्तव में वे दो कदम पीछे जा रहे होते थे। कुछ लोग उनकी इस अदा के कायल थे। नेता तो ऐसा ही होना चाहिए जो फूंक-फूंककर कदम रखे। देर भले हो जाए पर अंधेर नहीं होना चाहिए। जिन लोगों को उनकी यह झिझक खटकती थी, वे यह सोचकर मन को मना लेते थे कि कांग्रेस आखिर एक महानदी है। उसकी धारा को यकायक कोई कैसे मोड़ सकता है। पतन के उन प्रारंभिक लक्षणों को पार्टी की हठधर्मिता मानकर लोग फिर से नरसिंह राव के प्रति सहानुभूतिशील हो जाते थे। करीब चौथाई शताब्दी पहले जो गाड़ी पटरी से उतरी गई हो, उसे रातों-रात कोई पटरी पर तो ला नहीं सकता। तेज रफ्तार से चलने की बात तो दूर है।

दो साल बाद जाकर अब यह स्पष्ट हुआ है कि यह उन लोगों का दिवास्वप्न था जो अपनी ओर से ज्यादा उम्मीद बांधकर बैठ गए थे। उनकी छोटी सी हरकत भी उन्हें इसलिए नई दिशा की ओर बढ़ने का संकेत लग रही थी क्योंकि वे खुद उम्मीद संजोए बैठे थे। नरसिंह राव ने तो अपनी ओर से साफ-साफ कभी कुछ कहा ही नहीं। वे उस प्रारंभिक कालिदास की तरह थे, जो अपनी मर्जी से संकेत दे रहे थे जबकि उनके प्रशंसक उस विद्वत समाज की तरह थे जो उन संकेतों की अपनी मनोवासना के अनुसार विद्वत्तापूर्ण व्याख्या कर रहा था। यह बात अब कहीं जाकर स्पष्ट हुई कि नरसिंह राव तो तब भी वहीं थे, जहां आज हैं। यानी कांग्रेस में। सिर्फ संगठन में ही नहीं, संस्कृति में भी। वह तो एक अनाड़ी ड्राइवर

का स्वाभाविक भटकाव था, जिसे हम नई दिशा की ओर बढ़ने का संकेत समझे बैठे थे। शेयर घोटाला, हर्षद प्रकरण तथा इसके प्रकाश में कांग्रेस की अभूतपूर्व एकता ने इसे और स्पष्ट कर दिया है कि कांग्रेस एक राजनीतिक पार्टी या आंदोलन नहीं, वस्तुतः एक संस्कृति है और नरसिंह राव उस संस्कृति में सराबोर हैं।

सिर्फ नरसिंह राव ही क्यों, अर्जुन सिंह भी, शरद पवार भी, या वे सभी जो 'एक व्यक्ति एक पद' या आंतरिक लोकतंत्र की सार्वजनिक चर्चा करके आज पदहीन भटक रहे हैं। इन सबने सिद्ध किया है कि कांग्रेस वस्तुतः एक ऑरकेस्ट्रा पार्टी है। जब संगीत नहीं बज रहा हो तो भले ही वे आपस में वाद-विवाद कर लें, लेकिन जब प्रदर्शन का समय आता है तो वे वही धुन बजाते हैं, जिसकी उन्हें वर्षों से ट्रेनिंग दी गई है। या शायद वे खुद बजाते भी नहीं हैं। वे धुनें अपने आप उनके ऑरकेस्ट्रा से निकलने लगती हैं। इन दिनों उसी संगीत का सुहाना मौसम चल रहा है। कांग्रेसी एक सुर से गा रहे हैं कि कैसे देश को अस्थिर करने के लिए बड़े पैमाने पर व्यापक षड्यंत्र किया जा रहा है। नरसिंह राव ने अपने आप को नेहरू परिवार के स्थान पर बिठा लिया है और वे कांग्रेसी जो उन्हें मजबूरन नेता मान रहे थे, पर उन्हें वह स्थान देने के लिए कतई तैयार नहीं थे, उसी शैली में उनकी स्तुति गा रहे हैं, जिस शैली में वे कभी नेहरू-इंदिरा परिवार की प्रशंसा में गाया करते थे।

इसका कारण यह है कि साबका फिर उस तथ्य से पड़ा है जो कांग्रेस को हमेशा से जोड़ता रहा है। भ्रष्टाचार भारत की राजनीति में एक ऐसा विषय है, जो कांग्रेस का पीछा कभी नहीं छोड़ता। ऐसा नहीं कि अन्य राजनीतिक दल भ्रष्टाचार से पूर्णतः मुक्त हों, पर यह जरूर है कि अन्य राजनीतिक दल भ्रष्टाचार को ललित कला के रूप में विकसित नहीं कर पाए हैं, जैसा कांग्रेस ने किया है। इसलिए प्रत्यक्ष न सही, लेकिन परोक्ष रूप से कांग्रेस हमेशा ऐसा स्टैंड लेती रही है जिससे भ्रष्टाचार जायज ठहरता है। अर्थनीति, धर्मनिरपेक्षता तथा प्रशासन का ढुलमुलपन कांग्रेस को बांट रहा था, जबकि भ्रष्टाचार के आरोप ने इसे फिर इकट्ठा कर दिया है। क्या दस दिन पहले भी कोई यह कल्पना कर सकता था कि भ्रष्टाचार के आरोप के नाम पर यह जो भाजपा का षड्यंत्र चल रहा है, उससे मुकाबला करने की रणनीति बनाने का काम अर्जुन सिंह को सौंपा जाएगा। आज यह अकल्पनीय स्थिति तथ्य के रूप में हमारे सामने खड़ी है। अर्जुन सिंह सचमुच नरसिंह राव को बचाने का काम कर रहे हैं। ऐसा भी नहीं कि चूंकि अर्जुन सिंह नरसिंह राव के साथ हैं, इसलिए शरद पवार उनके खिलाफ हो गए होंगे। पवार भी नरसिंह राव को बचा रहे हैं और इनके कंधे से कंधा मिलाकर विद्याचरण शुक्ल और सीताराम केसरी भी नरसिंह राव को बचाने के नाम पर कांग्रेस को बचा रहे हैं। अभी तक यह नहीं कहा गया है कि नरसिंह राव ही भारत हैं और भारत ही नरसिंह राव है, इसलिए इनको अस्थिर करने की चेष्टा भारत को अस्थिर करने का षड्यंत्र है। जैसा कि अतीत में कहा जा चुका है, पर जिस शैली में जयकारा लग रहे हैं उससे यह ध्वनि साफ निकल रही है। अन्तर सिर्फ यही है कि इस बार एक ही झाड़ू से पूरे विपक्ष को नहीं बुहारा जा रहा है, इस बार आक्रमण की दिशा सिर्फ भाजपा की ओर है। इसका कारण शुद्ध मजबूरी है। उसी तरह, जिस तरह राष्ट्रीय मोर्चा-वाम मोर्चा मजबूर हैं कि वे खुलकर भ्रष्टाचार के विरुद्ध संघर्ष छेड़ते हुए नरसिंह राव के विरुद्ध खड़ा भी नहीं हो पा रहे हैं, क्योंकि इसका अर्थ होगा—भाजपा के हाथ मजबूत करना। स्पष्ट रूप से नरसिंह राव, उनकी सरकार

और कांग्रेस का बचाव भी नहीं कर पा रहे हैं। क्योंकि इसका अर्थ होगा अपनी जिंदगी भर की राजनीतिक कमाई का सरेआम निषेध। विरोधाभास की यह किंकर्त्तव्यविमूढ़ स्थिति यदि किसी राजनीतिक दल को लाभ पहुंचा रही है तो वह है भारतीय जनता पार्टी।

भारत का प्रधानमंत्री कहता है कि उसके ऊपर एक छलिया ने जो आरोप लगाए हैं, उसका जवाब वे राजनीतिक रूप से देंगे। क्योंकि यह भाजपा की षड्यंत्रकारी राजनीति का हिस्सा है, जबकि सबसे आसान तरीका यह होता कि वे अपने नजदीक के थाने में एक प्राथमिकी दर्ज कराते और सचमुच यदि यह हर्षद का अपराध होता तो उस थाने का दारोगा ही उससे निपट लेता। प्रधानमंत्री इस सरल राह को न चुनकर जब एक छलिया से राजनीतिक लड़ाई लड़ने का आह्वान करते हैं तो थोड़ा आश्चर्य अवश्य होता है। आश्चर्य इसलिए भी होता है कि भारतीय जनता पार्टी भी तो यही चाहती है। ऐसे नहीं कि वे मन-ही-मन चाहते हों। लालकृष्ण आडवाणी ने तो अपने पहले अध्यक्षीय भाषण में यह खुलेआम कहा कि भ्रष्टाचार के विरुद्ध छेड़े गए अभियान को यदि प्रधानमंत्री भाजपा की करतूत कहते हैं तो यह हमारे लिए गर्व की बात है। है भी। भाजपा ने राम और मंदिर के आधार पर जो अपना जनाधार बढ़ाया था, उसका पठार स्पष्ट दिखाई पड़ने लगा था। उस आधार को और आगे बढ़ाने के लिए भाजपा को और भी उग्र तथा घोर सांप्रदायिक आंदोलन छेड़ने पड़ते। कांग्रेस ने उसे इस जहमत से बचा लिया है। भ्रष्टाचार ऐसा मसला है जो रह-रहकर भारतीय राजनीति के केंद्र में आ विराजता है। कांग्रेस या गैर भाजपा विपक्ष चाहे माने या न माने, लेकिन इस बार फिर भ्रष्टाचार राजनीति का मुद्दा बन चुका है और लड़ भले ही सब रहे हों, लड़ाई करती हुई सिर्फ भारतीय जनता पार्टी ही दिखाई पड़ रही है।

ऐसा सिर्फ इस आधार पर नहीं कहा जा रहा है कि रामो-वामो ने हर्षद मेहता के आरोप के सवाल पर ढीला-ढाला विरोध का रुख अपनाया कि नेता बदल लीजिए पर सरकार चलती रहे आदि। यह इस आधार पर भी कहा जा सकता है कि संयुक्त संसदीय समिति की प्राथमिक रपट आने पर जिस तरह की प्रतिक्रिया इन दलों से अपेक्षित थी, उसका रंचमात्र भी दिखाई नहीं पड़ता। इस मुद्दे पर भाजपा की परेशानी तो फिर भी समझ में आती है क्योंकि एक तरफ वे आर्थिक उदारीकरण की वकालत करते हैं तो दूसरी ओर इस सरकार की आर्थिक नीति का विरोध। इसलिए इस नीति से उपजे घपले का वे जमकर विरोध भी नहीं कर सकते, जबकि रामो-वामो की स्थिति इससे भिन्न है। फिर भी, जब सरकार के आठ-आठ मंत्रियों और करीब-करीब सभी सार्वजनिक उपक्रमों पर उंगली उठती है और उसकी प्रतिक्रिया में ये सब करीब-करीब चुप्पी साध लेते हैं तो आश्चर्य होना स्वाभाविक है।

जाहिर है कि यहां भी बढ़त भाजपा के साथ ही जा रही है। सचमुच यह दयनीय स्थिति है। कांग्रेस को लग रहा है कि यह शायद अंतिम सत्तासुख है। इसलिए चाहे जितने आरोप-आक्षेप लगें, सत्ता से चिपके रहो। इससे कोई भी छेड़छाड़ घातक सिद्ध हो सकती है। गैर भाजपा विपक्ष, जिसे ऐसा अवसर पाकर उछल पड़ना चाहिए था, इसलिए आतंकित है कि इस सरकार को छेड़ते ही अघटन हो जाएगा, जिसकी वे चर्चा ही नहीं करना चाहते। भाजपा प्रसन्न है कि उसका काम वे सरल कर रहे हैं, जिनसे उन्हें बाधा की उम्मीद थी।

(29 जून 1992, अमर उजाला)

विकल्प तो हैं मगर...

नरसिंह राव सरकार के विरुद्ध लाया गया अविश्वास प्रस्ताव ऊपर से भले ही विपक्ष का प्रस्ताव लगता हो, पर वह उतना ही आंतरिक अविश्वास भी था। अंदर ही अंदर अधिकांश कांग्रेसी यह चाहते थे कि सरकार कांग्रेस की बनी रहे पर कोई अलौकिक शक्ति उन्हें एक ऐसा नेता प्रदान कर दे, जो न केवल तत्काल स्थायित्व प्रदान करे बल्कि अगले चुनावों में जिता भी सके। विपक्ष के अविश्वास प्रस्ताव के परास्त हो जाने से ऐसे कांग्रेसियों का विभ्रम और बढ़ गया है।

राव सरकार के दो साल बीतने के बाद हर रंग के कांग्रेसी को कम-से-कम अंदर से यह बात सालने लगी है कि नरसिंह राव न तो उस तरह के चमत्कारिक नेता हैं जो अपने प्रभामंडल से ही विपक्ष को मलिन कर दे और न ही इस तरह के क्रांतिकारी नेता हैं कि पार्टी के अंदर कोई ऐसा वैचारिक तूफान खड़ा कर दें कि पार्टी की दिशा भले ही बदल जाए, पर पार्टीजन उनके पीछे चलने को बाध्य हो जाएं और अंततः देश भी उनके पीछे चल पड़े।

इस निराशा ने कांग्रेसियों के मन में यह बात पक्की तौर पर बिठा दी है कि नरसिंह राव के नेतृत्व में कांग्रेस अगला चुनाव तो जीत ही नहीं सकती। जिस दक्षिण का हौवा खड़ा करके कांग्रेस में उनका नेतृत्व बरकरार रखने की चेष्टा की जाती है, उसी क्षेत्र में उनका प्रदर्शन सबसे खराब होने की अपेक्षा है। कर्नाटक में भाजपा, आंध्र में तेलुगुदेशम तथा तमिलनाडु में द्रमुक कांग्रेस से बहुत आगे दिखाई दे रही हैं। सिर्फ केरल ही एकमात्र राज्य है जहां के बारे में दावे से कुछ नहीं कहा जा सकता। इस हिसाब से आम कांग्रेसी देख रहा है कि कांग्रेस का जनाधार खिसकता जा रहा है जबकि कोई नया जनाधार ठोस रूप से बनता दिखाई नहीं दे रहा है। कांग्रेस सदैव से दलित, मुसलमान, आदिवासी और ब्राह्मण की ठोस देशव्यापी समर्थन वाली पार्टी रही है। अन्य जातियों और वर्गों का समर्थन स्थानीय समीकरणों के आधार पर इसे मिलते-बंटते रहे हैं। इस ठोस स्थायी समर्थन का आधार रहा है उसके नेतृत्व की स्पष्ट धर्मनिरपेक्ष, समाजवादी और दरिद्रों की पीड़ा समझने वाली छवि। वास्तविकता चाहे कुछ भी हो, नरसिंह राव सरकार की नीतियों ने इस वर्ग को पूरी तरह से विभ्रम की स्थिति में डाल दिया है। दलित, आदिवासी और मुसलमान अलग-अलग क्षेत्रों में विभिन्न राजनैतिक दलों और मतवादों की ओर आकृष्ट हो रहे हैं। अब ब्राह्मण को भी लगने लगा है कि जब कांग्रेस का कोई स्पष्ट जनाधार दिखाई ही नहीं दे रहा है तो उसके साथ बने रहने में नेतृत्व खोने का भी खतरा है, जबकि भारतीय जनता पार्टी के रूप में एक ठोस विकल्प उनके सामने मौजूद है।

सोचने-समझने वाले कांग्रेसियों के सामने समस्या यह है कि उनके विकल्प बड़े सीमित हैं। जो भी नेतापद के दावेदार हैं यानी शरद पवार, अर्जुन सिंह, नारायण दत्त तिवारी, राजेश

पायलट, प्रणव मुखर्जी, करुणाकरन, विजय भास्कर रेड्डी या यहां तक कि शिवराज पाटील भी, उनमें से कोई भी ऐसा नहीं है जो या तो पुरानी कांग्रेस को पुनर्जीवित कर सके या कोई एकदम से नई कांग्रेस खड़ी करने का दम दिखा सके।

जो पुरानी कांग्रेस को पुनर्जीवन देना चाहते हैं, वे दबे शब्दों में उपराष्ट्रपति के. आर. नारायणन का नाम ले रहे हैं। वे दक्षिण भारत के दलित हैं और विद्वान भी। उनके नाम पर कोई विवाद नहीं हो सकता और कांग्रेस अपनी पुरानी छवि भी वापस पा सकती है। दूसरे वर्ग का, जो चाहता है कि कांग्रेस आज राजनीति से बाहर आकर अर्थनीति को राजनीति का मुख्य आधार बनाए, सुझाव है कि मनमोहन सिंह को प्रधानमंत्री के रूप में आजमाया जाए। साफ-सुथरी छवि, भ्रष्टाचार का अब तक कोई आरोप नहीं, प्रशासन का व्यापक अनुभव तथा इस अनिश्चय और अनिर्णय के साम्राज्य में अकेले ऐसे मंत्री, जो अपनी दिशा तय भी कर रहे हैं और उस पर बेधड़क आगे बढ़ भी रहे हैं।

दोनों ही अच्छे विकल्प हैं। सवाल यह है कि कांग्रेस को तय करना पड़ेगा कि वह सचमुच चाहती क्या है। विकल्प तो है।

(31 अगस्त 1993, मतांतर, इंडिया टुडे)

थोथे घोषणा पत्र और नाकारा नारे

हमारे समाज में कुछ विधि-विधान ऐसे रच-बस गए है कि हम बिना आगा-पीछा सोचे उनका पालन करते रहते हैं। कभी उसके तर्क या उसकी आवश्यकता की गहराई में नहीं उतरते, परन्तु उसकी अनावश्यकता को समझने के बावजूद कभी उसे समाप्त करने के बारे में भी नहीं सोचते। शादी-विवाह, हर्ष-शोक, धर्म-अनुष्ठान या कोई भी सामाजिक कार्य हो, उसमें पुरोहित कहता है कि यहां हल्दी रख दीजिए, वहां पान और सुपारी रखिए, उस तरफ चंदन-कपूर-अगर रख दीजिए, इधर हल-मूसन-दूब रखिए और हम लोग बिना सोचे-समझे उनका पालन करते रहते हैं। निश्चय ही इस विधि-विधान के पीछे कोई भारी तर्क रहा होगा, जिसे हमारे पुरखे समझते भी होंगे और उन्हें यही पता भी होगा कि यह न करने पर इसके क्या नुकसान हैं। आज हम इसे सिर्फ परम्परा के रूप में जानते हैं, पर यह भी जानते हैं कि इसे समाप्त नहीं करना चाहिए।

चुनाव के समय घोषणापत्र जारी करने की रस्म भी कुछ ऐसी ही हो गई है। यह तो अभी पचास साल भी पुरानी परम्परा नहीं है, लेकिन राजनीतिक दलों ने अभी ही इसे सिर्फ एक राजनीतिक विधि-विधान और टोटके के रूप में परिवर्तित कर दिया है। चुनाव घोषणापत्र लिखे जाने से लेकर उसे जारी किए जाने तक का काम इतना गैर महत्त्वपूर्ण और रूटीन हो गया है कि अधिकांश पार्टियां इस काम में उन लोगों को लगाती हैं, जिनके बारे में उनकी राय यह है कि ये लिखने-पढ़ने वाले व्यक्ति हैं और वास्तविक चुनाव में इनकी कोई भूमिका हो नहीं सकती, इसलिए ऐसे लोगों को इस काम में लगा दिया जाए। अभी 20 साल पहले तक ऐसी स्थिति नहीं थी। वादे पूरे हों या न हों, पर वादे करते समय पार्टियां और उसके नेता उन वादों को गंभीरता से अवश्य लेते थे।

अब तो लगता है कि चूंकि कुछ लिखना है, इसलिए कुछ भी लिख दिया जाता है। पिछले चुनाव में राजीव गांधी ने यह काम कुछ ऐसे नेताओं को सौंप दिया था, जो जरूरत से कुछ ज्यादा ही खाली थे। शायद इसीलिए उन महानुभावों ने न केवल आसमान के तारे तोड़ने वाले वादे किए, बल्कि उसका एक समय का पैमाना भी तय कर दिया कि अगर हमारी सरकार बनी तो हम आवश्यक वस्तुओं की न केवल कीमतें घटाएंगे, बल्कि किस वस्तु की कीमत कब तक कितनी घटाई जाएगी, यह भी घोषित कर दिया। विधि का ऐसा विधान कि उस खाली समय वाली समिति के मुखिया ही देश के प्रधानमंत्री बन गए और सौ दिन पूरे होने पर जब उनसे पूछा गया कि घोषित वस्तुओं की कीमतें क्यों नहीं गिरीं तो उनके पास कोई जवाब नहीं था। शब्दों में तो नहीं, पर भावनाओं से जो कुछ व्यक्त हुआ, उससे लगा कि शायद भविष्य में यह पार्टी इस तरह की कोई कसरत न करे। चुनाव घोषणा पत्र का टंटा ही शायद समाप्त हो जाए, पर ऐसा हुआ नहीं।

कांग्रेस ने इस बार फिर एक चुनाव घोषणा-पत्र जारी किया है। यह अच्छी बात है कि इस बार कोई मुद्देवार समयबद्ध कार्यक्रम इसमें शामिल नहीं किया गया है। इसका अर्थ यह भी नहीं कि कोई कार्यक्रम इसमें शामिल है। कुल मिलाकर यह एक ऐसा दस्तावेज है, जिसमें यह सिद्ध करने का प्रयत्न किया गया है कि चार राज्यों में भाजपा सरकार बनने के कारण विकास के काम रुक गए और ये राज्य विनाश की ओर बढ़ने लगे। विश्लेषण भी कोई बहुत तथ्यपूर्ण, सटीक या गंभीर नहीं है। जिस तरह के लेख पत्रकार हड़बड़ी में लिखते है, जिनमें सपाट बयानी ज्यादा और तथ्यों-तर्कों का समावेश कम रहता है, कुछ वैसी ही शैली में कांग्रेस का चुनाव घोषणा-पत्र भाजपा को विकास के पथ में रोड़ा अटकाने का दोषी सिद्ध करता है। कहीं ये तथ्य नहीं दिए गए हैं कि कौन-से वे कार्यक्रम थे, जिन्हें भाजपा की सरकारों ने रोक दिए और जो गुजरात में चिमन पटेल तथा महाराष्ट्र में शरद पवार आदि के नेतृत्व में लागू हो रहे हैं।

वही हालत अयोध्या की है। एक निपट लीपापोती वाली बात कि हम अयोध्या समस्या का समाधान बातचीत से करीब-करीब निकाल ही चुके थे कि संघ परिवार ने धोखे से बाबरी मस्जिद के ढांचे को गिरा दिया। खैर, इतनी ईमानदारी की अपेक्षा तो शायद ही किसी की होगी कि कांग्रेस इस कार्य में अपनी भूमिका के बारे में भी कुछ खुलासा करती, लेकिन इतनी ईमानदारी जरूर अपेक्षित है कि पार्टी यह बताए कि भविष्य में वह क्या कदम उठाने जा रही है। कांग्रेस चुनावी घोषणा पत्र लिखता है–'अयोध्या पर कांग्रेस की नीति पूरी तरह स्पष्ट है। जैसा कि 1991 के कांग्रेस घोषणा-पत्र में साफ-साफ लिखा गया था, हम हमेशा इस मुद्दे के सौहार्दपूर्ण समाधान के प्रति वचनबद्ध रहे हैं। जब ऐसा संभव न हो, तब न्यायालय के निर्णय का पालन किया जाना चाहिए। प्रधानमंत्री के अथक प्रयासों के बावजूद भी सौहार्दपूर्ण समाधान नहीं हो सका। फलस्वरूप यह मामला उच्चतम न्यायालय को सन्दर्भित कर दिया गया है, जहां पर इस समय विचाराधीन है।'

'इस बीच 6 दिसंबर 1992 को ढांचे के विध्वंस से एक नई परिस्थिति पैदा हो गई। किंतु इस प्रश्न से सम्बधित मूल समस्या अभी भी वही बनी हुई है। ढांचा गिरने के तुरन्त बाद केंद्र सरकार ने घोषणा की कि मंदिर तथा मस्जिद, दोनों का ही निर्माण किया जाएगा। इस संबंध में मंदिर और मस्जिद के निर्माण के कुछ पहलू स्वाभाविक रूप से उच्चतम न्यायालय की राय से जुड़े हैं। केंद्र सरकार को आशा है कि मंदिर तथा मस्जिद के निर्माण के लिए पूर्णतया धार्मिक जनता की ओर से दो अलग-अलग न्यासों के गठन के लिए स्वैच्छिक प्रस्ताव प्राप्त होंगे। इसकी पूर्ण आशा है।'

'अतः इस समय अयोध्या के मसले को पुनः चुनावी मुद्दा बनाने का न कोई कारण है और न ही औचित्य। अब यह पूर्णतया सुनिश्चित है कि 1. मंदिर और मस्जिद शीघ्र बनाए जाएंगे, 2. अब किसी लम्बी मुकदमेबाजी की संभावना नहीं है, क्योंकि इसके बाद यह मामला सच्चे धार्मिक नेताओं के हाथों नियोजित किया जाएगा, और 3. इस मुद्दे का रणनीतिकरण अब पूर्णतया निरर्थक, अनावश्यक और अव्यावारिक हो जाएगा।'

कांग्रेस के इतने लम्बे-चौड़े वादे के बावजूद प्रश्न वस्तुतः ज्यों-का-त्यों है और कांग्रेस ऐसे बातें कर रही है, जो उसके वश में नही है। एक तरफ यह कहना कि हम सर्वोच्च न्यायालय के दिशा-निर्देश के अनुसार काम करेंगे और उसी सुर में यह भी जड़ देना कि हम मंदिर

और मस्जिद, दोनों बनवा देंगे, दोनों काम एक साथ संभव नहीं भी हो सकता है। सुप्रीम कोर्ट को सिर्फ यह फैसला करना है कि 'उस स्थान' पर कभी कोई मंदिर था या नहीं, जिसे तोड़कर बाबरी मस्जिद बनाई गई थी। इस सीमित प्रश्न का जो भी जवाब अदालत देगी, उससे मंदिर और मस्जिद नहीं बन सकते। यदि अदालत कहे कि वहां मंदिर था तो वहां मंदिर बनेगा। यदि अदालत कहे कि वहां मंदिर होने के कोई प्रमाण नहीं हैं तो वहां मस्जिद बननी चाहिए। ऐसी स्थिति में सरकार कैसे कह सकती है कि अदालत के फैसले के बाद तो वह 'पूर्णतया धार्मिक नेताओं' के सहयोग से मंदिर और मस्जिद, दोनों का निर्माण करेगी। जाहिर है कि कांग्रेस अब भी इस मुद्दे पर कोई साफ स्टैंड नहीं लेना चाहती और इस तरह की बातें कर रही है, जिसका विरोधाभास साफ झलकता है।

इस चुनाव घोषणा-पत्र में इस तरह का विरोधाभास वहां भी दिखाई देता है जिसे कांग्रेस का सबल पक्ष कहा जा सकता है। पूरा घोषणा-पत्र एक तरह से भाजपा पर अभियोग-पत्र है। अपनी उपलब्धियों का जो भी बखान है, उसमें दमदार सिर्फ आर्थिक क्षेत्र की उपलब्धियां ही दिखाई पड़ती हैं। नरसिंह राव सरकार के इस कार्यकाल में सिर्फ दो मंत्रालयों–वित्त और कल्याण तथा उन विभागों के मंत्री मनमोहन सिंह और सीताराम केसरी ऐसे लोग हैं, जिनके काम को कांग्रेस अपनी उपलब्धियों के रूप में गिना पाई है। पर यहां भी भारी विरोधाभास है। आकलन में तो मनमोहन सिंह की नीतियों का समर्थन है, पर जो आश्वासन हैं, उनमें उन नीतियों का विरोध दिखाई पड़ता है। यदि यही आर्थिक नीति आगे जारी रही तो किसानों को बिजली, खाद तथा पानी में दी जा रही सब्सिडी आगे जारी नहीं रह सकती। न ही सस्ती लोकप्रियता प्राप्त करने के लिए आवास, पुर्नवास या रोजगार की योजनाएं ही चलाई जा सकती हैं, जिनका दावा घोषणा-पत्र में किया गया है। शायद यह सोचकर कांग्रेस ने विरोधाभास के इस पुलिंदे को जारी किया है कि आखिर इस दस्तावेज को पढ़ता ही कौन है। जो पढ़ते हैं, उनमें से कितने इसे गंभीरता से लेते हैं। चूंकि चुनाव के विधि-विधान और परम्परा में एक चुनावी घोषणा-पत्र का होना भी जरूरी है, शायद इसीलिए इस अधूरे और अगंभीर दस्तावेज को जारी कर दिया गया है।

ऐसा नहीं कि कांग्रेस की ही यह दुर्दशा है। सारी पार्टियां इस मामले में एक ही नाव में सवार हैं। भारतीय जनता पार्टी ने इसे और हल्के ढंग से लिया है और घोषणा-पत्र को तुकबाजी के स्तर पर ला खड़ा किया है। वर्ना यह कहने का क्या अर्थ है कि भाजपा भय, भूख और भ्रष्टाचार को मिटाना अपना पहला कर्त्तव्य मानती है। किसका भय और किससे भय? जबकि सबको पता है कि यह चुनाव अयोध्या प्रश्न पर जनमत-संग्रह है, लेकिन इसकी चर्चा नही हैं। इसकी बजाए इस बार का चुनावी नारा है–जो कहते हैं, सो करते हैं। उत्तर प्रदेश में इस नारे को और तीखा बनाया गया है–जो कहा, सो किया। इशारा समझना कठिन नहीं होना चाहिए। कहा था कि मंदिर निर्माण के पथ की बाधाएं दूर करेंगे, कर दिखाया। असली चुनाव घोषणा-पत्र यह है, लेकिन चर्चा इसकी दूसरे तरह से की जा रही है। कोई इनसे पूछे कि क्या आपने सचमुच कहा था कि आप मस्जिद गिराएंगे। अगर आपको याद हो तो आपने कहा था कि मस्जिद को हम ससम्मान उठाकर कहीं और प्रतिष्ठित कर देंगे। छह दिसंबर को जो किया, अगर वही सम्मान प्रकट करने का तरीका है, तो लोगों के सामने यह स्पष्ट हो जाना चाहिए कि भाजपा किस भय की बात कर रही है। इसके अलावा बाकी

सब कुछ लफ्फाजी और विरोधाभास। सबको खुश करने वाली बातें, यह जानते हुए भी इनमें से अधिकांश काम संभव नहीं हैं।

जनता दल की स्थिति तो और भी दयनीय है। इनकी कुछ ऐसी स्थिति है मानो पुराने ग्रामोफोन पर सुई अटक गई हो, सामाजिक न्याय, धर्मनिरपेक्षता, गरीबी उन्मूलन तथा सत्ता और आर्थिक अधिकारों का विकेंद्रीकरण। वही पुराने नारे और वही पुरानी बातें बार-बार दोहराए जा रहे हैं, बिना यह विश्लेषण किए कि अब तक की इनकी क्या उपलब्धियां हैं और आगे के लिए कौन-सी रणनीति विकसित करनी चाहिए। उस पर से तुर्रा यह कि ये अपेक्षा करते हैं कि लोग चौटाला, अजित, शरद आदि की इस पार्टी से सामाजिक न्याय और गरीबी उन्मूलन तथा इमाम बुखारी के समर्थन से धर्म-निरपेक्षता का पाठ पढ़ें।

(28 अक्टूबर 1993, अमर उजाला)

कांग्रेस का फैसला दक्षिण में

बीते साल राजनीति का रंगमंच उत्तर भारत था। इस साल की राजनीति का केंद्र दक्षिण भारत होगा। पिछले साल भाजपा के राजनैतिक भविष्य का फैसला हुआ। इस साल की राजनीति तय करेगी कि कांग्रेस अभी और कितने साल भारतीय राजनीति के केंद्र में रहेगी।

सन् 1993 का आरंभ एक हलचल भरी राजनीति से हुआ था। भारतीय जनता पार्टी जो संवैधानिक रास्ते से सत्ता पाने की दावेदारी करती है, एक घोर गैर-संवैधानिक रास्ते से सत्ता पर काबिज होने का यत्न कर रही थी। संविधान, न्याय और नैतिकता की सारी मर्यादाओं को परे करके अयोध्या में बाबरी मस्जिद को लाखों लोगों के सामने ध्वस्त किया गया था। परिणामस्वरूप, सारे देश में दंगे हुए।

जैसे-जैसे समाज का हिंसक ध्रुवीकरण होता रहा, संघ परिवार को सत्ता अपने करीब आती दिखाई दे रही थी। इस राजनीति के परिणाम उत्तर भारत के मिनी आम चुनाव में सामने आने थे। संघ परिवार जीत के प्रति इतना आश्वस्त था कि उसने नारा दिया—आज पांच प्रदेश, कल सारा देश, रामराज्य की ओर। देश की जनता ने चुनाव में इस नारे को और साथ ही भाजपा को भी खारिज कर दिया। भाजपा हार गई है, पर पर्युदस्त नहीं हुई है। न आज पांच प्रदेश ने इस राजनीति का समर्थन किया, न ही कल सारा देश इसे समर्थन देने जा रहा है, परसों भाजपा आ भी सकती है। इतनी शक्ति अभी है। इस झटके ने भाजपा को गहरे आत्ममंथन में धकेल दिया है। इस मंथन से सदा की तरह अमृत और विष, दोनों निकलेंगे। परसों का फैसला इस पर निर्भर होगा कि भाजपा किसका वरण करती है।

कल यानी अगले लोकसभा चुनावों में कांग्रेस कहां रहेगी, इसका फैसला इस साल दक्षिण भारत में होने जा रहा है। उत्तर भारत का फैसला कांग्रेस के अनुकूल नहीं है। इसके बावजूद कि इस चुनाव के बाद कांग्रेस को दो राज्यों में सरकार बनाने का अवसर मिला है। फिर भी, उत्तर प्रदेश में कांग्रेस का संकट बढ़ा है। इसका सबसे बड़ा कारण उत्तर प्रदेश के चुनाव परिणाम हैं। इस राज्य में कांग्रेस तीसरी बार लगातार हारी है। अगर यही स्थिति बनी रहती है तब अगले चुनाव में कांग्रेस लोकसभा की 85 सीटों में से एक या दो सीटें ही पा सकती है। यही स्थिति बिहार की होने जा रही है। यानी उत्तर प्रदेश, बिहार की 139 लोकसभा सीटों में से कांग्रेस अगर नौ सीटें पा जाए तो यह उसकी बड़ी सफलता होगी।

कांग्रेस का दारोमदार पश्चिम और दक्षिण पर टिका रहेगा। पश्चिम के वोट में दावे से अभी कुछ नहीं कहा जा सकता पर दक्षिण के संकेत इस साल मिल जाएंगे। कनार्टक और आंध्र प्रदेश विधानसभाओं के चुनाव इस साल होने हैं। कांग्रेस के लिए दुखद समाचार यह है कि इन दोनों राज्यों में कांग्रेस की शक्ति घटने के आसार प्रबल हैं।

कांग्रेस के लिए दक्षिण में अच्छी खबर यह है कि तमिलनाडु में द्रमुक और अन्ना द्रमुक, दोनों ही इसके करीब आना चाहते हैं। कांग्रेस जिसके साथ भी गठबंधन बनाएगी, वह जीतेगा। इससे तमिलनाडु में कांग्रेस अपनी सीटें तो बचा सकती है पर दक्षिण भारत की करीब 130 सीटों में से पिछली बार की तरह बहुमत किसी भी हालत में नहीं मिल सकता। सन् 1994 कांग्रेस की किस्मत का फैसला करने वाला है।

(15 जनवरी 1994, मतांतर, इंडिया टुडे)

क्या बिहार-यूपी में कांग्रेस बच पाएगी?

अखिल भारतीय कांग्रेस कमेटी का पिछला दिल्ली अधिवेशन हर दृष्टि से बहुत ठंडा रहा। कांग्रेसजनों को इकठ्ठा करने के लिए न कोई कार्यक्रम दिया जा सका और न ही कोई ऐसी चर्चा हुई, जिससे कांग्रेस में पनप रही बुराइयों को कांग्रेसजन दूर करने की दिशा में आगे बढ़ सकें। सिर्फ दो दफा माहौल में थोड़ी उत्तेजना आई। पहली बार, जब सोनिया गांधी अनपेक्षित ढंग से सम्मेलन स्थल पर पहुंच गई। और दूसरी बार तब, जब कांग्रेस अध्यक्ष बोलने के लिए खड़े हुए।

सम्मेलन के प्रारंभ तथा अंत, दोनों बार उनके भाषण के दौरान जमकर टोका-टोकी हुई। उत्तेजित प्रतिनिधि उत्तर-प्रदेश और बिहार के थे, जहां से कांग्रेस का मानो सफाया-सा हो गया है। अपने भविष्य के प्रति चिन्तित उस क्षेत्र का साधारण कांग्रेस कार्यकर्ता इस अपेक्षा से आया था कि उनके प्राणहीन संगठन में कांग्रेस अध्यक्ष एक नया प्राण फूंक देंगे। कांग्रेसी कार्यकर्ता आम तौर पर चमत्कार के भरोसे ही राजनीति करता है। उस पर से इस क्षेत्र का कांग्रेसी तो और भी बिगड़ा हुआ है। सत्ता केंद्र के करीब रहने तथा चाटुकारिता के सहारे राजनीति चलाने के आदी इस क्षेत्र के कांग्रेसी राजनीतिक कर्म से ज्यादा अपने नेता के चमत्कार के सहारे राजनीति करना चाहते हैं।

इस क्षेत्र के हताश कांग्रेसी इस आशा से आए थे कि कांग्रेस अध्यक्ष विपक्ष पर गरजेंगे-बरसेंगे तथा पहले की तरह आश्वासन देंगे कि आप लोग क्षेत्र में चलिए हम जल्द ही विपक्ष की सरकारों को भंग करके आपके लिए सुनहरे दिन लाने वाले हैं। नरसिंह राव ने अपने भाषणों में इसका कोई संकेत नहीं दिया। टोका-टोकी का मुख्य कारण यही था।

मजे की बात यह है कि सोनिया गांधी की उपस्थिति से उत्साहित लोग तथा नरसिंह राव के सम्बोधन के दौरान बाधा उत्पन्न करने वाले लोग कमोबेश एक ही थे। अधिकांश उत्तर प्रदेश और बिहार के कार्यकर्ता। इन दोनों घटनाओं में कोई अंतर्संबंध ढूंढ़ना रोचक होगा। उसकी एक व्याख्या यह हो सकती है कि इस क्षेत्र के कांग्रेसी अब भी इस तथ्य से मुंह चुराए रखना चाहते हैं कि अब कांग्रेस का नेतृत्व नेहरू-गांधी परिवार के हाथ नहीं रहा। कांग्रेस में उत्तर का वर्चस्व समाप्त हो रहा है। दक्षिण और पश्चिम भारत अपने बूते पर भी कांग्रेस की राजनीति करने में समर्थ हो चुके हैं।

इन सारे तथ्यों की ओर देखने की बजाए यहां का कांग्रेसी चाहता था कि उत्तर प्रदेश में मुलायम सिंह की सरकार से कांग्रेस समर्थन हटा ले तथा बिहार में लालू सरकार को गिराकर पहले राष्ट्रपति शासन लगाया जाए, फिर चुनाव हो, ताकि उसका लाभ उठाकर कांग्रेस वहां सत्ता में आ सके। इस तरह की वासना पालने का एक ही मतलब है कि इस क्षेत्र के कांग्रेसी अब भी स्वप्नलोक में ही रहना चाहते हैं, वास्तविकता से कोसों दूर।

वास्तविकता से अगर कोसों दूर नहीं होते तो उत्तर प्रदेश के कांग्रेसजनों का बहुमत कांग्रेस अध्यक्ष से यह आग्रह नहीं करता कि उनकी पार्टी मुलायम सिंह यादव की सरकार से समर्थन हटा ले। यहां के कांग्रेसियों के दर्द में दम तो है, लेकिन मजबूरी भी है। उत्तर प्रदेश में कांग्रेस न तो सत्ताधारी दल है और न ही विरोधी दल, और दोनों भूमिकाओं में भी मजबूरन पड़ा हुआ है। मुलायम सिंह यादव सरकार के अस्तित्व के लिए कांग्रेस विधायक दल का समर्थन आवश्यक है। इस दृष्टि से वह सत्ताधारी दल बन जाता है। कांग्रेसियों की आदत रही है कि सत्ताधारी दल के रूप में वे अपने लोगों का काम खूब करवाते हैं। ऐसा नहीं कि अभी नहीं हो रहा है, लेकिन कुछेक नेता ही कर पा रहे हैं। चूंकि आम कांग्रेसी का काम नहीं हो रहा है, तो वह चाहता है कि उसकी पार्टी विपक्ष की भूमिका ही ढंग से निभाए जैसा कि भारतीय जनता पार्टी कर रही है। कांग्रेस वह भी नहीं कर पा रही है।

वैसे तो कांग्रेस की हालत लगातार खस्ता होती जा रही है। चुनाव-दर-चुनाव कांग्रेस का मत प्रतिशत घटता जा रहा है। सच तो यह है कि उत्तर प्रदेश में कांग्रेस किसी भी सामाजिक वर्ग की पार्टी नहीं रही है। सचाई यह भी है कि राज्य में सामाजिक ध्रुवीकरण की प्रक्रिया तेज हुई है। एक तरफ है उच्च वर्गीय सोच के लोग, जो चाहे-अनचाहे भाजपा की ओर खिंच रहे हैं। दूसरी ओर है सामाजिक न्याय की राजनीति में विश्वास करने वालों का समूह, जिस ओर पिछड़े, दलित, अल्पसंख्यक तथा प्रगतिशील सोच वाले मध्यमवर्ग के लोग हैं। पिछले विधानसभा चुनाव के समय तक यह ध्रुवीकरण इतना तीव्र नहीं था। मोटे तौर पर भाजपा और सपा-बसपा के दो मुख्य खेमे बन गए थे, पर इनके बाहर की पार्टियों को भी वोट मिले थे, सीट भले ही न मिली हो।

पिछले छह महीनों से मुलायम सिंह यादव ने जिस राजनीतिक परिपक्वता का परिचय दिया है, उसका एक परिणाम यह हुआ है कि पिछले चुनाव में जो वोट जनता दल और समानधर्मा पार्टियों को गए थे, वह वर्ग अब मुलायम सिंह के इर्द-गिर्द इकठ्ठा हो रहा है। इस प्रक्रिया से कांग्रेस भी अछूती नहीं रही है। उसके कमजोर जनाधार का एक अंश मुलायम की ओर जा रहा है, तो दूसरा भाजपा की ओर। जनता दल तो शायद उत्तर प्रदेश में फिलहाल समाप्त ही हो जाए। इस संकट से उबरने के लिए कांग्रेस का एक वर्ग सरकार से समर्थन वापस ले लेना चाहता है। यह जानते हुए भी कि इसका अर्थ भाजपा की वापसी भी हो सकता है। इस वर्ग का कहना है कि भाजपा की वापसी का हव्वा देखें या अपनी पार्टी को समाप्त होने से बचाएं। तालकटोरा में तो राजेन्द्र कुमारी वाजपेई जैसी वरिष्ठ कांग्रेस नेता यहां तक बोल गईं कि भाजपा के हव्वे से आखिर हम कब तक डरते रहेंगे। उनका कहना था कि भाजपा कम-से-कम सभ्य लोगों की तो पार्टी है। कांग्रेसी हताशा उत्तर प्रदेश में कहां पहुंची है, यह उसका अच्छा उदाहरण है।

प्रश्न है कि क्या मुलायम सिंह से संबंध विच्छेद करके कांग्रेस उत्तर प्रदेश में मजबूत हो जाएगी, शायद नहीं। मुलायम की सरकार को क्षणिक खतरा हो सकता है, पर यह निश्चित है कि वैसी हालत में कांग्रेस वही कांग्रेस नहीं रह जाएगी। इसका एक बड़ा हिस्सा टूटकर मुलायम के साथ जा सकता है। यदि उत्तर प्रदेश को फिर चुनाव में धकेला जाता है तो सिर्फ कांग्रेस ही क्यों, मुलायम सिंह यादव भाजपा, जद तथा बसपा को भी छिन्न-भिन्नकर पाने की स्थिति में आज है। अगला चुनाव मुलायम सिंह यादव और भाजपा के बीच ही होगा,

सिर्फ इन्हीं दो शक्तियों के बीच। कांग्रेस तब और कहीं की नहीं रहेगी। कांग्रेस इसी दुविधा की शिकार है। न मुलायम को निगल सकती है न उगल सकती है।

बिहार में स्थिति इतनी बुरी नहीं है। वहां सिर्फ कुप्रबंध है, जिसके कारण कांग्रेस इस दुर्दशा को प्राप्त हो चली है। वरना कांग्रेस अब भी बिहार में राजनीति की दूसरी धुरी तो है ही। भाजपा जब पूरे उत्तर भारत में छा रही थी, तब भी बिहार उसके लिए असंभव क्षेत्र था। अब तो भाजपा की हालत और भी खराब है और उसका कारण भी मूलतः उनके नेतृत्व की समस्या है। कांग्रेस अपने नेतृत्व के कारण ही संकट में है। सच तो यह है कि इंदिरा-राजीव शैली की कांग्रेस समाप्त हो गई है, पर इन दो हिंदी भाषी राज्यों का कांग्रेस नेतृत्व इस तथ्य को समझने को तैयार ही नहीं है। पार्टी है, कार्यकर्ता है, पर उनकी पीड़ा को वाणी देने के लिए स्थानीय नेतृत्व पनप नहीं पाया है। ये उम्मीद करते हैं कि नरसिंह राव भी पुराने नेताओं की तरह चाँद से उतरकर आएंगे और सोने की कटोरी से दूध-भात निकालकर इनके मुंह में डाल देंगे और ये गड़प कर जाएंगे। परिस्थितियां बिलकुल बदल गई हैं। कांग्रेस उन्हीं राज्यों में अपने पैरों पर खड़ी है, जहां के स्थानीय नेतृत्व ने इतना माद्दा दिखाया कि केंद्रीय नेतृत्व की इच्छाओं के संकेत को दरकिनार कर अपने बूते पर खड़े रहे। मसलन, मध्य प्रदेश और हिमाचल प्रदेश। तथाकथित हाईकमान के करीबी कुछ चाहते रहे, स्थानीय नेतृत्व ने अपनी ताकत का प्रदर्शन किया और लोकतांत्रिक ढंग से किया।

बिहार और उत्तर प्रदेश, दोनों राज्यों में आज कांग्रेस की स्थिति बहुत खराब है। यह सच है कि इन दोनों राज्यों में पार्टी चौथे-पांचवें स्थान पर पहुंच गई है। पर इसमें सुधार असंभव नहीं है। उत्तर प्रदेश में मुश्किल है, क्योंकि वहां ध्रुवीकरण कम-से-कम फिलहाल के लिए हो चुका है। कांग्रेस वहां बहुत मेहनत करे तो ज्यादा से ज्यादा तीसरी शक्ति हो सकती है। तीसरी शक्ति बनने के बाद इन्तजार करना पड़ेगा कि कब पहली दो शक्तियों में से कोई एक कमजोर पड़े, ताकि वह उसका स्थान ले सके। समय लगेगा, पर बिलकुल असंभव नहीं है।

बिहार में स्थिति इतनी बिगड़ी नहीं है। वहां ध्रुवीकरण के एक ध्रुव पर तो लालू यादव हैं। कम-से-कम अगले चुनाव तक तो वे रहेंगे ही। दूसरे ध्रुव का स्थान खाली है। कांग्रेस सही सामाजिक फार्मूला अपना ले, संगठन को ईमानदारी से खड़ा करे, नेता अपने अंदर से ही खोजे, न कि केंद्रीय नेतृत्व का मुंह जोहती रहे और एक जुझारू स्वरूप अपनाए तो वह अब भी बिहार में खड़ी हो सकती है। वरना वहां भी विकल्प आनंद मोहन और पप्पू यादव बनेंगे, जो विकल्प कतई नहीं है, मजबूरी जरूर है। मुश्किल यह है कि इन दोनों राज्यों का वर्तमान कांग्रेस नेतृत्व जीने और जूझने का माद्दा खो चुका है। केंद्रीय नेतृत्व किन्हीं कारणों से इन राज्यों के प्रति उदासीन है—इस तथ्य से बिलकुल बेजार कि इन दोनों राज्यों से 139 सासंद आते हैं। इन्हें उपेक्षित कर नरसिंह राव दोबारा प्रधानमंत्री नहीं बन सकते।

(27 जून 1994, अमर उजाला)

जमीन पर आएं उप्र के कांग्रेसी

भारत की राजनीति में उत्तर प्रदेश का महत्त्व अब समाप्त हो चला है। दुख की बात यह है कि इस प्रदेश के राजनीतिज्ञ इस तथ्य को स्वीकार करने के लिए तत्पर नहीं हैं। बंदरिया अपने मृत शिशु को अब भी सीने से चिपकाए रखना चाहती है, इस बात से बिल्कुल बेखबर कि मृत शिशु की दुर्गंध चारों ओर फैलने लगी है।

पिछले दिनों उत्तर प्रदेश में कांग्रेस ने जो कुछ किया, यह उनके अज्ञान और वास्तविकता से आंख मूंदे रखने का सर्वोत्तम उदाहरण है। देश की राजनीति में बड़ा परिवर्तन आ चुका है। कांग्रेस की राजनीति में और भी उथल-पुथल हुई है, पर लगता है कि उत्तर प्रदेश के कांग्रेसी इस तथ्य से अनजान ही बने रहना चाहते हैं, शायद जान-बूझकर, क्योंकि वास्तविकता से सामना करने के लिए न तो वे प्रस्तुत हैं और न ही शायद उनमें हिम्मत है। कांग्रेस के केंद्रीय नेतृत्व का वर्ग और वर्ण-चरित्र, दोनों बदल चुका है। इस पार्टी पर उत्तर के सवर्ण नेताओं का अब पहले जैसा प्रभाव नहीं रहा। चाहे या अनचाहे, पर स्थिति यों है कि आज कांग्रेस के केंद्रीय नेतृत्व पर ब्राह्मणों की पकड़ कमजोर हुई है। दक्षिण का कांग्रेस अध्यक्ष और प्रधानमंत्री, पार्टी में फिलहाल निर्विवाद नेता है, पर इस कारण शायद नहीं कि वह ब्राह्मण है। नेतृत्व की सफलता का एक कारण शायद यह है कि दक्षिण का है।

दक्षिण के नेताओं की सामाजिक समझ निश्चय ही उत्तर के नेताओं से कुछ ज्यादा है। वहां यह तथ्य स्वीकार किया जा चुका है कि राजनीति और सामाजिक न्याय का अन्योन्याश्रित संबंध है। राजनीति सफल तभी हो सकती है, जब नेतृत्व में पिछड़ी, दलित जातियों को समुचित स्थान मिले। सिर्फ सवर्ण और उसमें भी ब्राह्मण वर्चस्व से राष्ट्रीय राजनीति की गाड़ी सुचारू रूप से नहीं चल सकती। इस तथ्य को दक्षिण के सवर्ण नेताओं ने भली भांति समझ लिया है। इसमें मन में चाहे कुछ भी हो, पर प्रत्यक्षतः दक्षिण के नेता सामाजिक न्याय के प्रश्न पर उससे सहमत नहीं हो सकते। नरसिंह राव की सफलता का एक राज़ यह भी है कि वे इस सचाई को समझते हैं। तमिलनाडु में आरक्षण का प्रतिशत बढ़ाकर 69 प्रतिशत कर दिया जाए और इसके लिए संविधान में संशोधन भी करना पड़े तो भी नरसिंह राव नहीं हिचकते। आंध्र और कर्नाटक भी आरक्षण 50 प्रतिशत से ऊपर ले जाना चाहते हैं। नरसिंह राव को उससे भी कोई उज्र नहीं है। इसका कारण सिर्फ यह है कि दक्षिण के नेताओं ने भारतीय राजनीति के सामाजिक यथार्थ को समझ लिया है।

समझ तो उत्तर भारत के भी कई राज्यों को आ गई है। मध्य प्रदेश और बिहार इसके उत्तम उदाहरण हैं। फर्क सिर्फ यह है कि मध्य प्रदेश में इस तथ्य को कांग्रेस ने भी समझा है। जबकि बिहार में विपक्ष तो इसे समझ चुका है, पर कांग्रेस शायद समझने को तैयार नहीं

है। उत्तर प्रदेश की हालत बिहार से भी गई-गुजरी है। यहां कांग्रेस करीब-करीब समाप्तप्राय है। इसका कोई सामाजिक आधार नहीं बचा है। उत्तर प्रदेश में कांग्रेस का मुख्य आधार था–इनका ब्राह्मण, दलित, मुसलमान वोट बैंक। सबसे पहले मुसलमान गए, फिर दलित और पिछले चुनाव में स्पष्ट हो गया कि ब्राह्मण भी बड़े पैमाने पर भाजपामुखी हो चुके हैं। नारायण दत्त तिवारी के नेतृत्व में प्रदेश कांग्रेस अपनी खोई जमीन वापस पाने का यत्न कर रही है। वापसी की लड़ाई सवर्ण-भूमि पर लड़ी जा रही है। इन्हें लग रहा है कि उत्तराखंड का परोक्ष आरक्षण विरोध इनकी राजनीति के लिए लाभदायक हो सकता है। तभी पहले समर्थन वापसी की बात की गई। फिर, कांग्रेसी मुलायम सरकार को बर्खास्त करने की जिद पर ही अड़ गए।

इस तरह की ज़िद एक तो अज्ञान से आती है। दूसरा कारण यह है कि इस तरह की गैरवाजिब ज़िद करके उसे पा लेने की इनकी आदत रही है। ये इस बात से भी बेखबर हैं कि सुप्रीम कोर्ट ने एक निर्णय दिया है कि राज्य सरकारें सिर्फ किसी की इच्छा-अनिच्छा पर बरखास्त नहीं हो सकतीं। इसके लिए पुख्ता कानूनी आधार होना चाहिए कि राज्य में संविधान की व्यवस्था भंग हो गई है। यह भी कि इस तरह के किसी निर्णय को अदालत में चुनौती दी जा सकती है पर बिगड़े हुए कांग्रेसियों को इन सब बातों की भला क्या चिंता!

इस बात की भी क्या चिंता कि यदि तत्काल चुनाव हो जाएं तो प्रदेश में ये 28 तो क्या 8 सीट भी नहीं पा सकते, पर पुरानी आदत है। उत्तर प्रदेश के कांग्रेसी हैं। इनकी हर जायज-नाजायज मांग अब तक मानी जाती रही है। क्योंकि सिर्फ प्रधानमंत्री ही नहीं, अन्य अनेक प्रभावशाली नेताओं की भी यह जन्म और कर्मभूमि रही है, चाहे ये कांग्रेस से हों या विपक्ष से। इस बात का इन्हें हमेशा गुमान रहा है कि देश की राजनीति की धुरी यही राज्य है। तभी तो प्रधानमंत्री की इच्छा को अनसुनी करके कांग्रेसी जिद पर अड़े हैं कि सरकार बर्खास्त कीजिए। असली मंशा यह है कि राज्य में थोड़े दिन राष्ट्रपति का शासन रहे। यानी कांग्रेस की अप्रत्यक्ष सरकार, जिसमें छुटभैए थोड़े दिन खेल-खा सकें। अब तक उत्तर प्रदेश के राजनीतिज्ञ इसी के आदी रहे हैं।

केंद्रीय कांग्रेस नेतृत्व ने इशारे से ही सही, पर यह संकेत दे दिया है कि प्रदेश के कांग्रेसी बदली हुई परिस्थिति को समझें। अब न उत्तर प्रदेश का वर्चस्व है और न ही सवर्ण वर्चस्व वाली राजनीति अब बहुत दिनों तक चल सकती है। दक्षिण और पश्चिम भारत तथा बिहार, मध्य प्रदेश जैसे राज्यों ने जिस तथ्य को समझा है, उसे यदि उत्तर प्रदेश समझने से इन्कार करता रहा तो यह प्रदेश धीरे-धीरे अभी और राजनीति के हाशिए पर ही जाएगा।

(1-15 नवंबर 1994, समकालीन जनमत)

लगा तो तीर वरना तुक्का

जिनकी राजनीति में बिल्कुल रुचि नहीं है, वे भी, और जो आज की स्थिति से निराश होकर एक तरह से खबरों से भी वीतराग हो चुके हैं, वे भी—सभी एक ही सवाल पूछ रहे हैं कि नरसिंह राव आखिर ऐसा क्यों कर रहे हैं? अपने ही मंत्रियों को विभिन्न आपराधिक प्रकरणों में फंसाकर, उन्हें जेल भिजवाकर तथा सीबीआई को शिकारी कुत्तों की तरह अपने भयभीत पार्टी जनों के बीच खुला छोड़कर आखिर वे क्या हासिल करना चाहते हैं?

जिनकी रुचि राजनीति में है और जो इसके दांव-पेंच को समझने का दावा करते हैं, उनके सवालों में यह सवाल भी जुड़ा रहता है कि राव कोई दूध के धुले तो हैं नहीं, तो सीबीआई उनके और चन्द्रास्वामी के प्रकरणों को क्यों छुपाती फिर रही है। दूसरे सवाल का जवाब बहुत ही साफ है कि राव कोई सत्य हरिश्चन्द्र तो हैं नहीं कि धर्म और सत्य के लिए अपने आप को भी न बख्शें। वे राजनीतिक हैं और आकंठ कीचड़ में उसी तरह डूबे हुए हैं, जितने और सत्ताधारी या वे जो अपने-आपको सत्ता के कुछ करीब पा रहे हैं। इसलिए उनसे यह अपेक्षा करना कि अपने आपको भी न्याय की चपेट में ले लेंगे, थोड़ी ज्यादती है।

जाहिर है, नरसिंह राव राजनैतिक लाभ उठाने के लिए ही यह सब कर रहे हैं। लेकिन वे लाभ क्या हैं और कैसे नरसिंह राव की झोली में ही गिरने वाले हैं, यह आमफहम दिमाग के ऊपर से निकल जाने वाली बात बन गई है।

तो लौटते हैं अपने मूल प्रश्न पर कि यह सब करके नरसिंह राव आखिर क्या पाना चाहते हैं। राव की छवि तो एक क्षण के लिए मान लेते हैं, उज्ज्वल हो गई। वे भ्रष्टाचार के विरुद्ध लड़ाई छेड़ने का माद्दा रखते हैं और उसे तार्किक परिणति तक पहुंचाने में अगर उनके करीबी भी शहीद होते हैं तो उन्हें कोई झिझक नहीं। पर लोग ये नहीं समझ पा रहे हैं कि इस महाभारत के अंत के बाद जब राव सिर उठाकर विजयभूमि की ओर देखेंगे तो क्या उन्हें लाशों के अलावा भी कुछ दिखाई देगा और अगर यही होना है तो फिर अगले दौर की लड़ाई वे किनके बूते लड़ेंगे?

यह तो सभी मान रहे हैं कि राव ने जो संग्राम छेड़ा है, वह कोई सचमुच का धर्मयुद्ध नहीं है। वह मूलतः छवि चमकाने की एक प्रक्रिया है। चेहरा सुंदर बनाने में अगर थोड़ा खून बहता है तो बहने दें और उसका उद्देश्य यह है कि अगले चुनाव में लोग कहें कि इंका (इंदिरा कांग्रेस—संपा.) अब तक तो साफ-सुथरी पार्टी नहीं थी लेकिन राव ने अपनी ओर से कोई कोशिश नहीं छोड़ी है।

अगला सवाल यह है कि यह सब करने की कोई जरूरत ही क्यों पड़ी, क्योंकि नरसिंह राव ने और कुछ किया हो या न किया हो, कम-से-कम एक स्थाई सरकार तो देश को दी

ही है। अब तक शायद राव भी इसी बात में मगन थे कि उनके दो काम उन्हें अगले चुनाव में पार लगा देंगे–स्थायी सरकार और नई अर्थनीति। लेकिन अब लगता है कि उनका विश्वास अपनी इन उपलब्धियों से डिग रहा है, इसलिए उन्हें कुछ नई उपलब्धियों को सामने लाने की जरूरत पड़ रही है। वैसे भी भाजपा भ्रष्टाचार और स्वच्छ प्रशासन को ही अगले चुनाव में सबसे बड़ा मुद्दा बनाने वाली थी। राव इस बहाने भाजपा की पहल भी छीन रहे हैं।

राव का आकलन है कि इन गतिविधियों से वे भ्रष्टाचार के विरुद्ध सबसे बड़े धर्मयोद्धा के रूप में उभरेंगे और इसकी शिकार होगी–भाजपा। भ्रष्टाचार के आरोप में अगर इंका के दस नेता जेल जाते हैं, तो पार्टी का जितना नुकसान होगा, उससे सौ गुना नुकसान आडवाणी के नाम आरोप पत्र दाखिल कर देने मात्र से भाजपा का हो जाएगा। भाजपा का दूसरा कार्ड है–देश की सुरक्षा। उसका कहना है कि इंका के लोगों का संबंध कई विस्फोट वालों से है, अपराधियों से है, माफिया से है और तस्करों से है। इसका भी जवाब हाजिर है। एक कल्पनाथ राय की बलि चढ़ाकर यदि भाजपा के एक बृजभूषण शरण सिंह का संबंध दाउद इब्राहिम तथा मुम्बई बम कांड के अन्य आरोपियों के साथ सिद्ध होता है तो इसमें किसका ज्यादा नुकसान है? इंका का या भाजपा का?

तस्वीर थोड़ी-बहुत साफ हो रही है, पर मूल प्रश्न का जवाब अब भी नहीं मिला है कि अपनी पार्टी ही खत्म हो जाएगी तो राव आखिर किनके बूते अगला चुनाव लड़ेंगे? इसका जवाब शायद यह है कि राव आज के इंका नेताओं में से शायद किसी को भी इस काबिल नहीं मानते कि जिन्हें बचाने से इंका बच सकती है। शायद उन्हें लग रहा है कि उनके नेतृत्व में एक बिल्कुल नई सेना ही इंका का उद्धार कर सकती है। बड़ा भारी जुआ है–ऐसा दांव कि अगर लग गया तो ठीक, वरना हार तो लिखी ही है।

(29 फरवरी 1996, विचारार्थ, इंडिया टुडे)

राजनीति–तीसरा मोर्चा

मैं इसे वैचारिक संकट नहीं मानता

[वरिष्ठ पत्रकार सुरेंद्र प्रताप सिंह से राष्ट्रीय सहारा प्रतिनिधि की बातचीत]

सारी दुनिया में इस समय जो एक वैचारिक संकट-सा छाया है, उसके बारे में आपकी क्या राय है?

—मैं इसे वैचारिक संकट नहीं मानता, वह इसलिए कि हम लोगों की एक विचार से चिपककर बैठे रहने की शायद आदत-सी पड़ गई है। हम और हमारा समाज मानसिक रूप से आगे नहीं बढ़ पा रहे हैं। जहां तक मैं समझ पाया हूं, वह यह कि विचार ही 'विकास' है और जब हम वैचारिक दृष्टि से आगे बढ़ पाने का साहस नहीं कर पा रहे हैं तो हमें यही लगता है कि यह वैचारिक संकट है। यहां एक ओर साम्राज्यवाद और विस्तारवाद और दूसरी ओर समाजवाद एवं साम्यवाद का परस्पर विवाद है।

अब चूंकि विश्व का यह ढांचा ढह गया है तो हमें एक भारी वैचारिक संकट लग रहा है। बल्कि मुझे तो लग रहा है कि पूंजीवाद का ढांचा भी इसी तरह ढह गया है। इसलिए हमें बदलती हुई परिस्थितियों के साथ इन चीजों को समझना चाहिए।

आपने कहा कि विचार ही 'विकास' है लेकिन विचार तो हथियार भी है, आप क्या कहेंगे?

—इधर देखने में आ रहा है कि पिछले दौर में बुरी प्रवृत्तियों को लेकर जो संघर्ष चले हैं, आज वही प्रवृत्तियां और उभरकर सामने आ रही हैं। चाहे वह धर्म से संबंधित हों या जाति और भाषा से। जिन विचारों को हम माध्यम या हथियार बनाकर इन प्रवृत्तियों के खिलाफ लड़ने जा रहे थे, वह हथियार कहीं-न-कहीं थोथे साबित हुए।

मान लीजिए हमने महात्मा गांधी का रास्ता चुना। लेकिन उस रास्ते पर हम कहां तक चल पाए, कहां तक नहीं, इसका विश्लेषण जरूरी है या नेहरूजी की इस विचारधारा को अपना लिया कि एक धर्मनिरपेक्ष समाजवादी समाज का निर्माण करेंगे। उसके लिए जो जरूरी साधन थे, वह भी जुटा लिए। फिर भी हम देख रहे हैं कि हमारे देश में जातिवाद, सांप्रदायिकता, अलगाववाद बढ़ा है। दूसरी ओर बेरोजगारी बढ़ी है, जो दरिद्र था वह और दरिद्र हो गया है।

इन परिस्थितियों के मद्देनजर हमें यह सोचने की ज्यादा जरूरत है कि व्यवस्था में, विचारों में कमी कहां रह गई। हमने अपने देश में कुछ विचारों को, कुछ मतवादों को धर्म के स्थान पर रूढ़ कर दिया है। न हम उसकी अच्छाई या बुराई के बारे में कुछ सोच रहे हैं, न उसकी क्षमता और अक्षमता को लेकर चिंतित हैं। केवल उनसे धर्म की तरह चिपटे रहना चाहते हैं। मैं समझता हूं आज की स्थिति कहीं बेहतर है। कम-से-कम बैठकर पुनर्विचार तो किया जा सकता है।

इस रूप में कौन-कौन सी विचारधाराएं प्रभावित हुईं?

—राजनीतिक विचारों को धार्मिक रूप देने की प्रवृत्ति की चपेट में मार्क्सवाद और गांधीवाद दोनों ही आए हैं। जब भी किसी मतवाद या विचारधारा को धर्म बनाया जाता है तो उसके बारे में कुछ सोचना-समझना भी बंद कर दिया जाता है। उसकी आलोचना या टिप्पणी बर्दाश्त नहीं होती। धीरे-धीरे दिमाग बंद हो जाता है। विचारों की व्याख्या करने का अधिकार हाईकमान या पुजारी या महंत के पास ही रह जाता है। आप उस व्याख्या को केवल स्वीकार करने के लिए बाध्य हैं। यह स्थिति गांधीवादियों पर, मार्क्सवादियों पर और समाजवादियों पर समान ही लागू हो सकती है।

हमारे यहां मुख्य रूप से जो ये तीन विचारधाराएं चलती रही हैं, इस ठहराव के टूटने के बाद क्या इनमें बौद्धिक और वैचारिक स्तर पर बदलाव आने की अपेक्षा है?

—मुझे लगता है कि यह जो तीन मुख्य धाराएं थीं, यह अपने आप में 'पूर्ण' नहीं थीं। इन तीनों धाराओं के अतिरिक्त जो अन्य धाराएं चल रही थीं, वह सारी की सारी एक ही रुख लिए हुए थीं। समाज और समाज में व्यक्ति को केंद्रित करते हुए इनमें से कोई भी धारा मुखर नहीं हो पाई, इसीलिए समस्या पैदा हुई।

आज जो देश में आर्थिक संकट पैदा हुआ है, उसके पीछे आप क्या कारण मानते हैं?

—दरअसल यह संकट दो तरह का है। एक तो गरीबी निरंतर बढ़ी है। वह वर्ग जो गरीबी रेखा के नीचे बैठा है, उसकी क्रय क्षमता कहां तक पहुंची है, किसी को फिक्र नहीं है। दूसरी तरफ मध्यम वर्ग है, जिसका आकार ही व्यापक है। वह भी गरीबी की मार से त्रस्त है।

एक तरफ तो गरीबी का यह हाल है कि उसकी तुलना आप अफ्रीका के इथियोपिया या सूडान आदि भुखमरी वाले क्षेत्रों से कर सकते हैं। दूसरी तरफ समृद्धि का बड़ा आकाश सामने खड़ा हो गया है। अब आप कल्पना कीजिए कि जहां अरबों-खरबों के वारे-न्यारे हो रहे हों, संसार की सबसे अच्छी से अच्छी उपभोक्ता वस्तुएं इस देश में आने को उतारू हों, हम लोग ऊंचे करों की बातें करें और ऐसे ही वक्त में दूसरी ओर हमारे अखबारों में छप रहा हो कि देश में कहां-कहां लोग भूख से मर रहे हैं। इसकी आप जरा कल्पना कीजिए। भुखमरी की समस्या कहां नहीं है आज देश में। लेकिन इस समस्या से तो तीस साल पहले ही निपट लेना चाहिए था।

लेकिन इसके विपरीत हरित क्रांति भी तो आई हमारे देश में?

—हरित क्रांति चाहे जैसे भी आई हो, अन्न उत्पादन के क्षेत्र में भारत इतना आत्मनिर्भर हो गया था कि कम-से-कम लोग भूख से नहीं मरते थे। लेकिन अब तो यह समस्या पुनः गहरा गई है। इसके लिए हम अकेले सरकार या विपक्ष को ही दोषी नहीं ठहरा सकते। सब लोग समान रूप से इसके लिए जिम्मेदार हैं। हमारी सोच इतनी उथली और छिछली रही कि समस्याओं को हमने कभी गहराई से नहीं लिया। समस्याओं को मात्र नारों का रूप देते रहे। उन्हें नारा मानकर उन पर रंग-रोगन करके ही देखते रहे।

मार्क्सवाद के बारे में कहा जाता है कि इसने कभी भारत को समझने का प्रयास नहीं किया। इसके विपरीत गांधी जी भारतीय समाज के ज्यादा करीब थे।

—गांधी जी का दौर तो आजादी से पूर्व का दौर है, जबकि यह स्थितियां तो आजादी के बाद पैदा हुईं। गांधी जी की एक सीमा थी। उन्होंने अत्यंत बिखरे हुए देश को एक किया। ऐसे बहुत से सामान्य मुद्दे उठाए, जिनसे हिन्दू, मुसलमान, सिख, ईसाई, ऊंची जाति, नीची जाति एक साथ भावनात्मक रूप से जुड़ी रह सकें।

इन्हें एक रख पाना गांधी जैसे महान व्यक्तित्व का ही काम था। लेकिन गांधी के युग की महानता तो गांधी की भूमिका के साथ ही समाप्त हो गई। हर किसी के पास इतनी व्यापक दृष्टि नहीं थी।

गांधी जी के बाद गांधीवादियों की तो यह भूमिका रही कि कहीं कुछ कुजात हो गए, कुछ सुजात हो गए, कुछ समाजवादी बन गए। पंडित नेहरू की सरकार आई तो उन्होंने समाजवाद का बड़ा भारी प्रयोग देश में किया, जो कहीं रूस से प्रभावित था, कहीं ब्रिटेन से, तो कहीं अमरीका से। लेकिन शुरुआती दौर में ही उनकी विफलता दिखने लगी। लेकिन फिर भी वे उससे चिपके रहे। इंदिरा गांधी के आ जाने के बाद तो कुछ कहने को बाकी ही नहीं रहा। देश में न तो समाजवाद रहा, न गांधीवाद रहा और न ही देश को देश के रूप में देखने की दृष्टि ही बाकी रही।

सबसे ज्यादा दुख तो उन लोगों को देखकर होता है, जो बौद्धिक स्तर से उच्च्व हैं, मार्क्सवादी हैं, समाजवादी हैं।

स्तालिन की पूजा पुनः शुरू हो गई है। अब बैठकों में स्तालिन के चित्र लगाए जा रहे हैं, मूर्तियां लगाई जा रही हैं, उनके गुणगान गाए जा रहे हैं। जैसे धर्मों में होता है कि बाहर से जितना प्रहार होगा, अंदर से उतना ही कट्टरपन आएगा।

कुछ मार्क्सवादियों का मानना है कि विफलता का यह पहला कदम है। इसके बाद सफलता भी कहीं से शुरू होगी।

—किंतु इसका आधार क्या है। या इसी तरह की महज एक कल्पना है कि जैसे देश में राम-राज्य स्थापित होगा। अभी बीस मीटर जगह मिली है, फिर चालीस मीटर मिलेगी। धीरे-धीरे इसी तरह राम-राज्य स्थापित हो जाएगा। यह मात्र कल्पना है। इन बातों के लिए कोई अर्थशास्त्रीय, समाजशास्त्रीय या राजनीतिक आधार तो हो। जैसे कि सत्तर साल के बाद रूस अब ऐसी स्थिति में आ गया है कि यहां से एक नई उड़ान लेने वाला है। सोवियत संघ के बारे में अखबारों में पुराने कपड़े और दवाएं आदि भेजने की अपील पढ़कर आंखें नम हो गईं। वहां लोग ठंड से मर रहे हैं। वह देश जिसका आधी दुनिया पर साम्राज्य था, जो अमेरिका जैसी महाशक्ति की चुनौतियों के सामने डटा रहा, उस देश के नागरिकों के लिए फटे-पुराने वस्त्र, खाद्य सामग्री, दवाएं आदि भेजनी पड़ें, इससे ज्यादा त्रासद स्थिति हमारे सामने और क्या हो सकती है। लेकिन यह कटु सचाई हम सबने अपनी आंखों से देखी है। उसके बाद भी लोग यह कहें कि लड़ाई कहीं और से शुरु होने वाली है?

आज जो चौतरफा वैचारिक ठहराव की स्थिति बनी हुई है और समूचे देश को विश्व बैंक तथा मुद्राकोष के हवाले कर देने की रणनीति अख्तियार की जा रही है, क्या उसके लिए बहुत हद तक कांग्रेस की सोच जिम्मेदार नहीं है?

—चलिए हम मान लेते हैं कि नरसिंह राव और मनमोहन सिंह पूरे देश को अन्तर्राष्ट्रीय मुद्राकोश और विश्व बैंक के हवाले कर देने के लिए जिम्मेदार हैं लेकिन विपक्ष या अन्य दूसरे दल भी तो इसका कोई विकल्प नहीं प्रस्तुत कर पा रहे हैं। ऐसा नहीं है कि उन्हें मौका नहीं मिला। भाजपा और वामपंथियों की पूरी ताकत वी पी सिंह के साथ लगी हुई थी, आखिर उन्होंने क्या किया? पश्चिम बंगाल में ज्याति बसु सरकार ने विगत 14-15 वर्षों में ऐसा कोई भी तो काम नहीं किया जिसके आधार पर उसे कांग्रेस से अलग देखा जा सके। भाजपा मध्य प्रदेश और उत्तर प्रदेश में कांग्रेस से अलग क्या कुछ अपनी उपलब्धियां गिना सकने की स्थिति में है? जहां तक किसी अन्य तीसरी, चौथी या पांचवीं वैकल्पिक शक्ति का सवाल है, तो उन्हें अपना विकल्प सामने लाना चाहिए। आखिर वे क्यों नहीं लाते? हमें तो लगता है कि इन शक्तियों के पास भी कोई ब्लू प्रिंट नहीं है।

कुल मिलाकर ऐसा लगता है कि एक व्यक्ति को अंधेरी सुरंग में बंद कर दिया गया है और ऊपर रोशनी में बैठे हुए लोग निर्देश दे रहे हैं कि दायीं ओर चलो और जब वहां से हताशा हाथ लगती है तो वे कहना शुरु कर देते हैं कि उस ओर चलो। अभी तक हम वैचारिक मान्यताओं के प्रति प्रतिबद्ध थे किंतु आज की सबसे बड़ी उपलब्धि यही है कि वैचारिक धाराओं के प्रति मोहभंग के चलते हम आज स्थिर होकर सोचने के लिए मजबूर हैं कि आखिर हमने जो रास्ता अपनाया था उसमें खामी कहां थी। बस यही एक उम्मीद की किरण नजर आती है और लगता है कि आने वाले दिनों में हम इस वैचारिक ठहराव के दौर से उबर पाने में सफल हो सकेंगे।

(29 मार्च 1992, राष्ट्रीय सहारा हस्तक्षेप)

जनता दल में यह होना ही था

जनता दल का वर्तमान संकट उसके आंतरिक ध्रुवीकरण की अनिवार्य प्रक्रिया का स्वाभाविक परिणाम है। इस तरह के संकट का समय-समय पर उभरकर सामने न आना ही समस्त राजनीतिक सिद्धांतों के विपरीत जाता। इसलिए जनता दल के बारम्बार विखंडन से किसी को आश्चर्य नहीं होना चाहिए। आश्चर्य तो यह है कि लालू और बीजू जैसे दो विपरीतधर्मी ध्रुव इतने दिनों तक आखिर एक पार्टी में रह कैसे लिए। वैसे ही, जैसे कि चन्द्रशेखर, देवीलाल, अजित सिंह, विश्वनाथ प्रताप सिंह, हेगड़े, शरद यादव अैर मुलायम सिंह अदि नेताओं का बहुत दिनों तक एक साथ किसी एक पार्टी में रहना राजनीतिक रूप से अप्राकृतिक है। इसीलिए जब भी जनता या किसी भी अन्य नाम या मंच से कोई गैर कांग्रेसी मोर्चा बनता है उसके अंदर विघटन की प्रक्रिया भी उसी क्षण से प्रारंभ हो जाती है। दूसरी ओर, इनका बहुत दिनों तक अलग-अलग रहना भी उतना ही अप्राकृतिक है। इस जुड़ने-टूटने और फिर जुड़ने की प्रक्रिया को समझने के लिए भारतीय राजनीति में विपक्षी भूमिका के इतिहास को संक्षेप में समझना अवश्यक है। इससे इस तथ्य को भी समझना आसान हो जाएगा कि उस तरह के प्रयोगों के अंतिम परिणाम से परिचित होने के बावजूद क्यों जनता दल से इस बार थोड़ी अलग तरह की अपेक्षा होने लगी थी।

चाहे 1967 हो या 1977 या 1989, जब भी कांग्रेस की लोकप्रियता ह्रासोन्मुख होती दिखी, गैर कांग्रेसी दलों में आपसी समझदारी भी बढ़ी जिसके परिणाम, कभी ढीले-ढाले समझौतों के रूप में तो कभी चुनाव में तालमेल के रूप में सामने आए। बाद में कुछ ठोस चीजें सामने आईं, जब जनता पार्टी और जनता दल के महत्त्वाकांक्षी प्रयोग हुए। यह प्रयोग सतह की एकता के कारण थोड़े समय के लिए राजनीतिक विभ्रम पैदा करने में समर्थ हुए। इस तरह के किसी भी प्रयोग में सबसे साफ और सुचिंतित भूमिका हमेशा उन हिंदूवादी तत्वों की रही, जो जनसंघ या भाजपा के रूप में सामने आई, पर वास्तव में जो आरएसएस की राजनीतिक भुजा थी।

गांधीवादी, सर्वोदयी, समाजवादी, विक्षुब्ध कांग्रेसी, जातिवादी तथा वंचित-उपेक्षित राजनीतिक कर्मियों की जमात को जब-जब लगा कि कांग्रेस की भूमिका को समाज में समुचित आदर नहीं प्राप्त हो रहा है और यदि ये सारी शक्तियां मिल जाती हैं तो कांग्रेस को सत्ताच्युत किया जा सकता है, तब-तब इस तरह के प्रयोग सफलतापूर्वक दोहराए गए। हर बार यह भी लगता था कि कांग्रेस का सचमुच कोई विकल्प खड़ा हो रहा है, जो सिर्फ एक राजनीतिक ढांचा ही नहीं, सचमुच कोई वैकल्पिक राजनीतिक दर्शन भी है, परंतु हर बार इस तरह के प्रयोग के परिणाति भी एक ही तरह की हुई। घोर व्यक्तिवादी लिप्सा की राजनीति करने

वालों को अपने राजनैतिक आदर्शों के लबादे उतार फेंकने में ज्यादा समय नहीं लगता था। जितने टुकड़ों को जोड़कर इस तरह का प्रयोग खड़ा किया जाता था, टूटते समय अक्सर उससे कहीं ज्यादा टुकड़े ही अलग होते रहे।

अपवाद सिर्फ हिंदूवादी रहे, जिन्हें सिर्फ एक बार 1985 में जोर का झटका लगा। अन्यथा, इस तरह के किसी भी प्रयोग में सबसे ज्यादा उत्साह से यही सम्मिलित होते रहे और हमेशा किसी ऐसे मोड़ पर लाकर अपने आपको अलग कर लेते रहे, जिससे एक तो राजनीतिक रूप से और मजबूत होकर उभरते थे, दूसरे, टूट की जिम्मेदारी भी हमेशा किन्हीं और तत्वों के सिर मढ़ी जाती रही। जनता दल और उसकी सरकार का प्रयोग इसका सबसे ताजा उदाहरण है, जिसने भाजपा को कांग्रेस के एक मजबूत और ठोस विकल्प के रूप में उभारा, जबकि उसी समय जनता दल के विभिन्न घटक छिन्न-भिन्न होते रहे।

भाजपा की इस सफलता से किसी को ईर्ष्या नहीं होनी चाहिए, क्योंकि इस दल ने इस प्रयोग से वह सारा कुछ प्राप्त कर लिया, जो अन्य घटक भी प्राप्त करना चाहते थे, पर अपना मन-मिजाज साफ न रख पाने के कारण प्राप्त न कर सके, जबकि भाजपा को उस उद्‌देश्य में पूरी सफलता मिली, क्योंकि उनका लक्ष्य और उद्‌देश्य दोनों स्पष्ट थे और उन्होंने उस दिशा में सफलता के लिए सोच-समझकर प्रयास किए।

विपक्ष की राजनीति के इस पड़ाव तक तो सब कुछ वैसा ही हुआ, जैसा ऐतिहासिक रूप से होता रहा है। फर्क इस बार सिर्फ यह था कि बिखराव, विखंडन तथा टूट-फूट के बाद जो जनता दल बचा रहा, वह पहली बार एक ऐसे दल के रूप में उभर रहा था, जिससे नेताओं में भले ही सामंजस्य न दिख रहा हो, पर आदर्श और सिद्धांत के स्तर पर पार्टी में एक सहमति की लकीर स्पष्ट उभरकर सामने आ रही थी। सामाजिक न्याय और धर्मनिरपेक्षता के दो ऐसे मुद्‌दे थे, जिन्हें केंद्र में रखकर एक सक्षम विकल्प उभर सकता था। इसे चाहे संयोग कहें या दुर्घटना, पर ये दोनों मुद्‌दे 1991 के चुनाव और उसके बाद भी कम-से-कम हिंदी भारत में जनता दल के साथ चिपक गए, जबकि इनके और भी अन्य सबल दावेदार हो सकते थे, पर तुलनात्मक रूप से इस मामले में जनता दल अन्य दावेदारों पर भारी पड़ रहा था। ऐसा पहली बार हुआ कि गैर कांग्रेसी मोर्चे के बिखराव के बाद कोई घटक ऐसा भी बच गया, जिसके पास गैर-कांग्रेसवाद के अतिरिक्त भी सिद्धांत रूप में कांग्रेस का विरोध करने के लिए कोई अस्त्र बचा रह गया था।

चन्द्रशेखर, देवीलाल तथा अरुण नेहरू जैसे नेता चुनाव से पहले ही अलग हो चुके थे। अजित सिंह आदि चुनाव के बाद चले गए। कुल मिलाकर पार्टी उन्हीं लोगों के इर्द-गिर्द बन रही थी, जो सामाजिक न्याय के मुद्‌दे पर किसी भी प्रकार के समझौते के बिल्कुल खिलाफ थे। एक ऐसा दल बन रहा था, जिसका स्वाभाविक नेतृत्व रामविलास पासवान, शरद यादव या लालू प्रसाद यादव जैसे नेताओं के हाथ में ही हो सकता था। इस प्रक्रिया में गड़बड़ी सिर्फ उतर प्रदेश में रह गई। वहां मुलायम सिंह यादव को इस गुट के साथ होना चाहिए था न कि अजित सिंह को, लेकिन विश्वनाथ प्रताप सिंह और मुलायम सिंह यादव की निजी महत्त्वाकांक्षाएं इस हद तक विकृत हो चुकी थीं कि ये स्वाभाविक मित्र शक्तियां चुनाव के पहले दो अलग खेमों में जाने के लिए मजबूर हो गईं। अजित सिंह और उनके समर्थक इस दल में समरस नहीं थे, इसे सिद्ध होने में ज्यादा समय नहीं लगा। अजित सिंह आज अपनी

नई राजनीतिक दिशा तलाश रहे हैं। यदि जनता दल इस बीच अपनी पहचान की तलाश में कहीं भटक नहीं जाता है तो इस बात की भविष्यवाणी की जा सकती है कि मुलायम सिंह यादव ज्यादा दिनों तक जनता दल से अलग नहीं रह सकते। उस पार्टी का नाम भी भले ही कुछ और हो या विश्वनाथ प्रताप सिंह भले ही किसी और खेमे में नजर आएं, लेकिन ध्रुवीकरण की गति यदि शिथिल नहीं होती तो इस तरह की शक्तियों को एक धुरी के इर्द-गिर्द इकट्ठा होने से रोका भी नहीं जा सकता।

इसमें इंकार नहीं कि आज जनता दल का जो स्वरूप उभर रहा है, उसके बीज हमेशा से भारत की विपक्षी राजनीति में मौजूद रहे हैं। उत्तर प्रदेश में चौधरी चरण सिंह, बिहार में कर्पूरी ठाकुर तथा हिंदी भारत के अन्य हिस्सों में विभिन्न समाजवादी गुट इसका प्रतिनिधित्व करते रहे हैं, पर इस बात से भी इन्कार नहीं किया जा सकता कि कम-से-कम उतर भारत में सामाजिक न्याय का आदर्श आज जिस स्पष्टता से जनता दल के साथ जोड़ा जा रहा है और इस पार्टी में जिस तरह से इस आंदोलन की केंद्रीय शक्ति के रूप में उभरने की संभावना है, वैसा पहले कभी नहीं देखा गया।

यही इस पार्टी की शक्ति है और इसकी कमजोरी भी। यदि चुनावी गणित या विभिन्न राजनीतिक समीकरणों को ध्यान में रखकर यह पार्टी तरह-तरह के राजनीतिक तत्वों को साथ लेकर चलने की चेष्टा करेगी तो इसका विघटन स्वाभाविक है। यदि यह पार्टी इस तथ्य को आत्मसात कर लेती है कि इसके अस्तित्व का राजनीतिक औचित्य सिर्फ सामाजिक न्याय प्राप्त करने का साधन बनना ही हो सकता है, तब भी पार्टी टूटेगी, लेकिन यह भी सच है कि इस तरह की हर टूट दल को और मजबूत करेगी। बीजू पटनायक, रामकृष्ण हेगड़े या रामसुंदर दास यदि इस पार्टी को छोड़ देते हैं तो हो सकता है कि जनता दल की दोनों राज्य सरकारें गिर जाएं या थोड़ी और जगहंसाई हो जाए, लेकिन यदि इस तरह की शक्तियों, जिनका उस राजनीतिक दर्शन में विश्वास नहीं है फिर भी वे इस दल में बनी रहती हैं तो जनता दल का वही हश्र होगा, जो गैर-कांग्रेसी मोर्चे के विघटन के बाद बची हुई राजनीतिक पार्टियों का अब तक होता रहा है। यानी एक ओर कांग्रेस रहेगी, दूसरी ओर भाजपा तथा बीच में कुछ ऐसे दिशाहीन, उद्देश्यहीन राजनीतिक द्वीप, जिनकी सदाशयता पर कोई संदेह नहीं किया जा सकता, लेकिन जिनके कर्म हमेशा विपक्षी आंदोलन को उस राजनीतिक दुष्चक्र में ले जाते रहे हैं जहां जुड़ना, टूटना और फिर जुड़ने का क्रम अनवरत चलता रहता है। संसद में भाजपा से तालमेल करने की जॉर्ज फर्नांडीस की ललक को भी इसी संदर्भ में लेना चाहिए। बीजू के मंडल आयोग विरोधी बयान भी इसी की कड़ी हैं। राष्ट्रपति पद के लिए एक सर्वसम्मत उम्मीदवार खोजने के क्रम में रामकृष्ण हेगड़े का कांग्रेस के अति निकट होते जाना भी उसी प्रक्रिया का अंग है।

फैसला लालू-शरद-रामविलास को करना है कि क्या वे इस दुष्चक्र को चलाते रहने का साधन बने रहना चाहेंगे या वर्तमान सुख-सुविधा को त्यागने का दुस्साहस करके राजनीति को इस पड़ाव से नई दिशा देने की कोशिश करेंगे, जिसके वे अनचाहे ही आज वारिस बन गए हैं।

(30 अप्रैल 1992, अमर उजाला)

जनता दल का टूटना ही स्वाभाविक है

जनता दल टूटने का समाचार अब उतना आश्चर्यचकित नहीं करता, जितना जनता दल न टूटने की अस्वाभाविक खबर। इस अर्थ में जनता दल का ताजा विघटन कोई चौंकाने वाली घटना नहीं है। वैसे भी, गठन के समय से ही जनता दल में एक सतत् विघटन तो चल रहा है। पिछले आम चुनाव में हार के बाद से यह प्रक्रिया थोड़ी और तेज हुई है। कुछ व्यक्ति और राजनीतिक विचारधारा से प्रेरित एकाध गुट तो तभी से अलग-थलग पड़ गए थे। औपचारिक रूप से इसलिए अलग नहीं हो पा रहे थे, क्योंकि वैधानिक बाधाएं आड़े आ रही थीं। इन बाधाओं को दूर किए बिना विघटन की औपचारिकता पूरी नहीं हो सकती थी। विलम्ब का मूल कारण यही था।

मंडल आयोग की रिपोर्ट को विचार के रूप में राजनीतिक स्वीकृति देने की दूसरी वर्षगांठ के अवसर पर जनता दल के जिस विघटन की औपचारिक घोषणा हुई, वह विघटन की उसी सतत् प्रक्रिया को वैधानिक स्वरूप प्रदान करने की चेष्टा मात्र थी। यह मात्र कांग्रेस का षड्यंत्र या मोटी थैली का खेल नहीं था, जैसा कि वर्तमान जनता दल नेतृत्व दावा कर रहा है। इस वक्तव्य का यह अर्थ कृपया न लगाया जाए कि जनता दल के सांसदों को कांग्रेस की ओर से कोई प्रलोभन नहीं दिया गया था या यह भी नहीं कि टूटने वाले कुछ सांसद रातों-रात करोड़पति नहीं बन गए। ये दोनों बातें अपने-अपने स्थान पर सच भी हो सकती हैं, पर इससे बड़ा सच यह है कि यदि ये प्रलोभन नहीं होते तो भी जनता दल के विघटन को तभी तक टाला जा सकता था, जब तक वैधानिक कठिनाइयां आड़े आ रही थीं।

विश्वनाथ प्रताप सिंह का यह कहना कि उनके सांसदों को रोकने के लिए उनके पास धन नहीं था, इसलिए वे विघटन को नहीं रोक पाए, न तो सम्पूर्ण सत्य है और न ही राजनीतिक ईमानदारी का बयान। यह या तो समस्या का सरलीकरण है या वास्तविकता से मुंह चुराने की एक असफल चेष्टा। सच तो यह है कि जनता दल के वर्तमान नेतृत्व के पास जिस वस्तु की इन दिनों घोर कमी है, वह है विचार रूपी धन। दूसरे, वह साहस भी शायद समाप्त हो रहा है, जिसके अभाव में एक राजनीतिक दल ढांचा मात्रा बनकर तो खड़ा रह सकता है, लेकिन उसकी वैचारिक दिशा तय नहीं हो सकती।

समाािजक न्याय और धर्मनिरपेक्षता को राजनीतिक पूंजी बनाकर मैदान में उतरने वाली पार्टी को तो सतत् विघटन के लिए तैयार रहना चाहिए था। इन मुद्दों को आधार बनाने वालों के साथ जनता प्रयोग का बहुमत कदापि नहीं जा सकता, उसे समझने के लिए जनता प्रयोगों को उनके सही ऐतिहासिक परिप्रेक्ष्य में देखना होगा।

देश की राजनीति में अब तक दो महत्त्वपूर्ण जनता प्रयोग हो चुके हैं। हालांकि राजनीतिक चिन्तकों के एक वर्ग ने इन प्रयोगों को दोनों बार भारतीय राजनीति की सकारात्मक धारा की प्रतिनिधि घटना माना था, पर वास्तविकता यही है कि दोनों बार सफल निषेधात्मक प्रवृति ही हुई थी। दोनों बार इनकी सफलता के मूल में गैर कांग्रेसवाद की राजनीतिक संजीवनी थी, न कि कोई मौलिक राजनीतिक विचारधारा। दोनों बार, विघटन की प्रक्रिया ने इस सचाई को और गहरे रेखांकित किया।

देश में ऐसी स्थितियां पहले भी बनती थीं, जब लोग कांग्रेस से ऊबकर परिवर्तन तलाशने में लगते थे, लेकिन विकल्प के अभाव में मन मारकर रह जाते थे। सन् 77 में पहली बार इस निराशा को ठोस सकारात्मक दिशा देने की कोशिश सफल हुई। उस प्रयोग में हर तरह के लोग और अनेक विचारधाराएं शामिल हुईं। दक्षिणपंथी, समाजवादी दुःखी कांग्रेसी, जातिवादी, सर्वोदयी तथा कुजात गांधीवादी, जो भी राजनीति की मुख्यधारा से अलग-थलग पड़ा हुआ था, सब उस प्रयोग में शामिल दिख रहा था, लेकिन इस प्रयोग की आधारशिला चूंकि सिर्फ गैर-कांग्रेसवाद पर रखी गई थी, इसलिए कांग्रेस के परिदृश्य से खिसकते ही, यह ढांचा लड़खड़ा कर नीचे आ गया। जमीन फिर कांग्रेस की थी।

इस प्रयोग के दस साल बाद, देश में जब फिर वैसी ही स्थितियां बनीं, तब फिर उस प्रयोग को वैसे का वैसा ही अपना लिया गया, जैसा तब हुआ था। हालांकि वर्तमान भाजपा शायद अकेला राजनीतिक समूह था, जिसने उस अनुभव से सबक सीखा था। इसलिए इस बार भाजपा ने अपना अस्तित्व विसर्जित नहीं किया। देश की राजनीतिक दशा-दिशा भांपकर इस प्रयोग के साथ पूरी तरह तो जुड़े, लेकिन एक सम्मानजनक दूरी भी बनाए रखी। इस प्रयोग से जितना राजनीतिक लाभ उठाना संभव था, उतना उठाया, और जब लगा कि अब यह प्रयोग भारी पड़ रहा है तो पल्ला झाड़कर अलग हो लिए।

सन् 80 की विफलता से सबक न सीखने वाले आज भी संशय के सागर में डूब-उबर रहे हैं, जबकि भाजपा इस प्रयोग के बाद और शक्तिशाली होकर उभरी है। दो सीटों को 119 सीटों में परिवर्तित करने के पीछे इतिहास दृष्टि और राजनीतिक सूझ-बूझ की भी बड़ी भूमिका है, न कि सिर्फ राम का नाम, जैसा कि अनेक लोग मानते हैं। दूसरी ओर, जनता दल में शामिल अन्य घटकों ने न केवल पुरानी गलतियों को दोहराया, बल्कि उसी तरह दोहराया, जैसा पिछली बार किया था। ये या तो इतिहास से कोई सबक नहीं सीखना चाहते थे या इतिहास शायद इनके लिए कोई अर्थ नहीं रखता। घोर व्यक्तिवादी और अहंवादी फिर एक बार गैर कांग्रेसवाद के प्लेटफार्म पर खड़े होकर सफल तो हो गए, लेकिन इनमें से करीब-करीब सभी को यही लग रहा था कि इस सफल ट्रेन के इंजन वही हैं, बाकी तो मालगाड़ी के वैसे डब्बे हैं, जिनमें कचरा भरा हुआ है और उसे खींचने की नियति उनकी है। ऐसी परिस्थिति में समय और इतिहास ने उनके साथ वही व्यवहार किया, जो उनसे अपेक्षित है। सरकार गिरने के क्रम में जनता दल का जो विघटन प्रारंभ हुआ, वह अनेक स्तरों पर आज भी चल रहा है। इसके पीछे सिर्फ लोभ या माया नहीं है, इसके ठोस ऐतिहासिक कारण हैं।

हमारा अनुभव यही कहता है कि इस आग से साबुत वही बच पाते थे, जिनका अपना कोई राजनीतिक दर्शन होता था। हिन्दुत्ववादी, जिन्हें आप चाहे जनसंघ कहें या भारतीय जनता पार्टी या वामपंथी ही इन प्रयोगों के बाद अपने पैरों पर खड़ा रह पाने की स्थिति में

होते थे। अन्य राजनीतिक शक्तियां मुंह के बल गिरने के बाद फिर उस अनुकूल राजनीतिक वातावरण की प्रतीक्षा करने लगती थीं, जब कांग्रेस दोबारा अलोकप्रिय होगी और गैर-कांग्रेसवाद के सहारे इस तरह का कोई प्रयोग फिर खड़ा किया जा सकेगा।

राजनीति के इस बंधे-बंधाए ढर्रे में इस बार एक और छोटा-सा परिवर्तन होता दीख रहा था। मंडल आयोग की सिफारिशों को लागू करने का फैसला करके तथा राम जन्मभूमि-बाबरी मस्जिद विवाद में अलोकप्रियता की हद तक धर्मनिरपेक्ष कदम उठाकर जनता दल का एक प्रभावशाली वर्ग पहली बार परम्परा से हटकर कोई राजनीतिक कार्य करता दीख रहा था। स्पष्ट है कि ये दोनों कदम इस दल को एक विशिष्ट राजनीतिक दर्शन की आधारभूमि तो दे देते, लेकिन उन ढेर सारे लोगों को मुख्यधारा से अलग-थलग भी कर देते, जिनके लिए दोयम दर्जे का कांग्रेसी व्यवहार ही गैर कांग्रेसी राजनीति का एकमात्र जीवन दर्शन है। उनके लिए भी वैसे राजनीतिक दल में कोई जगह नहीं हो सकती थी, जिनका धर्म ही समीकरण के सहारे सत्ता प्राप्त करना है। स्थान उनके लिए भी नहीं बचता, जो मानते हैं कि सामाजिक न्याय और धर्मनिरपेक्षता के बाहर भी एक बड़ा राजनीतिक क्षितिज है। एक दल के वैचारिक ध्रुवीकरण की प्रक्रिया में इस तरह के टकराव स्वाभाविक थे।

सरकार गिरते ही चन्द्रशेखर-मुलायम-देवीलाल का मुख्य जनता दल से अलग हो जाना या निर्वाचन प्रक्रिया के दौरान ही जनमोर्चा के साथियों का अलग-थलग पड़ जाना इस वैचारिक मंथन का ही परिणाम था। चुनाव के बाद जब यह भी स्पष्ट हो गया कि अब लम्बे अरसे तक यह पार्टी सत्ता के करीब भी नहीं पहुंच पाएगी, तो रामलखन सिंह यादव जैसे नेताओं की बेचैनी स्वाभाविक थी। कांग्रेसी विधायक रहते हुए जनता दल के टिकट पर चुनाव लड़ने वाले रामलखन इस पार्टी में इसलिए नहीं आये थे कि सामाजिक न्याय से इन्हें अचानक कोई विशेष लगाव हो गया। उनका गणित बहुत साफ था कि बिहार में यदि यह पार्टी इतनी मजबूत है तो केंद्र में इसी की सरकार बनेगी। वैसी स्थिति में शेर-ए-बिहार भला सरकार से कैसे बाहर रहते। सरकार बनी नहीं, लालू-शरद-रामविलास आदि जिस दिशा में पार्टी को ले जा रहे हैं, उस दिशा में इन्हें कोई भविष्य नजर नहीं आता। अतः रामलखन जैसे लोग इस पार्टी को विवेक दंश के कारण छोड़ते हैं या लाखों के प्रलोभन में, इससे क्या फर्क पड़ता है। पार्टी तो इन्हें छोड़नी ही थी। इस दौरान यदि कुछ भौतिक लाभ भी हो जाता है तो इसमें आखिर क्या बुराई है।

अजित सिंह और उनके साथियों का मामला अलग और विस्तृत विश्लेषण का मोहताज है। परन्तु इतना तो यहां कहा ही जा सकता है कि उसे भी सिर्फ पैसा या लालच का मामला बनाकर पेश करना राजनीतिक बेईमानी होगी। वैसे यह कहना कि लालच में आकर जनता दल के सांसदों ने अपनी पार्टी छोड़ी न केवल पूरा सच नहीं है, बल्कि जनता दल की उपलब्धियों का एक तरह से नकार भी है, जिसे पता नहीं जनता दल के नेता क्यों नहीं समझ पा रहे हैं। चाहे जिन कारणों से यह स्थिति उत्पन्न हुई हो, पर इससे इंकार नही किया जा सकता कि आज का जनता दल सामाजिक न्याय के संघर्ष का सबसे बड़ा प्रतीक बना हुआ है। ऐसी पार्टी से उन अवांछित नेताओं का निकल जाना, जिनकी उपस्थिति सामाजिक न्याय के संघर्ष में बाधक बनती, जनता दल के वर्तमान नेतृत्व के लिए वस्तुतः प्रसन्नता की बात

होती। जनता दल का वर्तमान नेतृत्व यदि इस घटनाक्रम से प्रसन्न नहीं है, तो इसका कारण कुछ और ही है।

इसका मुख्य कारण तो यह है कि जैसे-जैसे यह दल सामाजिक न्याय का ध्वजवाहक दल बनता जा रहा है, इसके वर्तमान नेतृत्व की घबराहट भी बढ़ती जा रही है। सच तो यह है कि जनता दल का वर्तमान नेतृत्व इस दल का स्वाभाविक नेतृत्व नहीं है। यह ऊपर से थोपा गया नेतृत्व है, क्योंकि इस तरह की विचारधारा प्रधान पार्टी का नेतृत्व भी अंदर से ही पनपता है।

सामाजिक न्याय के प्रति अपनी प्रतिबद्धता के बावजूद क्या कारण है कि विघटन के बाद जो लोग अब जनता दल से अलग हो रहे हैं, उनमें बहुमत दलितों, पिछड़ों और अल्पसंख्यकों का है? यह षड्यंत्र और थैली के बल पर किया गया विघटन नहीं है। इसका कारण यह है कि सामाजिक न्याय के प्रति जैसे-जैसे दल की प्रतिबद्धता बढ़ रही है, वैसे-वैसे अंदर लोगों की महत्त्वाकांक्षाएं भी बढ़ रहीं है कि स्वाभाविक नेतृत्व को सुचारु रूप से आगे ले जाने के लिए पार्टी में आन्तरिक लोकतंत्र को मजबूत किया जाए। सामाजिक न्याय के सिद्धांत और आंतरिक लोकतंत्र की भावना को अलग नहीं किया जा सकता। जनता दल का वर्तमान संकट इस कारण उभरकर सामने आ रहा है, न कि सिर्फ कांग्रेस या थैलीशाहों के षड्यंत्र के कारण।

जनता दल का न कोई वैध सदस्यता का ढांचा है, न ही ऊपर से नीचे तक कोई संगठन। सारे पदाधिकारियों की नियुक्ति तदर्थ या यों कहें कि मनमाने ढंग से हुई है। अपने अस्तित्व के चार वर्षों के बावजूद इस पार्टी के नेतृत्व ने न तो इसके लिए कोई ईमानदार कोशिश की और न ही किसी अन्य प्रयास को सफल होने दिया। इन्हें पता है कि ऐसी किसी भी व्यवस्था में जो नेतृत्व उभरेगा, उसकी जड़ें गहरे कहीं अपनी जमीन में होंगी। जाहिर है, वह नेतृत्व, वर्तमान नेतृत्व कतई नहीं हो सकता।

जनता दल के वर्तमान नेतृत्व का असली डर यही है। इसीलिए सम्भावित अगले विघटनों को ध्यान में रखकर अभी से ये लोग शोर मचा रहे हैं। इन्हें पता है कि यदि सब कुछ ऐसा ही चलता रहा तो एक बार नहीं, जनता दल के कई विभाजन होंगे। दुःख की बात सिर्फ यह होगी कि गैर कांग्रेसवाद की जमीन से निकल रही एक नई और मजबूत संभावना भी इसी कारण नष्ट हो जाएगी। यह शायद पहला अवसर होता, जब इस तरह के प्रयोग से सिर्फ भाजपा जैसी शक्ति ही नहीं, एक सचमुच की तीसरी शक्ति भी उभरती, जिसका अपना ठोस राजनीतिक दर्शन होता, लेकिन लगता है कि इस संभावना की भ्रूण हत्या होकर ही रहेगी।

(20 अगस्त 1992, अमर उजाला)

अवसरवादी गठजोड़ काम नहीं आएंगे

जनता नामधारी दलों में एक बार फिर से एकता की सुगबुगाहट शुरू हो गई है। जनता और समाजवादी शब्दों के विभिन्न समीकरणों से बने अनेक राजनैतिक दल इस समय भारतीय राजनीति में सक्रिय हैं। आज एकता के नाम पर जो राजनैतिक प्रयास हो रहे हैं, वह कोई नया राजनैतिक कर्म नहीं है। अरसे से इन दलों और समूहों की मूल राजनीति इसी प्रश्न के इर्द-गिर्द केंद्रित रही है कि एकता प्रयास कहां पहुंचें। मजे की बात यह है कि उन धारावाहिक एकता प्रयासों के पीछे होती है शुद्ध अवसरवादी राजनीति, लेकिन इसे प्रस्तुत इस प्रकार किया जाता है मानो कोई बड़ी भारी सैद्धांतिक क्रांति हो रही हो। लेकिन वास्तविक एकता सिर्फ दो परिस्थितियों में होती है। एक, जब चुनावी अंकगणित का समीकरण साफ दिखाई पड़ता है कि एकता होते ही सत्ता मिलेगी और दो, जब यह सत्य मुंह फाड़कर सामने खड़ा हो जाता है कि यदि तत्काल एकजुट न हुए तो कोई दूसरी राजनीति तूफान बनकर जाएगी। सन् '67 के पहले के विभिन्न समाजवादी आंदोलन, '67 के बाद का गैर कांग्रेसवाद या फिर '89 का जनता दल प्रयोग इसी राजनैतिक प्रक्रिया की कड़ी हैं।

भारतीय राजनीति में आज फिर वैसी ही परिस्थिति बन रही है। हालांकि मुख्य खिलाड़ियों की भूमिका बदल गई है। इस बार न तो इन समूहों को एकता के कारण सत्ता मिलती दिखाई पड़ रही है और न ही इस बार प्रमुख प्रतिद्वंद्वी हर बार की तरह कांग्रेस है। भारतीय जनता पार्टी भले ही अभी कांग्रेस की तरह सर्वव्यापी राष्ट्रीय दल न बन पाई हो पर अन्य सभी राष्ट्रीय दलों के मुकाबले इसकी उपस्थिति सबसे ज्यादा है। इसमें कोई संदेह नहीं है कि एक नई बात यह हो रही है कि जिन राज्यों में जनता नामधारी दलों की स्थिति मजबूत दिखाई दे रही है वहां दूसरी बड़ी पार्टी कांग्रेस रह पाएगी, इसकी संभावना कम दिखाई पड़ रही है। उत्तर प्रदेश में तो यह हो ही चुका है कि भाजपा, जनता दल (अ+ब), समाजवादी पार्टी तथा बसपा के बाद ही कांग्रेस का नंबर आता है। बिहार में कांग्रेस का एक बड़ा जनाधार खिसककर भाजपा की ओर जा रहा है। ओड़ीसा में भी यही प्रक्रिया दोहराई जाती है तो आश्चर्य की बात नहीं है।

इन्हीं राजनैतिक परिस्थितियों को केंद्र में रखकर यह कयास लगाया जा रहा है कि उत्तर प्रदेश में भाजपा का मुकाबला कांग्रेस तो कर नहीं सकती, लेकिन यदि सभी समानधर्मा समाजवादी और जनता नामधारी दल इकट्ठे होकर चुनाव लड़ें तो भाजपा को कड़ी चुनौती दे सकते हैं। यह घोर राजनैतिक निराशा से उपजी हुई सोच है, लेकिन एक हद तक व्यावहारिक भी है। यह इसी सोच का परिणाम है कि मुलायम सिंह यादव, चन्द्रशेखर, अजित सिंह तथा विश्वनाथ प्रताप सिंह अपने राजनैतिक दर्शन को किनारे करके इन दिनों सिर्फ एकता की

बातें कर रहे हैं। लेकिन कभी विश्वनाथ प्रताप आशा का माहौल बनाते हैं, तो मुलायम सिंह यादव अपने सहयोगी कांशीराम के साथ मिलकर उनके उम्मीदों के महल को चकनाचूरकर देते हैं। या इसका उलट भी संभव है। यानी कुल मिलाकर यह कि एक-दूसरे की सूरत से भी नफरत हो, पर चूंकि बिना इकट्ठा हुए चुनाव में टिकने की कोई संभावना नहीं है इसलिए जैसे भी हो, या तो एक दल बना लें या चुनावी तालमेल का समझौता कर लें। पर इन्हें यह पता नहीं कि इनकी राजनीति का चक्र उलटा घूमकर भले ही फिर से दस साल पीछे पहुंचा हो, जनता की राजनैतिक समझ का दायरा आगे ही बढ़ा है।

चुनावी गणित लगाने वालों को यह बात ध्यान में रखनी होगी कि सवाल जाति, धर्म और वर्ण के समीकरणों तक अब सीमित नहीं है। जनता दलों को अरसे बाद मंडल के रूप में एक ठोस राजनैतिक सोच मिली थी पर लगता है वह भी अब उनके हाथ से खिसक जाएगी। उत्तर प्रदेश में भाजपा का जिस पैमाने पर मंडलीकरण किया गया है उसका मुकाबला कोई अवसरवादी गठजोड़ नहीं कर सकता और वह समूह तो कतई नहीं कर सकता जिसमें हर व्यक्ति मौका मिलते ही एक-दूसरे की पीठ में छुरा भोंकने का अवसर ताकता हो।

(30 जुलाई 1993, मतांतर, इंडिया टुडे)

मुलायम व वी.पी. नहीं मिलें तो बेहतर

मुलायम सिंह यादव और विश्वनाथ प्रताप सिंह एक-दूसरे का मुंह देखने के लिए भी तैयार नहीं हैं, जबकि जिन्हें धर्मनिरपेक्षता और लोकतंत्र की चिंता है, वे उन्हें मिलाने में दिन-रात एक किए हुए हैं। बुद्धिजीवियों का एक वर्ग है, जो लगातार इस बात के लिए प्रयत्नशील रहता है कि कैसे कुछ ऐसा इंतजाम किया जाए कि अगले विधानसभा चुनाव में उत्तर प्रदेश में इस तरह का गठबंधन करा दिया जाए कि धर्मनिरपेक्षता, सामाजिक न्याय तथा लोकतांत्रिक संगठनों के प्रति विशिष्ट आस्था रखने वाले मतदाताओं के वोट बंटने न पाएं। इसके पीछे शुद्ध अंकगणित काम करता है कि सिर्फ इस व्यवस्था के हो जाने से ही उत्तर प्रदेश में कांग्रेस और भाजपा, दोनों को परास्त किया जा सकता है।

इस तरह का सबसे ताजा प्रयास पिछले दिनों दोनों कम्युनिस्ट पार्टियों की ओर से संयुक्त रूप से किया गया। मार्क्सवादी कम्युनिस्ट पार्टी के हरकिशन सिंह सुरजीत तथा भारतीय कम्युनिस्ट पार्टी के इंद्रजीत गुप्त अचानक लखनऊ पहुंच गए। उद्देश्य था कि किसी भी तरह से मुलायम सिंह यादव और विश्वनाथ प्रताप सिंह को आमने-सामने बिठाकर किसी समझौते पर पहुंचा दिया जाए। विश्वनाथ प्रताप सिंह चूंकि भूतपूर्व राजा हैं, इसलिए महीन राजनीति करने की कला में भी पारंगत हैं। उन्होंने अपनी तरफ से कुछ यों प्रदर्शन किया कि वे तो एकता के लिए हर तरह का त्याग करने को तैयार हैं। न सिर्फ अभी से गारंटी दे देना चाहते हैं कि इस गठबंधन की जीत के बाद मुलायम को ही मुख्यमंत्री बनाया जाएगा, बल्कि यह भी कि मुलायम को यदि अविश्वास है, तो वे पूरी तरह से परिदृश्य से हटने को तैयार हैं। लेकिन...यह लेकिन बहुत बड़ा है और यह जहां पहुंचता है, वहां इन दो नेताओं में कभी किसी तरह का समझौता नहीं हो सकता।

विश्वनाथ प्रताप सिंह चूंकि कूटनीति की मुलायम कला जानते हैं, इसलिए उनके ऊपर कभी बदनामी नहीं आती कि वे एकता, गठबंधन या चुनाव समझौते के आड़े आ रहे हैं। मुलायम सिंह यादव को दरबार की यह कला विरासत में नहीं मिली है। इसलिए नाम उनका भले ही मुलायम हो, पर काम में वे विशुद्ध लट्ठमार हैं। अपनी पिछड़ी सामाजिक पृष्ठभूमि, शिक्षा तथा राजनीतिक ट्रेनिंग के कारण उनके जो मन में होता है, वही और तीखा होकर सामने आता है। इसलिए उनकी छवि उभर रही है कि वे घोर जिद्दी, अहंकारी तथा रत्ती भर भी समझौता न करने वाले व्यक्ति हैं। न वे एकता चाहते हैं, न गठबंधन और न ही समझौता। उनका मानना है कि वे अपने सहयोगी कांशीराम के साथ मिलकर इतने सक्षम हैं कि वे न केवल भाजपा और कांग्रेस को परास्त कर देंगे, बल्कि जनता परिवार के अन्य बिखरे सदस्यों को भी उनकी वास्तविक औकात बता देंगे। जाहिर है कि इस तरह के माहौल में सुरजीत और इंद्रजीत के वामपंथी प्रयास विफल होने ही थे।

इस विफलता से राजनीति की समझ रखने वाले एक वर्ग में निराशा का वातावरण छा गया है। निराशा का कारण यह है कि यह वर्ग मानता है कि अंकगणित के आंकड़ों के आधार पर भारतीय जनता पार्टी को उत्तर प्रदेश में अभी भी परास्त किया जा सकता है। इसका आधार है, पिछला चुनाव। आंकड़े कहते हैं कि सारी राम लहर और मुलायम सिंह तथा विश्वनाथ प्रताप सिंह के प्रति मंडल के कारण उभरे मध्यवर्गीय आक्रोश के बावजूद यदि दोनों जनता दल एक होकर चुनाव लड़ते तो उन्हें उत्तर प्रदेश विधानसभा में स्पष्ट बहुमत मिल जाता। अब तो परिस्थितियां काफी बदल गई हैं। अयोध्या में वास्तविकता तो बदली ही है, इस बीच उत्तर प्रदेश के लोगों ने एक भाजपा सरकार का अनुभव भी झेला है। फिर, कांग्रेस का जनाधार इस बीच और क्षीण हुआ है। कांशीराम की बहुजन समाज पार्टी एक ओर तो कांग्रेस के हरिजन जनाधार में जोरदार सेंध मार रही है, तो दूसरी ओर मुलायम सिंह यादव की समाजवादी पार्टी से समझौता करके अपने वोटों की ताकत को कई गुना कर रही है। इस वातावरण में यदि जनता परिवार के सभी सदस्य इकट्ठा हो जाएं तो अगले चुनाव में भारतीय जनता पार्टी और कांग्रेस दोनों को करारी शिकस्त दे सकते हैं। वामपंथी पार्टियों के इस आकलन का आधार शुद्ध अंकगणित है।

इन्हें आश्चर्य हो रहा है कि इतने सरल समीकरण को सामने देखते हुए भी जनता परिवार की पार्टियां आखिर एक क्यों नहीं हो पा रही हैं? क्यों वे इतना आसान अवसर यों ही हाथ से निकल जाने दे रहे हैं? इसमें कई पेंच हैं। एक तो यह समझ लेना चाहिए कि चुनाव सिर्फ अंकगणित के नियम मानकर नहीं चलते। लेकिन ऐसा भी नहीं कि अंकगणित के समीकरणों से बिल्कुल विपरीत ही चले जाते हों। इसलिए एक बार यह मान लेने में कोई हर्ज नहीं कि यदि ये शक्तियां इकट्ठी होती हैं, तो ये भाजपा और कांग्रेस को हराने में सक्षम हैं। वामपंथी नेताओं की सोच है कि यदि इस बार भाजपा जीत जाती है तो केंद्र में मध्यावधि चुनाव होना अवश्यंभावी है। उस तरह के माहौल में हुए चुनाव में भारतीय जनता पार्टी यदि बहुमत नहीं पाती है, तो सबसे बड़ी पार्टी के रूप में उभरने की संभावना से इनकार नहीं किया जा सकता। उस हालत में पस्त कांग्रेस का एक हिस्सा यदि टूटकर भाजपा से जा मिले और सरकार बनाने का प्रयास करे तो इसमें किसी को आश्चर्य नहीं होना चाहिए। वामपंथी दलों के नेताओं को अचरज इस बात का हो रहा है कि जनता परिवार के दलों को न तो यह संभावना दिखाई पड़ रही है, और न ही यह भयानक परिदृश्य, इसलिए निराशा का वातावरण और घनघोर होता जा रहा है।

मुलायम सिंह यादव को यह परिदृश्य इसलिए नहीं दिखाई पड़ रहा है कि उन्हें पक्का भरोसा है कि गैर-भाजपा विपक्ष चाहे जितने बड़े बिखराव की स्थिति में चुनाव क्यों न लड़े, भाजपा को बहुमत नहीं मिलने वाला है। उन्हें विश्वास है कि उस हालत में उनके विधायकों की संख्या को कोई नहीं देखेगा, लोग मजबूरी में उन्हें मुख्यमंत्री बनाएंगे। उनके अहंकार के पीछे यही स्पष्ट सोच है। विश्वनाथ प्रताप सिंह भले ही खुलकर कुछ न कहें, पर उन्हें इस बात का अहसास जरूर होगा कि जनता परिवार के वोटों में बंटवारा का अर्थ होगा भाजपा को स्पष्ट बहुमत। फिर भी, अपनी ओर से कोई विशेष कोशिश यदि वे नहीं कर रहे हैं तो जाहिर है कि उन्होंने कोई और बड़ा राजनीतिक ताना-बाना बुन रखा है, जिसे तत्काल वे सामने नहीं लाना चाहते। शायद यही कारण है कि वे घोषित भले ही न करें, पर आशा संजोए बैठे हैं कि मुलायम सिंह यादव का निपटारा तो इस दौर में अवश्य हो जाएगा।

हो सकता है कि इस तरह के चुनाव में मुलायम सिंह यादव को अपनी असली ताकत का पता चल जाए। पर इसकी संभावना कम नहीं है कि विश्वनाथ प्रताप सिंह को भी अपनी औकात का पता चल जाए। अगर इस घटना को इस दृष्टि से देखा जाए कि आखिर हड़बड़ी क्या है। इस बात का फैसला अगर हो जाता है कि भाजपा से सचमुच की लड़ाई लड़ने में कौन सक्षम है, तो इसमें बुराई क्या है। ज्यादा से ज्यादा क्या होगा, यही न कि भाजपा एक बार चुनाव जीतकर उत्तर प्रदेश में सरकार बना लेगी। तो क्या उससे देश में लोकतंत्र का अंत हो जाएगा? निश्चय ही ऐसा नहीं होगा। दूसरी तरफ यह लाभ अवश्य होगा कि देश निषेध की राजनीति से थोड़ा ऊपर उठेगा।

यह है तो अंततः निषेध की ही राजनीति कि दो लोग एक-दूसरे से इतना नफरत करते हैं कि एक-दूसरे को देखते ही पाव-पाव भर खून जल जाता है, लेकिन सिर्फ इसलिए इकट्ठा हो जाते हैं कि इस प्रकार किसी और को वे रोक पाएंगे। अगर मान भी लें कि ऐसा हो भी जाता है, तो क्या होगा? अब तक का अनुभव तो यही कहता है कि ऐसी जूतमपैजार होगी कि दुनिया देखेगी और उन्हें भरभरा कर गिरने में ज्यादा समय भी नहीं लगेगा। जाहिर है, इसके बाद फिर चुनाव होंगे। उस चुनाव में भाजपा को किस प्रकार रोक पाएंगे। नहीं, कांग्रेस तो किसी गिनती में भी नहीं है। उस परिस्थिति में भारतीय जनता पार्टी निर्विवाद उत्तर प्रदेश को लंबे समय के लिए अपने कब्जे में कर लेगी। फिर गठबंधन समझौते के इस प्रयास का अर्थ ही क्या है, जिसका परिणाम पहले से पता है।

उचित तो यही होगा कि जिन्हें विश्वास है कि वे सिर्फ अपने बूते चुनाव जीत सकते हैं, वे सिर्फ अपने बूते पर ही चुनाव लड़ें। भाजपा जीतती है या कांग्रेस जीतती है, इसका अलग महत्त्व है, पर फैसला भी तो हो जाएगा कि धर्मनिरपेक्षता, सामाजिक न्याय और लोकतांत्रिक संस्थाओं के प्रति विश्वास जगाने वाली वास्तविक राजनीतिक शक्तियां कौन हैं। इस देश की आम जनता अनपढ़ और गरीब भले ही हो, पर उसकी राजनीतिक सूझबूझ का कोई जवाब नहीं। खास तौर पर चुनाव के समय तो ये लोग विलक्षण निर्णय क्षमता का प्रदर्शन करते हैं।

राजनीतिक दल आपस में चुनावी गठबंधन या समझौते भले ही न करें और एक-एक सीट पर एक ही राजनीतिक दर्शन के दर्जन भर उम्मीदवार क्यों न उतार दें, लेकिन ऐसा कभी नहीं होता कि उस सोच का समर्थन करने वाले मतदाता दसों को बराबर समर्थन दे। वोट तो उनमें से एक ही पाता है। बाकी नौ जनादेश के जरिए खारिज हो जाते हैं। उत्तर प्रदेश के सामने यह अवसर औचक ही आ गया है कि इस बात का फैसला हो जाए कि देश की राजनीति में वास्तविक तीसरी शक्ति कौन सी है? इस अवसर को थोड़े और समय के लिए टालना कोई समझदारी की बात नहीं होगी। देश को भाजपा को झेलने के लिए तैयार रहना चाहिए, तभी राजनीतिक ध्रुवीकरण का सही स्वरूप उभर पाएगा। उत्तर प्रदेश के इस निर्णय का असर संपूर्ण देश पर पड़ने वाला है क्योंकि भविष्य की राजनीतिक लड़ाई में एक तरफ भाजपा होगी और दूसरी तरफ उन शक्तियों का एक पूंजीभूत स्वरूप, जो आज उत्तर प्रदेश में अलग-अलग हैं और जिनकी मुख्यधारा कौन सी है, उसका फैसला होना है। कांग्रेस तो अपनी जगह पूरी तरह से छोड़ने का निर्णय लगता है कर ही चुकी है।

(16 सितंबर 1993, अमर उजाला)

जनता दल में एकता का रहस्य

जनता दल परिवार के बिखरे धड़े, जो कल तक सीटों के तालमेल के लिए भी तैयार नहीं थे, अचानक रातों-रात आपस में मिल कैसे गए? विश्वनाथ प्रताप सिंह, चन्द्रशेखर और अजित सिंह भाजपा या कांग्रेस से ज्यादा आपस में नफरत करते हैं। एक-दूसरे के प्रति नफरत की भावना अचानक कहां गायब हो गई? पिछले दो साल से जनता दल का बिखरना जारी है। इस दल के इतने टुकड़े हो गए हैं कि अब हिसाब रखना भी मुश्किल हो गया है कि इस दल के कितने धड़े किन भूमिकाओं में कहां सक्रिय हैं। मजे की बात यह है कि हर टूट और बिखराव के समय उसका एक सैद्धांतिक आधार भी घोषित किया गया। कभी कहा गया कि पार्टी में आंतरिक लोकतंत्र नहीं है और यह पार्टी एक व्यक्ति के अहं के इर्द-गिर्द सिमट रही है, इसलिए इससे अलग होना जरूरी है। फिर किसी ने कहा कि सामाजिक न्याय में तो सभी विश्वास करते हैं, पर जिस तरह से मंडल आयोग की रिपोर्ट को लागू करके सामाजिक गृहयुद्ध की स्थिति पैदा हो गई है, उस स्थिति में इस पार्टी में रहना मुमकिन नहीं है। एक तीसरे वर्ग ने कहा कि यह पार्टी किसानों की समस्याओं के प्रति न तो गंभीर है और न ही सहानुभूतिशील, इसलिए इस पार्टी में बने रहने से बेहतर है कि अपना अलग दल बनाकर कांग्रेस के साथ सहयोग भी किया जाए और उस पर दबाव भी बनाए रखा जाए, ताकि वह किसानों के हितों में काम कर सके। फिर इन धड़ों के और टुकड़े हुए और हर बार कोई न कोई सैद्धांतिक कारण भी बताया गया कि यह टूट क्यों हुई है।

आश्चर्य की बात यह है कि जब इनकी एकता की घोषणा हुई तो उन सिद्धांतों के बारे में कोई भी चर्चा नहीं हुई, जिनके आधार पर यह पार्टी बार-बार टूटी थी। अक्सर लोग कहते हैं कि चन्द्रशेखर-देवीलाल के जनता दल छोड़ने के कारण विश्वनाथ प्रताप सिंह की सरकार का पतन हुआ था। राजनीतिक मामलों में लोगों की याददाश्त बड़ी कमजोर होती है। वास्तविकता यह है कि सरकार गिरने के बाद पार्टी टूटी थी और उसका एकमात्र कारण सत्ता की लिप्सा थी। हालांकि प्रचारित यह किया गया कि मंडल आयोग की रिपोर्ट गलत ढंग से लागू करने के विश्वनाथ प्रताप सिंह के निर्णय के कारण यह गुट जनता दल से अलग हो रहा है। देश ने इस तर्क को स्वीकार कर लिया था। अब जबकि चन्द्रशेखर और विश्वनाथ प्रताप सिंह फिर से एक हो रहे हैं तो क्या यह उनका कर्त्तव्य नहीं बनता कि वे देश को बताएं कि मंडल आयोग के मामले में अब दोनों कहां खड़े हैं। क्या विश्वनाथ प्रताप ने चन्द्रशेखर की बात मान ली या फिर उलटा हुआ या ये दोनों किसी अन्य आधार पर खड़े हैं। कुछ पता तो लगे कि आखिर जिन मुद्‌दों को आधार बनाकर एक इतनी बड़ी पार्टी को तोड़ने की जरूरत आ पड़ी थी, उन मुद्‌दों पर अब कौन कहां खड़ा है।

चन्द्रशेखर की पार्टी से देवीलाल, मुलायम सिंह यादव, देवेगौड़ा और रघुनाथ झा आदि एक-एक करके समय-समय पर निकलते रहे और अपनी अलग दुकान छानते रहे। उन उप-विभाजनों को भी सैद्धांतिक आधार दिया गया। इधर विश्वनाथ प्रताप सिंह की पार्टी में भी रह-रहकर तूफान उठते रहे। कुछ के नतीजे पार्टी के टूटने में हुए तो कुछ अंदर ही अंदर खलबलाते रहे। अजित सिंह किसानों के सवाल पर अलग हुए। हालांकि यह भी सारे देश को पता है कि उस अलगाव का असली कारण क्या था और किस होटल में किस स्वामी के मार्फत कितने सूटकेस इधर से उधर हुए, पर सार्वजनिक रूप से मामला किसानों के हित का था। यही नहीं, जनता दल यानी इन सारे विभाजनों के बाद बचा-खुचा जनता दल भी सैद्धांतिक आधार पर कभी भी एक दल के रूप में नहीं रहा। जनता दल को लोग मजाक में मुगलसराय स्टेशन कहने लगे, जहां सबसे ज्यादा यात्रियों का आना-जाना लगा रहता है। ट्रेनें भी उस क्षेत्र में सबसे ज्यादा उसी स्टेशन से होकर गुजरती हैं, पर ऐसे यात्री 5 प्रतिशत भी नहीं होते जिनकी मंजिल मुगलसराय हो। अधिकांश लोग वहां अपने गंतव्य के लिए अपनी ट्रेनों की प्रतीक्षा में खड़े रहते हैं। जनता दल की स्थिति भी कुछ ऐसी ही रही है। जिनकी ट्रेन मिल गई वे चले गए, जो रह गए वे जनता दल हैं। हेगड़े कहीं, तो फर्नांडीस कहीं और। कहीं शरद घात लगाए हुए हैं कि मौका मिलते ही रामविलास की पीठ में छुरा भोंक दें, तो कहीं विश्वनाथ प्रताप सिंह ताक में हैं कि अवसर देखकर कैसे लालू प्रसाद को लंगड़ी मार दें, क्योंकि वह खुद बड़ा नेता बनने की कोशिश कर रहा है। लालू प्रसाद की रातों की नींद इसलिए उड़ी हुई है कि नीतीश कुमार अपने आपको युवकों और बिहारियों के नेता के रूप में पेश कर रहे हैं। कुल मिलाकर पिछले दो साल से जनता दल की छवि कुछ उस बड़े संयुक्त परिवार की तरह रही है, जहां से रोज बर्तन पटकने से लेकर तोड़-फोड़ तथा चीख-चिल्लाहट की आवाज भी आती रहती है और उसी माहौल में संतानोत्पत्ति का हर्ष और किसी मृत्यु का विषाद भी सामने आता रहता है। पर एक ऐसा संयुक्त परिवार, जिसमें मुख्य भाव कलह है और एकता इसलिए है कि कहीं और जाने का विकल्प उनके पास नहीं बचा है।

दूसरे जनता दलों की स्थिति भी यही रही। सजपा के जितने नेता थे, उससे ज्यादा उसके टुकड़े हो गए। एक देवीलाल के परिवार का उदाहरण ही काफी होगा कि चौटाला चन्द्रशेखर के साथ रहे तो रंजीत सिंह नरसिंह राव के साथ चले गए और देवीलाल खुद कहां हैं, यह न उनको पता है और न ही देश को। अजित सिंह ने जिस लोभ, छलावा और विश्वासघात के सहारे अपना कुनबा जोड़ा था, उसी राह से उनका कुनबा बिखरने भी लगा। तब कहीं जाकर उन्हें होश आया कि उनकी अपनी जमीन कहां है और उन्हें किस धरती पर खड़े होकर राजनीति करनी है। अजित सिंह का धड़ा जब जनता दल से अलग हो रहा था, उस समय आरोपों-प्रत्यारोपों के कारण वातावरण इतना विषाक्त हो गया था कि लोगों को जनता नामधारी दलों से ही नफरत होने लगी थी। आज ये ऐसे मुस्कुराते हुए जनता दल में शामिल हो रहे हैं, जैसे कभी कहीं कुछ हुआ ही नहीं था।

अचानक यह एकता हुई कैसे? कहने को ये कुछ भी कहते रहें और लंबे-चौड़े दावे करते रहें, पर वास्तविकता यह है कि यदि ये रातों रात एक न होते तो इस चुनाव के बाद इनका नामलेवा भी नहीं बचता। कहने को ये इसलिए इकट्ठे हो रहे हैं कि इनका दावा है कि यही लोग भाजपा की बाढ़ को रोक सकते हैं, लेकिन प्रत्यक्ष नतीजा यह सामने आ रहा है कि

भाजपा की बाढ़ पता नहीं ये रोक पाएं या नहीं, मुलायम सिंह की प्रगति में इन्होंने फच्चर अवश्य फंसा दिया है। इस एकता से पहले तक यह स्थिति थी कि उतर प्रदेश में इस राजनीति में विश्वास करने वाले मतदाता इनके बिखराव को देखते हुए मुलायम सिंह यादव के इर्द-गिर्द इकट्ठे होने लगे थे। इस एकता ने उस ध्रुवीकरण को रोका है। अब उस तरह के मतदाताओं को लगने लगा है कि यदि मुलायम सिंह यादव सहित सारा जनता कुनबा इकट्ठा हो जाता है तो वह एक जीतने वाली शक्ति के रूप में भी उभर सकता है। इस नई परिस्थिति ने सबसे ज्यादा परेशानी में मुलायम सिंह यादव को डाल रखा है। मुलायम इन लोगों की नस-नस पहचानते हैं। दूसरे, उनकी राजनीति सिर्फ उनके अहंकार के चारों ओर नाचती है। उन्हें विश्वास है कि वे इनके बिना भी मुख्यमंत्री बन सकते हैं। इस परिवार को यह स्वीकार नहीं है। इसलिए ये वही कर रहे हैं जो जनता चाहती है, यानी एकता या एकता का नाटक। कहने को ये भारतीय जनता पार्टी को रोकने के लिए एकबद्ध हुए हैं, पर वास्तव में ये रोकेंगे मुलायम सिंह यादव को। शुद्ध अंकगणित तो यह कहता है कि यदि ये दोनों शक्तियां सचमुच बराबरी की स्थिति में रहकर चुनाव लड़ती हैं, तो भाजपा को स्पष्ट बहुमत पाने से कोई नहीं रोक सकता। यह मुलायम के ऊपर दूसरा भारी नैतिक दबाव डालने की जुगत है कि देखो, तुम्हारे कारण उत्तर प्रदेश में भाजपा की सरकार बन गई। हम लोग तो इतने बड़े त्यागी हैं कि अपने-अपने स्वार्थ परे रखकर न सिर्फ एक हुए, बल्कि इतने उदार भी हैं कि तुम्हारी जिद को देखते हुए भी तुम्हें मुख्यमंत्री बनाने को तैयार हैं। हालांकि सच यह है कि ये सभी मूलतः अभिनेता हैं और इस समय भी उस संयुक्त परिवार के सदस्यों की तरह अभिनय कर रहे हैं जिसमें सारा कुनबा किसी शादी-ब्याह में सप्ताह भर के लिए इकट्ठा होता है। सब लोग सार्वजनिक तौर पर एक-दूसरे से हंस-हंसकर मिलते हैं, अतिथियों का स्वागत करते हैं परंतु अंदर ही अंदर एक-दूसरे का चेहरा भी नहीं देखना चाहते। जैसे ही वह शुभ अवसर समाप्त होता है, सब अपनी-अपनी पर आ जाते हैं।

जनता दल परिवार की एकता भी मूलतः उसी प्रकार की है, सिर्फ चुनाव के लिए। इस एकता का चुनाव पर क्या असर पड़ेगा? अभी उत्तर प्रदेश की बात छोड़ देते हैं, क्योंकि वहां तेजी से घटनाक्रम बदल रहा है। लेकिन सचमुच यदि जनता दल वामपंथियों और कुछ छिटपुट दलों के साथ मिलकर एक तीसरी शक्ति के रूप में राजस्थान, मध्य प्रदेश, हिमाचल प्रदेश और दिल्ली में अपने पैरों पर खड़ा होने की स्थिति में आ जाते हैं तो इसका सबसे ज्यादा फायदा भारतीय जनता पार्टी को होगा। पिछले चुनावों के आंकड़ों के आधार पर यह कहा जा सकता है कि इन राज्यों में जब भी तीसरी शक्ति को 20 प्रतिशत या उससे ज्यादा वोट मिले हैं तो भारतीय जनता पार्टी या उसकी पूर्वज जनसंघ को बहुमत मिला है। यह तो जनता दल के अंधे समर्थक भी नहीं दावा करेंगे कि यह पार्टी राजस्थान, हिमाचल, मध्य प्रदेश और दिल्ली में अपने बूते बहुमत पाने की स्थिति में है।

(30 सितंबर 1993, अमर उजाला)

भाजपा विरोधी मोर्चे का यह हाल है

मुलायम सिंह यादव मन ही मन मुस्करा रहे होंगे कि वामपंथियों के दबाव में आकर झुके नहीं और इस बात पर अड़े रहे कि उनका तालमेल बहुजन समाज पार्टी के अलावा किसी अन्य से नहीं होगा। हालांकि बसपा से समझौता करके वे अंदर ही अंदर हुलस भी नहीं रहे होंगे लेकिन उस पर बाद में चर्चा करते हैं। पहले यह देखें कि कैसे भाजपा को उत्तर प्रदेश में हराने का प्रयास मुंह के बल औंधे गिरा हुआ है। वामपंथी नेता मुलायम सिंह यादव पर इसलिए दबाव डाल रहे थे क्योंकि यह अंकगणित की मांग थी। जनतादल, समाजवादी पार्टी, बहुजन समाज पार्टी तथा सभी वामपंथी अगर मिलकर उत्तर प्रदेश में चुनाव लड़ते तो भाजपा का जीतना नामुमकिन हो जाता। इस गठबंधन में कांग्रेस की भी कोई आवश्यकता नहीं थी।

हरकिशन सिंह सुरजीत तथा इन्द्रजीत गुप्त ने बिन बुलाए कई बार लखनऊ के दौरे किए और यह आभास दिया कि इनके मन में देश का हित सर्वोपरि है। वे चाहते हैं कि सभी भाजपा विरोधी पार्टियां अपने-अपने स्वार्थ और संकीर्ण हितों को परे रख दें और भाजपा के विरुद्ध एक ऐसा संयुक्त मोर्चा बनाएं, जो उसे हराने में पूरी तरह सक्षम हो। बातचीत कुछ इस माहौल में प्रारंभ हुई, मानो उन्हें जनता दल की ओर से पूरी छूट मिली हुई है। उन्हें सिर्फ मुलायम सिंह यादव को मना लेना है। नामांकन पर्व समाप्त होने के बाद अब जो स्थिति उभरी है, उससे यह पता चलता है कि जनता दल और वामपंथियों में तालमेल की बात तो छोड़िए, भारतीय कम्युनिस्ट पार्टी और मार्क्सवादी कम्युनिस्ट पार्टियों में भी आपस में तालमेल नहीं हो पाया है। एक ही सीट पर जद, सपा, भाकपा, माकपा और आईपीएफ के उम्मीदवार कांग्रेस और भाजपा के सामने मुकाबले में डटे हुए हैं। इनके अलावा इनके विक्षुब्ध प्रत्याशी अलग से हैं, जिनका मानना है कि उनके साथ अन्याय हुआ है। उसके प्रतिकार का एक ही तरीका उन्हें मालूम है कि बतौर निर्दलीय चुनाव मैदान में उतरें और इस बात का पक्का इंतजाम कर दें कि वे जीतें या न जीतें, उनकी पार्टी का उम्मीदवार जरूर हार जाए।

ऐसे माहौल में जाहिर है कि मुलायम सिंह यादव को अपनी पीठ ठोंकने का मौका मिला होगा। जनता दल, वामपंथी और धर्मनिरपेक्ष बुद्धिजीवियों के बार-बार आग्रह के बाजूवद मुलायम सिंह यादव जब इस बात के लिए बिल्कुल तैयार नहीं हो रहे थे कि जनता दल के साथ सीटों पर तालमेल किया जाए तो सबको यही लगा कि अपनी शक्ति को बढ़ा-चढ़ाकर आकलन करने के कारण उनकी मति मारी गई है। अब लगता है कि मुलायम सिंह शायद ज्यादा सही थे। इसके कारण भी हैं क्योंकि हैं तो वे भी आखिर उसी थैली के चट्टे-बट्टे। इसलिए इनसे ज्यादा जनता दल के नेताओं के चाल चलन के बारे में भला कौन जानेगा? मुलायम सिंह यादव का आकलन ज्यादा ठीक था कि सारे गैर भाजपा दलों के तालमेल की बात छोड़ दें। वे यदि आपस में भी मिल-जुलकर सीटों का बंटवारा कर लें तो बड़ी बात होगी।

हुआ भी यही। नाम वापस लेने की अंतिम तिथि बीत जाने के बाद भी यह स्पष्ट नहीं हुआ है कि जनता दल ने आखिर कितने स्थान वामपंथियों के लिए छोड़े हैं। चन्द्रजीत यादव का आंकड़ा अलग है। अजित सिंह की संख्या अलग है। हरिकिशोर सिंह ने प्रेस को बिल्कुल भिन्न संख्या बताई है और वामपंथियों में भी माकपा और भाकपा अलग- अलग आंकड़े दे रहे हैं कि अंततः कितनी सीटों पर समझौता हुआ है और किन सीटों पर दोस्ताना संघर्ष होगा। यह हालत है उस मोर्चे की, जिसका एकमात्र उद्देश्य था उत्तर प्रदेश में भाजपा को परास्त करना, ताकि वह पार्टी अयोध्या कांड को जनादेश के रूप में न प्रस्तुत कर सके।

जनता दल के अंदर तो और भी बुरी स्थिति है। चुनाव घोषित होते समय जनता दल का जो स्वरूप था, आज उसमें भारी परिवर्तन आ गया है। गलत-सलत चाहे जैसा भी हो, जनता दल ने अपना एक सैद्धांतिक आधार बना लिया था और उसमें वे ही नेता बचे थे जो उस सैद्धांतिक आधार से एक हद तक सहमत थे। मंडल पर एक खास सोच के इर्द-गिर्द इस पार्टी का स्वरूप बन रहा था। ऐसा भी नहीं कि आपस में मतभेद या सरफुटव्वल नहीं था, पर पार्टी की अपनी एक जमीन भी थी। जनता दल (अजित) और समाजवादी जनता पार्टी के साथ तथाकथित विलय के बाद पार्टी का चरित्र फिर से वही घालमेल हो गया है। मूल जनता दल वैसे भी विश्वनाथ प्रताप सिंह, शरद यादव, जॉर्ज फर्नांडीस, लालू यादव तथा राम विलास पासवान आदि के इर्द-गिर्द अनेक खेमों में बंटा हुआ था, जिनमें समय-समय पर आपस में अनेक तरह के समीकरण बनते रहते थे। अजित सिंह तथा ओम प्रकाश चौटाला जैसे जिद्दी व्यक्तित्वों को समाहित करने के बाद तो इस पार्टी के आपसी समीकरण में भूकंप जैसे परिवर्तन हुए हैं, जिसका नंगा रूप टिकटों के बंटवारे में देखने को आया।

इसका जघन्यतम रूप उभरा राजस्थान में, जहां पार्टी की जीत की संभावना शून्य के बराबर है। यदि जनता दल राजस्थान में अभूतपूर्व सफलता भी प्राप्त करती है तब भी इसकी जीत का आंकड़ा कतई दहाई में नहीं पहुंच सकता। वैसी स्थिति में श्रीगंगानगर की नौहर सीट को पार्टी के अंदर प्रतिष्ठा का प्रश्न बना लिया गया। प्रतिष्ठा भी पार्टी की नहीं, एक परिवार की। उस सीट पर पिछले चुनाव में वरिष्ठ नेता कुभांराम आर्य की पुत्रवधु जीती थीं और वही इस बार भी पार्टी का टिकट मांग रही थीं। देवीलाल और ओम प्रकाश चौटाला की जिद थी कि उस सीट से उनके लाड़ले चुनाव लड़ेंगे। अभी इस विवाद का फैसला भी नहीं हुआ कि देवीलाल अपने होनहार पौत्र को लेकर वहां पहुंचे और पर्चा दाखिल करा दिया। पूरी पार्टी एक तरफ तथा देवीलाल-चौटाला दूसरी तरफ। जैसा पहले होता था, वैसा ही हुआ। जीत चौटाला परिवार की ही हुई। इससे पता चलता है कि आगामी दिनों में जनता दल के अंदर लोकतंत्र तथा दलीय मर्यादाओं के साथ क्या सलूक होना है। मेहम वीर चौटाला पार्टी को वैसे ही तिगनी पर नचाने लगे हैं, जैसे अपनी चलती के दिनों में करते थे। पार्टी को पता भी नहीं है, हरियाणा में मुख्यमंत्री पद की शपथ ले ली। यह परिवार पार्टी के पीछे नहीं चलता, पार्टी इस परिवार के पीछे चलती है। लोगों को लगा था कि मेहम वाले की महिमा घटी होगी, पर ऐसा नहीं हुआ है।

इस दुष्कांड के साये में जनता दल के टिकट बंटे हैं। उत्तर प्रदेश में ऐसी अफरा-तफरी मची कि सारे सिद्धांत और मूल्य धरे के धरे रह गए तथा टिकट विशुद्ध वैयक्तिक निष्ठाओं के आधार पर बांट दिए गए। ऐसे में किसे पड़ी है कि वह यह देखे कि वामपंथी दलों ने अपनी राज्य इकाइयों का प्रचंड विरोध सहते हुए केंद्रीय स्तर पर जनता दल का साथ नहीं

छोड़ा, जिसका प्रतिदान मिला कि किसी को यह सुध भी नहीं रही कि इनका भी ध्यान रखना है। दिल्ली विधानसभा टिकटों के बंटवारे में तो ऐसी बंदरबांट मची कि वामपंथी दलों के साथ किसी भी नेता ने औपचारिक बातचीत भी नहीं की। वादा था भाजपा को हराने का और जब भाजपा की पहली सूची जारी हुई तो लोग यह देखकर सन्न रह गए कि उसमें सलेमपुर से भाजपा के प्रत्याशी थे—राज्य जनता दल अध्यक्ष हरिकेवल प्रसाद के सुपुत्र। माधव राव सिंधिया जैसे पुत्र नहीं, जो मां से सैद्धांतिक लड़ाई करके अपनी अलग राजनीति करते हैं। ऐसे पुत्र जो अपने पिता के आशीर्वाद से राजनीति में आगे बढ़ने का स्वप्न देखते हैं। हरिकेवल ने पता नहीं कैसे मनाया लेकिन अंततः वे चुनाव मैदान में नहीं कूदे। लेकिन उस पार्टी को राज्य के मतदाता कैसे गंभीरता से ले सकते हैं, जिसके अध्यक्ष का पुत्र इस तरह की महत्त्वाकांक्षा पालता हो।

सारी आलोचनाओं के बावजूद मुलायम सिंह यादव के लिए यह संतोष की बात है कि उन्होंने इस पचड़े में नहीं फंसने का फैसला किया। संयुक्त मोर्चा तो बनता नहीं, इस दौरान ऐसी भद्द पिटती कि भाजपा उसी के बूते अपने कुछ और वोट बढ़ा लेती। उस मुद्दे पर संतोषजनक कदम उठाने तथा सारी आशंकाओं को दरकिनार करके बसपा के साथ सफलतापूर्वक सीटों का बंटवारा कर लेने का सुख जरूर मुलायम सिंह को मिला है, पर बसपा के रुख ने उनको चौंकाया भी जरूर होगा। सपा को 252 और बसपा को 173 सीटें मिलने के बाद बसपा ने जो अपनी सीटों पर नाम घोषित किए तो पता चला कि इसमें एक भी सवर्ण प्रत्याशी का नाम नहीं है। इसमें आश्चर्य की कोई बात नहीं है, क्योंकि यह उनकी घोषित राजनीति के अनुरूप कदम ही था। परेशानी इस बात की हो सकती है कि इस सूची को जारी करते हुए राज्य बसपा के अध्यक्ष राज बहादुर ने कहा कि हमारी पार्टी सवर्णों के विरुद्ध है और हमारी अपेक्षा है कि हमारी पार्टी के जहां उम्मीदवार नहीं हैं वहां हमारे समर्थक सवर्णों को अपना वोट नहीं देंगे। यानी समाजवादी पार्टी को छोड़ी गई 252 सीटों पर जो सवर्ण उम्मीदवार हैं, उनको बसपा के वोट मिलेंगे ही, इसकी पहले से ही कोई गारंटी नहीं थी और अब तो स्पष्ट घोषणा हो गई है कि बसपा के मतदाता उन्हें वोट न दें।

यह स्थिति है उस दूसरे मोर्चे की, जिसका दावा है कि वही भाजपा को उत्तर प्रदेश में हराने की स्थिति में है और विश्वास है कि अगली सरकार प्रदेश में उनकी ही बनेगी। इस तरह के गठबंधन और इनके इन दावों-प्रतिदावों के बाद मतदाता इनसे कितना प्रभावित होगा कि फिर भी इन्हें वोट देकर विजयी बनाए, यह देखने वाली बात होगी। मतदाता के मन की थाह लेना सबसे कठिन काम है और आश्चर्य नहीं कि पिछले आंकड़ों के आधार पर ही मतदान हो। अगर ऐसा होता तो आंध्र में एन टी आर प्रचंड बहुमत लेकर नहीं जीतते, क्योंकि तब तक उस पार्टी का अस्तित्व ही नहीं था तो आंकड़े कहां से आते। उत्तर प्रदेश में ऐसी ही कोई स्थिति हो तो उसका पता भी नहीं है और न ही पता चल सकता है। सतह पर जो दिखाई पड़ रहा है उससे प्रारंभिक दौर में यही कहा जा सकता है कि इस सारी कसरतों का बहुत ज्यादा प्रभाव भारतीय जनता पार्टी के प्रदर्शन पर पड़ता दिखाई नहीं देता। कोई चमत्कार हो जाए तो बात अलग है।

(4 नवंबर 1993, अमर उजाला)

लालू का विकल्प क्या हो सकता है?

राजनीति समझने वालों का कयास है कि वैशाली उप चुनाव में लालू प्रसाद यादव की हार के बाद बिहार में जनता दल अब बिखरने ही वाला है। लालू के पतन की भी शुरुआत अब हो चुकी है। वैशाली एक प्रयोग था। अब यह प्रयोग पूरे राज्य में दोहराया जाएगा। यह जो प्रक्रिया प्रारंभ हुई है, उसकी पूर्णाहुति अगले विधानसभा चुनावों तक हो जाएगी।

हो सकता है यह आकलन ठीक हो, पर इसकी संभावना ज्यादा है कि यह ठीक न भी निकले। इस आशंका का एकमात्र कारण यह है कि विकल्प की तस्वीर बहुत ही धुंधली है। वैशाली से जो विकल्प उभरा है उसमें ऐसे कोई लक्षण नहीं हैं, जिनसे यह कहा जा सके कि यही फार्मूला पूरे राज्य में दोहराया जा सकता है। क्या यह संभव है कि पूरे राज्य में कांग्रेस और भारतीय जनता पार्टी का सफाया हो जाए!

वैशाली में तो कम-से-कम यही हुआ है। यही कारण है कि जनता दल वहां हारा। वरना यदि दोनों राष्ट्रीय दल अपनी राष्ट्रीय भूमिका का दसमांश भी निभा ले जाते तो वैशाली के परिणाम कुछ और ही होते। वैशाली का नतीजा चरम ध्रुवीकरण का परिणाम था। इसका अर्थ यह नहीं कि अगड़े और पिछड़ों में ध्रुवीकरण हुआ था। शायद एक हद तक हुआ भी हो, पर इसे आंकड़ों के अभाव में दावे के साथ नहीं कहा जा सकता, पर यह विश्वास के साथ कहा जा सकता है कि कांग्रेस और भाजपा के मतों ने पूर्ण परिवर्तनशील भूमिका निभाई। इन दोनों राष्ट्रीय दलों के वोट किसी न किसी तरफ सायास मोड़ दिए गए। क्या यह प्रक्रिया अगले चुनाव में पूरे राज्य में दोहराई जा सकती है? दावे के साथ हां कहना कठिन काम है।

हां, यह जरूर हुआ है कि बिहार में विकल्प के बारे में एक नई सोच की शुरुआत जरूर हो गई है। इस प्रक्रिया से उत्पन्न ऊर्जा को अगर सही दिशा में मोड़ दें, तो वह आग लालू प्रसाद का विकल्प बिहार को दे सकती है, इसका विश्वास अरसे बाद लोगों के मन में आया है। हालांकि इसका एक दूसरा पहलू भी है। यदि यह ऊर्जा विपक्षियों को अनुप्राणित करने में सक्षम है तो यही काम वह लालू प्रसाद को चेतावनी के रूप में भी कर सकती है। लालू यदि इस चेतावनी के संकेत को समझकर आत्मसात कर लेते हैं तो अब से अगले चुनाव के बीच जो संक्षिप्त समय है, उसमें उनके विरोधी सार्थक और सक्षम विकल्प भले ही खड़ा न कर पाएं, पर वे चाहें तो अभी भी संभल सकते हैं।

दोनों ओर बराबर के अवसर हैं। देखना है कि कौन इसका कितनी चतुराई से सार्थक उपयोग कर सकता है। लालू यादव का अहंकार इसके आड़े आने में पूर्णतः सक्षम है। उसी तरह विकल्प का बिखराव और उसकी दिशाहीनता संभावना के इस अंकुर को शैशव में ही

समाप्त कर सकती है। चाहे जो भी हो, यह हौवा तो समाप्त हुआ है कि बिहार में लालू यादव अजेय हैं। उनसे जो टकराएगा चूर-चूर हो जाएगा, यह धारणा समाप्त हुई है।

इस संदर्भ में यह देखना उचित होगा कि लालू प्रसाद के विकल्प कौन-कौन से हैं और उनकी संभावनाएं कितनी हैं। साधारण परिस्थितियों में दो ही विकल्पों के बारे में सोचा जा सकता था—कांग्रेस और भारतीय जनता पार्टी। इन दोनों पार्टियों का बिहार में पतन हो रहा है, यह बात लोगों की समझ में आने लगी थी। यह बात भी पता थी कि बहुत तेजी से ह्रास हो रहा है, पर इसका अंदाजा नहीं था कि पार्टियां इस हद तक दिवालिया हो चुकी हैं। वैशाली ने चौंकाने वाले नतीजे जरूर दिए हैं, पर इससे यह अर्थ कदापि नहीं निकालना चाहिए कि पूरे राज्य में इन दोनों राष्ट्रीय दलों का यही हश्र होगा। हां, इसका एक निष्कर्ष यह जरूर निकाला जा सकता है कि बिहार में लालू प्रसाद यादव और जनता दल का विकल्प न कांग्रेस है और न ही भाजपा। कम-से-कम फिलहाल तो बिल्कुल नहीं है और अगले एक साल के अंदर ये विकल्प बन सकते हैं, इसकी संभावना बिल्कुल क्षीण है।

यदि इन संभावनाओं को छोड़ दें तो फिर तीन विकल्प बचते हैं। पहला, आनंद मोहन सिंह के बिहार पीपुल्स पार्टी जैसे कुकुरमुत्ता दल, जो किसी क्षेत्र विशेष या जाति विशेष के प्रभाव वाले क्षेत्र में तो प्रभावी हो सकते हैं, पर अपने ही तरह के अन्य गुटों के साथ मिलकर पूरे राज्य में प्रभावी हो जाएं, इसकी संभावना नहीं के बराबर है। इस तरह के संगठनों का एक प्रभाव यह पड़ेगा कि अपने-अपने प्रभाव क्षेत्रों में ये राष्ट्रीय या प्रांतीय दलों से भी बीस बैठ सकते हैं। परिस्थितियां अगर अनुकूल रहीं, तो अगले चुनाव में इस तरह के व्यक्ति या इनके छोटे-छोटे दल बड़े पैमाने पर जीत सकते हैं। किसी को आश्चर्य नहीं होना चाहिए यदि इस तरह के विधायकों की संख्या अगली विधानसभा में सौ के आसपास पहुंच जाए। पर यह कल्पना करना कि ये एक झंडे या एक मंच के इर्द-गिर्द इकट्ठा होकर एक नेता के प्रभाव में कोई विकल्प खड़ा कर सकते हैं यह असंभव प्राय है।

दूसरा विकल्प है मुलायम सिंह यादव का समाजवादी दल। उत्तर प्रदेश में मिली सफलता के तुरंत बाद बिहार में भी हलचल हुई। पहले दौर में रहे समाजवादी, जो लालू प्रसाद की शैली और व्यवहार से दुखी थे, समाजवादी पार्टी की शरण में आए। कपिल देव सिंह और रामसुंदर दास की समाजवाद के प्रति निष्ठा पर संदेह नहीं किया जा सकता। इसलिए उनका इस पार्टी से जुड़ना स्वाभाविक था, क्योंकि जनता दल में ऐसे लोगों के लिए लालू प्रसाद ने कोई स्थान नहीं छोड़ा था। वैशाली में हार के बाद या उससे थोड़ा पहले जिस तरह के तत्व समाजवादी पार्टी में आए, उन सबके बारे में यही बात विश्वास के साथ नहीं कह सकते। नरेन्द्र सिंह, दशरथ सिंह, पप्पू यादव, राम अवधेश सिंह तथा सतीश कुमार में न कोई राजनीति, न सामाजिक और न ही वैचारिक साम्य है। ये एक साथ कोई ढंग की राजनीति कर सकते हैं, इसकी संभावना नितांत क्षीण है। इसका प्रमाण मुलायम सिंह यादव की हाल की पटना रैली में भी दिखाई पड़ गया, जब इस नवजात दल की छठी के मौके पर ही अभिभावक एक-दूसरे से रूठकर इधर-उधर बैठने लगे। इस दल में आने वाले अधिकांश नेता तुरंता राजनीति में विश्वास करने वाले हैं। इन्हें विश्वास है कि पैसे और संसाधन, जिसकी कमी मुलायम सिंह और उनके दल को नहीं है, के बल पर वे जनता दल में बड़े पैमाने पर टूट की स्थिति बनाकर सरकार को गिरा सकते हैं, अपनी सरकार बना सकते हैं और यदि ऐसा नहीं भी होता है

तो अगले चुनाव में खर्चे के लिए ढंग का पैसा जमा कर सकते हैं। तत्काल लाभ पाने की राजनीति और वैचारिक विभेद के कारण यह दल बिहार में बहुत कारगर हो पाएगा, इसकी संभावना नहीं लगती। फिर, लालू के विरुद्ध सबसे बड़ा आरोप यह है कि सामाजिक न्याय के नाम पर उन्होंने राज्य में घोर यादववाद फैलाया है। लालू यादव को हटाकर मुलायम सिंह यादव को लाने से इस आरोप का कैसे निराकरण हो सकता है, यह बात बिल्कुल समझ नहीं आती।

तीसरा विकल्प जनता दल के अंदर से ही निकलने के लिए सुगबुगा रहा है। लालू प्रसाद के लिए सबसे ज्यादा कष्टदायक विकल्प यही सिद्ध होने वाला है। इसका नेतृत्व कर रहे हैं नीतीश कुमार और इसके पीछे दिमाग है प्रखर समाजवादी और जे पी आंदोलन के दिनों के साथी शिवानंद तिवारी का। बिहार जनता दल के अंदर एक बड़ा वर्ग अरसे से लालू प्रसाद से त्रस्त है। खामोशी इसलिए है कि लोगों को विश्वास था कि लालू के साथ अगर नहीं रहे तो टिकट तो मिलेगा ही नहीं और बाहर रहकर भी चुनाव नहीं जीत सकते। ये सारे लोग नीतीश कुमार को मूक समर्थन दे रहे हैं। मुखर तभी होंगे, जब इन्हें पक्का विश्वास हो जाएगा कि यह गुट लालू के समक्ष सफल चुनौती देने में सक्षम है।

इस समूह की परेशानी यह है कि यह माने बैठा है कि लालू से लोग इतने त्रस्त हो चुके हैं कि इन्हें घर बैठे ही इतना समर्थन मिल जाएगा कि ये अगली सरकार बना सकें। इनकी रणनीति भी बहुत स्पष्ट नहीं है। सरकार गिराने के खेल में ये शामिल नहीं होना चाहते। जनता दल तोड़ने के बारे में भी इनकी नीति स्पष्ट नहीं है। क्या कार्यक्रम करेंगे, यह भी साफ नहीं है। कार्यरूप में तो नहीं ही, वैचारिक रूप से भी यह स्पष्ट नहीं है कि आगे क्या करना है। लालू विरोध से उपजी ऊर्जा को शक्तिशाली विद्युत प्रवाह में कैसे बदला जा सकता है, इसके लिए कोई स्पष्ट कार्य योजना इनके पास नहीं है। कुछ बातें हवा में हैं। मसलन, सार्वजनिक जीवन में व्याप्त भ्रष्टाचार के विरुद्ध सोच्चार होना, बिहार की आर्थिक-सामाजिक दुर्दशा की ओर लोगों का ध्यान आकृष्ट करना, लालू राज में बिहार के निरंतर दिवालिया होते जाने की प्रक्रिया को रेखांकित करना, सामाजिक न्याय के नाम पर यादववाद के नंगे नाच को उजागर करना तथा एक लोकतांत्रिक ढंग से चुने गए नेता के सत्ता के मद से चूर अहंकारी तानाशाह बनने की प्रक्रिया को उजागर करना। कुल मिलाकर इनका कार्यक्रम बन सकता है। इसके लिए जितने समय और साधन की आवश्यकता है, वह फिलहाल दिखाई नहीं देता पर जनांदोलनों की गति का अंदाजा लगाना भी एक कठिन काम ही है।

(16 जून 1994, अमर उजाला)

सिर्फ चमत्कार के भरोसे

जनता दल की टूट से शायद ही किसी को आश्चर्य हुआ हो। सच तो यह है कि कम-से-कम चार महीनों से लोग तो इसके टूटने का शिद्दत से इंतजार कर रहे थे। और जो इस तरह की राजनीति के जानकार हैं, वे तो तभी से इंतजार में बैठे थे जब इस पार्टी का गठन हुआ था। वस्तुतः इस तरह के मध्यमार्गी राजनीति के प्रयोग भारतीय राजनीति में स्थाई नहीं हो सकते, यह बात अनेक बार सिद्ध हो चुकी है। एक बार और हुई।

हालांकि कुछ लोग हैं, जिनकी संपूर्ण राजनीति सिर्फ चमत्कारों के सहारे चलती है। उन्हीं लोगों ने अब भी प्रयास नहीं छोड़ा है। बोम्मई से लेकर विश्वनाथ प्रताप तक उनकी भागदौड़ जारी है कि किसी न किसी तरह इस प्रयोग को बचा लिया जाए। एक मलबे के रूप में इसे बचाने में शायद वे एक हद तक सफल भी हो जाएं, लेकिन यह दावे के साथ कहा जा सकता है कि वह क्षणिक ही होगा। चमत्कार की राजनीति के अप्रत्याशित फल तो मिलते हैं लेकिन वह क्षणभंगुर भी होते हैं। जनता दल पांच साल तक इसीलिए चलता रहा, क्योंकि कुछ लोगों को लग रहा था कि चमत्कार को स्थाई भी बनाया जा सकता है।

वास्तविकता यह है कि जनता दल पांच साल नहीं चला। इसकी मौत की प्रक्रिया पांच साल तक चलती रही। कुछ लोग अब भी हार मानते नहीं दिखाई देते। जनता दल के अवसान से किसी को दुखी नहीं होना चाहिए। उनको भी नहीं, जो यह कभी मानने को तैयार नहीं हुए कि यह प्रयोग मूलतः नकारात्मक था। जनता दल या इस तरह के किसी भी जनता नामधारी मध्यमार्गी रणनीति की अपनी एक विशिष्ट भूमिका थी और उसका एक विशेष काल खंड भी था। जनता दल ने अपनी उस भूमिका का निर्वाह कर लिया है। कहें तो काफी सफलतापूर्वक किया है। इसलिए अब यदि इसे बचाए रखने की कोशिश की जाती है, तो उससे बदबू ही फैलेगी। सांसद मोहन सिंह ने ठीक ही कहा है कि इस संक्षिप्त कालखंड में इस दल की दो महान उपलब्धियां रही हैं। एक, देश को एक परिवार के शासन चक्र से मुक्त करना और दूसरी, सामाजिक न्याय के राजनीतिक दर्शन को भारत की राजनीति के केंद्र में प्रतिष्ठित करना। जनता दल यदि अपने वर्तमान स्वरूप में पूरी तरह से समाप्त भी हो जाता है तो भी उसकी इन उपलब्धियों को नकारा नहीं जा सकता।

इनमें से पहली उपलब्धि के लिए ही जनता दल का गठन हुआ था। दूसरी उपलब्धि तो अनायास ही प्राप्त हो गई है। आज भले ही कोई नकारे, पर जनता दल का गठन या उसका भाजपा तथा वाम मोर्चा व अन्य क्षेत्रीय दलों के साथ गठबंधन का उद्‌देश्य सिर्फ कांग्रेस को हटाना या भ्रष्टाचार के विरुद्ध जनांदोलन छेड़ना ही नहीं, एक परिवार के शासन चक्र से देश और कांग्रेस, दोनों को मुक्त करना भी था। वरना उस गठबंधन के अनेक चेहरे

कांग्रेसी नहीं होते, जो बार-बार यह दावा करते रहे कि उनका कांग्रेस की नीतियों से कोई विरोध नहीं है, उनका विरोध तो कांग्रेस की कार्यशैली से है। प्रकारांतर से यह कहना कि उनका विरोध तो मात्र नेतृत्व से है। विश्वनाथ प्रताप सिंह तो अब भी कहते हैं कि उन्होंने कांग्रेस को नहीं त्यागा, कांग्रेस ने उन्हें त्याग दिया।

इसलिए जनता दल अपने उद्देश्य में सन् 89 में ही सफल हो गया था। कम-से-कम सैद्धांतिक स्तर पर तो हो ही गया था। उसके बाद सरकार बनाना एक तरह से बोनस था। जिसमें जो एक बार घुसा, उसे उसकी ऐसी लत पड़ गई कि निकलना ही नहीं चाहे। वही लोग यह मानते रहे कि जनता दल सचमुच एक विकल्प है। सचाई यह है कि जनता दल अपनी संपूर्णता में विकल्प नहीं था, पर उसमें विकल्प के अनेक बीज छिपे हुए थे। ऐसे बीज, जिनमें सब में अंकुरित होने की क्षमता तो थी, पर साथ-साथ नहीं। आप गेहूं, जौ, धान, मक्का, कपास, तथा मूली-परवल के बीज एक साथ खेत में डाल दें और अपेक्षा करें कि ये सब साथ-साथ उगें, बढ़ें, फूलें-फलें और लहलहाते रहें तो यह वाचालता ही है।

जनता दल कुछ ऐसे ही मिले-जुले बीजों की पार्टी थी, जिनमें से अलग-अलग बीज, अलग-अलग मात्रा और अपने उचित समय पर उगते रहे। मुलायम सिंह यादव मजबूत पौधे के रूप में उभर चुके हैं, परंतु चन्द्रशेखर अभी दबे हुए हैं, तो इसमें बीज का उतना दोष नहीं है जितना मिट्टी और मौसम का। 14 लोकसभा सदस्य निकल गए हैं, परंतु जो बचा हुआ दल है, वह अब भी एकरस नहीं है। उनमें लालू, बीजू और देवगौड़ा जैसे लोग हैं जो अपनी-अपनी परिस्थितियों में फलेंगे-फूलेंगे। उनमें शरद यादव जैसे भी लोग हैं, जो मूलतः अमरबेल प्रवृत्ति के हैं। अपने बूते पौधा भी नहीं बन सकते, किसी वृक्ष का सहारा चाहिए। जब उचित सहारा मिल जाए तो उसे इस तरह अपने नागपाश में जकड़ लेते हैं कि वृक्ष सूखकर डंठल रह जाए और खुद भी मुरझाकर जमीन सूंघने लगें। इनकी भी अपनी उपयोगिता है। जनता दल का बिखरना इस दृष्टि से शुभ संकेत है।

जो बात सबको पता होनी चाहिए थी, वह कम-से-कम विश्वनाथ प्रताप सिंह जैसे लोगों के सामने तब और स्पष्ट हो गई, जब उत्तर प्रदेश में जनता ने उनके दल की जगह पर सपा-बसपा गठबंधन को चुना। उनके मन में कोई दुविधा नहीं रह गई कि जनता दल अब एक क्षेत्रीय पार्टी के रूप में ही पनप सकता है और उन्हीं क्षेत्रों में, जहां वह एक विकल्प के रूप में उभर सकता है। ऐसे क्षेत्र फिलहाल सिर्फ तीन दिखाई देते हैं–बिहार, कर्नाटक और उड़ीसा। इन राज्यों में भी यह पार्टी तभी कुछ कर सकती है, जब इन राज्यों में यह अपनी अलग सत्ता स्थापित कर सके। यानी उड़ीसा का जनता दल आवश्यक नहीं कि बिहार और कर्नाटक के जनता दलों की राजनीति में विश्वास करे। हर राज्य के जनता दल की अपनी अलग राजनीति हो।

यानी जब राष्ट्रीय स्तर पर भविष्य में कभी गठबंधनों वाली राजनीति हो, तो सबके सामने यह स्पष्ट हो कि किस दल की कितनी ताकत है और उसे उसी अनुपात में सत्ता में कितनी भागीदारी मिलनी चाहिए। जनता दल पहले भी एक क्षेत्रीय दल ही था, पर इसके ताव राष्ट्रीय दल वाले थे, वैसे ही जैसे भाजपा और माकपा। हैं दोनों क्षेत्रीय दल ही, पर सोचते हैं कि ये राष्ट्रीय दल हैं। इनके साथ यह गनीमत है कि ये संगठन और कैडर वाले दल हैं, इसलिए अपनी इस कमजोरी को ढक लेते हैं। जनता दल हर तरफ से कमजोर था।

न कोई संगठन, न ढांचा, न कोई राजनीतिक दर्शन और न ही राष्ट्रीय उपस्थिति, परंतु वासना और महत्त्वाकांक्षा राष्ट्रीय विकल्प बनने की। इसलिए सारा भारसाम्य गड़बड़ा जाता था।

अब एक क्षेत्रीय दल के रूप में या जहां भी बचे रहें, उन क्षेत्रों की पार्टी के रूप में यदि जनता दल किसी गठबंधन का हिस्सा बनता है तो उसे पता रहेगा कि उसकी औकात क्या है ओर उसका हिस्सा क्या है। यह बहुत महत्त्वपूर्ण है, क्योंकि देश अगले कुछ सालों के अंदर एक रोचक राजनीति में प्रवेश कर सकता है। भारतीय जनता पार्टी का यह भ्रम टूट रहा है कि वह अगले ही चुनाव में राष्ट्रीय विकल्प के रूप में सामने आ रही है। यह उस पार्टी के घोर समर्थक भी मानने लगे हैं। इसका अर्थ यह हुआ कि भाजपा एक क्षेत्रीय दल के रूप में देश के कई भागों में प्रभावी रहेगी, पर कांग्रेस का विकल्प नहीं बन सकती।

कांग्रेस की स्थिति और भी विचित्र है। तीन साल के नरसिंह राव के शासन में कांग्रेस को लोकसभा में पूर्ण बहुमत मिल गया है। पार्टी पर नरसिंह राव की पकड़ निर्विवाद और बेचुनौती है। वे कांग्रेस के एकछत्र नेता हैं। अर्जुन सिंह अब उनके साथ हैं, तो शरद पवार धूल चाट रहे हैं। पर यदि कांग्रेस की संभावनाओं का राज्यवार विश्लेषण किया जाए तो बहुत ही निराशाजनक चित्र सामने आता है। अगले साल के प्रारंभ तक दस विधानसभाओं के चुनाव होने हैं। महाराष्ट्र को छोड़कर कोई ऐसा राज्य नहीं है, जहां कांग्रेस अभी से दावा कर सके कि वह जीत रही है। आंध्र, कर्नाटक, गुजरात, बिहार, उड़ीसा में कभी भी दावे से जीतने की स्थिति में कांग्रेस नहीं है। जीत जाए तो वह तुक्का होगा।

ऐसे परिणाम लेकर जब वह अगले आम चुनाव में जाएगी, तो जाहिर है कि उसका मनोबल कमजोर ही रहेगा। तो अगले आम चुनाव में होगा क्या? यदि भाजपा और कांग्रेस, दोनों दल राष्ट्रीय राजनीतिक दल के रूप में अपनी स्थिति बनाए नहीं रख सकते, जद और वामपंथी ज्यादा से ज्यादा क्षेत्रीय दल के रूप में सामने आ सकते हैं, तो देश के सामने विकल्प क्या होगा। एक जवाब है—गठबंधन। यानी दूसरे शब्दों में कहें तो राष्ट्रीय सरकार का गठन। इसीलिए यह अनुमान है कि राजनीति के अगले कुछ साल रोचक रहने वाले हैं। जनता दल के विरुद्ध राव ने परिदृश्य को थोड़ा और साफ ही किया है।

(30 जून 1994, अमर उजाला)

चौथी शक्ति का असली चेहरा

आम चुनाव जैसे-जैसे करीब आ रहे हैं राजनैतिक दलों के बीच नए समीकरण तेजी से बन-बिगड़ रहे हैं। पिछले साल तक चुनाव में मुख्य मुकाबला तीन शक्तियों के बीच बताया जा रहा था। इस साल की शुरुआत चौथी शक्ति के उदय की चर्चा से हुई है और बहस इस बात पर भी केंद्रित होती जा रही है कि पहली शक्ति सचमुच है कौन, जब शक्तियों की चर्चा शुरू हुई थी तो इस मुद्दे पर बिल्कुल विवाद नहीं था। कांग्रेस पहली शक्ति, भाजपा दूसरी शक्ति और रामो-वामो तीसरी शक्ति। सन् 96 के प्रारंभ ने भाजपा में नया जोश भरा है और उनका दावा तीखा होता जा रहा है कि पहली शक्ति तो वही है। अपना पांच साल का कार्यकाल पूरा करते-करते नरसिंह राव अपनी जर्जर पार्टी से अलग हटकर अपनी छवि को अब पहली शक्ति के रूप में पेश करने की गंभीर कोशिश कर रहे हैं। अलग-अलग राज्यों में मजबूत, लेकिन कुल मिलाकर एक निराकार शक्ति के रूप में तीसरे मोर्चे की खबर सिर्फ उनकी आपसी टकराहट से ही फूट रही है।

ऐसे में चौथी शक्ति की बात का क्या अर्थ है? चौथी शक्ति को सिरे से खारिज करने वाले तो इसे दूसरी शक्ति की जूनियर टीम कहकर बिल्कुल गंभीरता से लेने के पक्ष में नहीं हैं, पर अगर ऐसा किया गया तो इससे निश्चय ही भारत की राजनीति का नया चेहरा और धुंधला होता नजर आएगा। इसलिए जरूरी है कि इन्हें खारिज करने से पहले इनके दावों को जरा गंभीरता से देखा जाए।

कौन है चौथी शक्ति के पीछे? अब तक जो सामने आए हैं, वे हैं जॉर्ज फर्नांडीस और नीतीश कुमार तथा जनता दल से दलछुट उनके कुछ दिशाहीन साथी। दूसरा समूह है—चन्द्रशेखर तथा देवीलाल संतति और मूलतः वही कुछेक लोग जो कभी जनता समूह के साथ किसी न किसी समय किसी न किसी रूप में जुड़े हुए थे। क्या है इनके अस्तित्व का तर्क? कि एक ऐसा समूह हो जो कांग्रेस और भाजपा से समान दूरी बनाए रखते हुए भी गैर-कांग्रेसवाद के जीर्णशीर्ण झंडे को उठाए रखे। इसकी सीधी-सादी व्याख्या यह कि उसी तरह का गठबंधन फिर बने, जैसा सन् 77 या सन् 89 में किया गया था। चूंकि चौथी शक्ति की जो जॉर्जेतर विभूतियां हैं उन्हें कांग्रेस से कोई विशेष एलर्जी नहीं है। इसलिए शायद पहली बार इस मुद्दे पर भी एक तरह का मौन रखने की कोशिश हो रही है कि इसका भविष्य में कांग्रेस से क्या रिश्ता हो सकता है।

चौथी शक्ति भाजपा को राजनैतिक अछूत नहीं मानती। अब सवाल है कि यदि जॉर्ज और नीतीश भाजपा के सहयोग से सत्ता के भागीदार बनना चाहते हैं, तो किसी को भला क्यों परेशानी होनी चाहिए? सचाई यह है कि गैर-कांग्रेसवाद की राजनीति न केवल बिल्कुल

समाप्त हो चुकी है बल्कि उसके आधार पर अब कोई विपक्ष की राजनीति भी नहीं चमका सकता। इसका कारण यह है कि कांग्रेस अपने सारे तामझाम के बावजूद अब देश की प्रमुखतम राजनैतिक शक्ति नहीं रही है। इसलिए गैर-कांग्रेसवाद के भूत को जिंदा करके भाजपा के साथ रास रचाने का जॉर्ज साहब का सपना उनके लिहाज से गलत नहीं है। गलत सिर्फ यह है कि वे इसे सैद्धांतिक स्वरूप भी दे रहे हैं और उनके बिहार के साथी तो इस तर्क को हास्यास्पद सीमा तक खींचे ले जा रहे हैं कि हम तो बिहार से लालू प्रसाद यादव का कुशासन समाप्त करना चाहते हैं। इसके लिए हम शैतान से भी समझौता करने में नहीं हिचकेंगे। बिहार विधानसभा चुनाव का आधार भी यही था। तब इनके साथ थी भाकपा (माले)। इस बार साथी है भाजपा, झामुमो के कुर्मी नेता, आंनदमोहन सिंह के बंदूकबाज और जितने तरह के अवसरवादी हो सकते हैं, सभी!

कोई इनसे पूछे कि लालू प्रसाद के विरोध के नाम पर शिवजी की जो बारात ये इकट्ठी करके लोकसभा का चुनाव लड़ने की तैयारी कर रहे हैं, उससे भला लालू प्रसाद से बिहार का पीछा कैसे छूटेगा। इसके लिए तो बिहार विधानसभा का चुनाव लड़ना पड़ेगा। पर कौन किसे समझाए। सचाई यह है कि अकेले दम चुनाव लड़ने का दावा करने वाली भाजपा को उन सारे राज्यों में साथी चाहिए, जहां उसकी स्थिति पतली है। पंजाब में अकाली, असम में आसू और महाराष्ट्र में शिवसेना, वैसे ही उन्हें बिहार में भी साथी चाहिए और हरियाणा में भी। लेकिन इन साथियों के हाथों इतनी कालिख लगी है कि खुलेआम इनसे हाथ भी नहीं मिलाया जा सकता। इसलिए चौथी शक्ति का बहाना बनाना पड़ रहा है। और इससे जॉर्ज तथा नीतीश जैसे लोगों का भी लाभ है कि उनका सैद्धांतिक मुखौटा थोड़े दिनों तक नुचने से बचा रह सकता है, वरना भाजपा के साथ खुला खेलने को मजबूर होना पड़ेगा। लब्बो-लुबाब यह कि चौथा मोर्चा वस्तुतः दूसरे मोर्चे का रास्ता प्रशस्त करने का साधन मात्र है और तीसरे मोर्चे की पहल को कारगर ढंग से छीनने का एक उपाय भी—बशर्ते, तीसरा मोर्चा चुनाव से पहले ही तीन-तेरह न हो जाए।

(31 फरवरी 1996, विचारार्थ, इंडिया टुडे)

कांग्रेस बनते विपक्षी दल

जैन हवाला कांड में हर तरह के राजनीतिकों के नाम उजागर होने के बाद मूलतः दो तरह की प्रतिक्रया हुई है। आम जनता को इससे कोई घोर अचरज हुआ हो, ऐसा नहीं लगता और राजनीतिकों ने आमतौर पर इस मामले में बेशर्मी की भावना का प्रदर्शन किया है, जो स्वाभाविक भी है।

यह भावना अब आम है कि राजनीतिक मात्र चोर, बेईमान और भ्रष्ट होता है। हवाला कांड ने इस भावना को और दृढ़ किया है क्योंकि इसमें हर तरह के राजनीतिकों के नाम सामने आ रहे हैं। कांग्रेस और भ्रष्टाचार तो अब एक तरह से समानार्थी शब्द बन चुके हैं, इसलिए यदि कांग्रेसी मंत्रियों, पूर्व मंत्रियों और बड़े-बड़े नेताओं के नाम के आगे करोड़ों की रकम न लिखी होती, तो भी आश्चर्य नहीं होता। लोगों को थोड़ा अचरज जनता दल और भाजपा के नेताओं के नाम देखकर जरूर हुआ, लेकिन थोड़ा अचरज ही। क्योंकि पिछले कुछ समय की घटनाओं से यह साफ हो गया है कि कांग्रेस और अन्य राजनैतिक दलों के नेताओं के बीच अन्तर अब मात्रा और परिमाण का ही रह गया है, इससे ज्यादा नहीं।

हां, लालकृष्ण आडवाणी और शरद यादव के नामों ने लोगों को जरूर थोड़ा चौंकाया। शरद तो जयप्रकाश नारायण के भ्रष्टाचार विरोधी आंदोलन के पहले प्रतीक के रूप में चुनाव के मैदान में उतरे थे और सेठ गोविंददास जैसे घाघ कांग्रेसी की सीट छीनकर पहले जनता सांसद के रूप में लोकसभा में आए थे। खैर, शरद भी अब वो शरद नहीं रहे। सिर्फ एक बात समझ में नहीं आई कि आरोप लगने के बाद क्या सोचकर वे सीना ठोंक स्वीकार करते रहे कि हां, मैंने पैसा लिया है। क्या उन्हें लगा कि उनकी यह दिलेरी उन्हें आम जनता का लाडला बना देगी। कि साहब, मर्द तो शरद यादव है। पैसा तो सभी लेते हैं, लेकिन देखिए यह अकेला नेता है, जो पैसा लेता है तो पार्टी के लिए। और छिपाकर नहीं लेता।

शरद को यह खुशफहमी मुबारक हो, पर सचाई तो यह है कि इस कृत्य से उनकी बेशर्मी ही उजागर हुई है। सवाल सिर्फ पैसा लेने का नहीं है। सवाल यह भी है कि पैसा किसका है, कैसे आया है और कौन दे रहा है? जैन हवाला कांड की चर्चा में जिस बात को हम लोग भूल रहे हैं, वह यह है कि इस घटना की तह में क्या है। कैसे उद्‌घाटन हुआ राजनीति के अपराधीकरण के इस कलंकित इतिहास का? पुलिस एक कश्मीरी उग्रवादी के धन के स्रोतों की जांच करते हुए जैन डायरी तक पहुंची थी और पहली सूचना यह थी कि जैन बंधु निर्विकार भाव से सबको हवाला का धन देते रहते हैं। उनके यहां कोई भेदभाव नहीं है। चाहे पैसा व्यापार का हो या भ्रष्टाचार का। या फिर देशद्रोह के काम में लगे पंजाब और कश्मीर के आतंकवादियों का इन्हें वाजिब कमीशन मिल जाए, ये कहीं का पैसा कहीं पहुंचा सकते हैं।

इस बिंदु पर पहुंचकर आडवाणी के बारे में चर्चा करना अनुचित नहीं होगा। एक तो आडवाणी दूध के धुले माने जाते रहे हैं, इसलिए भी उन पर आरोप लगने से आश्चर्य स्वाभविक है। दूसरे, अपने बचाव में वे जिस तरह के तर्क दे रहे हैं, उससे और भी आश्चर्य होता है। भाजपा यह नहीं कह रही है कि पूरा जैन हवाला कांड षड्यंत्र का हिस्सा है, लेकिन यह दावा करती है कि आडवाणी को फंसाया गया है। आरोप सिद्ध होने तक उन्हें दोषी कहना उचित नहीं होगा। पर यह भी याद रखना चाहिए कि बिना आग के धुआं नहीं होता। भाजपा और आडवाणी जी के लिए खासतौर से यह दुर्भाग्यजनक है कि यह मामला सिर्फ चुनाव चंदे का या हवाला का नहीं है। इसके पीछे देश को तोड़ने वाली शक्तियों का भी पैसा है। पैसे के तार मूल में कहीं गड्ड-मड्ड नहीं हुए होंगे, यह दावे के साथ कैसे कहा जा सकता है।

ऐसे में अगले चुनाव में ये विरोधी दल आखिर भ्रष्टाचार को कैसे मुद्दा बनाएंगे। खासतौर पर जनता दल और भारतीय जनता पार्टी, जिन्होंने कांग्रेस को दो मुद्दों पर पटकनी देने की ठान रखी है—देश की सुरक्षा और भ्रष्टाचार। जैन हवाला कांड की जद में ये दोनों तत्व हैं। यह सिर्फ राजनैतिक दलों के चुनाव लड़ने के लिए चंदे का मामला नहीं है। इसलिए उचित तो यह है कि जितने लोगों के नाम इस चर्चा में हैं, चाहे चार्जशीट दाखिल हुई हो या नहीं, तत्काल सभी पदों से और सार्वजनिक जीवन से अलग हो जाएं। और जब तक इस मसले का निराकरण नहीं हो जाता, सार्वजनिक जीवन से अलग ही रहें। आडवाणी को पार्टी की अध्यक्षता से भी इस्तीफा देना चाहिए। आखिर बोम्मई ने जनता दल का अध्यक्ष पद छोड़ा ही है, लिहाजा भाजपा की इस दलील का कोई अर्थ नहीं है कि जैन बंधुओं ने प्रधानमंत्री को भी पैसे दिए हैं। कांग्रेस की बात फिलहाल छोड़ देते हैं, क्योंकि इस पार्टी ने भ्रष्टाचार को ललित कला का रूप दे दिया है। विपक्ष कम-से-कम इस क्षेत्र में कांग्रेसियों से कृपया मुकाबला न ही करे तो बेहतर।

(15 फरवरी 1996, विचारार्थ, इंडिया टुडे)

तीसरे मोर्चे का स्वप्निल विचार

हवाला कांड में आपराधिक छानबीन का मामला तो अपनी गति से आगे बढ़ रहा है, लेकिन उससे भी तेज रफ्तार से अटकलबाजी का दौर चल रहा है, इसके राजनैतिक परिणामों के अनुमान के बारे में। इस बात पर एक तरह से आम सहमति-सी हो गई है कि शतरंज के इस भयानक खेल में दो मुख्य प्रतिद्धंद्धी हैं—कांग्रेस और भारतीय जनता पार्टी। चालें अपने अंतिम दौर में चली जा रही हैं और खेल उस निर्णायक दौर में पहुंचा दिख रहा है, जहां बराबर पर छूटने की गुंजाइश बहुत ज्यादा नहीं है। हार-जीत का फैसला तो होना ही है। आपराधिक मंच पर चाहे जो भी निर्णय हो, राजनैतिक रंगभूमि में या तो नरसिंह राव सहित पूरी कांग्रेस का पराभव होगा या फिर लुंजपुंज होकर भाजपा अपने जख्मों को सहलाती रहेगी।

इस विश्लेषण को आगे बढ़ाने वाले यह दावा भी साथ में ही कर देते हैं कि इसका लाभ स्वाभाविक रूप से राष्ट्रीय मोर्चा-वाम मोर्चा के नेतृत्व में उन क्षेत्रीय शक्तियों को होगा, जिनके पास अब इस मोर्चे में जाने के अलावा अन्य कोई विकल्प नहीं रह गया है। आइए देखते हैं कि क्या सचमुच यही स्थिति है?

सबसे पहले यह देखें कि क्या वास्तव में तीसरे मोर्चे के लोग इस काजल की कोठरी से अछूते निकल आए हैं? इसका उत्तर विश्वास के साथ सकारात्मक नहीं दिया जा सकता, क्योंकि जनता दल के दिग्गजों के नाम तो चल ही रहे हैं। शरद यादव पर तो चार्जशीट भी हो गई है। अलबत्ता बोम्मई का क्या हो रहा है, यह पता नहीं चल पाया है। शायद उन पर कोई मामला नहीं ही बन रहा हो, पर फिलहाल तो वे काजल की कोठरी की चौखट पर हैं ही। वही हालत चन्द्रजीत यादव की है। और भी कई लोग हैं जो कई पार्टियों में कई बार होते हुए अब कहां से कहां पहुंच गए हैं, पर जब जैन डायरी लिखी जा रही थी तब कांग्रेस में तो नहीं ही थे। इसलिए यह नहीं कहा जा सकता कि तीसरा मोर्चा इस कालिख की महाभारत से बिल्कुल अलग-थलग है। हां, वामपंथी पार्टियों के किसी सांसद का नाम जरूर अब तक कहीं से उभरकर सामने नहीं आया है, पर यही अपने आप में इस बात के लिए काफी नहीं कि इस कांड का लाभ सीधे तीसरे मोर्चे को दिला दे।

और भी कई बातों पर विचार करना होगा। मसलन, इस कांड ने लोगों का विश्वास सिर्फ इस या उस पार्टी के राजनीतिक से ही नहीं डिगाया है। इस कांड के कारण हमारी संपूर्ण राजनैतिक व्यवस्था पर विशाल प्रश्नचिह्न लगा हुआ है। कल्पनाथ राय को लोकसभा की कार्रवाई में भाग लेने की अनुमति न देते हुए जब कोर्ट यह कहता है कि आज राजनीति धर्म नहीं, एक पेशा बन गई है तो वह एक तरह से आम जनता की पीड़ा को भी वाणी दे रहा होता है।

यह भी देखना पड़ेगा कि आखिर तीसरा मोर्चा कैसा आकार ले रहा है? सरसरी तौर पर देखने से कोई बहुत उत्साहवर्धक नजारा नहीं लगता। मुलायम सिंह यादव और लालू प्रसाद यादव एक दौर बात कर चुके हैं और कटुता और नहीं बढ़ी, यह सच है, पर इतना ही काफी नहीं है। उत्तर प्रदेश में बातचीत बिल्कुल आगे नहीं बढ़ी है। जनता दल का एक खेमा अब भी बसपा से नैन लड़ा रहा है। यही हाल आंध्र में है। नायडू और लक्ष्मीपार्वती, दोनों के हिमायती राष्ट्रीय मोर्चे में हैं। वाम मोर्चे में तो और भी खींचतान है। और तमिलनाडु में तो पूरी तरह से अराजकता है। जनता दल का उत्तर भारतीय धड़ा अब भी द्रमुक को छोड़ने पर मन-ही-मन राजी नहीं, जबकि दक्षिण भारतीय गुट जयललिता को एक तरह से राष्ट्रीय मोर्चे का अंग-सा मान चुका है। जयललिता ने अब भी कांग्रेस से खुलेआम नाता नहीं तोड़ा है और वाम मोर्चा तमिलनाडु में हास्यास्पद स्थिति में पहुंचा हुआ है। भाकपा करुणानिधि के और करीब होती जा रही है जो अब राष्ट्रीय मोर्चे में भी नहीं हैं, तो माकपा एक छोटी द्रविड़ पार्टी एमडीएमके के साथ जुड़ गई है, जो न इस मोर्चे में है और न उसमें।

तो आखिर तीसरा मोर्चा है क्या? उन राज्यों में जहां इन घटकों की एक तरह से तूती बोलती है, जैसे कर्नाटक, बिहार तथा ओड़ीसा में जनता दल तथा पश्चिम बंगाल, केरल और त्रिपुरा में वाम मोर्चा, वहीं पर तीसरे मोर्चे का अस्तित्व है। बाकी देश में यह मोर्चा एक स्वप्निल विचार से ज्यादा कुछ भी नहीं। शतरंज के खिलाड़ी जब भी अपने खेल से निवृत्त हों, इनकी स्थिति पर इसका कोई विशेष प्रभाव पड़ता दिखाई नहीं देता। हां, पूरी राजनैतिक व्यवस्था पर पड़ता दबाव अगर कोई बिल्कुल नया गुल खिला दे तो वह बात कुछ और ही है।

(15 मार्च 1996, विचारार्थ, इंडिया टुडे)

राजनीति–भाजपा

मंत्रिमंडल में परिवर्तन को यों देखिए

उत्तर प्रदेश में कल्याण सिंह मंत्रिमंडल के विस्तार और उसमें भारी फेर-बदल की अमूमन दो तरह से व्याख्या की गई है। एक, इस परिवर्तन ने लंबे अरसे से फैल रही इस अफवाह पर विश्वसनीयता की मुहर लगा दी है कि भाजपा में केंद्र और राज्य, दोनों स्तरों पर शीर्ष नेताओं में भारी मतभेद और उठा-पटक जारी है तथा दो, मुख्यमंत्री ने अपनी इस कार्रवाई से उत्तर प्रदेश में असंतुष्ट गतिविधियों को हवा देने वाले दोनों स्तर के प्रमुख नेताओं को करारा झटका देकर यह सिद्ध कर दिया है कि राज्य पर उनकी पकड़ और पुख्ता हुई है। ये दोनों बातें अपनी-अपनी जगह पर एक हद तक ठीक होते हुए भी वस्तुतः आंशिक सच हैं। संघ परिवार द्वारा शीघ्र छेड़े जाने वाले महत्त्वाकांक्षी कार्यक्रम में भाजपा की भूमिका या उसकी कमजोरी इस विश्लेषण से उजागर नहीं होती, जो कि इस प्रयोग के मूल में है।

सच तो यह है कि प्रदेश मंत्रिमंडल में हुए इस परिवर्तन ने यह सिद्ध कर दिया है कि भाजपा जैसी अनुशासित पार्टी भी जातिवाद के प्रकोप से मुक्त नहीं है। यह एक तरह से इस कड़वे तथ्य की भी स्वीकृति है कि जाति आवश्यकता पड़ने पर धर्म और संस्कृति से ज्यादा प्रभावी कारक की भूमिका निभा सकती है। यह हिंदुत्व की एकता और श्रेष्ठता सिद्ध करने वाले संगठन के लिए एक भयावह आत्मस्वीकृति है, लेकिन इसे शायद इसलिए फिलहाल स्वीकार कर लिया गया है कि यदि इसे इस सीमा तक स्वीकार करके भविष्य के लिए टाल न दिया जाता, तो संघ परिवार अगले कुछ महीनों में, जो अत्यंत महत्त्वपूर्ण कार्यक्रम हाथ में लेने जा रहा है, उस पर संगठन की पकड़ निश्चय ही छूट जाती। इसके बजाय भाजपा उसी तरह के यादवी संघर्ष में लिप्त रहती, जैसा जनता प्रयोगों के साथ आम है।

इस महामारी का पहला लक्षण तब सामने आया, जब पिछले महीने विश्व हिंदू परिषद और सहयोगी संगठन अयोध्या में मंदिर निर्माण के लिए निर्णायक युद्ध की भूमिका तैयार कर रहे थे। उस विवाद के दौरान ही उत्तर प्रदेश भाजपा विधायक दल के 28 विधायक प्रदेश अध्यक्ष कलराज मिश्र को एक ज्ञापन सौंपकर यह मांग कर रहे थे कि चूंकि वे कल्याण सिंह के नेतृत्व से प्रसन्न नहीं हैं, इसलिए पार्टी नेतृत्व अन्य काम छोड़कर तत्काल इस पर विचार करे। संघ के नेतृत्व के लिए इसका सबसे चिंताजनक पहलू यह था कि इस तरह की मांग करने वाले मंदिर निर्माण के प्रश्न को दूसरी प्राथमिकता में डाले हुए थे। मांग करने वाले विधायकों का अधिसंख्य उच्च जाति समूह से था तथा उनमें भी ब्राह्मण विधायकों की संख्या सर्वाधिक थी।

इस तरह की सुगबुगाहट तभी से प्रारंभ हो गई थी, जब पिछड़ी जाति के कल्याण सिंह को उतर प्रदेश का नेतृत्व सौंपा गया था। लेकिन इसकी उम्मीद शायद किसी को भी नहीं

थी कि यह सुगबुगाहट ऐसे समय में विद्रोह का रूप लेगी, जब संघ एक निर्णायक युद्ध की तैयारी कर रहा होगा। यानि एक तरफ केंद्र जब गंभीरता से विचार कर रहा हो कि सुप्रीम कोर्ट के आदेशों का पालन न करा पाने के कारण राज्य सरकार को बर्खास्त कर दिया जाए, तभी विधायक दल के एक वर्ग ने अपने ही मुख्यमंत्री के खिलाफ अभियान छेड़ रखा हो। ऐसी स्थिति की कल्पना जनता दल में तो की जा सकती थी, पर भाजपा में यह स्थिति उत्पन्न हो सकती है, ऐसा शायद ही किसी ने सोचा हो।

उत्तर प्रदेश मंत्रिमंडल में कुछ और ब्राह्मण मंत्रियों को शामिल करके संघ ने फिलहाल इस आग को मिट्टी से ढक तो जरूर दिया है, पर यह आग अभी बुझी नहीं है। इसे संघ भी समझ रहा है, पर तत्काल वह कुछ कर भी नहीं सकता, क्योंकि दीपावली से उसे मंदिर निर्माण का कार्य जोर-शोर से प्रारंभ कर देना है। उत्तर प्रदेश की सरकार मंदिर निर्माण के लिए बलि चढ़े यह तो संघ को प्रिय है, लेकिन आपसी फूट या जातिवादी कारणों से ऐसा हो जाए, यह संघ कभी नहीं चाहेगा। इससे तो संघ की भविष्य की राजनीति का सारा खेल ही बिगड़ जाएगा।

खेल इसलिए भी बिगड़ेगा, क्योंकि उत्तर प्रदेश की सरकार को एक महत्त्वपूर्ण प्रतीक के रूप में इस्तेमाल किया जाता रहा है। जब भी कानून-व्यवस्था या संविधान-सुप्रीम कोर्ट की बात आती है तो संघ नेतृत्व का तर्क होता है कि हमें यह जनादेश मिला है कि हम राम मंदिर का निर्माण करें। यह सबको पता है कि जनादेश सारे देश में नहीं मिला है। जिस जनादेश की बात संघ करता है, यदि उसे एक बार स्वीकार कर भी लें तो वह जनादेश सिर्फ उत्तर प्रदेश में मिला है। कल्याण सिंह मंत्रिमंडल इस जनादेश का परिणाम है। यह सरकार यदि राम मंदिर निर्माण का पथ प्रशस्त करते हुए शहीद होती है, तब तो संघ का तर्क और आगे जाता है, लेकिन यदि यह सरकार जातिवादी युद्ध में उलझकर रह जाती है, तो देश में हिंदू राज्य स्थापित करने के अंतिम लक्ष्य को प्राप्त करने के लिए संघ को अपनी अब तक की रणनीति त्याग कर पूरी तरह से नया रास्ता अपनाने के लिए बाध्य होना पड़ेगा। साथ ही, यह भी उजागर हो जाएगा कि यह जनादेश वास्तव में किन्हीं धर्म आस्थाओं के कारण नहीं, बल्कि संकीर्ण जाति-व्यवस्था के कारण मिला था।

यह सच है कि पिछले आम चुनाव में उत्तर प्रदेश की सवर्ण जातियों ने कांग्रेस, जद या सजपा का साथ छोड़कर बड़ी संख्या में भाजपा के पक्ष में मतदान किया था। यह भी सही है कि अयोध्या में राम मंदिर निर्माण के प्रश्न पर जद-सजपा की भूमिका से असहमति इसके पीछे एक बड़ा कारण थी। पर यही एकमात्र कारण था, जैसा कि संघ विश्वास करता है या चाहता है कि लोग विश्वास करें, यह सही नहीं है। इस तरह के मतदान के पीछे एक बड़ा कारण मंडल आयोग की रिपोर्ट को लागू करने का मसला भी था।

पिछड़ी जातियों को सरकारी नौकरी में अधिक आरक्षण देने के लिए विप्र सरकार द्वारा लागू किए गए मंडल आयोग ने सबसे ज्यादा उत्तर प्रदेश के जनमानस को झकझोरा था। इस प्रदेश में सवर्ण जाति न केवल सत्ता शिखर पर काबिज रही है, बल्कि संख्याबल में भी गरिष्ठ होने के कारण राजनीति में भी इनकी अपनी पुख्ता जमीन रही है। ऐसे राज्य भारत में कम हैं, जहां सवर्ण जातियां जनसंख्या में भी इतनी हों कि लोकतांत्रिक ढंग से पिछड़ी जातियों की चुनौतियों का मुकाबला कर सकें। उत्तर प्रदेश ऐसा ही राज्य है, इसलिए मंडल

आयोग की सिफारिशों का अन्य राज्यों की तरह प्रशासन और प्रभाव क्षेत्र में जमकर विरोध हुआ ही, लोकतांत्रिक ढांचे में भी इसका डटकर जवाब देने का निश्चय किया गया।

पिछले चुनाव से पहले तक, उत्तर प्रदेश में जातियों का चुनावी समीकरण कुछ इस प्रकार होता था। ब्राह्मण, हरिजन और मुसलमान कांग्रेस के साथ थोक भाव में रहते थे। आवश्यकतानुसार कभी राजपूत, कभी पिछड़ों में से कोई जाति और कभी व्यापारी वर्ग के लोग कांग्रेस का समर्थन करते रहते थे। भाजपा के साथ व्यापारी वर्ग के लोग स्थायीभाव से रहे। राजपूत, पिछड़ों में कुर्मी तथा लोध और एकाध क्षेत्र विशेष के ब्राह्मण भी अलग-अलग चुनावों में जनसंघ या भाजपा के साथ जुड़ते रहे। जाट तथा पिछड़ी जातियां हमेशा से कांग्रेस के विरुद्ध रहीं। चौधरी चरण सिंह के उदय के बाद से उनका और समाजवादियों का ध्रुवीकरण उसी पार्टी के साथ होता रहा, जिसके साथ उस समय गैर-कांग्रेसी प्लेटफार्म होता था।

पहली बार पिछले चुनाव में यह समीकरण पूरी तरह से गड़बड़ हो गया। कहा कुछ भी जाए, पर अयोध्या आंदोलन, रामशिला पूजन, शिलान्यास से लेकर अक्तूबर में कार सेवकों पर फायरिंग होने तक उतरप्रदेश का सवर्ण पूरी तरह से भाजपा के पक्ष में नहीं आया था। मंडल आयोग विरोधी आंदोलन को उकसाने तथा आग लगाने में कांग्रेसियों की भूमिका किसी से भी कम नहीं थी। चूंकि मंडल और आरक्षण विरोध के मामले में कांग्रेस और भाजपा एक ही धरातल पर खड़े थे, इसलिए सवर्ण मतदाता भी कमोबेश उसी धरातल पर था। दोनों के पक्ष में इन जातियों का समीकरण कुछ उसी प्रकार बना हुआ था, जैसा इससे पहले के आम चुनावों में हुआ करता था। स्थिति में परिवर्तन तब आया, जब राजीव गांधी ने मुलायम सिंह यादव की अल्पसंख्यक सरकार के समर्थन का निर्णय किया।

कांग्रेस के इस एक निर्णय ने सवर्ण मतदाताओं को पूरी तरह से झकझोरकर भाजपा की झोली में डाल दिया। हालांकि संघ ने इस घटना की यह व्याख्या प्रचारित की कि ऐसा कार सेवकों पर गोली चलाने वाले मुख्यमंत्री को समर्थन देने के कारण हुआ। राज्य का आम हिंदू मतदाता भाजपा की ओर अपनी रामभक्ति के कारण झुका, इसलिए यह मंदिर के पक्ष में जनादेश है। यह बात कुछ हद तक ही सही थी, संपूर्ण सच यह नहीं था। वास्तव में पिछड़ी जातियों के राजनीतिक उभार का एक लोकतांत्रिक ढंग से दिया गया यह मुहतोड़ जवाब था। करीब-करीब सारी सवर्ण जतियों के लोगों ने चुनाव को एक मुद्दे पर केंद्रित करके उन पार्टियों को बिल्कुल वोट नहीं दिया जो कहीं से भी मंडल के पक्ष में दीख रही थीं। जबकि पिछड़ी जातियों, दलितों और अल्पसंख्यकों के वोट जद, सजपा, बसपा और कांग्रेस में बंट गए। ब्राह्मणों ने पहली बार कांग्रेस को भारी झटका दिया।

इस चुनाव के बाद शासक दल के रूप में उभरी भाजपा के विधायकों में स्वाभाविक रूप से बड़ी संख्या सवर्ण जातियों के विधायकों की थी। उनमें भी ब्राह्मण विधायक सौ के करीब थे। इसके बावजूद संघ ने अपने राजनीतिक समीकरण को ध्यान में रखकर एक पिछड़े को मुख्यमंत्री बनाया। संघ को यह सिद्ध करना था कि यह सिर्फ कोई नया जातीय समीकरण नहीं है, जो उत्तर प्रदेश में जीता है। यह वास्तव में हिंदुत्व की जीत और मंदिर के पक्ष में जनादेश है। भाजपा और सवर्ण विधायकों ने भी शायद तब इसलिए इसे स्वीकार कर लिया क्योंकि उन्हें लगा कि यह एक संक्षिप्त और प्रतीकात्मक तदर्थवाद है, जिसे बाद में ठीक कर लिया जाएगा।

इस वर्ग को और झटका तब लगा, जब कल्याण सिंह ने अपने मंत्रिमंडल का गठन किया। एक तो इस मंत्रिमंडल में सवर्णों और खासतौर पर ब्राह्मणों को नगण्य प्रतिनिधित्व दिया गया। दूसरे, सारे महत्त्वपूर्ण विभाग पिछड़े वर्ग के उन मंत्रियों को दे दिए गए, जिन्हें कल्याण सिंह अपने करीब मानते थे। स्वाभाविक रूप से ये मंत्री पिछड़े वर्ग के थे। जाहिर है कि यह स्थिति ज्यादा समय तक उच्च जाति के विधायकों को सह्य नहीं थी। घूम-फिरकर वही मुलायम सिंह यादव का राज दोबारा उत्तर प्रदेश में वापस आ जाए, इसके लिए ऊंची जाति के लोगों ने सामूहिक रूप से अपनी राय इस तरह व्यक्त नहीं की थी।

सिंहद्वार निर्माण के प्रश्न पर जब संघ केंद्र और न्याय व्यवस्था से दो-चार करने का मूड बना रहा था, उस समय इस विवाद का सतह पर आ जाना निश्चय ही उसके अब तक के सारे प्रयासों पर पानी फेर देता। इसलिए मन मारकर कुछ इस तरह की लीपापोती की गई, जिससे सवर्ण जातियों का रोष भी कम होता दीख जाए तथा यह भी न लगे कि इस व्यवस्था में भी असंतुष्ट गतिविधियों की सुनवाई होती है। कल्याण सिंह मंत्रिमंडल में फेरबदल को यदि इसी संदर्भ में देखा जाए तो इस राजनीति को ठीक से समझा जा सकता है।

इसी दशहरा और दीवाली के बीच संघ को अपनी भविष्य की राजनीति को नई दिशा देने का फैसला कर लेना है। इस दौरान कोई भी इस तरह का नया विवाद न हो, इस परिवर्तन से सिर्फ इसी का इंतजाम किया गया है, इससे ज्यादा नहीं। हालांकि इस इंतजाम से संघ में प्रसन्नता नहीं होगी, क्योंकि यह मजबूरी है। इसलिए यदि मंदिर निर्माण के दौरान ही कल्याण सिंह सरकार की बलि चढ़ जाती है, तब तो फिर सब कुछ वैसा ही हो जाएगा, जैसा संघ के लिए अभीष्ट है। लेकिन यदि ऐसा नहीं होता है और फिर किसी गंभीर आंदोलन के बीच इस तरह की खुसफुसाहट चलती रहती है तो संघ को निश्चय ही कोई अंतिम फैसला करना पड़ेगा। धर्म और संस्कृति के ऊपर जाति हावी हो जाए, ऐसा कोई भी संदेश उभरकर सामने आए, यह संघ के लिए निश्चय ही काम्य नहीं है।

(27 अगस्त 1992, अमर उजाला)

सीआईए के बहाने आपसी उठा-पटक

'पांचजन्य' में यह प्रकाशित होना कि उत्तर प्रदेश के मुख्यमंत्री के सचिव सी.आई.ए. के एजेंट हैं, अपने आप में अत्यन्त महत्त्वपूर्ण घटना है। इसलिए नहीं कि इतने वरिष्ठ और महत्त्वपूर्ण पद पर प्रतिष्ठित सरकारी अधिकारी पर देशद्रोह का आरोप लगा है। इसलिए कि इससे यह पता चलता है कि भाजपा-आर.एस.एस के भीतर की आपसी गुटबंदी अब किस सीमा तक पहुंच गई है। 'पांचजन्य' कोई आमफहम चलताऊ पत्र नहीं है। यह आर.एस.एस. का मुख पत्र है। इसमें प्रकाशित विचार हिन्दुत्व की समग्र राजनीति के दिशा सूचक होते हैं।

उसी तरह नृपेन्द्र कोई साधारण सरकारी अधिकारी नहीं हैं। वे उत्तर प्रदेश जैसे महत्त्वपूर्ण राज्य के प्रथम भाजपा मुख्यमंत्री के अत्यन्त विश्वस्त निकटतस्थ अधिकारी हैं। मुख्यमंत्री कल्याण सिंह अपने अधिकांश महत्त्वपूर्ण नीति निर्णयों के लिए नृपेन्द्र मिश्र पर ही निर्भर करते है। इसलिए इस पूरे घटनाक्रम को भाजपा-आर.एस.एस. राजनीति में बहुत नीचे स्तर पर किए गए षड्यंत्र का रूप देकर खारिज नहीं किया जा सकता जैसी कि चेष्टा कि जा रही है।

इस समाचार के प्रकाशित होने के बाद का घटनाक्रम वस्तुतः एक लीपापोती है जो इस अर्थ में असफल है कि सारी कोशिशों के बावजूद यह तथ्य पूरी तौर से सतह पर आ गया है कि उत्तर प्रदेश में न केवल मंत्री परिषद और पार्टी बुरी तरह से विभाजित है, बल्कि इसने अपने चपेट में अब सरकार, पुलिस प्रशासन तथा नौकरशाही को भी ले लिया है। इस आपसी सिर फुटव्वल को जितना ढकने-दबाने की कोशिश की जा रही है, वह उतना ही विकट रूप से सामने आता जा रहा है।

ऐसा नहीं कि यह आपसी लड़ाई सिर्फ प्रदेश तक ही सीमित है। इस उठा-पटक में केंद्रीय स्तर के बड़े नेता भी शामिल हैं या कम-से-कम उनके समर्थक उनका नाम लेकर इस झगड़े को आगे तो बढ़ा ही रहे हैं। भले ही सक्रिय रूप से कोई वरिष्ठ भाजपा नेता इसमें प्रत्यक्ष शामिल न हो। 'पांचजन्य' साप्ताहिक का इस विवाद में कूद पड़ना इस बात की दोबारा पुष्टि करता है कि वरिष्ठ भाजपा नेताओं की आपसी खींचतान अब गंभीर रूप लेती जा रही है।

अन्य अनेक राजनीतिक दलों की तरह भाजपा में भी हर स्तर पर नेताओं में एक आपसी प्रतिस्पर्धा है। भाजपा अनुशासन के नाम पर अक्सर इसे अनदेखी करने की कोशिश करती है। भाजपा ने अपनी छवि कुछ ऐसी बना रखी है कि उसमें स्वस्थ प्रतिद्वंद्विता की गुंजाइश नहीं बचती। फिर भी, करीब-करीब हर राज्य से इस तरह की खींचतान की खबर छन-छनकर आती ही रहती है। मसलन, राजस्थान में शेखावत बनाम चतुर्वेदी और भाभड़ा, मध्य प्रदेश

में पटवा बनाम जोशी, हिमाचल में शांताकुमार बनाम जगदेव चंद या उत्तर प्रदेश में कल्याण सिंह बनाम कलराज मिश्र की तरह के विवाद पुराने हैं। एक हद तक इन्हें आम स्वीकृति भी मिली हुई है। भाजपा की केंद्रीय राजनीति में कभी बाजपेई बनाम आडवाणी की चर्चा होती थी। तो इन दिनों आडवाणी बनाम मुरली मनोहर जोशी विवाद की चर्चा आम है।

इस सबके बावजूद भाजपा के नेताओं की आपसी लड़ाई का स्तर काफी हद तक शालीन रहा है। या यों ही कहें कि थोड़े दिनों पहले तक तो रहा ही है। अब जरूर हालात बदले हैं। षड्यंत्र और कुटिलता से भरपूर छिछले स्तर की जनतादलीय व्यक्तिवादी प्रतिस्पर्धा का भाजपा में पहला नमूना देखने को तब मिला, जब पटवा और उमा भारती में ठनी। आरोपों-प्रत्यारोपों का ऐसा घटिया सिलसिला चला कि मूल लोकदली भी शरमा जाएं। भाजपा में इस स्तर की सार्वजनिक लड़ाई तब पहली बार देखी गई थी। थोड़े ही दिन बाद यह झगड़ा और भी वीभत्स रूप में गोविंदाचार्य-उमा भारती प्रकरण के रूप में सामने आया। चरित्र हनन के किस घटिया स्तर पर उतरकर भाजपा के नेता एक-दूसरे पर आरोप-प्रत्यारोप लगा सकते हैं, इसका निकृष्टतम उदाहरण था—गोविंदाचार्य विवाद। भाजपा की अहमदाबाद बैठक में इस प्रश्न पर गहराई से मंथन हुआ और आर.एस.एस के विरष्ठ नेताओं के सक्रिय हस्तक्षेप से स्थिति सम्भल गई। हालांकि आपसी लड़ाई में कोई कमी नहीं आई, लेकिन उसका सार्वजनिक चेहरा उतना कुरूप नहीं रहा।

उत्तर प्रदेश भाजपा की आपसी उठा-पठक समय-समय पर कई रूप से सामने आती रही है। इस खींचतान के पहलू भी कई हैं। एक इसका शुद्ध जातिवादी चेहरा, जिसे प्रत्यक्ष रूप से स्वीकार करने में भाजपा नेतृत्व को हमेशा झिझक रही है। यह स्वाभाविक भी है, क्योंकि जाति-पांति से समाज को तोड़ने वालों के विरुद्ध सांस्कृतिक हथियार उठाने का इनका वादा भी है। अब यदि इसी पार्टी के राष्ट्रीय अध्यक्ष जातिवादी कारणों से अपने ही पार्टी के मुख्यमंत्री के विरुद्ध षड्यंत्र में शामिल हो जाएं तो पार्टी के राजनीतिक दर्शन का आखिर क्या होगा, लेकिन सचाई यही है।

एक पिछड़े मुख्यमंत्री के खिलाफ सवर्ण राजनीतिज्ञों का आक्रोश अब इस सीमा तक पहुंच गया है कि उसे अपदस्थ करने के लिए ये किसी भी हद तक जाने को तैयार हैं। इसके लिए भले ही देशद्रोह का आरोप लगाने वाली चरित्र हत्या की राजनीति ही क्यों न करनी पड़े। इसलिए यह कहने का कोई अर्थ नहीं है कि 'पांचजन्य' के संपादक तरुण विजय छुट्टी पर थे या उस पत्र के प्रमुख सलाहार भानुप्रताप शुक्ल विदेश-यात्रा पर थे और इसका लाभ उठाते हुए षड्यंत्रकारियों ने ऐसा आरोप 'पांचजन्य' जैसी पत्रिका में प्रकाशित करा दिया। प्रकाशन की वास्तविक घटना का महत्त्व उतना ज्यादा नहीं है, जितना इस बात का कि पार्टी और संगठन में ऐसा माहौल बना कैसे कि आर.एस.एस के मुखपत्र में अपने ही लोगों के विरुद्ध कुत्सा इतनी प्रमुखता से स्थान पा जाती है। क्या इस माहौल को बनाने में उनकी कोई सक्रिय भूमिका नहीं है, जो दफ्तर में नहीं थे या विदेश गए थे या वे जो पार्टी मुख्यालय में बैठकर राजनीति का संचालन कर रहे थे।

महत्त्व इसीलिए उस समाचार की सत्यता या असत्यता का भी नहीं है। अपने देश में किसी भी व्यक्ति की चरित्र हत्या का सबसे आसान तरीका रहा है कि उसे सी.आई.ए. का एजेंट घोषित कर दिया जाए। यदि वह व्यक्ति किसी गोरी चमड़ी वाले के साथ किसी सार्वजनिक

स्थल पर देखा गया हो, तब तो इस आरोप की प्रमाणिकता में कोई संदेह ही नहीं रहता था, लेकिन यह कम्युनिस्टों और कांग्रेसी वामपंथियों का विशेषाधिकार रहा है। भाजपा जैसी पार्टियों के लिए देशद्रोह का अर्थ कुछ और ही होता रहा है। इसलिए यह घटनाक्रम थोड़ा आश्चर्य अवश्य पैदा करता है, लेकिन जैसे-जैसे इस कथा की तह में प्रवेश करना प्रारंभ करेंगे, यह हास्यास्पद आरोप अपने आप बिखरकर समाप्त हो जाएगा। सी.बी.आई. की जांच हो या न हो, नृपेन्द्र मिश्र सी.आई.ए. के एजेंट प्रमाणित होने वाले नहीं है, इसलिए यह बात थोड़े ही दिनों में आई-गई हो जाएगी।

जो बात इतनी आसानी से समाप्त होने वाली नही है, वह है—उत्तर प्रदेश प्रशासन का राजनैतिक ध्रुवीकरण। यदि इस बात में सचाई है कि इस तरह के आरोप को वास्तविक दिखने के लिए प्रशासन के उच्च पदस्थ अधिकारियों ने षड्यंत्र किया है, तो वह निश्चय ही ज्यादा चिंता की बात है। मामला सिर्फ यदि एक एस.एस.पी. का होता तो भी गनीमत थी लेकिन इसकी जद में तो उत्तर प्रदेश पुलिस के महानिदेशक भी आ रहे हैं। षड्यंत्र सिद्धांत को प्रतिपादित करने वालों का कहना है कि जिस एस.एस.पी. ने खुर्जा से नृपेन्द्र मिश्र के विरुद्ध रपट दी थी, वही व्यक्ति जब वाराणसी पहुंचा तो उसने वहां से भी वैसी ही रपट दी और यह पुलिस अधिकारी पुलिस महानिदेशक का बहुत ही करीबी माना जाता है। अगर यह सच है तो यह केवल कल्याण सिंह की चिंता का कारण ही नहीं, यह सबके लिए चिंता का विषय है, क्योंकि प्रशासन यदि इस सीमा तक राजनीतिज्ञों की आपसी लड़ाई में सहभागी होने लगे, तो फिर अपनी लुंजपुंज व्यवस्था को बिखरते कितनी देर लगेगी।

दूसरी तरफ, नृपेन्द्र मिश्र विरोधी अफसर गुट ने यह षड्यंत्र किया या नहीं, यह अपनी जगह है, लेकिन वह गुट जिस भाषा में बात कर रहा है वह अपने आप में कम चिंता का विषय नहीं है। अफसरों का यह गुट राजनीतिज्ञों की भाषा बोलने लगा है। कल्याण सिंह पर यह आरोप इन दिनों आम है कि वे भले ही भ्रष्ट नहीं हों, लेकिन उनके परिवार ने अतरौली और अलीगढ़ में जो तूफान मचा रखा है, बिना देखे उस पर विश्वास नहीं किया जा सकता। कांग्रेसी जमाने के सारे अवगुण इस सरकार में भी आ गए हैं। तबादला और पोस्टिंग राज्य के बृहत्तम उद्योग बने हुए हैं। जातिवाद चरम पर है। भ्रष्टाचार, निकम्मापन और अनिर्णय से उपजी धांधली का राज इन दिनों चल रहा है।

मुख्यमंत्री या तो इन बातों से वाकिफ नहीं हैं या जान-बूझकर इस ओर से आंखें मूंदे हुए हैं। नृपेन्द्र मिश्र, संजय अग्रवाल, बी.के. सक्सेना तथा प्रभात कुमार की अफसर चौकड़ी ने कल्याण सिंह को कुछ इस तरह घेर रखा है कि अच्छे लोग मुख्यमंत्री के पास पहुंच भी नहीं पा रहे हैं। कहा जा रहा है कि यही कारण है कि राज्य में संकट गहराता जा रहा है, जबकि मुख्यमंत्री इन अफसरों की सलाह पर राज्य का तूफानी दौरा करके शिलान्यासों की झड़ी लगाए दें रहे हैं। यह सब इन अफसरों की सलाह पर हो रहा है। ध्यान दें कि ये वही लोग हैं, जिन्होंने मुलायम सिंह यादव को टकराव के रास्ते ले जाकर पतन के गर्त में पहुंचाया था। अब इन्हीं की सलाह पर मुख्यमंत्री ने दौरों का चुनाव पूर्व माहौल बना डाला है, जो निश्चय ही केंद्रीय नेतृत्व की इच्छा के विरुद्ध किया जा रहा है।

बहरहाल, यह सच है या नहीं कि मुख्यमंत्री के सचिव सी.आई.ए. के एजेंट हैं या नहीं या यह कि इस झूठे समाचार को अफसरों के एक वर्ग ने प्रमुख भाजपा नेताओं के सहयोग

से समाचार पत्रों से प्रकाशित कराया है या नहीं या यह कि मुख्यमंत्री भ्रष्ट अफसरों की चौकड़ी से घिरकर भ्रष्टाचार की ओर से आंखें मुंदे हुए है, यह सब धीरे-धीरे उभरकर सामने आ जाएगा। इस तरह की बातें बहुत दिनों तक छुपाई नहीं जा सकतीं। यह अवश्य सच है कि भाजपा न केवल उत्तर प्रदेश में, बल्कि केंद्रीय स्तर पर भी इस हद तक विभाजित है कि अपनी लड़ाई को अब छुपाने की आवश्यकता भी महसूस नहीं करती। यह भी सच है कि अपनी इस लड़ाई में दोनों गुट उत्तर प्रदेश जैसे सांप्रदायिक रूप से संवेदनशील राज्य में अपने ही प्रशासन को बांटकर एक-दूसरे से लड़ाने में नहीं हिचकेंगे।

अक्टूबर अंत तक राम मंदिर का आन्दोलन और गर्म होगा। एक तरफ शरद यादव का मंडल रथ चल रहा है, तो दूसरी ओर मुलायम सिंह यादव नए सिरे से राज्य में अपनी जड़ें जमाने का यत्न कर रहे हैं। नारायण दत्त तिवारी अपनी विकास यात्रा पर हैं तो दूसरा गुट कलियर शरीफ पर चादर चढ़ाकर उसी का राजनीतिक लाभ लूटने में लगा हुआ है। माहौल बता रहा है कि जाड़े के मौसम में आग बरसेगी। इन परिस्थिति में यदि मुख्यमंत्री और नागरिक तथा पुलिस प्रशासन एक-दूसरे को नीचा दिखाने की राजनीति में लगे रहे तो उत्तर प्रदेश का ऊपर वाला ही मालिक है।

(24 सितंबर 1992, अमर उजाला)

जोड़ी अनोखी, मेल अनूठा

अन्ना द्रमुक-कांग्रेस गठबंधन टूटने से ज्यादा बड़ी खबर है—अन्ना द्रमुक-भाजपा का समझौता। सन् 67 के बाद से ही कांग्रेस कभी द्रमुक से, तो कभी अन्ना द्रमुक से चुनावी समझौता करके राजनीति चलाती रही है। शुद्ध सत्ता के समीकरण को आधार बनाकर कांग्रेस कभी एक द्रविड़ पार्टी के साथ चुनाव लड़ती थी, तो कभी दूसरी द्रविड़ पार्टी के साथ। जब भी कांग्रेस ने साहस करके अलग से अपनी राजनैतिक दुकान जमाने की कोशिश की, वह विफल रही। राजीव गांधी के जमाने में भी अकेले लड़कर चुनाव में उन्हें जीत नसीब नहीं हुई।

दोनों द्रविड़ पार्टियों की भी कमोबेश यही स्थिति रही। बिना राष्ट्रीय राजनीति की मुख्य धारा से जुड़े इनमें से भी किसी एक के लिए चुनावी राजनीति में सफल होना संभव नहीं रहा। बाद में तो यह पैटर्न ही बन गया कि यदि कांग्रेस के साथ अन्ना द्रमुक का गठबंधन है तो द्रमुक को उस राष्ट्रीय राजनैतिक गठबंधन के साथ जाना ही है, जिसके साथ राष्ट्रीय स्तर पर कांग्रेस का राजनैतिक मुकाबला हो रहा है। या फिर उसका एकदम उलटा। इसलिए आश्चर्य यह नहीं कि जयललिता ने कांग्रेस के साथ संबंध विच्छेद कर लिया, बल्कि यह है कि जयललिता ने अपने नए साथी के रूप में भाजपा को चुना।

इसके दो निष्कर्ष निकाले जा सकते हैं। एक, राष्ट्रीय राजनीति के पटल पर भाजपा ही कांग्रेस की एकमात्र विकल्प पार्टी के रूप में उपलब्ध है, इसलिए परंपरा के अनुसार जयललिता को स्वाभाविक ही भाजपा के साथ गठबंधन कर लेना चाहिए। दूसरा, जयललिता के सामने दो विकल्प थे—एक तरफ रामो-वामो गठबंधन और दूसरी भाजपा। चूंकि रामो-वामो द्रमुक के साथ हैं इसलिए जयललिता के सामने भाजपा के साथ जाने के अतिरिक्त कोई विकल्प ही नहीं था। इस मजबूरी को समझते हुए भी यह मानना पड़ेगा कि जयललिता का यह निर्णय इस दृष्टि से ऐतिहासिक है कि उसने समाज और राजनीति के दो सर्वथा विपरीत ध्रुवों को एक करने की कोशिश की है।

पहली बार द्रविड़ राजनीति की धारा बिल्कुल उलटने की कोशिश की जा रही है। अन्ना द्रमुक और भाजपा में राजनैतिक अवसरवादिता के अलावा कहीं किसी और मुद्दे पर दूर-दूर तक किसी भी प्रकार की समानता नहीं है, उलटे दोनों में ऐसा विरोध है कि राजनैतिक अवसरवादिता भी भेद की उस गहरी खाई को नहीं पाट सकती।

भाजपा आज भले ही 'हिंदी, हिंदू, हिंदुस्तान' के नारे से प्रत्यक्ष रूप से अलग दिखने की कोशिश करती रहे, पर सच यही है कि आज भी उसकी राजनीति का प्रेरक तत्व यही नारा है। उधर, द्रविड़ राजनीति का बीज इस नारे के विरोध में छिपा है। यह नहीं भूलना चाहिए कि चाहे द्रमुक हो या अन्ना द्रमुक, या फिर पीएमके ही क्यों न हो, इन सारी पार्टियों

की राजनीतिक जड़ें उस सांस्कृतिक-सामाजिक भूमि से ही प्राणतत्व ग्रहण करती हैं जो रामास्वामी नायकर की द्रविड़ जमीन में है। इस राजनीति का हमेशा से ही उत्तर विरोध, हिंदी विरोध, ब्राह्मण विरोध और राम विरोध मुख्य आधार रहा है।

भारतीय जनता पार्टी का आज जो भी राजनैतिक आधार है, वह उन्हीं तत्वों पर टिका हुआ है जिनके विरोध की राजनीति करके जयललिता आज यहां तक पहुंची हैं। भाजपा की राजनीति के मूल में राम है जबकि रामद्रोह की राजनीति ये न करें तो अपने समर्थकों को साथ रखना इनके लिए कठिन हो जाएगा। भाजपा की राजनीति को परिचालित करने वाले संत-महंत वर्णाश्रम धर्म की श्रेष्ठता में न केवल विश्वास करते हैं बल्कि यदि कभी सत्ता प्राप्त हुई तो इस व्यवस्था को लागू करने का आश्वासन भी देते हैं जबकि द्रविड़ राजनीति का आधार ही है घोर ब्राह्मण विरोध और दलितों-पिछड़ों को सामाजिक आरक्षण। क्या जयललिता अपने उन समर्थकों को भाजपा के पक्ष में ला पाएंगी, जिन्हें अब तक घृणा की अफीम पर पाला गया है?

इस विचित्र राजनैतिक गठबंधन की परिणति पर नजर रखना बहुत जरूरी है क्योंकि यह कुछ वैसा ही गठबंधन है, जैसा कल्पना कीजिए कि कल राष्ट्रीय स्वयंसेवक संघ और जमायत-ए-इस्लामी के बीच हो जाए।

(31 मार्च 1993, मतांतर इंडिया टुडे)

फायदा भाजपा को ही मिलेगा

भ्रष्टाचार फिर एक बार भारतीय राजनीति के केंद्र में आ बैठा है—इस तथ्य को स्वीकार करने में बहुतों को कठिनाई होगी क्योंकि बार-बार यह कहा जाता रहा है कि भ्रष्टाचार अपने आप में कोई मुद्दा नहीं है। सच तो यह है कि मर्यादित भ्रष्टाचार लोकतंत्र को सुचारू रूप से चलाने के लिए उसी तरह आवश्यक है जिस तरह एक मशीन को ठीक से चलाने के लिए उसके पुर्जों में समय-समय पर चिकनाई डालते रहना। भ्रष्टाचार के विरुद्ध एक निर्णायक मत देने के बाद लोग इस तर्क को एक हद तक स्वीकार भी करते हैं। भ्रष्टाचार मिटाने के लिए तूफान खड़ा करने के बाद जब सामान्य स्थिति लौटती है, तो लोग धीरे-धीरे भ्रष्टाचार को एक अनिवार्य बुराई के रूप में मान्यता भी देने लगते हैं।

और भ्रष्टाचार को लोकतंत्र के लिए अनिवार्य बुराई मानने वाला वर्ग हर उस तूफान के बाद यह आशा संजो लेता है कि लोग इस उजाड़खेड़ से सबक लेंगे और भविष्य में तूफान नहीं खड़ा करेंगे। बहस फिर समाजवाद बनाम पूंजीवाद, बाजार निरपेक्ष बनाम बाजाराश्रित अर्थनीति तथा धर्मनिरपेक्षता एवं छद्म धर्मनिरपेक्षता के बीच छिड़ जाती है। यह बात सन् 75 में गलत सिद्ध हुई, सन् 89 में गलत साबित हुई और इस प्रक्रिया का प्रारंभ सन् 93 में हो गया है। चुनाव जब भी हो, यह तय है कि भ्रष्टाचार एक बार फिर केंद्रीय मुद्दा बनेगा। अगला चुनाव फिर एक बार छवि को आधार बनाकर ही लड़ा जाएगा।

इसलिए इसका कोई अर्थ नहीं है कि जनमत संग्रह में कितने प्रतिशत लोग हर्षद मेहता की बात का भरोसा करते हैं और कितने नरसिंह राव की बात का। चिंता की बात यह नहीं है कि एक हर्षद मेहता एक प्रधानमंत्री पर सीधा आरोप लगाता है कि उसने अपने हाथों प्रधानमंत्री को पैसा दिया है। चिंता की बात यह है कि लोग इस आरोप को विचार का विषय बनाते हैं। अधिकांश साधारण नागरिकों की प्रतिक्रिया है कि यह बात विश्वसनीय नहीं लगती कि प्रधानमंत्री के पद पर बैठा व्यक्ति एक करोड़ जैसी साधारण रकम एक ऐसे व्यक्ति से लेगा जिस पर 5000 करोड़ रुपए के घपले का आरोप है। इस प्रतिक्रिया का एक अर्थ यह निकाला जा सकता है कि लोगों को हर्षद से ज्यादा प्रधानमंत्री की बात पर भरोसा है। जो लोग इसे जनमत मान रहे हैं वे अपने बारे में कितना बड़ा भ्रम पाले हुए हैं, इसका अंदाजा उन्हें तब होगा जब सचमुच जनादेश का वक्त आएगा।

सन् 91 के चुनाव में बोफोर्स कोई मुद्दा नहीं रहा था। यह बात सिर्फ सतह पर ही सच है क्योंकि इस मुद्दे पर आम जनता अपनी राय सन् 89 में दे चुकी थी और सन् 91 में उसके सामने कुछ अन्य महत्त्वपूर्ण मुद्दे थे। इसका अर्थ यह नहीं हुआ कि जनता ने अपनी 89 की राय को 91 में उलट दिया था। सच तो यह है कि मुद्दों की प्राथमिकता बदली

थी, उनका महत्त्व नहीं। इस तथ्य को आज सिर्फ भारतीय जनता पार्टी ने ठीक से समझा है। जितनी बार कांग्रेस यह कहती है कि हर्षद प्रकरण भाजपा का षड्यंत्र है और इसका जवाब हम राजनैतिक रूप से देंगे, भाजपा का नेतृत्व उतना ही पुलकित होता है क्योंकि भाजपा भी इन्हीं शर्तों पर खेलना चाहती है। उसे पता है कि इन शर्तों पर तो उससे कोई बाजी जीत ही नहीं सकता जबकि कांग्रेस अपने भ्रष्टाचार के पाप को आर्थिक उदारता और नई अर्थनीति की सीमित सफलता के आवरण में ढककर बच निकलना चाहती है। राष्ट्रीय मोर्चा का असमंजस कोई नया नहीं है क्योंकि उनके सामने बड़ा खतरा भाजपा है, न कि नरसिंह राव का दिन दूना-रात चौगुना अलोकप्रिय होते जाना। यह मोर्चा राव सरकार के बारे में तत्काल कोई निर्णय लेता है तो इसका राजनैतिक लाभ भाजपा को मिलेगा। निर्णय में देरी होती है और मोर्चा भी कांग्रेस की गति से ही इसे घिसटने देना चाहता है, तब भी लाभ भाजपा को होगा क्योंकि यह मोर्चा न तो निकटगामी राजनीति के लिए है और न कोई दूरगामी राजनीति की योजना उनके पास है। भाजपा राम का यथोचित उपयोग कर चुकी है और जैसे संकेत मिल रहे हैं, अब राम जी प्रकटतः तभी राजनीति में आगे लाए जाएंगे जब भ्रष्टाचार को केंद्र बनाकर छेड़ी गई राजनीति का पूरा उपयोग हो चुका होगा।

(15 जुलाई 1993, मतांतर, इंडिया टुडे)

भाजपा पूरी तरह आश्वस्त नहीं

जनता दल में एकता के बावजूद आम मतदाताओं के मन में इसके प्रति कोई उत्साह नहीं है। प्रकारांतर से यह कहा जा सकता है कि उत्तरी भारत में जिसे तीसरी राजनीतिक शक्ति कह सकते हैं वह लोगों के मन में आशा का संचार नहीं कर पा रही है। कांग्रेस की और दुर्दशा है। इस पार्टी ने केंद्र में एक स्थाई सरकार जरूर दी है, पर नरसिंह राव का नेतृत्व कुछ ऐसा अनुत्साहवर्धक है कि कांग्रेस दक्षिण भारत की उन सीटों पर चुनाव हार गई है, जहां अरसे से उसका कब्जा था। इस नेतृत्व के तहत पार्टी कोई चमत्कारिक प्रदर्शन कर पाएगी, ऐसी आशा शायद ही कोई कर सकता है। दिल्ली और मिजोरम के अतिरिक्त जिन चार राज्यों में विधानसभाओं के चुनाव हो रहे हैं, उन चारों राज्यों में भारतीय जनता पार्टी की सरकार थी। इस पार्टी का दावा है कि उन सरकारों को अन्यायपूर्ण ढंग से बर्खास्त किया गया, जिसके प्रति जनता के मन में रोष है। अयोध्या में राम मंदिर के जिस मुद्‌दे को आधार बनाकर वे राज्य सरकारें बर्खास्त की गईं, उसके बारे में तो इनका दावा है कि लोगों के मन में सहानुभूति का ज्वार उमड़ा पड़ रहा है। जनादेश यात्राओं के बाद पार्टी अध्यक्ष लालकृष्ण आडवाणी और विहिप की ओर से अशोक सिंघल घोषित कर चुके हैं कि भाजपा सिर्फ एक मुद्‌दे को आधार बनाकर चुनाव लड़ेगी। वह मुद्‌दा होगा–अयोध्या में उसी स्थान पर राम मंदिर का निर्माण। यही नहीं, यह भी घोषित किया गया है कि यह चुनाव साधारण चुनाव नहीं, बल्कि राम मंदिर पर जनमत गणना होंगे।

इतनी सारी बातें भारतीय जनता पार्टी के पक्ष में हैं, पर आश्चर्य की बात यह है कि पार्टी के अंदरूनी क्षेत्र में लोगों के मन में यह विश्वास गहरा नहीं है कि पार्टी चारों राज्यों में चुनाव जीत ही जाएगी। यह कोई भाजपा विरोधी दुष्प्रचार का अंग नहीं है न ही यह कोरी अटकलबाजी है। इसका आधार भाजपा का अपना अंदरूनी आकलन है। जनादेश यात्राओं की भोपाल में समाप्ति के बाद वरिष्ठ नेताओं ने अपने-अपने अनुभवों के आधार पर जो निष्कर्ष प्रस्तुत किए, उनके अनुसार भाजपा के सामने कठिन लड़ाई है। चार पूर्व भाजपा शासित राज्यों और दिल्ली में से किसी एक राज्य में भी पार्टी आसान जीत का दावा कर पाने की स्थिति में नहीं है। बताते हैं कि पार्टी अध्यक्ष आडवाणी ने तो स्पष्ट शब्दों में कहा कि विपक्षी पार्टियों की शक्ति को कम करके आंकने के भारी खतरे हैं, इसलिए पार्टी कार्यकर्ताओं तक यह संदेश नहीं पहुंचना चाहिए कि हमारी पार्टी बड़ी आसानी से चुनाव जीत जाएगी। कहने को भले ही इसे राम मंदिर पर जनादेश प्राप्त करने का चुनाव

कहते रहें, पर वास्तव में भाजपा की भंग राज्य सरकार भी कसौटी पर है। भाजपा को सबसे ज्यादा चिंता दिल्ली, हिमाचल प्रदेश और राजस्थान के बारे में है।

अगर पिछले लोकसभा चुनाव के आंकड़ों को आधार बनाया जाए तो भारतीय जनता पार्टी को मध्य प्रदेश, राजस्थान, दिल्ली और हिमाचल इन चार राज्यों में बहुमत नहीं मिलना चाहिए। पर चुनाव सिर्फ आंकड़ों के आधार पर न लड़े जाते हैं और न ही सिर्फ पिछले आंकड़ों के आधार पर चुनाव परिणाम प्रभावित होते हैं। फिर, एक अन्य महत्त्वपूर्ण बात वह हुई है कि पिछले लोकसभा चुनाव और आगामी विधानसभा चुनावों के बीच अयोध्या में बाबरी मस्जिद की इमारत गिरा दी गई है। इस एक घटना ने सारे अंकगणित के समीकरणों को गड़बड़ा दिया है। फिर भी, भाजपा को विश्वास नहीं हो रहा है कि उसकी इन राज्यों में आसान जीत हो रही है, तो इसके पीछे क्या कारण है?

सबसे पहले दिल्ली को लें। पिछले दस वर्षों में यानी दिल्ली में स्थानीय स्तर के अंतिम चुनाव जब हुए थे, तब से अब तक दिल्ली का चेहरा बड़े पैमाने पर बदला है। पहले दिल्ली यहां के मूल निवासियों तथा पंजाबी शरणार्थियों का शहर था। भाजपा और इससे पहले जनसंघ मूलतः पंजाबी शरणार्थियों की पार्टी थी। यही कारण है कि इस पार्टी का वर्तमान नेतृत्व करीब-करीब पूरा ही इसी वर्ग का प्रतिनिधित्व करता है जबकि इस बीच दिल्ली में न केवल पश्चिमी उत्तर प्रदेश और हरियाणा के जाटों-गूजरों का प्रभाव बढ़ा है बल्कि बड़े पैमाने पर बिहारी, बंगाली तथा पूर्वी उत्तर प्रदेश के लोग भी आकर बस गए हैं। लोकसभा चुनावों के स्तर पर भले ही इसका प्रभाव इतने स्पष्ट रूप से न दिखाई पड़े, पर स्थानीय स्तर के चुनावों पर इसका व्यापक असर पड़ेगा, इसमें कोई संदेह नहीं है। पिछले लोकसभा चुनाव में कम-से-कम पूर्वी दिल्ली संसदीय सीट पर इस नए समीकरण का स्पष्ट प्रभाव दिखाई पड़ा, जब जनता दल के रामवीर सिंह बिधूड़ी को अप्रत्याशित रूप से इतने ज्यादा वोट मिल गए। ऐसा नहीं कि दिल्ली की इस नई जनसंख्या में भाजपा का प्रभाव नहीं है और ये सारे नए मतदाता कांग्रेस या जद-सपा-बसपा आदि पार्टियों के साथ ही हैं। भाजपा की समस्या यह है कि उसका स्थानीय नेतृत्व इस परिवर्तित जनाधार को दूर-दूर तक प्रतिबिंबित नहीं करता। खुराना, मल्होत्रा, कोहली आदि नेता सिर्फ एक वर्ग का प्रतिनिधित्व करते हैं, जो दिल्ली की आबादी में अब धीरे-धीरे अल्पसंख्यक होते जा रहे हैं। भाजपा में अंदरूनी दबाव कुछ इस प्रकार का है कि इस समस्या को समझते हुए भी वह वर्तमान नेतृत्व से छुटकारा पाने की स्थिति में शायद नहीं है। यही कारण है कि भाजपा की प्राथमिक सूची में मदन लाल खुराना और विजय कुमार मल्होत्रा का नाम डालना पड़ा। यानी एक अप्रत्यक्ष आश्वासन कि यदि भाजपा जीतती है तो खुराना या मल्होत्रा में से किसी एक को मुख्यमंत्री बनाया जाएगा। इस तरह का संदेश उन सारे नए मतदाताओं को भाजपा से विमुख करेगा, जो उस वर्ग विशेष से नहीं हैं जिससे ये नेता आते हैं। यह नया मतदाता वर्ग अनेक स्थानों पर, खासतौर से बाहरी और पूर्वी दिल्ली क्षेत्र में संघर्ष को तिकोना बनाएगा, पर इसके बावजूद इसका लाभ कांग्रेस को ज्यादा मिलेगा, क्योंकि बंटवारा उन्हीं मतों का होगा, जो मूलतः विपक्ष के हैं।

हिमाचल में कठिनाई इनकी पिछली सरकार के कारण है। वैसे भी हिमाचल राजनीतिक रूप से ध्रुवीकृत प्रदेश है, जहां कांग्रेस और भाजपा आमतौर पर बराबरी की स्थिति में हैं। पांच प्रतिशत मतों का इधर से उधर होने का मतलब होगा कि इन दोनों में से किसी एक

दल को स्पष्ट बहुमत मिल जाएगा। भारतीय जनता पार्टी की सबसे बड़ी परेशानी है वहां के सरकारी कर्मचारी। सरकारी कर्मचारियों की हड़ताल को जिस बेदर्दी से शांताकुमार की सरकार ने कुचला था, उसका तत्काल प्रभाव तो शिमला नगर पालिका के चुनाव में ही देखने को मिल गया था जब भाजपा को एक भी सीट नहीं मिली। इसके बावजूद सरकारी कर्मचारियों का रोष अभी घटा है, इसके कोई संकेत नहीं मिल रहे हैं। राष्ट्रपति शासन के दौरान इच्छानुसार तबादले कराके कांग्रेस ने थोड़ी बढ़त और हासिल की है। इसके अलावा सेब के बड़े किसानों की लॉबी भी भाजपा के विरुद्ध हाथ धोकर पड़ी हुई है। हालांकि कांग्रेस में आपसी लड़ाई काफी तीव्र है, पर कांग्रेस की विशेषता है कि इस पार्टी में अंतर्कलह नेताओं और उनके अत्यंत निकटवर्ती लोगों तक ही सीमित रहती है। टिकट पाने के स्तर तक जमकर महाभारत होता है, पर एक बार चुनाव का डंका बज जाने के बाद इसके प्रतिबद्ध मतदाताओं के मन में कोई विशेष विभ्रम नहीं रहता। हिमाचल में भी पंडित सुखराम और ठाकुर वीरभद्र की लड़ाई इससे ज्यादा प्रभाव डाल पाएगी, इसकी आशंका कम ही है। हिमाचल भाजपा का दूसरा सिरदर्द है।

राजस्थान तीसरा सिरदर्द बना हुआ है। इस राज्य में राजनीतिक शक्तियों का जिस तरह से समीकरण बन रहा है और जो जातीय ध्रुवीकरण उभर रहे हैं, वे भाजपा को परेशान करने के लिए काफी हैं। राजस्थान में जाट बनाम राजपूत की पारंपरिक राजनीति रही है। इस बार अनायास कुछ इस प्रकार के समीकरण बन गए हैं कि करीब-करीब सभी महत्त्वपूर्ण जाट नेता अपने आप को कांग्रेस में पा रहे हैं। शेखावत का साथ छोड़कर कांग्रेस में दिग्विजय सिंह के आने की एक घटना के बावजूद अपने नेतृत्व के कारण भाजपा अपने आप राजपूत पार्टी बन गई है। अन्यान्य कारणों से अन्य महत्त्वपूर्ण जातियां भी इस बार कांग्रेस से काफी करीब हैं। जनता दल एक हो जाने के बावजूद मंडल आयोग की सिफारिशों को लागू करने का श्रेय कम-से-कम इस राज्य में कांग्रेस को ही मिलना है। वही हाल अल्पसंख्यकों का है। यहां उत्तर प्रदेश जैसी स्थिति नहीं है कि मुसलमान भाजपा को जीतता तो देख सकता है, पर कांग्रेस को वोट देना उसे बर्दाश्त नहीं है। मन मारकर ही सही, पर इस राज्य का मुसलमान कांग्रेस के साथ ही जाएगा। इसके अतिरिक्त सबसे महत्त्वपूर्ण बात यह है कि पहली बार इस राज्य में करीब-करीब पूरा राजनीतिक ध्रुवीकरण हुआ है। अब तक भाजपा या जनसंघ हमेशा किसी तीसरी शक्ति के बल पर ही सत्ता प्राप्त करता रहा है। या तो गैर कांग्रेसवाद पर सभी दलों के इकट्ठा होने के कारण या फिर, यदि तीसरी शक्ति अलग से चुनाव लड़ रही है तो धर्मनिरपेक्ष मतों के बंटवारे के कारण। इस बार राजस्थान से वह तीसरी शक्ति करीब-करीब गायब ही है। डॉ. चन्द्रभान या यदुनाथ सिंह जैसे इक्के-दुक्के लोग भले ही अपने प्रभाव के कारण चुनाव जीत जाएं, पर जनता दल इस राज्य में हाशिए पर ही रहेगा, इस बार तो ऐसा ही लग रहा है।

इस अनचाहे ध्रुवीकरण के कारण तीसरी शक्ति के पक्षकारों को इस बार फैसला करना पड़ेगा कि वे किसके साथ हैं। दिग्विजय सिंह और दौलतराम सारण जैसे नेताओं के फैसले को यदि मानदंड माना जाए तो इस निष्कर्ष पर पहुंचा जा सकता है कि इस निराधार वोट बैंक का दो तिहाई भाजपा को नहीं मिलने वाला है। इस ध्रुवीकृत स्थिति में यह रुझान भाजपा को गहरी परेशानी में डाल सकता है।

भाजपा के लिए संकट यह है कि उसने इस मिनी आम चुनाव को अयोध्या के प्रश्न पर जनमत संग्रह घोषित कर रखा है। उत्तर प्रदेश की बात फिलहाल छोड़ दें, क्योंकि वहां की सरकार ने तो खुद इस्तीफा दिया था। बाकी तीन राज्यों की सरकारें अयोध्या के प्रश्न पर ही बर्खास्त की गई थीं। यदि इनमें से एक राज्य भी भाजपा हार जाती है और उत्तर प्रदेश में उसे यदि जनादेश मिल भी जाता है, तो भी उसका क्या महत्त्व होगा।

(7 अक्टूबर 1993, अमर उजाला)

यह घबराहट की निशानी है

इस साल संघ परिवार की योजना थी कि छह दिसंबर का दिन हिंदू दिवस के रूप में धूमधाम से मनाया जाए। अयोध्या में बाबरी मस्जिद का ढांचा ध्वस्त करने की यह पहली सालगिरह थी। संघ परिवार को अन्य राज्यों के बारे में भले ही थोड़ा-बहुत संदेह रहा हो, पर उत्तर प्रदेश के चुनाव परिणामों के बारे में कोई भ्रम नहीं था। इस बात का पूरा विश्वास था कि उत्तर प्रदेश में जनादेश भाजपा के पक्ष में जाएगा। नई सरकार बनेगी और ठीक एक साल बाद हिंदू चेतना दिवस या हिंदू विजय दिवस का उत्सव धूमधाम से मनाया जाएगा।

संघ परिवार का दुर्भाग्य कि जनादेश भाजपा के पक्ष में नहीं गया। योजना थी कि लाखों लोग अयोध्या में विजय दिवस के नाम पर एकत्रित होंगे, जहां से हिंदुत्व की राजनीति के अगले चरण की घोषणा की जाएगी। यह मनोकामना मन में ही रह गई पर विजय दिवस मनाया गया। फैजाबाद जिले की नौ में से आठ सीटों पर हारी हुई भाजपा को जिस प्रकार का स्थानीय समर्थन मिलना चाहिए, वैसा ही मिला। कहां लाखों की भीड़ की कामना, कहां करीब कुछ हजार लोग। संघ परिवार के घोर प्रशंसक भी भीड़ की संख्या पांच हजार से अधिक आंकने को तैयार नहीं थे।

जाहिर है कि इस माहौल में विश्व हिंदू परिषद के अशोक सिंघल जैसे व्यक्ति भी थोड़ा लड़खड़ा जाएं। अयोध्या में उस दिन वैसा ही कुछ हुआ। हिंदू विजय दिवस कैसे सामाजिक न्याय दिवस के रूप में बदल गया, इसका कुछ पता भी नहीं चला। अशोक सिंघल भागवान राम का गुणगान करते-करते कैसे दलितों के मसीहा बाबा साहब अंबेडकर की स्तुति गान करने लगे, इसका शायद उन्हें अहसास भी नहीं हुआ होगा।

यह घबराहट की निशानी है। अशोक सिंघल जैसे नेता को इस तरह की घबराहट दिखाना शोभा नहीं देता। अशोक सिंघल और संघ परिवार को समझना चाहिए कि भारतीय जनता पार्टी को पिछले तीन सालों में जो सफलता मिली थी, उसका कारण सिर्फ भगवान राम का आर्शीर्वाद ही नहीं था। भगवान राम की भूमि तो थी, पर मंडल आयोग का योगदन कोई कम नहीं था।

थोड़ा-सा पीछे जाकर देखना ठीक रहेगा। राम मंदिर का आंदोलन कोई अचानक प्रारंभ नहीं हो गया। वर्षों से यह आंदोलन अपनी गति से धीरे-धीरे चल रहा था। इसको चलाने वाले साधु-संत थे, जिनका राजनीति से उतना ही वास्ता था, जितना खाने में नमक का होता है। जिस दिन विश्वनाथ प्रताप सिंह की सरकार ने यह घोषणा की कि मंडल आयोग की रिपोर्ट के आधार पर सरकारी नौकरियों में आरक्षण का प्रावधान किया जाएगा, संघ परिवार में दूसरी तरह की प्रतिक्रया हुई। आरक्षण का मुखर विरोध नहीं हुआ, पर यह बात स्पष्ट

रूप से कही गई कि आरक्षण के आधार पर हिंदू धर्म को जातियों में बांटने की यह कुचेष्टा है। ध्यान देने की बात यह है कि भाजपा या संघ परिवार ने आरक्षण विरोध का कोई आंदोलन नहीं छेड़ा। लालकृष्ण आडवाणी अलबत्ता जरूर अपनी रथ यात्रा पर निकल पड़े। सोमनाथ से अयोध्या की रथ यात्रा जो करीब- करीब पूरे देश से गुजरने वाली थी, का उद्देश्य था– अयोध्या में राम जन्म स्थान पर भगवान राम का एक भव्य मंदिर बनवाना।

कोई पूछ सकता है कि मंडल आयोग की सिफारिशों को लागू करने का निर्णय करना तथा राम मंदिर निर्माण के आंदोलन को और तेज करने में भला क्या संबंध हो सकता है? निश्चय ही इन दोनों बातों में कोई प्रत्यक्ष संबंध नहीं है लेकिन जिस तरह से घटनाचक्र ने मोड़ लिया, उससे यह स्पष्ट हो गया कि दोनों बातों में गहरा संबंध है। मंडल विरोधी आंदोलन कैसे धीरे-धीरे एक प्रचंड मंदिरवादी आंदोलन में बदल गया, इसका लोगों को अहसास भी नहीं हुआ। भारतीय जनता पार्टी की राजनीतिक सफलता के पीछे इस तत्व का भारी योगदन रहा।

इसे अगर दूसरी तरह से देखें तो कह सकते हैं कि आरक्षण विरोधी और शहरी मध्यम वर्ग को भारतीय जनता पार्टी अपनी सबसे करीब की पार्टी लगने लगी। उत्तर प्रदेश में पिछले दो चुनावों में जिस तरह कांग्रेस का सफाया हुआ है, वह इसी प्रक्रिया का परिणाम है। ऐसा नहीं कि कांग्रेस का प्रभावशाली तबका आरक्षण समर्थक था। वास्तविकता तो यह है कि आरक्षण विरोध के नाम पर जितने मासूमों को आत्मदाह के लिए प्रेरित किया गया, उनमें से अधिकांश में भाजपा से ज्यादा कांग्रेस का हाथ था। लेकिन आश्चर्य की बात यह है कि इसका फायदा मूल रूप से भारतीय जनता पार्टी को हुआ।

इसका कारण यह था कि कांग्रेस के लोग इसका प्रत्यक्ष विरोध कर रहे थे। इस विरोध को कोई ठोस सैद्धांतिक आधार कांग्रेस नहीं दे पाई। यह आंदोलन पूरी तरह से स्वार्थ से प्रेरित दिखाई दे रहा था जबकि भाजपा ने इसी काम को एक सैद्धांतिक आधार देकर किया। यह कहना कि मंडल के आधार पर आरक्षण का प्रावधान इसलिए किया जा रहा है ताकि जाति के आधार पर हिंदुओं को विभाजित किया जा सके, ज्यादा प्रभावकारी सिद्ध हुआ। पिछड़ों के आगे आने का भय और हिंदुओं के विभाजित होने के आतंक ने ग्रामीण उच्च वर्गीय तथा शहरी मध्य वर्गीय नौकरीपेशा लोगों को अनायास भाजपा के झंडे तले ला खड़ा किया।

उत्तर प्रदेश के उदाहरण से इस बात को और अच्छी तरह समझा जा सकता है। ब्राह्मण, जो आजादी के बाद से ही कांग्रेस की रीढ़ थे, मंडल आयोग लागू करने की घोषणा के साथ ही कांग्रेस से दूर होने लगे। इनमें से अधिकांश भाजपा में आए। यह विवाद का विषय हो सकता है कि उनके कांग्रेस से भाजपा में आने के कारण क्या था। संघ परिवार के प्रवक्ता कहते हैं कि यह हिंदुत्व की अपील थी। सचाई यह भी है कि मंडल आयोग की प्रतिक्रिया थी। यदि यह कहा जाए कि भारतीय जनता पार्टी उच्च वर्ग, उच्च वर्ण, शहरी मध्य वर्ग तथा सुविधाभोगी समाज का प्रतिनिधित्व करती है, तो इसमें कोई अतिश्योक्ति नहीं होगी। इसका अर्थ यह नहीं है कि इस पार्टी को पिछड़ों, दलितों तथा अन्य सुविधाहीन वर्ग का एकदम समर्थन नहीं है। यह कुछ वैसा ही है जैसा प्रारंभ में कांग्रेस के साथ था। कांग्रेस को अल्पसंख्यकों और हरिजनों का ठोस समर्थन प्राप्त था लेकिन पार्टी वस्तुतः ऊंची जाति

की भावनाओं को ही प्रतिबिंबित करती थी। आज भाजपा उसी जगह आसीन है। फर्क सिर्फ इतना है कि इसके साथ अल्पसंख्यक और दलित बिल्कुल ही नहीं हैं। यही कारण है कि इस घोर ध्रुवीकरण के समय अधिक वोट पाकर भी भाजपा उत्तर प्रदेश में सरकार नहीं बना पाई।

यह स्थिति सिर्फ उत्तर प्रदेश में ही नहीं है। मध्य प्रदेश, राजस्थान, हिमाचल तथा दिल्ली में भी यही इस पार्टी का समर्थन आधार है। दिल्ली में भाजपा की निर्णायक जीत को समझने के लिए इस तथ्य को ध्यान में रखना पड़ेगा। दिल्ली में ही सबसे उग्र मंडल विरोधी आंदोलन हुआ। शहरी मध्य वर्ग और नौकरियों के सहारे बना सुविधाभोगी वर्ग सबसे ज्यादा इस शहर में ही है। आर्थिक उदारीकरण या इस तरह की अन्य नीतियों का प्रत्यक्ष लाभ सबसे पहले और सबसे ज्यादा इस शहर के लोगों को ही मिलता है। इसका एक अर्थ यह निश्चय ही है कि भाजपा इस वर्ग की पार्टी है या इस वर्ग की आकांक्षाओं का सर्वोत्तम प्रतिनिधित्व करती है।

इस परिदृश्य में यदि संघ परिवार अचानक अम्बेडकर प्रेमी हो जाए या सामाजिक न्याय को ईमानदारी तथा गंभीरता से लागू करने की कोशिश करने लगे तो सबसे बड़ा विरोध उसके अपने जनाधार से ही उसे झेलना होगा।

यह आशा करना कि अब तक जो वर्ग भाजपा के साथ आ गया है, वह हर हालत में उसके साथ बना रहेगा, चाहे उसके विरोधी वर्ग को भी क्यों न पार्टी में शामिल कर लिया जाए, थोड़ी ज्यादा आशावादिता है। यदि अशोक सिंघल और महंत अवैद्यनाथ सचमुच इस बारे में गंभीर हैं कि वे जाति-पांति मिटाएंगे और सामाजिक न्याय की उस व्याख्या को मान लेंगे जो आज मंडलवादी और बसपा के नेता कर रहे हैं तो उसे उनकी ही पार्टी आसानी से नहीं मान लेगी। सचाई तो यह है कि भारतीय जनता पार्टी का अस्तित्व इसलिए है कि हिंदू समाज में इस तरह का दुराव बना हुआ है। यदि सचमुच हिंदू समाज में यह फर्क मिट जाता है तो भाजपा और संघ परिवार आखिर राजनीति किसकी करेंगे? भाजपा में मंथन चल रहा है। जो रास्ता अशोक सिंघल ने छह दिसंबर को अयोध्या में दिखाया, अगर वही रास्ता इस मंथन से निकल रहा है तो यह इस राजनीति के संपूर्ण सैद्धांतिक आधार को ही समाप्त करने वाला निष्कर्ष होगा।

(16 दिसंबर 1993, अमर उजाला)

संघ से सावधान रहने की जरूरत

राजेन्द्र सिंह उर्फ रज्जू भैया के राष्ट्रीय स्वयंसेवक संघ के सरसंघ चालक बनने की अनेक व्याख्याएं हो रही हैं और उसी प्रकार के निष्कर्ष भी निकाले जा रहे हैं कि पहली बार संघ का अध्यक्ष एक गैर ब्राह्मण और गैर महाराष्ट्रीय बना है। इसलिए संघ अपनी घोषित नीति से थोड़ा अलग हो सकता है। रज्जू भैया चूंकि राजनीति में ज्यादा दिलचस्पी रखते हैं इसलिए भाजपा को एक नई दिशा मिल सकती है। या फिर यह कि इस निर्णय से भाजपा में कौन मजबूत होकर उभरेगा—लालकृष्ण आडवाणी का गुट या मुरली मनोहर जोशी का खेमा। जितने तरह के लोग, उतनी तरह की व्याख्याएं और विश्लेषण।

मजे की बात यह है कि चूंकि संघ की कार्य करने की शैली लोगों को पूरी तरह पता नहीं है इसलिए अधिकांश विश्लेषण तथ्य से कहीं दूर जा रहे हैं। जिस दिन राजेन्द्र सिंह सरसंघ चालक के रूप में मनोनीत किए गए, अधिकांश समाचारपत्रों में यह छपा कि पहली बार कोई गैर चितपावन ब्राह्मण संघ का मुख्यिा बना है। चितपावन महाराष्ट्र के ब्राह्मणों की एक उपजाति है। लोगों की यह धारणा पता नहीं कैसे बन गई है कि अब तक जितने भी सरसंघ चालक हुए हैं यानी कुल मिलाकर तीन वे, सभी चितपावन ब्राह्मण थे जबकि सचाई यह है कि ये तीनों ही देशस्थ ब्राह्मण थे। जाहिर है कि जब तथ्य ही ठीक न हों तो विश्लेषण भी गलत ही होगा।

उसी प्रकार इस अटकलबाजी का भी कोई अर्थ नहीं है कि इस परिवर्तन का कैसा असर भारतीय जनता पार्टी पर पड़ेगा। यह बहुत प्रचारित नहीं है, पर तथ्य यह है कि संघ की ओर से भाजपा के इंचार्ज अब तक राजेन्द्र सिंह ही थे, तब भी जब मुरली मनोहर जोशी अध्यक्ष थे और तब भी जब लालकृष्ण आडवाणी बने। इसलिए इस घटनाक्रम के आधार पर यह विश्लेषण करना कि इसमें आडवाणी कमजोर होंगे या जोशी की पूछ बढ़ जाएगी, इसका कोई आधार नहीं है। सालों से राजेन्द्र सिंह ही भाजपा के बॉस रहे हैं, इसलिए उनके सरसंघ चालक बनने में अचानक इस पार्टी के नेतृत्व पर कोई असर पड़ेगा, इसकी संभावना कम है। हां, देखने की बात यह है कि राजेन्द्र सिंह संघ के अधिकारियों के बीच काम का बंटवारा कैसे करते हैं। चर्चा है कि अब भाजपा के इंचार्ज या तो के सी सुदर्शन होंगे या मदनलाल देवी। ये दोनों सज्जन ही अलग-अलग शैली में काम करते हैं। इसलिए जब तक यह तय नहीं हो जाता कि भाजपा किसके जिम्मे जा रही है, इसके बारे में कोई भी विश्लेषण संपूर्ण नहीं हो सकता।

हां, यह जरूर कहा जा सकता है कि राजेन्द्र सिंह के नेतृत्व में भाजपा की जनांदोलनों में भागीदारी किस प्रकार की होगी। पिछले दो बार में भाजपा अलग रहकर चुनाव लड़ रही

है, किसी भी अन्य विरोधी दल के साथ किसी प्रकार का कोई तालमेल किए बिना। भाजपा नेतृत्व के एक वर्ग के मन में यह धारणा पक्की हो चुकी थी कि अब भाजपा को किसी भी प्रकार के विपक्षी गठबंधन के चक्कर में नहीं पड़ना है। राजेन्द्र सिंह के अध्यक्ष बनने का यह मतलब निकालना हड़बड़ी होगी कि भाजपा विपक्ष के बड़े गठबंधन का हिस्सा बनकर अगला चुनाव लड़ेगी। यह जरूर कहा जा सकता है कि विपक्ष के बड़े जन आंदोलनों में भाजपा और संघ की भागीदारी अब बढ़ेगी। बिहार आंदोलन के साथ संघ को जोड़ने के निर्णय के पीछे भी कहा जाता है कि राजेन्द्र सिंह की बड़ी भूमिका थी। सन् 89 में जब देश में भ्रष्टाचार के विरुद्ध एक माहौल बन रहा था तब उसमें शामिल होने की योजना के पीछे भी राजेन्द्र सिंह का ही दिमाग माना जाता है। डंकल और गैट विरोध के नाम पर यदि कोई बड़ा आंदोलन होता है तो उसमें भाजपा और संघ के शामिल होने की संभावना इसलिए बढ़ जाएगी क्योंकि संघ के शीर्ष पर अब राजेन्द्र सिंह हैं। इस बात को थोड़े विश्वास के साथ कहा जा सकता है। पिछले दो चुनावों के बाद यह कहा जाने लगा था—देश की राजनीति से गैर कांग्रेसवाद की भूमिका अब समाप्त हो रही है। राजनीति का ध्रुवीकरण अब यों होगा कि एक तरफ भाजपा होगी और दूसरी तरफ तथाकथित धर्मनिरपेक्ष राजनीतिक दल। और तो और, भाजपा अध्यक्ष लालकृष्ण आडवाणी ने भी इस संभावना की चर्चा की और इसका एक तरह से स्वागत भी किया। उनका विचार यह था कि ऐसी परिस्थिति में भाजपा नेतृत्व इस बात को नहीं मानता कि उनकी पिछले विधानसभा चुनावों में वास्तविक पराजय हुई है, पर मन-ही-मन यह अहसास उन्हें अवश्य सालता है कि भाजपा धीरे-धीरे एक अछूत संगठन बनती जा रही है। एक ऐसा राजनीतिक दल और विचारधारा, जिसके साथ कोई मिलकर चलने को तैयार नहीं है। यह भ्रम भी शायद टूटा है कि अकेले के बूते पर ही वे अगले चुनाव तक सरकार बनाने की स्थिति में आ जाएंगे। यह अहसास कई तरह से सामने आ रहा है। अरसे से संघ का एक वर्ग स्वदेशी के नाम पर आंदोलन करने की चेष्टा कर रहा है पर आंदोलन है कि जमीन से ऊपर उठने का नाम ही नहीं ले रहा है।

इसके पीछे एक कारण शायद यह भी हो कि उनके मन में इस प्रश्न को लेकर भारी दुविधा है। भाजपा संसदीय दल का एक वर्ग शायद नरसिंह राव सरकार की आर्थिक नीतियों से सहमत है। इसलिए मन से वह इस आंदोलन का साथ नहीं दे पा रहा है। संसद के इस सत्र में तो भाजपा ने दो बार उसकी आर्थिक नीतियों को विफल होने से बचाया। दोनों अवसर एक ही दिन आए—एक लोकसभा में, दूसरा राज्यसभा में। बैंकों और बीमा कंपनियों तथा विमान कंपनियों को निजी हाथों में सौंपने के बिल को सरकार संसद में पास कराने में थोड़ी परेशानी का अनुभव कर रही थी। सदन के बाहर सरकार की आर्थिक नीतियों का विरोध करने वाली भाजपा ने दोनों ही अवसरों पर सरकार के साथ मतदान करके उन विधेयकों को पास कराया। यह आर्थिक मामलों में भाजपा के दुचितेपन का प्रतीक है।

राजेन्द्र सिंह के सरसंघ चालक बनने का असर यहां दिखाई पड़ेगा। थोड़ी सी राजनीति की समझ रखने वाले के सामने भी यह बात साफ है कि आर्थिक मुद्दा ही एकमात्र मुद्दा है जिसको आधार बनाकर इस सरकार के विरुद्ध एक बड़ा जन आंदोलन खड़ा किया जा सकता है। संघ के एक वर्ग द्वारा आंदोलन छेड़ने की कोशिश नाकाम इसलिए हुई कि इस तरह के जन आंदोलन कभी भी एक ही राजनीतिक दल या एक ही विचारधारा के लोग

छेड़कर सफल नहीं करा सकते। जनता का असंतोष प्रखर तभी होता है, जब उसे लगता है कि सारे राजनीतिक दल अपने दलीय मतभेद तथा विचारधाराओं की दूरी मिटाकर इस मुद्दे पर एकमत हो रहे हैं। संघ अकेले चलने की नीति त्यागकर कम-से-कम इस मुद्दे पर संयुक्त आंदोलन छेड़ने की कोशिश कर सकता है। समस्या यह है कि इस बीच संघ इतना अलग-थलग पड़ गया है कि जन आंदोलन के मुद्दों पर सहमति के बावजूद शायद ही कोई प्रमुख दल उनके साथ मिलकर आंदोलन छेड़े। संघ में राजेन्द्र सिंह का नेतृत्व इस काम को अंजाम देने की चेष्टा करेगा। इस कार्य में सफलता की संभावना इसलिए ज्यादा है, क्योंकि इस तरह के काम को वे पहले भी सफलतापूर्वक अंजाम दे चुके हैं।

आज भले ही भाजपा इस बात का दम भरे कि वह अपने बूते पर उस मुकाम तक जा पहुंची है, जहां उसे देश का प्रमुख विपक्षी दल होने का दर्जा प्राप्त हुआ है पर सचाई तो यही है कि भाजपा के कैरियर में बड़ा उछाल तभी आया जब वह किसी बड़े जन आंदोलन का हिस्सा बनी। आंदोलन के ज्वार के उतार पर जब दूसरे दल तकते रहे, तब अपनी संगठन क्षमता के कारण भाजपा ने उस आधार को मजबूत बनाया। चाहे सत्तर के दशक का बिहार और जयप्रकाश आंदोलन हो या फिर अस्सी के दशक का भ्रष्टाचार विरोधी आंदोलन।

संघ ने इस सचाई को अच्छी तरह भांप लिया है कि देश में आम जनता के मन में मंहगाई तथा परेशानी के कारण असंतोष की भावना है। इस मंहगाई तथा परेशानी के कारण के रूप में जब नई आर्थिक नीति तथा डंकल प्रस्ताव को रखा जाता है तो लोग उस पर सहज ही विश्वास कर लेते हैं, सचाई भले ही कुछ हो। संघ को विश्वास है कि इस अवसर का लाभ तभी पूरी तरह से उठाया जा सकता है जब इसमें कुछ ऐसे लोग जुड़ें जो संघ के ढांचे के बाहर हैं। देश में वामपंथी शक्तियां, गांधीवादी लोग तथा अनेक स्वयंसेवी संस्थाएं जो इस जमीनी सच को समझ रही हैं परंतु अलग से अपना आंदोलन कर रही हैं, संघ ने इन सबको एक करने की योजना बनाई है। जॉर्ज फर्नांडीस तथा चन्द्रशेखर जैसे लोगों को यह योजना मुफीद लग रही है।

सोचने-समझने की बात यह है कि क्या फिर सब लोग यह जानते हुए भी कि संघ मजबूरन इसमें जुड़ना चाहता है और जुड़कर इसका लाभ उठाना चाहता है, संघ के साथ मिलकर संयुक्त मोर्चा बनाएंगे। राजेन्द्र सिंह की भूमिका इस बिंदु पर बहुत ही महत्त्वपूर्ण हो जाती है। अन्य विपक्षी दल पता नहीं इस बात को कितनी गंभीरता से ले रहे हैं। यह कठिन निर्णय का समय है। क्या जानते-बूझते मक्खी निगली जाए।

(26 मार्च 1994, अमर उजाला)

जीत की खुशफहमी

उत्तर प्रदेश के निकाय चुनावों में मिली सफलता की खबर से भाजपा अत्यंत उत्साहित है। इसके कारण भी हैं। इस सफलता की खबर तब आई जब उसके एक तरह से बुरे दिन चल रहे थे। अनुशासित और मर्यादित पार्टी के रूप में अपने को पेश करने वाली भाजपा में उन दिनों की मुख्य खबर थी आपसी कलह और वह भी कुर्सी के लिए, बिल्कुल उसी शैली में जिसे भाजपा अब तक कांग्रेस और जनता शैली की राजनीति कहकर उसका मखौल उड़ाती रही है। ऐसा नहीं कि मामला सिर्फ गुजरात का हो, जहां पर मिल-बांटकर खाने में आपसी झंझट पैदा हुआ। उन राज्यों में भी वैसी ही मार-काट थी और भितरघात का प्रभुत्व था जहां पार्टी विपक्ष में है या सत्ता से बाहर है। मसलन, उत्तर प्रदेश, मध्य प्रदेश और बिहार।

ऐसे माहौल में अगर यह खबर आती है कि उत्तर प्रदेश में अब भी भाजपा का ही सिक्का चलता है तो जाहिर है कि अंतर्कलह से निराश नेतृत्व और पार्टी की सफलता को बढ़ा-चढ़ाकर अपने भविष्य की राजनीति चमकाने वाले पर्चेबाज पहले खुश होकर नाचते, न कि गहराई में उतरकर इसका विश्लेषण करते। आम धारणा यह है कि इन चुनावों में मिली भारी सफलता का अर्थ यह है कि अगले दौर के चुनावों में भी भाजपा को ऐसी ही सफलता मिलने वाली है। आखिर विश्वास क्यों न हो जब 11 महानगर निगमों में से आठ निगमों के मेयर पद भाजपा ने जीते हों और विपक्ष की हालत देखिए कि समाजवादी पार्टी को सिर्फ एक निगम मिला है जबकि मुलायम सिंह यादव का दावा है कि वे अकेले ही भाजपा से निपटने के लिए काफी हैं। बसपा को भी सिर्फ एक नगर निगम से संतोष करना पड़ा जबकि वह समझती है कि दलितों और अल्पसंख्यकों के मतों पर उसकी ही ठेकेदारी है। यही नहीं, इलाहाबाद में सारे विपक्ष के मिलकर चुनाव लड़ने पर भी भाजपा की उम्मीदवार सिर्फ 26, 000 वोटों से हारी।

माना कि उत्तर प्रदेश के महानगरों में भाजपा को कोई टक्कर नहीं दे सकता लेकिन छोटे शहरों और कस्बों की क्या स्थिति है? कुल 197 नगरपालिका परिषदों में से भाजपा 115 में हार गई। नगर पंचायतों में तो और भी बुरी स्थिति रही। कुल 419 में से भाजपा को 319 में हार का मुंह देखना पड़ा। समझदार लोग आपत्ति कर सकते हैं कि किसी भी चीज को देखने का यह नकारात्मक तरीका है। इसे ऐसे क्यों नहीं देखते कि 419 नगर पंचायतों में से भाजपा को 100 नगर पंचायतें मिलीं जबकि कोई अन्य राजनैतिक दल इस आंकड़े के पास भी नहीं फटक पाया। किसी भी कोण से देखें, सचाई में कोई फर्क नहीं पड़ता क्योंकि उत्तर प्रदेश में भाजपा मूलतः शहरों और कस्बों की पार्टी रही हैं

उत्तर प्रदेश में शहर और गांव का बंटवारा अमूमन 20: 80 का है। निकाय चुनावों के परिणामों से सिर्फ इसी 20 प्रतिशत आबादी के रुझान का पता चल सकता है। हालांकि निकाय चुनाव परिणामों के पूरे आंकड़े उपलब्ध नहीं हैं लेकिन मोटा अनुमान है कि भाजपा को करीब 40 प्रतिशत मत मिले हैं। इसकी तुलना करते हैं पिछले विधानसभा चुनावों से। सन् 93 में भाजपा को शहरों में 46 प्रतिशत मत मिले थे यानी शुद्ध छह प्रतिशत मतों का घाटा और वह भी शहरी क्षेत्रों में।

निकाय चुनावों से कुछ और निष्कर्ष निकाले जा सकते हैं। मसलन, समाजवादी पार्टी पहली बार शहरी क्षेत्रों में भी अपनी असरदार उपस्थिति का एहसास करा रही है। वाराणसी में भाजपा की मेयर पद पर जीतीं सरोज सिंह को 1, 48, 360 मत मिले जबकि समाजवादी पार्टी की विमला ग्वाल को 1, 20, 941 वोट मिले। जरा तुलना कीजिए पिछले विधानसभा चुनावों में मिले मतों से। वाराणसी नगर निगम क्षेत्र में विधानसभा की साढ़े तीन सीटें आती हैं। पिछले चुनाव में भाजपा को 2, 22, 790 मत मिले थे जबकि समाजवादी पार्टी को 88, 645। निष्कर्ष यह है कि भाजपा के करीब 75 हजार वोट घटे हैं जबकि समाजवादी पार्टी के तीसेक हजार बढ़े हैं। अंतिम निष्कर्ष–उत्तर प्रदेश में राजनीति अब दो ध्रुवों पर आ टिकी है। एक तरफ भाजपा और दूसरी तरफ समाजवादी पार्टी। कांग्रेस (राव और तिवारी, दोनों) तथा जनता दल का सफाया हो गया है। बसपा पूर्वी उत्तर प्रदेश से साफ है। पश्चिम में जनता दल के मुसलमान और कांग्रेस के दलित इस बार एक हद तक बसपा के साथ गए हैं पर अगले चुनावों तक यही स्थिति बनी रहेगी, यह दावे के साथ नहीं कहा जा सकता। दिल्ली का फैसला हर बार की तरह इस बार भी काफी हद तक गंगा-यमुना की धरती पर ही होगा पर अभी से किसी नतीजे पर पहुंचना भारी जोखिम का काम है।

(31 दिसंबर 1995, मेहमान का पन्ना, इंडिया टुडे)

चुनाव–राजनीति

मध्यावधि चुनाव से कौन डर रहा है

मध्यावधि चुनाव होने हैं, यह बात तो उसी दिन तय थी, जिस दिन राष्ट्रीय मोर्चा की सरकार का दिल्ली में गठन हुआ था। भारतीय राजनीति के जानकारों के बीच यदि किसी मुद्दे पर मतभेद था तो वह सिर्फ इतना कि देखें, विश्वनाथ प्रताप अपनी सरकार को आखिर कितने दिन चला पाते हैं। कांग्रेस इस कारण आश्वस्त थी कि वह संसद की सबसे बड़ी पार्टी है और चाहे जितने भी अवसरवादी समझौते हो जाएं या समीकरण बनें, उसका दल पांच साल तक तो सत्ता से बाहर नहीं रह सकता। भाजपा और वाममोर्चा के विश्वास का कारण यह था कि उनकी बैसाखियों पर टिकी सरकार आखिर कितनी स्थायी हो सकती है, उतनी ही, जितनी ये सहयोगी दल चाहेंगे और तभी तक, जब तक बैसाखियां पैर का विकल्प बनने के लिए सहमत हैं। राष्ट्रीय मोर्चे के प्रमुख घटक जनता दल के आश्वस्त होने का कारण तो शुद्ध ऐतिहासिक था, यानी जिन शक्तियों के समागम से इस दल का निर्माण हुआ था, वे ज्यादा समय तक कभी साथ रही ही नहीं हैं, इसलिए देखने की बात सिर्फ यह थी कि सत्ता का सीमेंट इन विपरीतगामी शक्तियों को कब तक बाँधे रह सकता है। अभी नौ महीने नहीं बीते हैं और भारतीय राजनीति अपनी पूर्व निर्धारित दिशा की ओर बढ़ने लगी है।

भारतीय जनता पार्टी खुलकर इस बात का ऐलान कर चुकी है और अपनी पार्टी के कार्यकर्त्ताओं को मध्यावधि चुनाव की तैयारियों में जुट जाने को उसने कह भी दिया है। इसी का जेर खींचते हुए राजीव गांधी ने भी एक इंटरव्यू में स्वीकार किया है कि जब भाजपा ही चुनाव की बात करने लगे तो जाहिर है कि चुनाव अब बहुत दूर नहीं रह गए हैं। आश्चर्य की बात यह है कि जिस व्यक्ति को इस तरह की सार्वजनिक आशंकाओं से सबसे ज्यादा चिंतित होकर अपनी सरकार को किसी-न-किसी तरह गिरने से बचाने का यत्न करना चाहिए, वही विश्वनाथ प्रताप सिंह न केवल अपनी बातचीत से, बल्कि ढेर सारे राजनीतिक निर्णयों के माध्यम से इस बात के ठोस संकेत दे रहे हैं कि देश को मध्यावधि चुनाव के लिए तैयार रहना चाहिए और मजे की बात यह है कि जो पार्टियां पहले दिन से ही यह माने बैठी थीं कि यह सरकार चल ही नहीं सकती और मध्यावधि चुनाव अवश्यम्भावी है, वही पार्टियां इसे सामने आता देख कुछ घबराई-सी भी दिख रही हैं।

पंजाब संभाले नहीं संभल रहा है, कश्मीर में इतनी बदतर स्थिति इससे पहले कभी नहीं रही, असम नए सिरे से हाथ से फिसल रहा है, तमिलनाडु एक नए विस्फोट के मुहाने पर खड़ा है, साम्प्रदायिक तनाव में दूर-दूर तक कहीं कमी की संभावना नहीं है, कीमतें आसमान छू रही हैं, सरकार चलने का नाम नहीं ले रही है, आरक्षण के सवाल पर देश हिंसा के एक नए दौर में प्रवेश कर रहा है, शासक दल में आपसी फूट का यह माहौल है कि मंत्री एक-दूसरे

के बारे में भ्रष्टाचार और अक्षमता के सार्वजनिक आरोप उछाल रहे हैं और ऐसे माहौल में एक प्रधानमंत्री यदि मध्यावधि चुनाव करा के जनादेश प्राप्त करने की सोचें, तो उसे क्या कहा जाएगा? शायद पागलपन। यही सच भी लगता है और प्रधानमंत्री एक सोचे-समझे पागलपन की ओर बढ़ते नजर आ रहे हैं। जाहिर है कि ऐसी विकट परिस्थिति में फँसी सरकार यदि चुनाव का सामना करती है तो निश्चय ही वह मुंह की खाएगी और यह विचार भी प्रमुख प्रतिद्वंद्वी पार्टियों के लिए सुखकर होना चाहिए। पर आश्चर्य है कि ऐसा हो नहीं रहा।

ऐसी स्थिति में सबसे ज्यादा प्रसन्नता कांग्रेस को होनी चाहिए। लेकिन कांग्रेस मध्यावधि चुनाव की संभावना मात्र से कुछ त्रस्त-सी दिख रही है, जबकि हालात ऐसे हैं कि विश्वनाथ प्रताप सरकार के नौ महीनों के कार्यकलाप के आधार पर यदि चुनाव होते हैं, तो कांग्रेस की वापसी में कोई संदेह नहीं रहना चाहिए। फिर क्या कारण है कि कांग्रेस तत्काल मध्यावधि चुनाव की संभावना से प्रसन्न नहीं है? राजीव गांधी के करीबी लोगों का दावा है कि वे तत्काल मध्यावधि चुनाव इसलिए नहीं चाहते कि इस बार वे पार्टी के अंदरूनी चुनावों के बारे में काफी गंभीर हैं और चाहे जैसे भी हो, अगले साल के मध्य तक कांग्रेस में एक निर्वाचित लोकतांत्रिक ढांचा खड़ा कर लेना चाहते हैं। श्रीमती इंदिरा गांधी ने अपने पूरे कार्यकाल में कांग्रेस के अंदर सिर्फ एक बार चुनाव कराया था, जिससे उनका नेतृत्व जीवन भर के लिए पक्का हो गया था। राजीव गांधी किसी भी तरह एक चुनाव तो करा ही लेना चाहते हैं ताकि आने वाले कम-से-कम बीस वर्षों के लिए उन्हें पार्टी के अंदर से चुनौती देने वाला कोई न उभर सके। सदस्य बनाने से लेकर चुनाव पूरा करने तक कम-से-कम, साल भर का समय तो लगेगा ही। यदि इस बीच मध्यावधि चुनाव घोषित हो जाते हैं तो राजीव गांधी की पार्टी में वैधता अर्जित करने की यह महत्त्वपूर्ण चेष्टा रुक जाएगी।

दूसरा और ज्यादा महत्त्वपूर्ण डर जो कांग्रेस को अधिक कष्ट दे रहा है, वह है विश्वनाथ प्रताप सिंह की वह कोशिश, जो वह कांग्रेस का मूल आधार खिसकाने के लिए कर रहे हैं। चुनाव के मामले में कांग्रेस इस बात के लिए हमेशा भाग्यशाली रही है कि इसे हरिजन, आदिवासी, मुसलमान तथा ब्राह्मणों का ठोस समर्थन प्राप्त रहा है। हिन्दू समाज की अन्य प्रमुख जातियां आवश्यकतानुसार कभी समर्थन या विरोध करती रही हैं, परन्तु इस ठोस वोट बैंक के आधार पर कांग्रेस को अपने बुरे-से-बुरे दिनों में भी 30 प्रतिशत से कम वोट नहीं मिला है। चाहे 1977 हो या 1989, कांग्रेस निर्णायक रूप से तभी हारी है, जब उसके इस जाति आधार में सेंध लगी हो। 1977 में मुसलमान-हरिजन कांग्रेस से हटे, लेकिन 1980 तक फिर वापस आ गए। 1989 में उत्तर भारत में कांग्रेस की हार का एक मुख्य कारण था—अल्पसंख्यकों का इससे दूर होना। कांग्रेस के लिए मूल चिंता का विषय यह है कि इनकी कांग्रेस के निकट आने की बात तो दूर रही, विश्वनाथ प्रताप अपनी नीतियों से ऐसा पुख्ता इंतजाम कर रहे हैं कि कांग्रेस से इनका पक्का अलगाव हो जाए। दूसरी ओर, विश्वनाथ प्रताप कांग्रेस की अन्य महत्त्वपूर्ण थाती यानी हरिजन वोट बैंक पर भी तरह-तरह से डाका डाल रहे हैं, जो यों भी कांशीराम के निरन्तर प्रहार से अब छीजने लगा है। राजीव-काल में कांग्रेस ने जो अपनी दरिद्र-विमुख शहरी छैले की छवि बनाई, अब भी लाख कोशिशों के बावजूद, उसमें कोई खास परिवर्तन नहीं आया है। ऐसे में, अभी नौ महीने पहले ही एक कठिन युद्ध से क्लान्त सेना, स्वाभाविक ही, नई लड़ाई में नहीं कूदना चाहती।

उधर, कांग्रेस के इस मजबूत गढ़ में एक सार्थक सेंध लगाने के बाद विश्वनाथ प्रताप वोटों का एक ऐसा ठोस आधार बनाने का स्वप्न देखने लगे हैं, जो अब तक केवल कांग्रेस का ही विशेषाधिकार रहा है। दस साल पुरानी मंडल आयोग की रिपोर्ट की धूल झाड़कर उसे लागू करने का निर्णय लेना ऐसा ही एक सुविचारित दाँव है। उत्तर भारत के पिछड़े हमेशा से एक समूह रूप में नेतृत्व की खोज में भटकते रहे हैं और इस प्रक्रिया में कभी समाजवादी खेमे में गए तो कभी लोकदल खेमे में। कभी उन्हें चरणसिंह-देवीलाल मसीहा लगे, तो कभी कर्पूरी ठाकुर-हेमवती नंदन बहुगुणा। संपूर्ण उत्तर भारत को जाति युद्ध में झोंकने का जोखिम उठाते हुए भी, मंडल आयोग की सिफारिशों के आधार पर 27 प्रतिशत आरक्षण देने का निर्णय मूलतः इस विशाल यायावर वोट बैंक को आधार प्रदान करने की इच्छा से जुड़ा हुआ है। विश्वनाथ प्रताप अपने इस अंकगणित से कायल दीख रहे हैं कि उनकी सरकार की सारी अक्षमताओं के बावजूद उन्होंने जो सामाजिक समीकरण बनाया है, वह उन्हें निश्चय ही कांग्रेस के स्थायी 30 प्रतिशत वोट बैंक के मुकाबले अधिक मतों का एक स्थायी आधार दे सकेगा। विश्वनाथ प्रताप की राजनीति के अगले दशक का आधार उनकी यही गणना है।

भाजपा के दुःख का कारण भी यही संगणक है। भाजपा की भविष्य की राजनीति का आधार दो मुख्य बातें थीं। एक, अखिल भारतीय दल के रूप में कांग्रेस का पतन और उसके पुनर्जीवन की क्षीणतम संभावना तथा एक सरकार व सुसंगत पार्टी के रूप में विफल जनता दल तथा दो, हिन्दुत्व के विपुल उभार के बीच विकल्प के रूप में भाजपा का उदय। आरक्षण की आग जितनी फैलेगी, हिन्दू समाज उतना ही बँटेगा और विकल्प के रूप में भाजपा उतनी ही असंगत होती जाएगी। भाजपा नेतृत्व की परेशानी का मुख्य कारण यही है और यही है विश्वनाथ प्रताप के विश्वास का मूल आधार, जिसके सहारे सरकार चलाने के मामले में एक विफल पार्टी को न केवल वे कांग्रेस के मुकाबले जनाधार वाली एक पार्टी के रूप में खड़ा करना चाहते हैं, बल्कि चुनाव जीत कर बिना बैसाखियों वाली सरकार स्थापित करने का एक स्पप्न भी साकार करना चाहते हैं।

(21 अगस्त 1990, नवभारत टाइम्स)

उपचुनावों का संदेश

राजनीतिक दलों के लिए आम चुनाव को यदि बोर्ड की फाइनल की परीक्षा की तरह मानें, तो उपचुनावों को विद्यालय की अपनी निजी तिमाही-छमाही परीक्षा या टेस्ट कह सकते हैं। समय-समय पर होने वाले इन इम्तहानों से पता चलता रहता है कि अंतिम परीक्षा के लिए छात्र किस हद तक तैयार है। किन-किन विषयों में वह काफी कमजोर है। किस क्षेत्र में विशेष ध्यान देने की आवश्यकता है।

देशव्यापी ताजा उपचुनावों को यदि इस दृष्टि से देखा जाए तो यही कहा जा सकता है कि कक्षा का सबसे अच्छा विद्यार्थी अब भी कांग्रेस है। जिन क्षेत्रों में कमजोरी थी उनमें बहुत सुधार दीख रहा है। यानि उत्तर भारत में पार्टी फिर अपनी खोई ताकत प्राप्त करती दीख रही है। जिन विषयों में इसे कोई डर नहीं था वहां शायद अति आत्मविश्वास के कारण थोड़ी कमजोरी आती दीख रही है। मसलन दक्षिण भारत, जहां कांग्रेस को मामूली झटके लगे हैं।

कक्षा में दूसरे नम्बर के विद्यार्थी यानि भाजपा की स्थिति पहले के मुकाबले कमजोर हुई दिखती है। पिछली परीक्षा में जहां यह लगने लगा था कि शीघ्र ही यह छात्र सदा अव्वल आने वाले छात्र को अब पीछे छोड़ देगा, वहीं इन उपचुनावों के बाद यह स्पष्ट संकेत मिल रहा है कि पार्टी को शीघ्र ही अपनी रणनीति के बारे में पुनर्विचार करना पड़ सकता है। कक्षा के अन्य छात्र यानि रामो-वामो इत्यादि फिसड्डी से फिसड्डीतर होते जा रहे हैं। इस तिमाही परीक्षा में प्राप्त अंकों के आधार पर तो यही कहा जा सकता है कि विशेष तैयारी भी बोर्ड परीक्षा में इनका बेड़ा पार नहीं करवा सकती।

सबसे पहले कक्षा के अव्वल छात्र की प्रोगेस रिपोर्ट को लें। नई दिल्ली संसदीय चुनाव क्षेत्र से कांग्रेस के उम्मीदवार राजेश खन्ना की जीत अत्यंत महत्त्वपूर्ण है। यह सीट भाजपा के लिए प्रतिष्ठा की सीट थी। सिर्फ इस वजह से नहीं कि इस सीट को लालकृष्ण आडवाणी ने खाली किया था, जिन्हें उनके प्रशंसक पत्रकार इन दिनों 'भाजपा का शिखर पुरुष' लिखने लगे हैं बल्कि इसलिए भी कि यह चुनाव क्षेत्र, इक्का-दुक्का अपवादों को छोड़ दें, तो हमेशा विपक्ष के पास रहा है; विपक्ष में भी अक्सर संघ समर्थित उम्मीदवारों के पास। इस क्षेत्र से अटल बिहारी वाजपेयी व लालकृष्ण आडवाणी, दोनों दो-दो बार चुनाव जीत चुके हैं।

पिछले चुनाव में जब भाजपा के लालकृष्ण आडवाणी ने कांग्रेस के राजेश खन्ना को करीब 1500 मतों के मामूली बहुमत से हराया, तो कहा गया कि जद की मंजु मोहन ने करीब 20 हजार वोट लेकर विपक्ष के वोटों को बाँट डाला वरना आडवाणी भारी बहुमत

से जीतते। इस उपचुनाव में इन्हीं विद्वतजनों ने यह तर्क दिया कि पिछले एक साल से चूंकि जनता दल असंगत सिद्ध हो चुका है और उसका जनाधार खिसककर कांग्रेस के पास वापस गया है, इसलिए जद उम्मीदवार जितना भी वोट पाएंगे, भाजपा की जीत उतनी ही बड़ी होगी, क्योंकि भाजपा के जनाधार में कमी आने का कोई कारण ही नहीं है, वरन् नरसिंह राव के एक साल के कुशासन के कारण भाजपा के समर्थन में वृद्धि ही हुई है। इस उपचुनाव के परिणाम ने विद्वानों के इस राजनीतिक विश्लेषण का पूरी तरह कचरा करके रख दिया। जद के जय भगवान जाटव को करीब 10,000 वोट मिलने के बावजूद, राजेश खन्ना, शत्रुधन सिन्हा से करीब 30 हजार वोटों के निर्णायक बहुमत से जीते। यही नहीं, अरसे बाद इस चुनाव क्षेत्र में जीतने वाले उम्मीदवार को कुल मतदान का 50 प्रतिशत से ज्यादा मत मिले और मतगणना के हर दौर में कांग्रेस प्रत्याशी को बढ़त मिली। महानगर परिषद क्षेत्र के आधार पर यदि इसका विश्लेषण किया जाए तो हर क्षेत्र में भाजपा हारी। निश्चय ही इसे दिल्ली विधानसभा चुनाव का पूर्व संकेत भी कहा जा सकता है।

नई दिल्ली जैसे प्रबद्ध चुनाव क्षेत्र में भाजपा के करारे पराभव और कांग्रेस की भारी जीत का संदेश क्या है। पहला और महत्त्वपूर्ण संदेश यह है कि अस्थिरता और अनिश्चय के भीषण दौर से निकलने के बाद अब भारतीय मतदाता अपनी किसी भी हरकत से स्थिरता के वर्तमान दौर के साथ छेड़छाड़ नहीं करना चाहता। हर्षद मेहता घोटाला, सोलंकी पत्र प्रकरण, बढ़ती बेकारी, भीषण मंहगाई और भ्रष्टाचार आदि मुद्दे फिलहाल स्थिरता के प्रश्न पर उन्नीस ही साबित हो रहे हैं। दूसरे, कांग्रेस ने फिर से एक बार अपने सर्वव्यापी तथा सर्वग्राही चरित्र को स्थापित किया है। इसलिए समाज के अनेक वर्ग फिर से कांग्रेस की ओर आकृष्ट हुए हैं। पिछड़ों, अल्पसंख्यकों तथा दलितों के मन में निश्चय ही जद तथा रामो-वामो के प्रति पूरी सहानुभूति होगी, लेकिन उन्हें यह भी पता है कि इस सहानुभूति से उपजा समर्थन ऐसी शक्तियों को और मजबूत करेगा, जिनसे अंतिम लड़ाई इन्हें लड़नी है। यही कारण है कि गैर कांग्रेसवाद अब अपने आप में कोई कारक नहीं बन पा रहा है। जिन मतदाताओं ने पिछले दो-तीन चुनावों में इसी आधार पर कांग्रेस के खिलाफ मतदान किया था, उन्हें इस बार शायद कांग्रेस के पक्ष में मत देने में कोई दुविधा नहीं थी, क्योंकि मुद्दे और मूल्य, दोनों उनके सामने स्पष्ट थे।

राजनीति में वैचारिक ध्रुवीकरण की प्रक्रिया अक्सर आम मतदाता करता है, न कि नेता और राजनीतिक दल, और राजनीति सिर्फ उस प्रक्रिया का अनुकरण करती है उसका नेतृत्व नहीं, यह बात उत्तर प्रदेश के तिलहर विधानसभा उपचुनाव में पूरी तरह से सिद्ध होकर सामने आई। पिछले चुनाव के समय उत्तर प्रदेश में कांग्रेस जिस दुर्दशा को प्राप्त हुई थी, उसमें नेतृत्व के स्तर पर कहीं कोई सुधार हुआ हो इसकी थोड़ी-सी झलक भी नहीं मिल रही है। पिछले चुनाव में कांग्रेस यदि किसी चुनाव क्षेत्र में दूसरे नम्बर पर आई तो उस क्षेत्र के कांग्रेसी कार्यकर्ताओं के लिए यह आश्वस्त करने वाली बात थी, क्योंकि अधिकांश चुनाव क्षेत्रों में कांग्रेस भाजपा, जद, सजपा और यहां तक कि बसपा के बाद ही कहीं दीख रही थी। प्रादेशिक नेतृत्व जो पूरी तरह से छिन्न-भिन्न हो गया था, अब भी इसी हालत में है। फिर भी, तिलहर के मतदाताओं ने चूंकि तय कर रखा था कि भाजपा को नहीं जिताना है, इसलिए जद (अ), जद (ब) तथा सजपा के रूप में बंटी उन सामाजिक-राजनैतिक शक्तियों के राजनीतिक स्वरूप

को खारिज करके अपनी राय कांग्रेस पक्ष में दे दी, जिन्हें अभी साल भर पहले पूरे राज्य में व्यापक समर्थन मिला था, जीत भले ही भाजपा की हुई हो।

तिलहर में कांग्रेस की जीत को कल्याण सिंह की सरकार के प्रति अविश्वास की राय कहना कल्याण सिंह के प्रति अन्याय तो होगा ही, राजनीति का घोर सरलीकृत विश्लेषण भी होगा। इसे भाजपा की हार कहना उचित नहीं होगा। सच तो यह है कि हर चुनाव में भाजपा के मत यहां बढ़े ही हैं। यदि यह किसी की हार है, तो वास्तव में यह विश्वनाथ प्रताप सिंह, मुलायम सिंह तथा अजित सिंह की हार है और उनके लिए भविष्य का संकेत भी कि भाजपा विरोधी मतों की दिशा क्या होने वाली है।

मतदाता के मन से भाजपा का उन्माद अब उतार पर है। इसके लिए तिलहर और नई दिल्ली की हार का उदाहरण देना कोई जरूरी नहीं है, न ही शिमला नगर पालिका से भाजपा का सफाया या मध्य प्रदेश में खुद मुख्यमंत्री की सीट पर भाजपा की जीत का आंकड़ा 25 हजार से घटकर 500 पर आ जाना या कर्नाटक में जहां पिछले चुनाव में भाजपा मुख्य विपक्षी पार्टी बनकर उभरी थी, तीनों सीटों पर भाजपा का तीसरे स्थान पर खिसक जाना या दक्षिण बिहार में, जो कभी भाजपा की संभावना भूमि थी, भाजपा का जनाधार थोड़ा और दरक जाना आदि सारे तथ्य यह अवश्य बताते हैं कि भाजपा का समर्थन घट रहा है, लेकिन इसी आधार पर यदि कोई निष्कर्ष पर पहुंचता है कि भाजपा अब सूर्यास्त की पार्टी है, तो निश्चय ही यह गलत राजनीतिक विश्लेषण होगा।

भाजपा उन सच्चरित्र विद्यार्थियों में से नहीं है, जिनके लिए सिर्फ लक्ष्य प्राप्त करना ही महत्त्वपूर्ण नहीं होता, बल्कि यह भी उतना ही महत्त्वपूर्ण होता है कि लक्ष्य प्राप्ति के लिए जो साधन प्रयुक्त किए गए है, वे कितने पवित्र हैं। भाजपा को धर्म और साम्प्रदायिकता की राजनीति से कोई परहेज नहीं है। वैसे परहेज तो शायद ही किसी राजनीतिक दल को हो, लेकिन भाजपा इसे जिस प्रकार एक पवित्र अस्त्र का रूप देती है, वह विशेषता अन्य राजनीतिक दलों में नहीं है। जाहिर है कि नकल का यह अस्त्र अंतिम परीक्षा के लिए ही सुरक्षित रखा जाता है, न कि तिमाही-छमाही परीक्षा के लिए जहां अव्वल आने का कोई अर्थ नहीं होता। ऊपर से खतरा यह भी बना रहता है कि नकल की पद्धति भी जाहिर हो जाती है।

इस उपचुनाव में भाजपा ने हिन्दू कार्ड नहीं खेला। इसलिए नहीं कि भाजपा का राजनीतिक दर्शन बदल गया है, बल्कि इसलिए कि भाजपा अभी पिछले कार्ड के असर से ही काम चलाना चाहती है। भाजपा फिलहाल विकट दिशाहीनता की स्थिति में है। इनकी राज्य सरकारें किसी अन्य सरकार से अलग नहीं लग रही हैं। यह सच है कि पार्टी अपनी कोई विशिष्ट आर्थिक-राजनीतिक-सामाजिक दृष्टि नहीं खोज पा रही है, लेकिन इस बात का भी उसे पूरा भरोसा है कि राम मंदिर का तुरुप उसके ही पास है। भाजपा की उधेड़-बुन यह है कि इस कार्ड को अगले चुनाव तक कैसे उतना ही असरदार बनाए रखा जाए, क्योंकि भाजपा के सामने यह खतरा बराबर बना हुआ है कि नरसिंह राव जिस तरह से मंडल और अल्पसंख्यक मुद्दों पर रामो-वामो के हाथ से पहले करीब-करीब छीन चुके हैं, कहीं उसी तरह से मंदिर के युद्ध पर भी आम सहमति का कोई रास्ता न ढूंढ निकालें और भाजपा भी अन्य विपक्षी दलों की तरह भारतीय राजनीति में महत्त्वहीन न हो जाए।

वास्तविक समस्या यह है कि जिस तेजी से विपक्षी दल निस्तेज और महत्त्वहीन हो रहे हैं, उसी तेजी से भारतीय समाज समस्याओं के सम्मुखीन हो रहा है। हर्षद मेहता कांड के रूप में अर्थनीति सदी का सबसे बड़ा घोटाला झेल रही है। कीमतें बढ़ रही हैं, मुद्रास्फीति 12 प्रतिशत से नीचे आने का नाम नही ले रही है। जाहिर है कि क्रान्तिकारी आर्थिक सुधार भारी संदेह के घेरे में आ गए हैं। ऐसी स्थिति में यदि विपक्ष और संकटग्रस्त होकर महत्त्वहीन होता गया तो यह नुकसान राष्ट्रीय होगा।

(18 जून 1992, अमर उजाला)

उत्तर प्रदेश : अपने-अपने धुंध

उत्तर प्रदेश एक बार फिर से राजनीतिक दलों के लिए प्रयोग भूमि बन रहा है। हर तरह के संभव-असंभव समीकरणों की चर्चाएं हवा में हैं। ऐसे में राजनीतिक दलों की आपसी उठा-पटक भी एक नया आयाम ग्रहण कर लेती है। इस तरह की हलचल से भारी वैचारिक धुंध का पैदा होना स्वाभाविक है, क्योंकि इन प्रयोगों के आधार दल और व्यक्तित्व होते हैं न कि विचारधाराएं, इसलिए इस तरह के प्रयोग सार्थक ऊर्जा पैदा करने की बजाय, एक गहरा धुंध ही पैदा कर पाने में सक्षम होते हैं। इस प्रक्रिया के लक्षण स्पष्ट रूप से दिखाई पड़ने लगे हैं।

इस तरह की वैचारिक आपाधापी में सार्थक राजनीति के महत्त्वपूर्ण शब्दों का अंधाधुंध स्वार्थी प्रयोग होता है। इससे राजनीतिज्ञों और उनके जेबी दलों को तात्कालिक लाभ भले ही हो जाए, पर ये महत्त्वपूर्ण मुहावरे थोड़ा और घिसकर अपनी सार्थकता एक हद तक और खो देते हैं। राजनीतिक दलों के इस ताजा प्रयोग में धर्मनिरपेक्षता, राष्ट्रीयता, विकास, प्रगति, सामाजिक न्याय तथा आर्थिक पिछड़ापन के आजमाए हुए मुहावरों को हथियार बनाकर बड़े पैमाने पर एक नए समीकरण की खोज का काम चल पड़ा है। इसका असर अलग-अलग दलों में अलग तरह से दिख ही रहा है, एक-दूसरे दल के आपसी संबंधों में भी भिन्न प्रकार से होता दीख रहा है।

प्रदेश में गहरे जड़ जमाने के बाद भाजपा एक स्तर पर आपसी खींचतान से जूझ रही है तो एक अन्य स्तर पर भारी रैलियों आदि का आयोजन करके अन्य राजनीतिक दलों के नए समीकरणों से उपजी चुनौतियों का जवाब भी देने की कोशिश कर रही है। कांग्रेस को अब विश्वास हो गया है कि प्रदेश की जनता ने उन्हें पूरी तरह से खारिज नहीं किया है, इसलिए इनके अपने अंदरूनी समीकरण अब सार्वजनिक द्वंद्व के रूप में छलककर बाहर आने लगे हैं। जनता छाप राजनीतिक टोलियों ने लाभ-हानि का लेखा-जोखा करके शायद यह निष्कर्ष निकाला है कि यदि इनके अति महत्त्वाकांक्षी नेता अपने अहं पर थोड़ा बंधन लगाने का मन बना लें तो प्रदेश में अब भी संभावना है। इसलिए कल के दोस्त आज दुश्मन और एक-दूसरे की पीठ में छुरा भोंकने को आतुर नेता आज दोस्त बने घूम रहे हैं। यह सारा कुछ उन्हीं पुराने मुहावरों को नए अंदाज में पेश करने की कोशिश के रूप में सामने आ रहा है।

भाजपा के द्वंद्व का आधार वैचारिक कतई नहीं है, इसलिए इनकी टकराहट का स्वरूप भी उतना जटिल नहीं है, जितना जनता छाप राजनीति का। कांग्रेस में स्थिति थोड़ी और विचित्र है। यहां निजी स्वार्थ और व्यक्तिगत महत्त्वाकांक्षाएं वैचारिक लबादा ओढ़कर ऐसे

छद्म का वातावरण बना रही हैं जिसकी धुंध की जद में सचमुच के वैचारिक संघर्ष भी चाहे-अनचाहे आते जा रहे हैं। यही स्थिति जनता छाप दलों के उन महत्त्वाकांक्षी नेताओं की भी है, जो आज अलग-अलग खेमों में खड़े होकर एक ऐसी आम सहमति की भूमि तलाश रहे हैं, जो सैद्धांतिक धुंध को और गहरा करेगी। यह ज्यादा चिंता का विषय है, क्योंकि इस प्रकार के प्रयत्न हमेश एक नई मृग मरीचिका को जन्म देकर उसे घोर हताशा के रूप में परिवर्तित करते रहे हैं और इस बार भी यह विश्वास करने का कोई कारण नहीं है कि वैसा नहीं होगा, इसलिए एक चेतावनी आवश्यक है।

भाजपा की आपसी लड़ाई तीन स्तरों पर लड़ी जा रही है। एक स्तर पर संघ परिवार के वे समर्पित लोग हैं, जिनके लिए विचार ही साध्य है और बीच की सत्ता-सुविधाओं आदि को वे साधन से ज्यादा कुछ नहीं मानते। इनका संघर्ष भाजपा के उन तत्वों से है, जो सत्ता प्राप्ति को अंतिम लक्ष्य मानकर उत्तर प्रदेश सरकार को बनाए रखने और उसकी छवि उज्ज्वल करने में लगे हुए हैं। सैद्धांतिक स्वरूप वाला यह संघर्ष बहुत ही सूक्ष्म स्तर पर लड़ा जा रहा है। इसलिए इसकी अनुगूंज को उसी स्तर पर सुन पाना संभव नहीं है। इसके दो स्थूल रूप हैं जो दो भिन्न स्तरों पर लड़ाई के रूप में सामने आ रहे हैं। पहला है–अगड़ों-पिछड़ों का द्वंद्व तथा दूसरा है, इसी में ब्राह्मणों और राजपूतों की आपसी प्रतियोगिता। प्रदेश में भाजपा इन तीनों स्तरों पर जूझ रही है, जिसका परिणाम जनमानस में उनकी बिगड़ती छवि के रूप में थोड़ा-थोड़ा सामने आने लगा है। हालांकि इनके लिए यह बहुत चिंता की बात नहीं है, क्योंकि इनके पास ऐसा रामबाण सुरक्षित है, जिसके उपयोग मात्र से इस तरह की आपसी मतभेद की दरारें अनायास गायब हो जाएंगी, किसी को पता भी नहीं चलेगा। इस तरह कांग्रेस के आपसी द्वंद्व का आधार इतना पारदर्शी है कि यह जनमानस में कोई बहुत बड़ा भ्रम पैदा कर पाने में सक्षम नहीं हो सकता। अर्जुन सिंह का भाजपा विरोध हो या नारायणदत्त तिवारी का विकास प्रेम या फिर जितेंद्र प्रसाद की नई ब्राहमण राजनीति हो या बलराम सिंह यादव और महावीर प्रसाद की सामाजिक न्याय के प्रति प्रतिबद्धता, इन सबकी धुरी सिर्फ एक है। वह धुरी दिल्ली में है, जिस पर चाक रखकर अपने डंडे से कुम्हार उसे घुमा रहा है। उत्तर प्रदेश या उत्तर प्रदेश में घुसकर वहां की कांग्रेस राजनीति करने वालों के सामने यह स्पष्ट है कि वे न तो केंद्रीय धुरी बन सकते हैं और न ही कुम्हार और उसका डंडा। वे चाक हैं और चाक ही रहेंगे। इसलिए उनकी धुंध भी कुम्हार को मुदित करने के लिए ज्यादा होती है, न कि जनमानस को। जनता तो अपने कारणों से निर्णय करती है और फिर उस निर्णय को बदलने का निर्णय करती है। नियति के इस खेल में हस्तक्षेप करने में कांग्रेसी विश्वास नहीं करते, इसलिए इनका सृजित धुंध राह से भले ही भटका दे, दिशा से नहीं भटकता। इस दृष्टि से उत्तर प्रदेश कांग्रेस के लिए प्रयोग भूमि से ज्यादा लीलाभूमि बनी हुई है, जिसमें परिचित पात्र नई-नई भूमिकाओं में आकर दर्शकों को रिझाने की कोशिश कर रहे हैं।

इन सबसे कहीं बहुत ज्यादा चिंताजनक धुंध वे पैदा करते हैं जिन्हें अपनी निजी महत्त्वाकांक्षाओं की खातिर मानव मूल्यों की बलि चढ़ाने में तनिक हिचक नहीं होती। इनका पैदा किया हुआ धुंध न केवल बहुत गहरा होता है, बल्कि इसमें भटकने वाले का अंत आत्मघात के अलावा कुछ नहीं होता। समाज की पीड़ा से ओतप्रोत मुहावरे इसके लिए खेलकर ठुकराने

की चीज से ज्यादा महत्त्व नहीं रखते। भले ही जनमानस इनके भुलावों के कारण और गहरे हताशा और सामाजिक शोषण के गर्त में चला जाए, पर अपना स्वार्थ साधने के बाद इनके लिए उन मुहावरों की कीमत मिट्टी के ठीकरों से ज्यादा नहीं होती। जनता छाप पार्टियों के ये नेता एक बार फिर अपने स्वाभाविक साथियों यानि वामपंथियों के साथ मिल कर प्रदेश में उस पुराने खेल को दोहराने जा रहे हैं।

समाचार है कि उत्तर प्रदेश के वामपंथी दल प्रदेश सरकार की जनविरोधी और सांप्रदायिक नीतियों के विरोध में 22 अक्तूबर को एक सम्मेलन आयोजित कर रहे हैं। इस सम्मेलन में पूर्व प्रधानमंत्री विश्वनाथ प्रताप सिंह और पूर्व मुख्यमंत्री मुलायम सिंह यादव एक बार फिर से एक ही मंच से भाषण देंगे। वामपंथी प्रदेश की उन सारी शक्तियों को एक बार फिर से इकट्ठा करने की कोशिश कर रहे हैं जिसकी धर्मनिरपेक्षता, सामाजिक न्याय और आर्थिक क्षमता में आस्था है। वामपंथियों के इस प्रयास का सही सोच वाले सभी लोग स्वागत करेंगे, पर स्वागत करने से पहले वे यह भी जानना चाहेंगे कि इस तरह के पिछले प्रयोगों का क्या हुआ और उन प्रयोगों की विफलता से इन लोगों ने क्या सबक हासिल किया, जो आज अति उत्साह से फिर उसी पुराने प्रयोग को दोहराने का यत्न कर रहे हैं।

निश्चय ही पिछले प्रयोग में कहीं कोई बहुत बड़ी कमी रही होगी, जिसके कारण वह प्रयोग असफल हुआ और एक पूरी की पूरी पीढ़ी हताशा के गर्त में चली गई। क्या उस कमी को समझने और इस बार उसे न दोहराने का कोई यत्न किया गया है। ऐसा शायद कुछ भी नहीं किया गया है। क्योंकि मुद्दे वही हैं, मुहावरे वही हैं और इस लीला के पात्र भी वही हैं जो पिछली बार न सिर्फ अपने मुंह पर कालिख पोत गए थे बल्कि जिन लोगों ने दर्शकों को भी नहीं बख्शा था। आखिर इन दर्शकों का यह अधिकार तो बनता ही है कि इनसे सफाई मांग सकें।

इस तरह के किसी भी प्रयोग को फिर से दोहराने के पहले विश्वनाथ प्रताप सिंह और मुलायम सिंह को यह जवाब तो देना ही पड़ेगा कि किन परिस्थितियों में इन्हें अपना पिछला रंगमंच उजाड़ना पड़ा था और क्या अब वे स्थितियां बदल गई हैं। सामाजिक न्याय के प्रति मुलायम सिंह और विश्वनाथ प्रताप सिंह तब भी प्रतिबद्ध थे, आज भी प्रतिबद्ध हैं। धर्मनिरपेक्षता के प्रति इन दोनों की आस्थाओं में इस दौरान कोई परिवर्तन आया हो, इसका कोई उदाहरण नहीं है। फिर ऐसी आदर्श परिस्थितियों में जब दोनों तब साथ नहीं रह पाए और जिन कारणों से नहीं रह पाए, तो आज क्यों और कैसे साथ रह लेंगे। इन नीतियों में आस्था रखने वालों को यह विश्वास कैसे दिलाया जाए कि इनके फुटबाल के आकार के अहं अब पिचककर सामान्य हो चुके हैं और सैद्धांतिक स्तर पर एक नई एकता में ये फिर आड़े नहीं आएंगे।

कई तरह के जनता प्रयोगों की चर्चा है कि यदि विश्वनाथ और मुलायम एक ओर जाते हैं तो दूसरी ओर चन्द्रशेखर, अजित तथा अरुण-आरिफ को लेकर एक तीसरा प्रयोग क्यों न आजमाया जाए। यही क्यों, इन सारी शक्तियों को लेकर और भी अनेक मौलिक प्रयोग किए जा सकते हैं। खतरा सिर्फ यह है कि ये नेता और इनके दल सामान्य नागरिक की उन भावनाओं को उभाड़ देते हैं जो उनके जीवन-मरण से जुड़ी हुई हैं। ये भावनाएं राजनीति का विषय तो हैं पर राजनीति के खेल का विषय नहीं हो सकती हैं। ये अंततः इन्हें अपनी

राजनीतिक स्वार्थपूर्ति का विषय बनाकर ऐसे मंझधार में छोड़ते हैं जहां से इन समाज के मारे हुए लोगों को कोई कूल-किनारा भी नहीं दिखता। इनका बनाया हुआ धुंध भाजपा और कांग्रेस के धुंध से इसीलिए ज्यादा खतरनाक है, क्योंकि इनके नारों पर विश्वास करके इस धुंध में घुसने वाले समाज के वे दलित, वंचित, पीड़ित और अल्पसंख्यक हैं, जिनके साथ किया गया छल सीधे उनके अस्तित्व से सरोकार रखता है।

(15 अक्टूबर 1992, अमर उजाला)

पहले राउंड में सब कुछ अनिश्चित

दिल्ली, हिमाचल प्रदेश और राजस्थान के मतदाताओं ने निर्णय कर लिया है। उत्तर प्रदेश, मध्य प्रदेश को निर्णय करना है। परिणाम सबके लगभग एक साथ ही आएंगे इसलिए बीते चुनावों के बारे में भी केवल अटकलें लगाई जा सकती हैं। अटकलें लगाई जा भी रही हैं, लेकिन दृश्य स्पष्ट नहीं है। दावे सबके हवा में गूंज रहे हैं, लेकिन निश्चय के साथ कुछ भी नहीं कहा जा सकता।

दिल्ली, हिमाचल और राजस्थान के मतदाताओं ने अपना निर्णय कर लिया है। फैसला 27 नवम्बर के पहले नहीं सुनाया जाएगा। यह अनहोनी पहली बार ही हो रही है कि निर्णय 21 दिनों तक अधबीच टंगे रहें। पर आजकल निर्वाचन आयोग में जो आपसी घमासान मचा हुआ है, उसमें कौन किससे फरियाद करे और कौन किसकी सुने कि इस तरह मतपत्रों को डाले रखना कितना अनुचित है। कहते हैं कि चुनावों के परिणाम घोषित होते जाने से अगले चुनाव पर असर पड़ सकता है, इसलिए सारी गिनती एक ही दिन प्रारंभ होनी चाहिए। क्या सचमुच ऐसा होता है, अभी पिछले दिनों पाकिस्तान में पहले राष्ट्रीय एसेंबली के चुनाव हुए। परिणाम घोषित कर दिए गए। सप्ताह भर बाद प्रांतीय एसेंबलियों के चुनाव हुए। प्रांतीय एसेंबलियों के चुनाव परिणाम पर कोई असर पड़ा हो, ऐसा नहीं लगता। ट्रेंड वही रहे, जो राष्ट्रीय एसेंबली के चुनाव में रहे। वैसे भी, यदि किसी एक राज्य में चुनाव यदि कई स्तर पर हो रहा हो तो वहां बात समझ में आती है कि गिनती एक साथ हो। लेकिन इसका क्या तुक कि दिल्ली में चुनाव छह नवंबर को हों, पर गिनती 27 नवम्बर से पहले शुरू न हो सके, क्योंकि उस दिन मध्य प्रदेश में मतदान का अंतिम दिन होगा।

इसका सबसे बड़ा दुष्परिणाम तो यह होता है कि झूठ और फरेब का बाजार गर्म रहता है। पहले सिर्फ नेता ही बढ़-चढ़कर दावे करते थे और लोग उनके दावों को कभी गंभीरता से नहीं लेते थे। ऐन चुनाव के दिन दिल्ली प्रदेश जनता दल के अध्यक्ष वीरेश प्रताप चौधरी ने दावा किया कि उनकी पार्टी को न सिर्फ स्पष्ट बहुमत मिल रहा है, बल्कि उनकी सीटें किसी भी हालत में 40 से कम नहीं होंगी। सबको पता है कि इस तरह के दावों के साथ क्या सुलूक होना चाहिए। दूसरी परेशानी समाचार-पत्र पैदा करने लगे हैं। पहले ज्यादा से ज्यादा अखबार यह लिखते थे कि अमुक पार्टी या अमुक प्रत्याशी के पक्ष में हवा या ज्यादा से ज्यादा लहर है। कोई यह नहीं लिखता था कि अमुक जीत रहा है। अब न सिर्फ यह लिखा जाने लगा है, बल्कि ऐन चुनाव के दिन दिल्ली के अनेक अखबारों ने अपने-अपने रुझान के अनुसार मुख्य शीर्षक में ही लिख दिया कि भाजपा 40 या 45 सीटें पा रही है या कांग्रेस 35 से 40 सीटों पर अच्छी स्थिति में। किसी समाचार-पत्र ने यह खुलासा करने

का कष्ट नहीं किया कि इस भविष्यवाणी का कोई वैज्ञानिक आधार भी है या बस यह लेखक की मनोवांछा ही है।

इस परिदृश्य को और भी गड्ड-मड्ड किया है जनमत सर्वेक्षण करने वालों ने। पहले एकाध संस्थाएं इस क्षेत्र में सक्रिय थीं और उनके आंकड़ों को शायद ही कोई गंभीरता से लेता था। पहली बार सन् 67 के लोकसभा चुनाव में एक अखबार ने इस तरह के सर्वेक्षण को गंभीरता से लिया और नतीजों को प्रकाशित किया। चुनाव परिणाम आने के बाद पता चला कि सारे नतीजे उलट गए थे। यह स्थिति तब तक रही, जब तक प्रणय राय अपनी टीम के साथ 'इंडिया टुडे' में अवतरित नहीं हुए। इनका तरीका ज्यादा वैज्ञानिक परंतु भारत की जमीन के साथ जुड़ा रहा। इस कारण कई बार तो इनकी भविष्यवाणी बिल्कुल सही उतरी। इस सफलता से प्रभावित होकर इस समय दर्जनों ऐसी एजेंसियां मैदान में हैं जो जिसके-तिसके कहने पर अक्सर ऐसी भविष्यवाणियां करती हैं जो ग्राहक के मन को भा जाएं। यही कारण है कि एक सर्वेक्षण जब कह रहा है कि दिल्ली में भाजपा को 45 सीटें मिलेंगी, तो दूसरा कह रहा है कि कांग्रेस को कम-से-कम 42 सीटें मिलेंगी। दोनों का दावा है कि उनके सर्वेक्षण विशुद्ध वैज्ञानिक ढंग से किए गए हैं। जनता किस संस्था की वैज्ञानिकता पर विश्वास करे। इस तरह की भविष्यवाणियां ज्यादा खतरनाक हैं, बनिस्बत उसके कि चुनाव परिणाम घोषित कर दिए जाएं। यह निर्णय दूसरे राज्यों के मतदाताओं पर छोड़ दिया जाए कि वह घोषित परिणाम से प्रभावित होना चाहता है कि नहीं। कम-से-कम वह भ्रम, छलावे तथा ऑर्डर के मुताबिक किए गए जनमत सर्वेक्षण से तो बचेगा।

जैसे अखबार और जनमत सर्वेक्षण करने वाली एजेंसियां ही काफी नहीं थीं कि इसमें अब अकादमिक क्षेत्र के लोग भी कूद पड़े हैं। दिल्ली विधानसभा चुनाव से पहले दिल्ली विश्वविद्यालय के कुछ छात्रों और शिक्षकों ने अपनी पहल पर एक चुनाव सर्वेक्षण किया। 14 विधानसभा क्षेत्रों के 1050 मतदाताओं से व्यापक पूछताछ के आधार पर प्राप्त सामग्री का विश्लेषण करने के पश्चात वे इस नतीजे पर पहुंचे कि भाजपा को 48, कांग्रेस को 16, जनता दल को 4 तथा निर्दलीय और अन्य को 2 सीटें मिल सकती हैं। दूसरे दिन जवाहर लाल नेहरू विश्वविद्यालय के छात्रों और शिक्षकों द्वारा किया गया सर्वेक्षण सामने आया। जनेवि के लोगों ने सभी 70 विधानसभा चुनाव क्षेत्रों के 7000 मतदाताओं को प्रश्नावली दी थी। उनसे प्राप्त सूचनाओं के विश्लेषण के बाद वे इस निष्कर्ष पर पहुंचे कि कांग्रेस को 49 भाजपा को 19 तथा जनता दल को 10 सीटें मिल रही हैं। दोनों सर्वेक्षण दलों की विश्वसनीयता तथा वस्तुपरकता पर संदेह करने का कोई कारण नहीं है लेकिन दोनों परिणामों को एक ही साथ स्वीकार भी नहीं किया जा सकता। कल्पना कीजिए कि इन पूर्वाभासों का उत्तर प्रदेश और मध्य प्रदेश के चुनावों पर क्या असर पड़ेगा?

इस जोखिम को समझते हुए भी, चूंकि चुनाव और नतीजों के बीच इतना लंबा फासला है इसलिए परिणामों की संभावनाओं पर विचार करने में कोई हर्ज नहीं है। हमें धन्यवाद देना चाहिए निर्वाचन आयोग का कि उसने यह अवसर प्रदान किया वर्ना यदि चुनाव के तत्काल बाद परिणाम भी आ जाते तो इस तरह के विश्लेषण का अवसर भला कैसे मिलता।

पहले दिल्ली को लें। चुनाव के प्रारंभिक चरण में लगा कि मुकाबला कांग्रेस और भाजपा के बीच है तथा बराबरी का है। मुद्दे दोनों पार्टियों के पास नहीं थे, अनुशासनहीनता दोनों

पक्षों में करीब-करीब समान-समान तथा टिकट बंटवारों के प्रश्न पर दोनों दलों के कार्यालयों में जूते चल चुके थे। धन और साधन भी दोनों दलों के पास पर्याप्त थे। तीसरी शक्ति के अभाव में राजनीति का ध्रुवीकरण भाजपा और कांग्रेस के बीच दिखाई दे रहा था। सन् 91 के लोकसभा चुनाव के परिणामों के आधार पर यदि भविष्यवाणी की जाती तो कांग्रेस का पलड़ा थोड़ा भारी पड़ रहा था। चुनाव के एक सप्ताह पहले तक यही स्थिति रही। अचानक अल्पसंख्यकों, दरिद्रों और झुग्गी-झोंपड़ियों में एक हलचल दिखाई दी। लालू प्रसाद यादव ने उस हलचल को और असरदार तरीके से अभिव्यक्त किया और वोट पड़ने के दिन आने तक जनता दल की उपस्थिति दिल्ली में दर्ज होने लगी थी। सन् 89 के लोकसभा चुनाव में भाजपा के साथ समझौता करके जनता दल को 16.5 प्रतिशत मत मिले थे। सन् 91 के आंकड़े उपलब्ध नहीं हैं, लेकिन अंदाजा है कि जद को 14 प्रतिशत के करीब वोट मिले थे। 14 प्रतिशत वोट पाने के बावजूद कोई भी इस पार्टी को दिल्ली चुनाव में गंभीरता से नहीं ले रहा था। अब अखबार भी लिखने लगे हैं कि जनता दल अनेक चुनाव क्षेत्रों में निर्णायक स्थिति में है। मान लें कि जनता दल 20-22 प्रतिशत वोट पा जाता है। इसका क्या असर हो सकता है?

सबसे सरल विश्लेषण यह है कि इस कारण सबसे ज्यादा लाभ भाजपा को मिलेगा। भाजपा के प्रतिबद्ध मतदाता हैं और गैर भाजपा मतों में विभाजन होगा, इसलिए भाजपा यदि 40 से अधिक सीटें भी पा जाए तो किसी को आश्चर्य नहीं होना चाहिए। इस विश्लेषण का आधार है, पिछले लोकसभा चुनाव में पूर्वी दिल्ली की सीट का परिणाम। वहां जद उम्मीदवार को करीब 1.5 लाख वोट मिले और कांग्रेस के दिग्गज हरिकिशन लाल भगत भाजपा के उम्मीदवार से हार गए। यह वास्तव में सरलीकरण है। जद को यदि सचमुच इतने मत मिलते हैं तो इसका असर दोनों पक्षों पर पड़ सकता है। आवश्यक नहीं कि इससे कांग्रेस का ही नुकसान हो। इसका असर भाजपा पर भी पड़ सकता है। विधानसभा चुनाव क्षेत्र बहुत ही छोटे-छोटे हैं और 10 से 12 हजार वोट पाने वाले जीत सकते हैं। इस स्थिति में जनता दल खुद भी 10-12 सीटें पा सकता है। यह भी हो सकता है कि कांग्रेस को पूर्ण बहुमत मिल जाए। जद की उपस्थिति ने दिल्ली चुनाव परिणाम को अनिश्चित बना दिया है।

हिमाचल में इस काम को असंतुष्टों ने किया है। शुरू में अंदाजा था कि असंतुष्ट अंतिम क्षण में मान जाएंगे, लेकिन वैसा हुआ नहीं। जद की भूमिका में वहां कांग्रेसी असंतुष्ट हैं। इसलिए जहां यह माना जा रहा था कि कांग्रेस भाजपा के मुकाबले मजबूत स्थिति में है, अब यहां भी अनिश्चय है। यदि असंतुष्ट अपने बूते 8-10 सीटें निकाल लेते हैं तो भाजपा को इसका लाभ नहीं मिलेगा। लेकिन यदि असंतुष्ट इतनी मजबूत स्थिति में नहीं हैं कि जीत सकें, परंतु इतनी शक्ति रखते हैं कि सिर्फ कांग्रेस का वोट काटें तो भाजपा को पूर्ण बहुमत मिलना असंभव नहीं है। यदि कांग्रेस हिमाचल में हारती है तो उसकी पूरी जिम्मेदारी पंडित सुखराम और दिल्ली में बैठे उनके पैरोकारों की होगी, जिन्होंने अपने स्वार्थ के खातिर वीरभद्र को नुकसान पहुंचाना ज्यादा बेहतर समझा।

चुनाव के अंतिम सप्ताह तक राजस्थान में वही स्थिति रही, जो चुनाव के प्रारंभ में थी। जनता दल, असंतुष्ट या कोई तीसरी शक्ति इस हद तक नहीं उभर पाई कि वह गैर भाजपा वोटों का बंटवारा कर सके। पहली बार राजस्थान एक ध्रुवीकृत प्रदेश के रूप में चुनाव लड़

रहा है, जहां कम-से-कम राम लहर नहीं है। यानी मतदान भैरों सिंह शेखावत सरकार पर एक तरह का जनादेश है। जाहिर है, इसका लाभ भाजपा को नहीं मिल सकता। इन तीन राज्यों में यदि सबसे ज्यादा परेशानी भाजपा को किसी राज्य में है, तो वह राजस्थान ही है।

इस परिस्थिति का निश्चय ही उत्तर प्रदेश और मध्य प्रदेश के चुनाव प्रचार पर भी असर पड़ेगा। इन तीन राज्यों में भाजपा ने चुनाव प्रचार को काफी नियंत्रित रखा। राम, हिंदुत्व तथा धर्म के ज्वार को उभारने का कोई विशेष प्रयास नहीं किया। इन राज्यों के अनुभव से शायद अब भाजपा के चुनाव प्रचार में बदलाव आए। उत्तर प्रदेश में सर्वाधिक सूचनाएं इसी प्रकार की मिल रही हैं।

(1 नवंबर 1993, अमर उजाला)

अंतिम क्षण तक रहस्य

उत्तर प्रदेश चुनाव ने राजनीतिक टीकाकारों को बेहाल कर रखा है। उनकी आंखें कुछ देख रही हैं, आकलन कुछ और कर रहा है और मन किसी तीसरी ओर संकेत दे रहा है। इस दुविधा को उत्तर प्रदेश से आने वाली किसी भी चुनावी रिपोर्ट में देखा जा सकता है। अधिकांश लोगों की राय है कि इस बार कोई लहर या हवा नहीं है। जिस तरह की राम लहर या केसरिया हवा पिछले चुनाव में साफ दिखाई पड़ रही थी, वैसा इस बार नजर नहीं आता। दूसरी बात, जिस पर अधिकांश टीकाकार सहमत हैं कि इस बार उत्तर प्रदेश चुनाव में मुख्य मुद्दा था—जाति। इसके बाद प्रत्याशी के व्यक्तित्व को देखा गया। अल्पसंख्यक वर्ग के लिए धर्म का मुद्दा मुख्य रहा या यह कह सकते हैं कि उनके चुनावी निर्णय का आधार यह था कि कैसे भाजपा प्रत्याशी को हराया जाए। इन दो आधारों पर जो भी आकलन हो रहे हैं, उनमें से करीब-करीब सभी इन निष्कर्षों पर पहुंचते हैं कि भाजपा को पूर्ण बहुमत नहीं मिल सकता। इस तथ्य को जब लिखने का समय आता है, तो मन अंकगणित और दिमाग पर हावी हो जाता है।

इस दुविधा को आगरा में हमारे एक संपादक मित्र ने अच्छी तरह प्रस्तुत किया। उनका कहना था कि पिछले साल 6 दिसंबर को जब बाबरी मस्जिद गिराई गई तो उत्तर प्रदेश की जनता ने उसका व्यापक स्वागत किया था। उस समय करीब-करीब सबकी राय थी कि यदि आज चुनाव होते हैं तो भाजपा 400 सीटें भी पा जाए तो कोई आश्चर्य नहीं। अब यह बताइए कि पिछले एक साल में भारतीय जनता पार्टी ने ऐसा क्या कर दिया कि वह सारा समर्थन गायब हो गया। कल्याण सिंह की सरकार तो उसी समय बर्खास्त कर दी गई थी। इसलिए यह भी नहीं कह सकते कि पिछले एक साल में उसने ऐसे काम किए जिनसे आम आदमी नाराज हो गया है। अपने इसी संपादक मित्र से जब मैं आस-पास की सीटों का विश्लेषण मांगता हूं तो पाता हूं कि उस विश्लेषण के दौरान वे अपना ही तर्क भूल गए हैं। हर निर्वाचन क्षेत्र के बारे में बताते हुए वह यह बताना नहीं भूलते कि अमुक क्षेत्र में कौन-कौन सी जाति की कितनी संख्या है, किसका प्रभाव है और मतदान में उस जाति का रुझान किस ओर रहेगा। इस पैमाने पर जहां-जहां वे भाजपा के जीतने की भविष्यवाणी करते हैं, उनमें से अनेक सीटों के बारे में यह राय भी देते हैं कि वर्तमान प्रार्थी चूंकि पहले भी विधायक या मंत्री था, इसलिए उसकी स्थिति थोड़ी कमजोर पड़ रही है। इसका दूरगामी परिणाम बताते हुए वे एक रोचक जुमला और जोड़ देते हैं—यदि काम-काज को आधार मानकर वोट दिए जाते हैं तो भाजपा को थोड़ा नुकसान होगा। कितना नुकसान होगा? मान लें कि हर जिले में भाजपा एक सीट गंवाती है। इसका अर्थ यह हुआ कि करीब 60 सीटें तो ऐसे ही गईं। हां और

नहीं, क्योंकि जिन 106 सीटों पर भाजपा पिछले चुनाव में दूसरे नंबर पर आई थी उनमें से अनेक सीटें वह जीत सकती है। फिर जब मैंने उनको याद दिलाया कि आप तो कह रहे थे कि मतदाताओं ने पिछले छह दिसंबर को ही फैसला कर लिया था। इसलिए वे अनावश्यक चर्चा में समय बर्बाद नहीं करना चाहते और भाजपा को प्रचंड बहुमत मिल रहा है। तो फिर आपके दूसरे विश्लेषण का क्या मतलब रह जाता है। उनका जवाब था कि यह भी जरूरी है। जाहिर है कि उन्होंने मुझे थोड़ा और विभ्रम में डाल दिया।

चलिए इसे छोड़ते हैं और जाति को आधार बनाकर एक विश्लेषण करते हैं। भाजपा से सहानुभूति रखने वाले एक विश्लेषणकर्ता ने तर्क दिया कि पिछले चुनाव और इस चुनाव के बीच जातीय समीकरण में कोई विशेष फर्क नहीं आया है। कम- से-कम भाजपा के जातीय आधार में तो कोई फर्क पड़ा ही नहीं है। ब्राह्मण, ठाकुर, बनिया, कायस्थ, लोध तथा काछी पूरी तरह से भाजपा के साथ हैं। फर्क कोई पड़ा है तो अन्य विपक्षी दलों के जातीय आधार पर पड़ा है। पिछड़ी जातियों के वोटों के दो सशक्त दावेदार मैदान में हैं। यादव जनता दल को चुनें या मुलायम सिंह यादव की समाजवादी पार्टी को। मुसलमानों की दुविधा और भी गहन है। उनके सामने कांग्रेस के रूप में एक तीसरा विकल्प भी है, खासकर उन क्षेत्रों में जहां सपा-बसपा या जद, भाजपा को हरा पाने की स्थिति में नहीं है, वहां मुसलमान कांग्रेस को वोट देकर यह सुनिश्चित करेगा कि भाजपा हार जाए। कुल मिलाकर भाजपा की स्थिति जस की तस है जबकि अन्य दलों के जातीय आधार में दरारें साफ दिखाई दे रही हैं।

इस तर्क को फिर वे आंकड़ों के रूप में सामने रखते हैं। भाजपा को करीब 32 प्रतिशत वोट मिले थे, जद को 25, कांग्रेस को 17 तथा सपा-बसपा को करीब 20 प्रतिशत। बताइए कि इनमें से कौन सी ऐसी पार्टी या गठबंधन है जो भाजपा के 32 प्रतिशत के आस-पास भी पहुंच जाए। ऐसी स्थिति में भाजपा इस 32 प्रतिशत के आधार पर ही स्पष्ट बहुमत या उससे कहीं बहुत ज्यादा सीटें जीत सकती है। बंटवारा तो गैर-भाजपा मतों के बीच हो रहा है। भाजपा के इस आत्मविश्वास के मूल में यह है कि उसका सवर्ण जातियों का आधार जस का तस है, जबकि पिछड़ी जातियों के आधार को भरोसा बनाने वाली पार्टियों में और बिखराव आया है।

सतही रूप से यह बात ठीक लगती है, लेकिन थोड़ी गहराई में उतरें तो इस तर्क का खोखलापन उजागर हो जाता है। इस तर्क का मूल आधार यह है कि गैर भाजपा पार्टियों की शक्ति बराबर-बराबर रहेगी। अगर ऐसा न हो तो? मान लीजिए सपा-बसपा गठबंधन पूरे राज्य में जद पर हावी हो जाता है तो क्या यह संभव नहीं कि इस गठबंधन का मत प्रतिशत बढ़कर 35 तक पहुंच जाए। इस स्थिति में यह गठबंधन अपने आप में पूर्ण बहुमत पा सकता है। ऐसा नहीं कि यह बिल्कुल दूर की कौड़ी है। आखिर भाजपा के भाष्यकार यह तो मान ही रहे हैं कि वे वोट भाजपा को नहीं मिल रहे हैं और इसका बंटवारा सपा-बसपा गठबंधन और जद के बीच हो रहा है। हमारा निवेदन है कि कल्पना के स्तर पर ही मान लें कि बंटवारा नहीं होता है, तब तो भाजपा अपने 32 प्रतिशत वोट के आधार के बावजूद सवा सौ के आसपास निबट जाएगी। हां, इसका दूसरा पक्ष भी संभव है, जैसा कि भाजपा के भाष्यकार कह रहे हैं। पर वैसी स्थिति में सिर्फ पूर्ण बहुमत ही क्यों, भाजपा 300-350 सीटें भी प्राप्त कर सकती है। पहले स्थान पर खड़ी पार्टी और उसके सबसे नजदीक पहुंची

पार्टी के बीच यदि सात प्रतिशत का फासला रहता है तो जीतने वाली सीटों का आंकड़ा किसी भी ऊंचाई तक पहुंच सकता है।

भाजपा के भाष्यकार इस प्रकार का दावा नहीं कर रहे हैं। इसका क्या कारण है। गुप्त और मौन राम-लहर का दावा करने के बावजूद अपने मत प्रतिशत को 32 से आगे यदि बढ़ाने को राजी नहीं हो रहे हैं तो इसके पीछे कुछ ठोस कारण हैं। जब अपने सवर्ण मतदाताओं की बात भाजपा करती है तो उसमें जाटों का नाम शामिल नहीं किया जा रहा। इन्हें पिछड़े वर्ग का मतदाता भी नहीं कहा जा सकता। शामिल नहीं करने का एकमात्र कारण यह है कि यह तय है कि इस बार जाट वोट एकमुश्त भाजपा के पक्ष में नहीं जा रहा है। इस वोट बैंक में भारी लूट मची हुई है। अजित सिंह और जनता दल फिर एक बार इसमें बड़ा साझेदार बन रहे हैं। महेंद्र सिंह टिकैत ने परोक्ष रूप से कांग्रेस का समर्थन कर दिया है। जाट नौजवानों का एक वर्ग, जो पिछली बार राम लहर में बह गया था, अब भी उससे एक हद तक जुड़ा हुआ है। इसका अर्थ यह होगा कि जहां जिस पार्टी का जाट मजबूत होगा, वह न सिर्फ अपनी बिरादरी का सारा वोट लेगा बल्कि आसपास के वोट भी बटोर लेगा। कहां कौन जीतेगा, किस पार्टी को जाट पट्टी में कितनी सीटें मिलेंगी, यह तो नहीं कहा जा सकता, पर यह जरूर कहा जा सकता है कि भाजपा का जाट-समर्थन इस बार घटेगा। इस कारण कितने प्रतिशत वोट घटेंगे, यह देखने वाली बात है।

इसी तरह कांग्रेस के विश्वास का आधार है कि इस बार सवर्णों और खासतौर पर ब्राह्मणों को उसने अपने साथ बड़े पैमाने पर वापस जोड़ा है। यह दावा पूरी तरह सत्य नहीं है लेकिन इसे बिल्कुल खारिज भी नहीं किया जा सकता। चूंकि इस बार चुनाव बिल्कुल जाति को आधार मान कर हुए है, इसलिए अन्य पार्टियों के सवर्ण उम्मीदवार भी कहीं-कहीं बहुत अच्छी स्थिति में दिखाई पड़ रहे हैं। एक अन्य महत्त्वपूर्ण बात यह हुई है कि मुसलमानों ने इस बार जमकर वोट डाले हैं। पहले दौर में मतदान का प्रतिशत 60 तक पहुंचाने में इसका भी एक बड़ा योगदान है। यह बढ़ा हुआ वोट चाहे जिस पार्टी के पक्ष में जाए, कम-से-कम भाजपा के पक्ष में नहीं जा सकता। हां, अगर मुसलमानों का यह व्यापक ध्रुवीकरण मतदान के 10 दिन पहले भी शुरू होता, तो इसकी प्रतिक्रिया हिंदुओं में हो सकती थी।

ऐसा नहीं हुआ, क्योंकि एक तो जाति प्रधान मुद्दा थी, दूसरे हजरत बल का मसला ऐन चुनाव के पहले हल हो गया। भाजपा ने जितनी उम्मीद इस मुद्दे से बांध रखी थी, वह पूरी नहीं हुई। यह कहने का कोई ठोस कारण नहीं है कि अंतिम 72 घंटों में भाजपा के पक्ष में एक तेज लहर आई और उसने मजबूत स्थिति में पहुंचा दिया। इसके लिए जो भी सैद्धांतिक और व्यावहारिक कारक चाहिए थे, वे कहीं भी दिखाई नहीं पड़े। अंतिम क्षण में एकमात्र बात जो भाजपा के पक्ष में जा रही थी, वह था यह आकलन कि उत्तर प्रदेश में इस बार त्रिशंकु विधानसभा बनने वाली है। ऐसी ढुलमुल विधानसभा की आशंका से डरकर कुछ लोग भले ही भाजपा की ओर अंतिम क्षण में मुड़ गए हों, पर उनकी संख्या नगण्य ही होगी।

वोट पड़ चुके हैं। परिणाम कुछ भी हो, इस चुनाव ने यह सिद्ध किया है कि मतदाता को कृपया उल्लू न समझें। परिणाम चौंकाने वाले होंगे, इसमें कोई शक नहीं है।

(24 नवंबर 1993, अमर उजाला)

वास्तव में कौन हारा-कौन जीता

विधानसभा चुनावों के इस दौर में कौन हारा, कौन जीता—इस सवाल का सही जवाब अनेक लोगों को नहीं मिल पा रहा है। जो हार गए हैं वे दावा कर रहे हैं कि सही मायने में उनकी जीत हुई है। जो जीते हैं, उन्हें अपनी विजय का भरोसा भी नहीं हो पा रहा है। जिनका बिल्कुल सफाया हो गया है, वे तरह-तरह के वैचारिक कारण दिखाकर भ्रम का माहौल बनाए हुए हैं। इसलिए इस बात का खुलासा होना चाहिए कि आखिर सचमुच कौन हारा है। सही अर्थों में किसकी विजय हुई है?

भारतीय जनता पार्टी हार गई है। कांग्रेस भी एक तरह से हारी ही है। जनता दल का बिल्कुल सफाया हो गया है। इस पार्टी को यदि भविष्य में अपना नाम और चुनाव चिह्न बचाए रखना है तो इन्हें अपनी कार्यपद्धति में क्रांतिकारी परिवर्तन करने पड़ेंगे। इस तरह का कोई भी परिवर्तन करने का न इनमें साहस है न शक्ति। शायद योग्यता और क्षमता भी नहीं है। जीता है सपा-बसपा गठबंधन। सपा से ज्यादा बसपा। सपा शायद एक राज्य में ही सीमित रह जाए, पर बहुजन समाज पार्टी पर कृपया नजर रखें। यह भविष्य की पार्टी है। वामपंथी केरल, बंगाल और त्रिपुरा को छोड़कर पहले भी दुमछल्ले थे, अब भी वही हैं। सिर्फ यह देखना है कि अब वे किसकी दुम बनना पसंद करते हैं।

सबसे पहले भारतीय जनता पार्टी को लें। दो राज्यों में उनकी सरकार बनी है—दिल्ली और राजस्थान। हालांकि दिल्ली प्रभामंडल युक्त नगरपालिका से ज्यादा कुछ भी नहीं है लेकिन भाजपा का मन रखने के लिए उसे भी राज्य ही मान लेते हैं। दिल्ली में भाजपा की जीत निर्णायक है। प्राप्त सीटों तथा मत प्रतिशत, दोनों ही दृष्टियों से भारतीय जनता पार्टी की जीत में कोई संदेह नहीं है। राजस्थान में भले ही पूर्ण बहुमत न मिला हो पर पिछली बार की तुलना में ज्यादा मत और ज्यादा सीटें मिली हैं। भैरों सिंह शेखावत फिर से मुख्यमंत्री चुन लिए गए हैं। मध्य प्रदेश और हिमाचल में भाजपा प्रमुख विपक्षी दल है, जबकि उत्तर प्रदेश विधानसभा में सबसे बड़ी पार्टी। फिर भी, यह कहा जा रहा है कि भारतीय जनता पार्टी विधानसभा चुनावों के इस दौर में हार गई है, तो इसका मतलब क्या है?

कुछ बातें तो बिल्कुल सीधी-सादी हैं। मसलन, जिन चार राज्यों में भारतीय जनता पार्टी की सरकारें थीं उनमें से तीन में इस बार यह पार्टी सत्ता से बाहर है। सिर्फ इसी तथ्य के आधार पर कह सकते हैं कि भारतीय जनता पार्टी विधानसभा चुनावों के इस दौर में परास्त हो गई है, लेकिन भाजपा के सिद्धांतकार इसे मानने को तैयार नहीं हैं। उनका दावा है कि हमारे मत प्रतिशत बढ़े हैं। यानी हमारी नीतियों के प्रति लोगों का समर्थन बढ़ा है। उदाहरण के रूप में उत्तर प्रदेश में भाजपा को प्राप्त मत प्रतिशत के आंकड़े प्रस्तुत किए जाते हैं।

पिछले चुनाव में भाजपा को 31 प्रतिशत मत मिले थे, इस चुनाव में वह प्रतिशत बढ़कर 33.1 हो गया है। यह बात पूरी तरह सच नहीं है। पिछली बार पहले दौर में उत्तर प्रदेश विधानसभा की सभी 424 सीटों पर चुनाव नहीं हो पाए थे। उस दौर में भाजपा को 211 सीट और 31.8 प्रतिशत मत मिले थे। उत्तर प्रदेश विधानसभा भंग होने के समय भाजपा के 224 सदस्य थे जो बाद में उप चुनावों के रास्ते विधानसभा में पहुंचे थे। बाद में प्राप्त मतों के आधार पर भाजपा को विधानसभा भंग होने के समय 33 प्रतिशत मत प्राप्त हुए थे। इस बार उसमें दशमलव एक प्रतिशत की वृद्धि हुई है। यह कहना गलत है कि 31. 8 प्रतिशत से 33.1 प्रतिशत पर भाजपा पहुंची है। भाजपा प्रवक्ता तो 31.8 प्रतिशत भी नहीं कह रहे हैं। उनका दावा है कि हमारे दो प्रतिशत मत बढ़े हैं। यह दावा गलत है।

फिर यह देखिए कि पिछले 33 प्रतिशत करीब 50 प्रतिशत मतदान के बाद मिले थे। इस बार उत्तर प्रदेश में रिकार्ड मतदान हुआ—60 प्रतिशत से भी ज्यादा। अगर इस आंकड़े को इस दृष्टि से देखा जाए कि उत्तर प्रदेश में भाजपा विरोधी मतों की संख्या में भारी वृद्धि हुई है, तो इसे गलत नहीं कहा जा सकता। एक छोटे से उदाहरण से इस बात को समझने की कोशिश करें। अगर कुल मतदान 100 है और उसमें 'क' को 33 प्रतिशत मत मिलते हैं यानी 'क' को 33 और क विरोधियों को 67 मत मिले। यदि मतों की संख्या बढ़कर 500 हो जाती है और क अपना मत प्रतिशत 33 बनाए रखते हैं तो उसके मतों की संख्या बढ़कर पहुंचेगी 165 पर, उनके विरोधियों के मतों का आंकड़ा 335 पर पहुंचेगा। आप कह सकते हैं कि हमारी निर्वाचन प्रणाली है, उसमें जो सबसे ज्यादा मत पा ले, वह जीत जाता है, उसका मत प्रतिशत भले ही 20 क्यों न हो। यह बात ठीक है लेकिन तभी तक, जब आप इसे साधारण चुनाव की तरह देखते हैं। लेकिन जब चुनाव, चुनाव न रहकर जनमत संग्रह हो जाता है तो बात दूसरी हो जाती है। तब जीत-हार से ज्यादा इस बात का महत्त्व होता है कि आपके विचार के पक्ष में कितने लोग हैं और उसके विरुद्ध कितने लोग अपनी राय दे रहे हैं।

और राज्यों की बात फिलहाल छोड़ देते हैं हालांकि भाजपा ने इस पूरे चुनाव को ही अयोध्या पर जनमत संग्रह कहा था, पर यदि सिर्फ उत्तर प्रदेश को ही लें तो, यह बात बेबाक कही जा सकती है कि अयोध्या में भाजपा ने पिछले छह दिसंबर को जो किया और बाद में जिसे हिंदू चेतना का विस्फोट कहा, उसे उत्तर प्रदेश की जनता ने पूरी तरह से ठुकरा दिया है। आज से साल भर पहले जितने लोग भाजपा के साथ थे, उससे कहीं बहुत ज्यादा लोग आज भाजपा की नीतियों के विरोध में खड़े हैं। माफ कीजिए, आप यह नहीं कह सकते कि उत्तर प्रदेश में मुसलमानों की आबादी 67 प्रतिशत है। न ही इतने 'छद्‌म धर्मनिरपेक्ष' हैं। भाजपा के विरुद्ध मत देने वालों में करोड़ों धर्मप्राण, सहिष्णु और उदार हिंदू भी शामिल हैं।

हिमाचल और मध्य प्रदेश में तो हर दृष्टि से भाजपा की हार निर्णायक है—मत प्रतिशत और प्राप्त सीटें तो घटी ही हैं, सरकारें भी चली गईं। हालांकि भाजपा ने इन राज्यों में भी अपने कुशासन को राम लहर में ढक लेना चाहा था पर हम इतने अनुदार नहीं कि यहां भी राम लहर की ही हार देखें। यहां कसौटी पर इनकी सरकारें थीं, जिन्हें मतदाताओं ने खारिज कर दिया। मतदाता इस बात से भी भ्रमित नहीं हुए कि चुनाव सरकार बनाने के लिए नहीं,

बल्कि हिंदू चेतना के विस्तार के लिए हुए हैं। भाजपा का यह भ्रम जाल फैलने से पहले ही तार-तार हो गया। राजस्थान में भाजपा के मत और कांग्रेस के मत करीब-करीब समान हैं। कारण है, तीसरी शक्ति का अवसान और राजनीतिक ध्रुवीकरण। सिर्फ दिल्ली में मत प्रतिशत बढ़े हैं, लेकिन यहां आधार इतना छोटा है कि इसकी बिना पर यह दावा नहीं किया जा सकता कि यह विचारों की जीत है। यह कहना तो और भी हास्यास्पद है कि दिल्ली चूंकि लघु भारत है, इसलिए यहां की राय संपूर्ण भारत की राय है। दिल्ली के मुकाबले बंबई की आबादी ज्यादा मिश्रित है। भारत के विभिन्न क्षेत्रों का सबसे उचित प्रतिनिधित्व बंबई करता है। इस शहर में शिव सेना की तूती बोलती है, तो क्या मान लें कि सारा देश शिव सेना की सरकार चाहता है।

कांग्रेस की स्थिति विचित्र है। उत्तर प्रदेश में पिछली बार यदि जनता ने कांग्रेस को झाडू से साफ किया था तो इस बार पोंछा लगा दिया है। मत प्रतिशत गिरकर 15 पर पहुंच गया है। कहते हैं कि दिल्ली का रास्ता लखनऊ होकर है। यदि यह सच है तो कांग्रेस दिल्ली के रास्ते से बिल्कुल विपरीत दिशा में कहीं बढ़ रही है। कांग्रेस वहीं जीती है, जहां इन दोनों, यानी कांग्रेस और भाजपा का कोई तीसरा विकल्प नहीं है। चुनाव से पहले ही यह साफ हो चुका था कि जनता दल मध्य प्रदेश, राजस्थान तथा हिमाचल से साफ हो चुका है। इन राज्यों में लोग भाजपा से ऊबे हुए थे और उनके पास कोई दूसरा विकल्प नहीं था। कांग्रेस मजबूरी की पसंद है। इसमें कोई संदेह नहीं कि कांग्रेस एक मरणोन्मुख संस्था है। इन राज्यों में अगली बार भाजपा इसी तरह के प्रचंड बहुमत से जीतकर आएगी, यह भविष्यवाणी अभी से की जा सकती है, क्योंकि जनता दल के पुनर्जीवन की अब कोई संभावना नहीं है और जब तक कोई तीसरा सक्षम विकल्प नहीं आता, तब तक इन राज्यों में यही दोनों पार्टियां बारी-बारी से आती रहेंगी। यह प्रक्रिया तब तक चलेगी, जब तक तीसरा पक्ष नहीं आ जाता और इनमें से एक, दूसरे को पूरी तरह से खा नहीं लेती।

जनता दल के दावे पर अफसोस भी होता है और हंसी भी आती है। यह कहना कि यह हमारी नीतियों की जीत है, शुद्ध बेशर्मी का नमूना है। सच तो यह है कि यह पार्टी स्वार्थी, अहंकारी और तुच्छ दृष्टि वाले नेताओं का जमघट मात्र है जिसके हाथ एक नारा लग गया है। इसे कभी सिर के बल खड़ा कर रहे हैं तो कभी लिटा रहे हैं। इन्हीं में कुछ ऐसे भी हैं जो खींचकर उस नारे को ही तोड़ देना चाहते हैं।

यह पार्टी तभी जीवित रह सकती है, जब इसके सारे पहली पांत के नेता निकाल दिए जाएं और इसका गठन बिल्कुल जमीन से शुरू किया जाए। लोकतांत्रिक प्रक्रिया से जो भी नेता चुना जाए उसे पूर्ण अधिकार दिए जाएं कि वह अपने निर्धारित कार्यकाल में इसे पार्टी की नीतियों के आधार पर चलाए। यह नितांत असंभव है, इसलिए यह पार्टी अब धीरे-धीरे समाप्त ही होगी। अगले चुनाव में उड़ीसा से जनता दल का सफाया होगा। बिहार शायद इसलिए बच जाए, क्योंकि लालू प्रसाद यादव में यह क्षमता है कि वे इस दल को क्षेत्रीय दल के रूप में परिवर्तित कर दें और इसे बचा ले जाएं। वैसे ही, जैसे मुलायम सिंह यादव ने उत्तर प्रदेश में किया है।

जिस राजनीतिक दल पर सबकी नजरें टिकी हैं वह है—बहुजन समाज पार्टी। इसका सैद्धांतिक आधार भले ही उतना मजबूत न दिखाई पड़ता हो पर दलितों, अल्पसंख्यकों और

पिछड़े वर्गों के लोगों के लिए उसकी अपील विस्मयकारक है। जैसे-जैसे जनता दल और समानधर्मा विचारधाराओं वाली अन्य राजनीतिक शक्तियां समाप्त होंगी, बसपा की शक्ति उसी अनुपात में बढ़ती रहेगी। कांग्रेस और भाजपा जिन सामाजिक शक्तियों का प्रतिनिधित्व कर रही हैं, उनके बूते की यह बात नहीं है कि इन वर्गों को अब अपनी ओर वे आकृष्ट कर सकें। देखना सिर्फ यह है कि बसपा और एक हद तक सपा में भी इंतजार का कितन माद्दा है। क्या ये अपने जनाधार को पुख्ता करने तक इंतजार कर सकती हैं या सत्ता भोग की लिप्सा और भ्रष्टाचार इन्हें पहले सोपान पर ही ग्रस लेंगे।

(9 दिसंबर 1993, अमर उजाला)

दक्षिण के संकेत अच्छे नहीं हैं

सन 1993 समाप्त होते-होते प्रधानमंत्री नरसिंह राव ने राजनीति पर अपनी पकड़ मजबूत कर ली। चाहे दल-बदल के जरिए ही क्यों न हो, पर कांग्रेस को लोकसभा में पूर्ण बहुमत मिल गया। प्रतिभूति घोटाले पर संयुक्त संसदीय समिति की सर्वसम्मत रिपोर्ट आई जो अपने आप में बहुत बड़ी बात है, उससे भी महत्त्वपूर्ण बात यह है कि सरकार उससे साफ निकल गई। डंकल प्रस्ताव पर आधारित 'गैट' समझौते पर भारत ने दस्तखत कर दिए और देश में उस विषय पर कोई विस्तारित चर्चा भी नहीं हुई, और तो और सन् 93 के प्रारंभ में जो भारतीय जनता पार्टी बवंडर के रूप में दिखाई दे रही थी, सन् 93 के अंत तक पता चला कि वह भी आम राजनीतिक दलों की तरह ही है। यानी कुल मिलाकर साल समाप्त होते-होते नरसिंह राव ने अपने आपको देश और पार्टी के निर्विवाद नेता के रूप में स्थापित कर लिया।

ऐसा नहीं कि इसमें उनका कोई निजी चमत्कार छिपा हुआ था। सच तो यह है कि उनका व्यक्तिगत करिश्मा नितांत प्रभावहीन सिद्ध हुआ। शायद पहली बार ऐसा हुआ कि प्रधानमंत्री देश में लोगों के बीच जाएं और लोग उन्हें देखने से भी इन्कार कर दें। इसके बावजूद कांग्रेस ने मध्य प्रदेश और हिमाचल जैसे भाजपा प्रभुत्व वाले राज्यों में अपनी सरकार बनाई तथा राजस्थान में सत्ता के काफी करीब पहुंच गई। कारण जो भी हो, कांग्रेस थोड़ी मजबूत हुई। प्रकारांतर से प्रधानमंत्री की स्थिति मजबूत हुई और जिन मुद्दों के आधार पर पार्टी में उनके विरोधी उन पर हमला करते थे, वे अस्त्र अपने आप भोथरे पड़ गए।

इस मजबूत स्थिति का विश्लेषण यों किया गया कि नरसिंह राव प्रधानमंत्री और कांग्रेस अध्यक्ष, दोनों पदों का इस्तेमाल करते हुए सरकार और संगठन में मनचाहे परिवर्तन कर पाएंगे। जिस तरह अकारण उन्होंने कुमार मंगलम से त्याग पत्र मांग लिया, उससे यह बात और पक्की होती जान पड़ी। मनमोहन सिंह प्रकरण को जिस प्रकार प्रधानमंत्री ने निपटाया उससे लोगों को लगा कि सन् 94 में प्रधानमंत्री का नया स्वरूप ही दिखाई पड़ेगा—एक दृढ़ निश्चयी और निर्णायक नेता का चेहरा।

कर्नाटक संकट के दौरान जब कृष्णा के नेतृत्व में आठ मंत्रियों ने इस्तीफा दिया और मुख्यमंत्री मोइली ने राज्यपाल से कहा कि वह उसे स्वीकार कर लें, तो लगा कि प्रधानमंत्री का दृढ़ निश्चय और उनकी निर्णय क्षमता के प्रदर्शन का प्रभाव अब नीचे के स्तर पर भी पड़ने लगा है। मोइली को निश्चय ही ऊपर से संकेत मिले होंगे कि चुनाव वर्ष में वे इस तरह की विक्षुब्ध गतिविधियों से दृढ़ता से निबटें, क्योंकि कर्नाटक विधानसभा चुनावों से इस बात का भी फैसला होना है कि अगले लोकसभा चुनावों में कांग्रेस कहां खड़ी रहेगी, पर यह आशा इतनी क्षणिक होगी, इसका शायद किसी को अंदाजा नहीं था। मोइली की

सलाह अभी राज्यपाल तक पहुंचती कि प्रधानमंत्री का संदेश आ गया कि इस्तीफे मंजूर न किए जाएं। सवाल यह नहीं है कि कौन सही स्थान पर है–मोइली या विक्षुब्ध। सवाल यह है कि कांग्रेस और खासतौर पर उसका केंद्रीय नेतृत्व क्या संकेत देना चाहता है।

जगन्नाथ मिश्र बिहार में कांग्रेस को करीब-करीब समाप्त कर चुके हैं। यदि इस बीच कोई चमत्कार नहीं होता है, जिसकी दूर-दूर तक संभावना भी नहीं है तो बिहार में भी कांग्रेस की वही गति होगी जो उत्तर प्रदेश में हुई है। इसमें कोई संदेह नहीं। जगन्नाथ मिश्र को कर्नाटक में कांग्रेस की स्थिति का जायजा लेने के लिए भेजने का एक ही अर्थ है कि प्रधानमंत्री अपनी 1993 की सफलता का आकलन बढ़ा-चढ़ाकर कर रहे हैं। उन्हें उम्मीद है कि वे चाहे जैसे इस स्थिति से निबटें, कर्नाटक में कांग्रेस की स्थिति में कोई फर्क नहीं आने वाला है।

नरसिंह राव दक्षिण भारत में कांग्रेस की स्थिति के आकलन में भयंकर भूल कर रहे हैं। दक्षिण के संकेत अच्छे नहीं हैं। खासतौर पर कर्नाटक तथा आंध्र प्रदेश में कांग्रेस की स्थिति तो बिल्कुल अच्छी नहीं है और दोनों राज्यों में कांग्रेस की इस दुर्दशा के लिए बहुत हद तक केंद्रीय नेतृत्व ही जिम्मेदार है। पहले कर्नाटक को ही लें। पिछले चुनाव में कांग्रेस को वहां अभूतपूर्व सफलता मिली और वीरेन्द्र पाटील मुख्यमंत्री बनाए गए। वीरेन्द्र पाटील पुरानी पंक्ति के नेता हैं। एक मजबूत राज्यस्तरीय नेता को कैसा व्यवहार करना चाहिए, यह उन्हें पता था। राजीव गांधी हालांकि सत्ता में उन दिनों नहीं थे, पर तब भी उन्हें यह बिल्कुल पसंद नहीं था कि कोई राज्य स्तर का नेता अपनी स्वतंत्र सत्ता बनाए। फलस्वरूप वीरेन्द्र पाटील को जाना पड़ा।

पता नहीं क्या सोचकर बंगारप्पा को मुख्यमंत्री बनाया गया, क्योंकि यदि वीरेन्द्र पाटील से नाराजगी इस वजह से थी कि वे जरूरत भर जी-हजूरी नहीं करते थे, तो बंगारप्पा के बारे में तो यह पहले से पता होना चाहिए था कि वे कितने अकड़ खां हैं या शायद राजीव गांधी से उनके अलग समीकरण थे, जो नरसिंह राव के साथ नहीं बन पाए। बंगारप्पा को हटाकर मोइली को जब मुख्यमंत्री बनाया गया तब, इस बात का ध्यान बिल्कुल नहीं रखा गया कि बंगारप्पा को हटाने के प्रश्न पर भले ही सारे विक्षुब्ध एक साथ हों पर जहां तक नेतृत्व का प्रश्न है, करीब 15 लोग ऐसे थे, जिन्हें गुमान था कि वे ही सर्वश्रेष्ठ मुख्यमंत्री सिद्ध हो सकते हैं।

जहां आंतरिक लोकतंत्र सक्रिय हो, वैसी पार्टी में तो इस तरह की बात स्वागत योग्य है, लेकिन जिस पार्टी में सारी राजनीति खूंटे के जोर से चलती हो और राज्य के नेताओं के आका केंद्र में बैठकर उनके भाग्य का फैसला करते हों, वैसी पार्टी में इसका एक ही अर्थ निकलता है–अति महत्त्वाकांक्षा के कारण पार्टी के अंदर भारी अनुशासनहीनता। कर्नाटक में आज वही स्थिति है। किसी एक या किसी नेतृत्व समूह को भी पार्टी के लोग मानने को तैयार नहीं हैं। इसका कारण सिर्फ यह है कि स्थानीय नेतृत्व के स्वाभाविक विकास को पनपने नहीं दिया गया। इस प्रक्रिया में पार्टी कितनी कमजोर हुई है, इसका अंदाजा न तो कर्नाटक के स्थानीय कांग्रेस नेतृत्व को है और न ही इसका पता केंद्रीय नेतृत्व को।

बंगारप्पा को पार्टी से निकालकर दिल्ली में बैठे नेता आश्वस्त थे कि अब वहां समस्या का समाधान हो गया है। वे कितनी गलतफहमी में थे, इसका पता दो कारणों से चल रहा है। एक, पार्टी के अंदर असंतोष और तीव्र हुआ है तथा यह आसानी से सुलझने वाला मामला

नहीं है। दो, कांग्रेस से बाहर निकले बंगारप्पा, कांग्रेस के अंदर के बंगारप्पा से ज्यादा खतरनाक सिद्ध हो रहे हैं। अपने बूते पर बंगारप्पा न तो चुनाव जीत सकते हैं और न ही अपनी अकेले की सरकार बना सकते हैं। पर यह वह पहले भी सिद्ध कर चुके हैं कि वे कांग्रेस को हराने का इंतजाम अवश्य कर सकते हैं। इस बार भी वह उसी दिशा में अग्रसर हैं।

पिछले लोकसभा चुनाव में जनता दल का तो कर्नाटक में करीब-करीब सफाया हो गया, पर भाजपा एक मजबूत विपक्ष के रूप में उभरी थी—करीब 28 प्रतिशत मत भाजपा को मिले थे। लिंगायत राज्य की एक अत्यंत प्रभावशाली उच्च जाति है, जो एक हद तक भाजपा के साथ जुड़ गई है। जनता दल खुद में एक ताकत भले ही न हो, पर देवगौड़ा अपनी वोक्कालिगा जाति में बहुत ही लोकप्रिय हैं। बंगारप्पा तथा देवगौड़ा मिलकर कर्नाटक में कुछ-कुछ मुलायम सिंह यादव और कांशीराम मोर्चे का माहौल बना सकते हैं। बंगारप्पा विश्वनाथ प्रताप सिंह, मुलायम सिंह तथा कांशीराम दोनों के संपर्क में हैं। यदि यह मोर्चा ठोस स्वरूप ले लेता है तो यह तय है कि राज्य में वोट तीन दिशाओं में विभाजित होंगे। यह भी तय है कि इससे सबसे ज्यादा नुकसान कांग्रेस का ही होने जा रहा है। कुछ लोगों का कयास है कि भाजपा को जो समर्थन मिला था, वह मूलतः राम लहर के कारण मिला था। दूसरा कारण यह था कि भाजपा को भविष्य में केंद्र की सरकार बनाने वाली पार्टी के रूप में देखा जा रहा था। चूंकि ये दोनों कारक अब नहीं हैं, इसलिए भाजपा के वोट कांग्रेस को लौट आएंगे। बंगारप्पा और देवगौड़ा जो भी क्षति पहुंचाएंगे, उसकी भरपाई कांग्रेस इधर से कर लेगी। इस तर्क में बहुत दम नहीं है, क्योंकि भाजपा कर्नाटक में गहरी जड़ जमा चुकी है। कांग्रेस अगर सचमुच इसी तर्क के भरोसे बैठी है तो सन् 94 का अंत कांग्रेस के लिए बहुत ही निराशाजनक समाचार लाने वाला है।

आंध्र प्रदेश दूसरा राज्य है, जहां साल के अंत तक विधानसभा चुनाव होने वाले हैं। कांग्रेस के आंतरिक संकट ने पार्टी की दुर्दशा तो की ही है एन टी रामाराव भी तूफानी गति से राज्य राजनीति में फिर से प्रवेश कर रहे हैं। राज्य के एक हिस्से में भाजपा जोर पकड़ रही है तो अन्य हिस्से पर नक्सली हावी हो रहे हैं। कांग्रेस यह भी नहीं तय कर पा रही है कि क्या करे? यह कोई कम अचरज की बात नहीं है कि प्रधानमंत्री को अपने चुनाव क्षेत्र में काले झंडों का सामना करना पड़ रहा है। यह राज्य सरकार की पूर्ण विफलता है कि प्रधानमंत्री के कारवां को विरोध के कारण वापस मुड़कर भागना पड़ा। अगर यह काम किसी ऐसे राज्य में हुआ होता, जहां विपक्ष की सरकार है तो अब तक कांग्रेसी आसमान सिर पर उठा चुके होते कि उस राज्य सरकार को तत्काल बर्खास्त किया जाए, जो प्रधानमंत्री की यात्रा के दौरान सुरक्षा इंतजाम नहीं कर सकती है। आंध्र में यह मांग विक्षुब्ध कर रहे हैं, इससे पता चलता है कि राज्य में आंतरिक कलह की स्थिति क्या है।

सन 94 के अंतिम दो माह तय करेंगे कि अगले लोकसभा चुनाव में क्या होने वाला है। इन दो राज्यों के तत्काल बाद बिहार, महाराष्ट्र, गुजरात सहित अनेक राज्यों में चुनाव होने वाले हैं। इन राज्यों में जीत-हार का असर निश्चय ही आम चुनावों पर पड़ेगा, लेकिन यदि कांग्रेस अपने ही दो राज्यों में हार से इस प्रकरण की शुरुआत करती है तो भविष्य बहुत उज्ज्वल तो दिखाई नहीं देता।

(13 जनवरी 1994, अमर उजाला)

उड़ीसा में मध्य प्रदेश व हिमाचल दोहराया जाएगा

लगता है, उड़ीसा में भी मध्य प्रदेश और हिमाचल दोहराया जाने वाला है। पिछले चुनाव में कांग्रेस मध्य प्रदेश और हिमाचल में सिर्फ इसलिए नहीं जीती कि लोगों ने इस पार्टी में आशा की किसी नई किरण के दर्शन किए थे। कांग्रेस की जीत का एक कारण यह भी था कि लोग वर्तमान से ऊब चुके थे और एक ही विकल्प सामने था। विकल्प कोई बहुत क्रांतिकारी न भी हो परंतु यदि वह अपने आपको एक विकल्प के रूप में बचाए रखे, तो भी वह असरकारक हो सकता है। इसका प्रमाण पिछले चुनाव में मध्य प्रदेश में भी मिला और हिमाचल में भी। हालांकि दोनों स्थितियों में थोड़ा अन्तर था। अपनी सारी गुटबाजी के बावजूद मध्य प्रदेश कांग्रेस में एक आंतरिक एकता थी। हिमाचल में गुटबाजी का स्तर काफी नीचे तक चला गया था। इन दोनों राज्यों में कांग्रेस के पक्ष में एक बात और थी कि इनका नेतृत्व कमोबेश मुकम्मल था। यानी मध्य प्रदेश में दिग्विजय और हिमाचल में वीरभद्र चुनाव के काफी पहले से मुख्यमंत्री पद के सक्षम दावेदार के रूप में सामने आ गए थे।

राजस्थान में कांग्रेस की सीमित सफलता का कारण यह था कि वहां कोई नेता सामने दिखाई नहीं दे रहा था। अगर बीमार हरिदेव जोशी को भी पार्टी नेता के रूप में स्पष्ट सामने देखती तो वहां भी भाजपा की सरकार नहीं होती। लब्बोलुआब यह है कि आज की ठहराव की राजनीति के युग में लोग अपनी सरकारों के कार्यकलाप से बहुत जल्दी ऊब जाते हैं। यह अकारण नहीं है। इतने सालों की राजनीति के बाद आज जहां हम पहुंचे हैं, वहां सरकारें अनेक लुभावने वायदों को लेकर आती हैं, पर उनके लिए कुछ भी नया या क्रांतिकारी कर पाना संभव भी नहीं होता। लोग सरकारों पर इस कदर आश्रित हो गए हैं कि थोड़े से परिवर्तन की राजनीति को भी वे अस्वीकृत कर देते हैं। सरकारें लीक से हटने का साहस नहीं कर पातीं और यथास्थिति की राजनीति उन्हें धीरे-धीरे अलोकप्रिय बनाती रहती हैं। मध्य प्रदेश, हिमाचल तथा एक हद तक राजस्थान में यही हुआ।

इतनी बड़ी भूमिका के बाद यह कहना है कि उड़ीसा की बीजू सरकार इसी दौर से गुजर रही है। राज्य के किसी भी अंचल में चले जाइए, सबकी एक ही राय है कि बीजू पटनायक की सरकार में घोर निराशा हुई है। इस सरकार से जो भी अपेक्षा थी, पूरी होने की बात तो दूर, बीजू उसके करीब भी नहीं पहुंच पाए हैं। अपेक्षाएं क्या थीं? राज्य का विकास, बेरोजगारी दूर करने के कारगर उपाय, भ्रष्टाचार तथा भाई-भतीजावाद से छुटकारा तथा एक हद तक स्वच्छ प्रशासन। इन सारी कसौटियों पर बीजू पटनायक की सरकार पूरी तरह से असफल हुई है। यह बात मैं तथ्य या किसी जानकारी के आधार पर नहीं कह रहा हूं। इस तरह की धारणा पूरे राज्य में बनी हुई है। ऐसा नहीं कि कोई वर्ग विशेष इस तरह की बात कर रहा

हो। आप छात्रों या शिक्षकों से मिल लें, बुद्धिजीवियों से मुलाकात कर लें, राजनीतिक कार्यकर्ताओं को थोड़ा कुरेदें या फिर साधारण नागरिक से उनका हालचाल पूछें, हर जगह इसी तरह का उत्तर मिलता है। लगता है, मानो किसी ने पूरे राज्य को एक पट्टी-सी पढ़ा रखी है कि लोग एक ही भाषा बोलने लगे हैं। शैली भी एक और अपनी बात सिद्ध करने के लिए उदाहरण भी एक ही तरह के दिए जा रहे हैं।

यह भी नहीं कि इस तरह की बात सिर्फ राजधानी भुवनेश्वर में की जा रही हो। राज्य के किसी भी अंचल में आप चले जाइए, बीजू सरकार की कीर्ति पताका हर तरफ फहरा रही है। उनकी सरकार की अक्षमता, उनके मंत्रियों की अकर्मण्यता, प्रशासन का निकम्मापन तथा सर्वस्तरीय भ्रष्टाचार, आम आदमी के मन में यह बात घर कर गई है कि इतनी निकम्मी सरकार शायद ही इससे पहले कभी आई हो। इसका निराकरण भी उसी फार्मूले के तहत आ रहा है कि पहले तो इस सरकार से छुटकारा पाना है। फिर सोचा जाएगा कि जिस सरकार को हम ला रहे हैं, वह किसी योग्य है भी या नहीं। यानी निषेधात्मक रुख। पहले तो आप जाइए, फिर हम सोचेंगे कि हमें क्या करना है। हमने सही निर्णय लिया या गलत, यह हमारे ऊपर छोड़ दीजिए। यह हमारी अपनी समस्या है। आप तो बस हमारा पीछा छोड़िए।

विकल्प के रूप में कांग्रेस सामने खड़ी है। कांग्रेस से राज्य की जनता प्रसन्न हो, ऐसा बिल्कुल नहीं है। लेकिन आम सहमति बनती जा रही है कि अब बीजू सरकार को हटाकर किसी को लाना है। यह किसी मध्य प्रदेश तथा हिमाचल की तरह कांग्रेस ही है। बातचीत को थोड़ा और बढ़ाइए कि आखिर जानकी वल्लभ पटनायक में ऐसी कौन-सी खूबी है जो बीजू पटनायक में नहीं है कि राज्य की जनता उनके सारे पापों और कुकर्मों को नजरअंदाज करके उन्हें तत्काल गद्दी सौंपने के लिए उतारू घूम रही है? इसका कोई ऐसा जवाब नहीं मिलता जिससे संतुष्ट हुआ जा सके। लोगों से पूछा जाता है कि कम-से-कम बीजू में ऐसी नेतृत्व क्षमता तो है कि उनकी सरकार चाहे जितनी भी निकम्मी लगे, पर चल तो रही है। उधर कांग्रेस में गुटबंदी इतनी भयानक है कि उसके प्रमुख नेता आपस में साथ बैठने को भी तैयार नहीं हैं। लोग इस तर्क से प्रभावित दिखाई नहीं देते। एक ताजा उदाहरण दिया जाता है कि भुवनेश्वर नगरपालिका की अध्यक्षा श्रीमती किरणबाला भंगराज को कैसे जनता दल के पार्षदों ने ही सर्वसम्मति से निकाल बाहर किया है।

श्रीमती भंगराज को बीजू का आशीर्वाद प्राप्त था। अचानक एक दिन उनके विरुद्ध एक अविश्वास प्रस्ताव आया। प्रस्ताव लाने वाले सारे पार्षद जनता दल के ही थे। कांग्रेस तथा जनता दल के पार्षदों ने मिलकर बीजू की चहेती किरणबाला को सत्ताच्युत कर दिया। आज जब भी कोई यह दलील देता है कि कांग्रेस में आपसी कलह बहुत ज्यादा है, तो लोग पलटकर इस उदाहरण को सामने रख देते हैं। हालांकि इससे कांग्रेस की आपसी कलह समाप्त नहीं हो जाती। फिलहाल कांग्रेस में कम-से-कम पांच गुट सक्रिय हैं। पहला और सबसे मजबूत गुट भूतपूर्व मुख्यमंत्री जानकी वल्लभ पटनायक का है। अन्य गुटों के नेता हैं—हेमानंद बिस्वाल, बसंत बिस्वाल, नंदिनी सत्पथी तथा के सी लेंका। हेमानंद बिस्वाल राज्य के प्रमुख आदिवासी नेता हैं और राज्य की आबादी में दलितों तथा आदिवासियों की बहुसंख्या को देखते हुए कुछ इस तरह की राजनीति छेड़ना चाहते हैं, जिससे इस राज्य का अगला मुख्यमंत्री इसी वर्ग से बन सके। उनकी बात का समर्थन करने वाले कांग्रेस में मिल जाएंगे, पर उनकी बात

कोई बहुत मजबूती से उभरकर सामने नहीं आ रही है। एक तो इसका कारण यह है कि राज्य की राजनीति अभी उस मुकाम पर नहीं पहुंची है जहां इस वर्ग के लोग मजबूती से अपना दावा रख सकें। दूसरे, उड़ीसा में दलितों तथा आदिवासियों की एकजुटता तत्काल होती दिखाई नहीं देती। राज्य में आदिवासियों की स्थिति वास्तव में बहुत खराब है जबकि दलित उनके मुकाबले थोड़ी अच्छी स्थिति में हैं। चूंकि सामाजिक स्तर पर इनका मेलजोल थोड़ा ज्यादा है, इसलिए इस आर्थिक दरार का असर एक तरह के तनाव के रूप में सामने आ रहा है। ऐसी स्थिति में दलितों और आदिवासियों को ही साथ लाना मुश्किल लग रहा है। फिर सामाजिक न्याय तो बाद की बात है।

बसंत बिस्वाल और के सी लेंका पिछड़ी जातियों के बल पर अपना नेतृत्व चमकाना चाहते हैं, जबकि नंदिनी पारंपरिक राजनीति के आधार पर। उड़ीसा की पिछड़ी जातियों की राजनीतिक चेतना अभी इतनी सीमित है कि वे जनता दल के अंदर अपनी राजनीति को आगे नहीं बढ़ा पा रहे हैं। वैसी स्थिति में कांग्रेस के अंदर कोई इस तरह की राजनीति कर सकता है, इसकी संभावना फिलहाल दूर-दूर तक नहीं है। नंदिनी सत्पथी अपनी दुनिया में रहती हैं। वे कांग्रेस विधायक हैं, उनका बेटा जनता दल का विधायक है। नंदिनी तरन्नुम में रहती हैं। जब अपने बारे में सोचती हैं तो बीजू की बुराई करती हैं। जब अपने बेटे के भविष्य का खयाल आता है तो जनता दल सरकार की प्रशंसा में कुछ कह जाती हैं। यानी कुल मिलाकर कांग्रेस जानकी वल्लभ पटनायक के नेतृत्व में ही चुनाव लड़ने जा रही है। लोग भले ही इनकी प्रशंसा में तत्काल कुछ न कह पाएं, पर लगता है कि झक मारकर उन्हें पटनायक के साथ जाना पड़ेगा।

यह मजे की बात है कि जो लोग इस तरह की बातें करते हैं, वे अगली सांस में यह जोड़ना नहीं भूलते कि बीजू घुटे हुए राजनीतिज्ञ हैं। उन्हें आप आसानी से बट्टे खाते में नहीं डाल सकते। कहते हैं कि वे अकेले ही कांग्रेस पर भारी पड़ सकते हैं। सचाई भी यही है कि उड़ीसा में जनता दल सिर्फ बीजू का जनता दल है। न इसका सामाजिक न्याय से कुछ लेना-देना है और न ही इस पार्टी की केंद्रीय राजनीति का राज्य राजनीति पर कोई असर पड़ने वाला है। पूरी पार्टी बीजू की जेब में है। जिसे चाहेंगे अगले चुनाव में टिकट देंगे, जिन्हें नहीं चाहेंगे, निकाल फेंकेंगे और कोई चूं भी नहीं कर पाएगा क्योंकि सबको पता है कि जो टिकट देगा, वही चुनाव लड़ने का साधन भी मुहैया कराएगा और यदि खुदा न खास्ता जीत जाते हैं तो उसके पीछे अपने योगदान से ज्यादा बीजू का योगदान होगा। इसलिए न चाहकर भी पूरी पार्टी बीजू के पीछे चलने को मजबूर है। पार्टी से यह प्रस्ताव पास करा कर कि चुनाव अगले साल प्रारंभ के बजाए इस साल अंत तक करा लिए जाएं, बीजू ने बचे-खुचे असंतोष की संभावना को भी क्षीण कर दिया है।

अब जितने प्रकार के लोकप्रियता के लटके-झटके हो सकते हैं, बीजू सब आजमा रहे हैं। महिलाओं के अधिकारों के प्रति बीजू की सरकार का रिकार्ड बहुत ही खराब रहा है। इसलिए उन्हें 30 प्रतिशत आरक्षण देकर भी वे अपनी छवि सुधार नहीं पा रहे हैं। बीजू की सरकार देसी शराब पर पाबंदी लगा रही है। इसके पीछे भी यही माना जा रहा है कि वे गांव की औरतों की सहानुभूति पाना चाहते हैं, जो अपने पुरुषों की शराबखोरी के कारण त्रस्त रहती हैं। यह नुस्खा उन्होंने आंध्र से उधार लिया है। इन सारे कदमों का कोई बहुत असर

पड़ता दिखाई नहीं दे रहा है। हालांकि उनके विरोधी उनकी क्षमता को कम करके नहीं आंक रहे हैं, पर यह साफ दिखाई दे रहा है कि उनके दांव सही नहीं पड़ रहे हैं। महिलाओं को प्रसन्न करने के उनके सारे प्रयासों को लोग यह कहकर उड़ा देते हैं कि जब इनके एक मंत्री ने एक औरत के साथ दुर्व्यवहार किया था तब इन्हीं बीजू ने कहा था कि हमारे मंत्री ने मर्दों वाला काम किया है। महिलाओं की बेहतरी के बारे में इनके उठाए कदमों को कोई गंभीरता से भला कैसे ले सकता है। वैसे भी अनेक किस्से राज्य में प्रचलित हैं।

इस बीच सरकार नए जिलों का निर्माण करने में लगी हुई है। इसके दो परिणाम हो रहे हैं। एक तो नए जिलों के पास साधन नहीं होने के कारण काम ठप है। दूसरे, अनेक नए जिलों की मांग उठ रही है। लाभ होने के बजाए इसका भी नुकसान सरकार को उठाना पड़ रहा है। बीजू की सरकार का पांचवां साल चल रहा है। चुनाव फिजा में है और संकेत बीजू के लिए खतरनाक हैं। कांग्रेस प्रसन्न बैठी देख रही है—अपनी सारी आपसी उठा-पटक के बावजूद।

(22 मार्च 1994, अमर उजाला)

इन उप चुनावों में सब हारे हैं

पिछले दिनों हुए उप चुनावों के परिणामों का आमतौर पर इस तरह विश्लेषण किया जा रहा है कि कांग्रेस ने अपनी स्थिति मजबूत कर ली है। प्रकारांतर से इसका अर्थ यह है कि देश में नरसिंह राव सरकार की नई आर्थिक और उदारीकरण की नीति को स्वीकार कर लिया है। यह भी कहा जा रहा है कि चूंकि अधिकांश चुनाव ग्रामीण क्षेत्रों में हुए हैं, इसलिए इसका एक निष्कर्ष यह भी निकाला जा सकता है कि किसानों ने गैट समझौते का आमतौर पर स्वागत किया है। कांग्रेस के सत्तारूढ़ होने के करीब तीन साल बाद चुनाव हो रहे थे, इसलिए यह माना जा रहा था कि लोगों में यदि सरकार के कामकाज के प्रति असंतोष होता, तो लोग उसे इन उप-चुनावों के माध्यम से व्यक्त करते। चूंकि कांग्रेस को आठ में से पांच लोकसभा की सीटें मिल गई हैं, इसलिए लोगों ने नरसिंह राव के नेतृत्व में आस्था व्यक्त की है, इसे न मानने का कोई कारण नहीं है। दूसरा निष्कर्ष यह निकाला जा रहा है कि भाजपा ने अपनी स्थिति बरकरार रखी है, जबकि वैशाली की हार ने न केवल लालू के मिथक को तोड़ा है, बल्कि जनता दल के विघटन की प्रक्रिया को भी तेज किया है।

ये तीनों निष्कर्ष पूरी तरह से ठीक नहीं हैं। सबसे पहले कांग्रेस के प्रदर्शन को लें। सरसरी तौर पर देखने से यह जरूर लगता है कि कांग्रेस का प्रदर्शन अच्छा है। आठ में से पांच लोकसभा की सीटें तथा 17 में से 5 विधानसभा सीटों के जीतने पर यदि कोई इस निष्कर्ष पर पहुंचता है, तो उसे बहुत दोष भी नहीं दिया जा सकता। इसके विस्तार में जाने से पहले जरा यह देख लें कि कांग्रेस की सचमुच उपलब्धि क्या है? कांग्रेस की सबसे बड़ी उपलब्धि मध्य प्रदेश है। जहां अभी छह माह पहले तक भाजपा सबसे शक्तिशाली पार्टी थी, वहीं आज उप चुनावों के बाद ऐसा लग रहा है कि यदि यही दशा रही तो कहीं मध्य प्रदेश में अगले चुनाव तक नई विपक्षी पार्टी ढूंढने की आवश्यकता न पड़ जाए। राजगढ़ संसदीय सीट पिछले चुनाव में दिग्विजय सिंह मुश्किल से ही जीत पाए थे। वही हाल चायोड़ा विधानसभा सीट का भी था। दोनों स्थानों पर कांग्रेस की जीत में मतों का अन्तर मामूली था। इस उप चुनाव में दोनों स्थानों पर मतों के अन्तर की खाई समुद्र समान हो गई है। निश्चय ही यह दिग्विजय सिंह या कांग्रेस के पुण्यों का फल ही नहीं है। इसमें यह संकेत भी छिपा है कि भाजपा की मध्य प्रदेश इकाई पूरी तरह से परास्त हो चुकी है।

कांग्रेस की दूसरी महत्त्वपूर्ण उपलब्धि हिमाचल प्रदेश है। वहां की हमीरपुर विधानसभा सीट अरसे से भाजपा के वरिष्ठ नेता ठाकुर जगदेव चंद की एक तरह से जागीर थी। उनके निधन से खाली हुई सीट इस बार कांग्रेस के पास चली गई है। जीत-हार की दूरी बहुत ज्यादा नहीं थी, पर वही क्या कम है कि ठाकुर जगदेव चंद की सीट पर भाजपा हार जाए। इसके

अलावा, यदि खींचतान कर एक उपलब्धि और निकालना चाहें तो कह सकते हैं कि नागालैंड की पश्चिम अंगामी विधानसभा सीट पर कांग्रेस की जीत राज्य की राजनीति में बहुत महत्त्वपूर्ण है।

इसके मुकाबले जरा कांग्रेस की कमजोरियों को देखें। सबसे पहले केरल। वहां कांग्रेस भले चुनाव न लड़ रही हो, पर इस उप चुनाव का महत्त्व कांग्रेस के लिए कम नहीं था। गुरुवायूर सीट कांग्रेस के सहयोगी दल इंडियन यूनियन मुस्लिम लीग के पास करीब बीस सालों से थी। मुस्लिम लीग के हाल के बंटवारे में इस क्षेत्र के विधायक सुलेमान सेत के साथ चले गए। उन्होंने नैतिकता के आधार पर इस क्षेत्र से त्याग पत्र दे दिया। इस उप चुनाव में मुस्लिम लीग के उम्मीदवार को सत्ताधारी कांग्रेस मोर्चे का समर्थन था। एक निर्दलीय को वाम मोर्चे तथा सुलेमान सेत की नई पार्टी इंडियन नेशनल लीग का समर्थन प्राप्त था, तो उग्र मुस्लिम नेता मदनी की पार्टी का प्रत्याशी भी मैदान में था। इस मुस्लिम बहुल चुनाव क्षेत्र में इस बात का फैसला होना था कि अयोध्या कांड के बाद मुस्लिम मानस अब क्या सोच रहा है। क्या वह कांग्रेस के साथ है या वह संयुक्त सोच के कारण किसी धर्मनिरपेक्ष मोर्चे के पक्ष में है या उस घटना की प्रतिक्रिया स्वरूप और अतिदायी सांप्रदायिक दिशा की ओर बढ़ रहा है। गुरुवायूर में वामपंथी निर्दलीय की जीत ने यह सिद्ध किया है कि सिर्फ उत्तर ही नहीं, दक्षिण के मुसलमान भी कांग्रेस को आसानी से माफ करने के लिए तैयार नहीं हैं। आने वाले खतरे की ओर रेलमंत्री जाफर शरीफ ने इस चुनाव के तत्काल बाद संकेत किया है।

कांग्रेस की इससे भी बुरी हालत तमिलनाडु में हुई है। सन् 67 के बाद से ही कांग्रेस तमिलननाडु में तभी अच्छा प्रदर्शन करती है जब या तो वह द्रमुक के साथ मिलकर चुनाव लड़े या फिर अन्नाद्रमुक के साथ। जब भी कांग्रेस ने अपनी स्वतंत्र सत्ता बनानी चाही, उसे मुंह की खानी पड़ी। अलग होकर कांग्रेस तमिलनाडु में हारती जरूर रही है पर पूरी तरह पस्त नहीं होती थी। इस उप चुनाव में दोनों विधानसभा सीटों पर न केवल कांग्रेस की जमानत जब्त हुई, बल्कि कहीं भी वह चौथे स्थान से ऊपर नहीं आ सकी। आंध्र में करनूल लोकसभा उप चुनाव कांग्रेस शायद इस बार जीत नहीं पाती, यदि वहां मुख्यमंत्री के सुपुत्र कांग्रेस प्रत्याशी न होते और उस सीट को खुद मुख्यमंत्री ने खाली न किया होता। सत्ता का समर्थन पाने के बावजूद करीब 18 हजार वोट से जीतना कोई जीतना नहीं है। दक्षिण के चार राज्यों में से तीन में उप चुनाव हुए और वहां कांग्रेस का प्रदर्शन कितना दयनीय रहा, वह इन उदाहरणों से ही समझा जा सकता है। इस साल के अंत तक दक्षिण के दो राज्यों में विधानसभा के चुनाव होने हैं।

महाराष्ट्र में कांग्रेस को लोकसभा की दो सीटें मिलीं। दोनों स्थानों पर कांग्रेस का मत प्रतिशत घटा है। उड़ीसा की मयूरभंज सीट पर कांग्रेस ने अपना कब्जा बरकरार रखा, परंतु वहां भी मत प्रतिशत में गिरावट आई है। पंजाब की एक सीट अकाली दल (बादल) को गई। यह बेअंत सिंह और कांग्रेस, दोनों के लिए बड़ा झटका है। कांग्रेस को सबसे घातक झटका उत्तर प्रदेश और बिहार में लगा है। उत्तर प्रदेश की एक लोकसभा तथा छह विधानसभा की सीटों में से किसी एक पर भी कांग्रेस दूसरे नंबर पर भी नहीं आई है। अधिकांश सीटों पर कांग्रेस की जमानत जब्त हुई है। बिहार की वैशाली संसदीय सीट पर जनता दल की

हार से कांग्रेसी भले ही प्रमुदित हो लें, पर क्या वे इस तथ्य पर भी ध्यान दे रहे हैं कि पहली बार कांग्रेस के साथ ऐसा हुआ है कि उसके उम्मीदवार को कुल मत के सिर्फ दो प्रतिशत ही मिले हों। यानी देश की दो सबसे बड़ी राष्ट्रीय पार्टियों को वैशाली में कुल मिलाकर सिर्फ तीन प्रतिशत मत मिले। भाजपा को वैशाली में एक प्रतिशत वोट मिला है। यह कहना फिजूल है कि दोनों की जमानतें जब्त हो गई हैं।

उप चुनावों के इस दौर ने भाजपा को और भी कई झटके दिए हैं। सपा-बसपा ने उत्तर प्रदेश में उनकी एक सीट छीनी है, अपनी सारी सीटें बरकरार रखी हैं और भाजपा का मत प्रतिशत सिर्फ छह महीनों में ही पांच से दस प्रतिशत तक नीचे आ गया है। पिछले दिनों भाजपा हिंदीभाषी क्षेत्र के बाहर भी अपने पैर फैला रही थी। इस उप चुनावों के दौर में भाजपा का पश्चिम बंगाल में मत प्रतिशत आधे से कम रह गया है। उड़ीसा की मयूरभंज सीट पर भाजपा पांचवें स्थान पर आई है और जमानत तो जब्त हुई ही है। महाराष्ट्र में पार्टी चुनाव मैदान से ही भाग गई। मध्य प्रदेश और हिमाचल की दशा का जिक्र हम पहले ही कर चुके हैं। इसके बाद भी यदि भाजपा का नेतृत्व दावा करता है कि उसकी पार्टी का प्रदर्शन बुरा नहीं रहा, तो इस पार्टी के भविष्य का भगवान ही मालिक है।

जनता दल से किसी को कोई खास अपेक्षा नहीं थी। लोगों का ध्यान वैशाली पर लगा था और वहां भी उद्देश्य लालू का मानमर्दन करना था, लेकिन सिर्फ वैशाली के आधार पर जनता दल के भविष्य का आकलन करना न उचित होगा न समीचीन। उत्तर प्रदेश में जनता दल के प्रदर्शन को भी देखना होगा। पिछले चुनाव के बाद भी जद के कुछ नेताओं ने सबक न लेने की ठान रखी है। वे यह मानने को ही तैयार नहीं कि उत्तर प्रदेश में उनकी अब कोई आवश्यकता नहीं रही। इस बार पांच सीटों पर जनता दल चुनाव लड़ा और पांचों पर जमानत गंवाई। जनता दल अब केवल तीन राज्यों—बिहार, उड़ीसा और कर्नाटक की पार्टी है, इस तथ्य को इस उप चुनाव के दौर ने और गहरे रेखांकित किया है। बिहार और उड़ीसा, दोनों राज्यों की संसदीय सीटों पर जनता दल के उम्मीदवार हारे जरूर हैं पर उनका प्रदर्शन यही सिद्ध करता है कि उन राज्यों के प्रमुख दल वही हैं।

वैशाली के नतीजे के आधार पर लालू को खारिज करना भी थोड़ी जल्दबाजी होगी। एक, वैशाली बिहार की प्रतिनिधि सीट नहीं है। बिहार में ऊंची जातियों के प्रभाव वाली गिनी-चुनी सीटें हैं, जिनमें वैशाली प्रमुख है। जिस तरह का अगड़ा ध्रुवीकरण वैशाली में हुआ है, वैसा ही यदि पूरे बिहार में हो जाता है तो सिर्फ 70 के करीब सीटों पर इसका फर्क पड़ेगा, लेकिन बची हुई करीब पौने तीन सौ सीटों पर इसकी क्या प्रतिक्रिया होगी, क्या इसके बारे में भी किसी ने सोचा है? सच तो यह है कि वैशाली की हार ने लालू को एक सीख तो दी ही, साथ ही उनके हाथ को थोड़ा और मजबूत भी किया है। पिछड़ों को लगा है कि बिहार में सत्ता छिन भी सकती है, यह तथ्य इन्हें और बांधेगा।

(13 जून 1994, अमर उजाला)

विपक्षी एकता के सपने न देखें

विपक्षी को अनायास ही यह मौका मिल गया। प्रतिभूति घोटाले पर कार्यान्वयन रिपोर्ट पेश करने में सरकार की धांधली ने विपक्ष को वह अवसर प्रदान कर दिया, जो पिछले कई सालों में काफी कोशिश कर के भी यह हासिल नहीं कर पाया था।

संसद का मानसून सत्र प्रारंभ होने से पहले कितने सोचा था कि भारतीय राजनीति में अचानक इतनी हलचल मच जाएगी। नरसिंह राव सरकार तीन साल पूरे करके चौथे साल में प्रवेश कर चुकी थी। अल्पमत सरकार का ठप्पा भी इस सरकार से इसी दौर में हटा था। यह बात दीगर है कि कैसे सरकार ने बहुमत हासिल किया। नरसिंह राव की पकड़ सरकार और संगठन, दोनों पर निर्विवाद रूप से मजबूत हो चुकी थी। तामझाम से दूर रहने वाले नरसिंह राव ने करोड़ों रुपए खर्च करके अपनी इस मजबूत स्थिति का सार्वजनिक ऐलान भी कर दिया था। अपनी सुदृढ़ स्थिति के प्रति वे इतने आश्वस्त थे कि उन्होंने एक तरह से लोगों को ललकार दिया था कि आप लोग चाहें तो उनके उत्तराधिकारी की खोज भी आरंभ कर सकते हैं। मतलब यह था कि जैसे जीते जी पंडित नेहरू को हटाने के बारे में कोई सोच भी नहीं सकता था परंतु उनके उत्तराधिकारी की चर्चा होती रहती थी। यह मानकर कि उनके बाद क्या स्थिति बनेगी, नरसिंह राव ने अपने आपको पंडित नेहरू की कोटि में मानकर कांग्रेसजनों को एक प्रकार की चुनौती दे दी थी।

ऐसे माहौल में संसद का मानसून सत्र प्रारंभ हो रहा था। विपक्ष अलग-अलग अनेक प्रयास करके भी कोई सार्थक जनांदोलन खड़ा नहीं कर पाया था। कई मुद्दे इस बीच उठाए गए। पहले प्रतिभूति घोटाला, फिर नई आर्थिक नीति का विरोध तथा कानून-व्यवस्था की बिगड़ती स्थिति को मुद्दा बनाने की कोशिश करके विपक्ष एक तरह से थक-हार चुका था। विपक्ष को यह बात समझ नहीं आ रही थी कि क्यों जनता इतनी उदासीन-सी है। इसलिए जब मानसून सत्र का प्रारंभ हुआ तो सबने मान लिया कि अब एक महीने तक नीरस राजनीति का दौर चलता रहेगा, कि अंधे विपक्ष के हाथ बटेर लग गई। प्रतिभूति घोटाला पर संयुक्त संसदीय समिति की रिपोर्ट पर क्या कार्रवाई की गई, सरकार ने इनका ब्यौरा सदन के पटल पर रखा। रिपोर्ट की तल्ख भाषा पर पहले ही दिन कुछ सांसदों को आश्चर्य हुआ, पर शायद ही तब किसी ने सोचा हो कि यह मामला इतना तूल पकड़ जाएगा।

विपक्ष बुरी तरह विभाजित था। अब भी है, पर सरकार ने कुछ ऐसा किया कि विभाजित विपक्ष भी एक के बाद एक अपने प्रयासों में सफल होता रहा और सरकार धीरे-धीरे परेशानी में फंसती गई। पहले सदन में हंगामा, फिर बायकॉट, उसके बाद सदन की विभिन्न कमेटियों से विपक्षी सदस्यों का त्यागपत्र और अब यह धमकी कि विपक्ष संसद की सदस्यता भी छोड़

सकता है। एक तबका तो यहां तक मानने लगा है कि इस घटनाक्रम का तार्किक परिणाम होगा—चुनाव। नरसिंह राव संकेत दे रहे थे कि चुनाव समय से कुछेक महीने पहले हो सकते हैं। अब कुछ लोग आशंका प्रकट कर रहे हैं कि कहीं बहुत पहले ही लोकसभा के चुनाव घोषित न हो जाएं। सरकार ने विपक्ष के कार्यकलापों को पहले तो गंभीरता से नहीं लिया और यह प्रयास करती रही कि अपनी गलती को विपक्ष की दायित्वहीनता के रूप में प्रस्तुत किया जाए, पर अब स्थिति बदली है। सरकार का एक वर्ग रामो-वामो सांसदों और नेताओं को गोपनीय ढंग से यह समझाने में लगा है कि इस सारे तूफान का फायदा अंततः भाजपा को मिल जाएगा। इसलिए आप लोग सोच-समझकर कदम उठाएं।

भाजपा, या यों कहें कि संघ परिवार का एक वर्ग इस बात से मन-ही-मन प्रसन्न हो रहा है कि फिर से एक बार पुराने दिनों की तरह मजबूरी में ही सही, पर विपक्षी एकता हो रही है। विपक्ष ने जिस तरह से संसद में संयुक्त अभियान-सा छेड़ रखा है, उससे भी यह भ्रम और मजबूत होता है कि फिर से पुराने दिनों की तरह विपक्षी एकता होगी और फिर संयुक्त विपक्ष कांग्रेस को परास्त करके सत्ता पर काबिज हो जाएगा।

यह तथ्य तो बिल्कुल ही नहीं है। यदि यह एक सुखद कल्पना भी है तो भी इसमें अनेक खामियां हैं। पिछले चार सालों में विपक्षी राजनीति का स्वरूप कुछ इस कदर बदला है कि कम-से-कम मुख्य राजनीतिक दलों के बीच किसी भी प्रकार की एकता आने वाले वर्षों में तो संभव नहीं दिखाई देती। इसका एकमात्र कारण है—भारतीय जनता पार्टी का अहंकार। सन् 89 और 91 की सफलता ने भाजपा का दिमाग ऐसा खराब किया कि उन्हें लगने लगा कि केंद्र की सत्ता अब उनके बिल्कुल करीब है। इस भ्रम में आडवाणी ने तो यहां तक घोषित कर दिया कि गैर कांग्रेसवाद अब समाप्त हो चुका है। भविष्य की राजनीति का केंद्र अब सिर्फ भाजपा होगी। एक ध्रुव पर भाजपा और दूसरे छोर पर सभी गैर भाजपा राजनीतिक दल। संघर्ष भारतीय संस्कृति के ध्वजवाहक और छद्म धर्मनिरपेक्षतावादियों के बीच होगा।

भाजपा का भ्रम ज्यादा दिनों तक नहीं चल पाया। अगले ही चुनाव में भाजपा उस राज्य में हार गई जो उसकी भविष्य की राजनीति का एकमेव आधार था। भाजपा के अंदर के समझदार तबके को तत्काल अहसास हो गया कि उनकी पार्टी अकेले लड़कर सत्ता प्राप्त करने की स्थिति में नहीं है। संघ परिवार के मुखिया यानी आरएसएस को यह अहसास और तेजी से हुआ। उन लोगों ने तत्काल कोशिश भी शुरू की। बहुराष्ट्रीय कंपनियों का विरोध, नई आर्थिक नीति के दुष्परिणाम तथा स्वदेशी और स्वावलंबन का प्रश्न कुछ ऐसे मुद्दे थे जिनको आधार बनाकर फिर से एक तरह की एकता कायम की जा सकती थी। जयप्रकाश नारायण तथा बिहार आंदोलन की स्मृतियों को भी ताजा करने का यत्न किया गया। थोड़ी-बहुत सफलता भी मिली, जब चन्द्रशेखर और जॉर्ज फर्नांडिस जैसे नेता संघ के प्रति थोड़ा नरम पड़ने लगे, पर यह सफलता यहीं तक सीमित रही। पिछले चार वर्षों में विपक्ष की राजनीति कुछ इस कदर मंदिर और मंडल के इर्द- गिर्द सिमटकर रह गई है कि बाकी सारे मुद्दे गौण होकर रह गए हैं।

यदि माहौल इतना विषाक्त नहीं होता तो आज फिर एक बार विपक्ष कांग्रेस को बुरी तरह परास्त करने की स्थिति में रहता। मुद्दे ही ऐसे हैं। देश और समाज भ्रष्टाचार से त्रस्त है और कांग्रेस भ्रष्टाचार के सबसे बड़े रक्षक और पोषक के रूप में सामने आ रही है। संसद

में जो हो रहा है, वह सरकार की घोर बेशर्मी का नमूना है। मंहगाई की मार और तेज हो रही है। नई आर्थिक नीति की सफलता के ढिंढोरे सरकार भले ही पीटती रहे, पर सचाई तो यही है कि देश में बेकारी भयानक रूप से बढ़ रही है। देश में दरिद्रों की संख्या में भयंकर वृद्धि हुई है। कुल मिलाकर जनजीवन और कठिन हुआ है। ये ऐसे मुद्दे हैं जिनको आधार बनाकर जो भी खड़ा होगा, देश उसके पीछे चल पड़ेगा। संसद की अचलावस्था से यह संकेत भी उभर रहे हैं, पर देश का दुर्भाग्य है कि इस ऊर्जा को इससे आगे नहीं ले जाया जा सकता।

स्थापित विपक्षी दलों के मुद्दे और एजेंडा ये नहीं हैं। इसलिए संसद की यह पहल बेकार ही जाएगी। चुनाव कब होंगे, पता नहीं। कांग्रेस जीतेगी ही, इसकी कोई गारंटी नहीं। कांग्रेस हार भी सकती है, पर सिर्फ एक ही बात अभी दावे के साथ कही जा सकती है कि चाहे जो भी हो, विपक्ष की एकता कम-से-कम अगले चुनाव तक तो नहीं हो सकती। इसलिए इस सपने को अभी तो भूल जाना ही अच्छा है।

(14 अगस्त, 1994 अमर उजाला)

विधानसभा चुनावों में अब तक के आसार

दो राज्यों में मतदाताओं ने राजनीतिज्ञों के भाग्य का फैसला करके बक्से में बंद कर दिया है। सिक्किम और गोवा के चुनाव परिणाम बाकी दो अन्य राज्यों—कर्नाटक और आंध्र प्रदेश के साथ ही घोषित किए जाएंगे। बाद के दोनों राज्यों में चुनाव अपने दूसरे दौर में प्रवेश कर चुका है। इस बार पहले की तरह गहमा-गहमी और धन तथा शक्ति का प्रदर्शन नहीं है। कहते हैं कि लोग शेषन के भय से आक्रांत हैं।

चूंकि मतदाता बहुत मुखर नहीं हैं इसलिए अटकलबाजी के अपने खतरे हैं, फिर भी कुछ बातें अभी कही जा सकती हैं। विधानसभा चुनावों का यह दौर कांग्रेस के लिए कोई बहुत अच्छी खबर लेकर नहीं आया है। अभी कुछ महीनों पहले तक भारतीय जनता पार्टी को सारे देश में विकल्प के रूप में उभरता हुआ माना जा रहा था। इस दौर के चुनाव के वर्तमान चरण तक जो संकेत मिल रहे हैं, वे भाजपा के लिए प्रसन्नता का संदेश लाते दिखाई नहीं दे रहे हैं। यह माना जा रहा था कि जनता दल तथा उसकी सहयोगी पार्टियां भूतकाल की वस्तु हो गई हैं। आंध्र और कर्नाटक इसे झुठलाने पर आमादा दिखाई दे रहे हैं। आंध्र में मुकाबला सिर्फ दो राजनीतिक शक्तियों के बीच सिमटकर रह गया है। एक तरफ कांग्रेस है और दूसरी तरफ तेलुगुदेशम। तेलुगुदेशम की कुछ सहयोगी पार्टियां भी हैं, लेकिन उनकी औकात पिछलग्गू से ज्यादा कुछ नहीं है। भारतीय जनता पार्टी पूरे राज्य में चुनाव लड़ रही है, पर उनका खुद का आकलन और आकांक्षा किसी तरह दहाई का आंकड़ा पार करना भर है। बहुजन समाज पार्टी छुपा रुस्तम बनने का दावा कर रही है, पर राज्य से मिले संकेत स्पष्ट हैं कि इनकी उपस्थिति भी हाशिए पर ही रहेगी। मुकाबला कांग्रेस और तेलुगुदेशम के बीच है और बीच लड़ाई में ही कांग्रेस के हौसले पस्त होते दिखाई दे रहे हैं।

कर्नाटक में स्थिति इतनी साफ नहीं है। फिर भी कुछ बातें इस दौर में भी कही जा सकती हैं। मसलन, कांग्रेस को पूर्ण बहुमत मिलने की संभावना नहीं के बराबर है। कांग्रेस राज्य में सबसे बड़ी पार्टी के रूप में यदि उभर आए तो उसे भी गनीमत ही कहना पड़ेगा। राज्य के पुराने मैसूर क्षेत्र में जिस तरह से जनता दल मजबूत दिखाई दे रहा है, यदि वह उसका विस्तार राज्य के अन्य क्षेत्रों में भी कर ले, तो शायद कांग्रेस सबसे बड़ी पार्टी के रूप में भी न उभर पाए। यह संभावना इसलिए भी बन रही है क्योंकि बंगारप्पा की कर्नाटक कांग्रेस अपने प्रभाव क्षेत्र में कांग्रेस को अच्छा-खासा नुकसान पहुंचा रही है।

पिछले विधानसभा चुनाव में भले ही भाजपा एक प्रभावशाली दल के रूप में न उभर पाई हो, पर लोकसभा चुनाव आते-आते इस दल ने खेल का स्वरूप बिल्कुल बदल डाला

है। भाजपा को करीब 29 प्रतिशत मत मिले। अनुमान था कि कांग्रेस चूंकि शासक दल है और उसे इस कारण स्वाभाविक ही एक हद तक जनरोष झेलना पड़ेगा, इसलिए यदि कांग्रेस के चार-पांच प्रतिशत वोट भी घटते हैं, तो उसका अधिकांश भाजपा की झोली में ही जाएगा। तर्क यह था कि वह सबसे ज्यादा संगठित दल है। दूसरा तर्क था कि वह सत्ता के अब बिल्कुल करीब है, इसलिए स्वाभाविक ही लोग इसके इर्द-गिर्द ही इकट्ठे होंगे। राज्य में जिस तरह के समाचार आ रहे हैं, उससे यह दावा पूरा होता दिखाई नहीं देता। हालांकि भाजपा अब भी हिंदुत्व के मुद्दे पर ही चुनाव लड़ रही है। हुबली में गोली चलने तथा उर्दू के विरुद्ध हिंसक आंदोलन को भी इसी दृष्टि से देखा गया था कि इससे हिंदू वोट बैंक और मजबूत होगा। अयोध्या तो अब भी लोगों के मानस पर परोक्ष रूप से हावी है। पता नहीं क्यों, राज्य में खबरें ऐसी नहीं आ रही हैं जो भाजपा को बहुत उत्साहित करें।

भाजपा का अपना अनुमान है कि कांग्रेस पहले नंबर पर रहेगी। दूसरे नंबर पर भाजपा होगी और तीसरे स्थान पर जनता दल होगा। लेकिन भाजपा के एकदम करीब तीसरा रहेगा। निरपेक्ष अध्येता भाजपा को बिल्कुल खारिज तो नहीं कर रहे हैं, पर उसे 30-35 के आंकड़े से ऊपर ले जाने को तैयार नहीं हैं। कुल मिलाकर स्थिति यह है कि कर्नाटक कांग्रेस के लिए झटका तो है ही। क्योंकि शासक दल है और बहुमत पाने से वंचित होता दिखाई दे रहा है, भाजपा के लिए भी यह कोई कम झटका नहीं होगा, क्योंकि यही दक्षिण का एकमात्र राज्य है जहां भाजपा इस स्थिति में थी कि वह अपनी सरकार बना ले।

एक तरफ मूलतः महाराष्ट्रीय हिंदू और दूसरी तरफ ईसाई तथा अन्य। एक तरफ मराठी भाषा के पैरोकार तो दूसरी तरफ कोंकणी को स्थापित करने का प्रयास करने वाले। दोनों के मतों में भी कोई खास अन्तर नहीं। करीब-करीब बराबर। सिर्फ 19-20 से फैसला होता रहा है। कभी इस तरफ, तो कभी उस तरफ। हालांकि राजनीतिक बंटवारे का आधार मूलतः वही रहा है, पर गोवा की राजनीति प्रत्यक्षतः सांप्रदायिक शायद ही कभी रही है। इस बार स्थिति बदली है। महाराष्ट्रवादी गोमांतक पार्टी भारतीय जनता पार्टी तथा शिव सेना ने शुद्ध धार्मिक आधार पर राजनीतिक गठबंधन खड़ा किया है। कोई आश्चर्य नहीं, यदि यह गठबंधन जीतकर सरकार भी बना ले, पर भाजपा के लिए यह कोई बड़ी जीत नहीं होगी, क्योंकि एक तो नेता पहले से तय है। अगर यह गठबंधन जीतता है तो मुख्यमंत्री मगोपा के रमाकांत दवलकर होंगे। भाजपा कनिष्ठ सहयोग से आगे नहीं बढ़ सकती। सिक्किम में कांग्रेस और भाजपा, दोनों के लिए संकट है। अन्य राष्ट्रीय दलों का अता-पता भी नहीं है। स्थानीय मुद्दे हैं और स्थानीय पार्टियां, इनमें से जीते कोई भी, राजनीति की दिशा वही रहेगी।

यानी कुल मिलाकर कांग्रेस के लिए बुरी खबर। शायद यही कारण है कि प्रधानमंत्री ने प्रारंभ में जो बातें कीं, अब वे उसमें पीछे हट रहे हैं। तब कहा था कि ये चुनाव उनकी प्रतिष्ठा से जुड़े हुए हैं। पहले दौर की चुनावसभाओं ने शायद उनके सामने यह स्पष्ट कर दिया कि प्रतिष्ठा को इससे जोड़ना खतरे से खाली नहीं होगा। दूसरे दौर में उन्होंने घोषणा की कि प्रतिष्ठा किसी एक व्यक्ति की नहीं, बल्कि पूरी पार्टी की इन चुनावों से जुड़ी हुई है। अर्जुन सिंह ने शायद इस संदेश को ठीक समझा है तभी तो वे कह रहे हैं कि कांग्रेस को विधानसभा चुनावों के परिणामों की चिंता नहीं करनी चाहिए। चिंता तो हमें सन् 96 के लोकसभा चुनावों की करनी है। यानी खेल जमने वाला है।

चुनाव के परिणाम आते ही कांग्रेस के अंदर एक तुमुल बयानबाजी होगी। यदि कांग्रेस जीतती है तो नरसिंह राव सन् 96 के लोकसभा चुनाव के लिए टिकटों का बंटवारा सिर्फ अपनी मुट्ठी में समेट लेंगे, पर इसकी संभावना फिलहाल दिखाई नहीं देती। इसलिए अर्जुन सिंह के ताजा बयान को जरा गौर से पढ़ना चाहिए और उसके शब्दार्थ को समझने की कोशिश करनी चाहिए। नारायण दत्त तिवारी और जगन्नाथ मिश्र तो सतह के खिलाड़ी मात्र हैं।

(24 नवंबर 1994, अमर उजाला)

केंद्र में राज्यों के ठाट वाली राजनीति

अगले लोकसभा चुनाव में किसी भी दल को स्पष्ट बहुमत नहीं मिलेगा, इस बात को एक बार फिर कहने का कोई मतलब नहीं है। राजनीतिक, चुनाव विश्लेषक, ज्ञानी पत्रकार और हर कोई यही कह रहा है। इसलिए इसे स्वीकार कर लेते हैं। इस संशोधन के साथ कि यदि इस बीच कोई चमत्कार नहीं हो जाता या कोई धरती झकझोरने वाली दुर्घटना नहीं हो जाती तो यह तय है कि 11वीं लोकसभा में कोई भी दल या अनेक दल मिलकर भी स्पष्ट बहुमत प्राप्त नहीं करने वाले, फिर क्या होगा?

इसका जवाब सिर्फ एक व्यक्ति के पास है, और वे हैं महामहिम राष्ट्रपति डॉ. शंकर दयाल शर्मा। आम तौर पर तो यह होना चाहिए कि जो भी दल सबसे बड़े राजनीतिक दल के रूप में उभरकर सामने आए, राष्ट्रपति उसे सरकार बनाने का मौका दें और एक तय समय के अंदर विश्वास मत प्राप्त करने का आदेश भी। इसमें भी पेंच है। ऐसी स्थिति में यदि कांग्रेस सामने आती है तो राष्ट्रपति को कोई दुविधा नहीं होनी चाहिए। यदि भाजपा अकेले कांग्रेस से एक सीट भी आगे रहती है तो भी राष्ट्रपति को निर्णय लेने में बहुत परेशानी नहीं होनी चाहिए। लेकिन यदि भाजपा-समता-शिवसेना मिलकर कांग्रेस से आगे रहती हैं तो फिर राष्ट्रपति का विवेक सक्रिय हो सकता है।

राष्ट्रपति के लिए सबसे बड़ी परेशानी तथाकथित तीसरा मोर्चा पैदा कर सकता है। एक तो इसी वजह से कि तीसरा मोर्चा वस्तुतः है क्या, यह तीसरे मोर्चे को भी अभी तक पता नहीं। इसलिए चुनाव के बाद कौन-कौन सी पार्टियां मिलकर अपने आप को तीसरा मोर्चा घोषित कर देंगी, यह अभी नहीं कहा जा सकता। दूसरे, राष्ट्रपति उन्हें क्या एक पार्टी मान कर सरकार गठन का न्यौता दे सकते हैं। सिद्धांत रूप में ये परेशानियां हैं जरूर लेकिन व्यावहारिक रूप में ऐसा होगा, इसकी संभावना कम है क्योंकि चुनाव समाप्त होते ही ये सारे दल इकट्ठा होकर एक नेता चुन लें और राष्ट्रपति के पास पहुंच जाएं ऐसा होगा, इसकी कल्पना कोई घोर आशावादी भी नहीं कर सकता। लेकिन इस शक्ति की इस कलहप्रिय और झगड़ालू प्रवृत्ति के कारण ऐसा भी नहीं होने वाला कि देश के समझदार मतदाता इस मोर्चे को बिल्कुल खारिज करके कांग्रेस या भाजपा के पक्ष में एक स्पष्ट जनादेश दे दें क्योंकि इनके नेता भी पहले से ही तय हैं और नीतियां भी साफ तौर पर लोगों के सामने हैं।

इस पर थोड़ा विचार करना चाहिए कि ऐसा क्यों नहीं होने वाला। क्यों लोग स्थायित्व को दरकिनार कर ऐसे मुद्दों पर वोट देने के लिए उतारू दिखाई दे रहे हैं जो न सिर्फ स्थिरता के लिए घातक हैं, बल्कि मध्यवर्ग और खासतौर पर शहरी मध्य वर्ग की, जो मूलतः उच्चवर्गीय भी है, नींद उड़ाने वाले हैं। मसलन, इन्हें नई अर्थनीति से कोई लेना- देना नहीं, राष्ट्रप्रेम

का संघी या कांग्रेसी स्वरूप इन्हें उत्साहित नहीं करता, स्वास्थ्य, शिक्षा या समाज कल्याण की बातें इनके लिए कोई मतलब नहीं रखतीं। उन्हें इतने भर से मतलब है कि इस राजनीति से उनके अपने समाज को क्या मिलने वाला है। अगर यह नितांत दरिद्र शहरी मतदाता है तो उसे लोकतंत्र के बदले एक दिन का पुरस्कार चाहिए। शराब, खाना, पैसा और एक दिन की मौज-मस्ती। अगर वह शहरी लुंपन (यही शब्द मूल आलेख में था, जिसे पत्रिका में संपादन के दौरान बदल कर 'लफंगा' कर दिया गया था–संपादक) नहीं है तो उसे चाहिए अपनी जाति का बढ़ता रसूख। अगर इस प्रक्रिया में केंद्र में अस्थिरता आती है तो आए। इन्हें इसकी परवाह नहीं क्योंकि उन्होंने राजनीति का सिर्फ यही उपयोग देखा है।

इसलिए, इस चुनाव के बारे में कुछ बातें अभी से कही जा सकती हैं। मसलन, इस बार का चुनाव राजनैतिक सत्ता प्राप्ति का चुनाव कम, और सामाजिक सत्ता की हिस्सेदारी का प्रयास ज्यादा होगा। लोग इस या उस राजनैतिक दल को कम, अपनी जाति या अपने समाज को ज्यादा वोट देंगे। इसके लिए कृपया सिर्फ मुलायम सिंह-लालू प्रसाद-कांशीराम को ही उत्तरदायी न करार दें। भाजपा-कांग्रेस की भी इस प्रक्रिया में जोरदार भूमिका रहेगी। 11वीं लोकसभा अब तक की हर लोकसभा से इस मायने में भिन्न होगी। क्योंकि इस बार ऐसे तत्व इसमें होंगे, जिन्हें हम अब तक नगरपालिकाओं- पंचायतों और ज्यादा से ज्यादा विधानसभाओं में देखते रहे हैं। इसका अर्थ यह हुआ कि आगे से केंद्र में भी प्रदेशों के ठाट वाली राजनीति का पदार्पण होगा जो आज के वेस्टमिंस्टर लोकतंत्र के प्रेमियों के लिए सदमे की स्थिति हो सकती है। इन तत्वों से बनी सरकार की स्थिरता और नैतिकता के अपने अलग ही मानदंड होंगे। राजनैतिक पार्टियां चाहे जो भी सत्ता में हों, व्यक्ति तो ऐसे ही होंगे। जाहिर है, केंद्र की भूमिका का ह्रास होगा, संघीय ढांचे को एक नए प्रयोग से गुजरना होगा, लेकिन हम सबसे पहले इसे झेलेंगे राष्ट्रपति। हमारी शुभकामनाएं।

(30 अप्रैल 1996, विचारार्थ इंडिया टुडे)

चुनाव आयोग के डंडे का असर दिखाई दिया

इस बार के आम चुनाव में न कोई लहर दिखी और न ही कोई मुद्दा। पिछले चुनाव में मंदिर, मंडल जैसे केंद्रीय मुद्दे उभरे थे और उनका प्रभाव भी दिखा था लेकिन इस बार ऐसा कोई मुद्दा उभर ही नहीं पाया। स्थानीय राजनीति, राज्य की राजनीति और स्थानीय मुद्दों ने ही ग्यारहवीं लोकसभा चुनाव को प्रभावित किया है।

यह तय है कि इस बार किसी भी दल को स्पष्ट बहुमत नहीं मिल रहा। त्रिशंकु संसद बनने पर सांसदों का मोल-भाव भी जमकर होगा। देश की प्रमुख पार्टियां जो सरकार बनाने का दावा कर रही हैं, वे भी अपनी पार्टी के सिद्धांत को दरकिनार कर सुविधानुसार सांसदों की खरीद-फरोख्त करेंगी। अनुमान लगाया जा सकता है कि पूर्ण बहुमत प्राप्त करने के लिए कांग्रेस के अलावा भाजपा और रामो-वामो को ढेर सारे सांसदों के समर्थन की जरूरत पड़ेगी। अब तो आने वाला समय बताएगा कि सांसदों का समर्थन पाने के लिए विभिन्न दल किस प्रकार की रणनीति बनाते हैं और कौन पार्टी किस हद तक जाकर सांसदों को अपने पाले में करने में सफल होती है।

मेरी व्यक्तिगत राय है कि राजनीति में कुछ भी असंभव नहीं है। पिछले दिनों घटी अनेक घटनाओं से यह बात प्रमाणित भी हुई है। बसपा वाले भाजपा को अपना राजनीतिक शत्रु मानते रहे थे, लेकिन जब उत्तर प्रदेश में उन्हें भाजपा और कांग्रेस के समर्थन से सरकार बनाने का अवसर मिला तो उनकी सारी शत्रुता जाती रही। कुछ इसी तरह की स्थितियां इस बार भी आ सकती हैं। इस तरह की सरकार समाज के सामने आने वाली चुनौतियों का सामना कर पाएगी, इसमें संदेह है।

यह भी तय है कि इस बार जो भी सरकार केंद्र में बनेगी, वह अपना पांच वर्ष का कार्यकाल पूरा नहीं कर पाएगी। मध्यावधि चुनाव होना तय है और इसे मैं बहुत बुरा नहीं मानता। मेरे विचार से यह सरकार अगर एक वर्ष की अवधि में भी देश के लिए कुछ बेहतर कर सकती है तो उस कीमत पर मध्यावधि चुनाव को बर्दाश्त किया जा सकता है और देश पर इसका जरा भी नकारात्मक प्रभाव नहीं पड़ेगा। यह कहना भी गलत है कि फिर चुनावों से देश पर अतिरिक्त आर्थिक बोझ पड़ेगा। चुनावों में जो काला धन खपता रहा है, वही खपेगा और उसी से चुनाव होगा।

पिछले चुनावों की तुलना में इस बार के आम चुनाव में चुनाव आयोग के डंडे का असर जरूर दिखाई दिया। शायद यही वजह है कि पार्टी से जुड़े उम्मीदवार ही नहीं, निर्दलीय प्रत्याशी भी चुनाव आयोग द्वारा निर्दिष्ट आदर्श आचार संहिता के दायरे में सिमटने के लिए मजबूर हुए। उम्मीदवार ही नहीं, पार्टियां भी खर्चों में कटौती के लिए बाध्य हो गईं। चुनावी शोशेबाजी,

बैनरबाजी पर काफी हद तक आयोग का नियंत्रण प्रभावी रहा और इसे देश की जनता ने भी महसूस किया। सच कहा जाए तो मतदाता एक लंबे अरसे से चुनावी हल्ले से ऊब चुका था किंतु उसे इस बात का कतई एहसास नहीं था कि चुनाव आयोग कभी सख्त भी हो सकता है और उसकी सख्ती का असर साफ-साफ दिखाई भी देगा। लेकिन इतना ही संतोषजनक नहीं है। अभी आयोग को और भी सक्रिय होने की जरूरत है। चुनाव प्रचार में फीकेपन के बावजूद पिछले आम चुनाव की तुलना में इस बार के आम चुनाव में मतदान का प्रतिशत बढ़ा है क्योंकि इस बार मतदाता ने आयोग के अंकुश भरे कदमों के चलते निडर भाव से मतदान में हिस्सा ही नहीं लिया, बल्कि उसका वोट किस प्रत्याशी या पार्टी के पक्ष में जाएगा, इस बात का एहसास भी नहीं होने दिया। लोगों ने बेहिचक, बेरोक-टोक एवं निर्भीक होकर चुनाव में भाग लिया है। केवल गुजरात और केरल में कुछ कम मतदान हुए। कुल मिलाकर चुनाव आयोग का डर उम्मीदवारों एवं नेताओं पर हावी रहा। मतदाताओं ने भी चुनाव आयोग के डंडे के सहारे शांत एवं बिना भय के मतदान में हिस्सा लिया।

मतदाताओं की चुप्पी के कारण इस बार मतदान व्यवहार का पता नहीं चल पाया। लेकिन चुनावों के नतीजे साफ बता रहे हैं कि मुस्लिम-सिख एवं अन्य अल्पसंख्यक समुदायों का रुझान किस तरफ रहा है।

(11 मई, 1996, राष्ट्रीय सहारा, हस्तक्षेप)

कश्मीर : समस्या समाधान

कृपया कश्मीर को पंजाब की तरह न सुलझाएं

पंजाब में लोकतांत्रिक ढांचे की पुनर्स्थापना की अपनी तथाकथित सफलता से उत्साहित नरसिंह राव सरकार अपने चमकदार मुकुट में एक कलगी और खोंसकर अब जम्मू और कश्मीर में एक निर्वाचित सरकार गठित करने की प्रक्रिया प्रारंभ करने जा रही है। कश्मीर समस्या के सर्वसम्मत समाधान ढूंढने की दिशा में राजनीतिक-आर्थिक पैकेज आदि पेश करने की बातें भी होने लगी हैं। समय-समय पर इस तरह के पवित्र विचार व्यक्त करते रहने से सरकार की सदिच्छा और प्रधानमंत्री की सदाशयता प्रकट होती रहती है। छोटी-मोटी समस्याओं का समाधान भी इस प्रक्रिया से होता रहा है। कश्मीर समस्या कितना गंभीर रूप धारण कर चुकी है, इसका अंदाजा शायद न तो हमारे राजनेताओं को है, जो वैसे भी वास्तविकता से अक्सर कोसों दूर रहते हैं और न ही भारतीय जनमानस को, जो अब तक कश्मीर समस्या को एक विशेष कोण से ही देखने के लिए बाध्य रहा है। कश्मीर समस्या की जड़ काफी गहरी है। घाटी का अलगाववादी मानस आज जिस तरह से रूढ़ हो चुका है अब वह किसी आर्थिक पैकेज या सिर्फ राजनीतिक प्रक्रिया प्रारंभ करने की चेष्टा मात्र से शांत होने वाला नहीं है। पंजाब, पूर्वोत्तर राज्य या केंद्र-राज्य संबंधों में दरार के कारण उत्पन्न समस्याओं से कश्मीर समस्या की तुलना नहीं की जा सकती, इसलिए इस गैर-पारंपरिक समस्या का कोई पारंपरिक समाधान ढूंढने की चेष्टा करना व्यर्थ तो होगा ही, बहुमूल्य समय की भी बरबादी होगी। और जैसे-जैसे समय बीत रहा है, यह समस्या जटिल से जटिलतर ही होती जा रही है, जिसका अहसास दिल्ली में बैठकर टुच्ची राजनीति करने वाले नेताओं को शायद बिल्कुल नहीं है। वरना राजनीतिक प्रक्रिया प्रारंभ होने की चर्चा छिड़ते ही कांग्रेसी आपस में उसी तरह पारंपरिक जूतमपैजार नहीं शुरू कर देते, जैसा आमतौर पर अन्य राज्यों में करते रहे हैं। दुख और शर्म की बात है कि कश्मीर के मामले में भी ऐसा ही हो रहा है।

चुनाव की बात सुनते ही कश्मीर की मृतप्रायः कांग्रेस में आपसी संघर्ष की सुगबुगाहट तेज हो गई है। एक तरफ गुलाम नबी आजाद का खेमा है तो दूसरी तरफ गुलाम रसूल कार का। आजाद कभी कश्मीर जाकर राजनीति का ककहरा भी नहीं शुरू कर पाए और कार कांग्रेस का अध्यक्ष बनने के बाद से शायद ही कभी श्रीनगर जाकर कोई भी राजनीतिक कार्य कर पाए हों। इनकी राजनीति का यह आलम है कि घाटी में घूमने का साहस नहीं, दिल्ली में ही जमे रहकर कश्मीर की राजनीति की बागडोर अपने हाथ में रखना चाहते हैं। इससे भी ज्यादा शर्मनाक स्थिति कांग्रेस की केंद्रीय राजनीति के कुछ धुरंधरों की है जो अपनी आंतरिक गुटबाजी को खींच-तानकर कश्मीर राजनीति को भी उसमें समेटने में संकोच नहीं करते। एक हैं संचार राज्यमंत्री राजेश पायलट, ऐसे खुदाई खिदमतगार, जो अपने को

गृहमंत्री से कम नहीं समझते। देशभर की वे सारी समस्याएं, जिनसे निपटने का जिम्मा गृहमंत्री का होना चाहिए, राजेश पायलट अपने ऊपर ओढ़कर उनका समाधान करने निकल पड़ते हैं। गृहमंत्री हैं कि अपने अधिकार क्षेत्र में इस तरह के अवांछित घुसपैठ को रोकने की बजाय, उन्हीं के स्तर पर उतरकर उनके साथ कांग्रेस की आंतरिक गुटबंदियों की लड़ाई को और तेज करते हैं। यह इसी का परिणाम है कि राजेश पायलट अब अपनी राष्ट्रीय गूजर राजनीति के सहारे कश्मीर समस्या का समाधान ढूंढ रहे हैं। उनकी राय है कि कश्मीरी मुसलमानों की कुल आबादी का करीब 30 प्रतिशत गूजर-बकरवाल हैं। पायलट चूंकि इस समुदाय के सर्वमान्य नेता हैं और यह संप्रदाय इनके ही कहने पर चलता है, इसलिए कश्मीर समस्या के समाधान की कुंजी इनके ही पास है। पायलट का दृढ़ विश्वास है कि वे खुद और उनके मित्र तथा प्रदेश कांग्रेस के वर्तमान अध्यक्ष गुलाम रसूल कार के हाथों में यदि इस समस्या को पूरी तरह से छोड़ दिया जाए तो वे इसका सर्वमान्य हल ढूंढ निकालेंगे।

पायलट के इस हास्यास्पद प्रस्ताव को दृढ़ता से ठुकराकर इस समस्या की गंभीरता को समझने की बजाय गृहमंत्री शंकर राव चव्हाण और संसदीय कार्यमंत्री गुलाम नबी आजाद इन्हीं के स्तर पर उतर इनकी राजनीति कर रहे हैं। पायलट की काट के रूप में इन वरिष्ठ मंत्रियों ने कस्बा स्तर के एक गूजर नेता को ढूंढ निकाला है जो सरकारी शह पर इन दिनों बार-बार कश्मीर की राजनीति में हस्तक्षेप का प्रयास कर रहे हैं। अवतार सिंह भडाना नामक इस सांसद की राय है कि गुलाम रसूल कार के स्थान पर किन्हीं मियां बशीर को कांग्रेस का अध्यक्ष बना देना चाहिए क्योंकि वे खुद गूजर-बकरवाल हैं। बाकी भड़ाना संभाल लेंगे।

यानि यह है कांग्रेस की राजनीतिक सोच का स्तर। आर्थिक सोच यह है कि कश्मीर की जनता की बेहतरी के लिए पिछले कई सालों में सरकार समय-समय पर जो आर्थिक कदम उठाती रही है, उनकी कमियों की जांचकर के उन छिद्रों को भरने की कार्रवाई तत्काल प्रारंभ की जाएगी। कुछ और छोटी-मोटी राहतें और इसके बाद चुनाव। फिर सब कुछ वैसे ही सामान्य हो जाएगा जैसा चुनाव के बाद पंजाब में हो गया है। राजनीतिक सोच के दिवालिएपन का इससे उत्तम उदाहरण और क्या हो सकता है।

इस दुर्दशा को प्राप्त होने के बाद यदि अब भी मौके की नजाकत को नहीं समझा गया तो कश्मीर को अलग राह जाने से रोकना असंभव हो जाएगा। कांग्रेसी अब भी यह समझ पाने में असमर्थ हैं कि कश्मीर की वर्तमान परिस्थिति के लिए सबसे ज्यादा जिम्मेदार वही हैं। अब भी कश्मीर में कांग्रेस को स्थापित करने की अपनी लिप्सा की टुच्ची राजनीति स्थगित नहीं करते तो कश्मीर को विनाश की दिशा में जाने से नहीं रोका जा सकता। घाटी से नेशनल कांफ्रेंस को हटाकर के उस जगह को खुद लेने की चेष्टा करना कांग्रेस की ऐतिहासिक भूल थी, जिसका खामियाजा अब भी देश को भुगतना पड़ रहा है। नेशनल कांफ्रेंस और उसका नेतृत्व अपनी तमाम कमजोरियों और गलतियों के बावजूद कश्मीरी जनता की भावनाओं का प्रतिनिधित्व करता था। पंडित जवाहर लाल नेहरू और संविधान के निर्माताओं ने इस तथ्य को बखूबी समझा था। संविधान की धारा 370 और घाटी में कांग्रेसी राजनीति के प्रदेश पर एक अघोषित प्रतिबंध उसी समझ का परिणाम था। जितनी बार भारत की एकता और अखंडता तथा राष्ट्र-राज्य की अवधारणा की स्थापना के नाम लेकर इस पर प्रहार किया गया,

नेशनल कांफ्रेंस की संयमित पकड़ घाटी के लोगों पर ढीली पड़ती रही और उस जाल से निकले लोग भिन्न-भिन्न प्रकार की अलगाववादी शक्तियों के शिकंजों में कसते चले गए। घाटी में राष्ट्रीय धारा क्षीण पड़कर समाप्तप्राय सी हो गई और विलगाववादी धारा शक्तिशाली होकर कश्मीर राजनीति की मुख्यधारा में परिवर्तित होने लगी।

यह सच है कि आजादी के समय कश्मीर के महाराजा ने भारत में विलय के रितु पक्ष में अपना मत दिया था। यह उसी तरह सत्य है कि जूनागढ़ के नवाब और हैदराबाद के निजाम अपने जनमत की राय की परवाह न करते हुए भारतीय संघ में शामिल न होने की बात सोच रहे थे और अंततः जिन्हें प्रबल जनमत के समक्ष झुकना पड़ा। कश्मीर में यदि शेख अब्दुल्ला का नेतृत्व न होता तो महाराजा की इच्छा के बावजूद कश्मीर हैदराबाद या जूनागढ़ की परिस्थिति को प्राप्त हो सकता था इसकी पूरी आशंका थी। शायद कश्मीर उस दशा को इसलिए भी नहीं प्राप्त हुआ कि कश्मीरी मानस में तब भी एक ऐसा बीज कहीं छिपा हुआ था जो अपनी अस्मिता को पाकिस्तान की कठोर मिट्टी में दफन नहीं देखना चाहता था। भारत के राष्ट्रीय नेतृत्व ने इस आकांक्षा को पहचानकर ही धारा 370 का सृजन किया। कश्मीर को भारतीय संघ में एक विशेष दर्जा दिया तथा यह माना कि शेख अब्दुल्ला के नेतृत्व में नेशनल कांफ्रेंस ही कश्मीर में राजनीति की मुख्य धारा का प्रतिनिधित्व करेगी, न कि कांग्रेस।

आजादी के तत्काल बाद से ही भारतीय राजनीति में क्षरण की जो प्रक्रिया प्रारंभ हुई और श्रीमती इंदिरा गांधी के शासनकाल तक आते-आते जो अपनी पराकाष्ठा पर पहुंची, उसका नतीजा देश के भिन्न-भिन्न भागों को अनेक प्रकार से भुगतना पड़ा। कश्मीर की स्थिति चूंकि विशिष्ट थी, इसलिए राष्ट्र-राज्य की एक पश्चिमी अवधारणा को भारतीय संघ पर चस्पां करने के क्रम में ये विचार हावी होने लगे कि राष्ट्रीय एकता और अखंडता की सुरक्षा तभी संभव है जब केंद्र निरंकुशता की हद तक मजबूत हो। यह व्याधि सिर्फ केंद्र-राज्य संबंधों तक ही सीमित नहीं रही, राजनीतिक दल आपसी व्यवहार में भी इससे ग्रसित होते गए। मुख्यमंत्रियों का नामांकन तथा राज्य स्तर पर पार्टी संगठन के गठन से लेकर जिला-कस्बे स्तर की राजनीति का संचालन भी केंद्र और केंद्र स्थित एक व्यक्ति की इच्छा से होने लगा। सिर्फ कांग्रेस ही नहीं, करीब-करीब अन्य सारे राजनीतिक दल भी इस बीमारी के शिकार रहे।

राज्य सरकारें अलग स्वर में बोलने का साहस कर रही हैं, बर्खास्त कर दो। राज्य अपने आर्थिक अधिकारों के बारे में सचेत हो रहे हैं, विधानसभा भंग करके राष्ट्रपति शासन लगा दो। कश्मीर में शेख अब्दुल्ला केंद्र की नीतियों से असहमति व्यक्त कर रहे हैं, देशद्रोही करार कर जेल में डाल दो। कश्मीर में ऐसी स्थिति हो गई है कि जो भी राजनेता या राजनीतिक दल केंद्र की तत्कालीन सरकार के कहने में नहीं है, उन्हें बर्खास्त कर दो और जेल में डाल दो। नेशनल कांफ्रेंस, जमात-ए-इस्लामी, पीपुल्स कांफ्रेंस, इत्तेहादुल मुसलमीन, मुस्लिम कांफ्रेंस, उम्मत-ए-इस्लामी, जेकेएलएफ, पाकिस्तान समर्थक, आजादी चाहने वाले, न आजादी चाहने वाले और न ही पाकिस्तान से मिलने की इच्छा रखने वाले, परंतु सच बोलने का साहस करने वाले सारे एक ही डंडे से हांककर देशद्रोही करार दिए गए। इस सबके बाद अब कश्मीर की राजनीति एक ऐसे मुकाम पर पहुंची है, जहां प्रशासकों की गलत नीतियों के कारण वे

सारे तत्व जो कभी इकट्ठा नहीं हो सकते थे, कम-से-कम इस मुद्दे पर एक साथ हैं कि केंद्र की पहल पर किसी भी राजनीतिक प्रक्रिया की शुरुआत को विफल कर देंगे।

पंजाब में स्थिति इससे कहीं ज्यादा अच्छी थी। कम-से-कम कुछ राष्ट्रीय दल हैं और यह दावे के साथ नहीं कहा जा सकता कि खाड़कू ही पंजाब के जनमानस के वास्तविक प्रतिनिधि हैं। कश्मीर में धागे का वह सिरा भी नहीं दिख रहा है जिसे पकड़कर इस गुत्थी को सुलझाने की कोशिश की जा सके। इसलिए सिर्फ राजनीतिक-आर्थिक पैकेजों की शोशेबाजी से काम नहीं चलेगा। कुछ गहरे उतरकर केंद्र-राज्य संबंधों की पुनर्व्यवस्था तथा राष्ट्र-राज्य की अवधारणा पर थोड़ा गहरा मंथन करना पड़ेगा। कश्मीर गहरी गुत्थी है।

(9 अप्रैल 1992, अमर उजाला)

कश्मीर की वास्तविकता को कैसे समझें

कश्मीर घाटी में स्थिति और बिगड़ी है लेकिन इसकी गंभीरता का अंदाजा दिल्ली की राजनीतिक गतिविधियों से नहीं चलता है। केंद्र में सरकार के पास कोई सुविचारित नीति तो है ही नहीं, सोच की कोई सुस्पष्ट धारा भी नहीं है। गृहमंत्री कुछ बोलते हैं, तो संचारमंत्री कुछ और। राज्यपाल तीसरी बात करते हैं। आश्चर्य की बात यह है कि तीनों बातें परस्पर काटती हैं।

इस शैली का सर्वोत्कृष्ट रूप जनता दल शासन के समय देखने को मिला था। गृहमंत्री के रूप में मुफ्ती मोहम्मद सईद जो कहते थे, कश्मीर मामलों के प्रभारी मंत्री के रूप में जॉर्ज फर्नांडीस उसकी काट तत्काल प्रस्तुत कर देते थे। तत्कालीन राज्यपाल जगमोहन की अपनी एक बिल्कुल अलग लाइन थी। इस विरोधाभास को तत्कालीन प्रधानमंत्री ने इस तरह जायज ठहराया था कि हमारी कश्मीर नीति ब्रह्मा के मुख की तरह है। ऊपर से देखने पर ऐसा लग सकता है कि तीनों मुख अलग-अलग बातें कर रहे हों, लेकिन वास्तव में ऐसा होता नहीं क्योंकि इन बातों का समन्वय एक ही मस्तिष्क करता है। जाहिर है, मस्तिष्क की भूमिका में उन्होंने स्वयं को रखा था। उस महान मस्तिष्क और परस्पर विरोधी मुखरता ने कश्मीर को आज जहां पहुंचाया है, वह सबके सामने है।

वर्तमान सरकार और उसके प्रधानमंत्री ब्रह्मा होने का दावा तो नहीं करते, लेकिन इनके कार्य व्यापार पिछली सरकार की गतिविधियों से बहुत भिन्न हैं, ऐसा भी नहीं लगता। संचारमंत्री और कश्मीर समस्या के स्वयंभू नियंता राजेश पायलट बीच-बीच में गुप्त रूप से घाटी की यात्रा करते रहते हैं। लौटकर वे अक्सर ऐसा चित्र बनाते हैं मानो सारे आतंकवादी और विघटनकारी तत्व शीघ्र ही भोले-भाले बालकों की तरह अपनी गलती मानकर मुख्यधारा में शामिल होने वाले हैं। बस, थोड़ा समय और कुछ ज्यादा अधिकार पायलट को दे दीजिए और देखिए कैसे यह समस्या चुटकियों में हल हो जाती है।

केंद्रीय गृहमंत्री शंकर राव चव्हाण की अपनी एक बिल्कुल अलग दिशा है, जिसकी जद में शायद पायलट कहीं आते ही नहीं। पायलट जब आतंकवादियों के मुख्यधारा में आने की संभावना व्यक्त कर रहे होते हैं तो गृहमंत्री स्थिति का कड़ाई से मुकाबला करने की बात करते हैं। पायलट लंबी अवधि की आवश्यकता को ध्यान में रखकर घाटी में राजनीतिक प्रक्रिया की शुरुआत का प्रयत्न करते हैं तो शंकर राव कश्मीर में तत्काल चुनाव कराए जाने के बारे में वक्तव्य दे रहे होते हैं। मजे की बात यह है कि दोनों के सरोकार कश्मीर कम और आपसी उठा-पटक ज्यादा रहते हैं। नतीजा यह होता है कि कश्मीर समस्या के गहरे अध्येता यह तय ही नहीं कर पाते कि वास्तव में सरकार वहां क्या कर रही है या क्या करने वाली है।

शायद पत्रकारों और कश्मीर विशेषज्ञों की इस परेशानी को दूर करने के लिए ही राज्यपाल ने खुद इनसे मिलने का निर्णय किया। पिछले सप्ताह दिल्ली में राज्यपाल सक्सेना ने कुछ वरिष्ठ पत्रकारों और कश्मीर विशेषज्ञों को एक अनौपचारिक वार्ता के लिए आमंत्रित किया। इस लंबी बातचीत में अनेक बातें प्रकाशन के लिए नहीं थीं। यदि उन बातों को फिलहाल छोड़ भी दें तो भी यह निष्कर्ष आसानी से निकाला जा सकता है कि घाटी में स्थिति भयावह है, जिसका अंदाजा दिल्ली या शेष भारत में लोगों को बिल्कुल नहीं है और दिल्ली में बैठे उन राजनीतिज्ञों को शायद और भी नहीं, जो प्रधानमंत्री की नजरों में चढ़ने के लिए बिना सोचे-समझे बयान देते रहते हैं।

राज्यपाल विदेशी माध्यमों के इस प्रचार से चिंतित थे कि आतंकवादी कार्रवाइयां अब घाटी से बाहर भी फैल रही हैं। पिछले दिनों जम्मू में डोडा, भद्रवाह, पुंछ और राजौरी सहित कई क्षेत्रों में अचानक आतंकवादी गतिविधियों में तेजी आई, जिसका बीबीसी तथा वॉयस आफ अमेरिका सहित अनेक विदेशी संचार माध्यमों में जमकर प्रचार हुआ। इससे कुछ ऐसा माहौल बना कि घाटी के अलावा अब अन्य क्षेत्रों में भी सुरक्षा बलों को जमकर मुकाबला करना पड़ रहा है। राज्यपाल यह बताना चाहते थे कि स्थिति वास्तव में ऐसी नहीं है। आतंकवादी गतिविधियां बढ़ी जरूर हैं, लेकिन वह वस्तुतः पाकिस्तान की बौखलाहट का नतीजा हैं।

पाकिस्तान का खुफिया तंत्र यानि इंटर सर्विसेज इंटेलिजेंस किसी भी हालत में यह नहीं चाहता कि कश्मीर घाटी में किसी भी तरह की साधारण व्यवस्था भी स्थापित हो सके, जबकि पिछले दिनों कश्मीर घाटी में स्थिति थोड़ी बदली थी। वहां की आम जनता अनावश्यक आतंकवादी गतिविधियों के विरुद्ध थोड़ा मुखर होने लगी थी। सड़कों और पार्कों में लोगों का आना-जाना बढ़ा था। ईद और बकरीद शांतिपूर्वक संपन्न हो गए थे। घाटी के उर्दू अखबारों में यह बहस प्रारंभ हो रही थी कि घाटी से बाहर चले गए पंडितों को कैसे वापस लाया जाए। इस बहस में विभिन्न आतंकवादी गुटों के प्रवक्ता भी भाग ले रहे थे। हालांकि कोई किसी नतीजे पर नहीं पहुंच पा रहा था।

दूसरी ओर सुरक्षा बलों को कड़ा मुकाबला करना पड़ रहा था। उनकी जान-माल का नुकसान भी हो रहा था, लेकिन आतंकवादियों पर सुरक्षा बल हावी भी हो रहे थे। प्रशासन यह संदेश वहां पहुंचाना चाहता था कि लड़ाई चाहे जितनी लंबी चले, यह तय है कि इस रास्ते कश्मीर को आजादी कभी नहीं मिल सकती। यह संदेश धीरे-धीरे कई जंगजू संगठनों के समझ में आने लगा था। जाहिर है कि ऐसे वातावरण में सबसे ज्यादा दिक्कत पाकिस्तान में आई एस आई को होने वाली थी। यही कारण है कि यह संस्था आजकल कुछ अतिरिक्त सक्रिय है। यह इसी का नतीजा है कि आतंकवादी गतिविधियां इन दिनों घाटी के बाहर भी देखने में आ रही हैं।

राज्यपाल ने जो बात नहीं कहीं, वह यह थी कि इन तोड़-फोड़ की गतिविधियों में अचानक आई तेजी का एक कारण गृहमंत्री महोदय का वह बयान भी है जिसमें उन्होंने दावा किया है कि अगले छह महीने में सरकार जम्मू-कश्मीर में चुनाव करा देगी। गृहमंत्री के इस विश्वास का आधार तो वे ही जानें, लेकिन शायद उन्हें इस बात का अंदाजा नहीं है कि उनके बयान ने घाटी की राह पर आती स्थिति को कितना पीछे धकेल दिया है। पाकिस्तानी गुप्तचर संस्था पर तो निश्चय ही उनके आकाओं से दबाव बढ़ा होगा कि आखिर वे कर क्या रहे हैं कि

न केवल घाटी में स्थिति सामान्य होती दीख रही है बल्कि गृहमंत्री चुनाव कराने की बात भी करने लगे हैं। इसलिए उन्हें तो अपना काम करना ही था जिसके नतीजे घाटी और जम्मू, दोनों ही क्षेत्रों में सामने आए, पर इससे भी बड़ा नुकसान कश्मीर प्रशासन के उस प्रयास का हुआ है जो बहुत धीरे-धीरे ही सही, लेकिन वहां के जनमानस में विश्वास का एक माहौल पैदा करने की कोशिश कर रहा था।

गृहमंत्री शायद पंजाब में चुनाव करा लेने की सफलता से इतने उत्साहित हैं कि उन्हें यह देखने की फुर्सत नहीं कि पजाब और कश्मीर में कितना अन्तर है। पंजाब में आतंकवादियों के चुनाव बायकॉट की घोषणा और उससे उत्पन्न प्राणभय के बावजूद ऐसे अनेक लोग मिल गए जो अपनी जान जोखिम में डालकर भी एक लोकतांत्रिक प्रक्रिया में सम्मिलित होने के लिए तैयार थे। कश्मीर घाटी में स्थिति भिन्न है। हो सकता है कि चुनाव की घोषणा हो जाए और बहुत सारे क्षेत्रों में एक भी उम्मीदवार नामांकन पत्र न भरे। इस भयावह संभावना के बाद से घाटी में जो माहौल बना है उस कारण राजनीतिक गतिविधियां वहां शून्य हैं। एक भी पार्टी या एक भी नेता नहीं बचा है जो घाटी में खड़ा होकर इस प्रक्रिया में शामिल होने का ऐलान कर सके।

डॉ. फारुख अब्दुल्ला के बीबीसी को दिए गए साक्षात्कार को इसी संदर्भ में देखना चाहिए। जब अपने साक्षात्कार में फारुख कहते हैं कि कश्मीर एक विवादास्पद राज्य है और इस बारे में पाकिस्तान, भारत और कश्मीरी जनता को बातचीत करनी चाहिए तो कश्मीरी जनता को तीसरा पक्ष बनाने के आग्रह के पीछे वास्तव में उनका प्रयास शायद यह है कि घाटी की राजनीतिक भूमि पर उन्हें सिर्फ पैर का अंगूठा टेकने भर की जगह मिल जाए। इस तरह का कोई बयान दिए बिना वे वहां राजनीतिक प्रक्रिया में कोई सार्थक भागीदारी तो कर ही नहीं सकते, घाटी के लोगों से हल्का-सा भी तादात्म्य स्थापित नहीं कर सकते। यही कारण है कि गिलानी आदि विपक्षी नेता जेल से छूटने के बाद यह सफाई देते घूम रहे हैं कि उन्हें बिना शर्त रिहा किया गया है और उन्होंने सरकार से किसी प्रकार का समझौता नहीं किया है।

इस राजनीतिक शून्य के वातावरण में एक नया संकेत धीरे-धीरे उभरकर सामने आ रहा था। कश्मीर में सुरक्षा बल और प्रशासन को इस बात का पूरा अहसास है कि घाटी में एक हद तक वे सुरक्षा का वातावरण बनाए रख सकते हैं, कानून-व्यवस्था की स्थिति को भी एक सीमा तक ही वे संभाल सकते हैं, लेकिन सिर्फ यह उपलब्धि ही समस्या का समाधान नहीं है। उनकी समस्या यह है कि इस उपलब्धि को राजनीतिक व्यवस्था के साथ कैसे जोड़ा जाए क्योंकि सभी राजनैतिक दल अपने-अपने कारणों से अपनी अहमियत खो चुके हैं। ऐसी स्थिति में वहां दो ही पक्ष बचे हैं। एक तरफ सुरक्षा बल और दूसरी तरफ भांति-भांति के आतंकवादी, जो अपने बंदूक के बल पर उन सारे लोगों को निष्क्रिय बनाए रखते हैं, जिनके अंदर अब भी थोड़ी-बहुत लोकतांत्रिक प्रक्रिया के प्रति सम्मान भाव बचा हुआ है।

जेकेएलएफ के पाकिस्तान से मोहभंग के कारण इस असंभव वातावरण में भी एक नया संकेत उभरने लगा था। घाटी में सबसे ज्यादा लोकप्रिय इस आतंकवादी संगठन का पाकिस्तान से क्रमशः मोहभंग होने के कारण भारत से कोई विशेष प्रेम नहीं, बल्कि इनकी निजी मजबूरियां हैं। फरवरी में पाक अधिकृत कश्मीर में नवाज शरीफ की सेना के साथ इनकी मुठभेड़ ने

इस मोहभंग को और पुख्ता किया है। इस मुठभेड़ ने पाकिस्तानी अधिकारियों के सामने यह स्पष्ट कर दिया है कि यह संगठन वास्तव में आजादी के प्रति गंभीर है और सिर्फ पाकिस्तान की कठपुतली बनकर नहीं रह सकता। इस घटना के बाद से ही पाकिस्तान ने अपनी सारी मदद हिजबुल मुजाहिदीन और अल जिहाद की ओर झोंक दी। जेकेएलएफ की मुश्किल है कि पाकिस्तान से उनकी सप्लाई लाइन पर दबाव बढ़ाया जा रहा है इसलिए सीमा के दोनों ओर ये भारी कठिनाई में हैं।

इस बीच, सुरक्षा बलों द्वारा किया गया यह संदेश कि लड़ाई चाहे जब तक चलती रहे, कश्मीर को आजादी इस रास्ते कभी नहीं मिल सकती, इस आतंकवादी संगठन और इसके समर्थकों के मानस पर अपना प्रभाव छोड़ने लगी थी। इनके सामने अब स्पष्ट है कि इन्हें आजादी तो मिलेगी नहीं, इनके समर्थन का आधार भी धीरे-धीरे खिसकता जाएगा। ऐसे माहौल में आजादी से नीचे उतरकर स्वायत्तता के बारे में इनका सोचना स्वाभाविक ही है।

सवाल अब यह है कि कितनी स्वायत्तता है—सन् 53 से पहले की स्थिति वाली स्वायत्तता या सन् 89 से पूर्व स्थिति की स्वायत्तता। कठिनाई सिर्फ यह है कि सन् 53 वाली स्वायत्तता और 89 वाली स्वायत्तता के बीच कम-से-कम तीन ऐसे महत्त्वपूर्ण काम हो चुके हैं जिनसे अब वापस लौटना संभव नहीं है। सर्वोच्च न्यायालय, चुनाव आयोग तथा राष्ट्रपति शासन का प्रावधान—ये तीन ऐसे मामले हैं जो कश्मीर की राजनीति में 53 के बाद शामिल किए गए। निश्चय ही कोई भी इनसे पीछे हटना नहीं चाहेगा।

ऐसा नहीं कि इन मुद्दों पर बातचीत होने लगी थी, लेकिन ऐसा माहौल जरूर बनने लगा था जिससे उस दिशा में थोड़ा और आगे बढ़ना संभव होता। पाकिस्तान के लिए घोर चिंता पैदा करने वाले इस माहौल में गृहमंत्री के बयान ने आग में घी का काम किया। अब फिर सब अपने स्थान पर मुस्तैद हो गए हैं। ऐसी स्थिति में जाहिर है कि कोई भी राजनीतिक प्रक्रिया प्रारंभ नहीं हो सकती। समय की जरूरत यह है कि दिल्ली में भी लोग कश्मीर प्रशासन की इस परेशानी को समझें और ऐसा कुछ भी न करें जिससे वहां उनका काम और कठिन हो जाए। दुख की बात यह है कि दिल्ली में न तो इस स्तर की संवेदना झलक रही है और न ही कोई राजनीतिक सोच। उनमें भी नहीं, जो समझते हैं कि धारा 370 समाप्त कर देने से कश्मीर समस्या का समाधान हो जाएगा।

(4 सितंबर 1992, अमर उजाला)

पश्चिमी आईने में भारतीय चेहरा

खुलेपन की नई भारतीय अर्थनीति की ओर पश्चिम न केवल बड़े चाव से देख रहा है बल्कि अब तक इस दिशा में भारत ने जो प्रगति की है, उसकी सराहना भी हो रही है। एक प्रमुख पश्चिमी पत्रिका ने तो हाल में एक संपादकीय लिखा है कि कैसे इस दिशा में भारत शीघ्र ही चीन से भी आगे निकल जाएगा। चीन में बाजार नियंत्रित अर्थनीति और खुलेपन की शुरुआत भारत से कम-से-कम 15 साल पहले हो चुकी थी। पिछले दस साल से चीन जिस तेजी से प्रगति कर रहा है, उसके मुकाबले कोई भी देश नहीं ठहरता। इसके बावजूद भारत ने जब रुपए को पूर्ण परिवर्तनीय घोषित किया और नए बजट में और छूटों की घोषणा की तो कई भारत विशेषज्ञों ने कहा कि भारत सदी के अंत तक चीन को पछाड़ देगा। इस विश्वास का एकमात्र कारण है—दोनों देशों की राजनीति में खुलेपन के मामले में जमीन-आसमान का अन्तर होना।

कश्मीर ऐसा मसला है जो रह-रहकर लोगों के इस विश्वास को डिगा देता है। पश्चिम, और खासकर अमेरिका के अखबार भारत की खबरों पर ज्यादा तवज्जो नहीं देते बल्कि कश्मीर में डॉ. गुरु की हत्या, उसके बाद हुए प्रदर्शन, गोलीबारी, आगजनी तथा कम-से-कम 125 लोगों की मौत की खबर को 'न्यूयॉर्क टाइम्स' ने अहमियत दी है।

मानवाधिकारों के हनन की बात तो खैर अपनी जगह पर है। उससे भी बड़ा मुद्दा जो सामने आया है, वह यह है कि भारतीय गुप्तचर संस्थाओं के लोग अपनी ही सरकार के प्रयासों को विफल करने के लिए कुछ ऐसी कार्रवाइयां कर रहे हैं जिनसे कश्मीर समस्या के शांतिपूर्ण समाधान के सारे रास्ते बंद हो जाएं। पश्चिमी समाचार पत्रों ने भारत सरकार के इस दावे को प्रमुखता से प्रकाशित किया है कि डॉ. गुरु की हत्या में हिज्बुल मुजाहिदीन के उग्रवादियों का हाथ है। ये उग्रवादी नहीं चाहते कि किसी भी तरह लोकतांत्रिक प्रयास सफल हो सकें। लेकिन इस दावे का बहुत ज्यादा विश्वास किया गया हो, ऐसा नहीं लगता। इस अविश्वास को पुष्ट करने के लिए जो उदाहरण दिए गए हैं उनमें से अधिकांश भारत के मानवाधिकार संगठनों के कार्यकर्ताओं तथा भारत और जम्मू-कश्मीर सरकार के उच्चपदस्थ अधिकारियों के बयानों पर आधारित हैं। यह ज्यादा चिंता की बात है। इन बयानों से जो परिदृश्य उभरता है, वह यह है कि राजेश पायलट के आंतरिक सुरक्षामंत्री बनने के बाद जो प्रयास प्रारंभ हुए थे कि कश्मीर में एक राजनैतिक पहल प्रारंभ हो सके, उनका सबसे ज्यादा विरोध भारत सरकार के उच्चपदस्थ अधिकारियों द्वारा किया जा रहा है। उन प्रयासों को विफल करने के लिए ही डॉ. गुरु की हत्या कराई गई तथा बाद में प्रदर्शनकारियों पर इस तरह बेभाव गोलियां चलवाई गईं कि अगले कुछ साल तक राजनैतिक प्रक्रिया प्रारंभ करने की बात कोई छेड़ भी न सके।

बहुत सारे लोग कह सकते हैं कि छवि की चिंता आखिर क्यों करें? मसला यह है कि जम्मू-कश्मीर भारत का अविभाज्य अंग है और उसे भारत से अलग करने के जितने भी प्रयास हैं, उन्हें कठोरता से दबाना चाहिए। मानवाधिकार देश की एकता और अखंडता से ऊपर नहीं है। यह बात एक हद तक सही है, लेकिन एक हद तक ही। इससे दो बातें उभरी हैं। एक, नौकरशाही चाहे वह सैनिक हो या असैनिक, क्या भारत सरकार के सर्वोच्च नीति विषयक निर्णयों के विरुद्ध जा सकती है? राजेश पायलट यदि एक शांति प्रयास कर रहे हैं तो उसका विरोध करने वाले क्या इस हद तक जाकर विरोध करेंगे। अगर ऐसा हो रहा है तो यह खतरनाक है।

दो, अरसे बाद विदेशों में भारत की सही छवि उभर रही है। अमेरिका के विदेश नीति के निर्माता भी अब कहने लगे हैं कि भारत में गड़बड़ी चाहे वह पंजाब में हो या कश्मीर में, पाकिस्तान की शह पर हो रही है। यदि पाकिस्तान इस हरकत से बाज नहीं आता तो अमेरिका उसे आतंकवादी देश घोषित कर सकता है। इसी के साथ यह भी कहा जाता है कि भारत पूंजी लगाने के लिए आदर्श स्थान बनता जा रहा है। कश्मीर में हिंसा की खबरें भारत की इस छवि को आघात पहुंचा रही हैं। अपने पक्ष में जा रहे विश्व जनमत को अनावश्यक हठधर्मी के कारण विपक्ष में मोड़ना आखिर कहां की समझदारी है।

(15 मई 1993, मतांतर, इंडिया टुडे)

आडवाणी चाहते क्या हैं?

हजरतबल संकट के संदर्भ से भाजपा अध्यक्ष लालकृष्ण आडवाणी ने एक अत्यंत महत्त्वपूर्ण बात कही है। श्री आडवाणी को यह पसंद नहीं है कि दरगाह के अंदर आतंकवादी बैठे रहें और सेना यह जानते हुए भी बाहर सिर्फ घेरा डालकर प्रतीक्षा करे और उन पर गोली न चलाए। इससे भी ज्यादा जो बात उन्हें नागवार गुजरी है वह यह कि अंदर बैठे लोगों को मारने की बात तो दूर, उनके लिए बाहर से खाना और भिजवा दिया गया। महत्त्वपूर्ण यह नहीं है, क्योंकि आडवाणी जैसी प्रतिक्रिया व्यक्त करने वाले लोग सिर्फ भाजपा में ही नहीं, करीब-करीब सभी राजनैतिक दलों और आम लोगों के बीच भी हैं।

महत्त्वपूर्ण आडवाणी का यह बयान है कि पिछले साल अयोध्या में कार सेवकों पर गोली चलाने की वकालत करने वाले तथाकथित छद्म धर्मनिरपेक्षतावादी लोग हजरतबल के मामले में आग्रह कर रहे हैं कि सुरक्षा बल हिंसक तरीके न अपनाएं और उन्हें शांतिपूर्वक निकल जाने दें। आडवाणी ने अपनी तरफ से धर्मनिरपेक्षतावादी और मानवाधिकारवादियों के दोमुंहेपन की आलोचना की है कि जब हिंदुओं पर गोली चलाने की बात आती है तो ये लोग उसका समर्थन करते हैं और जब मुसलमान और वह भी पृथकतावादी तथा उग्रवादी घेरे में आता है तो न सिर्फ उसे छोड़ने की बात करते हैं, बल्कि मानवाधिकार का प्रश्न भी उठता है। चलिए एक क्षण के लिए आडवाणी के इस तर्क को मान लेते हैं, परंतु क्या इससे यह पता चलता है कि आडवाणी आखिर कहना क्या चाहते हैं?

क्या यह कि ऐसी स्थिति में गोली चलानी चाहिए। अगर उनका कहने का मतलब यही है कि हां, तो फिर वे अयोध्या के कार सेवकों का मामला क्यों बीच में लाते हैं। क्योंकि वहां तो उनका तर्क था कि वह मूलतः श्रद्धालुओं की भीड़ थी जो क्षणिक आवेश में कानून को अपने हाथों में ले रही थी। वैसी भीड़ पर गोली चलाने का भला क्या औचित्य हो सकता है। यानी आज के उनके तर्क के आधार पर देखें तो या तो कार सेवकों पर गोली चलाने की आवश्यकता थी या अगर तब यह गलत था तो हजरतबल में छिपे उग्रवादियों को निकालने के लिए गोली चलाने के तर्क का कैसे समर्थन किया जा सकता है।

अगर उनके तर्क को ही आगे बढ़ाया जाए तो यह कहा जा सकता है कि हजरतबल के साथ न केवल लाखों कश्मीरी मुसलमानों बल्कि आम मुसलमानों की भी भावनाएं हजरत मोहम्मद के पवित्र अवशेष के साथ कुछ इस प्रकार जुड़ी हुई हैं कि उस दरगाह पर चढ़ाई करने का वैसा ही गहरा प्रभाव पड़ेगा जैसा स्वर्णमंदिर और अकाल तख्त पर हमले का सिखों पर हुआ था। दरगाह में सिर्फ उग्रवादी ही नहीं, बच्चे, बूढ़े, औरतें, अक्षम-अपंग भी घिरे हुए हैं। क्या आडवाणी जी यह कहना चाहते हैं कि अंदर घिरे लोगों का राशन-पानी बंद कर

दिया जाए और दरगाह पर हमला करके उग्रवादियों का सफाया कर दिया जाए। यह कैसी धर्मनिरपेक्षता है कि अयोध्या में उग्र श्रद्धालुओं से हिंसा से न निपटा जाए लेकिन कश्मीर के श्रद्धालुओं से नरमी बरतने का अर्थ है—कायरता और तुष्टीकरण। कुल मिलाकर आडवाणी जी का तर्क है कि अयोध्या में गोली न चले, पर कश्मीर में चले। फिर भी यह साफ नहीं होता कि भाजपा की गोली चलाने न चलाने के बारे में नीति क्या है? रामकोला में गन्ने का वाजिब दाम मांग रही किसानों की निहत्थी भीड़ पर कल्याण सिंह सरकार का गोली चलाने का निर्णय उचित था या अनुचित? छत्तीसगढ़ में अपने प्रिय नेता की हत्या के विरुद्ध आंदोलनकारी शांत भीड़ पर, जिसमें ज्यादातर औरतें और बच्चे थे, पटवा सरकार की गोलीबारी क्या उचित थी? इस विषय पर आडवाणी जी के विचार जानना जरूरी है। यह जानना जरूरी है कि भाजपा किस तरह के आंदोलन में किस प्रकार से निबटने की इच्छा रखती है क्योंकि इस चुनाव में उनके साथी वे अकाली भी हैं जो इस बात से सन् 84 से ही रुष्ट हैं कि इंदिरा गांधी ने आपरेशन ब्लू स्टार क्यों किया। अयोध्या और हजरतबल के बारे में तो आडवाणी जी ने स्पष्ट कर दिया है कि वे क्या करेंगे। स्वर्ण मंदिर और अकाल तख्त के बारे में भी उन्हें साफ कर देना चाहिए।

(15 नवंबर 1993, मतांतर, इंडिया टुडे)

हकीकतों से मुंह न मोड़ें

हजरतबल में छिपे आतंकवादी चाहे मार गिराए जाएं या उन्हें आत्मसमर्पण के लिए मजबूर कर दिया जाए, सेना देखती रहे और उन्हें अबाध निकल जाने दिया जाए। हथियार समेत या हथियारों के बगैर। सेना जीते या आतंकवादी, इस किसी भी परिस्थिति में कश्मीर समस्या को और गहन-गंभीर होने से रोका नहीं जा सकता। यह समस्या जिस मुकाम पर पहुंची हुई है उसमें आगे का दृश्य रोंगटे खड़े करने वाला है।

हमारा हाल यह है कि इस समस्या को हम न सिर्फ लफ्फाजी के सहारे समझना चाहते हैं बल्कि इसे ही हथियार बनाकर इस जटिल समस्या का समाधान भी निकालना चाहते हैं। हमसे आशय हमारी सरकार, सत्तारूढ़ दल, विपक्षी पार्टियों, नौकरशाही तथा आम आदमी—सबसे है। इस संकट से हम बिल्कुल बेखबर हैं कि अति सरलीकरण ने इस समस्या को आज इस मुकाम पर पहुंचाया है। इसके पीछे पाकिस्तान, उसकी खुफिया एजेंसी, सेना, अमेरिकी कुचक्र तथा इस्लामी कट्टरता का हाथ है। इन शक्तियों का मुकाबला सिर्फ कड़ाई से ही किया जा सकता है। वर्षों से ये बातें बार-बार हम दोहराते रहे हैं। हो सकता है। इनमें से अनेक या सारी बातें सच हों। लेकिन सिर्फ इन्हीं कारणों से कश्मीर समस्या आज इस मुकाम पर नहीं पहुंची है।

सच तो यह है कि हम अपनी ही लफ्फाजी के बंदी बन गए हैं। हमने अपने सिर पर इस तरह से घटाटोप ओढ़ लिए हैं कि अब चाहकर भी हम बाहर नहीं देख पा रहे हैं। हमारे नेताओं ने इतनी बार इस बात को दोहराया है कि कश्मीर समस्या कोई समस्या ही नहीं है कि हम अपने बयानों में विरोधाभास को देख भी नहीं पा रहे हैं।

कश्मीर भारत का अभिन्न अंग है। भारत में कश्मीर का विलय अंतिम और पुख्ता था। घाटी में जो भी असंतोष है, वह हमारा आंतरिक मामला है। इसमें किसी भी तरह का बाहरी हस्तक्षेप हमारी सार्वभौमिकता पर आक्रमण है। यह हमारा सर्वविदित स्टैंड है। हमारा दूसरा स्टैंड है कि भारत और पाकिस्तान के बीच जो भी समस्याएं हैं, उनका निबटारा हम आपस में बातचीत के जरिए हल करेंगे। यह बातचीत शिमला समझौते के अंतर्गत की जा सकती है। कश्मीर मामले पर भारत शिमला समझौते के अंतर्गत पाकिस्तान से बातचीत के लिए तैयार है। जरा विरोधाभास पर गौर करें। कश्मीर, भारत और पाकिस्तान के बीच कोई समस्या ही नहीं है तो शिमला या किसी भी समझौते के तहत पाकिस्तान से बातचीत क्या करेंगे?

फिर भी, यह निरर्थक वाक्य बार-बार दोहराया जाता है। कारण यह है कि कश्मीर के यथार्थ को हम न समझना चाहते हैं और न ही उसका मुकाबला करना चाहते हैं। आज जो परिस्थितियां उपस्थित हैं उनके मद्देनजर हमें कुछ बातें स्वीकार करनी चाहिए। कश्मीर समस्या

न सिर्फ है बल्कि विराट समस्या है। इसका कोई भी समाधान कश्मीरियों को केंद्र में रखे बिना नहीं निकाला जा सकता। चाहे हजरतबल की घेराबंदी हो या संपूर्ण कश्मीर की समस्या, सिर्फ ताकत और हिंसा के बल पर इसका समाधान नहीं निकाला जा सकता। संचार क्रांति के इस युग में यदि किसी क्षेत्र की सारी आबादी किसी सशस्त्र सेना से संघर्ष कर रही है तो उसे अब दुनिया की आंखों से ओझल नहीं रखा जा सकता। मानवाधिकार का प्रश्न उठेगा और एशिया की उभरती आर्थिक शक्ति बनने का दावा रखने वाला भारत कोई सोमालिया या हैती नहीं है कि विश्व जनमत की अनदेखी करके अपने आंगन में गृहयुद्ध जारी रख सके।

कुछ और तथ्य हैं जिनसे हम आंखें नहीं मूंद सकते। जम्मू-कश्मीर का भारत में विलय महाराजा हरि सिंह के कारण नहीं हुआ था। घाटी मुस्लिम बहुल क्षेत्र था और यदि वहां की आबादी आजादी के समय पाकिस्तान के साथ जाना चाहती तो उसे तब रोकना नामुमकिन होता। महाराजा कश्मीर को स्वतंत्र रखना चाहते थे। शेख अब्दुल्लाह के नेतृत्व में कश्मीरी मुसलमानों ने भारतीय संघ में सशर्त विलय की पहलकदमी की। उन शर्तों को रौंदते हुए कश्मीर को भारत के साथ नहीं रखा जा सकता। इस यथार्थ को हम जितना शीघ्र समझ लें, उतना ही बेहतर। कश्मीरियों को अलग करके कश्मीर समस्या का समाधान नहीं हो सकता। इसलिए कर्ण सिंह के सुझाव पर गंभीरता से विचार करना चाहिए वरना हम पछताते रह जाएंगे।

(30 नवंबर 1993, मतांतर, इंडिया टुडे)

राजकाज–भ्रष्टाचार

सबको चुप करा देने वाला तिलिस्म

एक राजनीतिक मुद्दे के रूप में बोफोर्स क्या सचमुच अब अपना महत्त्व खो चुका है? वरना क्या कारण है कि अरुण नेहरू जैसे भारी-भरकम राजनीतिज्ञ की ओर संदेह की उंगली उठाने वाले दस्तावेज प्रकाशित होते हैं और देश की राजनीति में अचानक एक सन्नाटा सा खिंच जाता है। पिछले तीन साल में बोफोर्स का मामला भारतीय राजनीति का केंद्र बिंदु रहा है और इस मसले से उभरे सवाल ही भारतीय राजनीति की दिशा निर्धारित करते हैं। बोफोर्स तोपों की खरीदारी का सौदा क्या सचमुच साफ-सुथरा था या इस मामले में बड़े पैमाने पर रिश्वतखोरी हुई थी? और रिश्वतखोरी यदि हुई भी तो उसे खाने वाले क्या भारतीय थे या मामला यूरोप में ही कहीं निबट गया था। और यदि भारतीय ही थे, तो तत्कालीन सत्ताधारी दल का कौन सदस्य या उनकी मित्र मंडली के कौन से लोग इस रिश्वतखोरी में शामिल थे? क्या सिर्फ तत्कालीन प्रधानमंत्री और उनका परिवार ही इस हेराफेरी में शामिल था? पैसा क्या सिर्फ बच्चन परिवार के पास रहा या हिंदूजा बंधु भी उसमें बराबरी का हिस्सा ले भागे? विन चड्ढा क्या किसी का सरबंद था या ऐसा तो नहीं कि पैसा मिलते ही उसका ईमान बदल गया और सारा पैसा वह खुद ही गड़पकर गया?

ये या इन्हीं से मिलते-जुलते ढेर सारे सवाल पिछले तीन साल से भारतीय राजनीति के आकाश में बार-बार गूंजते रहे और तरह-तरह की छानबीन तथा अनंत जांचों के सिलसिले के बावजूद इनमें से किसी भी प्रश्न का अब तक कोई संतोषजनक उत्तर प्राप्त नहीं हुआ। इस अनुगूंज का यह असर अवश्य हुआ कि इसने भारतीय राजनीति का परिदृश्य बदल दिया। बोफोर्स जिन पर भारी पड़ा, वे सत्ता शिखर से लुढ़ककर आज विपक्षी कुर्सियों पर कसमसा रहे हैं। जिनके अनुकूल पड़ा वे इतिहास के अभिशप्त कूड़ेदान से मुक्त होकर अब सत्ता सुख भोग रहे हैं। ऐसे में यदि बोफोर्स का फिर कोई भारी विस्फोट हो और उसके परिणामस्वरूप न धरती हिले न गगन कांपे और धमाके का शोर करीब-करीब अनसुना-सा रह जाए तो आश्चर्यचकित होना स्वाभाविक है। बोफोर्स कांड से अरुण नेहरू का नाम जोड़ने वाले दस्तावेज के प्रकाशन के बाद से कुछ ऐसी ही रहस्यमयी खामोशी भारतीय राजनीतिक माहौल पर फिलहाल छाई हुई है।

बोफोर्स सौदे के बारे में अब तक जितने भी दस्तावेज प्रकाशित होते रहे हैं या अप्रमाण-सप्रमाण जो भी आरोप लगते रहे हैं, उनका अब तक सिर्फ एक ही नतीजा निकलता रहा है कि कोई-न-कोई कांग्रेसी कहीं-न-कहीं इसमें अवश्य जुड़ा हुआ है। यह पहला मौका है जब पांसा पलटता दीख रहा है, तोहमत उस पक्ष के चाणक्य पर लग रही है जो पक्ष अब तक सिर्फ लगातार आरोप लगाता रहा है और उन आरोपों की पूंजी को भुनाकर ठोस लाभ

भी उठाता रहा है। पूरे चुनाव के दौरान कांग्रेसी छाती पीट-पीट तक अपनी सफाई देते रहे लेकिन मतदाता नहीं माना। कांग्रेसी कहते रहे कि जो लांछन लगाए जा रहे हैं, वे सिर्फ आरोप हैं, जिनका न कोई ठोस आधार है न ही पर्याप्त प्रमाण। कुछ टेलेक्स संदेश, किसी अधिकारी की डायरी के कुछ विच्छिन्न पन्ने या कुछ असंबद्ध पत्राचार की फोटो प्रतियों से कुछ साबित नहीं होता। लेकिन माहौल कुछ ऐसा बन गया था कि जनमत इन्हें ही ठोस सबूत मानने पर आमादा दीख रहा था और देश ने वैसा निर्णय सुना भी दिया।

नई सरकार बनी और बनते ही यह आश्वासन दे दिया कि 15 दिन में सारा भांडा फोड़ दिया जाएगा कि बोफोर्स मामले में किसने, कितना पैसा और कैसे खाया और सारे नाम प्रकाशित कर दिए जाएंगे। पखवाड़ा बीता, महीना बीता और अब साल बीतने को है, पर बोफोर्स के बारे में जितना ज्ञानवर्धन चुनाव के पहले हुआ था, उसमें कोई महत्त्वपूर्ण इजाफा नहीं हुआ है। स्वाभाविक था कि कांग्रेसी इस मामले को ले उड़ते। इस बीच जब भी कांग्रेस को मौका मिला, वे सचमुच इस सवाल को ले उड़े और सरकार खिसियानी सफाई भर देती रही। सरकारी सूत्रों से यह बात उड़ाई गई कि एक छठा खाता है जिसमें बोफोर्स का सारा पैसा धरा हुआ है और जल्दी ही यह प्रमाणित होने वाला है कि यह खाता बच्चन बंधुओं का ही है। यह खबर स्वीडन के उस अखबार में छपी, जिस अखबार को बोफोर्स के मामले में सर्वथा प्रामाणिक माना जाता रहा है। खबर छपते ही बच्चन बंधुओं ने लंदन की एक अदालत में मुकदमा ठोक दिया और मुकदमा अभी ठीक से चालू भी नहीं हुआ था कि उस महान अखबार ने यह कहते हुए माफी मांग ली कि भारत सरकार के किसी उच्च अधिकारी ने उन्हें यह प्रकाशित करने के लिए बरगलाया था। भारत सरकार की भद पिटी और प्रसन्न कांग्रेसियों ने तालियां बजाईं।

बोफोर्स कांड की गहन जांच के लिए नियुक्त हमारी आला दर्जे की अनुसंधान टीम ने स्विट्ज़रलैंड की अदालत में आरोप-पत्र दाखिल किया और वहां के विधि विशेषज्ञ इसकी धज्जियां उड़ाते हुए उसे वापस हमारे आंगन में बिखेर गए कि आगे से ठीक से सोच-समझकर आरोप लगाइए। जांच टीम के इस अज्ञानी रवैये पर कांग्रेसी एक बार फिर तालियां बजाकर नाचे और सत्ता पक्ष को दोबारा चुनौती दे गए कि बोफोर्स के मामले में या तो अपनी बात साबित करे या बकवास अब बंद करे। ऐसे माहौल में जब ऐसे दस्तावेज प्रकाशित हों, जो ये साबित करते हों कि इस घपले में इस पवित्र सरकार के एक वरिष्ठ मंत्री आकंठ डूबे हुए हैं, तो निश्चय ही सबसे ज्यादा प्रसन्नता कांग्रेस को होनी चाहिए थी। ममता बनर्जी को डंडा लगने के सवाल पर जो कांग्रेसी सांसद दो दिन तक संसद को अचल कर देते हों उनके लिए यह मौका तो वरदान था। पर आश्चर्य कि ऐसा कुछ हुआ नहीं।

संसद में ले-देकर वही सुब्रह्मण्यम स्वामी अपनी आदत के मुताबिक इस सवाल को उठाने की नाकाम कोशिश करते रहे और अहलूवालिया, रत्नाकर जैसे कांग्रेसी वाक्वीर जो बेबात तिल को ताड़ बनाने की कला में पारंगत हैं, ताड़ को तिल बनते टुकुर-टुकुर देखते रहे। दस्तावेज छपा, अरुण नेहरू को लपेटते हुए और कांग्रेसी प्रवक्ता ने बयान दिया कि जब बोफोर्स तोप खरीदी जा रही थी, तब वित्तमंत्री के रूप में विश्वनाथ प्रताप ने भी उस फाइल पर दस्तखत किए थे। इसलिए जो भी घपला हुआ, उसमें विश्वनाथ प्रताप की समान भागीदारी है। कांग्रेसी प्रवक्ता यह महान रहस्योद्‍घाटन उस दिन कर रहे थे, जिस दिन पहली बार अरुण नेहरू का नाम घसीटने वाले दस्तावेज प्रकाशित हुए थे।

बोफोर्स, कांग्रेस और अरुण नेहरू का एक ऐसा रहस्यमय त्रिकोण है, जिसके बारे में सत्ता के गलियारे में अरसे से दबी जुबान से चर्चा चलती रही है। इसलिए यह संभव है कि जो बात आम लोगों के समझ में नहीं आ रही कि आखिर कांग्रेस ऐसा सुनहरा मौका क्यों छोड़ रही है, उसके पीछे कांग्रेस की शायद कोई मजबूरी होगी। लेकिन देवीलाल या जनता दल के उनके समर्थकों की क्या मजबूरी है कि वे चुप्पी साधे हुए हैं? देवीलाल इतने अनुशासित पार्टी कार्यकर्ता तो हैं नहीं कि पार्टी की इज्जत धूल में न मिले, इसलिए इस मामले पर कोई सार्वजनिक बखेड़ा न खड़ा कर रहे हों और खासकर तब, जब यही बात साबित करने के लिए एक फर्जी दस्तावेज भेजकर वे अपना उप प्रधानमंत्री का पद खो चुके हों। यह बात जब सिद्ध हो रही है तो देवीलाल अनुशासित सिपाही की भूमिका अख्तियार कर लें, यह बात कुछ समझ में नहीं आती।

उन मुजाहिद अखबारों का रवैया तो समझ में आता है, जिन्हें बोफोर्स के नाम पर तब जो कुछ मिलता था उसे वे धार्मिक अनुशासन से प्रकाशित करते थे, क्योंकि बोफोर्स का मामला उनके लिए आस्था का मामला ज्यादा था, सत्यसंधान का कम। इसलिए ऐसा कोई भी तथ्य जो उनकी उपस्थिति को डिगाए, उसका प्रकाशन अब वे बहुत आवश्यक नहीं मानते। यही बात राजनीतिज्ञों के बारे में तो नहीं कही जा सकती, क्योंकि वे तो इसी के मारे हुए हैं। चाहे वे राजीव गांधी हों या देवीलाल या चन्द्रशेखर। मजे की बात यह है कि बोफोर्स का यही ब्रह्मास्त्र आज राजनीतिक उपयोग के लिए उपलब्ध है, पर इनमें से कोई भी इसे उठाकर अरुण नेहरू पर आक्रमण नहीं करना चाहता। इसका अर्थ क्या यह हुआ कि अब बोफोर्स कांड समाप्त हो रहा और अब नए कारक भारतीय राजनीति की दिशा तय करेंगे या अरुण नेहरू का कोई ऐसा तिलिस्म है, जिसने पक्ष-विपक्ष सबको मंत्रबद्ध करके अभूतपूर्व सहमति प्रदान कर दी है या फिर बोफोर्स नामक महा-अस्त्र राजीव गांधी की बलि लेने के बाद अब निस्तेज पड़ चुका है। कारण कुछ भी हों पर चुप्पी विचित्र जरूर है।

(4 सितंबर 1990, नवभारत टाइम्स)

डरें नहीं, बोफोर्स को खुलने दें

बोफोर्स मामले को सिर्फ इस आधार पर दाखिल-दफ्तर नहीं किया जा सकता कि यह विवाद पिछले पांच साल से देश पर प्रेत-छाया की तरह मंडरा रहा है और अब तक इसका कोई सूत्र-समाधान नहीं निकल पाया है। सचाई से साक्षात्कार का माद्दा हमारे देश और समाज में होना चाहिए। इसलिए यह कहना कि अब इसे कृपया बंद करें, क्योंकि देश इससे तंग आ चुका है, वस्तुतः बेईमानी है। यह मामला तो तब तक चलते रहना चाहिए, जब तक या तो इसके सारे सूत्र उजागर होकर सामने नहीं आ जाते या फिर देश सचमुच इस मामले में संतुष्ट नहीं हो जाता कि बोफोर्स की सचाई अब उजागर हो चुकी है। सवाल देश की संतुष्टि का है, सिर्फ विपक्ष की संतुष्टि का नहीं। इसलिए कृपया बोफोर्स का धारावाहिक उजागर होने दें।

बोफोर्स सिर्फ विपक्ष का मामला नहीं है। हालांकि यह सच है कि विपक्ष बोफोर्स को राजनीतिक हथियार के रूप में भी इस्तेमाल करता रहा है लेकिन इस सत्य का यह अर्थ कदापि नहीं कि सिर्फ इसीलिए इसकी सचाई पता लगाने की चेष्टाएं बंद हो जानी चाहिए। बोफोर्स का मामला पक्ष-विपक्ष की राजनीति में काफी ऊपर पहुंचा हुआ मामला है, न ही इसमें सिर्फ स्याह-सफेद पक्ष है कि सत्ता पक्ष स्याह है, जो हर हालत में जांच करवाना चाहता है और विपक्ष सफेद या दूध का धुला है, जो तब तक चैन से नहीं बैठेगा, जब तक बोफोर्स प्रकरण से जुड़े एक-एक भ्रष्टाचारी का नाम उजागर नहीं हो जाता।

यदि ऐसा होता तो विश्वनाथ प्रताप सिंह की सरकार बोफोर्स प्रकरण की सच्चाइयों का पता लगा चुकी होती क्योंकि इस तरह की सचाई जानने के लिए छह महीने भी कम नहीं होते जबकि अपने लघु कार्यकाल में राष्ट्रीय मोर्चे की सरकार एक ढंग का आरोप पत्र दाखिल करने के अतिरिक्त कोई अन्य ठोस काम इस मामले में नहीं कर पाई। इससे यदि इस संदेह को और बल मिलता कि इस प्रकरण के कुछ अपराधी उस खेमे में भी मौजूद थे तो इसे ज्यादती नहीं कह सकते। वे नहीं चाहते थे कि सचाई उजागर हो, इसलिए वे कदम-कदम पर अंदर से ही अड़ंगा लगा रहे थे, तब के सत्ताधारी और आज के विपक्ष-वीरों को इस तथ्य का पता नहीं था, यह बात भी मानने लायक नहीं लगती, लेकिन तब यही राजनीतिज्ञ बोफोर्स का एक सार्थक उपयोग अपने पक्ष में कर चुके थे और उन्हें लग रहा था कि यह अस्त्र अब आगे उनके किसी काम नहीं आ सकता, क्योंकि अब यह भोथरा हो चुका है। शायद इसीलिए यह प्रकरण राष्ट्रीय मोर्चा शासनकाल में कोई विशेष गति नहीं पकड़ पाया।

चन्द्रशेखर सरकार की ईमानदारी का तो इसी से पता चलता है कि उसे इस विषय की जांच का मामला एक हवलदार स्तर से ऊपर का नहीं लगा था। यह बात दीगर है कि एक

हवलदारी जांच ही चन्द्रशेखर सरकार के पतन का कारण बनी। इसलिए सच तो यही है कि बोफोर्स का मामला विपक्ष के लिए शुद्ध रूप से एक राजनीति प्रेरित मामला रहा है, लेकिन सिर्फ इसी वजह से इसका महत्त्व कम नहीं हो जाता।

यह प्रकरण आज उस सोपान पर पहुंचा है, जहां यह संभावना अब काफी उज्ज्वल लगने लगी है कि देर-सवेर सचाई का पता चलेगा ही। हालांकि इसे इस मंजिल तक पहुंचाने में आज के विपक्ष की कोई विशेष भूमिका नहीं रही है। कुछ समर्पित पत्रकार, कुछ प्रतिबद्ध न्यायविद् तथा विदेशों के कुछ विवेकवान अधिकारी और नौकरशाहों ने इस मामले को मरने नहीं दिया और बार-बार तथ्यपुष्ट तथा नए-नए तथ्य-तर्क लाकर जांच की धीमी पड़ती गति को तेज करते रहे। विपक्ष उस नए सूत्र को पकड़कर फिर अपनी राजनीतिक गोटी लाल करने में लगा रहा। हालांकि इस कारण किसी को गुरेज भी नहीं करना चाहिए, क्योंकि संसदीय लोकतंत्र में पक्ष-विपक्ष की राजनीति ऐसे ही चलती है।

बोफोर्स कांड के ताजा सोलंकी प्रकरण को भी इसी संदर्भ में देखना चाहिए, पर सच है कि प्रधानमंत्री नरसिंह राव सोलंकी प्रकरण के प्रारंभिक चरण में जितने सटीक और बेबाक लग रहे थे, आज उतने नहीं रहे। कई सारे सवालों के जवाब देते समय या तो जान-बूझकर उन्होंने कुछ तथ्य छिपाए या लगता है कि अंततः वे उस लॉबी के दबाव में आकर लीपापोती करने लगे हैं, जो कतई नहीं चाहते कि बोफोर्स का सत्य कभी भी उजागर हो। इन तत्वों को सिर्फ कांग्रेसी कह देने से काम नहीं चलेगा। इसमें और भी लोग शामिल हैं। मसलन, अन्तर्राष्ट्रीय तस्कर, सत्ता के दलाल, सुविधाभोगी राजनीतिज्ञ और अवसरवादी बिचौलिए। ये इतने क्षमतावान और ताकतवर हैं कि आवश्यकता पड़ने पर सरकार बना-गिरा सकते हैं। दबाव वाली और जांच को सही रास्ते पर भटकाने की कला में भी ये पारंगत हो चुके हैं।

इसलिए सवाल यह नहीं है कि प्रधानमंत्री नरसिंह राव का भी क्या इस लीपापोती में योगदान है। सोलंकी प्रकरण के घटनाक्रम यह सिद्ध करने के लिए काफी हैं कि यदि यह सरकार भी सचमुच पहले की तरह ही लीपापोती के प्रति प्रतिबद्ध होती तो जितनी बातें इस बार सामने आई हैं, उतनी तो क्या, उसके दसमांश चीज भी सामने नहीं आती। वर्तमान सरकार ने अपनी गतिविधियों से वस्तुतः इस जांच को प्रत्यक्ष तो नहीं, पर शायद परोक्ष रूप से थोड़ा और आगे ही बढ़ाया है। इसलिए सवाल यह है कि क्या नरसिंह राव सचमुच अब उन शक्तियों के दबाव में आ गए हैं जो किसी भी कीमत पर सचाई सामने नहीं आने देना चाहतीं।

यदि यह सच है तो विपक्ष का यह कर्त्तव्य बनता है कि वह अपनी रणनीति में परिवर्तन करे और इस तरह के दबाव डाले, जिससे कांग्रेस के अंदर की वे शक्तियां हावी न होने पाएं, जो किसी भी बहाने सत्ता पर काबिज होना चाहती हैं। बोफोर्स जांच का मामला उनके लिए राजीव गांधी की स्मृतियों और उनके मानापमान से जुड़ने का मामला बनते देर नहीं लगेगी। ऐसी स्थिति में नरसिंह राव यदि अपनी सरकार बचाने को प्राथमिकता देंगे तो उनकी भूमिका को रक्षात्मक होते देर नहीं लगेगी।

यह कोई संयोग नहीं है कि देश में सरकार जब भी थोड़ी ईमानदारी से बोफोर्स मामले की जांच को आगे बढ़ाने की कोशिश करती है तो उनका पतन हो जाता है। बोफोर्स मामले

में राष्ट्रीय मोर्चे की सरकार ने काफी टाल-मटोल के बाद सिर्फ एक सार्थक कदम उठाया था और उसके तत्काल बाद ही जिस तरह से एक के बाद दूसरी उलझनों में वह सरकार फंसती गई और अंततः उसका पतन हुआ, वह अब इतिहास है। प्रारंभ में भले ही चन्द्रशेखर की सरकार ने बोफोर्स जांच का उपहास किया हो, लेकिन लीपापोती-लॉबी ने जब बोफोर्स प्रकरण को पूरी तरह से समाप्त करने के लिए सचमुच दबाव डालना शुरू किया और सरकार उस मामले में उस हद तक उनके साथ नहीं गई, जिस सीमा तक वे सरकार को ले जाना चाहते थे, तो हरियाणा के दो हवलदारों की हरकत का बहाना बनाकर सरकार से समर्थन वापस ले लिया गया।

नरसिंह राव सरकार की चाहे जितनी आलोचना की जाए कि सोलंकी प्रकरण में वह सारे मुद्दों पर खुलकर सामने नहीं आ रही है, लेकिन इस तथ्य से भी इनकार नहीं किया जा सकता कि इसी प्रकरण के बहाने बोफोर्स एक बार फिर राजनीति के केंद्र में आ धमका है। यदि वर्तमान गति से भी मामला चलता रहा तो बोफोर्स मामले की सचाई को सामने आने से ज्यादा दिनों तक रोक पाना संभव नहीं होगा।

नरसिंह राव के लिए यह आवश्यक और स्वाभाविक है कि वह अपनी सरकार बचाने की चेष्टा करते रहें। खासतौर से उन लोगों से, जो राजीव गांधी और उनके परिवार के प्रति श्रद्धा का सवाल उठाकर अंदर से उन पर प्रहार करेंगे, लेकिन वास्तव में उनका उद्देश्य इस जांच-प्रक्रिया को पुनः छिन्न-भिन्न करना होगा। उन्हें इसके लिए चाहे दिल्ली में एक सरकार की और बलि ही क्यों न देनी पड़े। इसलिए नरसिंह राव वास्तव में अपने इस बयान पर ईमानदारी से विश्वास करते हैं कि अब देश को आगे और बोफोर्स के साये में नहीं जीने देना चाहेंगे, तो उन्हें इस लक्ष्य को प्राप्त करने के लिए कुछ और स्पष्ट कदम उठाने पड़ेंगे। विपक्ष के अन्य सारे सवालों को छोड़ दें क्योंकि उनमें से कुछ आवश्यक राजनीति-प्रेरित हैं, लेकिन कम-से-कम इन सवालों का जवाब प्रधानमंत्री को देना ही पड़ेगा कि सोलंकी को यह विवादास्पद नोट किसने दिया था, नोट में सचमुच लिखा क्या था तथा प्रधानमंत्री को इसके बारे में कब पता चला?

बोफोर्स पहेली की कुंजी उस रहस्यमय वकील के नाम में छिपी हुई है। प्रधानमंत्री की इस बात में विश्वास न करने का कोई कारण नहीं है कि उन्हें इस नोट का पता लगते ही उन्होंने केंद्रीय जांच ब्यूरो के मार्फत स्विस अधिकारियों को सूचित कर दिया कि इस जांच को जारी रखना है, पर यह जानने के बाद भी प्रधानमंत्री को यह पता नहीं चला कि इस षड्यंत्र में किसका हाथ है, यह बात मानने को जी नहीं करता।

प्रधानमंत्री की अपनी आंतरिक, राजनीतिक मजबूरियां हो सकती हैं कि बात को वे इससे ज्यादा न खुलने दें, लेकिन उनके सामने यह भी स्पष्ट रहना चाहिए कि आज जिन्हें बचाने के लिए वे मजबूरी का नाटक कर रहे हैं, वे बचने के बाद क्या प्रधानमंत्री को छोड़ देंगे? इसलिए यह उनके हित में भी है कि वे तत्काल इस रहस्य पर से पर्दा उठाएं। यह पता लगना चाहिए कि उस पत्र को लिखने के पीछे किसकी प्रेरणा थी, किन लोगों ने इस षड्यंत्र को अंजाम तक पहुंचाया। इसके लिए भले ही मंत्रिमंडल के कुछ साथियों की सोलंकी की तरह कुर्बानी देनी पड़े, लेकिन यदि प्रधानमंत्री इसे तत्काल नहीं करते, तो उन्हें बड़े अघटन से कोई बचा नहीं पाएगा।

बोफोर्स मामला अब ऐसे मुकाम पर पहुंचा हुआ है, जहां स्वीडन में अपराध का पता लगने पर भी अब किसी को सजा नहीं हो सकती। इसलिए स्वीडन से अब पूरी सहायता मिलेगी। स्विट्ज़रलैंड को इसी साल यह तय कर लेना है कि क्या वे अब भी संसार की कालिख अपने देश में घोले रहने का काम जारी रखेंगे या अपने इस भूत से पीछा छुड़ाकर वे अब नए यूरोप के साथ अपनी किस्मत जोड़ेंगे। संभावना यही है कि स्विट्ज़रलैंड की बैंकिंग प्रणाली भी अब अन्य देशों की तरह ही खुली और साफ होगी। ऐसी स्थिति में, वहां भी इस प्रकरण को खींचते रहने का कोई कारण नहीं बचता। बोफोर्स प्रकरण से जुड़े छह बैंक खातों का रहस्य खोलने में स्विस अधिकारियों के समक्ष अब कोई खास कठिनाई नहीं है।

प्रधानमंत्री यदि वास्तव में देश को इस अभिशाप के मनहूस साये से मुक्त देखना चाहते हैं तो उन्हें सिर्फ थोड़ा सा साहस और दिखाना होगा, फिर तो सब कुछ तरतीबवार सामने आने में ज्यादा वक्त नहीं लगने वाला। एक बार यह सिद्ध हो जाए कि उन छह खातों में जमा पैसा किनका है तो आगे रहस्य की परतें अपने आप खुलती जाएंगी कि वह पैसा वहां से निकलकर कहां और कहां से निकलकर कहां गया।

आज यह मामला बहुत ही नाजुक दौर में है। बोफोर्स दलाली के रहस्य पर अब और ज्यादा दिनों तक पर्दा पड़ा रहना संभव नहीं लगता। प्रधानमंत्री अपनी कुर्सी अवश्य बचाएं पर इस बात का अवश्य ध्यान रखें कि इस मुकाम तक पहुंचने के बाद यह रहस्य अब और रहस्य न रहने पाए। विपक्ष भी अपनी राजनीतिक गोटी लाल करता रहे, पर इतनी जिम्मेदारी की भावना उनमें अवश्य हो कि जब यह लग रहा हो कि रहस्य अब खुलने ही वाला है, तब सिर्फ राजनीतिक तर्क सिद्ध करने के लिए राजनीति न करें और मामले की नजाकत को समझते हुए उसके अनुरूप व्यावाहरिक आचरण करें।

देश जब भी इस प्रेत-साये से उबरेगा, जो उबरेगा ही, इन लोगों का अहसानमंद रहेगा।

(14 मई 1992, अमर उजाला)

क्या सुरक्षा मद में कटौती संभव नहीं?

स्टॉकहोम स्थित अन्तर्राष्ट्रीय शांति शोध संस्थान अपने अन्य कार्यकलापों के अतिरिक्त अस्त्रों के अंतर्राष्ट्रीय व्यापार पर भी तीखी नजर रखता है। इस संस्थान की ताजा रिपोर्ट के अनुसार 1991 में शीत युद्ध समाप्त हो जाने के बावजूद अस्त्रों के अंतर्राष्ट्रीय व्यापार में भारी तेजी आई। ज्यादा चौंकाने वाला तथ्य यह सामने आया कि घातक अस्त्र-शस्त्रों के आयात के मामले में दुनिया के दरिद्र देश सबसे आगे रहे। संसार के कुल अस्त्र आयात के 35 प्रतिशत के खरीददार एशिया और प्रशांत क्षेत्र के देश थे। इन देशों ने अब तक के सबसे बड़े आयातकों को यानि मध्यपूर्व या पश्चिम एशिया और यूरोप के देशों को भी इस मामले में काफी पीछे छोड़ दिया। भारत आयातकर्ता देशों की सूची में शिखर पर रहा।

अंतर्राष्ट्रीय शांति शोध संस्थान के विश्लेषक अस्त्र व्यापार की इस प्रवृत्ति को समझने में अपने को असमर्थ पा रहे हैं, क्योंकि पिछले कुछ समय से एशिया के पारंपरिक तनावग्रस्त क्षेत्रों में तनाव घटा है। ऐसी स्थिति में आयुधों का आयात घटना चाहिए था, जबकि हो इसका उलटा रहा है। अफगानिस्तान तथा कंबोडिया को युद्ध की आग में झोंकने वाली बाहरी शक्तियां वापस जा चुकी हैं। इस क्षेत्र की महाशक्तियां यानी रूस और चीन के आपसी संबंध दो दशक पहले के मुकाबले इन दिनों काफी सौहार्दपूर्ण हैं। यही नहीं, रूस-पाकिस्तान तथा भारत-चीन जैसे पारंपरिक तनावग्रस्त संबंधों वाले देशों में भी पहले के मुकाबले संबंधों में काफी सुधार देखा जा रहा है। फिर भी, एशिया विश्व का सबसे बड़ा आयुध बाजार बना हुआ है, यह अपने आप में अचरज की ही बात है।

सबसे ज्यादा चौंकाने वाले आंकड़े भारत के बारे में हैं। सन् 1987 से 1991 के बीच यानि पिछले पांच वर्षों में एशियाई देशों ने कुल जितने हथियार आयात किए, उनमें से करीब 50 प्रतिशत अकेले भारत ने किए हैं। इन पांच वर्षों में भारत ने 17.6 बिलियन डॉलर मूल्य यानि करीब 61 हजार करोड़ रुपए के अस्त्र-शस्त्र और आयुधों का आयात किया। यह भारत के सकल घरेलू उत्पाद का 1.3 प्रतिशत है। इस दौरान पाकिस्तान का आयात 2.3 अरब अमेरिकी डॉलर तथा चीन का आयात 0.8 अरब अमेरिकी डॉलर मूल्य का रहा जो उन देशों के सकल राष्ट्रीय उत्पाद का क्रमशः 1.1 और 0.01 प्रतिशत है। प्रतिशत के हिसाब से सकल राष्ट्रीय उत्पाद का सबसे ज्यादा अंश यानि 2.0 प्रतिशत आयात करके उत्तर कोरिया इस तालिका के शिखर पर रहा। इसी तरह उत्तर कोरिया अपने सकल राष्ट्रीय उतपाद का 20 प्रतिशत सामरिक या सुरक्षा बजट पर ही खर्च करता है, जो एशिया में सर्वोच्च है।

भारत सकल राष्ट्रीय उत्पाद का 3.1, पाकिस्तान 6.8 तथा चीन 3.7 प्रतिशत धन रक्षा मद में खर्च करते हैं। अंतर्राष्ट्रीय मुद्रा कोष ने मानक तय किया है कि जो देश सकल राष्ट्रीय

उत्पाद का 4.5% से ज्यादा धन रक्षा मद में खर्च करते हैं, उन्हें सहायता तथा कर्ज आदि के मामले में तरजीह न दी जाए। इसका तर्क यह है कि ये देश अपनी दरिद्रता दूर करने के बजाय उस रकम को अनावश्यक रूप से सामरिक मद में खर्च करते हैं, इसलिए सहायता आदि में इन देशों को प्राथमिकता न दी जाए। यदि इस मानक की दृष्टि से देखा जाए तो भारत का सकल राष्ट्रीय उत्पाद 3.1 प्रतिशत सुरक्षा मद में खर्च करना बहुत ज्यादा नहीं माना जाएगा। पाकिस्तान का 6.8 प्रतिशत तथा चीन का 3.7 प्रतिशत इस मुकाबले कहीं बहुत ज्यादा है।

फिलहाल हम भारत की तुलना चीन और पाकिस्तान तक ही सीमित रखना चाहते हैं क्योंकि इन्हीं दोनों देशों के रक्षा मद में किए गए व्यय के आधार पर ही भारत के सामरिक खर्च की राशि तय होती है। सिंगापुर, ताईवान और एक हद तक उत्तर कोरिया की बात हम अभी छोड़ ही दें, क्योंकि इन देशों के सामरिक खर्च का आधार इनकी नव अर्जित समृद्धि है, न कि इनकी सुरक्षा की वास्तविक आवश्यकता। यदि ये देश अपने सकल राष्ट्रीय उत्पाद का पांच प्रतिशत से ज्यादा रक्षा मद में व्यय कर रहे हैं तो इनकी अर्थनीति उस तरह से धराशायी नहीं होती, जितनी 6.8 प्रतिशत करके पाकिस्तान की और सिर्फ 3.1 प्रतिशत करके भारत की हो जाती है।

क्या यह चिंता और दुख का विषय नहीं है कि भारत ने उस समय करीब 60,000 करोड़ रुपए की सामरिक सामग्री का आयात किया, जब देश भयानक आर्थिक संकट के दौर से गुजर रहा था। यह सारा सामान दुर्लभ विदेशी मुद्रा में खरीदा गया, जबकि देश में विदेशी मुद्रा के अभाव में अन्य जरूरियात की चीजों के आयात में घोर कटौती की जा रही थी। इस बात को रेखांकित करने का अर्थ यह कदापि नहीं है कि भारत सुरक्षा के मामले में कोई कोताही करे और कोई ऐसी स्थिति पैदा कर दे, जहां हमारे पारंपरिक प्रतिद्वंद्वी सामरिक क्षेत्र में आगे निकलकर भारत के लिए परेशानी का कारण बनें। देश की सुरक्षा एक ऐसा विषय है, जिस मद में कहीं कोई कमी नहीं आनी चाहिए। लेकिन इसका अर्थ यह भी नहीं कि इन बेहिसाब खर्चों के बारे में सोच-विचार भी नहीं किया जाए।

भारत, पाकिस्तान और चीन तीनों अनंत संभावना वाले देश हैं। उस स्थिति की कल्पना को, जहां इन तीनों देशों में आपसी सौमनस्य इस सीमा तक है कि इन देशों को अपने पड़ोसी से हमले का कोई भय नहीं है। यानि न इन्हें इतने भारी-भरकम सेना की आवश्यकता है, न ही आकाशचुंबी कीमतों पर पश्चिम के बाजारों से अस्त्र-शस्त्र खरीदने की जरूरत पड़ती है और न ही कहीं पड़ोसी हमसे आगे न निकल जाए, इसलिए नाभिकीय क्षेत्र में अरबों की कष्टार्जित राशि डालने की आवश्यकता है। ऐसी स्थिति में इन देशों के पास जिस प्रकार के प्राकृतिक और मानव संसाधन हैं, क्या ये देश पश्चिम के किसी भी देश से मुकाबला नहीं कर रहे होंगे। पश्चिम की वह शस्त्र लॉबी, जो चाहती है कि ये देश चाहे जैसे भी हो, नाभिकीय परिसीमन की संधि पर हस्ताक्षर अवश्य कर दें, कभी ऐसी कोशिश क्यों नहीं करती कि ये देश उनके अनावश्यक अस्त्रों का बाजार न रहें।

एशिया आज सबसे बड़ा सामरिक बाजार इसीलिए बना हुआ है कि शीत युद्ध समाप्त होने के बाद संसार की राजनीति में जो परिवर्तन आए हैं, उनमें इस तरह के अस्त्र-शस्त्र अब न यूरोप में बेचे जा सकते हैं न अफगानिस्तान, कम्बोडिया जैसे उन देशों में उड़ेले जा सकते हैं जहां युद्ध प्रारंभ कराकर हथियार बेचना ही इन देशों का मुख्य काम था।

भारत, पाकिस्तान और चीन को इस समस्या को इसी दृष्टि से देखना पड़ेगा। यह सच है कि इन देशों के बीच जिन कारणों से दुश्मनी है, उनका समाधान उतनी आसानी से नहीं हो सकता। पर यह भी सच है कि किन्हीं देशों के बीच ऐसी कोई समस्या नहीं होती, जिसका कोई समाधान हो ही नहीं। समाधान कठिन अवश्य होते हैं, पर असंभव नहीं। और यह तब असंभव बिल्कुल नहीं होगा, यदि लोग इस तरह से सोचना प्रारंभ करें कि पिछले आठ सालों से भारत-पाकिस्तान सियाचिन में जो लड़ाई लड़ रहे हैं, वहां भारतीय सैनिकों की मृत्युदर 63 प्रतिशत है यानि वहां गए हर दो में से एक भारतीय सैनिक वापस जीवित लौटकर नहीं आता, जबकि पाकिस्तान सैनिकों के बारे में मृत्यु दर 80 प्रतिशत है। भारत सिर्फ उस छोटे से ग्लेशियर की लड़ाई में हर साल 1000 करोड़ रुपए अतिरिक्त खर्च कर रहा है। जाहिर है, पाकिस्तान का खर्च इससे कम नहीं होगा। और यह लड़ाई सिर्फ नाक और मूंछ की लड़ाई है। यदि दोनों देशों का जनमत सिर्फ इस बात को एक बार ठीक से समझ ले कि हमारे मतभेद मूलतः नाक और मूंछ के कारण हैं, तो फिर दोनों देशों के करोड़ों नागरिकों को पीने के पानी की कमी नहीं रहेगी, बुनियादी स्वास्थ्य सेवा के अभाव में लाखों बच्चे असमय मृत्यु के शिकार नहीं होंगे, हर साल करोड़ों अशिक्षित संसार में लाने के लिए यह उपमहाद्वीप अभिशप्त नहीं रहेगा और अनंत संभावनाओं वाला यह क्षेत्र नागरिक सुख-सुविधाओं के मामले में न तो पश्चिम से किसी तरह कम होगा और न ही पश्चिम के कबाड़ की निकासी का बाजार रह जाएगा। क्या भारत और पाकिस्तान के बीच इतनी समझ विकसित नहीं हो सकती कि एक दिन बैठकर तय कर लें कि अगले बजट से दोनों देश अपनी सुरक्षा मद में कमी प्रारंभ कर देंगे। यदि रूस और अमेरिका कर सकते हैं, तो भारत-पाकिस्तान, चीन क्यों नहीं कर सकते?

(2 जुलाई 1992, अमर उजाला)

संसद ठप करके क्या हासिल होगा

कोई भी संकट कितना गंभीर है या हमारे जनप्रतिनिधि उसे कितना गंभीर मानते हैं, इसे मापने का एक सरल तरीका हमारे देश में यह भी है कि उस घटना के प्रति विरोध प्रकट करते हुए या उस घटना की और अधिक जानकारी प्राप्त करने के क्रम में हमारे देश की संसद का काम कितने लम्बे समय तक ठप रखा जाता है। यह माना जाता है कि संसद का सामान्य काम-काज कितने लम्बे समय तक स्थगित रखा जाए, विषय की गंभीरता उतनी ही तीव्रता से व्यक्त होती है। किसी खास दल या किसी विशेष क्षेत्र के सांसद ही ऐसा करते हों, ऐसा नहीं है। यह हमारी संसदीय कार्य पद्धति का अब अभिन्न अंग-सा बन चुका है। संसद की कार्रवाई ठप करना मानो एक सामान्य लोकतांत्रिक प्रक्रिया है, जिसका प्रयोग समय-समय पर करीब-करीब हर राजनीतिक दल के प्रतिनिधि अपनी क्षमता और शक्ति के अनुरूप करते रहते हैं।

यदि इस मानदंड से देखा जाए तो अयोध्या में चल रहे निर्माण कार्य से उत्पन्न संकट अपने वर्तमान राजनीतिक इतिहास का निश्चय ही सबसे गंभीर अध्याय है क्योंकि इस वजह से संसद के दोनों सदनों की कार्रवाई जितने लम्बे समय के लिए ठप रही, उतनी इससे पहले किसी भी कारण से नहीं हुई। यानी तब भी नहीं, जब बोफोर्स के कारण विपक्ष को संसद की सदस्यता तक निस्सार लगने लगी थी। तब भी संसद के दोनों सदनों का काम इतने लम्बे समय के लिए कभी स्थगित नहीं रखना पड़ा, जितना इस अयोध्या संकट के दौरान करना पड़ा है।

पिछली 9 जुलाई को लोकसभा प्रतिभूति घोटाले पर अपनी चिंता व्यक्त कर रही थी कि पूर्व प्रधानमंत्री चन्द्रशेखर ने सदन में विस्फोट किया। उन्होंने सदन को बताया कि अयोध्या में विवादित स्थल पर अदालती आदेश की अवमानना करते हुए निर्माण कार्य प्रारंभ हो गया है, इसलिए सरकार तत्काल इस विषय पर एक बयान दे। उस दिन यानी 9 जुलाई से लेकर 24 जुलाई के बीच संसद के 11 कार्य दिवसों में किसी दिन सिर्फ 13 मिनट की कार्रवाई चली, तो किसी दिन 58 मिनट की। संसद के दोनों सदनों में सबसे महत्त्वपूर्ण माना जाने वाला प्रश्नकाल तक लोकसभा में छह दिन और राज्यसभा में पांच दिन स्थगित करना पड़ा। कुल मिलाकर संसद 9 जुलाई के बाद कार्यतः स्थगित रही। विपक्ष के सांसद कभी अयोध्या पर पूरी जानकारी मांगते रहे या फिर सरकार के इस्तीफे की मांग कर संसद की कार्रवाई को ठप किए रहे।

इस दौरान अयोध्या में जो हो रहा था, उसकी जानकारी कुछ सांसद वहां जाकर तथा अधिकांश लोग समाचार पत्रों से पा रहे थे। इस बार तो दूरदर्शन भी इतना उदार रहा कि अयोध्या में चल रहे निर्माण कार्य को इतने विस्तार और एकाध बार सहानुभूति का पुट देते हुए प्रस्तुत किया कि सांसदों के एक समूह को इसके विरुद्ध हस्ताक्षर अभियान तक छेड़ना पड़ गया। इसलिए यह नहीं कहा जा सकता कि विपक्ष के सांसद सचमुच सही सूचनाओं के लिए इतने उतावले थे कि न प्राप्त होने की स्थिति में बाकी सारा कामकाज ठप करने के अलावा उनके पास दूसरा कोई चारा ही नहीं बचा था।

जाहिर है कि सांसदों का क्षोभ इसलिए इस रूप में नहीं व्यक्त हो रहा था कि सूचनाओं का अभाव था या यह भी नहीं कि विपक्ष के सांसदों को इस प्रकरण पर सरकार या प्रधानमंत्री के रुख के बारे में पता न हो। 14 जुलाई को लोकसभा में गृहमंत्री शंकर राव चव्हाण अयोध्या के बारे में सरकार का बयान सदन के सम्मुख प्रस्तुत कर चुके थे। 16 जुलाई को अविश्वास प्रस्ताव का उत्तर देते हुए प्रधानमंत्री ने भी अयोध्या के बारे में संक्षिप्त ही सही, लेकिन एक महत्त्वपूर्ण बयान दिया था कि विवादित स्थल पर खड़े ढांचे को सरकार किसी भी कीमत पर गिराने नहीं देगी। शायद पहली बार नरसिंह राव ने इस विवादित ढांचे को बाबरी मस्जिद के नाम से संबोधित किया, जिसके कारण विपक्षी भाजपा ने थोड़ा शोर-गुल भी मचाया। राष्ट्रीय एकता परिषद की लम्बी, उबाऊ और निष्कर्षहीन बैठक में प्रधानमंत्री और उनकी सरकार के अनेक महत्त्वपूर्ण प्रतिनिधि बार-बार अपना स्टैंड बता चुके थे।

फिर भी, विपक्ष संसद को नहीं चलने दे रहा था, तो इसका कारण सिर्फ इस घटना के प्रति उनकी चिंता नही थी, बल्कि सच तो यह है कि इसका राजनीतिक लाभ उठाने की वासना ही उनके मन में कहीं बैठी हुई थी। इस पूरे प्रकरण का सबसे चिन्तनीय पहलू यह है कि राष्ट्रीय संकट के इस क्षण में जब जिम्मेदार विपक्ष की भूमिका को भूलकर ऐसे कार्य करेगा जिससे देश इस संकट से उबरे, तब वे ऐसे काम में लगे हुए थे, जहां सरकार को घेर-घारकर कोई ऐसा बयान दिलवा दिया जाए जिससे सरकार और गहरे संकट में फँसे। राष्ट्रीय समस्या भले ही और भी विकट क्यों न हो जाए। चिंता का दूसरा पहलू यह है कि अपने इस क्षुद्र उद्देश्य की पूर्ति के लिए संसद जैसी पवित्र और सर्वक्षमता संपन्न संस्था का उपयोग सांसद आखिर किस सीमा तक नीचे ले जाकर कर सकते हैं। संसद और संसदीय कार्य पद्धति का लम्बे अर्से से लगातार अवमूल्यन होता रहा है, लेकिन अब यह जिस मुकाम पर पहुंचा है, उसकी तो कोई मिसाल ही नहीं है।

कुछ लोग इसे राष्ट्रीय कोष के अवव्यय के रूप में देख सकते हैं कि संसद के एक मिनट के काम के लिए देश को कितना धन खर्च करना पड़ता है। इस तरह संसद को लगातार ठप करने से देश को कितना बड़ा आर्थिक नुकसान उठाना पड़ रहा है। संसद सचिवालय के एक हिसाब के मुताबिक, वर्तमान में संसद के एक मिनट के कार्य के लिए राष्ट्रीय कोष का 2000 रुपया खर्च होता है। यानी इन 11 कार्य दिवसों के स्थगित होने से अब तक करीब एक करोड़ रुपए का नुकसान देश उठा चुका है। फिलहाल पैसे की बात हम नहीं उठाते हैं, क्योंकि यह एक ऐसा मुद्दा है, जिसके प्रति हमारे प्रतिनिधियों ने दोहरे मानदंड बनाने के कीर्तिमान स्थापित कर लिए है। देश को आर्थिक संकट का एक उपदेश देंगे, लेकिन जहां अपनी सुख-सुविधाओं और विशेषाधिकारों की बात आएगी, वहां वही उपदेश खुद पर कभी लागू नहीं होंगे। एक सांसद और जनप्रतिनिधि के रूप में प्राप्त सुविधाओं को भोगने के मामले में किस निर्लज्जता से काम होता है, उसके अनेक उदाहरण समय-समय पर सामने आते रहते हैं। इसीलिए हमारी मुख्य चिंता का विषय फिलहाल यह नहीं है।

हमारी चिंता का मुख्य सरोकार है—एक लोकतांत्रिक हथियार के रूप में संसद की धार के भोथरा हो जाने का खतरा। संसद की अपनी एक गरिमा है और संसदीय कार्यक्षेत्र का अपना एक अलग महत्त्वपूर्ण दायरा। इस दायरे की गारिमा को बार-बार लांघकर संसद न केवल अपना महत्त्व घटा रही है, बल्कि संसद से भी लोगों का विश्वास डिग रहा है। इसमें कोई संदेह नहीं कि आर.एस.एस-भाजपा-विहिप ने अयोध्या में जो कुछ किया है, वह न केवल हमारी न्याय और समाज व्यवस्था के लिए गंभीर चुनौती है, बल्कि हमारी सम्पूर्ण लोकतांत्रिक

व्यवस्था को भी एक ऐसे चरम तनाव के दायरे में ला खड़ा किया है, जैसा पहले कभी नहीं हुआ। ऐसी स्थिति में लोकतंत्र का एक सशक्त स्तंभ यानी विधायिका अपनी चिंता सार्वजनिक रूप से व्यक्त न करके खामोशी धारण किए रहे, न ऐसा हो सकता है और न ही इसकी कल्पना की जा सकती है। लेकिन इसका अर्थ यह भी नहीं कि अपनी चिंता व्यक्त करने के कार्य को ऐसा बना दें कि अपनी जड़ पर ही कुल्हाड़ी चलाने के लिए मजबूर होना पड़े। यह कुछ वैसा ही होगा, जैसा यदि न्यायपालिका अपनी बार-बार की अवमानना से क्षुब्ध होकर विधायिका की तरह ही काम-काज ठप करके प्रतिवाद व्यक्त करने का फैसला कर ले।

माना कि अयोध्या का संकट हमारे गणतंत्र के अस्तित्व का सबसे बड़ा संकट है, लेकिन इसका अर्थ यह भी नहीं हुआ कि यही एकमात्र संकट है और इसका समाधान निकलते ही हमारी अन्य परेशानियां अपने आप दूर हो जाएंगी। देश एक अभूतपूर्व आर्थिक संकट के दौर से गुजर रहा है। पिछले एक साल में हमने अपनी आर्थिक नीतियों में आमूलचूल परिवर्तन करके एकदम नई और अनजान दिशा की ओर कदम बढ़ा लिए हैं। आर्थिक उदारीकरण का एक बड़ा भारी प्रयोग देश में चल रहा है और इसी बीच देश बैंक, शेयर बाजार तथा प्रतिभूतियों के एक ऐसे आर्थिक घोटाले में फंस गया है, जिसे यदि अभी नहीं संभाला गया तो यह हमारी अर्थनीति के ताने-बाने को छिन्न-भिन्न कर देगा।

पंजाब में लोकतांत्रिक व्यवस्था बहाल होने के बावजूद परिस्थितियों में कोई सुधार आता नहीं दिख रहा है। कश्मीर में आतंकवाद अब राज्य प्रशासन के केंद्र पर जब चाहे तब हमला बोल लेता है। महंगाई, गरीबी, बेकारी, अशिक्षा और एड्स जैसी महामारी सहित अन्य अनेक बीमारियों का प्रकोप बढ़ता ही जा रहा है। सरकार सिर्फ अयोध्या के मामले में ही नहीं, इन सारे मामलों में शायद ही कुछ सार्थक बोल पाने की स्थिति में है और यह सिर्फ इस सरकार की बात नहीं है। इसकी जगह दूसरी कोई भी सरकार होती, तो वह भी इन सवालों का शायद ही कोई संतोषजनक उत्तर दे पाती है। ऐसी विकट परिस्थिति में संसद ही एक ऐसा मंच बचता है, जहां इन राष्ट्रीय समस्याओं का थोड़ी चेष्टा से सर्वमान्य समाधान ढूंढा जा सकता है। ये समाधान सचमुच आम सहमति से उपज सकते हैं, न कि राष्ट्रीय एकता परिषद जैसी संस्था के माध्यम से ढूंढी जा रही आम सहमति के छलावे से।

ऐसी महत्त्वपूर्ण और क्षमतावान संस्था का उपयोग सिर्फ इसलिए करना कि सरकार चूंकि आज परेशानी में है, तो चलिए उसे कठघरे में खड़ा करके उसे लांछित कर लें, वस्तुतः इस शक्तिशाली संस्था का अवमूल्यन वही कर रहे हैं, जिनकी यह जिम्मेदारी है कि वे देखें कि जैसे इसे और धारदार तथा और असरदार बनाया जा सकता है। सच तो यह है कि देश का आम आदमी आज अपनी परेशानियों में इस कदर उलझ गया है कि उसे सचमुच लोकतंत्र और लोकतांत्रिक संस्थाओं की कोई वास्तविक चिंता नहीं है। धीरे-धीरे लोग वोट देने को एक गैर जरूरी काम मानने लगे हैं और ऐसे लोगों की संख्या हर चुनाव के बाद बढ़ती ही दीख रही है। यदि हमारी संसद ऐसे ही चलती रही और उसका उपयोग इसी तरह से किया जाता रहा तो एक ऐसा समय भी आ सकता है कि लोग उदासीन होकर मतदान से ही विरत हो जाएं। इसके लिए पंजाब- कश्मीर जैसी किसी आतंकवादी धमकी की भी आवश्यकता नहीं पड़ेगी। ऐसी सम्भावित स्थिति के लिए जिम्मेदार वही लोग होंगे, आज जिन पर इस संस्था को और सुदृढ़ करने की जिम्मेदारी है, पर जो इसे समझ नहीं पा रहे हैं।

(30 जुलाई 1992, अमर उजाला)

शंकरानंदों का क्यों कुछ नहीं बिगड़ता?

जांच समितियों पर अपने देश में कोई भरोसा नहीं है। प्रतिभूति घोटाले की जांच कर रही संयुक्त संसदीय जांच समिति के अब तक के काम-काज के उत्साहवर्धक परिणाम सामने आ रहे हैं। आवश्यक नहीं कि जांच पूरी होने के बाद समिति जिस अंतिम निष्कर्ष पर पहुंचे, वह सचमुच इसकी निष्पक्षता पर अंतिम मुहर लगाने वाला सिद्ध हो। इस निराशाजनक सोच का मुख्य कारण यह है कि इस देश में जांच समितियों की निष्पक्षता की परम्परा बहुत निष्कलंक नहीं रही है। फिर भी, इस जांच के क्रम में छन-छनकर जो सूचनाएं प्राप्त हो रही हैं, उससे यह अंतरिम निष्कर्ष तो निकाला ही जा सकता है कि घोटाला सिर्फ शेयर दलालों का नही था। हमारी व्यवस्था के करीब-करीब सभी महत्त्वपूर्ण अंग इस घोटाले से किसी-न-किसी प्रकार जुड़े हुए हैं, इसके स्पष्ट संकेत मिल रहे है।

जिस दिन से शेयर घोटाला प्रकाश में आया है, उसी दिन में यह बात खुलेआम कही जा रही है कि बिना राजनीतिक प्रश्रय के इतना बड़ा आर्थिक घपला संभव ही नहीं है। विपक्ष के कुछ राजनीतिज्ञ खुले तौर पर कुछ मन्त्रियों के बारे में संकेत देते रहे हैं, उनकी संख्या बताते रहे हैं, पर नाम बताने का साहस कोई नहीं कर पा रहा था। पहली बार एक मंत्री का नाम स्पष्ट रूप से सामने आया है। चूंकि मंत्री महोदय शंकरानन्द हैं, इसीलिए जांच समिति के अंतिम निष्कर्ष के बारे में अभी से संदेह पनपने लगा है।

संयुक्त संसदीय जांच समिति के सामने पेट्रोलियम मंत्रालय के अधीन काम करने वाले तेल उद्योग विकास बोर्ड के दो वरिष्ठ अधिकारियों ने गवाही दी कि जनवरी 1990 के बाद उनके विकास बोर्ड ने अपनी अतिरिक्त पूँजी के जो 592.82 करोड़ रुपए वित्तीय संस्थाओं में जमा कराए, उनमें से कैनफिना में 294.42 करोड़ तथा सिंडिकेट बैंक में 198.38 करोड़ रुपए रखे गए। अधिकारियों ने स्पष्ट रूप में कहा कि ऐसी पूँजी को ब्याज पर लगाने के अधिकार पहले विभागीय सचिव के पास थे, जिसे पिछले साल पेट्रोलियम मंत्री ने अपने हाथ में कर लिया। यह पूँजी मंत्री महोदय के आदेश और उनकी जानकारी में इन वित्तीय संस्थाओं में जमा कराई गई।

इसमें अनहोनी क्या है? जो नया समाज हम बना रहे हैं, उसमें आपको आज लाखों लोग मिल जाएंगे, जो कहते हैं कि भारतीय 'मुनाफा' शब्द को अश्लील मानते रहे, इसीलिए आज देश की यह दुर्दशा है। यदि पूँजी पड़ी हुई है और उसे आसानी से ब्याज पर लगाकर मुनाफा कमाया जा सकता है, तो इसमें गलत क्या है। 'मुनाफा' अच्छा शब्द है या बुरा, फिलहाल इसको यहीं छोड़ देते हैं, क्योंकि आज बाजार के अर्थशास्त्र की विश्वव्यापी लोकप्रियता ने पुराने मूल्यों को ध्वस्त कर दिया है। इन शब्दों की व्याख्या में उलझकर

हम मूल मुद्दे से बहुत दूर निकल जाएंगे, इसलिए इसे आगे के लिए फिलहाल मुल्तवी कर देते हैं।

चलिए, हम मान लेते हैं कि शंकरानंद की यह गहरी दूरदृष्टि थी कि उन्होंने एक अचल पूँजी का उचित उपयोग सोचा और उस पर तत्काल उन्होंने कार्रवाई भी शुरू कर दी। पर इसका एक कष्टदायक पहलू यह भी है कि शंकरानंद कैनफिना में तब भी पैसा लगाते रहे, जब घोटाला जगजाहिर हो चुका था। घोटाले में कैनफिना की भूमिका सामने आ चुकी थी तथा यह भी सबको मालूम था कि एक वित्तीय संस्था के रूप में कैनफिना दिवालिया होने की स्थिति में पहुंच चुका है। बाजार के अर्थशास्त्र और 'मुनाफा' शब्द की पवित्रता में विश्वास करने वाले शंकरानन्द की इस अर्थदृष्टि का बचाव कैसे कर सकते हैं?

जाहिर है कि इस निवेश के पीछे वित्तीय सदुपयोग या बोर्ड के लिए मुनाफा कमाने की भावना तो नहीं ही होगी। फिर क्या कारण कारण था कि घाटे के इस प्रत्यक्ष सौदे को शंकरानंद प्रश्रय देते रहे। एक कारण यह बताया जा रहा है कि शंकरानंद के सुपुत्र प्रकाश कनगी अभी कुछ महीनों पहले तक कनारा बैंक के निदेशक थे। कैनफिना कनारा बैंक की ही एक वित्तीय संस्था है। स्पष्टतः शंकरानंद अपने बेटे के हित को ध्यान में रखकर यह सब कर रहे थे और उनके सुपुत्र निश्चय ही सिर्फ बैंक का आर्थिक हित नहीं देख रहे होंगे। उनका अपना कुछ स्वार्थ तो होगा ही वरना इस जोखिम की हद तक क्यों जाते कि देख रहे हैं कि कैनफिना दिवालिएपन के कगार पर है, फिर भी सार्वजनिक धन उसमें झोंके जा रहे हैं। कैनफिना को नियमानुसार अब तक 90 करोड़ रुपए तेल उद्योग विकास बोर्ड को लौटा देने चाहिए थे, पर लौटाए सिर्फ 20 करोड़। बाकी पैसा डूबेगा ही, इस बारे में अर्थक्षेत्र के जानकारों में कोई दो राय नहीं है।

पहले दिन से ही जिन लोगों की यह मान्यता थी कि बिना उच्च राजनीतिक प्रश्रय के इस परिमाण का घोटाला संभव नहीं, उन्हें थोड़ा संतोष हुआ कि चलिए, किसी केंद्रीय मंत्री पर प्रतिभूति घोटाले में शामिल होने का सीधा आरोप तो लगा। पर लगता है कि इनकी यह प्रसन्नता ज्यादा स्थायी नहीं रहेगी। शंकरानन्द ने दृढ़ता से फरमाया है कि न तो मुझे कुछ छिपाना है और न ही मैं किसी तरह की लीपापोती की कोशिश कर रहा हूं। उनका कहना है कि यह उनके विरुद्ध शरारत भरा प्रोपेगेंडा है जो उनके राजनीतिक विरोधी कर रहे हैं। इतना फरमाने के बाद मंत्री महोदय मेडिकल चेक-अप के लिए अमेरिका रवाना हो गए हैं।

प्रारंभ में जिस निराशा की बात की गई है, वह इन्हीं कारणों से पैदा हुई है। यह वही शंकरानन्द हैं, जिन्हें बोफोर्स जांच समिति की अध्यक्षता सौंपी गई थी। जिन्होंने बोफोर्स के मामले में सबको पाक-साफ घोषित कर दिया था। उसके बाद से बोफोर्स का मामला और भी उलझता गया है। अनेक तरह से यह सिद्ध हो गया है कि बोफोर्स मामाले में न केवल बड़ी हेराफेरी हुई, बल्कि करोड़ों की रिश्वत का लेन-देन हुआ और बड़े-बड़ों के फँसने की संभावना है। उस जांच पर लीतापोती करने वाले ने बेशर्मी से मंत्री की कुर्सी जकड़ रखी है और अब दावा कर रहा है कि उसके खिलाफ भ्रष्टाचार के आरोप राजनीतिक साजिश के तहत लगाए जा रहे हैं। जिन संवाददाताओं के समक्ष मंत्री महोदय अपनी बेचारगी का बयान करते है, वे बिना कोई प्रतिप्रश्न पूछे उनकी बात को ज्यों का त्यों प्रकाशित कर देते

हैं। ऐसी स्थिति में जब शंकरानंद जांच समिति के समक्ष कागजात प्रस्तुत करके अपनी निष्पक्षता का दावा करेंगे, जैसा कि उन्होंने अमेरिका जाने से पहले फरमाया है, तो समिति के सदस्य उनका विश्वास नहीं करेंगे, यह मानने का कोई विशेष कारण नहीं दिखता।

निराशा का बड़ा कारण यह भी है कि संदेह की सुई सिर्फ शंकरानन्द की ओर ही संकेत नहीं कर रही है, बल्कि अनेक मारे लोग और ढेर सारी संस्थाएं संदेह के घेरे में आ रही हैं। पर जिस तरह की प्रतिक्रिया ऐसे माहौल में होनी चाहिए, वह कहीं नजर नहीं आ रही। एक के बाद एक मंत्रालयों के अधीन काम करने वाले बोर्डों की कारगुजारियां सामने आ रही हैं और मंत्री यह कहकर हाथ झाड़े ले रहे हैं कि इसमें उनकी कोई सीधी जिम्मेदारी तो बनती नहीं। कोई एक जाफर शरीफ हो तो कोई बात भी हो। जहां हर मंत्री जाफर शरीफ बनने पर उतारू हो, वहां कोई भी जांच समिति आखिर क्या कर लेगी?

पॉवर बोर्ड के ऐसे ही निवेश का मामला खुलता है तो पता चलता है कि यह सिर्फ कल्पनाथ राय के कार्यकाल की ही बात नहीं है। आरिफ मोहम्मद खां या उससे भी पहले अरुण नेहरू के जमाने में ही यह परंपरा पड़ चुकी थी, जिसे कल्याण सिंह कालवी के कार्यकाल में जारी रखा गया और अब कल्पनाथ राय के राज में यह और भी तेजी से पनपी है। तेल और प्राकृतिक गैस आयोग के पूर्व अध्यक्ष ने समिति के सामने कहा है कि गैस आयोग ने ऐसे निवेशों में ब्यूरो ऑफ पब्लिक एंटरप्राइसेज द्वारा तय किए गए नियमों का पालन नहीं किया। एयर इंडिया और इंडियन एयरलाइंस के निवेश के मामले भी समिति के सामने आए हैं और यह धारणा बद्धमूल हुई है कि प्रतिभूति घोटाले में सार्वजनिक उपक्रम और मंत्रालय भी उसी सीमा तक लिप्त है, जिस सीमा तक हर्षद मेहता-कृष्णमूर्ति या विदेशी बैंक और अन्य वित्तीय संस्थाएं लिप्त हैं।

अब तक की जांच से कम-से-कम इतना तो सिद्ध ही हो गया है कि जिसे प्रारंभ में प्रतिभूति या शेयर बाजार और कुछ दलालों की बेईमानी मानी गई थी, वस्तुतः वह हमारे समाज की सड़ांध का पहला झोंका था। जैसे-जैसे इसकी गहराई में उतरने का प्रयास किया जा रहा है, यह स्पष्ट होता जा रहा है कि प्रतिभूति घोटाला तो हमारी जर्जर सामाजिक-आर्थिक व्यवस्था की एक झलक मात्र था। हमारी संपूर्ण बैंकिंग व्यवस्था चाहे वह रिजर्व बैंक हो या सार्वजनिक क्षेत्र के सरकारी बैंक या फिर विदेशी या सहकारी बैंकिंग संस्थान—सब इसमें आंकठ डूबे हुए हैं। एक विदेशी बैंक राजनीतिज्ञ, नौकरशाह, सेना के वरिष्ठ अधिकारी तथा समाज के अग्रणी लोगों के सगे-सम्बन्धियों को नौकरी के प्रमुख स्थान पर बिठाकर अरबों के वारे-न्यारे करता रहा और हम बाजार की अर्थव्यवस्था, आर्थिक खुलापन और 'मुनाफा' शब्द को प्रतिष्ठित करने के नाम पर इसे बढ़ावा देते रहे, यह हमारे समाज की सड़न का ही उदाहरण है।

हमारी बैंकिंग, मुद्रा तथा अर्थव्यवस्था, सार्वजनिक उपक्रम, उच्च नौकरशाही तथा प्रभावशाली राजनीतिज्ञ—कौन नहीं इस घपले से जुड़ा है। शायद यह ही कारण है कि जब इसमें से कोई एक नाम सामने आता है और वह बेशर्मी से अपने को निर्दोष और निष्कलंक साबित करने की कोशिश करता है तो समाज का यह प्रभावशाली वर्ग या तो उसे मूक समर्थन देता है या फिर इस तरह दूसरी ओर देखने लगता है मानो उसका इस सबसे कोई सरोकार न हो। पिछले कुछ सालों में भ्रष्टाचार को जिस तरह से सफलता का पर्याय मानकर उसे सामाजिक स्वीकृति दी गई है, यह तटस्थता उसी का परिणाम है।

बोफोर्स तोप सौदे को यदि यह कहकर उचित माना जा सकता है कि सौदा कैसे हुआ इसे छोड़िए, यह बात बताएं कि क्या बोफोर्स तोप संसार की श्रेष्ठ तोपों में से एक है या नहीं; या किसी उद्योगपति के नियम-कानून तोड़ने की घटनाओं को इसलिए जायज करार दिया जाता है कि उसकी इन गतिविधियों से शेयरधारकों को लाभ हुआ या नहीं; या हर्षद मेहता फैन क्लब इसलिए बन जाते हैं कि उसने सार्वजनिक धन को कई गुना बना दिया, चोरी तो नहीं की, वैसे समाज में भ्रष्टाचार के ये सारे प्रकरण अंततः सफलता के गुणगान में बदल जाए तो क्या आश्चर्य है। जो हर्षद मेहता के स्वागत में तोरणद्वार बना सकते हैं, वे कल शंकरानंद और जाफर शरीफों के स्तुतिगान में भी नहीं लग जाएंगे, जिनके काले कारनामे अभी उजागर नहीं हुए हैं, इसकी क्या गारंटी है। एक आम आदमी की निराशा का यही कारण है।

(22 अक्टूबर 1992, अमर उजाला)

एक बार फिर राज्य पुनर्गठन आयोग बने

हाल के दिनों में जब भी बिहार के मुख्यमंत्री लालू प्रसाद यादव से यह सवाल पूछा जाता था कि उनकी दृष्टि में झारखंड समस्या का क्या समाधान हो सकता है, तो अक्सर उनका उत्तर होता था कि हमने तो झारखंड विकास विधेयक पास कर दिया है। इसका एक निहितार्थ यह था कि राज्य सरकार जिस सीमा तक जा सकती थी, उस सीमा तक जाकर उसने अपना काम कर दिया है। केंद्र सरकार यदि इससे आगे बढ़कर कुछ करना चाहती है तो अब वह पहल करे। नया राज्य बनाना केंद्र सरकार का काम है, राज्य सरकारों का नहीं। हालांकि इस तरह से यह केंद्र के पाले में गेंद डालकर अपनी जिम्मेदारी से मुक्त होने की बात थी लेकिन इससे ज्यादा राज्य सरकारें सचमुच कर भी क्या सकती हैं।

इसलिए केंद्रीय गृहमंत्री शंकर राव चव्हाण ने यदि लालू प्रसाद की चालाकी का जवाब देने के मकसद से ही यह कहा हो कि झारखंड समस्या का समाधान या तो उसे पूर्ण राज्य का दर्जा देने या उसे केंद्र शासित क्षेत्र घोषित कर देने में है तो भी यह गृहमंत्री का निहायत गैर जिम्मेदाराना बयान है। लालू प्रसाद की चालाकी का जवाब देने के लिए केंद्रीय गृहमंत्री को अपने बयान के दूरगामी परिणाम को समझे बिना यदि इस स्तर की राजनीति पर उतरना पड़ता है तो यह निश्चय ही चिंता की बात है। यह बयान देने के पहले गृहमंत्री ने शायद यह बिल्कुल नहीं सोचा है कि इसका पंजाब, कश्मीर या असम में क्या प्रभाव पड़ सकता है।

यदि ऐसा नहीं है और गृहमंत्री सचमुच यह समझते हैं कि इस समस्या का एकमात्र समाधान झारखंड को बिहार से अलग कर देना ही है तो यह भी कोई कम चिंता की बात नहीं है। क्योंकि जिस तरह के हल्के-फुल्के अंदाज में गृहमंत्री ने पत्रकारों से एक चर्चा के दौरान यह समाधान सुझाया, उससे एक निष्कर्ष यह भी निकल सकता है कि राज्य पुनर्गठन के लिए आवश्यक सांविधानिक आवश्यकताओं की समुचित जानकारी उन्हें नहीं है। ऐसा हो नहीं सकता क्योंकि गृहमंत्री न केवल प्रशिक्षित वकील हैं बल्कि एक घिसे-पिटे घाघ राजनीतिज्ञ भी हैं। इसलिए बिना सोचे-समझे यह बात उन्होंने की होगी, यह मानने का कोई उचित कारण नहीं है।

ऐसी स्थिति में एकमात्र विकल्प यही बचता है कि गृहमंत्री का बयान एक ऐसी सोची-समझी राजनीतिक योजना का अंग है जिसका एकमात्र उद्देश्य विपक्षी दल की एक राज्य सरकार को परेशानी में डालना है। यह आश्चर्य की बात है कि अपनी इस नीति के कारण कांग्रेस पंजाब, कश्मीर और असम सहित ढेर सारी स्थायी समस्याएं अब तक देश को उपहार स्वरूप दे चुकी है फिर भी इस पार्टी के नेता अपनी इस आदत से बाज नहीं

आना चाहते। आज देश में जितने भी अलगाववादी या स्वायत्तता और स्वतंत्रता की मांग करने वाले हिंसक-अहिंसक आंदोलन चल रहे हैं, उनमें से करीब-करीब सभी आंदोलनों का जन्म कांग्रेस की इस ओछी राजनीति के कारण हुआ है।

कश्मीर में कभी नेशनल कांफ्रेंस को सबक सिखाने के लिए तो कभी अपनी ही पार्टी के नेताओं की अकड़ दूर करने के लिए इस या उस राजनीतिक गुट को प्रश्रय देने या गिराने की राजनीति का नतीजा यह है कि आज वहां एक भयानक अलगाववादी आंदोलन छिड़ा हुआ है। दुख और शर्म की बात है कि दिल्ली में अनेक वरिष्ठ कांग्रेसी नेता अब भी कश्मीर के बारे में वैसी ही नीति अपनाए रखना चाहते हैं जिनके कारण समस्या आज इस हद तक पहुंची है।

पंजाब की समस्या तो शुद्ध रूप से विपक्ष को सबक सिखाने वाली राजनीति का ही परिणाम है। जब भी वहां विरोधियों की सरकार बनी, केंद्र की कांग्रेस सरकार ने उन्हें किसी न किसी बहाने बर्खास्त कर दिया। और तो और, अकालियों की धर्माश्रित राजनीति का मुकाबला करने के लिए कांग्रेस ने भिंडरावाले को पैदा किया और प्रश्रय दिया जिसका परिणाम आज सबके सामने है। असम में फखरुद्दीन अली अहमद से लेकर हितेश्वर सैकिया तक कांग्रेस नेताओं की राजनीति एक वर्ग को दूसरे वर्ग से लड़ाने के आधार पर ही पनपती रही है। बोडो आंदोलन तो पूरी तरह से केंद्र के पैसे और प्रश्रय पर प्रारंभ हुआ। तब उद्देश्य यह था असम की अगप सरकार को परेशानी में डाला जाए। इसलिए आज झारखंड को संपूर्ण राज्य का दर्जा देने की वकालत करने वाले गृहमंत्री न भूलें कि एक-न-एक दिन बोडो लैंड भी उन्हें बनवाना ही पड़ेगा।

वास्तव में समस्या यह नहीं है कि झारखंड या बोडोलैंड बने या नहीं बने। क्षेत्रीय महत्त्वाकांक्षाओं के आधार पर न तो राज्यों के पुनर्विभाजन में कोई बुराई है और न ही इस तरह की मांगों का उठना अपने आप में कोई राष्ट्रविरोधी कार्य, जैसा कि कांग्रेस इंदिरा गांधी के जमाने से प्रचारित करती रही है। समस्या सिर्फ यह है कि इस तरह की महत्त्वाकांक्षाओं का राजनीतिक दुरुपयोग कैसे रोका जाए, खासतौर पर कांग्रेस के हाथों। चाहे झारखंड हो या बोडोलैंड, गोरखालैंड हो या उत्तराखंड, स्वायत्त लद्दाख की मांग हो या पृथक विदर्भ की, हर बार देखा गया है कि जब भी केंद्र कांग्रेस को इस बात की आवश्यकता पड़ी है, किसी क्षेत्र विशेष के किसी विशेष राजनीतिक समूह को सबक सिखाना है तो इस तरह के आंदोलन जोर पकड़ते रहे हैं और जब सचमुच ये आंदोलन जड़ पकड़ते हैं तथा किसी निष्कर्ष पर पहुंचने का समय आता है तो केंद्रीय सत्ता मजबूत करने के नाम पर इस तरह के वाजिब लोकतांत्रिक मांगों को दबाने का काम शुरू हो जाता है। जाहिर है कि ऐसी परिस्थितियों से इस तरह के आंदोलन हिंसक होकर नियंत्रण से बाहर जाते रहे हैं।

इसमें कोई संदेह नहीं कि पृथक झारखंड राज्य की मांग में न केवल बहुत दम है बल्कि काफी हद तक यह मांग वाजिब भी है। सिर्फ इसलिए नहीं कि इस तरह का राज्य बनने से वर्तमान बिहार आर्थिक और औद्योगिक रूप से पंगु हो जाएगा और लालू प्रसाद तथा उनकी सरकार को एक अच्छा सबक मिल जाएगा, जैसा शंकर राव चव्हाण सोचते हैं, बल्कि इस मांग में दम इसलिए है कि झारखंड क्षेत्र के आदिवासियों की अरसे से उपेक्षा होती रही है और इस उपेक्षा की राजनीति का बार-बार दुरुपयोग होने के बावजूद भी पृथक झारखंड राज्य

गठन का आंदोलन सतत् रूप से चलता रहा है। वास्तव में झारखंड राज्य का निर्माण तो तभी हो जाना चाहिए था जब राज्यों का नए सिरे से पुनर्गठन किया गया था, लेकिन सिर्फ झारखंड ही क्यों अनेक सारे और राज्य तभी बन जाने चाहिए थे।

पृथक गोरखालैंड की मांग में क्या कम दम है। खासतौर पर वैसी स्थिति में जब मूलतः नेपालीभाषी सिक्किम भी भारत संघ का अंग बन चुका है। आज सिक्किम, उत्तरी-पश्चिम बंगाल, असम, मेघालय तथा अरुणाचल में जिस तरह से नेपालीभाषी फैले हुए हैं, उनको देखते हुए सिर्फ पश्चिम बंगाल का एक जिला पृथक कर के गोरखालैंड बनाने मात्र से काम नहीं चलेगा। जरूरत उस पूरे क्षेत्र के पुनर्विन्यास की है। ऐसी स्थिति में यदि उस क्षेत्र में दो या उससे ज्यादा नेपालीभाषी राज्य बनते हैं तो इसमें क्या बुराई है।

पृथक उत्तराखंड राज्य का अब तक गठन न हो पाना अपने आप में दुर्भाग्यपूर्ण है। उत्तर प्रदेश के कुमाऊं और गढ़वाल क्षेत्र का न तो राजनीतिक रूप से और न ही सांस्कृतिक-सामाजिक दृष्टि से मूल उतर प्रदेश के साथ कोई तादात्म्य बैठता है। अरसे से पृथक उत्तराखंड के लिए राजनीतिक आंदोलन चलते रहे हैं जिन्हें समय-समय पर विभिन्न प्रमुख राजनीतिक दलों का समर्थन भी मिलता रहा है। पिछले चुनाव में भारतीय जनता पार्टी के मुखर समर्थन के कारण उत्तराखंड क्रांति दल ने अपनी सारी ताकत भाजपा के पीछे झोंक दी थी। इसका परिणाम हुआ कि उतर प्रदेश विधानसभा ने पृथक उत्तराखंड के समर्थन में एक प्रस्ताव पास कर केंद्र सरकार के पास उसे भेज दिया। अब केंद्र को ही इस विषय पर फैसला करना है।

जिस प्रकार बिहार विधानसभा द्वारा पारित झारखंड विकास परिषद के विधेयक से चिढ़कर केंद्रीय गृहमंत्री झारखंड को पृथक संपूर्ण राज्य देने का विचार कर रहे हैं यदि उसी कसौटी पर देखा जाए तो पृथक उत्तराखंड का निर्माण उससे पहले हो जाना चाहिए। इस बारे में न केवल गृहमंत्री महोदय चुप हैं बल्कि भाजपा आश्चर्यजनक रूप से चुप्पी साधे हुए है। इसका मतलब क्या यह निकाला जाए कि जब तक इस तरह के आंदोलन अनावश्यक रूप से हिंसक और विवादास्पद न हो जाएं तब तक उन पर विचार करना संभव ही नहीं है।

यही नहीं, अनेक सारे इस तरह के मामले हैं जो तत्काल निर्णय मांगते हैं। इन्हें मान लेने से न तो केंद्र कमजोर होगा और न ही भारतीय राष्ट्र-राज्य के तंतु बिखरेंगे। उलटे इस तरह की राजनीतिक प्रक्रिया भारत की एकता और अखंडता को और सुदृढ़ ही करेगी। जितने छोटे-छोटे राज्य होंगे, क्षेत्रीय विषमताओं में उतनी ही कमी आएगी। किसी राज्य का एक हिस्सा यह महसूस नहीं करेगा कि उसे दूसरे हिस्से के मुकाबले कम संसाधन मिल रहे हैं या उसके साथ सौतेला व्यवहार हो रहा है। महाराष्ट्र, आंध्र और हिंदी भाषी क्षेत्र के सभी राज्यों को प्रशासन और सांस्कृतिक आवश्यकता को ध्यान में रखते हुए यदि अनेक सुसंगत राजनीतिक इकाइयों में विभक्त कर दिया जाए, तो न केवल प्रशासनिक स्तर पर चुस्ती आएगी, बल्कि विकास की गति भी तीव्र होगी। हरियाणा और हिमाचल के उदाहरण हमारे सामने हैं कि किस प्रकार पंजाब से अलग होने के बाद पूर्ववर्ती राज्य के उन दोनों क्षेत्रों में विकास की गति पहले के मुकाबले कहीं ज्यादा तेज है।

यह एक भारी मिथक है कि झारखंड क्षेत्र अलग हो जाने के बाद बचा हुआ बिहार आर्थिक रूप से पंगु हो जाएगा क्योंकि बिहार की संपूर्ण खनिज संपदा और उद्योग झारखंड क्षेत्र में ही सीमित है। इस तरह की बात करने वालों को कुछ बातों का अंदाजा नहीं है। मसलन,

झारखंड क्षेत्र की जनसंख्या में आदिवासी-गैर आदिवासी का औसत क्या है या कोयला और लोहे से सचमुच बिहार को कितनी रॉयल्टी प्राप्त होती है या उस क्षेत्र के उद्योग-धंधे वास्तव में बिहार की समृद्धि में कितना योगदान करते हैं या बिहार के कुल बजट का कितना बड़ा हिस्सा झारखंड क्षेत्र पर खर्च किया जाता है। इन सारे सवालों का सही जवाब मिलने पर यह भ्रम अपने आप में छंट जाएगा कि झारखंड अलग होते ही बिहार आर्थिक रूप से ठप हो जाएगा। हो सकता है, दोनों राज्यों में विकास की गति पहले से ज्यादा तेज हो जाए। इसलिए झारखंड बनना अपने आप में बिहार के लिए कोई प्रलय का संकेत नहीं है। वैसे ही जैसे गोरखालैंड या उत्तराखंड राज्यों का गठन या विदर्भ, जम्मू तथा तेलंगाना आदि क्षेत्रों को अधिक स्वायत्तता देना, लेकिन इसे सिर्फ गृहमंत्री की एक घोषणा मात्र से नहीं लागू किया जा सकता।

झारखंड केवल बिहार का मसला नहीं है, न ही बिहार से झारखंड क्षेत्र को अलग कर देने से यह समस्या हल हो जाएगी। उल्टे एक नया नासूर और पैदा होगा। जब तक मध्य प्रदेश, उड़ीसा तथा पश्चिम बंगाल के आदिवासी बहुल क्षेत्र इस राज्य में शामिल नहीं किए जाते, एक स्थाई समस्या बनी ही रहेगी। गृहमंत्री निश्चय ही इस संविधानिक प्रक्रिया से परिचित होंगे कि नए राज्य के निर्माण के लिए विधेयक लाने से पूर्व न केवल राष्ट्रपति से पूर्व अनुमति लेनी होती है बल्कि प्रभावित राज्यों से भी सहमति लेनी पड़ती है। बिहार की चिंता गृहमंत्री को नहीं है, लेकिन क्या उन्हें उड़ीसा, मध्य प्रदेश और पश्चिम बंगाल विधानसभाओं की सहमति भी नहीं चाहिए। फिर गृहमंत्री का झारखंड कैसे बनेगा और ऐसी हालत में सिर्फ बिहार को बांटकर जो झारखंड बनेगा वह न केवल अधूरा झारखंड होगा, बल्कि भविष्य का एक नया अशांत केंद्र भी होगा।

इस समस्या का वैज्ञानिक समाधान यह है कि देश सर्वसम्मति से एक नए राज्य पुनर्गठन आयोग के लिए सहमत हो जाए और सारे मामले उस आयोग को सौंप दिए जाए। झारखंड का मामला गोरखालैंड, बोडोलैंड या उत्तराखंड से अलग करके नहीं सुलझाया जा सकता। बदले की कार्रवाई वाली राजनीतिक चाल से तो और भी नहीं।

(17 सितंबर 1992, अमर उजाला)

राजनीतिज्ञों का सामूहिक घपला

कभी-कभी तो ऐसा लगता है कि यदि समाचार पत्र न हों तो संसद का चलना मुश्किल हो जाए। सरकारी कामकाज की बात छोड़ दें क्योंकि सरकारी कामकाज में सांसदों की रुचि होती, तो बार-बार सदन का काम कोरम के अभाव में स्थगित नहीं करना पड़ता, जैसा कि पिछले सप्ताह लगातार दो दिन करना पड़ा। सरकारी और विधायी कामकाज के अलावा जिन कारणों से संसद और सांसद चर्चा का विषय बनते हैं, उनमें से करीब-करीब सारे मसले अखबारों से उठाए जाते हैं। अखबार अगर सचमुच विवादास्पद खबरों को संसद सत्र के दौरान छापना बंद कर दें तो ढेर सारे सांसद तो अखबारों में अपना नाम देखने के लिए तरस जाएं। हमारे आज के संसद सदस्य अपने दैनंदिन कामकाज में इस हद तक अखबारों पर आश्रित हो चुके हैं, इसका सबसे अच्छा उदाहरण है 'सहमत' की विवादास्पद प्रदर्शनी। इस प्रदर्शनी का उद्घाटन 9 अगस्त को तीन मूर्ति भवन में किया गया। उस भवन के आसपास सैकड़ों सांसदों के निवास हैं। प्रदर्शनी के उद्घाटन की खबर बजाब्ता समाचार पत्रों में प्रकाशित हुई, लेकिन किसी ने प्रदर्शनी के उस अंश को अलग से प्रकाशित नहीं किया जिस कारण बाद में हंगामा मचा। जाहिर है कि सांसदों को इसमें कुछ भी रस लायक नहीं दिखा। प्रदर्शनी के उद्घाटन के करीब सप्ताह भर बाद जब अयोध्या के प्रदर्शनी कक्ष में तोड़-फोड़ हुई और उसका विस्तृत समाचार राजधानी के एक हिंदी समाचार पत्र में प्रकाशित हुआ, तब कहीं जाकर सांसदों को यह लगा कि यह तो सदन में उठाने वाला मसला है और हंगामा खड़ा हो गया।

इस उदाहरण को देने का सिर्फ एक ही सबब है कि यह जान लें कि हमारे सांसद अब कोई खास होमवर्क नहीं करते। यदि उनसे किसी मसले को उठवाना है तो सबसे आसान तरीका है कि अखबारों में खबर छपवाइए और उन्हें फोन कीजिए कि वे उस खबर को पढ़ लें। अपने आप यह काम भी अनेक लोग नहीं करते। दूसरा तरीका यह है कि उनके बारे में कोई विवादास्पद खबर प्रकाशित कीजिए और देखिए उसी दिन कैसे तूफान खड़ा हो जाता है। राजधानी के एक अल्प बिक्री वाले अंग्रेजी दैनिक ने एक समाचार प्रकाशित किया कि एक स्विस नागरिक ने हलफनामा दिया है कि हर्षद मेहता ने अपने विदेश में रखे धन से पैसा निकालकर लालकृष्ण आडवाणी, मुरली मनोहर जोशी और प्रमोद महाजन को दिया। दूसरे दिन इन नेताओं का खंडन देशभर के अखबारों में छप गया। बहुत सारे लोगों को तो इस आरोप के बारे में पता उस खंडन को पढ़कर लगा। इस घटना का जिक्र करने का कारण यह बताना है कि हमारे राजनेता आरोपों के बारे में इतने संवेदनशील हैं कि लगते ही उन्हें छुड़ाने के काम में लग जाते हैं। इसमें देरी नहीं होती।

फिर क्या कारण है कि राजधानी से प्रकाशित एक प्रमुख हिंदी दैनिक में एक विस्फोटक खबर छपी और न तो किसी ने उसे संसद में उठाया और न ही किसी ने उसके खंडन की जहमत उठाई। चारों ओर एक रहस्यमय चुप्पी छा गई जैसे इसकी चर्चा नहीं होगी तो इसका अस्तित्व भी नहीं रहेगा। पहले उस खबर की संक्षेप में चर्चा कर लें। 24 अगस्त 1993 के 'जनसत्ता' में राम बहादुर राय और राजेश जोशी की खबर प्रकाशित हुई कि कैसे करोड़ों के घपले पर सीबीआई कुंडली मारे बैठी है। घपला सिर्फ पैसे का ही नहीं है इसमें देशद्रोह, आतंकवाद को समर्थन तथा उच्च पदों पर बैठे लोगों का भ्रष्टाचार सब कुछ शामिल है। कथा यों है कि करीब सवा दो साल पहले जवाहर लाल नेहरू विश्वविद्यालय का एक शोध छात्र शहाबुद्दीन टाडा में गिरफ्तार किया गया। उस पर आरोप था कि हवाला में प्राप्त विदेशी मुद्रा को वह जम्मू-कश्मीर लिबरेशन फ्रंट तक पहुंचाता है, जिससे हथियार और गोला-बारूद खरीदे जाते हैं। उसकी गिरफ्तारी से प्राप्त सुराग के आधार पर एक हवाला कारोबारी जे के जैन के दिल्ली स्थित मकान की तलाशी ली गई। तलाशी में वहां से भारतीय मुद्रा में 58 लाख नकद, डॉलर मुद्रा में दो लाख, 15 हजार रुपए के इंदिरा विकास पत्र, दो डायरियां और एक नोट बुक बरामद हुई। सीबीआई को इसके बाद बहुत कुछ करना चाहिए था, पर वैसा कुछ भी नहीं हुआ। मामले की लीपापोती अब भी चल रही है। यह एक अलग प्रकरण है।

मुख्य प्रकरण है—वहां से बरामद डायरियां और नोट बुक तथा उनमें दर्ज ब्यौरे। उस डायरी में बड़े राजनेताओं और अफसरशाहों को मोटी रकम दिए जाने का ब्यौरा दर्ज किया गया है। इसमें 42 राजनेताओं के नाम हैं। डायरी के मुताबिक अप्रैल 1988 से अप्रैल 1991 तक हवाला के जरिए 63 करोड़ 85 लाख रुपए यहां आए और इसमें से 52 करोड़ से ज्यादा रुपए इस दौरान राजनेताओं और अफसरशाहों के बीच बंट गए। ध्यान रहे कि इस दौरान देश में दो आम चुनाव भी हुए। यह नहीं कि सिर्फ सत्ताधारी दल के नेताओं को पैसे मिले, वामपंथी दलों को छोड़कर करीब-करीब सभी प्रमुख राजनीतिक दलों के नेताओं के नाम इस डायरी में शुमार हैं। दो पूर्व प्रधानमंत्री राजीव गांधी और चन्द्रशेखर, एक पूर्व राष्ट्रपति ज्ञानी जैल सिंह तथा महत्त्वपूर्ण राजनेता जैसे लालकृष्ण आडवाणी, अर्जुन सिंह, नारायण दत्त तिवारी, एस आर बोम्मई तथा पूर्व कैबिनेट सचिव नरेश चन्द्र के अतिरिक्त अन्य प्रमुख नाम हैं—कमल नाथ, माधवराव सिंधिया, कल्पनाथ राय, बूटा सिंह, आर के धवन, रणजीत सिंह, भजन लाल, माखन लाल फोतेदार, एम जे अकबर, प्रणव मुखर्जी, बलराम जाखड़, चंदू लाल चन्द्राकर, विद्याचरण शुक्ल, राजेश पायलट, ताजदार बाबर, चिमन भाई पटेल, पी शिवशंकर, एल पी शाही, कृष्णा शाही, के के तिवारी तथा जाफर शरीफ। ये सारे इन दिनों शासक दल के प्रमुख सदस्य हैं। विपक्ष के नेताओं में लालकृष्ण आडवाणी के अतिरिक्त भाजपा से दो और नाम हैं—विजय कुमार मल्होत्रा और मदन लाल खुराना। उन दिनों के शासक दल से सम्बद्ध लोगों के नाम हैं—अरुण नेहरू, यशवंत सिन्हा, देवीलाल, आरिफ मोहम्मद खान तथा स्व. कल्याण सिंह कालवी। इनके अतिरिक्त अनेक वरिष्ठ नौकरशाहों के नाम तो हैं ही। सबसे बड़ी रकम यानी साढ़े बारह करोड़ रुपए एक ऐसे होटल मालिक के नाम लिखा हुआ है जो राजनीतिज्ञों का सबसे बड़ा फाइनेंसर माना जाता है।

यह नहीं कि इसमें सिर्फ भ्रष्टाचार का मामला है। बाद की छानबीन से पता चला है कि हवाला कारोबार करने वाले इन लोगों के संबंध अलगाववादी और उग्रपंथी दलों से तो हैं ही, दाउद इब्राहिम तथा बम्बई में विस्फोट कराने वाले मेमन बंधुओं से भी हैं। यानी मामला देशद्रोह का भी है। इसमें शामिल हैं ऐसे सारे लोग, जो धर्म और राष्ट्र पर मर मिटने का दावा करते रहते हैं, जो राजनीति से भ्रष्टाचार मिटाने के लिए देशव्यापी आंदोलन करने की धमकी देते रहते हैं, जो जीवन में सदाचार और नैतिकता का पाठ पढ़ाते हुए थकते नहीं और सार्वजनिक जीवन में स्वच्छता के प्रश्न पर अक्सर संसद की कार्यवाहियों को स्थगित करते रहते हैं। क्या यही कारण है कि इतना महत्त्वपूर्ण मसला पिछले दो साल से अटका हुआ है और कोई भी इस जांच को आगे बढ़ाने का प्रयास नहीं कर रहा है। क्या यह मान लिया जाए कि ये नाम सिर्फ नाम के हैं, जिनकी सूची उस डायरी से निकल आई है, जबकि अभी अनेक और नामों का पता चल सकता है। इसलिए कोई इस सवाल को उठाना नहीं चाहता।

हमारे सांसद तो कोई भी मौका नहीं छोड़ते। यहां तक कि किस उद्योगपति ने एक के बजाय दो पासपोर्ट रख लिए, इसकी जांच की मांग करते हुए 70 सांसद हस्ताक्षर अभियान छेड़ देते हैं और संसद में दो उद्योग घरानों की निजी लड़ाई पर बाजाब्ता घंटों बहस होती है, जबकि इस मामले का पता ढेर सारे राजनीतिज्ञों को करीब दो साल से है। यह भी पता है कि जितने साक्ष्य सीबीआई के पास उपलब्ध हैं, उसी के आधार पर इस मामले को सार्थक मोड़ दिया जा सकता है। फिर भी इस विषय पर कोई भी जुबान खोलने को तैयार नहीं है। चलिए, यह भी मान लेते हैं कि इतने महान नेताओं की चर्चा आखिर कोई बिना सोचे-समझे कैसे कर सकता है। पर अब तो ये सारे नाम छपे-छपाए अक्षरों में आरोप का रूप धारण कर चुके हैं। इन नामों के प्रकाशन को करीब दो सप्ताह बीत चुके हैं, फिर भी इस मामले पर एक रहस्यमय चुप्पी छाई हुई है।

यही नहीं, समाचार पत्र भी पता नहीं क्यों इस समाचार से बचना चाहते हैं। इतनी बड़ी खबर छपने के बाद संसार के किसी भी अन्य लोकतांत्रिक देश के अखबार इस तरह के समाचार की और गहरी छानबीन करते, सम्बद्ध लोगों से पूछते कि इन आरोपों में क्या सचाई है। सीबीआई के अधिकारियों को घेरते कि आखिर आप लोग दो साल से इस मामले पर चुप्पी साधकर क्यों बैठे हैं। इस समाचार की फॉलोअप कथाएं छापते। अपने तथ्यों के आधार पर इस समाचार का खंडन या मंडन करते। यह नहीं तो कम- से-कम अग्रलेख लिखकर यह मांग तो करते ही कि इस रहस्यमय प्रकरण पर से धुंध हटाने का कार्य किया जाए। इस मोर्चे पर भी खामोशी है।

यह तो अब लगने लगा है कि देश का प्रभावशाली तबका रुपए-पैसे के भ्रष्टाचार को वास्तव में कोई मुद्दा नहीं मानता। सुविधाभोगी वर्ग, जिसकी संख्या में भारी इजाफा हुआ है, एक तरह से राष्ट्रीय सहमति बना चुका है कि राजनीति में भ्रष्टाचार न सिर्फ आवश्यक है बल्कि उसके बिना राजनीति की गाड़ी सुचारू रूप से चल ही नहीं सकती। यही कारण है कि भ्रष्टाचार के सवाल पर जैसी आग लगनी चाहिए, हाल के दिनों में ऐसे अनेक ठोस आरोप लगने के बावजूद कहीं कुछ नहीं हो रहा है। पर इस बात का यकीन लोगों को कैसे दिलाया जाए कि यह महज भ्रष्टाचार का मामला नहीं है। इसमें तस्करी, अपराध और नशीले

पदार्थों से अर्जित पैसों का खेल है। इसमें देशद्रोह और अलगाववाद की भूमिका है। यही नहीं, इसमें एक ऐसी आपराधिक साठगांठ है, जिसमें हर तरह के राजनीतिक अपने मतभेद भुलाकर शामिल हैं।

यही कारण है कि न तो इस प्रकरण की जांच हो रही है और न ही किसी तरह का शोर-शराबा। यदि यह रहस्यमय चुप्पी इसी तरह बरकरार रहती है तो यह अपेक्षा करना ज्यादती नहीं होगी कि इसमें न्यायपालिका हस्तक्षेप करे। यदि कोई शिकायत नहीं करता है तो सुप्रीम कोर्ट अपनी पहल पर इस मामले को उठाए। जब तक यह नहीं होता, देश का जागरूक वर्ग इस षड्यंत्र को समझने का प्रयत्न करे कि क्यों अपने सारे मतभेद भुलाकर राजनीतिज्ञ और उनकी पार्टियां इस विषय पर चुप्पी साधे हुई हैं।

(1 सितंबर 1993, अमर उजाला)

यह हाल है राज्यसभा का

संसद और उसमें भी खासतौर पर राज्यसभा की गरिमा का ह्रास निरंतर होता रहा है, लेकिन हाल के दिनों में इसकी गति में कुछ और तेजी आई है। पिछले दिनों पांच सदस्यों के मनोनयन ने इस समस्या को और गहराई से रेखांकित किया है। हमारे संविधान के निर्माताओं ने राज्य सभा के गठन के समय इस बात का ध्यान रखा था कि ब्रिटिश संसद के हाउस आफ लॉर्ड तथा अमेरिकी संसद के सीनेट के सारे गुण और सारी अच्छाई भारतीय संसद का यह सदन अपने में समाहित कर सके। इसलिए इसका स्वरूप ऐसा बनाया गया कि यह सिर्फ गणराज्य के अंगीभूत राज्यों का ही प्रतिनिधित्व न करे, बल्कि लोकसभा को निरंकुश और मदांध होने से रोके।

इस सभा की परिकल्पना का मूलाधार था कि इसमें वे वरिष्ठ लोग रहेंगे, जो विद्वान हैं, जिनकी राय का महत्त्व है, पर ऐसे लोग हैं जो जमीन की राजनीति नहीं करना चाहते। राजनीतिक दल जिनकी आवश्यकता को समझते हैं पर यह अपेक्षा नहीं करते कि वे अपनी प्रतिभा को किसी एक चुनाव क्षेत्र की समस्याओं और आवश्यकताओं के हवाले कर दें। उनका कार्यक्षेत्र और उनके सरोकारों का विस्तार सारे देश में फैला हो, लेकिन वे अपने राज्य की वाणी को भी केंद्रीय स्तर पर मुखरित कर पाने में सक्षम हों। इस सदन के गठन के पीछे एक यह सोच भी थी कि शायद ऐसी स्थिति भी कभी आए जब राज्यों में अलग-अलग दलों की सरकारें हों, परंतु लोकसभा में भिन्न पार्टी का बहुमत हो। ऐसी स्थिति में लोकसभा जल्दबाजी में कुछ न करे और उसकी गतिविधियों पर नियंत्रण रखा जा सके, इसलिए भी संसद का यह ऊपरी कक्ष स्थापित किया गया था। कुल मिलाकर ऐसे विलक्षण लोगों का सदन, जो अपने चुनाव क्षेत्र से ऊपर उठकर सार्वदेशिक सोच वाले वरिष्ठ लोग हों और जिनके विचार की परिधि सिर्फ किसी दल विशेष तक सीमित न हो।

हमारे संविधान के निर्माता सिर्फ इतने से ही संतुष्ट नहीं हुए। उन्हें लगा कि विज्ञान, साहित्य तथा समाजसेवा के क्षेत्र में ऐसे गुणी लोग रहेंगे जो शायद इस चूहा दौड़ में भी शामिल न होना चाहें, पर उनकी राय का महत्त्व होगा। इसलिए यह राज्य का कर्त्तव्य होना चाहिए कि इस तरह के ज्ञानी गुणी लोगों को इस सभा का सदस्य मनोनीत किया जाए। इसके लिए संविधान में स्पष्ट प्रावधान किया गया, जो अनुच्छेद 80 (तृतीय) में साफ शब्दों में लिखा गया है। इसके अनुसार, जिन लोगों का मनोनयन राष्ट्रपति करेंगे वे साहित्य, विज्ञान और समाज सेवा में या तो अपने विशेष ज्ञान के आधार पर या फिर अपने व्यावहारिक अनुभव के आधार पर विशिष्टता रखते हों। प्रारंभिक दिनों में और बाद में भी अपवाद के रूप में इस भावना का अनुपालन होता रहा, लेकिन धीरे-धीरे इस प्रावधान में काफी क्षरण आ गया।

इस बार के मनोनयन ने तो रही-सही कसर भी पूरी कर दी है। पांच में से कम-से-कम चार लोगों के बारे में प्रश्न उठाए जा सकते हैं, लेकिन अगर उस हद तक न भी जाएं, तो कम-से-कम दो लोगों का मनोनयन तो किसी भी तरह जायज नहीं ठहराया जा सकता। वैजयंतीमाला और महेंद्र प्रसाद उर्फ किंग महेंद्र जहानाबाद वाले को राष्ट्रपति ने राज्यसभा में मनोनीत करके एक ऐसी परंपरा डाल दी है, जो संपूर्ण संसद की गरिमा को ठेस पहुंचाने वाला कदम माना जाएगा।

इक्की-दुक्की राजनीति की बात यदि छोड़ दें तो पंडित नेहरू का कार्यकाल इस दृष्टि से काफी ठीक-ठाक था। विपक्ष की सरकारों को यों तो बहुत मौका नहीं मिला पर जो अवसर उन्हें मिले, उनका कमोबेश उन सरकारों ने अच्छा ही उपयोग किया। गड़बड़ी शुरू हुई इंदिरा गांधी के जमाने से, जब राज्यसभा को पहली बार पुरस्कार देने का माध्यम बना लिया गया। किचेन केबिनेट के लोग, जो जनता के बीच तो जा ही नहीं सकते थे, अपनी पार्टी के लोगों को भी जिन लोगों ने इतना त्रस्त कर रखा था कि उन्हें यदि लोकसभा की बहुत ही सुरक्षित सीट दी जाती तो भी अपने ही लोगों द्वारा उन्हें हटा दिए जाने का खतरा था। पहले तो ऐसे लोगों को राज्यसभा में लाया गया, जिनकी राजनीतिक भूमिका नेता के तो अनुकूल पड़ती थी पर पार्टी के नहीं। बाद में संजय गांधी और राजीव गांधी के प्रभाव के कारण ऐसे लोग भी इंदिरा गांधी के जमाने में ही राज्यसभा में आने लगे जो वस्तुतः मित्र मंडली के सदस्य थे और जिन्हें यह जिम्मेदारी सौंपी गई थी कि वे भाइयों को राजनीति में माल लगाने के काम में सहायता करें। जाहिर है, ऐसे लोगों को संसद में भी रखना ही था। इन सारे कार्य-कलापों का वही परिणाम निकला जिसकी अपेक्षा थी। पहले शोर-शराबा, व्यवधान तथा तोड़-फोड़ के लिए सिर्फ लोकसभा बदनाम थी, इस तरह के अराजनीतिक तथा अगंभीर लोगों के कारण राज्यसभा में इनसे भी बड़ी गड़बड़ियां होने लगीं। एक बार तो ऐसा मौका आया कि कांग्रेसी सदस्यों के उत्पात के कारण राज्यसभा के तत्कालीन सभापति डॉ. शंकर दयाल शर्मा सदन में रो पड़े और उन्होंने इस्तीफे की पेशकश कर दी। किसी तरह से उन्हें मनाया गया पर स्थिति में कोई विशेष परिवर्तन नहीं आया।

ऐसा नहीं कि राज्यसभा के स्तर की इस दुर्दशा में केवल कांग्रेस का ही हाथ है। विपक्ष की भूमिका कोई कम नहीं है। इस सभा की मूल भावना के साथ एक खिलवाड़ तो यह हुआ कि अन्य राज्यों के लोग झूठे हलफनामे देकर किसी दूसरे राज्य में रातों-रात मतदाता बनने लगे और छल-बल-कौशल से राज्यसभा में उस राज्य का प्रतिनिधित्व करने लगे। विपक्ष के कई बड़े नेता इस तरह से राज्यसभा के सदस्य बने। जहां तक स्तर का सवाल है, विपक्ष तो लगता है कि कांग्रेस को भी पीछे छोड़ देगा। लालू प्रसाद यादव के बिहार के मुख्यमंत्री बनने के बाद उस राज्य से जनता दल के जितने राज्यसभा में सदस्य आए हैं उनके बारे में जानना रोचक हो गया। हाल में तो उन्होंने कमाल ही कर दिया, जब एक ऐसे व्यक्ति को राज्यसभा में भेजा जिसकी एकमात्र योग्यता यह है कि वह पटना में लालू प्रसाद का मनोरंजन करता था। सिर्फ हंसी-मजाक से ही नहीं, वेशभूषा और भाव-भंगिमा से भी। अब वे राज्यसभा के माननीय सदस्य हैं। आप कल्पना कर सकते हैं कि वे विचार के स्तर को किस ऊंचाई पर ले जाएंगे।

इस सरकार के ताजा मनोनयन ने तो इन सारी बातों को भी पीछे छोड़ दिया है। वैजयंतीमाला एक अच्छी कलाकार हैं, इसमें कोई दो राय नहीं। पर यह भी सच है कि यदि

सिनेमा जगत से ही किसी का मनोनयन करना था तो ऐसे अनेक कलाकार हैं जो वैजयंतीमाला से बीस नहीं, इक्कीस पड़ते हैं। फिर वैजयंतीमाला सक्रिय राजनीति में हैं। एक दफा कांग्रेस के टिकट पर लोकसभा में मद्रास दक्षिण का प्रतिनिधित्व कर चुकी हैं और कांग्रेस की अंदरूनी राजनीति में एक धड़े के साथ ओतप्रोत भाव से जुड़ी हुई है। और तो और, जिस समय वे राज्यसभा में शपथ ले रही थीं, उसी सप्ताह लोकसभा में सरकार का एक बयान आ रहा था जिसमें बताया गया था कि कितने ऐसे लोग हैं जिन्होंने सराकरी बंगलों पर कब्जा कर रखा है और उसका किराया भी नहीं देते। वैजयंतीमाला का नाम उस सूची में सबसे ऊपर था। लोकसभा के सदस्य के रूप में यह बंगला उन्हें अलॉट हुआ था। चुनाव हारने के बाद न तो उन्होंने बंगला छोड़ा और न ही उसका किराया दिया। बकाया रकम है 3, 81, 205 रुपए। राज्यसभा सदस्य के रूप में शायद वही बंगला उन्हें फिर से अलॉट हो जाए, पर उस बाकी किराए का क्या होगा और इस तरह के सदस्य देश के सामने किस तरह का उदाहरण प्रस्तुत करेंगे।

महेंद्र प्रसाद उर्फ किंग महेंद्र का मामला तो और भी अजीब है। इनका साहित्य, संस्कृति, कला, विज्ञान तथा समाज सेवा से दूर-दूर तक कोई संबंध नहीं है। इनकी ख्याति इसलिए है कि उन्होंने बिहार में एक भूमि सेना बनाई है, जिसका जिक्र अक्सर हरिजन नरसंहार के समय सुना जाता है। ये उद्योगपति हैं और राजाओं की शान-शौकत के साथ रहना चाहते हैं। इसलिए इनके नाम के साथ किंग जुड़ा हुआ है। इन दिनों इनके पुत्र और पुत्रवधु के बीच तलाक के मामले के कारण भी चर्चित हैं। इनकी पुत्रवधु अत्याचार के सैकड़ों किस्से सुना रही है। पटना के एक अखबार ने उसका पक्ष प्रकाशित कर दिया तो उसके संपादक पर जानलेवा हमले का प्रयास हुआ। इनके राज्यसभा में नामजद होने के बाद समाचारपत्र ने इस समाचार को प्रकाशित करते हुए घटना का भी जिक्र किया। नतीजतन, उसके पास फिर धमकियों भरे फोन पहुंचने लगे। पैसे और ताकत के बल पर राजनीति चलाने वाले ऐसे किंग महेंद्र को राज्यसभा में नामजद करके इस सरकार ने अनोखी मिसाल कायम की है। या शायद सरकार एक परंपरा कायम रखना चाहती है।

किंग महेंद्र को उस स्थान पर नामजद किया गया है, जो सतपाल मित्तल के निधन से खाली हुआ है। ये वही मित्तल हैं जिनका नाम हर्षद मेहता-नरसिंह राव सूटकेस कांड में बिचौलिए के रूप में बार-बार लिया जाता है। आखिर उनका उत्तराधिकार योग्य हाथों तक तो पहुंचना ही चाहिए। राज्यसभा के ताजा मनोनयन से यह सिद्ध हो गया कि हमारी राजनीति की सड़ांध अब सतह पर आने लगी है। राजनेता इस बात को अब खुले आम कहना चाहते हैं कि इस सड़ी-गली व्यवस्था में इससे अच्छे की उम्मीद न करें। क्या कोई व्यक्ति जनहित याचिका दायर करके इस अनैतिक और अवैधानिक कार्य का पर्दाफाश नहीं कर सकता! आखिर न्यायालय ही तो किसी हद तक बचे हुए हैं।

(9 सितंबर 1993, अमर उजाला)

शेषन को समझाने की कोशिश

निर्वाचन आयोग सुर्खियों में बने रहने की कला जानता है। चार हिंदी भाषी राज्यों और मिजोरम में चुनाव की घोषणा जिस तरह से हुई है, उसके बाद निर्वाचन आयोग और उसके आयुक्त टी एन शेषन एक बार फिर खबरों में है। यह अजीब बात है कि देश में एक तरह का लघु आम चुनाव होने जा रहा है पर चर्चा मुख्य घटना की कम और आसपास के अप्रासंगिक बातों की ज्यादा हो रही है। अब तक राजनीतिक विश्लेषक इस बारे में प्राथमिक अटकलबाजी भी नहीं लगा पाए हैं कि चुनाव को महीना भर खींचने का रहस्य क्या है? इस लंबी चुनाव प्रक्रिया से किसे लाभ होने वाला है? इस निश्चय के पीछे क्या शेषन का एकल दिमाग है या सरकार भी इस निर्णय के पीछे कहीं है।

अब तक प्राप्त सूचनाओं और विश्लेषणों के आधार पर इनमें से किसी भी सवाल का कोई तर्कसंगत जवाब नहीं मिल रहा है। इस लंबी और काफी हद तक विचित्र निर्वाचन प्रक्रिया के बारे में सबसे पहले अटकलबाजी तो यह लगाई गई कि निश्चय ही इसमें कांग्रेस को लाभ होने वाला है। अतः इसके पीछे जरूर कांग्रेसी दिमाग काम कर रहा होगा। हालांकि यह तब भी स्पष्ट नहीं था कि कांग्रेस को अंततः कैसे लाभ मिलेगा, पर इस सिद्धांत पर अभी आगे विचार हो, इससे पहले ही इसमें फच्चर पड़ गया। केंद्रीय गृहमंत्री शंकर राव चव्हाण ने दूसरे दिन बताया कि उन्हें भी अखबार वालों की तरह जानकारी मिली है। उन्हें पहले से यह सूचना नहीं थी कि चुनाव की तारीखें घोषित हो रही हैं और इस तरह हो रही हैं।

उसके अगले दिन इन राज्यों के राज्यपालों ने अपना विरोध प्रकट किया तो स्थिति और गड्ड-मड्ड हो गई। इन चारों राज्यों के राज्यपाल कोई इसलिए राज्यपाल तो बनाए नहीं गए कि इस पद की गरिमा बढ़े। चारों के चारों राजनीतिज्ञ हैं, सक्रिय राजनीति में हैं। यही नहीं, थोड़ा-बहुत सभी कांग्रेस की घटक राजनीति के भी महत्त्वपूर्ण खिलाड़ी हैं। इसलिए यदि इस निष्कर्ष पर कोई पहुंचता है कि इनकी नियुक्ति राजनीतिक कारणों से की गई है तो कोई अतिश्योक्ति नहीं होगी। लेकिन जब ये भी चुनाव की इस लंबी प्रक्रिया और इनकी समय सारिणी के बारे में अपना विरोध प्रकट करते हैं तो यह सिद्धांत अपने आप चरमरा जाता है कि यह सारा ताना-बाना कांग्रेस को लाभ पहुंचाने के लिए बुना गया है।

आश्चर्य की बात यह है कि यह अटकलबाजी यहीं समाप्त नहीं होती। उपरोक्त सिद्धांत के ध्वस्त होने के बाद यह कहा गया कि जरूरी नहीं कि सरकारी सिग्नल मिलने के बाद ही निर्वाचन आयोग इस तरह की हरकत करे। यानी निर्वाचन आयोग सरकार को लाभ पहुंचाने के लिए नहीं, बल्कि सरकार में एक व्यक्ति को लाभ पहुंचाने के लिए यह काम कर रहा है। स्वाभाविक है कि इशारा प्रधानमंत्री की ओर है और कहने का तात्पर्य यह है कि इन

चार राज्यों के चुनाव कुछ इस तरह से आयोजित किए जा रहे हैं कि नरसिंह राव की स्थिति पार्टी के अंदर नेता के रूप में और मजबूत हो तथा अर्जुन सिंह आदि किनारे लग जाएं दूसरी ओर सरकार और सुदृढ़ होकर उभरे। यह कैसे संभव होगा, इसकी व्याख्या काफी पेंचदार है।

इस सिद्धांत के पीछे मूल आधार यह है कि कांग्रेस तुलनात्मक दृष्टि से हिमाचल प्रदेश और राजस्थान में मजबूत है। मजबूत कहने का अर्थ यह है कि जैसे लोग यह मान बैठे हैं कि उत्तर प्रदेश में कांग्रेस मुकाबले की स्थिति में ही नहीं है कम-से-कम वैसी स्थिति इन दोनों राज्यों में नहीं है। यदि इसके सारे घटक यह ठानकर न बैठ जाएं कि चाहे कुछ भी हो जाए या भले ही भाजपा जीत जाए पर दूसरे गुट के व्यक्ति को नहीं जीतने देना है तो कांग्रेस शायद भाजपा को इन दोनों राज्यों में मात भी दे सकती है। इस परिणाम पर पहुंचने का एक कारण यह भी है कि लंबे अरसे बाद इन दोनों राज्यों और मध्य प्रदेश में भी मुकाबला सीधा है। इससे पहले जनता परिवार के किसी न किसी दल की उपस्थिति इन राज्यों में हमेशा रही है, जिन्हें दस-बारह प्रतिशत मत भी मिलते रहे हैं। ये ऐसे वोट हैं जो किसी हालत में कांग्रेस को नहीं जाते हैं, पर स्थानीय कारणों से तब जनसंघ और अब भाजपा के साथ भी नहीं जाते हैं। इस दस-बारह प्रतिशत वोट के बारे में कांग्रेस की धारणा है कि यह उसे ही मिलेगा, क्योंकि वह धर्मनिरपेक्ष मत है। धर्मनिरपेक्ष मानने का कारण यह है कि यदि वह धर्मनिरपेक्ष नहीं होता और केवल गैर कांग्रेसी मत होने के कारण कांग्रेस को नहीं मिल रहा था तो वह कब का भाजपा में चला गया होता, जबकि भाजपा के विश्लेषक सोचते हैं कि वह मत मूलतः गैर कांग्रेसी है और तीसरे विकल्प के अभाव में उसे भाजपा के पास ही आना है। वास्तविकता जो भी हो, पर कांग्रेस के अंदर एक भावना है कि यह छितराया हुआ वोट बैंक अंततः कांग्रेस के पक्ष में जाएगा, जिससे वह हिमाचल और राजस्थान में भाजपा को परास्त कर देगी। इस सिद्धांत के मानने वाले इस चुनाव घोषणा में इसी तत्व को देख रहे हैं कि एक बार इन दोनों राज्यों में यदि जीत सुनिश्चित हो जाती है तो उत्तर प्रदेश और मध्य प्रदेश से बाद में निबट लेंगे।

इस तर्क में भारी खोट है। यदि इसे पूरी तरह स्वीकार भी कर लेते हैं तो इसकी कोई व्याख्या नहीं है कि आखिर मध्य प्रदेश का चुनाव उत्तर प्रदेश के बाद क्यों रखा गया है। जिन तर्कों के आधार पर यह दावा किया जा सकता है कि कांग्रेस हिमाचल और राजस्थान में भाजपा को मात देने की स्थिति में है, वे तर्क मध्य प्रदेश पर भी समान रूप से लागू होते हैं और तो और, यदि सन् 91 के लोकसभा चुनाव परिणामों को आधार मानकर देखा जाए तो मध्य प्रदेश ऐसा राज्य है जहां कांग्रेस को बहुमत मिलना तय है। पर परिस्थितियां दूसरी थीं और वैसे भी चुनाव अंकगणित के आधार पर नहीं होते पर जहां इतना मीनमेख निकाला जा रहा है, वैसी स्थिति में स्वाभाविक है कि मध्य प्रदेश का चुनाव भी हिमाचल और राजस्थान के साथ ही कराया जाता। कम-से-कम साथ नहीं तो उन दो राज्यों के तत्काल बाद तो इस राज्य में चुनाव होना ही चाहिए था। न सिर्फ ऐसा नहीं हुआ बल्कि मध्य प्रदेश का चुनाव उत्तर प्रदेश के बाद रख दिया गया। उत्तर प्रदेश में कांग्रेस का जीतना तो असंभव ही है। जिस तरह से मुलायम, कांशीराम, विश्वनाथ प्रताप सिंह, अजित तथा चन्द्रशेखर के आपसी संबंधों के समीकरण बन रहे हैं, उस स्थिति में भारतीय जनता पार्टी को पूर्ण बहुमत

प्राप्त करने से उत्तर प्रदेश में नहीं रोका जा सकता। फिर इस रणनीति का क्या मतलब है कि पहले उत्तर प्रदेश के चुनाव हों, फिर मध्य प्रदेश के।

इसकी दो व्याख्याएं हैं। पहली व्याख्या बहुत ही दूर की कौड़ी है, पर उसका आधार यह है कि इसके पीछे कांग्रेस की अंदरूनी राजनीति की भूमिका है। वह यह है कि यदि कांग्रेस हिमाचल और राजस्थान में जीत जाती है तथा उत्तर प्रदेश के कारण मध्य प्रदेश में हार जाती है तो यह अर्जुन सिंह को पार्टी में ठिकाने लगाने का अच्छा आधार बन सकता है। इस सिद्धांत में बहुत दम नहीं लगता। कांग्रेस में अंतर्कलह भारी है पर वहां अब भी इतना पतन नहीं हुआ है कि इस हद तक जाकर राजनीति खेली जाए। दूसरी व्याख्या यह है कि यदि कांग्रेस की सारी चाल गलत पड़ती है और वह हिमाचल, राजस्थान तथा उत्तर प्रदेश—इन तीनों राज्यों में परास्त हो जाती है तो अंत में छल, बल और कौशल का सहारा लेकर मध्य प्रदेश में भाजपा को हराया जा सकता है। एक तो वहां पार्टी का आधार मजबूत है, जमीनी ताना-बाना अभी बना हुआ है और यदि वहां के नेताओं को दिखाई पड़े कि कांग्रेस का सफाया हो रहा है तो वे मिल-जुलकर भाजपा का मुकाबला करने के लिए एक बार आपसी मतभेद भुला देंगे। और यदि कांग्रेस इन चारों में से एक भी राज्य जीत लेती है तो उसके लिए यह कहने को रहेगा कि भाजपा के चार राज्यों में से एक हमने छीन लिया। भाजपा भी इस जनादेश के आधार पर मध्यावधि चुनाव की मांग नहीं कर पाएगी। इस सिद्धांत में थोड़ा दम है पर मुश्किल यह है कि इसे स्वीकार करने का अर्थ यह होगा कि आप मान लें कि इस तरह चुनाव कराने का फैसला कांग्रेसी समर नीति के निर्माता तथा निर्वाचन आयोग ने मिल-बैठकर किया है जबकि सचाई यह है कि इस फैसले से कांग्रेसी भी इतने ही अचंभित हैं।

इसकी एक सरल व्याख्या यह हो सकती है कि सारा कुछ टी एन शेषन का अपना किया-धरा है। मध्य प्रदेश को अंत में रखने का एक कारण यह हो सकता है कि सुप्रीम कोर्ट के फैसले की प्रतीक्षा के लिए भरपूर समय दे दिया जाए। चुनाव को महीने भर फैलाने के पीछे तो सीधा कारण यह है कि शेषन अब मान कर चलते हैं एक बार में कहीं भी चुनाव प्रक्रिया पूरी नहीं होती। एक बार चुनाव होंगे, फिर कुछ क्षेत्रों में पुनर्मतदान होंगे, तो कहीं-कहीं पूरा चुनाव रद्द करके फिर से प्रक्रिया को दोहराना पड़ सकता है। अब तो मतगणना के बारे में भी दावे से नहीं कहा जा सकता कि यह एक बार में पूरी हो जाएगी। शेषन ने इस बात का पूरा ध्यान रखा है कि चुनाव वैसे ही हों, जैसा वह चाहते हैं। जाहिर है कि उस स्थिति में एक महीने का समय भी कम पड़ सकता है। पर यही शेषन की विशेषता है। वे सही काम को भी इस शैली में करते हैं कि एक तरफ तो लोग तंग आ जाएं और दूसरी ओर वे सुर्खियों में भी बने रहें।

इस पूरे प्रकरण का यही सबसे चिंताजनक पहलू भी है कि चुनाव प्रक्रिया को आजकल संदेह की दृष्टि से देखा जाने लगा है। यह आम अंदेशा है कि चुनाव होंगे भी या नहीं। जब चुनाव घोषित होते हैं तो अटकलबाजी इस बात पर होती है कि कितने बड़े पैमाने पर धांधली की योजना है।

(23 सितंबर 1993, अमर उजाला)

राज्य सरकारों की बहानेबाज़ी

मुख्य चुनाव आयुक्त टी एन शेषन का यह कहना बिल्कुल दुरुस्त है कि राज्य सरकारें बहानेबाजी कर रही हैं ताकि परिचय पत्र जारी करने का काम टाला जा सके। देशभर के मुख्यमंत्री या उनके प्रतिनिधि राजधानी में इकट्ठा हुए और संयुक्त रूप से कहा कि वे फोटो वाला परिचयपत्र जारी करने के विरुद्ध नहीं हैं, पर वे टी एन शेषन द्वारा तय समय सीमा के अंदर इस काम को नहीं कर सकते। शेषन का कहना है कि 1 जनवरी 1995 के बाद वे देश में ऐसा कोई भी चुनाव आयोजित नहीं करेंगे, जिसमें मतदाता के पास फोटोयुक्त परिचय पत्र न हो।

मुख्यमंत्रियों तथा प्रकारांतर से केंद्र सरकार का भी कहना है कि इसमें जितना पैसा लगेगा, उतने साधन आसानी से उपलब्ध नहीं किए जा सकते। कितना खर्च लगेगा, इस पर अनेक आंकड़े उपलब्ध हैं। राज्य सरकारों का कहना है कि इतने पैसे हम एक साथ नहीं दे सकते। अगर सतह पर इस तर्क को परखा जाए तो मुख्यमंत्रियों की बात में बहुत दम दिखाई देता है, लेकिन अगर थोड़ी सी गहराई में उतरें तो इस तर्क का खोखलापन उजागर हो जाता है।

फिजूलखर्ची के सैकड़ों उदाहरण दिए जा सकते हैं। जिस समय दिल्ली में महाराष्ट्र के मुख्यमंत्री शरद पवार के प्रतिनिधि रामराव आदिक जोरदार तर्क प्रस्तुत कर रहे थे कि कैसे यह महाराष्ट्र के लिए संभव नहीं होगा कि वह इतने पैसे खर्च करके फोटो वाले परिचय पत्र बनवाए, उसी समय पुणे के पास मुख्यमंत्री और उनके विश्वस्त सहयोगी सुरेश कलमाड़ी राष्ट्रीय खेलों का आयोजन कर रहे थे। एक अनुमान है कि उस आयोजन पर प्रत्यक्ष और परोक्ष रूप से करीब 100 करोड़ रुपए का खर्चा आया है। देश में राष्ट्रीय खेलों का आयोजन हो, इसका कोई विरोध नहीं करता, पर वह आयोजन किस तरह हो उस पर कितना पैसा खर्च हो और खेलों को विलासिता न बनने दिया जाए, इस ओर भी ध्यान देना जरूरी है। सौ करोड़ रुपए खर्च करके हम खेलों में पहुंचे कहां हैं? इस साल दक्षेस देशों के खेलों का आयोजन हुआ। इस स्पर्धा में भारत फुटबाल में नेपाल से तथा कबड्डी में पाकिस्तान से हार गया। ओलम्पिक खेलों की बात हम छोड़ ही दें, एशियाई खेलों में भी हमारा स्तर इस महादेश के नन्हे राष्ट्रों के मुकाबले भी पिछड़ गया है। क्या इसमें से 77 करोड़ रुपए इस काम के लिए अलग नहीं किए जा सकते थे?

बिहार और उत्तर प्रदेश की सरकारों की दलीलें तो और भी लचर हैं। हर मामले की तरह इसे भी इन सरकारों ने सिर्फ नारों के रूप में बदल डाला है। बिहार के मुख्यमंत्री ने अपने भाषण में कहा कि बिहार में अभी इतनी गरीबी है कि लोगों के सिर पर झोंपड़ी का

साया भी उपलब्ध नहीं है। हर साल यहां के लोग कभी बाढ़ से तो कभी सूखे के प्रकोप से त्रस्त रहते हैं। जिन लोगों के अपने रहने का ठिकाना नहीं है, जिनके पास एक बक्सा नहीं है कि अपनी चीजें सुरक्षित रख सकें, उनसे यह अपेक्षा हम कैसे कर सकते हैं कि वे अपना परिचय पत्र सुरक्षित रख पाएंगे? लालू प्रसाद यादव की बातों में सचाई है। इसका अर्थ यह बिल्कुल नहीं कि इस कारण वे जिस निष्कर्ष पर पहुंचे हैं वह भी ठीक ही है।

अगर कोई लालू जी से पूछे कि आखिर बिहार के लोगों की ऐसी स्थिति क्यों है तो वे अनेक कारण बता सकते हैं। बिहार को अरसे से लोग लूटते रहे हैं। इस राज्य को अक्सर निकम्मी सरकारें मिलीं। केंद्र ने हमेशा बिहार के साथ अन्याय किया। इस राज्य को इसके श्रम का उचित मुआवजा कभी नहीं मिला। ठीक है, इन सारे तर्कों में काफी दम है। वह भी ठीक है कि तीन-साढ़े तीन साल के संक्षिप्त कार्यकाल में कोई भी व्यक्ति क्रांति नहीं कर सकता है। इसलिए आज जो बिहार की दुर्दशा है और जिसका बखान लालू प्रसाद ने दिल्ली में सार्वजनिक रूप से किया, उसके लिए वे जिम्मेदार नहीं हैं?

चलिए इस बात को मान लेते हैं, इस दुर्दशा को रातों-रात नहीं बदला जा सकता। लेकिन यदि इस दिशा में कोई प्रयास हो रहा है तो उसकी कोई झलक तो दिखाई पड़नी चाहिए। क्या लालू प्रसाद यादव कोई उदाहरण दे सकते हैं कि बिहार की दरिद्रता दूर करने के लिए उन्होंने अमुक कार्यक्रम प्रारंभ कर दिया है। इसके परिणाम आज नहीं पर पांच, दस या पंद्रह साल में सामने आने लगेंगे। दूर-दूर तक इस तरह के किसी भी प्रयास के संकेत दिखाई नहीं पड़ रहे हैं। बिहार अंधकूप से निकलकर अथाह खाई में गिरता जा रहा है। लालू प्रसाद यादव लफ्फाजी के अलावा कुछ भी नहीं कर रहे हैं। सामाजिक समीकरण कुछ ऐसे हैं तथा विपक्ष उनसे भी ज्यादा दारुण दुर्दशा की स्थिति में है कि अगला चुनाव भी लालू प्रसाद जीत सकते हैं। यह अभी से और दावे के साथ कहा जा सकता है कि अपने उस कार्यकाल को भी वे इसी तरह बरबाद करेंगे। इसलिए यह कहना कि दरिद्रता के कारण बिहार में परिचय पत्र जारी नहीं किया जा सकता, एक हास्यास्पद तर्क के अलावा कुछ भी नहीं है।

मुलायम सिंह यादव की सरकार का तर्क और भी अनोखा है। मुख्यमंत्रियों के सम्मेलन में उनके प्रतिनिधि बेनी प्रसाद वर्मा ने कहा कि सिद्धांत रूप में हमारी सरकार इस तरह का परिचय पत्र जारी करने के विरुद्ध नहीं है। लेकिन इसे हम तत्काल नहीं कर सकते। क्यों नहीं कर सकते, इसलिए कि यह मामला इस सरकार की प्राथमिकता में नहीं आता। चलिए नहीं आता, तो बताइए कि प्राथमिकता क्या है? वर्मा ने कहा कि संविधान में लिखे गए निर्देशक सिद्धांत अभी तक पूरी तरह से लागू नहीं हुए, इसलिए हमारी प्राथमिकता उन सिद्धांतों को लागू करना होगा। बड़े पवित्र विचार हैं इस सरकार के। लेकिन वास्तव में क्या हो रहा है, सरकार ने पहला काम यह किया कि नकल विरोधी कानून को वापस ले लिया। निजी तौर पर मैं भाजपा के इस कानून से कतई मुग्ध नहीं था। यह सच है कि शिक्षा पर संपूर्ण नीति बननी चाहिए, पर इसका अर्थ यह नहीं कि धर्मनिरपेक्षता के प्रश्न पर बनी सरकार सारे काम छोड़कर सबसे पहले नकल विरोधी कानून वापस लेगी।

और दूसरा काम क्या किया? आवश्यक वस्तु अधिनियम को समाप्त कर दिया। चुनाव से पहले वादा किया था कि बिक्री कर वापस ले लेंगे। चूंकि वह करना संभव नहीं है इसलिए छोटे व्यापारियों को संतुष्ट करने के लिए इस अधिनियम को वापस किया गया। अब छूट

है। जमाखोरी कीजिए, मुनाफाखोरी कीजिए, मिलावट कीजिए। सरकार की ओर से अभयदान मिला हुआ है। क्या यही संविधान के निर्देशक सिद्धांतों का पालन है?

यह हमारा सौभाग्य है कि देश को शेषन जैसा एक मुख्य चुनाव आयुक्त मिला हुआ है। किसी भी स्वस्थ लोकतंत्र के लिए आवश्यक है कि उस देश में चुनाव स्वच्छ, निष्पक्ष तथा भयहीन वातावरण में हों। आज हमारे देश में यह हाल है कि सिर्फ मजबूत ही चुनाव जीत सकता है। चाहे वह धनबल हो या भुजबल। जीत अंततः उसी की होती है। इस भयानक माहौल में एक व्यक्ति चेष्टा कर रहा है कि इस सड़ी-गली पद्धति में कुछ सुधार किया जा सके। एक के बाद एक यह व्यक्ति साहसपूर्ण निर्णय करता जा रहा है। यह देखे और सोचे बिना कि इससे देश और समाज के किस शक्तिशाली को कहां चोट पहुंच रही है।

यह सच है कि अपने कार्यकाल के प्रारंभ में शेषन ने जो निर्णय लिए, उनसे सबसे ज्यादा परेशानी विपक्ष शासित राज्यों को हुई। कभी-कभी ऐसा भी लगा कि वे कांग्रेस के साथ पक्षपात कर रहे हैं। अब यह स्थिति बदल गई है। अब शेषन सबको एक डंडे से हांक रहे हैं और सबसे ज्यादा चोट कांग्रेस को लग रही है। ऐसे समय में कम- से-कम उन लोगों को सामने आना चाहिए जो इस देश के लोकतंत्र के प्रति चिंतित हैं। खासतौर पर उन लोगों को इसमें सहयोग करना चाहिए जिन्हें पता है कि इस देश में दबे-कुचले लोगों के मत को या तो जबरदस्ती छीन लिया जाता है या उन्हें औने-पौने दाम पर खरीद लिया जाता है।

फोटो वाले परिचय पत्र जारी करने से चुनाव पद्धति में कोई क्रांतिकारी परिवर्तन नहीं आने वाला है। पर यह संभावना जरूर बढ़ जाएगी कि दलित, वंचित तथा समाज के निचले तबके के लोगों के मत आसानी से लोग हथिया नहीं पाएंगे। लालू प्रसाद यादव और मुलायम सिंह यादव यदि अपने निजी विमानों को साल भर तक उड़ाना बंद रखें, तक भी इतना पैसा इकट्ठा किया जा सकता है। कांग्रेस और भाजपा की सरकारों से तो यह अपेक्षा भी नहीं है।

(30 जनवरी 1994, अमर उजाला)

इस शोरगुल से क्या हासिल

पाकिस्तान भारत-ग्रंथि से ग्रस्त है। इसका प्रमाण बार-बार मिलता रहता है चाहे वहां तानाशाही शासन हो या पाकिस्तान ब्रांड लोकतंत्र, वहां के शासकों का काम भारत के बिना नहीं चलता। पाकिस्तान की अपनी अंदरूनी समस्याओं का एक ही समाधान उन्हें पता है–भारत का हौवा खड़ा करके रखना। पाकिस्तान जिस द्विराष्ट्र सिद्धांत के आधार पर बना, उसकी सार्थकता तत्काल समाप्त हो जाए यदि वे भारत का हौवा खड़ा करना बंद कर दें।

भारत के अंदर इसकी प्रतिक्रिया किस प्रकार की होनी चाहिए। क्या भारत भी पाकिस्तान की तरह ही प्रचार युद्ध के चीत्कार को उतना ही कर्कश और कर्णकटु बना दे या बड़ा होने का बड़प्पन दिखाए। भारतीय विदेश नीति के निर्माताओं ने शायद यही तय किया है कि पाकिस्तान को हम उनकी ही भाषा और शैली में उनके दुष्प्रचार का जवाब देंगे। लेकिन थोड़ा गहरे उतरा जाए तो इस तर्क का खोखलापन उजागर हो जाता है।

पाकिस्तान की यह मजबूरी है कि वह हमेशा चिल्लाता रहे कि भारत के कारण उसके देश में अस्थिरता है। लेकिन यदि भारत भी अपनी हर परेशानी का कारण पाकिस्तान में खोजना प्रारंभ करे तो क्या इसका अर्थ यह नहीं निकलता कि हम भी अपनी कमजोरियों को ढकने के लिए एक पाकिस्तान-ग्रंथि का निर्माण कर रहे हैं।

साठ के दशक को याद कीजिए भारत की हर परेशानी में इंदिरा गांधी को सीआईए का हाथ नजर आता था। हो सकता है कि इसमें सचाई हो। पर कभी कोई इस आरोप को तथ्यपुष्ट नहीं कर पाया। फिर भी, इस मनोवृत्ति को समझा जा सकता है। अमेरिका एक विश्वशक्ति है, तब भी था इसलिए भारत उस समय अगर अपनी घबराहट इस प्रकार प्रकट कर रहा था तो उसका एक जायज आधार है।

यही बात पाकिस्तान के बारे में नहीं कही जा सकती। पाकिस्तान हर दृष्टि से भारत से छोटा और कमजोर देश है। देश की हर अंदरूनी गड़बड़ी के लिए यदि हम पाकिस्तानी जासूसी संस्था आईएसआई को ही जिम्मेदार ठहराते रहेंगे तो इससे किस प्रकार के संकेत जाएंगे। देश-विदेश में आज यह हालत है कि सरकार के जिम्मेदार लोग भी हर बात में आईएसआई का हाथ देखने लगे हैं। दंगे हों, बम विस्फोट हो, बांग्लादेशी घुसपैठियों का मामला हो, चकमा शरणार्थियों की समस्या हो, उत्तर-पूर्व में घुसपैठ हो या भूटान में प्रशिक्षण शिविर–हर जगह आईएसआई का हाथ दिखाई पड़ रहा है।

क्या हम देश के अंदर और विदेशों में यही संकेत देना चाहते हैं कि एक मजबूत देश एक कमजोर देश को दबा और सता रहा है, कि भारत इतना मजबूर है कि पाकिस्तान की इस दखलंदाजी को रोकने की उसमें क्षमता ही नहीं है। माना कि यह सच है कि पाकिस्तान

भारत में भारी पैमाने पर तोड़-फोड़कर रहा है तो क्या इसका जवाब यही है कि हम सिर्फ शोर मचाते रहें! आखिर इस बात को देश के अंदर हमारे नेता बार-बार दोहराकर लोगों से क्या अपेक्षा करते हैं कि लोग पाकिस्तानी घुसपैठियों और जासूसों को खुद पकड़ें और उन्हें सजा दें, कि सरकार इतनी अक्षम है कि वह खुद इस काम को नहीं कर पा रही है। या फिर यह कि दुनिया इस बात को देखे कि हम कितने असहाय हैं कि हमारे घरेलू मामलों में पाकिस्तान हस्तक्षेप ही नहीं व्यापक तोड़-फोड़ भी कर रहा है और हम कुछ भी नहीं कर पा रहे हैं। क्या आईएसआई और सीआईए बराबर की मजबूत संस्थाएं हैं?

सरकार और उसका प्रचार तंत्र माने या न माने, पर जो विलाप राष्ट्रीय स्तर पर हो रहा है, उसका एक निष्कर्ष यह भी है। कश्मीर की बात हम नहीं कर रहे हैं, क्योंकि वहां टकराव दूसरी तरह का है। हालांकि यह तो मानना ही पड़ेगा कि उस क्षेत्र में भी हम धीरे-धीरे परेशानियों में पड़ते जा रहे हैं। पाकिस्तान विश्व मंच पर कश्मीर में मानवाधिकार हनन की बात उठाता है और हम प्रतिक्रियास्वरूप एक के बाद एक अपने ही वादों से पीछे हटते जा रहे हैं। यह हमारे विदेश विभाग की असफलता नहीं तो और क्या है कि पाकिस्तान जैसा दमनकारी निजाम भारत पर दमन का आरोप लगाए और भारत रक्षात्मक मुद्रा अपनाने के अलावा कुछ न कर पाए।

(15 मार्च 1994, मतांतर, इंडिया टुडे)

गोया देश का हर शख्स हत्यारा हो

पिछले दिनों एक बड़ी घटना हो गई। आश्चर्य की बात है कि अखबारों ने इस घटना को महत्त्वपूर्ण नहीं समझा। चूंकि समाचार एजेंसियों ने इस खबर को प्रसारित नहीं किया इसलिए यह बात समझ में आती है कि देशभर के समाचार पत्रों ने क्यों इस समाचार को नजरअंदाज किया। पर दिल्ली के अखबार भी इस बारे में चुप्पी साधे रहे, एकाध अपवाद को छोड़कर। यह बात समझ में नहीं आती। आखिर दिल्ली के लोग ही तो इससे सबसे ज्यादा प्रभावित हैं।

घटना यों है कि प्रसिद्ध समाजवादी नेता जॉर्ज फर्नांडीस ने अपने सरकारी आवास का मुख्य दरवाजा तुड़वा डाला। ऐसा उन्होंने किसी समाजवादी विचारधारा के तहत नहीं किया, बल्कि सुरक्षा के नाम पर जिस तरह से उन्हें परेशान किया जा रहा था, यह उसी का प्रतिवाद था।

जॉर्ज का सरकारी आवास केंद्रीय गृहमंत्री शंकर राव चव्हाण के घर के सामने है। जब भी माननीय गृहमंत्री का काफिला कूच करता है, आसपास का जीवन स्तब्ध कर दिया जाता है। सारे रास्ते बंद कर दिए जाते हैं। पड़ोस के लोग न अपने घरों से निकल सकते हैं और न उन्हें अंदर जाने दिया जाता है।

जॉर्ज आतंकवादी नहीं हैं। देश के महत्त्वपूर्ण और प्रतिष्ठित राजनेता हैं। कई बार केंद्र में मंत्री रह चुके हैं। विपक्ष के प्रभावशाली सांसद हैं। जब मंत्री की सवारी निकलती है और जनजीवन ठप किया जाता है तब जॉर्ज भी उससे नहीं बचते। जॉर्ज हर स्तर पर इसका प्रतिवाद कर चुके है–लिखकर, बोलकर संसद में यह सवाल उठाकर तथा धरने और प्रदर्शन की बात करके भी। लेकिन स्थिति ज्यों की त्यों है। उस दिन भी जॉर्ज किसी महत्त्वपूर्ण कार्य के लिए बाहर निकल रहे थे। गेट पर पहुंचकर देखा कि मंत्री के सुरक्षाकर्मियों ने उनके दरवाजे को सील कर रखा है। क्रोध, क्षोभ और अपमान की मनोदशा में जॉर्ज ने अपना दरवाजा ही तोड़ डालने का फैसला किया।

जॉर्ज बड़े नेता हैं, इसलिए वे ऐसा प्रतिवाद करके भी सुरक्षित हैं। कोई आम आदमी ऐसी हिमाकत करे तो वह जेल के भीतर होता है या उसे गोली मार दी जाती है। पिछले साल दिल्ली में ऐसी दो घटनाएं हुईं। एक वाकये में तो घंटों खड़े स्कूटर वाले का धैर्य चुक गया और उसने आगे बढ़ने की सोची तो दनादन गोलियां दाग दी गईं।

वीआईपी की सुरक्षा के नाम पर आम आदमी को जिस तरह लांछित और अपमानित किया जाता है, वह किसी भी लोकतंत्र के लिए घोर शर्म की बात है। आप सड़क से गुजर रहे हैं। अचानक यातायात के नियमों को ताक पर रखता हुआ एक काफिला आता है और

आप को धकियाकर सड़क के किनारे कर दिया जाता है। सौ की रफ्तार से चल रही अन्य गाड़ियों में सुरक्षाकर्मी होते हैं जिनकी स्वचालित बंदूकों की नाल आप पर तनी रहती है। उनकी नजर में सड़क पर चलने वाला हर व्यक्ति संभावित हत्यारा है। धूल बैठने के बाद जब आप जानना चाहते हैं कि आखिर वह कौन था, जिसकी जान इतनी कीमती है, तो पता चलता है कि वह वही धरती का बोझ है जो पिछले चुनाव में आपका वोट आपसे लूटकर आपका प्रतिनिधि बन गया था।

सुरक्षा आज एक विशेषाधिकार है। अपना महत्त्व जताने का एक माध्यम। आप अगर नेता हैं और आपको जेड वर्ग की सुरक्षा नहीं मिली है तो आप विशेषाधिकार वर्ग के पुरोहित की श्रेणी में नहीं आते। तभी तो आजकल नेता अपनी तस्वीर खिंचवाने से पहले अपने काले वस्त्रधारी सुरक्षाकर्मियों को सावधान की मुद्रा में अपने दोनों ओर खड़ा कर लेते हैं। राजनेता को लगता है कि आखिर वह कितना महत्त्वपूर्ण है। मानो वही वह तोता है जिसके शरीर में देश के प्राण बसते हैं।

संसार में शायद ही किसी लोकतंत्र में यह आलम हो कि देश के भाग्यविधाताओं को उनके अपने ही अवाम से इतनी सुरक्षा की जरूरत महसूस होती हो। अपवाद हो सकते हैं। गांधी परिवार एक अपवाद था, जिनकी जान के अनेक दुश्मन थे। प्रधानमंत्री की सुरक्षा भी समझ में आती है पर यह कैसा देश, जहां हर नेता की जान के दुश्मन हों। बनारस हिंदू विश्वविद्यालय के उद्‌घाटन के अवसर पर गांधी जी ने वाइसराय को सुरक्षाकर्मियों से घिरा देखकर कहा था कि जिस देश में शासक को अपनी प्रजा से इतना डर हो कि उसे बंदूक के पहरे में चौबीसों घंटे रहना पड़े, वैसे शासक के जीने का क्या अधिकार है। पर यह बात तो गांधी जी ही कह सकते थे। वे महात्मा थे पर आज उनकी यह बात नक्कारखाने में तूती की आवाज बनकर रह गई है।

(15 अप्रैल 1994, मतांतर, इंडिया टुडे)

अब कोई उफ भी नहीं करता

पहले लोग नैतिक जिम्मेदारी की बात करते थे लेकिन यह शब्द न केवल आज की राजनैतिक शब्दावली से गायब हो गया है बल्कि आम जनजीवन में भी इसकी कम ही चर्चा होती है। अब तो ऐसे लोग भी मिल जाएंगे जो कह देंगे कि स्व. लालबहादुर शास्त्री व्यावहारिक राजनीतिज्ञ नहीं थे, वरना छोटी-सी रेल दुर्घटना की नैतिक जिम्मेदारी लेकर कहीं कोई इस्तीफा देता है। ऐसा क्यों हो रहा है कि नैतिकता न केवल जनजीवन से गायब हो रही है बल्कि इक्के-दुक्के प्रयासों की सराहना करने वाले भी दिखाई नहीं पड़ते। इस पर दबाव बनाने की बात तो छोड़ ही दें।

क्या कुछ साल पहले तक भी इस बात की कोई कल्पना कर सकता था कि किसी भी मंत्री के विरुद्ध अदालत टिप्पणी कर दे और वह मंत्री बेशर्मी से कुर्सी पर चिपका रहे? इंदिरा गांधी से पहले ऐसा होना असंभव माना जाता था। खेल के नियम पहली बार इंदिरा शासनकाल में बदले।

इलाहाबाद हाईकोर्ट के निर्णय को लागू न होने देने के लिए इंदिरा गांधी ने जब पिछली तारीख से कानून बदल डाले और उसका भी वांछित असर नहीं हुआ तो संविधान को परे रख इमरजेंसी का तानाशाही प्रयोग किया। तभी से सार्वजनिक जीवन में नैतिक मूल्यों की रक्षा की बात भी बंद-सी हो गई। कम-से-कम राजनीतिज्ञ, चाहे वे सत्ताधारी हों या विपक्षी, इसे फालतू की चीज समझने लगे। हालांकि तब भी एक अन्तर अवश्य था कि विपक्ष के धुरंधर राजनीतिज्ञ इस तरह का कोई निर्णय आने पर या ठोस आरोप लगने पर खानापूरी के लिए ही सही, इस्तीफा अवश्य मांग लिया करते थे। बंबई उच्च न्यायालय की औरंगाबाद पीठ ने महाराष्ट्र के मुख्यमंत्री शरद पवार पर विपरीत टिप्पणी की और उनसे इस्तीफा मांगने की बात तो दूर, विपक्ष के भी कुछ नेता यह दलील देते सुने गए कि भ्रष्टाचार के उस प्रकरण में पवार का सीधा हाथ तो था नहीं।

और तो और, अनेक प्रमुख समाचारपत्रों ने भी इस बात की वकालत की कि जब तक सुप्रीम कोर्ट से फैसला नहीं आ जाता, तब तक पवार को पद पर बने रहना चाहिए। इनमें से अनेक ने हाईकोर्ट का फैसला आते ही अंतुले से पहले पृष्ठ पर संपादकीय लिखकर इस्तीफा मांगा था तब यह किसी ने नहीं कहा कि सुप्रीम कोर्ट में अंतुले गए हैं इसलिए तब तक इंतजार कर लिया जाए।

अब भ्रष्टाचार कोई मसला नहीं रहा। आरोप को गैर जिम्मेदाराना हरकत कहकर नजरअंदाज कर दिया जाए तो कोई उंगली भी नहीं उठाता। अदालतें कड़ी से कड़ी टिप्पणी कर दें, कहीं कोई उनका असर नहीं होता। शरद पवार पर की गई अदालत की विपरीत

टिप्पणी इसीलिए आई-गई बात हो जाती है और शायद इसलिए भी कि सर्वोच्च नेतृत्व खुद संदेह से परे नहीं है। वर्तमान प्रधानमंत्री तो भ्रष्टाचार के आरोपों पर भी चुप्पी साधे रहते हैं। प्रतिभूति घोटाले में नाम आ जाने के कारण चिदम्बरम को मंत्रिमंडल से इस्तीफा देना पड़ा। उनका अपराध था कि उन्होंने अपनी पत्नी के साथ मिलकर लाख एक रुपए फेयरग्रोथ में लगाए थे। ध्यान दें कि अपना पैसा लगाया था, वहां से कुछ नहीं लिया था। कृष्णमूर्ति ने अपने पद का दुरुपयोग करके पैसे लिए थे। इसलिए उनकी भी छुट्टी हो गई।

प्रधानमंत्री के पुत्र पर आरोप है कि इस घोटाले में शामिल होकर उन्होंने अपनी कंपनी को करोड़ों का लाभ पहुंचाया है। आरोप लग रहे हैं पर बड़े बेमन से। प्रधानमंत्री की प्रतिक्रिया नदारद है। आरोप है कि उनके दामाद ने रेलवे में ठेका लेकर करोड़ों रुपए नाजायज ढंग से कमाए हैं। प्रधानमंत्री चुप रहते हैं। सफाई देते हैं रेलमंत्री, जो खुद भ्रष्टाचार के आरोपों में गले तक डूबे हुए हैं। बाकी मंत्रिमंडल का भी वही हाल है। चुरहट लाटरी और केरवा बांध पर बना महल अर्जुन सिंह का पीछा नहीं छोड़ता। प्रतिभूति घोटाले में ही जिस तरह के आरोप शंकरानंद और कल्पनाथ राय पर लगे, यदि कोई शेयर दलाल होता तो उसकी जमानत मुश्किल होती। शायद ही कोई मंत्री हो जिसके दामन पर कभी छींटे न पड़े हों।

आश्चर्य यह है कि ये मुद्दे अब जनता में किसी तरह की प्रतिक्रिया पैदा करने में असमर्थ सिद्ध हो रहे हैं। भ्रष्टाचार के आरोप लगाना, उनका सिद्ध होना और इसके बावजूद राजनीतिक का सत्ता से चिपके रहना चिंता की बात तो है पर इससे ज्यादा चिंता की बात है समाज के एक बड़े वर्ग द्वारा उसे निंदा के योग्य भी न समझे जाने योग्य मानना। यह तूफान आने के पहले की शांति है।

(30 अप्रैल, 1994, मतांतर, इंडिया टुडे)

हवाला के आगे सभी मुद्दे फीके

जैन हवाला कांड का अगले आम चुनाव पर क्या असर पड़ेगा? यह सवाल आज हर उस आदमी के जेहन में सबसे ऊपर चक्कर काट रहा है, जिन्हें राजनीति में थोड़ी भी रुचि है। इस सवाल के इतने प्रमुख होकर उभरने का एक सीधा-सादा अर्थ तो यही है कि भ्रष्टाचार फिर एक बार भारतीय राजनीति के केंद्र में आ विराजमान हुआ है वरना लोग और सवाल भी तो पूछते। वामपंथी और प्रगतिशील राजनैतिक दल पिछले पांच साल से नई अर्थनीति और उदारीकरण को मुख्य मुद्दा बनाने की कोशिश कर रहे है। लेकिन इसमें वे सफल होंगे, इसका शायद उन्हें भी भरोसा नहीं, वरना राज्यों में वे यही सारी नीतियां लागू नहीं करते, जिनकी केंद्र में वे आलोचना करते रहे हैं। आप किसी भी जानकार से पूछकर देखिए कि इन्वेस्टमेंट के लिए सबसे अच्छा माहौल किस राज्य में है। दस में से सात की राय होगी कि फिलहाल कर्नाटक सबसे ऊपर है और उसके बाद पश्चिम बंगाल का नंबर आता है। इस मामले में हमेशा आगे रहने वाले गुजरात और महाराष्ट्र से भी ऊपर। इसका एक ही मतलब है कि जिस मुद्दे को लेकर रामो-वामो नरसिंह राव की पिटाई करने वाले थे, ये खुद उसी मुद्दे के गुलाम बन चुके हैं। यानी इनके लिए भी अगर कोई मुद्दा बचा है तो वह भ्रष्टाचार ही है जो फिलहाल जैन घोटाला के रूप में मूर्त होकर सामने खड़ा है।

दूसरे, प्रमुख विरोधी पक्ष भारतीय जनता पार्टी की स्थिति कोई खास बेहतर नहीं है। भाजपा की यह विशेषता रही है कि चुनाव से पहले पांच वर्षों में यह बहुत ही लगन से कई महत्त्वपूर्ण मुद्दों को संभालती रहती है और जब चुनाव की घोषणा हो जाती है तो अचानक किसी तात्कालिक महत्त्व के मुद्दे को अपनाकर अपनी रणनीति नए सिरे से बनाने की कोशिश करती है। परिणामतः न सहेजा हुआ मुद्दा उभर पाता है और न ही तात्कालिक मुद्दा। याद है पिछले चुनाव में नारा था 'आज पांच प्रदेश कल सारा देश' कोई बड़ा आदर्शवादी मुद्दा नहीं है। पर सत्ता पाने के लिए बहुत बुरा भी नहीं है। लेकिन जब चुनाव सिर पर आ पड़ा तो अचानक भाजपा ने चरार-ए-शरीफ में छुपे आतंकवादियों को बिरयानी खिलाने के सवाल को अपना मुद्दा बना लिया। ऐसे में कोई कैसे इनके चुनावी मुद्दों को गंभीरता से ले सकता है। कहां राष्ट्रीय सुरक्षा, आर्थिक गुलामी और सांस्कृतिक राष्ट्रवाद को मुद्दा बनाने की बात और कहां आतंकवादियों को बिरयानी खिलाने पर रोष! जाहिर है, लोगों ने बरसों से संजोए मुद्दे को भी गंभीरता से नहीं लिया।

भारतीय जनता पार्टी के साथ इस बार भी वही समस्या है। आर्थिक मुद्दे पर पार्टी पहले से ही समझौता कर चुकी है। स्वदेशी इनके लिए छूछे नारे से अधिक कुछ भी नहीं। इसे एनरॉन मुद्दे पर पार्टी सिद्ध कर चुकी है। महाराष्ट्र, गुजरात या राजस्थान की सरकारें

नई अर्थनीति या उदारीकरण के मसले पर देवगौड़ा या ज्योति बसु या फिर भजनलाल से भिन्न है, ऐसा भी नहीं है। इसलिए आर्थिक गुलामी के नाम पर पार्टी कोई बहुत ज्यादा गर्मी पैदा कर पाएगी, ऐसा बिल्कुल नहीं लगता। सचाई तो यह है कि आर्थिक मोर्चे पर भाजपा नरसिंह राव की जूनियर ही साबित हो रही है यानी कांग्रेस की बी टीम। रही बात राष्ट्रीय सुरक्षा आदि की, तो उसे भी बहुत ढंग से पार्टी सामने नहीं ला पा रही हैं। पुरुलिया में हथियार गिराने के मामले को भाजपा तात्कालिक मुद्दे के रूप में हथियाने जा रही थी पर वहां भी बहुत सफलता मिलेगी, ऐसा लगता नहीं। क्योंकि इस कांड में आनंद मार्ग का हाथ साबित होता जा रहा है, जो भाजपा की राजनीति को बहुत आगे नहीं बढ़ाता। अगर मुम्बई कांड की तरह ही इसमें पाकिस्तान और सिर्फ वहीं के नागरिक लिप्त होते तो भाजपा के पौ-बारह होते। इसलिए यहां भी निराशा है। ऐसे में बचा भ्रष्टाचार और स्थिरता यानी घूम-फिरकर वही जैन हवाला कांड।

कुल मिलाकर यह कि मुद्दे वही जो नरसिंह राव उठाएं। राव ने इस एक मुद्दे पर अगले चुनाव की धुरी टिका दी है। सरकारों की स्थिरता, अर्थनीति, सामाजिक न्याय और राष्ट्र की एकता-अखंडता के सवाल पर देशभर की राजनैतिक पार्टियों में कोई विशेष अन्तर नहीं रहा और मजे की बात यह है कि जो मुख्य मुद्दा बना है यानी कि भ्रष्टाचार या जैन हवाला कांड, उसमें भी इनमें कोई गुणात्मक अन्तर हो, ऐसा भी नहीं है। फिर जनता किसे वोट दे?

यह सचमुच एक विकट प्रश्न बनकर उभरा है, क्योंकि पिछले पांच साल की राजनीति ने यह सिद्ध कर दिया है कि भारतीय राजनीतिक दल चाहे वामपंथ की ओर झुके दिखाई दें या दक्षिणपंथ की ओर, उनमें वास्तविक अन्तर अब बहुत कम ही बचा है। विकल्पहीनता की यह भयावह स्थिति है जहां वोट का सही दावेदार कोई दिखाई नहीं दे रहा है। चुनाव में अब बहुत कम समय बचा है—इसी में सोचकर कोई रास्ता तो निकालना ही पड़ेगा।

(31 मार्च 1996, विचारार्थ, इंडिया टुडे)

अर्थनीति

शुतुरमुर्गी रवैया

राष्ट्रीय आर्थिक परिदृश्य पर पी.वी नरसिंह राव सरकार की नई आर्थिक नीतियों की स्पष्ट छाप दिखाई पड़ने में अभी शायद थोड़ा और समय लगे, लेकिन राष्ट्रीय राजनीति पर इसका असर साफतौर पर दिखाई पड़ने लगा है। राष्ट्रीय मोर्चे का बिखराव, मोर्चे के घटक दलों में विघटन तथा घोर अनुशासित दल भारतीय जनता पार्टी की राजनैतिक दुविधा का छलककर सतह पर आना इसी प्रक्रिया का परिणाम है, न कि विपक्ष की शुद्ध राजनैतिक दिशाहीनता का, जैसा कि आमतौर पर माना जा रहा है। शायद पहली बार ऐसा हुआ है कि भारतीय राजनीति के केंद्र में अर्थनीति आ बैठी है, जबकि विपक्ष को अब भी प्रमुख मुद्दे के रूप में कभी छद्म और कभी वास्तविक राजनैतिक समस्याओं को ही उठाने की आदत पड़ी हुई है। राजनीति की दिशा बदल रही है। इस तथ्य से मुंह चुराना ही विपक्ष की वर्तमान हड़बड़ाहट और बिखराव का मुख्य कारण है।

अर्थनीति ही विश्व राजनीति की वर्तमान दिशा तय कर रही है, यह बात बार-बार प्रमाणित हो चुकी है। एकदा महाबली सोवियत संघ का विघटन और पूर्व सोवियत संघ के बिखरे राष्ट्रों की घोर आर्थिक विपन्नता से विश्व का प्रथम साक्षात्कार, राजनैतिक मतभेद के बावजूद यूरोप का एक संगठित आर्थिक शक्ति के रूप में अभ्युदय, जापान और कोरिया सहित दक्षिण-पूर्व एशिया के व्याघ्र देशों की वर्तमान समृद्धि तथा व्यावहारिक राजनय के क्षेत्र में अप्रत्याशित सफलता के बाद अपने ही देश में अमेरिकी राष्ट्रपति बुश की वर्तमान अलोकप्रियता राजनीति में अर्थनीति के केंद्रीय शक्ति के रूप में उभरने के ताजातर प्रमाण हैं। यह हमारा दुर्भाग्य है कि भारतीय राजनीति में विपक्ष के धुरंधर नेतागण इस सचाई को समझते हुए भी इससे मुंह चुराना चाहते हैं और राजनीति को किसी भ्रष्टाचार, कोई मंदिर, कहीं सरकारी नौकरी या किसी परिवार के इर्द-गिर्द ही केन्द्रित देखना चाहते है, ताकि उनकी राजनीति का रास्ता पहले की तरह ही आसान बना रह सके। ये कुछ ऐसे सहज मुद्दे हैं जिन पर सिर्फ निषेध की नीति अपना कर भी एक दीर्घकालिक राजनीति संभव है, जबकि वर्तमान विश्व में आर्थिक मामलों पर सिर्फ नकारात्मक नीतियों के सहारे राजनीति की गाड़ी को ज्यादा दूर तक खींचना अब संभव नहीं। सिर्फ इतना भर कहने से अब काम नहीं चलता कि सरकार की वर्तमान आर्थिक नीतियों का विरोध ही हमारी भावी रणनीति की सर्वोच्च प्राथमिकता है। कोई भी राजनैतिक दल यदि किसी दीर्घकालिक रणनीति के तहत काम करना चाहता है तो उसे अगला वाक्य यह कहना ही पड़ेगा कि ''और यह है हमारी वैकल्पिक आर्थिक नीति।''

भारत के विपक्षी दलों का वर्तमान संकट इसी बिंदु से शुरू होता है, क्योंकि कोई भी प्रमुख विपक्षी दल साहस के साथ इस दूसरे वाक्य को कह पाने की स्थिति में नहीं है। ऐसा

नहीं है कि कांग्रेस या नरसिंह राव-मनमोहन सिंह की आर्थिक नीतियों से ही इस देश और समाज की सभी समस्याओं का सहज समाधान निकल आएगा और ऐसा भी नहीं है कि वर्तमान सरकार की नीतियां ही आदर्श आर्थिक नीतियां हैं, लेकिन ऐसा अवश्य है कि पहली बार कोई सरकार अलोकप्रिय होने का जोखिम उठाकर भी वही कह रही है और वही कर रही है जो उसकी समझ से उचित है।

विपक्ष का संकट यही है कि समझते तो ये भी सब कुछ हैं, लेकिन ये यह भी जानते हैं कि यदि एक बार भी ये ईमानदारी से इस बहस में शामिल हो जाते हैं तो अंततः इन्हें अपनी वैकल्पिक आर्थिक नीति घोषित करनी पड़ेगी और फिर उसी कसौटी पर इनका राजनैतिक भविष्य भी तय किया जाएगा। तब सिर्फ इस लफ्फाजी से काम नहीं चलेगा कि मध्यवर्ग नई आर्थिक नीतियों का दंश अभी महसूस नहीं कर पाया है, लेकिन थोड़े ही दिनों में मुद्रास्फीति के कारण मूल्यवृद्धि होगी तथा रोजगार के अवसर सीमित होते जाने के कारण बेकारी बढ़ेगी, इसलिए हम इस आर्थिक नीति और वर्तमान बजट का विरोध करते हैं। भारत के दो पूर्व प्रधानमंत्री विश्वनाथ प्रताप सिंह तथा चन्द्रशेखर इस नीति के मुखरतम विरोधियों में अग्रणी हैं। क्या विश्वनाथ प्रताप सिंह इस बात से इनकार कर सकते हैं कि वर्तमान आर्थिक नीति की शुरुआत 1985 में राजीव गांधी के प्रधानमंत्रित्व काल में ही नहीं प्रारंभ हो गई थी और तब उनके वित्तमंत्री के रूप में क्या इन्होंने ही दो-दो बार ऐसे बजट पेश नहीं किए थे, जिनमें वर्तमान बजट और अर्थनीति के बीज छिपे हुए थे। या आर्थिक सार्वभौमता को गिरवी रख देने की बात करने वाले वी.पी. सिंह की सरकार का वित्त मंत्रालय तथा उसके अधिकारी क्या अंतर्राष्ट्रीय मुद्रा कोष तथा विश्व बैंक से नियमित वार्ता नहीं चला रहे थे जिसका परिणाम आज इस रूप में सामने आ रहा है।

या आर्थिक गुलामी और ईस्ट इंडिया कम्पनी का हौवा खड़ा करने वाले चन्द्रशेखर के प्रधानमंत्रित्व काल में उनके वित्तमंत्री और उनकी सरकार क्या इस धारा को और तेज करने का काम नहीं कर रही थी। पिछली दोनों सरकारें आर्थिक नीतियों के मामले में घोर दिशाहीनता के बावजूद, किसी अन्य वैकल्पिक ढांचे का निर्माण नहीं कर रही थीं। अन्तर सिर्फ यह था कि इनके लिए ये आर्थिक प्रश्न तब वस्तुतः गौण थे। इस दिशा में ध्यान देने की आवश्यकता इन्होंने नहीं समझी। विश्वनाथ प्रताप सिंह को लग रहा था कि सामाजिक न्याय का सैद्धान्तिक आधार तथा राष्ट्रीय मोर्चा के रूप में दोयम दर्जे के कांग्रेसी तत्वों का संगठन तंत्र उन्हें प्रधानमंत्री की कुर्सी दिला सकता है। चन्द्रशेखर तो इस गुमान में थे कि 40 साल के मुकाबले उनके चार महीने भारतीय राजनीति में प्रशासनिक कुशलता का वह स्वर्णिम काल है, जिसकी चकाचौंध ही वोट का बक्सा भर देगी, इसलिए आर्थिक नीतियों पर अनावश्यक मगजपच्ची क्यों करें।

अब जबकि वर्तमान सरकार धीरे-धीरे अपनी ठोस राजनैतिक जमीन पर पैर जमाने लगी है और इस सरकार की आर्थिक दिशा भी एक हद तक स्पष्ट होने लगी है, तो यह भी लगने लगा है कि शायद यह सरकार अब अपना कार्यकाल भी पूरा कर ले। ऐसी स्थिति में तत्काल सत्ता प्राप्त करने के लिए बनाए गए सिद्धांतहीन गठबंधन यदि ढीले पड़ने लगें तो इसमें क्या आश्चर्य। आखिर जनता दल और तेलुगु देशम में क्या सैद्धांतिक साम्य हो सकता है, जबकि जनता दल में अभी तक एक सहधर्मी दल बनने की प्रक्रिया चल रही है। पार्टी का सम्पूर्ण नेतृत्व अभी पूरी तरह से सामाजिक न्याय के सवाल को ही नहीं आत्मसात कर पाया

है, तो आर्थिक नीति के प्रश्न पर भला राम जेठमलानी और जॉर्ज फर्नांडीस में कैसे सहमति हो सकती है। और जब भारत की राजनीति में आर्थिक मुद्दा ही केंद्रबिंदु के रूप में उभरेगा तथा विपक्ष के लिए दूर-दूर तक सत्ता निकट आती नहीं दिखेगी, तो इस विषय को बहस से आखिर दूर भी कैसे रखा जा सकेगा। राष्ट्रीय मोर्चे के बिखराव को कृपया इस दृष्टि से देखिए और कल्पना कीजिए कि यदि बहस का विषय यही चलता रहा, तो राष्ट्रीय मोर्चा-वामपंथी गठबंधन का भविष्य क्या हो सकता है?

माकपा के महासचिव हरकिशन सिंह सुरजीत का यह दावा कि चूंकि जनता दल मौजूदा सरकार की आर्थिक नीतियों के बारे में शुरू में असमंजस में था और सरकार की नई आर्थिक नीतियों के विरोध के मामले में वामपंथी मोर्चे ने पहलकदमी की, इसलिए रामो-वामो गठबंधन का नेतृत्व अब धीरे-धीरे वामपंथियों के हाथ में आने लगा है, भविष्य की राजनैतिक दिशा एक संकेत दे रही है क्योंकि इस मोर्चे पर तो और भी असमंजस है। सोवियत संघ के पतन तथा साम्यवादी विश्व में आर्थिक मामले पर सोच की एक नई दिशा ने भारत के वामपंथियों को लगभग संज्ञाशून्य कर दिया है। विकल्प होते हुए भी ये कितने विकल्पहीन हैं, साल भर पहले तक इसकी किसी को कल्पना भी नही थी।

सबसे ज्यादा विकट परिस्थिति तो उस पार्टी की है, जो अभी कल तक वास्तविक विकल्प के रूप में उभरने का दावा कर रही थी। पर इस विषय पर फिर कभी, क्योंकि भाजपा की दुविधा ज्यादा विस्तार की मांग करती है।

(15 अप्रैल, 1992, मतांतर, इंडिया टुडे)

एक छद्म लड़ाई

'आज देश आर्थिक गुलामी की ओर बढ़ रहा है। गरीबी, बेरोजगारी, विषमता और उससे उत्पन्न सामाजिक असंतोष आदि समस्याएं भी देश को घेर रही हैं। फलतः हमारा स्वायत्त समाज व आत्मनिर्भर जीवन नष्ट होता जा रहा है। इन समस्याओं से स्वाभिमानपूर्वक जूझने के बजाए हमारे कर्णधार अंतर्राष्ट्रीय साहूकारों से भीख मांग रहे हैं। ऐसे भ्रमजाल में फंसकर कि बहुराष्ट्रीय कंपनियों द्वारा ही देश की अर्थव्यवस्था का विकास होगा, हम उनका स्वागत कर रहे हैं। वास्तव में बहुराष्ट्रीय कंपनियां आर्थिक शोषण के साथ मानसिक गुलामी और सामाजिक विकृतियां भी ला रही हैं। अतः देश की आर्थिक स्वाधीनता प्राप्त करने के लिए आज विदेशी बहिष्कार और स्वदेशी मंत्र अपनाने की जरूरत है।'

ये वाक्यांश राष्ट्रीय स्वयंसेवक संघ की प्रेरणा से गठित स्वदेशी जागरण मंच द्वारा आर्थिक गुलामी से मुक्ति के लिए इसी साल फरवरी-मार्च में प्रारंभ किए गए 'स्वदेशी आन्दोलन और आर्थिक स्वाधीनता की लड़ाई' के प्रचार अभियान में वितरित किए गए पर्चों और पुस्तक-पुस्तिकाओं से उद्धृत किए गए हैं। आरएसएस का यह दस्तावेज कभी गांधीवादी साहित्य का भ्रम उत्पन्न करता है, तो कहीं साम्राज्यवाद विरोधी वामपंथी शैली के कारण अब लुप्तप्रायः मार्क्सवादी साहित्य का। दो विपरीत ध्रुवों के विरोधाभास के प्रबंधन का एक उदाहरण और देखिए–'यह ऋणजाल पश्चिमी देशों के आर्थिक साम्राज्यवाद का रूप है। विश्व के विकसित देश इकठ्ठे होकर अर्थबल के आधार पर साम्राज्यवाद की पुनर्स्थापना के प्रयास कर रहे हैं।' क्या ऐसा नहीं लगता कि यह अंश मास्को के प्रगति प्रकाशन या नोवोस्ती प्रेस से प्रकाशित किसी पुस्तक से लिया गया है।

यदि अब भी थोड़ा–बहुत संदेह है, तो कृपया इस उद्धरण का जायजा लीजिए–'बहुराष्ट्रीय कम्पनियों ने अभी तक कई देशों की राजनीति में हस्तक्षेप किया है। 1973 में चिली के सिल्वेडार एलेंडे ने बहुराष्ट्रीय कम्पनियों पर पाबंदी लगाई। सिर्फ चार महीनों में उसे सीआईए के हाथों मार दिया गया। स्वीडन के प्रधानमंत्री ओलोफ पाल्मे की हत्या में बोफोर्स कम्पनी का हाथ होने की चर्चा है। क्यूबा, नामीबिया, हरारे, फिलीपीन्स, मोरक्को, नाइजीरिया, जोर्डन आदि देशों में सीआईए के साथ कई विदेशी कम्पनियां भी असंतोष तथा अराजकता उत्पन्न करने में अग्रसर थीं। अमेरिका के सीनेटर बैरी गोल्डवॉटर के अनुसार खुफिया एजेंसी और आकाश स्थित उपग्रह के बाद बहुराष्ट्रीय कम्पनियां देशों की खुफिया जानकारी हासिल करने का महत्त्वपूर्ण माध्यम हैं। सीआईए और अमेरिकी मिलिट्री के कई अधिकारी सेवानिवृत्ति के बाद विभिन्न देशों में बहुराष्ट्रीय कम्पनियों की जिम्मेदारी सम्भालते हैं। विश्व बैंक के पांच अधिकारी यहां से स्वेच्छानिवृत्ति लेकर हमारे वित्त मंत्रालय में दाखिल हुए हैं।'

आरएसएस वर्तमान सरकार की नई आर्थिक नीतियों के विरोध के क्रम में अपनी विशिष्ट भाषा का संयम खोकर गांधीवादी और मार्क्सवादी मुहावरों की खिचड़ी भाषा में बात करने लगे, तो पहली नजर में देखने पर यह कतई समझ में आने वाली बात ही नहीं लगती और इसे बौखलाहट का नाम ही दिया जाएगा।

पर इसे बौखलाहट मानने की इच्छा भी नहीं होती, क्योंकि अब तक भारतीय जनता पार्टी की राजनीति को सफलतापूर्वक बौद्धिक दिशा-निर्देश देने वाला यह संगठन बौखलाहट में नही, निश्चय ही उसी सुचिंतित-सुविचारित नीति के तहत इस तरह की भाषा का प्रयोग कर रहा होगा। एक ऐसी भाषा, जो इसकी अब तक की आर्थिक सोच के बिलकुल उलट अर्थ ध्वनित कर रही है। इसे क्या माना जाए? नीतियों में परिवर्तन या शुद्ध वैचारिक भटकाव। या शायद दोनों ही क्योंकि चर्चित दस्तावेज का समापन कुछ इस प्रकार होता है...'हमें विकास का एक नया ढांचा बनाना होगा, जो शायद गांधी जी और दीनदयाल जी के विचारों पर आधारित होगा। हम अथक परिश्रम करते हुए ऐसे स्वदेशी विकास का ढांचा उत्पन्न करने में सफल हो सकते हैं। समतायुक्त, शोषणमुक्त और स्वायत्त समाज बना सकते हैं। यह अनेक विकासशील देशों के लिए मार्गदर्शक होगा।' कृपया इसमें 'शायद' शब्द की केंद्रीय भूमिका पर ध्यान दें। शुद्ध राजनैतिक लाभ के लिए इस संगठन को जो शब्द वैचारिक भटकाव की दिशा में ले जा रहा है।

आरएसएस के स्वदेशी आंदोलन और आर्थिक स्वाधीनता की इस तथाकथित लड़ाई के पीछे एक मूल कारक यह शुद्ध राजनैतिक स्वार्थ ही है, जो इस संगठन को शीर्षासन करने के लिए बाध्य कर रहा है। भाजपा का कष्ट यह है कि पिछले दिनों यह दल भारतीय राजनीति में सचमुच में कांग्रेस के गंभीर विकल्प के रूप में उभरकर सामने आया है। प्रमुख राजनैतिक दल की आर्थिक नीतियां एक तो सुस्पष्ट न हों और दूसरे प्रमुख राजनीतिक दल की नीतियों से स्पष्ट रूप से अलग न दिखें, तो वैसी स्थिति में जब प्रमुख राजनैतिक दल अपनी विफलताओं के कारण मतदाताओं के बीच अलोकप्रिय हो रहा होगा, तब मुख्य विकल्प आखिर किस प्रोग्राम और किन नारों से उन रुष्ट मतदाताओं को अपनी ओर आकृष्ट करेगा।

भाजपा और उसके वैचारिक तथा सैद्धान्तिक संरक्षक आरएसएस की दुविधा यही थी कि यदि वे अपनी पारंपरिक आर्थिक नीतियों की राह पर ही आगे बढ़ते तो किसी मुकाम पर कांग्रेस और भाजपा की अर्थनीति एक-दूसरे में इस तरह समरस दिखती कि उन्हें अलग से पहचान पाना असंभव होता जबकि भाजपा सामने एक विकल्प यह भी देख रही थी कि वर्तमान सरकार की नई अर्थनीति असफल भी हो सकती है। जिसका परिणाम हो सकता है—विकट मंहगाई, बढ़ती बेकारी और अंततः घोर जनरोष। भाजपा भविष्य की इस परिस्थिति का लाभ उठाने के लिए अभी से तैयारी कर रही है, भले ही इसके लिए 'पीछे देखू' आर्थिक नीतियां ही क्यों न अपनानी पड़ें या गांधीवाद, मार्क्सवाद और एकात्म मानवतावाद का एक घालमेल तैयार करके मतदाताओं को एक नकली स्वदेशी आंदोलन में ही क्यों न झोंकना पड़े। हर राजनैतिक दल पर वोट की राजनीति करने का आरोप लगाने वाली भाजपा अगला चुनाव जीतने के लिए कितना भारी वैचारिक विभ्रम पैदा कर सकती है, स्वदेशी अभियान उसका सर्वोत्कृष्ट उदाहरण कहा जा सकता है।

आर्थिक पराधीनता के खतरों के बारे में जनसमुदाय को जाग्रत करने के नाम पर बहुराष्ट्रीय कम्पनियों के खिलाफ छेड़ी गई आर्थिक आजादी की यह नई लड़ाई कितनी छिछली है, यह वर्तमान आर्थिक संकट के कारणों के उनके विश्लेषण और समाधान के रूप में विदेशी कम्पनियों के उत्पादों की सूची बनाकर उनका बॉयकाट करने तथा भारतीय कम्पनियों की सूची के उत्पादों का प्रयोग करने के आह्वान से उजागर होती है। आखिर हिन्दुस्तान लीवर ने ऐसा कौन-सा अपराध कर दिया कि उपभोक्ता इस कम्पनी की बजाए किसी हिन्दुजा या किसी अंबानी का ही माल खरीदे। आरएसएस के स्वदेशी आंदोलन के पास इसका कोई तर्कसंगत जवाब नहीं है कि जिन कम्पनियों को वे देशद्रोही बता रहे हैं, उन कंपनियों ने देश के साथ किस प्रकार से घात किए हैं। शायद किए भी हों।

लेकिन स्वदेशी कम्पनियों के भी हजारों उदाहरण दिए जा सकते हैं कि किस प्रकार ये कम्पनियां न तो अपने उपभोक्ताओं का खयाल रखती हैं और न ही देश का। क्या भारतीय उपभोक्ता दोयम दर्जे का घटिया माल सिर्फ इसलिए खरीदे कि उसका स्वदेशी उत्पादक उस पैसे को हवाला के माध्यम से विदेशी मुद्रा में परिवर्तित करके स्विट्जरलैंड के अपने गुप्त बैंक खातों में जमा करा दे। इस प्रकार के स्वदेशी उद्योगपतियों के सैकड़ों देशद्रोही उदाहरण दिए जा सकते हैं। ऐसा नहीं कि भाजपा-आरएसएस को इसका अन्दाजा नहीं, लेकिन फिलहाल तो इन लोगों को चिंता वोट की और चाहे जैसे भी हो, कांग्रेस के वास्तविक विकल्प के रूप में उभरने की है। भले ही इसके लिए सरकार को अनावश्यक रूप से सांसत में डालकर एक छद्म स्वदेशी आन्दोलन ही क्यों न छेड़ना पड़े।

(30 अप्रैल 1992, मतांतर, इंडिया टुडे)

अर्थनीति पर बहस के लिए शुक्रिया

भाजपा की तो केवल इसी बात के लिए प्रशंसा होनी चाहिए कि उसने कम-से-कम एक वैकल्पिक आर्थिक प्रस्ताव पेश करने का साहस तो दिखाया वरना अन्य राजनीतिक दल तो वर्तमान सरकार की नई आर्थिक नीतियों की आलोचना भर करके ही संतुष्ट हो रहे हैं। किसी भी नीति की निंदा करना एक अत्यंत सरल कार्य है, लेकिन उसी क्रम में उसका कोई समुचित विकल्प पेश करना निश्चय ही कठिन कार्य है। भाजपा ने इस कठिन विकल्प का जोखिम भरा रास्ता चुना, यह भारतीय राजनीति के लिए एक शुभ संकेत है। इस बात पर तो अब शायद ही कोई असहमति है कि भविष्य की राजनीति की दिशा अर्थनीति ही तय करेगी। इसलिए इस विषय को अपनी प्राथमिकता सूची में ऊपर रखकर भाजपा ने अपनी सही राजनीतिक सोच का परिचय दिया है। यह बात दीगर है कि इस क्रम में पार्टी का उलझाव भरा आर्थिक सोच थोड़ा और उजागर होकर सामने आया है।

भाजपा ने गांधीनगर में आयोजित राष्ट्रीय परिषद के सम्मेलन स्थल को 'अंत्योदयनगर' कहकर जो संदेश देना चाहा था, उसे वहां पेश किए गए आर्थिक दस्तावेज ने करीब-करीब ध्वस्त सा कर डाला। 'आर्थिक विकास की मानववादी दिशा—एक स्वदेशी विकल्प' वास्तव में भारी-भरकम शब्दों का पुलिंदा मात्र बनकर रह गया, यह सिद्ध करने के लिए इस दस्तावेज से सिर्फ एक वाक्य ही उद्धृत करना काफी होगा कि 'भाजपा की नीति संपूर्ण और एकीकृत विकास की है जिससे पूर्ण रोजगार के अवसर पैदा होंगे' यह भाषा अर्थशास्त्र की नहीं है। राजनीति में इस भाषा का प्रयोग राजनीतिक दल तभी करते हैं जब उनकी राजनीतिक दिशा स्पष्ट नहीं होती, साथ ही, जब यह डर भी बना रहता हो कि साफगोई कहीं राजनीतिक नुकसान न कर दे, तब हर वर्ग को सतही स्तर पर संतुष्ट करने के लिए इस प्रकार की भाषा का प्रयोग किया जाता है।

कुछ छोटे-मोटे परिवर्तन को छोड़ दें तो सम्मेलन ने यही सिद्ध किया है कि आर्थिक नीतियों के मामले में पार्टी वहीं खड़ी है जहां पिछले चुनाव से पहले खड़ी थी, जबकि इस स्तर पर चुनौती नरसिंह राव सरकार के गठन के बाद कांग्रेस की नई आर्थिक नीतियों के कारण मिल रही थी। यही वजह थी कि पार्टी ने अपने आर्थिक सोच की दिशा तय करने के लिए फरवरी में सघन सोच की प्रक्रिया शुरू की, लेकिन दुख की बात है कि भाजपा इस मुद्दे पर अभी भी कहीं नहीं पहुंच पाई है।

भाजपा का कष्ट यह है कि आर्थिक मामलों में उसके कई सारे नारे और कार्यक्रम कांग्रेस ले उड़ी है, इसलिए भाजपा को तत्काल अपनी आर्थिक नीति का कोई ऐसा ढांचा पेश करना था, जो नरसिंह राव की नई आर्थिक नीतियों से बिल्कुल अलग दिखे। भाजपा अपने इस

प्रयास में असफल सिद्ध हुई है। अरसे से भाजपा नेहरूवादी मॉडल को अपना निशाना बनाती रही है। अब कांग्रेस व्यावहारिक रूप से नेहरू मॉडल को त्याग चुकी है, तो भाजपा के सामने यह संकट आ खड़ा हुआ है कि नेहरू मुक्त कांग्रेस से वह कैसे मुकाबला करे। अन्त्योदय नगर में प्रस्तुत आर्थिक दस्तावेज अपनी पीठ थपथपाने की मुद्रा में इस बात को दोहराता है कि कांग्रेस 'नेहरू विरासत को अलविदा' कह चुकी है और शायद अनमने भाव से ही सही, लेकिन भाजपा की कई सारी आर्थिक नीतियों को अपना चुकी है, फिर भी इस मामले में भाजपा को अपना स्टैंड बदलने की कोई आवश्यकता नहीं है।

भाजपा में वैचारिक संकट की शुरुआत इसी बिंदु से होती है, क्योंकि अब तक भाजपा जब भी नेहरू मॉडल की आलोचना करती थी, उसका सीधा अर्थ होता था—कांग्रेस की नीतियों पर हमला। अब कांग्रेस नेहरू की विरासत त्याग रही है और भाजपा को लग रहा है कि उसे अपना स्टैंड बदलने की कोई आवश्यकता नहीं, तो फिर इस बिंदु तक आते-आते कांग्रेस और भाजपा की आर्थिक नीतियों में कम-से-कम इस मुद्दे पर, कोई असहमति नहीं बचती। ऐसी स्थिति में भाजपा आखिर कांग्रेस का राजनीतिक विकल्प कैसे बनेगी, तो हड़बड़ी में बहुत सारी बातें दस्तावेज में जोड़ दी जाती हैं। मसलन स्वदेशी, स्वावलम्बन, पूर्ण रोजगार, मूल्यों की स्थिरता, आत्मनिर्भरता, राष्ट्रीय संसाधन तथा जनशक्ति का अधिकतम उपयोग, उद्योग में उच्च तकनीक और विदेशी पूंजी निवेश को समुचित अवसर, कृषि, कुटीर तथा लघु उद्योगों तथा महिला-अनुसूचित जाति-जनजाति और पिछड़े वर्ग के विकास पर विशेष ध्यान आदि। यानि कुल मिलाकर प्राथमिकताओं का कुछ वैसा ही घालमेल, जैसा अपनी सारी सदाशयता के बावजूद नेहरू मॉडल बन चुका था। यानि एक स्थिति जहां कांग्रेस तो नेहरू मॉडल को अघोषित रूप से त्याग रही है जबकि भाजपा इसका निषेध करते हुए भी इसका वरण कर रही है। भाजपा के आर्थिक प्रस्ताव का दस्तावेज वस्तुतः यही संदेश देता है। देश के आर्थिक विकास का सचमुच कोई वैकल्पिक मॉडल पेश नहीं करता।

कहीं-कहीं तो परस्पर विरोधी और ऐसी बातें कहीं गई हैं जो भाजपा की अब तक की राजनीति के बिल्कुल उलट जाती हैं। योजना आयोग की भूमिका में आमूल-चूल परिवर्तन की आवश्यकता पर बल देते हुए यह कहना कि वित्तीय शक्ति तथा अधिकारों का विकेंद्रीकरण इसलिए आवश्यक है, ताकि राज्यों को उचित सम्मान मिले और विकास की गति तेज हो, वास्तव में भाजपा की दोहरी सोच का उत्तम नमूना है। भाजपा अब तक हर क्षेत्र में, चाहे वह आर्थिक हो या सामाजिक व राजनीतिक, केंद्रीयकरण के पक्ष में रही है। पंजाब, कश्मीर अथवा उत्तर-पूर्व की समस्या का भाजपा ने अब तक एकमात्र समाधान यही माना है कि केंद्रीय सत्ता के मजबूत होने के साथ ही इन समस्याओं का भी निदान होगा। ऐसी सोच के साथ आर्थिक विकेंद्रीकरण की बात करना कुछ अजीब लगता है।

भाजपा इस बात को क्यों नहीं समझना चाहती कि राजनीतिक विकेंद्रीकरण की धारा मजबूत नहीं होगी, आर्थिक विकेंद्रीकरण तथा उसके आधार पर विकास की गति तेज करने की बात करना मात्र छलावा है। यदि यह छलावा अपने आप से है, तो भाजपा को तत्काल इसका निराकरण करना चाहिए। यदि यह जनता के साथ है, तो यह दुख की बात है, क्योंकि इन मुद्दों पर गोलमाल नीति अख्तियार करके राजनीतिक सफलता नहीं प्राप्त की जा सकती। एक सबल विकल्प के रूप में उभर रही भाजपा को यह सत्य नजरअंदाज नहीं करना चाहिए।

यदि भाजपा सचमुच अर्थनीति के विकेंद्रीकरण, क्षेत्रीय आकांक्षाओं को समुचित महत्त्व तथा केंद्रीकृत योजना पद्धति की विफलता के कारण इसे त्यागने की नीति में विश्वास करती है, तो इसे अपनी राजनीति को भी नई दिशा देनी होगी, तब यह कहने भर से काम नहीं चलेगा कि संविधान की धारा 370 ही कश्मीर समस्या की जड़ है और इसे समाप्त कर देने मात्र से इस समस्या का समाधान हो जाएगा। धारा 370 कश्मीरी अस्मिता को बचाए रखने का एक साधन है। इसे समाप्त करके कश्मीर की क्षेत्रीय महत्त्वाकांक्षा को उचित सम्मान देना संभव नहीं है। चाहे वह राजनीति के क्षेत्र में हो या अर्थनीति के क्षेत्र में। केंद्र राज्य संबंधों के बारे में भी भाजपा की अपनी घोषित नीति के बारे में गहरे पुनर्विचार करना पड़ेगा। आनंदपुर साहब प्रस्ताव को भी इसी रोशनी में देखना पड़ेगा। भाजपा को राष्ट्रीयता की अपनी उग्र अवधारणा के बारे में भी सोचना पड़ेगा और उप राष्ट्रीयता का उद्वेग कोई राष्ट्रद्रोह नहीं है, इस अवधारणा को भी स्वीकार करना पड़ेगा।

ऐसी स्थिति में फिर उग्र स्वदेशी आंदोलन कैसे पनपेगा? अन्त्योदय नगर में यह भी तो कहा गया है कि स्वदेशी और स्वराज एक-दूसरे के अभिन्न अंग हैं और स्वदेशी का अर्थ आत्मविश्वासयुक्त आधुनिक राष्ट्र है। जबकि यह सिद्ध हो चुका है कि आधुनिक राष्ट्र आज वही है, जो विश्व अर्थव्यवस्था के साथ पूर्ण समन्वय बिठा सके और अपनी सार्वभौमिकता भी सुरक्षित रखे। यूरोपीय समुदाय के देश आर्थिक संबंधों के आधार पर राष्ट्रीयता की नई अवधारणा के उत्कृष्ट उदाहरण के रूप में सामने आ रहे हैं। ऐसी स्थिति में 'स्वदेशी' नारे का अर्थ संकुचित करके उसे शुद्ध राजनीतिक नारे के रूप में बदलना, एक आधुनिक राष्ट्र बनने का संकल्प करना तथा क्षेत्रीय महत्त्वाकांक्षाओं के अनुरूप विकेंद्रित अर्थनीति की बात करना एक-दूसरे के परिपंथी विचार हैं। यही नेहरू की विरासत है, जिससे कांग्रेस आज मुक्त होना चाहती है। भाजपा इसका मुखर विरोध करते हुए अनजाने ही शायद उस रास्ते पर बढ़ रही है। यह कहने में भी अच्छा लगता है कि भारत को अपना मार्गदर्शन स्वयं करना होगा और स्वयं ही अपना आदर्श बनना होगा। यह सुनने में भी अच्छा लगता है, पर वास्तविकता यह है कि यह मात्र नारा है, जिसे अर्थशास्त्र की भाषा में यदि परिवर्तित करने की कोशिश की जाए तो असफलता के अलावा कुछ भी हाथ नहीं लगेगा। ये ऐसे पवित्र विचार हैं जो राजनीति की पुस्तकों में तो ठीक लगते हैं, पर व्यावहारिक अर्थशास्त्र में ये शब्दाडंबर से ज्यादा कुछ भी नहीं।

हालांकि भाजपा के आर्थिक प्रस्ताव ने उसके वैचारिक खोखलेपन को उजागर किया है, लेकिन इसने यह भी प्रमाणित किया है कि अपनी नई आर्थिक नीति की दिशा तय करने के लिए पार्टी के अंदर एक छटपटाहट है। यह संतोष की बात है कि पार्टी इस दिशा में सक्रिय ढंग से सोच रही है। यदि यह मंथन चलता रहता है तो हो सकता है कि सचमुच एक दिन कोई वैकल्पिक आर्थिक नीति सामने आ ही जाए।

नरसिंह राव सरकार की नई आर्थिक नीतियां ठीक ही हैं, ऐसा नहीं है लेकिन सिर्फ इसकी आलोचना से भी तो काम नहीं चलेगा। वैकल्पिक प्रस्ताव सामने आने ही चाहिए, चाहे वे अधूरे-अपूर्ण ही क्यों न हों। रास्ता इसी से निकलेगा। भाजपा की इस पहल से सबक लेकर रामो-वामो भी अपनी आर्थिक दिशा का खुलासा करें, विचार मंथन की एक प्रक्रिया प्रारंभ हो, तभी जड़ता मिटेगी।

नरसिंह राव इसलिए बधाई के पात्र हैं कि उन्होंने चाहे जैसी भी हो, अपनी आर्थिक नीति की दिशा तय की और उस ओर ईमानदारी से बढ़ने की कोशिश कर रहे हैं। इसलिए नहीं कि इस सरकार की आर्थिक नीतियां देश को स्वर्ग बना देंगी। भाजपा को इसलिए धन्यवाद कि उसने चुनौती को स्वीकार कर वैकल्पिक नीति बनाने की कोशिश की। भले ही इस प्रक्रिया में भाजपा की अर्थनीति और गोल-मोल हो जाए। अब चुनौती अन्य राजनीतिक दलों के सामने है कि वे भी अपनी वैकल्पिक अर्थनीति की दिशा जनता के सामने उजागर करें।

(6 मई 1992, अमर उजाला)

इससे डरता कौन है

भारत की तेजी से बढ़ती आबादी भारत के नेताओं के लिए चिंता का विषय हो या न हो, विश्व के सचेत लोगों की चिंता का विषय अवश्य है। जहां भी भारत की नई आर्थिक नीति और उसके चलते भारत के सुनहरे भविष्य की बात की जाती है, करीब हर बार बात का अंत एक बड़े 'किंतु' से होता है। यह 'किंतु' है, भारत की बढ़ती आबादी। विशेषज्ञों का अनुमान है कि आबादी वृद्धि की वर्तमान दर यानी 2.1 प्रतिशत प्रति वर्ष अगर इसी तरह से अबाध जारी रही तो सन् 2025 में भारत की आबादी 140 करोड़ होगी। जनसंख्या की वृद्धि से विश्व का अव्वल नंबर का देश। पाकिस्तान में जनसंख्या वृद्धि की वर्तमान दर है 3.1 प्रतिशत प्रतिवर्ष। सन् 2050 तक वह विश्व का चौथा सबसे अधिक जनसंख्या वाला देश बन जाएगा।

अमेरिकी विदेश विभाग ने दक्षिण एशिया के बारे में नीति विषयक घोषणापत्र प्रकाशित किया है। यह कहना ज्यादती होगी कि इसमें परमाणविक अस्त्र परिसीमन, पर्यावरण, आतंकवाद या भारत-पाकिस्तान संबंधों को प्राथमिकता नहीं दी गई है, पर जिस समस्या को ज्यादा विस्तार से उठाया गया है वह है दक्षिण एशिया की बढ़ती जनसंख्या। नीतिपत्रक कहता है कि इस क्षेत्र में 130 करोड़ लोग हैं जो विश्व की कुल आबादी का एक चौथाई हैं। और इनमें से आधे से ज्यादा गरीबी रेखा के नीचे रहते हैं। यानी करीब 70 करोड़ आबादी इस क्षेत्र में ऐसे लोगों की है जिनके सिर पर छत नहीं है और जिन्हें दिन में तीन बार खाने को नहीं मिलता। पत्रक कहता है कि उप महाद्वीप की कुल आबादी में गरीबी रेखा से नीचे वालों की कुल संख्या उप सहारा अफ्रीका की कुल जनसंख्या से कहीं ज्यादा है।

उप सहारा अफ्रीका यानी दरिद्रता, भूख और विवशता का सबसे कारुणिक परिदृश्य। उपग्रहों ने इतना भला तो किया ही है कि अब सोमालिया और इथियोपिया के लोगों के भूख से ठठरी शरीरों को टेलीविजन के माध्यम से संसार के सामने उजागर कर दिया है।

आर्थिक विशेषज्ञ भविष्यवाणी कर रहे हैं कि सन् 2025 तक भारत एशिया का सबसे समृद्ध देश बन सकता है बशर्ते, आर्थिक सुधारों की वर्तमान गति जारी रहती है। इसका अर्थ यह हुआ कि आर्थिक वृद्धि दर चीन से आगे निकल जाएगी। अब कल्पना करें कि 140 करोड़ लोगों के देश में 100 करोड़ से ज्यादा लोग ऐसे होंगे, जिनका जीवन स्तर इथियोपिया या सोमालिया के लोगों के वर्तमान जीवन स्तर जैसा होगा या शायद इससे भी बुरा। 21वीं शताब्दी की पहली चौथाई में एक भारत के अंदर कई सोमालिया, इथियोपिया और संपूर्ण सहारा मरुस्थल के देश भी समाहित होंगे।

अगर भारतीय विशेषज्ञों से पूछें कि हमारी आबादी वृद्धि की दर क्यों नहीं घट रही है तो वही पिटा-पिटाया जवाब मिलता है कि हमारे समाज में अज्ञान, अशिक्षा तथा धार्मिक

और सामाजिक रूढ़िबद्धता के कारण लोग परिवार नियोजन के प्रति आकर्षित नहीं होते हैं। इसके आर्थिक कारणों के बारे में न कोई पड़ताल करना चाहता है और न ही गंभीरता से इसे लेना चाहता है।

भारत में संतानें गरीब की सबसे बड़ी पूंजी हैं। गरीब, अशिक्षित तथा समाज की हर सुविधा से वंचित श्रमिक परिवार में जितने लोगों की वृद्धि होती है, उतना ही उसकी आमदनी का जरिया बढ़ता है। आर्थिक वृद्धि की चाल से रोमांचित होने वाले कृपया इस बारे में भी थोड़ा सोचें क्योंकि जब तक सबसे नीचे के तबके के लोगों को भविष्य की सुरक्षा की समाज कोई गारंटी नहीं देगा तब तक उनके पास मानव संसाधनों को विकसित करने के अलावा दूसरा कोई विकल्प नहीं होगा। आबादी बढ़ेगी, वह आबादी दरिद्र और वंचित लोगों की होगी। एक समृद्ध देश में जरा उस सामाजिक तनाव की कल्पना कीजिए।

(31 मई 1993, मतांतर, इंडिया टुडे)

अब महंगाई के खिलाफ आंदोलन क्यों नहीं

याद है वह जमाना, जब प्याज की कीमत पांच रुपए किलो पहुंची और जनता ने दिल्ली में तख्तापलट कर दिया था। तब कांग्रेस विपक्ष में थी और उसे पता था कि लोगों की इस भावना को किस प्रकार उभारा जा सकता है और कैसे इसका पूर्ण दोहन किया जा सकता है। खैर, यह एक अतिवादी उदाहरण है। पर ऐसे उदाहरण सैकड़ों हैं कि सरकार ने मूल्यों में वृद्धि की घोषणा की और जनता उसके प्रतिरोध में सड़कों पर उतर आई। सन् 1964 में कलकत्ता में ट्राम के किराए में एक नए पैसे की वृद्धि हुई थी। उस वृद्धि के प्रतिवाद में ऐसा जन आंदोलन हुआ कि पचासों ट्रामें जला दी गईं या नष्ट कर दी गईं। यह आंदोलन और आगे चला था। सन् 65 और 66 में सारे देश में मंहगाई के विरुद्ध जोरदार आंदोलन हुए। नतीजा यह हुआ कि सन् 67 के चुनाव में कांग्रेस पहली बार देशभर में हारी थी। पश्चिम बंगाल के वरिष्ठ कांग्रेस नेता प्रफुल्ल चन्द्र सेन और अतुल्य घोष ने कहीं कह दिया था कि चावल-गेहूं की कीमतें बढ़ रही हैं, तो लोग इन्हें छोड़कर केला या बैंगन क्यों नहीं खाते। ये सब्जियां सस्ती भी हैं और इफरात में उपलब्ध भी हैं। कांग्रेस जब चुनाव हारी तो पश्चिम बंगाल की राजधानी में लोगों ने केले और बैंगन के तोरणद्वार बनाए।

सिर्फ साठ के दशक में ही नहीं, उसके बाद भी जब जब सरकारी आदेश पर अत्यावश्यक वस्तुओं की कीमत बढ़ाई गई, लोगों ने जमकर प्रतिवाद किया। विपक्षी राजनीतिक दलों के लिए तो ये मुद्दे वस्तुतः प्राणवायु का काम करते थे। जब भी इन राजनीतिक दलों को लगता था कि लोग मंहगाई से अब त्रस्त होते जा रहे हैं तो सारे दल अपने मतभेदों को भुलाकर संयुक्त आंदोलन छेड़ देते थे। आम जनता का भी उन्मुक्त समर्थन इन आंदोलनों को मिलता था। कुछ ऐसा माहौल बनता था कि सत्ताधारी दल को मूल्य वृद्धि से पहले कई बार सोचना पड़ता था। मूल्य वृद्धि की घोषणा से पहले सरकार अपनी रणनीति तय करती थी। मूल्य वृद्धि के कारणों को रेखांकित किया जाता था। उसका आधार इतना मजबूत होता था कि उसे पूरी तरह से व्याख्यायित किया जा सके। इस तरह एक जन दबाव के कारण मूल्य वृद्धि के मामले में सरकार बहुत मनमानी नहीं कर पाती थी।

ऐसा नहीं कि देश के विपक्षी दलों के बीच राजनीतिक मतभेद नहीं थे। कम्युनिस्ट पूरी तरह कम्युनिस्ट थे, तो जनसंघी पूरी तरह जनसंघी। समाजवादी नेताओं को पता था कि वे किस जमीन पर खड़े हैं और जो दल गैर-कांग्रेसी थे, उन्हें भी विपक्ष में अपने स्थान के बारे में कोई गुमान नहीं था। एक बात जरूर थी कि जब भी यह लगता था कि आम जनमानस मूल्य और मंहगाई के प्रश्न पर आंदोलित हो रहा है, तो सारे राजनीतिक दल

अपने मतभेदों को थोड़े समय के लिए परे रखकर इस तरह के जनांदोलनों को सफल बनाने में जुट जाते थे, लेकिन पिछले कुछ समय से यह देखा जा रहा है कि ऐसा नहीं हो रहा है।

बजट से पहले ही सरकार सभी आवश्यक वस्तुओं की कीमत बढ़ा दे, ऐसा पहले नहीं होता था। बजट की अपनी एक पवित्रता थी। नमक हो या माचिस, छोटी से छोटी चीजों का ध्यान भी बजट में रखा जाता था। पिछले तीन-चार सालों में यह परिवर्तन आया है कि बजट आने से पहले सरकार हर उस वस्तु की कीमत बढ़ा देती है, जिससे उसे भारी-भरकम राजस्व प्राप्त होने की संभावना हो। अब तक यह काम छोटे पैमाने पर हो रहा था। इस बार तो कमाल ही हो गया। पहले चीनी की कीमत बढ़ी, फिर रसोई गैस, उसके बाद राशन का चावल और गेहूं। इसका परिणाम हुआ कि खुले बाजार में भी गेहूं और चावल की कीमत बढ़ गई। जो बचा-खुचा था, उसे पेट्रोल और डीज़ल की कीमतों ने पूरा कर दिया। उसका सीधा असर यह होगा कि ढुलाई का खर्च बढ़ेगा और हर चीज और मंहगी हो जाएगी। इस बीच शायद ही किसी ने इस ओर ध्यान दिया हो कि खुले बाजार में प्याज की कीमत साल भर में तिगुनी-चौगुनी हो गई है। चर्चा है कि सरकार डाक-तार तथा टेलीफोन की दरों में भी वृद्धि करने वाली हैं। यह हालत अभी तक है, जब बजट नहीं आया है। पता नहीं, बजट में क्या होगा। हां, यह दावे के साथ कहा जा सकता है कि बजट के बाद प्रत्यक्ष रूप से कीमतें और बढ़ें न बढ़ें, इसका अप्रत्यक्ष असर कीमतों पर जरूर पड़ेगा ओर वे और तेजी से ऊपर जाएंगी।

आश्चर्य की बात यह है कि राजनीतिक दल बयान आदि तो जरूर दे रहे हैं पर इस प्रतिरोध की कोई ठोस शुरुआत हो रही हो, ऐसा दिखाई नहीं देता। भाजपा भारत बंदकर रही है, पर इस बारे में वह कितनी गंभीर है, इस बात का पता इससे ही चलता है कि पार्टी के अंदर इसकी चर्चा के बजाय आपसी मारपीट सुलझाने का मामला ज्यादा है। औपचारिक रूप से सभी विरोधी राजनीतिक दल बयान देकर विरोध दर्ज करा चुके हैं लेकिन पहले जैसा कुछ नहीं हो रहा है कि सभी विरोधी पक्ष आपस में मिल बैठकर कोई समन्वय समिति बनाएं और संयुक्त आंदोलन छेड़ने की शुरुआत करें। यही कारण है कि कांग्रेस बेशर्मी से इन बढ़ी कीमतों को जायज ठहरा रही है। यह भी पहले कभी नहीं हुआ कि इस तरह से आवश्यक वस्तुओं की कीमतें बेतहाशा बढ़ाई जाएं और कांग्रेस के प्रवक्ता संवाददाता सम्मेलन में इसे उचित ठहराए। इस बार यह हुआ है। कांग्रेस के प्रवक्ता विट्ठल नरहरि गाडगिल ने कहा कि पेट्रोल आदि की कीमतों को बढ़ाने के अलावा अन्य कोई चारा नहीं था। किसी ने उनसे यह सवाल नहीं पूछा कि जब अंतर्राष्ट्रीय बाजार में पेट्रोलियम पदार्थों की कीमत लगातार घट रही है तब भारत सरकार की क्या मजबूरी है कि वह पेट्रोल तथा डीज़ल की कीमतें बढ़ाए।

मुद्दा यह नहीं है, बल्कि प्रश्न यह है कि आम जनता पर सरकार इस तरह से असह्य अत्याचार कर रही है, पर विपक्ष इसका कोई सार्थक प्रतिवाद क्यों नहीं कर रहा है? क्या कारण है कि विपक्षी दल कोई संयुक्त आंदोलन छेड़ने की चेष्टा भी नहीं कर रहे हैं। उसका एक कारण शायद यह है कि पिछले पांच सालों में जिस तरह की राजनीति देश में चली है उसकी वजह से विपक्ष की आपसी दूरी काफी तेजी से बढ़ी है। सन् 89 में यानी आज से

सिर्फ पांच साल पहले केंद्र में एक ऐसी सरकार थी जिसका नेतृत्व एक ऐसा व्यक्ति कर रहा था जो आज अन्य सारे मुद्दों को दरकिनार करके सिर्फ सामाजिक न्याय के प्रश्न को ही महत्त्वपूर्ण मानता है। उनकी सरकार को जिनसे सबसे बड़ा समर्थन मिल रहा था, उनके लिए बाकी सारे प्रश्न कोई अर्थ नहीं रखते। अयोध्या में राम मंदिर का निर्माण और हिंदुत्व की स्थापना ही उनके लिए सबसे बड़ा सवाल हे। वामपंथी पहले से भी ज्यादा दिग्भ्रमित हैं। कभी उन्हें लगता है कि सामाजिक न्याय का मामला सबसे महत्त्वपूर्ण है, तो वे यह सोचने लगते हैं कि अब तक जाति को न समझ पाने के कारण वे भारत की राजनीति में पिछड़ते रहे। इसलिए अब वे हिंदू समाज में जाति के महत्त्व को समझने की कोशिश करते हैं। फिर उन्हें लगता है कि नई आर्थिक नीति के विरोध को ज्यादा जनसमर्थन मिल सकता है तो सारा कुछ छोड़कर उसके पीछे भागने लगते हैं। इसके बाद कोई इन्हें सुझाता है कि नहीं, मजदूर आंदोलन को आप लोगों ने गंभीरता से लेना छोड़ दिया, इसलिए वामपंथ की यह दुर्दशा है तो फिर वे इस पर ध्यान देने की कोशिश करते हैं। यानी कुल मिलाकर सबसे ज्यादा भ्रमित इस समय वामपंथी ही हैं।

मध्यपंथियों की हालत कोई इनसे अच्छी नहीं है। इनके साथ परेशानी है कि उन्हें कोई उपयुक्त मंच ही नहीं मिल रहा है। जद, सजपा, जद (अ), ज़द (ब), सपा, बसपा, जपा और न जाने कितनी पार्टियां। सबमें भाग्य आजमा रहे हैं और थक-हारकर किश्तों में कांग्रेस में शामिल होते जा रहे हैं। यही स्थिति गांधीवादी, सर्वोदयी तथा अन्य इस तरह के ईमानदार, किंतु दिशाहीन राजनीतिज्ञों की भी है। अब फिर चर्चा है कि जनता दल का एक हिस्सा टूटकर कांग्रेस में शामिल होने वाला है। ऐसे ऐसे नाम चर्चा में है जिनके बारे में आसानी से यह विश्वास कर पाना कठिन है कि वे किसी आर्थिक या भौतिक लाभ के लिए कांग्रेस में शामिल हो रहे हैं। लेकिन यदि हो भी जाएं तो कोई आश्चर्य की बात नहीं है। आखिर बौद्धिक थकान भी तो कोई चीज होती हैं, दिशाहार लोग आखिर करें भी को क्या?

यही कारण है कि विपक्ष को जिस मुद्दे पर गर्माना चाहिए, वे उन मुद्दों पर निर्विकार और शांत बैठे रहते हैं। डंकल का मामला ऐसा है कि लोग इससे त्रस्त दिखाई दे रहे हैं। आम आदमी इसे समझ नहीं पा रहा है पर उसे आशंका है कि इससे उसका कुछ अनिष्ट जरूर होने वाला है। विपक्ष के सांसद इस बात को खूब समझ रहे हैं, लेकिन अचरज की बात यह है कि संसद में जिस दिन इस विषय पर चर्चा होती है, उस दिन पता चलता है कि सारा विपक्ष मिलकर 20-25 सांसद भी सदन में उपस्थित रहने की आवश्यकता नहीं समझते। जो वहां होते हैं वे भी अपनी बात कहने की बजाए सामूहिक रूप से सदन से वॉक आउट करना ज्यादा श्रेयस्कर समझते हैं। अगर ऐसा न करें तो बोलना पड़ेगा। बोलने के लिए विषय को समझना होगा। इतनी जहमत आखिर कौन उठाए।

मामला यदि मंदिर या मंडल का हो, तो देखिए फिर कहां से विपक्षी सासंदों में उत्साह आ जाता है। दिनभर गला फाड़कर सदन को स्तब्ध कर देंगे। दिनोंदिन सदन को ठप रखेंगे। अशोभनीय दृश्य उपस्थित कर देंगे, लेकिन पीछे नहीं हटेंगे। असल में हुआ यह है कि विपक्ष के अधिकांश सांसदों का मन अब इन दो प्रश्नों पर आंदोलित होता है। भाजपा के लोग राम के नाम पर जीत कर आए हैं, तो अधिकांश विपक्ष सामाजिक न्याय या समरसता के

नाम पर। इन्हें विश्वास है कि सिर्फ यही प्रश्न इसके चुनाव क्षेत्र में मायने रखते हैं। मंहगाई, गरीबी, दरिद्रता, अत्याचार, वंचना तथा अन्याय अब इनके लिए दूसरी या तीसरी प्राथमिकता हैं। चुनाव इन नारों पर तो अब होते नहीं। फिर इसके लिए क्यों अपनी ऊर्जा व्यर्थ नष्ट करें। यही कारण है कि सरकार कीमतें बढ़ा रही है और विपक्ष टुकुर-टुकुर देख रहा है। इस स्थिति को सिर्फ जनता ही बदल सकती है बशर्ते अगले चुनाव तक इस तथ्य को जनता याद रखे।

(10 फरवरी, 1994, अमर उजाला)

समाज-संस्कृति

दुर्दशा की क्या कहिए

इस साल चर्चा फिर गरम है कि हिंदी की दो बड़ी पत्रिकाएं शायद मौसम की गरमी न झेल पाएं और इन्हीं दिनों बंद हो जाएं। पिछले कुछ सालों से ऐसी स्थिति कई बार आती रही है और अंतिम क्षण ऐसा कुछ-न-कुछ होता रहा है कि इनकी मृत्यु कुछ समय के लिए टलती रही है। हो सकता है कि इस बार भी ऐसा ही कुछ हो जाए और अवश्यंभावी थोड़े समय के लिए टल जाए। मृत्यु तत्काल भले ही न हो, लेकिन ये पत्रिकाएं जर्जर होकर मृतप्राय-सी हो चुकी हैं, इसमें संदेह के लिए अब कोई अवकाश नहीं बचा है। अतः इस परिस्थिति में भी इस विषय पर चर्चा कर लेना इसलिए अनुचित नहीं होगा, क्योंकि इन पत्रिकाओं की उपस्थिति ने कम-से-कम चार दशक तक हिंदी भारत की कई पीढ़ियों को प्रभावित किया है। इसलिए इनका अवसान या अवसान की आशंका भी हिंदीभाषी समाज की चिंता और सरोकार का विषय अपने आप बन जाता है। इसके अलावा, इनका बंद होना या बंद होने के कगार पर पहुंचना हिंदीभाषी समाज की पठन-पाठन की प्रवृत्ति का भी परिचायक है।

हिंदी के क्षेत्रीय दैनिकों की ताजा समृद्धि की बात अभी दरकिनार कर दें। फिलहाल हिंदी में कुछ समाचार पत्रिकाएं, कुछ अपराध पत्रिकाएं और कुछ महिला विषयक पत्रिकाओं के अलावा ऐसी सारी पत्रिकाएं या तो समाप्त हो चुकी हैं या अंतिम सांस गिन रही हैं, जिनके सिर हिंदीभाषी समाज की सांस्कृतिक महत्त्वाकांक्षा और हिंदी भारत की अस्मिता का प्रतिनिधित्व करने की जिम्मेदारी थी। कागज छपाई की आसमान छूती कीमतों के कारण हिंदीभाषी क्षेत्र के कोने-कोने से प्रकाशित होने वाली लघु पत्रिकाएं पहले ही दम तोड़ चुकी थीं। सांस्कृतिक-साहित्यिक-सामाजिक सरोकार वाली व्यावसायिक घरानों की पत्रिकाएं क्यों आज इस स्थिति में है, वर्तमान चिंता का मूल विषय यही है। सिर्फ यह कह देने से काम नहीं चलेगा कि केवल मुनाफे से मतलब रखने वाले प्रकाशकों के संकीर्ण दृष्टिकोण के कारण ये पत्रिकाएं व्यावसायिक प्रतिस्पर्धा में नहीं टिक पाईं। समस्या को समझने का यह अत्यन्त सरल दृष्टिकोण है। यह दोषारोपण की वह प्रवृत्ति है, जो समस्या के मूल में न जाकर इसके कारणों को समझने से हमें रोकती है।

पहला और सबसे महत्त्वपूर्ण सवाल तो यही है कि इस तरह की पत्र-पत्रिकाएं समाज के आखिर किस वर्ग की आवश्यकता की पूर्ति करती हैं? जाहिर है कि इस तरह की सांस्कृतिक भूख मूलतः मध्य वर्ग की होती है। हिंदी भारत का यह संकट आज शायद इसलिए भी संगीन हो गया है, क्योंकि इस क्षेत्र के मध्य वर्ग का स्वरूप ही अभी तक तय नहीं हो पाया है। जम्मू से जगदलपुर तथा जैसलमेर से जमशेदपुर के बीच फैले विशाल हिंदी भू-भारत के मध्य वर्ग की सांस्कृतिक आकांक्षा का एकरूप होना निश्चय ही एक दुष्कर कार्य है। जब तक

मध्य वर्ग अपनी राष्ट्रीयता या उपराष्ट्रीयता पर गर्व कर पाने की स्थिति में न हो, न तो उसकी सांस्कृतिक आकांक्षाएं सही ढंग से परिभाषित हो पाती हैं, न ही वह एक समूह के रूप में साहित्य, संगीत-नृत्य तथा कला-संस्कृति के क्षेत्र में अपनी एक अलग पहचान वाली अभिव्यक्ति दे पाता है। भारत के वे तमाम क्षेत्र, चाहे वह बंगाल हो या केरल, महाराष्ट्र हो या कर्नाटक, एक संश्लिष्ट सांस्कृतिक इकाई के रूप में उभरे हैं और उन्हें अपनी कला-साहित्य-संस्कृति पर गर्व है। हिंदी भारत की ऐसी अपनी कोई उप राष्ट्रीय अस्मिता नहीं बन पाई जैसाकि अन्य समृद्ध भारतीय भाषाओं के क्षेत्र में हुआ। छोटी भौगोलिक इकाई के होने के बावजूद इसीलिए आज मलयालम, बांग्ला, गुजराती तथा कन्नड़ आदि भाषाओं की पत्र-पत्रिकाएं हिंदी की तुलना में ज्यादा समृद्ध हैं। उनकी सांस्कृतिक पहचान हिंदी के मुकाबले ज्यादा स्पष्ट है। साहित्य-समाज-दर्शन का अच्छा साहित्य अब भी हिंदीतर भाषाओं में हजारों में छपता-बिकता है। हिंदी में प्रकाशन जगत की स्थिति जर्जर है। इस दुर्दशा का एक बड़ा कारण हिंदी को मिला सरकारी संरक्षण भी। इसने हिंदी को जितनी क्षति पहुंचाई है, उतनी गुलाम भारत में अंग्रेजों ने भी नहीं पहुंचाई।

फिलहाल इस विवेचना को हिंदी पत्र-पत्रिकाओं की वर्तमान दुर्दशा तक ही सीमित रखना उचित होगा। हिंदी के दैनिक समाचार पत्र सबल, समर्थ और समृद्ध हुए, लेकिन अपनी क्षेत्रीय सीमाओं के अंदर सिमटकर ही। राजस्थान, मध्य प्रदेश, उत्तर प्रदेश और यहां तक कि पंजाब के भी अपने शक्तिशाली दैनिक पत्र उभरकर सामने आए, जिनके सामने राष्ट्रीय समाचार-पत्र बौने-से दिखने लगे। सत्तर-अस्सी के दशक तक क्षेत्रीय समाचार-पत्र राष्ट्रीय समाचार-पत्रों को उनके संक्षिप्त प्रभाव क्षेत्र में सीमित करके क्षेत्र विशेष में अपनी जड़ें गहरी जमा चुके थे। यह प्रक्रिया दैनिक पत्रों से आगे बढ़कर पत्र-पत्रिकाओं को इस विकास धारा में समेटती कि परिदृश्य पर इलेक्ट्रॉनिक माध्यम का अवतरण हुआ। अपने क्षेत्र की संस्कृति के सबल वाहक के रूप में पत्र-पत्रिकाओं के उभर पाने का रास्ता इलेक्ट्रॉनिक माध्यमों ने अवरुद्ध कर दिया। क्षेत्रीय समाचार पत्रों का हमला, टेलीविजन और वीडियो का विस्तार तथा हिंदी भारत के एक संश्लिष्ट सांस्कृतिक इकाई के रूप में उभरने की विफलता—इन सबका सीधा प्रभाव हिंदी की पत्र-पत्रिकाओं की विपन्नता के रूप में सामने आने लगा।

भारतीय समाज वैसे भी मूलतः वाचिक परम्परा का समाज रहा है। यहां शब्द को ध्वनि और लय के रूप में सुरक्षित रखने की परम्परा रही है, न कि चिह्न और संकेत के रूप में। शब्दबद्ध लेखन का विकास पश्चिम के मुकाबले हमारे यहां बाद में हुआ। इसलिए पश्चिम या एक हद तक गैर-हिंदी भारत जिस सीमा तक इलेक्ट्रॉनिक माध्यम के आक्रमण को झेल पाया, हिंदी भारत उसकी तुलना में कहीं ज्यादा कमजोर सिद्ध हुआ। जब तक पश्चिम पर इस माध्यम का हमला हुआ, वहां करीब-करीब सम्पूर्ण साक्षरता हो चुकी थी। साहित्यिक पठन-पाठन की जड़ें वहां काफी गहरे जम चुकी थीं। इस आक्रमण के कारण पत्र-पत्रिकाओं को अपने स्वरूप और कलेवर में आवश्यक परिवर्तन करने पड़े और वह समाज इस आक्रमण को काफी हद तक झेल पाया।

भारत पर इस आधुनिक माध्यम का आक्रमण ऐसे संक्रान्ति काल में हुआ, जब समाज अभी निरक्षरता की समस्या से भी नहीं उबर पाया था। हिंदी भारत पर इसका असर थोड़ा व्यापक इसलिए भी हुआ कि यह क्षेत्र अभी अपनी सांस्कृतिक-सामाजिक पहचान भी नहीं

बना पाया था। भारत में ही जो संस्कृति और समाज जितना ज्यादा साक्षर और शिक्षित है, वह उतना ही इस आक्रमण से कम प्रभावित हुआ है। मलयालम में अब भी ऐसी पत्रिकाएं निकल रही हैं जिनकी प्रसार संख्या 10-15 लाख के बीच है। गुजराती, मराठी तथा कन्नड़ आदि भाषाओं में अब भी साहित्य-संस्कृति की सुरुचिपूर्ण पत्र-पत्रिकाएं धड़ल्ले से छप-बिक रही हैं। बांग्ला और मराठी का पुस्तक व्यवसाय ऐसे समय में भी उतना ही जीवन्त है। बंगाल में अब भी कम-से-कम दस ऐसे लेखक अवश्य होंगे, जिन्हें उनकी पुस्तकों से हर साल लाख रुपए से ज्यादा की रॉयल्टी मिल जाती है।

इस आधुनिक आक्रमण से हिंदी सबसे ज्यादा क्षतिग्रस्त हुई है। साहित्य के पठन-पाठन की परम्परा हिंदी में प्रायः समाप्त प्राय है। पुस्तकों की अब सिर्फ सरकारी खरीद होती है। जाहिर है, वही पुस्तकें अब बिकती हैं जिन पर खरीदने वाले को ज्यादा से ज्यादा कमीशन मिलता है। सच तो यह है कि अनेक प्रकाशक पुस्तकों की अब सिर्फ उतनी ही प्रतियां मुद्रित करवाते हैं, जितनी प्रतियों के ऑर्डर उन्हें सरकारी विभागों से प्राप्त होते हैं। सार्वदेशिक पत्र-पत्रिकाएं या तो समाप्त हो चुकी हैं या समाप्त होने के कगार पर हैं। अब बचे हैं सिर्फ दैनिक पत्र, जो अपनी स्थानीयता के बल पर फल-फूल रहे हैं।

इलेक्ट्रॉनिक माध्यम का विस्तार सुरसा के मुंह की तरह हो रहा है। एक तरफ दूरदर्शन है, दूसरी ओर केबल नेटवर्क का जाल और ऊपर से सैटेलाइट के हमले। लगता है, वह दिन बहुत दूर नहीं, जब यह माध्यम सूचना सहित समाचार-विचार के क्षेत्र में भी अपनी दखलंदाजी शीघ्र प्रारंभ कर दे। ऐसी स्थिति में वर्तमान परिदृश्य और तेजी से बदलेगा। जाहिर है, अगला आक्रमण दैनिक पत्रों पर ही होना है। यदि सचमुच ऐसी स्थिति आती हैं, तो हम एक ऐसे समाज में रहने के लिए अभिशप्त हो जाएंगे, जिसे हम अशिक्षित तो नहीं कह सकते, लेकिन ढेर सारे अर्थों में वह समाज निरक्षर अवश्य होगा।

हिंदी पत्र-पत्रिकाओं के अवसान, पुस्तक व्यवसाय की विपन्नता तथा हिंदी भारत की संस्कृति-शून्यता की इस स्थिति को जब तक हम इस संदर्भ में नहीं देखते, तब तक हमारा सारा सोच एकांगी ही रहेगा। यह किसी एक प्रकाशन की समाप्ति पर विलाप का समय नहीं है। आवश्यकता है एक ऐसी समग्र सोच की, जो हमें कोई ऐसा ठोस सांस्कृतिक आधार दे सके, जिस धरातल पर खड़े होकर हम अपने को इस संकट का सामना कर पाने में समर्थ बना सकें।

(31 मई 1992, मतांतर, इंडिया टुडे)

फिर से विचार करने की जरूरत

बिहार में मैट्रिक परीक्षा में अंग्रेजी में पास होना अनिवार्य हो या न हो, यह बिहार सरकार का सिरदर्द है। वहां की विधानसभा इस विषय पर दल निरपेक्ष भाव से विचार भी कर रही है। निर्णय चाहे जो भी हो, उससे इस बात पर फर्क नहीं पड़ेगा कि लालू प्रसाद यादव ने ऐसी बहस की शुरुआत की है जो इस समय बहुत जरूरी है।

'अंग्रेजी हटाओ' आंदोलन विचार और कर्म–दोनों स्तरों पर बुरी तरह असफल हो चुका है। जो लोग इस आंदोलन का राजनैतिक लाभ उठाना चाहते थे, वे भी इसकी सीमाओं को समझकर इसे अपने राजनैतिक एजेंडे से निकाल चुके हैं और जिन्होंने इस आंदोलन के मर्म को ईमानदारी से अपने दैनंदिन जीवन में उतारा था वे भी इसकी निस्सारता को समझ तो रहे हैं, पर पुनर्विचार की बात करने का साहस नहीं जुटा पा रहे हैं। इस आंदोलन के औचित्य से पूर्ण सहानुभूति रखने वाले भी इस बात से इनकार नहीं कर सकते कि भाषा के मामले में हमारी अधकचरी नीति ने कम-से-कम दो पीढ़ियों को इस काबिल नहीं छोड़ा है कि वे आज के प्रतियोगी समाज में बराबरी के साथ खड़े हो सकें।

भाषा को राष्ट्रीय अस्मिता के साथ जोड़ने की राजनीति करने वालों के दोहरे मानदंडों ने देश और समाज में दो ऐसे वर्ग खड़े करने में सहायता की है जहां अंग्रेजी जानने वाला आगे निकलता जा रहा है और अपनी भाषा के साथ ओतप्रोत भाव से जुड़ा रहने वाला न केवल वंचित है बल्कि पद-पद पर लांछित भी है। कांग्रेस, कम्युनिस्ट और अन्य क्षेत्रीय दलों के राजनीतिकों की बात छोड़ दें क्योंकि इन लोगों ने भाषा की बड़ी भोंडी और बेशर्म राजनीति की। उनकी बात करें, जिन लोगों ने भाषा की सूक्ष्म राजनीति करने की कोशिश की और जब लगा कि इससे बहुत ज्यादा राजनैतिक लाभ नहीं मिलने वाला है तो उसे इस प्रकार परे झटककर खड़े हो गए हैं मानो इससे इनका कभी कुछ लेना-देना ही नहीं था। समाजवादी तो राजनीति ही भूलते जा रहे हैं, इसलिए इनकी भाषा की राजनीति की व्यर्थता के बारे में भी भला क्या बात करें।

और तो और, जिन लोगों ने कभी 'हिंदी-हिंदू-हिंदुस्तान' के पुराने राष्ट्रीय नारे को पूरी तरह से अपने नए स्वार्थ के लिए अंगीकार करने का प्रयास किया था, वे भी अब हिंदी और हिंदुस्तान को अपने राजनैतिक एजेंडे से बाहर निकाल चुके हैं। अब उनकी राजनीति के केंद्र में हिंदू हैं और उनकी चेतना का दायरा विश्वव्यापी हो चुका है, जाहिर है इस विश्वव्यापी चेतना की संतुष्टि हिंदी जैसी पिछड़ी भाषा से नहीं हो सकती। भारतीय जनता पार्टी की राजनीति में अब हिंदी के लिए कोई स्थान नहीं है। इनके सोच और कर्म, दोनों स्तरों पर आज अंग्रेजी ही हावी है।

फिर राजनीति ही नहीं, बल्कि शिक्षा, संस्कृति, कला, दर्शन, व्यापार, प्रबंधन, विज्ञान, तकनीक और यहां तक कि खेलकूद में भी आप इस देश में तभी आगे बढ़ सकते हैं जब आप अंग्रेजी भाषा और संस्कृति में पूरी तरह से रंग चुके हों। यह एक कड़वी सचाई है पर इसे स्वीकार करना चाहिए कि जो काम अंग्रेज अपने 200 साल के शासन काल में नहीं कर सके, उसे हमारे देसी हुक्मरानों ने उससे चौथाई से भी कम समय में कर दिखाया है। अंग्रेजी सिर्फ प्रशासन की ही नहीं, शहरी जनजीवन की आम भाषा बन चुकी है। यह दीगर बात है कि भाषा और संस्कृति, दोनों रूपों में अंग्रेजी दिन-ब-दिन अधकचरी होती जा रही है। पर उसका जिस तेजी से विस्तार हो रहा है, आजादी की लड़ाई के दौरान शायद ही किसी ने उसकी कल्पना की हो।

अंग्रेजी सीखने-बोलने के पीछे पागल वर्ग ने व्यावहारिक जीवन में यह देखा है कि जो अंग्रेजी जानता है, वह आगे बढ़ रहा है। उसके मन में यदि यह भावना गहरे पैठ रही है कि जो मौका वह चूक गया, कम-से-कम उसकी संतानें उससे वंचित न हो जाएं तो इसमें उसका बहुत ज्यादा कसूर नहीं है। यही व्यवस्था हमने बनाई है और इसके परिवर्तन के कोई आसार नहीं दिखते। सरकार चाहे किसी की भी क्यों न बन जाए।

इसलिए आम जनता को यह उपदेश देना कि वह राष्ट्र से अपने लगाव को राष्ट्रभाषा से प्रेम के रूप में प्रकट करे और समाज के नेता उसके उलट चलकर अपनी संतानों का भविष्य सुरक्षित करते रहें—यह अन्याय ही नहीं, अपराध भी है। बिहार में जो लोग अंग्रेजी की अनिवार्यता समाप्त करने के पक्ष में हैं, वे पीढ़ियों के साथ बेईमानी कर रहे हैं। अगर दम है तो पहले प्रशासन से अंग्रेजी समाप्त करें जो नहीं होने वाला है। फिर गरीब के बच्चे पर ही सारे प्रयोग क्यों?

(15 अगस्त 1993, मतांतर इंडिया टुडे)

गांधीजी कुछ दिन और जीवित रहते तो ब्रह्मचर्य को एक नकारा चीज मान लेते

[सुरेंद्र प्रताप सिंह से श्रीप्रकाश की बातचीत]

कुछ लोगों का मानना है कि यौन संबंध जैसा विषय इतना महत्त्वपूर्ण नहीं है कि इस पर चर्चा की जाए। इस संदर्भ में आपकी राय क्या है?

—मेरी समझ में तो यह महत्त्वपूर्ण विषय है और इस पर चर्चा भी होनी चाहिए। सिर्फ पेट ही नहीं है जो इंसान को जीने के लिए प्रेरित करता है। और भी चीजें हैं जो जरूरी हैं। बल्कि हमारे समाज के लिए तो यह मसला और भी जरूरी है क्योंकि हमारे समाज में लोग वही पक्ष नहीं लेते हैं जो वे व्यक्तिगत तौर पर जीते हैं और इस विषय को एक हव्वा बना देते है।

यौन संबंधों के दायरे मे नैतिकता को किस हद में मान्यता देने के आप पक्षधर हैं?

—सेक्स एक स्वस्थ मानसिकता का परिचायक है। इसके साथ नैतिकता को जोड़ने का मतलब यह होता है कि आप कहीं न कहीं यह मानकर चल रहे हैं कि सेक्स कोई गलत काम है। सेक्स अगर गलत काम है तो यह सृष्टि कैसे चलेगी? सेक्स और सेक्सुअल एक्ट दो अलग-अलग चीजें हैं। बिना संभोग के भी सेक्स हो सकता है। खासकर भारत में तो लोगों के दिमाग में ही सेक्स होता है और उसका सही 'आउटलेट' न मिलने की वजह से विकृतियां जन्म लेती हैं। हम बात तो नैतिकता की करते हैं लेकिन दिमाग में अनैतिकता भरी रहती है। इतना 'सेक्सुअली फ्रस्ट्रेटेड' समाज तो कहीं नहीं है। आप अखबार उठाकर देखिए, बच्चियों से बलात्कार की घटनाओं में 260 प्रतिशत की वृद्धि हुई है। एक बांग्लादेशी बच्ची आती है और सारा शहर उससे बलात्कार करने में लग जाता है। उसकी उम्र है ग्यारह साल। पांच पुलिस के लोग पकड़े गए हैं। वो तो एक अखबार और कुछ समाजसेवी हैं जिन लोगों ने इसके विरोध में दबाव बनाए रखा है। हम वैदिक काल की स्वच्छंदता की बात करेंगे। हम अपनी औरतों को देवी और दुर्गा मानते है पर व्यवहार में इतना पतित समाज शायद ही कहीं मिले। अगर सिद्धांत की बात करें तो सेक्स एक प्राकृतिक क्रिया है। इसको नैतिकता से जोड़कर नहीं देखा जाना चाहिए।

सेक्स और नैतिकता दो अलग प्रश्न हैं और उनको अलग रहने देना चाहिए। आप प्राकृतिक और स्वस्थ सेक्स में विश्वास करते हैं तो इसमें नैतिकता का प्रश्न नहीं है। परस्त्री,

परपुरुष के साथ संबंधों को भी समाज जिस तरह से देखता है, मैं उससे भी सहमत नहीं हूं। लेकिन कोई व्यक्ति जब अपने पद, अपने साधनों और अपनी सामाजिक स्थिति का दुरुपयोग कर यौन संबंध स्थापित करता है तो वह अनैतिक है। जैसे किसी गाँव में दरोगा या किसी जमींदार द्वारा किसी तरह के दबाव में बनाए गए संबंध अनैतिक हैं। वरना यह दो व्यक्तियों के आपसी संबंध की बात है।

क्या आप इस संदर्भ में कमोबेश लोहिया के विचारों को ही मानते हैं?

—पता नहीं, मैंने सिर्फ उनका एक नारा ही सुना है। उन्होंने कुछ गंभीर लेख लिखे हैं, लेकिन मेरा दुर्भाग्य है कि मैं पढ़ नहीं पाया। लोहिया जी क्या कहते हैं मुझे ठीक से मालूम नहीं।

पारिवारिक रिश्तों, खासतौर पर रक्त संबंधों के दायरे में सेक्स को आप किस तरह से देखते है?

यह संबंध का नहीं, विकृतियों का सवाल है। सारे विश्व समाज में तय हुआ था कि रक्त संबंधों में यौन संबंध नहीं होंगे, लेकिन इसकी परिभाषा क्या है? हिन्दू समाज की सचाई मुसलमानों की सचाई नहीं है। मुसलमानों में चाचा के लड़के और मामा की लड़की में जो संबंध होता है वह उनके लिए 'इन्सेस्ट' नहीं है। लेकिन हम जब अपनी नैतिकता उन पर थोपते हैं तो यह हम अपने ऊपर भी अन्याय कर रहे होते हैं और उनके ऊपर भी। वैसे आप अपने मिथक शास्त्र को उठाकर देखिए तो ब्रह्मा और सरस्वती का संबंध मिलता है जो पिता-पुत्री हैं। हिन्दू समाज में ही मैं कई ऐसे लोगों को जानता हूं जो अपनी ममेरी या चचेरी बहनों के साथ विवाह करके रह रहे हैं और खुश हैं। लेकिन अखबारों में आने वाले पिता-पुत्री के संबंध कहीं से भी 'इन्सेस्टुअस' संबंध नहीं है, वह बलात्कार है, शुद्ध अपराध है। यह एक मानसिक विकृति है।

इसलिए इसको मैं नैतिकता से नहीं, वैधानिकता से जोड़ रहा हूं। यह वैधानिकता की बात है और इस नतीजे से यह गैर कानूनी है। हमारे यहां या पूरी दुनिया में जो कानून बने हैं वह समाज में बहुत सारी चीजों को देखकर समझकर बने हैं। अब अगर आप इस कानून को तोड़ रहे हैं तो वह अवैधानिक काम है। इसमें नैतिकता आती कहां है?

लेकिन नयी नैतिकता भी तो बनती है?

—ठीक है, जब वह नई नैतिकता वैधानिकता बन जाए तब आप अपनी बहन से शादी कर लीजिए। कोई भी आदमी उसे नैतिक नहीं मान सकता जो वैधानिक नहीं है। पहले वैधानिकता आती है, फिर नैतिकता आती है।

पश्चिमी देशों में समलैंगिकता की मांग बढ़ रही है। क्या यह यौन संबंधों को लेकर किसी नए क्षितिज की तलाश है?

—पश्चिमी समाज सेक्स के मामले में हमसे काफी खुले दिमाग का है। इसलिए लोग वहां इस मामले पर खुली चर्चा कर रहे हैं। जहां तक मैं समझता हूं, यह पश्चिम में भले ही नए क्षितिज की बात हो पर हमारे समाज में काफी प्रचलित प्रथा है। पश्चिम से ज्यादा

प्रचलित। हमारे समाज में लोग इसे जानते हैं और इसे मान्यता भी देते हैं। मैंने देखा है कि बंगाल में, बिहार में, उत्तर प्रदेश में हर व्यक्ति जानता है कि कौन-कौन समलैंगिक है। लेकिन इसके लिए उन्हें हेय दृष्टि से देखा जाए, ऐसा मैंने नहीं देखा। तो यह हमारे लिए समस्या नहीं, एक तरह की विकृति है।

उग्र जी ने 'चाकलेट' पुस्तक 30 के दशक में लिखी है जो समलैंगिकता पर आधारित है जिसकी भूमिका महात्मा गांधी ने लिखी थी। यह पहली किताब होगी जिसकी भूमिका गांधी जी ने लिखी है, जिसमें बहुत ही तरतीब से समलैंगिकता पर बात की गई है। आज अगर हम इसे इसलिए समस्या बना लें कि आयरलैंड में इसे मान्यता मिल रही है तो यह हमारा दिमागी दिवालियापन ही होगा।

लेकिन है तो यह अप्राकृतिक?

–हिन्दुस्तान में समलैंगिकता पूरी सेक्सुअलिटी की खोज से प्रारंभ हुई। यह तो हमारे यहां प्राथमिक सेक्स के बतौर स्थापित है, जिससे अधिकांश लोग उबरकर प्राकृतिक सेक्स की तरफ जाते हैं। यह एक सीढ़ी की तरह है, बीमारी की तरह नहीं। बीमारी कुछ लोगों के लिए होगी जो बम्बई आदि जगहों में संगठन बनाकर इसका दर्शन खोजने की कोशिश कर रहे हैं। जहां तक प्राकृतिक और अप्राकृतिक का सवाल है तो हम इसे अप्राकृतिक इसलिए कहते हैं क्योंकि हमारे दिमाग में दुनिया भर की चीजें भर दी गई हैं वरना वैज्ञानिक नजरिए से देखा जाए तो इसमें अप्राकृतिक कुछ भी नहीं हैं। पशु- पक्षी तक इसको करते हैं। यह कोई इतनी बड़ी समस्या नहीं है कि इस पर बैठकर बहस की जाए, सेमिनार किए जाएं।

सेक्स के मामले में पश्चिमी समाज और भारतीय समाज में आपको क्या अन्तर दिखाई पड़ता है?

–इस विषय के बारे में जो भी मैं कहूंगा, अधकचरा होगा। क्योंकि मैं पश्चिमी समाज को पूरी तरह से जानता नहीं हूं। जो मैं जानता हूं, उससे यही लगता है कि पश्चिमी समाज हमारे समाज से अधिक खुला हुआ है। वे विचार भी करते हैं, बहस भी करते हैं और किसी निष्कर्ष पर भी पहुंचते हैं। हमारा समाज काफी दमित समाज है। इसमें वह 'टिटिलेशन' ढूंढता है। सेक्स की समस्या पर जब हम बात कर रहे होते हैं तो कहीं न कहीं हमारे दिमाग में एक तरह का 'टिटिलेशन' चलता रहता है और हम उससे मजा लेते हैं। बलात्कार और अनैतिक संबंधों की खबरों को लोग चटखारे लेकर पढ़ते हैं।

आप देखिए कि पुलिस की खबरें छपती हैं कि कैसे होटल में छापा मारकर अमुक-अमुक लड़कियों को पुलिस ने पकड़ा। कैसे ग्राहक गया, एक सौ रुपए का नोट दिया और अमुक-अमुक लोग इससे जुड़े हैं। मैं आज तक नहीं समझ पाया कि इसमें क्या परेशानी है। एक पुरुष और एक स्त्री संबंध बना रहे हैं, चाहे पैसे देकर ही बना रहे हैं लेकिन आप इस तरह से उनके पीछे लग जाते हैं कि जैसे कोई दूसरा काम नहीं रह गया हो। पश्चिम का समाज इतना विकृत नहीं है। उनकी जो विकृति है, शुद्ध रूप से विकृति है और उसी तरह सामने भी आती है। लेकिन हमने अपनी विकृतियों पर चादरें चढ़ा

रखी हैं जिसे उठा-उठाकर हम बार-बार देखते रहते हैं, मजा लेते रहते हैं और फिर ढंकते रहते हैं।

इसमें धर्म की क्या भूमिका है?

—धर्म की बहुत बड़ी भूमिका है। आप जिस शहर या गाँव के हैं, वहां चले जाइए और वहां देखिए कि जो भी मुल्ला, पुजारी, महंत हैं उनकी सेक्स की आदतें क्या रही हैं, सेक्स के बारे में उसके व्याख्यान क्या रहे हैं? मैंने तो अपने करीब जो देखा है उसमें अधिकांश लोग भ्रष्ट थे।

सेक्स और नैतिकता का सवाल मार्क्सवादी ढांचे में किस तरह आता है?

—जहां तक मेरी जानकारी है, शास्त्रीय मार्क्सवादी ढांचे में तो इस विषय पर कोई बहुत बड़ी गवेषणा हुई ही नहीं है। इस विषय को इतना महत्त्वपूर्ण माना ही नहीं गया है। अगर ऐसा होता तो मार्क्स उस पर कुछ-न-कुछ जरूर लिखते, लेकिन जहां तक मुझे पता है कि सेक्स को मार्क्सवाद में नैतिकता का प्रश्न कभी नहीं बनाया गया।

इस संबंध में गांधी जी की सोच को आप कैसे देखते हैं?

—गांधी जी को समझना वाकई बहुत कठिन काम है, कम-से-कम मैं तो उन्हें अभी तक समझ नहीं पाया हूं। इस मामले में गांधी जी कभी-कभी तो बड़े क्रान्तिकारी दिखते हैं और कभी काफी पिछड़े हुए लगते हैं। सेक्स पर उनके विचार बड़े क्रान्तिकारी लगे, पर ब्रह्मचर्य पर जो उनके विचार हैं, उससे काफी विरोधाभास पैदा होता है। फिर जब वे सत्य के प्रयोग कर रहे होते हैं तो लगता है कि बुढ़ापे में आकर खुद उन्हें अपने ऊपर ही शक्र पैदा हो गया हो। उसे दुबारा परखने की कोशिश करते हैं। अगर गांधी जी कुछ दिन और जीवित रहते तो इस पर वे कुछ-न-कुछ और जरूर कहते। मेरा तो विश्वास है कि वे ब्रह्मचर्य को एक नकारा चीज मान लेते।

गांधी जी के लिए सेक्स अपनी निजी खोज की एक समस्या थी। सेक्स के प्रति बचपन में, जवानी के पहले दौर में, राष्ट्रीय आंदोलन में और अपने जीवन के चौथे पहर में जो उनकी दृष्टि थी, उसमें विरोधाभास के साथ-साथ विकास भी दिखता है, लेकिन वह पूरा होता दिखाई नहीं देता।

इस संदर्भ में रजनीश के बारे में आपका क्या ख्याल है?

—रजनीश को मैंने पढ़ा नहीं है। कुछ चीजें पढ़ता हूं, उनके भाषण बहुत रोचक लगते हैं। सेक्स के बारे में उन्होंने बोला बहुत है, लेकिन मैं जानता नहीं हूं।

रजनीश कहते हैं कि विवाह जैसी संस्था के कारण ही वेश्यावृत्ति का जन्म हुआ। आप क्या सोचते हैं?

—अगर वे वेश्यावृत्ति को समस्या मानते हैं तो इसी निष्कर्ष पर पहुंचना होगा कि वेश्यावृत्ति दूर करने के लिए विवाह नाम की संस्था को ही खत्म कर दिया जाए। अगर वे यह कहते हैं तो मैं इससे असहमत हूं। रजनीश की जो थोड़ी-बहुत चीजें मुझे अच्छी लगती हैं, वह उनकी 'पैथॉलाजिकल डायनामिक्स' है। उनके निदान से मैं कभी सहमत

नहीं हो पाता। सेक्स को लेकर भारतीय समाज में जो दोमुंहापन है, जो 'ऑब्सेशन' है, उसको रजनीश ने बहुत अच्छी तरह से समझा है। वैसे भी अब एड्स ने ऐसी स्थिति कर दी है कि पूरा समाज ही एक पत्नी पर चला जाएगा।

आमतौर पर ऐसा माना जाता है कि विदेशों में सेक्स को लेकर खुलापन है?

—खुलापन मायने क्या? क्या आप यह सोचते हैं कि एक आदमी सड़क पर निकला और उसे जो भी लड़की मिली, उससे सम्भोग करने लगा। भई, वहां दो बालिग लोग जिस तरह से चाहते हैं संबंध बनाते हैं, वहां तीसरा आदमी जाकर अनावश्यक रूप से नाक नहीं घुसेड़ता। बस, यही खुलापन है। जितना सेक्स के प्रति 'ऑब्सेशन' यहां है, उतना कहीं नहीं है। भारत में कहीं भी जाकर देख लीजिए तो वहां चौबीस घंटे माहौल सेक्स से 'सरचार्ज्ड' रहता है, जबकि पश्चिम में ऐसा नहीं है।

(29 अगस्त 1993, हस्तक्षेप, राष्ट्रीय सहारा)

देसी संस्कृति के ठेकेदार चेतें

मुजफ्फरनगर के गांव खंदरावली में छह अगस्त की शाम सरिता और सतीश की नृशंस हत्या का मामला अब और जटिल हो गया है। जटिल इसलिए कि उस अमानवीय हत्याकांड को वे लोग जायज ठहराने की कोशिश कर रहे हैं जो समाज के एक वर्ग के नेता माने जाते हैं और जिनसे अपेक्षा है कि वे अपनी नेतृत्व क्षमता से इस देश और समाज को एक रहने योग्य समाज बनाएंगे।

प्रारंभ में जब यह समाचार मिला, तो अनेक लोगों ने यह कहा कि इस तरह का काम मध्ययुगीन समाज में ही संभव है, यानी इस अपराध को दरिद्रता, अशिक्षा और पिछड़ेपन से जोड़ दिया गया। कहने का तात्पर्य यह था कि आधुनिक नगर सभ्यता के पढ़े-लिखे समाज में यह कुकर्म संभव नहीं और न ही इसे समाज की मान्यता मिल सकती है। हालांकि तब भी यह विश्लेषण अति सरलीकरण का शिकार था। इस हत्याकांड में सिर्फ एक परिवार के लोग ही शामिल नहीं थे। भले ही वास्तविक हत्या तीन लोगों ने की हो, पर उस हत्याकांड का फैसला एक पंचायत ने किया था। पंचायत यानी कम-से-कम पांच लोग तो उसमें होंगे ही—गांव के सबसे प्रभावशाली पांच लोग, वहां सैकड़ों की संख्या में गांव वालों ने अपनी आंखों के सामने होते हत्याकांड को निर्विकार भाव से देखकर उस पर अपनी सहमति की मुहर लगाई। इसलिए इसे यह कहकर खारिज नहीं किया जा सकता कि यह एक देहाती, पिछड़े और मध्ययुगीन समाज की प्रतिक्रिया थी। निश्चय ही इसकी जड़ें कहीं बहुत गहरी हैं।

किसानों के नेता तथा जाट समुदाय के सिरमौर महेंद्र सिंह टिकैत ने जब बर्बर हत्याकांड को जायज ठहराया तो अधिकांश लोगों को आश्चर्य नहीं हुआ क्योंकि यह माना जाता है कि टिकैत मध्ययुगीन मानव मूल्यों में विश्वास करते हैं। महिलाओं, दलितों तथा आधुनिक युवाओं की महत्त्वाकांक्षाएं तथा जीवन शैली एवं टिकैत के मानव मूल्यों में कोई सामंजस्य नहीं है। टिकैत के अनुमोदन ने इसे उस ग्रामीण समाज का भी अनुमोदन प्रदान कर दिया है जो मानवीय संबंधों में इस तरह की विकृति का जवाब इसी भाषा और शैली में देने में विश्वास करता है। यह हमारे समाज की विडंबना ही है कि एक तरफ देश सैकड़ों कानूनों की मदद से कानून का राज स्थापित करने की चेष्टा में लगा रहता है तो दूसरी ओर उसके धुर विपरीत चलने वाली व्यवस्था को भी करोड़ों का मूक समर्थन मिलता रहता है। इस विरोधाभास को भी न्यायोचित ठहराने वाले लोग मौजूद हैं जो यह दावा करते हैं कि गांवों में बसने वाले भारत का शहरी इंडिया से कोई सामंजस्य नहीं बैठ सकता और उस दुनिया में तो वही चलेगा जो परंपरागत रूप से उस समाज की विशिष्टता रही है।

लेकिन उत्तर प्रदेश कांग्रेस के वरिष्ठ नेता पंडित लोकपति त्रिपाठी भी उस जघन्य हत्याकांड को इस आधार पर जायज ठहराने लगे कि हमारे समाज से संबंधों की मर्यादा इस तरह के दुराचार की अनुमति नहीं देती तो इसका कोई क्या करे। पंडित लोकपति त्रिपाठी पिछड़े, दरिद्र और मध्ययुगीन समाज का प्रतिनिधित्व नहीं करते। आधुनिक जीवन के विभिन्न पहलुओं से उनका घनिष्ठ सरोकार रहा है। ऐसे स्वनामधन्य पंडित कमलापति त्रिपाठी के कुलदीपक यदि इस जघन्य तथा बर्बर व्यवहार का अनुमोदन करते हैं तो स्पष्ट है कि हमारे समाज के सोच में भारी विरोधाभास छिपा हुआ है उससे हम अपरिचित हैं।

खंदरावली के अनपढ़ ग्रामीणों की बात फिलहाल छोड़ देते हैं, लेकिन टिकैत और लोकपति जिन मानव मूल्यों की वकालत करते हैं, उस सोच के पीछे के कारणों की पड़ताल करना आवश्यक है वरना बिहार के किसी गांव में अपने को घोर क्रांतिकारी कहने वाले राजनीतिक समूह के लोग अपनी बर्बर दंडसंहिता चलाते रहेंगे, तो राजस्थान के गांवों में आदिवासी तबके के लोग अपनी न्याय-व्यवस्था को राष्ट्र-राज्य की न्याय व्यवस्था से ऊपर मान कर उसे तरजीह देते रहेंगे, और जिन्हें हम नागर तथा सभ्य और आधुनिक कहते हैं वे अपनी राजनीति चमकाने के लिए कभी परंपरा, कभी प्राचीन जीवन मूल्य और उनके आदर्श और शहरी सभ्यता के मुकाबले ग्रामीण सभ्यता को श्रेष्ठ सिद्ध करने के प्रयास में इन बर्बर प्रयोगों का अनुमोदन करते रहेंगे।

(15 सितंबर 1993, मतांतर, इंडिया टुडे)

संस्कृति की स्वायत्तता का सवाल

भोपाल का भारत भवन एक बार फिर समाचारों के केंद्र में है। सन् 1982 में इसकी स्थापना के बाद से ही कलाओं का यह केंद्र हमेशा किसी न किसी रूप में सुर्खियों में रहा है। कभी उन सांस्कृतिक गतिविधियों के कारण, जिन्हें संस्कृति कर्मियों का एक वर्ग विवादास्पद मानता रहा, तो कभी इस सवाल पर कि कला और संस्कृति संस्थानों का संचालन कैसे हो। यह भी मानना पड़ेगा कि अनेक बार यह संस्थान, खासकर अपने प्रारम्भिक दिनों में अपने उत्कृष्ट कार्यक्रमों के कारण भी समाचारों की सुर्खियों में रहा है। सच यह भी है कि अपनी इन सकारात्मक उपलब्धियों के बजाए कम, अपने विवादास्पद स्वरूप के कारण यह ज्यादा चर्चा का विषय बना है।

इस बार चर्चा का कारण यह है कि यह संस्थान अपने भविष्य की संरचना तय करने के एक लोकतांत्रिक ढंग से निर्णय के लिए बड़ी विचार गोष्ठी से गुजर चुका है। पिछले दिनों भोपाल में देश भर से संस्कृति कर्मियों, कलाकारों, साहित्यकारों, विचारकों तथा संबद्ध लोगों को बुलाया गया, जहां दो दिनों तक यह चर्चा होती रही कि भारत भवन के संचालन का ढांचा क्या हो। किसी भी बड़े सांस्कृतिक संस्थान के भविष्य को तय करने के लिए शायद ही इतनी बड़ी पंचायत पहले कभी जुटी हो।

इस पंचायत की जरूरत क्यों पड़ी? सुन्दरलाल पटवा की भाजपा सरकार ने अपने कार्यकाल के दौरान भारत भवन के परिचालन के सारे नियम बदल डाले थे। पहले वाले परिचालकों के स्थान पर उन लोगों को भारत भवन में भर दिया गया था, जिनकी प्रत्यक्ष सहानुभूति भारतीय जनता पार्टी के साथ थी। शर्त सिर्फ यही थी कि कलाओं और संस्कृति का उपयोग एक खास विचारधारा को बढ़ावा देने के लिए किया जाए। हालांकि इस दौरान भी सरकार इससे इनकार करती रही और आज भी भाजपा के नेता इस बात को मानने को तैयार नहीं है कि उनकी उन गतिविधियों के पीछे कोई राजनीतिक आग्रह था, पर यदि उस काल की गतिविधियों पर नजर दौड़ाएं तो यह साफ हो जाएगा कि भारत भवन जैसे अन्तर्राष्ट्रीय कला संस्थान का उपयोग किस तरह के गैर-सांस्कृतिक तथा सांप्रदायिक उद्देश्यों के लिए किया जा रहा था। जिस तरह के लोगों की नियुक्तियां हुईं, जिन लोगों को संचालन समिति में रखा गया तथा कला और संस्कृति के क्षेत्र में जिस तरह के कार्यक्रम, प्रदर्शनियां तथा गोष्ठियां की गईं उनसे यह साफ था कि उस संस्थान का उपयोग एक खास विचारधारा तथा विशेष राजनीति के लिए किया जा रहा है।

भाजपा सरकार उस काम को आसानी से इसलिए कर पा रही थी कि उससे पहले वाले निजाम ने व्यवस्था ही ऐसी बना रखी थी। अपनी सारी उपलब्धियों के बावजूद भारत भवन

का परिचालन किसी लोकतांत्रिक ढंग से करने की परपंरा तो थी नहीं। इसलिए भाजपा ने नियमों को थोड़ा फेर-बदल करके उस संस्थान पर कब्जा कर डाला तो वैधानिक रूप से उसके विरोध का कोई उपाय नहीं था। सार्वजनिक रूप से उसका विरोध किया जा सकता था, पर पूर्व भाजपा काल में भारत भवन का परिचालन जिस तरह हो रहा था, उससे आम आदमी के जुड़ने की कोई खास गुंजाइश नही थी।

यह सच है कि जितने लोग राजधानी दिल्ली में स्थित सारी कलादीर्घाओं, अकादमियों तथा राष्ट्रीय प्रदशर्नियों को साल भर में देखते हैं, उससे कई गुना ज्यादा लोग साल में भारत भवन में आते होंगे। इसका अर्थ यह नहीं हुआ कि वे लोग इस संस्था से इस तरह ओतप्रोत भाव से जुड़े हुए हैं कि उसके संकटकाल में कोई जनांदोलन छेड़ दें। वह इतना भव्य है कि लोग बिना समझे भी उसे देखने आएंगे और सराहेंगे भी। यह भी सच है कि इस तरह कौतूहल से आने वालों के बीच भी एक तरह का संस्कार तो पनपता ही है, पर वह उससे कोई अंतरंग जुड़ाव नहीं है। यह कुछ वैसा ही है कि गाँव का आदमी जब कलकत्ता जाता है तो वह चिड़ियाखाना देखने के बाद जादूघर भी देखने अवश्य जाता है। जादूघर उनकी भाषा में राष्ट्रीय संग्रहालय को कहते हैं। उसके लिए चिड़ियाघर, म्यूजियम तथा विक्टोरिया मेमोरियल—तीनों में कोई खास अन्तर नहीं है।

कहने का अर्थ यह है कि भारत भवन अपने पहले दौर में कोई इस तरह का जनता से जुड़ाव नहीं कर सका कि जब उसकी स्वायत्तता तथा अस्मिता से भाजपा सरकार छेड़खानी कर रही थी तो किसी तरह का जनप्रतिरोध पैदा हो पाता। कलाओं को विशिष्ट वर्गों तक सीमित रखने के बड़े प्रभावशाली तर्क हैं। उन तर्कों से सहमति भी हो सकती है, लेकिन उस तरह के संस्थान अलग ही होते हैं। कोई राजा-महाराजा, करोड़पति या कलाप्रेमी यदि अपना संस्थान बनाता है, जिसमें राजकोष का कोई धन नहीं लगा है, तो वह उसे जैसे चाहे चलाए, किसी को कोई गुरेज नहीं होना चाहिए। उस तरह के संस्थान से उभरी कला के लिए किसी प्रकार का असम्मान भी नहीं होना चाहिए। कलाएं आवश्यक नहीं कि सार्वजनिक क्षेत्र में ही श्रेष्ठ होती हैं। भारत भवन इस तरह के संस्थान के रूप में नहीं बना था। इसमें राजकोष का योगदान था, इसलिए आवश्यक था कि इसका परिचालन पारदर्शी तथा लोकतांत्रिक हो। यह सच है कि महान संस्था को और महान बनाने के लिए किसी-न-किसी व्यक्ति की निष्ठा सर्वोपरि होती है। कुछ लोग संस्थाओं के लिए अपना जीवन होम कर देते हैं, लेकिन इसका अर्थ यह नहीं हुआ कि नियमों को परे रखकर उन्हें अपरिहार्य मान लिया जाए। लोकतंत्र के साथ यही परेशानी है। जो योग्य है वही चुना जाए, इसकी कोई गारंटी नहीं है। महान से महान नेता, जिनके बिना देश का राज-काज सचमुच नहीं चल सकता, यदि जनता द्वारा खारिज कर दिए जाते हैं, तो उन्हें फिर जाना ही पड़ता है। संस्था का धारण हो सकता है, पर लोकतंत्र के नाम पर कुर्बानी भी देनी पड़ती है।

भारत भवन भाजपा के हाथों इसलिए पड़ा कि उसके परिचालकों ने इस लोकतांत्रिक सत्य से मुंह चुराया था। आज यदि नियम बदलकर आजीवन ट्रस्टी बन सकते हैं, तो जब दूसरा सत्ता में आएगा तो वह भी तो नियम बना या बदल सकता है। इसका अहसास निश्चय ही पटवा शासनकाल में हुआ होगा। यही कारण है कि आज मध्य प्रदेश के मुख्यमंत्री पंचायत बुलाकर यह तय करना चाहते हैं कि भारत भवन का परिचालन कैसे हो, किस तरह के नियम

बनें कि कलाओं और संस्कृति का यह संस्थान सरकारों के आने-जाने से अप्रभावित रहकर अपने उद्देश्यों की पूर्ति की दिशा में अबाध रूप से बढ़ता रहे। इसको प्राप्त करने के अनेक रास्ते हैं। विद्वान लोग मिल-बैठकर सही रास्ता निकाल भी लेंगे, ताकि भविष्य की सरकारों से संस्कृति को सुरक्षित रखा जा सके। एक बात जरूर इसके केंद्र में होनी चाहिए कि जो भी व्यवस्था बने, इसमें यह स्पष्ट हो कि संस्थान महत्त्वपूर्ण है, न कि कोई व्यक्ति या व्यक्तियों का समूह। यह खतरा इसलिए दिखाई पड़ रहा है कि जिस तरह से पंचायत बैठी, और जिस तरह से फिर एक बार एक मुख्यमंत्री को केंद्र में रखकर उसके भविष्य का ताना-बाना बुना गया, उससे यदि किसी के मन में यह डर पैदा होता है कि स्वायत्तता के नाम पर फिर से सरकार इस पर परोक्ष कब्जा बनाए रखेगी, तो वह डर बहुत गैरवाजिब नहीं कहा जा सकता।

इस गोष्ठी से कई बातें उभरकर सामने आई हैं। जो लोग वहां एकत्र हुए थे, उनके बुलाने का आधार क्या था? बुलाए गए अधिकांश लोग अपने-अपने क्षेत्र के विशेषज्ञ और नामी-गिरामी लोग है, इसमें कोई संदेह नहीं है। लेकिन अनेक सारे विद्वान, विशेषज्ञ तथा कलाकार और संस्कृतिकर्मी नहीं बुलाए गए। यदि कोई एक तय मानदंड होता, कोई नियम होता, तो इस तरह का प्रश्न नहीं उठता। उसी तरह, जो सात विद्वानों की कमेटी बनी है, उसके गठन का भी कोई वैज्ञानिक आधार नहीं है। यह स्पष्ट नहीं है कि उनके नाम कैसे सामने आए? क्या उन नामों पर उपस्थित लोगों की सर्वसहमति थी, या चयन के लिए मतदान हुआ? क्या और भी नाम सामने आए थे?

उस कमेटी में सारे ज्ञानी-गुणी लोग हैं। उनकी विद्वता और योग्यता पर भी किसी को कोई संदेह नहीं होना चाहिए। फिर भी, यह प्रश्न मन में तो बना ही रहता है कि आखिर ये लोग ही क्यों और कैसे आ गए। यहीं से संदेह का जन्म होता है कि क्या यह सब पहले से ही तय था? अगर इस संदेह का कोई भी आधार है, तो इसकी क्या गारंटी है कि जो रास्ता ये सुझाएंगे, वह इतना पारदर्शी और ठोस हो कि भविष्य के संकटों से वह निपटने में सक्षम होगा।

संदेह का दूसरा कारण मुख्यमंत्री की अतिरिक्त सक्रियता है। बार-बार यह संकेत किया गया कि इस संस्था को लोकतांत्रिक बनाने का अवसर बाद में माननीय मुख्यमंत्री जी की कृपा से प्राप्त हो रहा है। वहां उसकी घोषणा भी कुछ इस प्रकार थी कि मैं तो निमित्त मात्र हूं, यह अपनी सारी संपत्ति मैं आप लोगों को सौंपता हूं, ताकि आप धर्मार्थ इसका सदुपयोग और संचालन करने का रास्ता ढूंढ सकें। मुख्यमंत्री आखिर किस आधार पर वहां मंच से भाषण देकर उपस्थित विद्वानों को कृतार्थ कर रहे थे? इस दुष्चक्र से निकलना होगा।

(29 अप्रैल 1994, अमर उजाला)

कट्टरपंथ को सरकारी शह

धर्म, राष्ट्र और राष्ट्रवाद के गड्ड-मड्ड से वैचारिक धुंध फैलाने वालों की जब भी तलाश होती है, तो पहला नाम सामने आता है—संघ परिवार का। ऐसा नहीं कि अन्य धर्म और संप्रदाय में ऐसे वितंडावादी नहीं हैं। इस्लाम में भी हैं और सिख धर्म में भी हैं, पर संघ परिवार का जहर ज्यादा घातक है क्योंकि इनका कार्य क्षेत्र बहुसंख्यक वर्ग के बीच है। किसी भी लोकतांत्रिक व्यवस्था में बहुसंख्यक वर्ग का कट्टरवाद जब धर्म और राष्ट्रीयता का लबादा ओढ़ कर आता है तो वह ज्यादा खतरनाक हो जाता है। इस विषय पर बहुत चर्चा हो चुकी है और टनों कागज रंगे जा चुके हैं। इसलिए फिलहाल चर्चा करते हैं वर्तमान सरकार के कार्यकलापों की कि कैसे सरकार की गतिविधियां प्रच्छन्न रूप से, और कहीं-कहीं तो प्रत्यक्ष रूप से इस तरह की खतरनाक प्रवृत्ति को बढ़ावा दे रही हैं।

दो घटनाओं को लेते हैं, उदाहरण के रूप में। एक, सलमान रुश्दी के ताजा उपन्यास 'द मूर्स लास्ट साइ' पर अनौपचारिक प्रतिबंध और दूसरी, भारत और हॉलैंड के कलाकारों द्वारा लगाई गई एक संयुक्त प्रदर्शनी की दुर्दशा का हाल। दोनों घटनाओं के बारे में छिटपुट खबरें आ रही हैं, पर विस्तार से चर्चा के अभाव में इस बात की पूरी जानकारी नहीं मिल रही है कि किस प्रकार सरकार इस वितंडावाद में अपना विनम्र योगदान कर रही है।

पहले भारतीय-डच कलाकारों की संयुक्त प्रदर्शनी की चर्चा करते हैं। हॉलैंड में भारतीय चित्रकारों की कला को प्रोत्साहन देने के लिए एक संस्था बहुत ही लगन से वर्षों से काम कर रही है। इस संस्था के परिश्रम के कारण आज कुछ भारतीय चित्रकार यूरोप में वह सम्मान पाने लगे हैं जिसके वे अधिकारी हैं। पिछले कुछ महीनों से भारत के तीन और हॉलैंड के तीन कलाकार दिल्ली के पास एक सघन वर्कशॉप चला रहे थे जिसका परिणाम था—एक उच्चकोटि की कला प्रदर्शनी, जो दिल्ली की नेशनल गैलरी ऑफ मॉडर्न आर्ट में लगी। समीक्षकों ने प्रदर्शनी की भूरि-भूरि प्रशंसा की। एक दिन एक राष्ट्रीय अंग्रेजी दैनिक ने इसे नए विवाद के रूप में पेश किया। एक डच कलाकार रॉब बिरजा ने अपनी पेंटिंग में एक वाक्य लिखा—जिसे किस किल इंडिया के रूप में पढ़ा जा सकता है। उसकी आलोचना इस बिंदु से की गई कि यह कलाकार भारत की हत्या करना चाहता है। इस विषय में मशहूर कलाकारों की राय ली गई और सभी बिरजा पर जमकर गरजे-बरसे। कलाकार भारत में ही है, लेकिन किसी ने उससे पूछने की कोशिश नहीं की कि वह कहना क्या चाहता है। उसी प्रदर्शनी के लिए प्रकाशित पुस्तिका को भी किसी ने पढ़ने की जरूरत नहीं समझी, जिसमें वह कलाकार गणेश और काली की पेंटिंग करते हुए अभिभूत हो जाने की बात करता है।

हद तब हुई, जब उस समाचार को पढ़ कर एक महाशय आर्ट गैलरी में पहुंचे। उस समय उसी प्रदर्शनी के संबंध में वहां अधिकारियों की आपात बैठक चल रही थी। निदेशक सहित सभी सलाहकार उपस्थित थे। महाशय चल कर पेंटिंग के पास गए, उसे उलटा, फाड़ कर टुकड़े-टुकड़े किए और चलने लगे। किसी भी सभ्य समाज में इस कृत्य पर क्या प्रतिक्रिया होनी चाहिए कि कोई उन्हें रोकता, नहीं रुकते तो कम-से-कम पुलिस बुलाने की कोशिश होती, पर ऐसा कुछ नहीं हुआ। गैलरी के डायरेक्टर ने महाशय को अपने दफ्तर में बुलाया, चाय पिलाई और धन्यवाद कहकर विदा किया। प्रदर्शनी रोकने की घोषणा की गई और अगले दिन जब प्रदर्शनी फिर से खुली तब वह अधूरी रह गई थी। अब कहा जा रहा है कि चित्र को जोड़ कर ठीक करने की कोशिश की जा रही है। लेकिन मामला पुलिस को सौंपने की पहल अब तक नहीं हुई है। यह है सरकार की राष्ट्रीयता की भावना की झांकी।

यही हाल सलमान रुश्दी की नई किताब 'द मूर्स लास्ट साइ' का है। इस पुस्तक पर सरकारी तौर से प्रतिबंध नहीं है। गृह मंत्रालय ने कोई प्रतिबंध नहीं लगाया है। वित्त मंत्रालय का भी कोई सर्कुलर नहीं है। सिर्फ पुस्तक-प्रकाशक को प्रच्छन्न धमकी दी जाती है कि अगर अगली खेप आयात की गई तो देख लेंगे। देख लेंगे यानी कस्टम वगैरह की ओर से तंग किया जाएगा। क्या कारण है सरकार की इस तरह की बेईमान गतिविधियों का कि जो काम आज तक सांप्रदायिक शक्तियां, उग्र राष्ट्रवाद के नाम पर कर रही थीं, उसे अब सरकार चुपके से करने लगी है। क्या इससे वर्तमान सरकार का वैचारिक रुझान झलकता है या यह आने वाले समय की अग्रिम तैयारी है या उन शक्तियों के तुष्टीकरण की सरकारी कोशिश, जिनसे वह भयभीत है और उनके काम को अब खुद अंजाम दे रही है? ये वही लोग हैं जो अयोध्या में न सिर्फ बाबरी मस्जिद को गिरते हुए देखते रहे बल्कि यह इंतजाम भी किया कि जब तक मस्जिद बिल्कुल मटियामेट नहीं हो जाती तब तक वहां कोई सुरक्षा बल न पहुंचे।

(सितंबर 1995, विचारार्थ, इंडिया टुडे)

पत्रकारिता

सारी वाहवाही हिंदी के बल पर

अंग्रेजी मानसिकता तथा भाषा में पला-बढ़ा आज का शासक वर्ग अब बड़ी बेशर्मी तथा एक हद तक शेखी बघारते हुए यह दावा करने लगा है कि हिंदी की पत्रकारिता अंग्रेजी के मुकाबले निश्चित रूप से दोयम दर्जे की पत्रकारिता है। अपनी इस स्थापना के पीछे इनका यह तर्क है कि हिंदी के अखबार तथ्यों के बारे में सर्वथा उदासीन रहते हैं, हिंदी पत्रकारिता मूलतः अधकचरे तथ्य, निराधार सूचनाओं तथा मूल रूप से भित्तिहीन स्थापनाओं पर आधारित होती है। न तो ये तथ्यों पर आधारित ढंग की रिपोर्ट लिख सकते हैं, न ही अंग्रेजी की तरह ये अर्धसत्य पर आधारित कहानियां ही गढ़ सकते हैं। इनका तो यहां तक कहना है कि जनसंख्या के पैशाचिक बल पर भले ही हिंदी की पत्र-पत्रिकाएं तथा अखबार आगे बढ़ते दिख रहे हों, पर जहां तक साख या प्रतिष्ठा का प्रश्न है, अंग्रेजी के मुकाबले हिंदी पत्रकारिता कहीं नहीं ठहरती। इनकी यह भी मान्यता है कि जिस तरह हिंदीभाषी क्षेत्र दीन-हीन, दरिद्र तथा पिछड़ा है, उसी तरह इस क्षेत्र की पत्रकारिता भी पिछड़ी हुई है तथा इस क्षेत्र व भाषा के पत्रकार इसी दरिद्रता की देन होने के कारण मनोविकारों तथा ढेर सारी ग्रंथियों से ग्रस्त हैं। इस भाषा और इस भाषा में हो रही पत्रकारिता को भला गंभीरता से कैसे लिया जा सकता है?

क्या सचमुच हिंदी पत्रकारिता की वही स्थिति है जैसा दावा ऊपर किया गया है? या इस प्रलाप का कारण कुछ और ही है। क्या यह प्रलाप इसलिए तो नहीं कि हिंदी भाषा तथा इसकी पत्रकारिता के बढ़ते प्रसार-प्रभाव से अंग्रेजीदां तथा उनकी पत्रकारिता आतंकित हो रही है।

हां, इस सारे प्रलाप में एक बात सच है कि हिंदीभाषी क्षेत्र देश के बाकी हिस्सों के मुकाबले निश्चय ही पिछड़ा है। इस क्षेत्र में ऐतिहासिक कारणों से विकास की गति अन्य क्षेत्रों की तुलना में काफी मध्यम रही है। आजादी से पहले और आजादी के बाद भी।

आजादी के बाद स्थिति बदलनी चाहिए थी लेकिन नहीं बदली। ऐसा इसलिए हुआ कि भारतीय भाषाओं की पत्र-पत्रिकाओं को लगा कि अंग्रेज के साथ अंग्रेजी भाषा, अंग्रेजी मानसिकता तथा इनकी कृपा पर पल रही इनकी पत्रकारिता भी जाएगी। लेकिन यह कोरा भ्रम निकला। और जब तक यह भ्रम टूटता, अंग्रेजी आजाद भारत में भी जमकर बैठ चुकी थी। हिंदी में तो नहीं, पर अन्य भारतीय भाषाओं में यह अहसास बहुत पहले हो गया कि इस देश से सिर्फ अंग्रेज गए हैं, अंग्रेजी नहीं। इसलिए मराठी, बांग्ला, मलयालम या तमिल आदि भाषाओं की पत्रकारिता में सत्ता के प्रति वही तेवर अपनाया गया जो आजादी से पहले था। यही कारण है कि उन क्षेत्रों में भाषाई पत्रकारिता हर दृष्टि से बहुत पहले ही अंग्रेजी से जमकर मुकाबला करने लगी। हिंदी क्षेत्र में लोग आजादी की लड़ाई के सेनानी तथा वास्तविक

शासकों के फर्क को गड्ड-मड्ड कर गए और अरसे तक वर्तमान सत्ता को स्वतंत्रता संग्राम का फल मान कर उसके प्रति अतिरिक्त मुलायम बने रहे। नतीजा यह हुआ कि हिंदी की पत्रकारिता इस हद तक उदार बनी कि वह दब्बू, चापलूस और निर्वीर्य सी दीखने लगी। यह सिलसिला इमरजेंसी तक चला। इमरजेंसी के दौरान तथा उसके बाद हिंदी क्षेत्र का जो भ्रम टूटा तो सचमुच हिंदी पत्रकारिता में एक तूफान सा आ गया। आज इस बात को दावे के साथ कहा जा सकता है कि हिंदी की पत्रकारिता अब न सिर्फ प्रसार की दृष्टि से बल्कि विश्वसनीयता, गुणवत्ता तथा प्रभाव की दृष्टि से भी अंग्रेजी से आगे निकल रही है।

अंग्रेजी पत्रकारिता में जिन रिपोर्टों को खोजपरक पत्रकारिता का उत्कृष्ट नमूना कहकर आज पेश किया जाता है और जिनके बल पर अंग्रेजी की पत्र-पत्रिकाएं राष्ट्रीय-अन्तर्राष्ट्रीय पुरस्कार प्राप्त करती हैं क्या वे दावे के साथ कह सकती हैं कि यह सारा काम उनके अपने परिश्रम या खोजबीन का ही परिणाम है? चूंकि इसे बड़बोलापन माना जा सकता है इसलिए कुछ उदाहरण देना भी जरूरी है। अंतुले का सीमेंट घोटाला, जिसके कारण अंग्रेजी पत्रकारिता की इतनी वाहवाही हुई, सबसे पहले बम्बई से प्रकाशित देसी पत्रिकाओं में ढेर सारे प्रमाणों के साथ प्रकाशित हो चुका था। भागलपुर का आंखफोड़ कांड, जिसके कारण भारत की अंग्रेजी पत्रकारिता को अंतर्राष्ट्रीय ख्याति मिली, सबसे पहले वहां की स्थानीय छोटी पत्रिकाओं में प्रकाशित हुआ। यही नहीं, अंग्रेजी की राष्ट्रीय पत्र-पत्रिकाओं ने जब तक इसे लपका, उससे पहले हिंदी की राष्ट्रीय पत्रिका में भी यह घटना आ चुकी थी। लेकिन अंग्रेजी मानसिकता का रंगीन चश्मा लगाए हुए यहां के शासक वर्ग को इस देश की सचाई का पता तभी चलता है जब शासकों की भाषा में उनके सामने पेश किया जाए। शायद यही कारण था कि स्वामी त्रिवेदी ने छतरपुर में कैदियों को नपुंसक बनाए जाने की अपनी रिपोर्ट को पहले हिंदी में लिखा और फिर उसे अपने मित्रों की सहायता से अंग्रेजी में अनुवाद कराया। नतीजा सामने था–उत्कृष्ट पत्रकारिता के लिए 'इंडिया टुडे'–पी यू सी एल पुरस्कार पहली बार स्वामी त्रिवेदी को दिया गया। ऐसे ढेर सारे उदाहरण दिए जा सकते हैं।

आज अंग्रेजी में समाचार पत्रिकाओं के जिस चलन को इतना बढ़ा-चढ़ा कर पेश किया जा रहा है, उसकी पहल भी सबसे पहले हिंदी में ही हुई। हिंदी की प्रथम समाचार पत्रिका 'दिनमान' जो आज पिछड़ी लगती है, 21 वर्ष पहले प्रकाशित होने लगी थी, जबकि अंग्रेजी की सिरमौर समाचार पत्रिकाएं 'इंडिया टुडे' और 'संडे' को 1975 में पत्रकारिता की इस उत्कृष्ट धारा के बारे में पता चला। हिंदी पत्रकारिता की विजय-यात्रा का इससे बड़ा सबूत और क्या हो सकता है कि अंग्रेजी संस्कृति का सबसे बड़ा ध्वजवाहक 'इंडिया टुडे' भी अब हिंदी संस्करण निकालने के लिए मजबूर हो रहा है। 'इंडिया टुडे' का हिंदी में स्वागत है।

(15 नवंबर 1986, बहस : हिंदी पत्रकारिता, इंडिया टुडे)

उन्होंने अपने स्वप्नों का समझौता नहीं किया

इतिहासकार अक्सर सवाल पूछते हैं कि जो हुआ, वह क्या होना ही था? क्या वह टाला नहीं जा सकता था? 'नवभारत टाइम्स' के आठ अप्रैल के अंक में श्री माथुर का अंतिम लेख प्रकाशित हुआ था। उसी लेख के ये प्रारंभिक वाक्य हैं। लेख का शीर्षक था–असमय डूबे एक जहाज की याद में। शीर्षक स्व. माथुर ने स्वयं ही लगाया था। किसे पता था कि दूसरे ही दिन, इन्हीं वाक्यों और इसी शीर्षक को थोड़ा सा संदर्भ बदलकर उनके स्मृति लेख का प्रारंभिक वाक्य बनाना पड़ेगा और असमय काल कवलित हुए हिंदी पत्रकारिता के इस विराट पोत की याद में डूबे इस लेख से उन्हीं के सवाल पूछने पड़ेंगे कि क्या सचमुच अभी ही यह होना था? क्या इसे टाला नहीं जा सकता था?

ये सवाल उनके शोक संतप्त सहयोगियों को, उनके अगणित, विशाल और स्नेही पाठक वर्ग को, भाषा और भूगोल के बंधन को काटकर फैले उनके विराट प्रशंसकों को एक निजी क्षति के रूप में मथते हुए एक शाश्वत अनुत्तरित प्रश्न के रूप में स्मृति कोश बनकर रह जाएंगे, लेकिन हिंदी पत्रकारिता को यदि इस प्रश्न का समुचित उत्तर नहीं मिला, तो आज दुविधा के जिस दोराहे पर हिंदी पत्रकारिता खड़ी है, उसे राह भटकने से आखिर कौन रोक सकेगा? श्री राजेन्द्र माथुर हिंदी पत्रकारिता के इस संधिकाल में 'नई दुनिया' के संपादक के रूप में सामने आए थे, जब हिंदी अखबार अपने पुरखों के पुण्य के संचित कोष को खा-पीकर अघा रहे थे। हिंदी पत्रकारिता का एक गौरवपूर्ण इतिहास तो था, लेकिन वह जमा पूंजी इतनी काफी नहीं थी कि हिंदी की पत्र-पत्रिकाएं व्यावसायिकता की बढ़ती चुनौती को स्वीकार करते हुए इस गौरवशाली थाती को बाजार के बढ़ते दबाव से बचा भी सकें और उससे उत्पन्न ऊर्जा का समुचित उपयोग करते हुए हिंदी पत्रकारिता को राष्ट्रीय मुख्यधारा की पत्रकारिता से जोड़कर अंग्रेजी के मुकाबले खड़ा भी कर सकें। माथुर साहब बहुत आसानी से अघा जाने वाले व्यक्तियों में नहीं थे।

सन् 77 तक आते-आते उन्होंने 'नई दुनिया' को एक लाख से ज्यादा बिकने वाला हिंदी अखबार बना दिया था। इससे पहले तक सिर्फ दिल्ली से प्रकाशित 'नवभारत टाइम्स' और 'दैनिक हिंदुस्तान' ही एक लाख की जादुई संख्या को पार कर पाए थे, लेकिन ये पत्र 77 के 'नई दुनिया' के मुकाबले कहीं नहीं ठहरते थे। 'नई दुनिया' हिंदी के पहले ऑफसेट फोटोकम्पोजिंग पद्धति से छपे, सबसे ज्यादा सुचिन्तित, सुविचारित तथा सुलिखित अखबार के रूप में प्रतिष्ठित हो चुका था। किसी भी आमफहम संपादक के लिए यह जीवनभर की सबसे बड़ी उपलब्धि होती, लेकिन माथुर साहब के लिए यह उपलब्धि उस छोटी-सी नाव की तरह थी, जिस पर बैठकर साहसी नाविक विश्व-विजय की आकांक्षा से उस जहाज तक

पहुंचते हैं, जिसे लेकर वे विशाल समुद्री थपेड़ों का मुकाबला करने का साहस मन में संजोकर निकलते हैं।

उनके मन में यह बात कांटे की तरह चुभती रहती थी कि आखिर हिंदी में स्वयं संपूर्ण 16 पेजी अखबार क्यों नहीं निकल सकते। यह क्षेत्र अंग्रेजी अखबारों की बपौती ही क्यों बना रहे। इतना विशाल हिंदीभाषी क्षेत्र और हिंदी में एक अखबार ऐसा नहीं जो दस लाख बिक सके।

एक बार जब उन्हें पता चला कि मलयालम का एक साप्ताहिक पत्र करीब 15 लाख बिकता है, तो उनकी उत्सुकता इतनी बढ़ी कि उसे उन्होंने ढूंढकर मंगवाया और एक मलयालम भाषी से उसका अनुवाद करा कर यह पता लगाना चाहा कि आखिर इसमें 'क्या है' कि आकार में बस्तर से भी छोटे एक राज्य से प्रकाशित यह साप्ताहिक इतनी बड़ी संख्या में बिक रहा है और हिंदी में वह 'क्या' नहीं है, जिसके कारण हिंदी पत्रकारिता देश के कई भाषायी पत्रों से भी पीछे है। एक दस लाख प्रसार संख्या वाले कम-से-कम 16 पेजी अखबार का स्वप्न ही इस जहाजी को अंधड़-तूफान भरी इस विकट समुद्री यात्रा में सतत आगे बढ़ने के लिए प्रेरित करता रहा।

माथुर साहब का गहन इतिहास बोध शुद्ध श्रद्धा और उससे उत्पन्न गरिमामय अतीत की मरीचिका पर आधारित हिंदी पत्रकारिता की कमजोर आधारभूमि के बारे में उन्हें बार-बार सचेत करता रहता था। वे भूतकाल के वायवी स्वर्णिम अतीत में जीने वाले व्यक्ति नहीं थे। वे स्वप्नदर्शी थे और अपने सपनों की उदात्तता के साथ उन्होंने कभी किसी प्रकार का समझौता नहीं किया। हिंदी पत्रकारिता का वर्तमान परिदृश्य उन्हें बार-बार विचलित तो कर देता था, लेकिन एक कुशल अभियात्री की तरह उन्होंने अपने जहाज की दिशा को क्षणिक प्रलोभनों के लिए किसी अन्य रास्ते पर डालने के बारे में क्षणिक विचार भी नहीं किया। असमय डूबे इस जहाज का शोक हम कैसे मनाएं। हमारी क्षति तो नितांत निजी है, हम अपने मन को समझा लेंगे। हिंदी पत्रकारिता के भविष्य के बारे में चिंतित लोगों को इसका उत्तर ढूंढना होगा कि इस उत्ताल समुद्र से हम कैसे उबरें। आज नाखुदा नहीं है।

(14 अप्रैल 1991, नवभारत टाइम्स)

साहित्य और पत्रकारिता दो अलग विधाएं हैं

हिंदी पत्रकारिता के साथ हुए हिंदी साहित्य के घालमेल से काफी नुकसान के संकेत उभरे हैं। इसी घालमेल के कारण हिंदी में अच्छा साहित्यकार या विद्वान पंडित होना संपादक के लिए योग्यता मान लिया गया, जबकि यह धारण बिल्कुल गलत है। मुझे नहीं लगता कि भाषा को छोड़कर विषय-वस्तु या विचार की दृष्टि से हिंदी के साहित्यकार संपादकों ने पत्रकारिता को समृद्ध किया है।

फिर वे जिस भाषा के हिमायती रहे, वह भाषा भी बदल रही है। हिंदी पत्रकारिता अपनी नई भाषा विकसित कर रही है। इसका असर आप 'अमर उजाला', 'राष्ट्रीय सहारा', 'राजस्थान पत्रिका' आदि में देख रहे हैं। दरअसल सारी दुनिया में पत्रकारिता की भाषा को साहित्य में अपनाया गया, पर हमारे यहां उल्टी गंगा बहाने की कोशिश की जाती रही। प्रख्यात लैटिन अमरीकी लेखक मार्क्वेज ने अपनी अधिकांश कालजयी रचनाओं की भाषा अपनी पत्रकारीय सोच से ली। भारत में प्रेमचंद इसलिए लोकप्रिय हुए क्योंकि उन्होंने अपने समय की पत्रकारिता की भाषा को अपनाया।

आज इस बात का काफी शोर मच रहा है कि पत्रकारिता में साहित्य की उपेक्षा हो रही है। मेरी समझ में नहीं आता कि साहित्यकार पत्रकारिता से क्या अपेक्षा करते हैं। मैं यहां साहित्यिक पत्रकारिता की बात नहीं कर रहा हूं, पर बजट या विदेश नीति पर हम कैसा लिखें, इसमें साहित्यकारों की दखलंदाजी क्यों हो?

प्रायः कहा जाता है कि पत्रकारिता में साहित्यिक सूचनाएं खबरें नहीं आ रहीं। आप बताइए संसार की किस भाषा के अखबारों में साहित्यिक खबरें प्रमुखता से छपती हैं। यह तो साहित्यकारों की वैसी ही वासना है, जैसा राजनेता पाले रहते हैं। खबरों में साहित्य को प्रमुखता मिले, यह बिल्कुल तर्कहीन बात है। मैंने 'आज तक' में देरिदा को नहीं दिखाया, जबकि उन्हें सुनने के लिए दिल्ली में पांच सौ लोग इस जगह से उस जगह तक भागते रहे। क्यों दिखाया जाए देरिदा को, क्योंकि जिसके लिए हम प्रोग्राम बना रहे हैं उसके लिए देरिदा का कोई मतलब नहीं। आप यह आरोप नहीं लगा सकते कि मैंने बाजार के दबाव में ऐसा किया, जी नहीं। मैंने यान्नी को भी नहीं दिखाया। अकादमी अवार्ड भी नहीं दिखाया। इसका अर्थ यह नहीं कि साहित्यकारों और विद्वानों के लिए समाज में स्थान होना या उनकी जरूरत नहीं है। मैं उन्हें पढ़ूंगा, पर उनका कोई सरोकार हमारे उस समाज के अधिसंख्य लोगों के लिए नहीं बनता, जिसके लिए हम अखबार छापते हैं या कार्यक्रम बनाते हैं। यह दुराग्रह क्यों कि किसी साहित्यकार को अखबार के मुखपृष्ठ पर छापा जाए?

मैं मानता हूं कि प्रिंट मीडिया के लिए भाषा और शैली की जरूरत है, पर इसके लिए साहित्य पढ़ना चाहिए। बजाय इसके कि आप किसी विद्वान पंडित को संपादक बना दें। अज्ञेय, रघुवीर सहाय, धर्मवीर भारती, श्रीकांत वर्मा, सर्वेश्वर दयाल सक्सेना आदि जो भी नाम गिनाए जाते हैं वे साहित्यकार होने की वहज से संपादक नहीं बने, बल्कि अपनी पत्रकारीय क्षमता के कारण संपादक रहे। वह एक दौर था जब हिंदी पत्रकारिता दोयम दर्जे के लोगों के हाथों में थी। इन लोगों ने उनसे हिंदी पत्रकारिता को मुक्त किया और उसे एक उज्ज्वल पहचान दी। इसलिए उनका ऐतिहासिक महत्त्व है। मैं निजी रूप से साहित्य और साहित्यकारों का सम्मान करता हूं। मुझे हमेशा यह मलाल रहता है कि मैं कविता क्यों नहीं लिख पाता। साहित्य लिखना या कविता लिखना एक श्रेष्ठ विधा है वैसे ही जैसे पेंटिंग, गायन, नृत्य, संगीत के क्षेत्र में योग्यता अर्जित करना। पर इसका अर्थ यह नहीं कि इन श्रेष्ठ विधाओं से जुड़ी विभूतियों को संपादक बना दिया जाए। आप बहुत बड़े भाषाविद्, सर्जन, कानूनविद् या कुछ भी हों, यह तो ठीक है पर आप सिर्फ इसी कारण पत्रकार भी बन जाना चाहते हैं क्योंकि आप उस भाषा में लिखते हैं, यह उचित नहीं है।

इसलिए हिंदी पत्रकारिता और हिंदी साहित्य दोनों एक दूसरे से स्वतंत्र अलग-अलग विधाएं हैं। मैं ऐसा नहीं मानता कि हिंदी साहित्य से अलग होकर हिंदी पत्रकारिता रसातल में जा रही है, बल्कि मुझे तो लगता है कि विकास की दृष्टि से यह समय हिंदी पत्रकारिता के लिए स्वर्णकाल है। स्तर को लेकर जो चिंताएं हैं वह स्वतः ठीक हो जाएंगी।

(31 मई 1992, राष्ट्रीय सहारा हस्तक्षेप)

प्रसारण कर्मियों के रोष से सबक लें

आकाशवाणी पटियाला के इंजीनियर और प्रभारी केंद्र निदेशक मोहन लाल मनचंदा की पंजाब में उग्रवादियों द्वारा की गई नृशंस हत्या और उसके परिणामस्वरूप आकाशवाणी और दूरदर्शन कर्मचारियों के राष्ट्रव्यापी आंदोलन ने आतंकवाद और नागरिक सुरक्षा से जुड़े अनेक सारे प्रश्न, किंतु अनुत्तरित प्रश्नों को एक बार फिर विचार के केंद्र में ला खड़ा किया है। मनचंदा की हत्या की प्रतिक्रिया में कई केंद्रों पर हड़ताल हो गई। देश में पहली बार शायद ऐसा हुआ कि राष्ट्रीय प्रसारण कुछ क्षणों के लिए पूरी तरह ठप हो गया। प्रसारण कर्मियों की इस व्यापक और उग्र प्रतिक्रिया से देश में आतंकवादी हिंसा के वर्तमान स्वरूप, उससे उत्पन्न नागरिक असुरक्षा की भावना, कर्त्तव्य-पालन के दौरान कर्मचारियों की सुरक्षा के मामले में सरकार की जिम्मेदारी तथा सरकार की विफलता की स्थिति में कर्मचारियों की प्रतिक्रिया किस सीमा तक उग्र हो, ये कुछ ऐसे मुद्‍दे हैं जो इस घटना के बाद एक बार फिर चर्चा के मोहताज हो गए हैं।

देश में आतंकवाद का दायरा बढ़ता जा रहा है, खासतौर पर पंजाब का आतंकवाद। वर्षों की अपनी कारगुजारियों के बावजूद पंजाब में किसी ठोस मुकाम पर न पहुंच पाने के कारण यह एक ओर तो पंजाब से बाहर निकलकर हरियाणा और उत्तर प्रदेश के तराई क्षेत्र को अपनी चपेट में ले रहा है तथा दूसरी ओर अपनी हिंसक गतिविधियों को और उग्रतर तथा बर्बर करता जा रहा है। ऐसी स्थिति में स्वाभाविक है कि सार्वजनिक जीवन के लोग ज्यादा बड़ी संख्या में आतंकवाद के शिकार हों, चाहे वे पुलिस-प्रशासन से जुड़े सरकारी कर्मचारी हों या प्रसारण-मुद्रण से जुड़े माध्यम के लोग। आतंकवादियों को पता है कि अब इस वर्ग पर आक्रमण करके ही व्यवस्था की रीढ़ तोड़ी जा सकती है। इसीलिए आतंकवादी हिंसा के नए दौर में इसी प्रकार के लोग ज्यादा शिकार बन रहे हैं।

आतंकवादी पंजाब में सब कुछ करके देख चुके हैं। धार्मिक अनुष्ठानों पर गोलीबारी, बस या ट्रेन रोककर निहत्थों की हत्या, बीच बाजार में बम विस्फोट, गांवों में चुन-चुनकर एक वर्ग के लोगों की हत्या, निरीह औरतों तथा बच्चों का वध तथा एक तरह से संपूर्ण अघोषित युद्ध छेड़कर भी पंजाब के आतंकवादी जनमानस में आतंक और भय का ऐसा कोई स्थायी भाव नहीं पैदा कर सके, जो उन्हें उनके उद्‍देश्य तक पहुंचा सके और आमतौर पर लोगों का मनोबल इस हद तक तोड़ दे कि दोबारा उठकर वे मुकाबला करने के बारे में सोच भी न सकें। ऐसी स्थिति में उनके सामने एक ही रास्ता बचता था कि ऐसा कुछ किया जाए जिससे उन लोगों के मन में अविश्वास पैदा हो जाए जिनकी शक्ति और ऊर्जा से प्रशासन तथा व्यवस्था चलती है। मनचंदा के अपहरण तथा उनकी नृशंस हत्या तथा इस

कारण प्रसारण कर्मियों में हुई व्यापक प्रतिक्रिया के आधार पर यह कहा जा सकता है कि आतंकवादियों को अपने उद्देश्य में पहली बार थोड़ी सफलता मिली है।

मनचंदा की हत्या से उत्पन्न रोष का निशाना पंजाब के आतंकवादी नहीं हैं। कर्मचारियों में रोष सरकार, उसके उच्चाधिकारीयों तथा उनके अपने विभाग के वरिष्ठ सहकर्मियों के प्रति है। कर्मचारी इस बात पर उत्तेजित हैं कि उन्हें जिन विषम परिस्थितियों में काम करना पड़ता है, उसकी चिंता न तो सरकार को है और न ही उनके अपने विभाग के उच्चाधिकारियों को। यह सच है कि मनचंदा के अपहरण से लेकर उनकी असफल रिहाई की तथाकथित सरकरी कोशिशों के दौरान चिंता, दुख या उद्वेग का लेश भी न झलकना हमारे समाज की संवेदनहीनता का एक शर्मनाक उदाहरण है। अपहरण से लेकर विखंडित लाश मिलने के दिन तक मनचंदा की खबर न तो अखबारों की सुर्खियों में आ पाई और न ही सरकारी माध्यम ने इस मामले को गंभीरता से उठाया। ऐसी उदासीनता के बाद भी यदि प्रसारणकर्मी इस सीमा तक आंदोलित नहीं होते, तो फिर यही मानना पड़ता कि न केवल हमारा प्रशासन, बल्कि समाज की संवेदना के तंतु भी कहीं बुरी तरह से छिन्न-भिन्न हो गए हैं। इस पूरे अपराधकांड के दौरान कुछ ऐसा निस्पृह उदासीनता का माहौल बना रहा, मानो एक कर्त्तव्यपरायण सरकारी अधिकारी का अपहरण और उसकी हत्या एक रोजमर्रा की रूटीन घटना है।

ऐसी परिस्थिति में प्रसारणकर्मियों की हड़ताल जिस सीमा तक गई, उसे उस सीमा तक भी जायज ठहराया जाता यदि इस आंदोलन से वह बात उभरकर सामने आती कि कर्त्तव्यपरायण अधिकारियों या आम नागरिकों को सुरक्षा देने में सरकार असफल रही है। दुख की बात है कि यह आंदोलन उचित कारणों से प्रारंभ होकर भी उचित रास्ते पर नहीं चल पाया। आंदोलन का मुद्दा सुरक्षा के प्रति सरकार का कर्त्तव्य और उसकी जवाबदेही होना चाहिए था, न कि यह मांग कि अमुक मंत्री या अमुक अधिकारी इस्तीफा दे दें या फिर आठ नहीं, दस लाख का मुआवजा चाहिए। आम नागरिक की सुरक्षा के प्रति सरकार का जो विकृत नजरिया है, यह आंदोलन यदि उस दिशा में आगे बढ़ता तो प्रसारणकर्मियों को राष्ट्रीय प्रसारण जैसे महत्त्वपूर्ण कार्यक्रम को ठप करने की घटना को नजरअंदाज किया जा सकता था, लेकिन ऐसा नहीं हुआ। यह आंदोलन एक आम ट्रेड यूनियन द्वारा छेड़े गए आंदोलन से अलग नहीं बन पाया, जबकि यह एक अच्छा मौका था, जब सरकार को इस बारे में एक स्पष्ट नीति-निर्णय लेने के लिए बाध्य किया जा सकता था कि वह अपने नागरिकों और कर्मचारियों की सुरक्षा के बारे में ठोस पहल करे।

आधुनिक विश्व में आतंकवाद एक स्थाई भाव के रूप में विराजमान है। इसलिए यह अपेक्षा करना ज्यादती होगी कि भारत इस आधुनिक व्याधि से मुक्त रहेगा, लेकिन इतनी अपेक्षा तो की ही जा सकती है कि जैसे सारा संसार इस समस्या से निपट रहा है, नागरिक सुरक्षा के मामले में भारत में कम-से-कम उतनी कोशिश तो होनी ही चाहिए। ऐसा नहीं कि आतंकवाद से मुकाबले के नाम पर हम धन नहीं खर्च रहे हैं या कोई चेष्टा नहीं कर रहे हैं। फर्क सिर्फ यही है कि हमारी प्राथमिकताएं गलत हो गई हैं।

एक तरफ राजनीतिज्ञों ने सुरक्षा को प्रतिष्ठा से जोड़ लिया है। सबसे ज्यादा प्रतिष्ठित और महत्त्वपूर्ण राजनीतिज्ञ वही माना जाता है, जिसके इर्द-गिर्द सुरक्षाकर्मियों की भीड़ रंग-बिरंगे

कपड़े पहने और स्वचालित अस्त्रों का प्रदर्शन कर रही हो। ऐसे माहौल में सुरक्षा महत्त्वपूर्ण नहीं होती। महत्त्वपूर्ण होता है सुरक्षा का प्रदर्शन। इसलिए ऐसे राजनीतिज्ञ, जिन्हें सुरक्षा की कोई आवश्यकता भी नहीं, सिर्फ प्रतिष्ठा के लिए अपने इर्द-गिर्द सुरक्षाकर्मियों का अनावश्यक जाल बिछवा लेते हैं। इस बात की उन्हें शायद परवाह भी नहीं होती कि जिन्हें सचमुच सुरक्षा और निरापदता की आवश्यकता है, उन्हें यह सुविधा मिल भी रही है या नहीं, जबकि दूसरी ओर सरकारी कर्मचारी न सिर्फ कर्त्तव्य पालन करते हुए अपनी जान दे रहे हैं, बल्कि सरकारी उपेक्षा का भी शिकार हो रहे हैं।

मनचंदा ऐसे तीसरे प्रसारणकर्मी थे, जिन्हें कर्त्तव्य पालन के दौरान आतंकवादी हिंसा का शिकार होना पड़ा। इससे पूर्व की दोनों हत्याएं इतनी अचानक हुई थीं कि कर्मचारियों को इस बात का पूरी तरह से अहसास भी नहीं हुआ कि उनके जीवन के साथ प्रशासन किस तरह की उपेक्षा कर रहा है। मनचंदा के अपहरण और उनकी हत्या में करीब दस दिन का समय लगा और इस दौरान पहली बार पता चला कि इस तरह का जोखिम उठाकर राष्ट्र का काम करने वाले सचमुच कितने असहाय हैं। यदि प्रशासन अपनी चेष्टा में गंभीर होता तो आतंकवादियों की मांगें कुछ इतनी भयानक नहीं थीं कि उन्हें लंबी वार्ता में उलझाकर मनचंदा को मुक्त नहीं कराया जा सकता था। इस कार्य के लिए जिस दृढ़ इच्छाशक्ति और लगन की आवश्यकता होनी चाहिए, उसका अभाव अवश्य खुलकर सामने आ गया।

दबाव में आकर सरकार आज भले ही आठ की जगह दस लाख मुआवजा दे दे या तात्कालिक सुरक्षा की कोई व्यवस्था भी कर दे, लेकिन सिर्फ इन कदमों से कर्त्तव्यरत सरकारी कर्मचारियों तथा आम नागरिकों की सुरक्षा कैसे हो, इस समस्या का समाधान नहीं हो पाएगा। व्यवस्था में लोगों का विश्वास तभी वापस आएगा, जब सरकार आतंकवाद के बारे में अपनी एक सुनिश्चित नीति बनाकर यह बताए कि ऐसी परिस्थितियों में आम नागरिक की सुरक्षा के लिए राज्य की अमुक स्पष्ट नीतियां हैं। वरना ऐसी घटनाओं के बाद आतंकवादियों का मनोबल ही बढ़ेगा। वे जानते हैं कि जब तक आम नागरिक और कर्मचारी अपनी व्यवस्था से विमुख नहीं हो जाते तब तक सिर्फ उनकी आतंकवादी कार्रवाइयों से उन्हें वह सब हासिल नहीं होगा, जो वे इस रास्ते प्राप्त करना चाहते हैं।

प्रसारणकर्मी या आम नागरिक भी सरकार से किसी विशेष व्यवहार की अपेक्षा नहीं करता है। जिस तरह से सैन्य बल के जवान यह जानते हुए भी कि उनके पेशे में जान का जोखिम है, फिर भी अपनी कर्त्तव्य-भावना से जान तक देने में नहीं हिचकते, उसी तरह देश का हर नागरिक कर्त्तव्य-भावना से अपने काम को अंजाम देने से पीछे नहीं हटना चाहता, लेकिन उसे यह पता तो हो कि जिस व्यवस्था के लिए वह अपने प्राण दे रहा है, उस व्यवस्था का हाथ उसके सिर पर है। उपेक्षा की भावना या उनके कर्त्तव्य के प्रति व्यवस्था का निस्पृह भाव उसे इस सीमा तक अवश्य आंदोलित कर देता है कि वह अपना कर्त्तव्य भूलकर फिर उसी व्यवस्था के खिलाफ उठ खड़ा होता है, जिसकी सुरक्षा उसका कर्त्तव्य है। आतंकवादी और विघटनकारी शक्तियां ऐसी ही परिस्थितियां पैदा करना चाहती हैं। देश को इस घटना से यह सबक सीखना चाहिए।

(4 जून 1992, अमर उजाला)

पत्रकारिता के नाम पर दुकान चलाने की स्वतंत्रता का पक्षधर मैं नहीं हूँ

[सुरेंद्र प्रताप सिंह से कुमार नरेंद्र सिंह की बातचीत]

पत्रकारिता में आने के पीछे आपका क्या उद्देश्य था?

—पत्रकारिता में मैं दुर्घटनावश ही आया। इसलिए कहूं कि कोई महान उद्देश्य लेकर आया था तो यह झूठ होगा। हां, आने के बाद धीरे-धीरे उद्देश्य मेरे सामने स्पष्ट होने लगे। पत्रकारिता का जीवनदर्शन खुलने लगा। यह प्रक्रिया आज भी चल रही है।

सफल पत्रकार आप किसे कहेंगे?

—सफल पत्रकार मैं उसे कहूंगा जो देश, समाज और व्यक्ति (मैं समाज में अंतिम व्यक्ति की बात कर रहा हूं) के हित में इस काम को करता है या जो उसे करना चाहिए, उसमें वह सफल है। सफलता के कई मानदंड हो सकते हैं। हो सकता है कि कोई व्यक्ति पत्रकार के रूप में सफल न हो, पर पत्रकार का रूप धर कर सफल व्यक्ति बन जाए। बहुत से ऐसे लोग हैं जिनके लिए पत्रकारिता 'अन्य कुछ' प्राप्त करने का साधन है। पत्रकारिता के जरिए कोई राजनीति में जाना चाहता है, कोई पैसा बनाना चाहता है और कोई नाम कमाना चाहता है। मैं समझता हूं कि इस तरह की सफलता पत्रकारिता की नहीं, बल्कि व्यक्ति की सफलता के मानदंड हैं। पत्रकार तो वही सफल है जो उसका सफलतापूर्वक संप्रेषण करता है, जिसे वह कहना चाहता है। यानि जो कुछ वह कहता है लोग उसे उसी तरह ग्रहण करते हैं। उसके कहने के पीछे कोई दूसरा कारण नहीं ढूंढते। इस मायने में मैं अरुण शौरी को एक सफल पत्रकार मानता हूं। (यद्यपि उनके विचारों से मैं घोर असहमति रखता हूं।) वे जो कुछ कहते हैं उसको लोग गंभीरता से लेते हैं।

पत्रकारिता में आप अपने को कितना सफल मानते हैं?

—मैंने पत्रकारिता का लंबा और टेढा रास्ता चुना। सीधा रास्ता यह है कि अपने विचारों को धड़ाधड़ लिखकर पत्रकारिता में अपनी जगह और पहचान बना लें। लेकिन पता नहीं किन कारणों से मैंने यह रास्ता नहीं चुना। जो रास्ता मैंने चुना, वह जरा कठिन है। यह बात मैं कोई शहीदी मुद्रा या प्रशंसा पाने के उद्देश्य से नहीं कह रहा हूं। मुझे लगा कि मेरे लिए यही रास्ता ठीक है। पाठक तक एक व्यक्ति की बात पहुंचाने की बजाय मैंने सोचा कि हम ऐसा साधन विकसित करें जिससे बात संस्थागत रूप में पाठक तक पहुंचे। मैं रहूं या न रहूं, व्यक्ति रहे या न रहे, लेकिन वह बात लोगों तक पहुंचती रहे। इसमें मेरे लिए यह महत्त्वपूर्ण

नहीं था कि मैं क्या लिख रहा हूं बल्कि मेरे लिए यह महत्त्वपूर्ण था कि और लोग क्या लिख रहे हैं। मेरे लिए महत्त्वपूर्ण बात यह थी कि हम किस तरह की पत्रिका निकाल रहे हैं या हमने किस तरह की टीम बनाई है। पत्रकारिता के अपने शुरुआती दिनों में मैं खूब लिखता था। पर जैसे-जैसे समझ बढ़ी, मुझे लिखने से डर लगने लगा कि मैं यह क्या कर रहा हूं। मुझे लगा कि लेखकों की पत्रकारिता में पूरी-की-पूरी पहचान बनाने का काम एक टीम के रूप में ही किया जा सकता है। 'रविवार' के माध्यम से थोड़ा-बहुत ऐसा करने का प्रयास मैंने किया। 'नवभारत टाइम्स' में आने के बाद भी मैंने इस काम को जारी रखा। पर 'नवभारत टाइम्स' एक बहुत बड़ा अखबार है। इसका एक जमा हुआ तंत्र है इसलिए उसमें काफी समय लगा। मुझे खुशी है कि आज पत्रकारिता उसी दिशा में बढ़ रही है जिस दिशा में मैंने उसे बढ़ाने का प्रयास किया था। अच्छी पत्रकारिता की दिशा में मैंने ठोस कदम उठाने का प्रयास किया, इसे ही आप मेरी सफलता या उपलब्धि मान सकते हैं।

अखबार की कोई निश्चित विचारधारा होनी चाहिए या नहीं?

—अखबार का मतलब मैं दैनिक समाचार पत्र समझता हूं और अगर वह किसी विचारधारा के प्रतिनिधि के रूप में माना जाता है तो यह उसकी असफलता है। इसमें मैं थोड़ा परंपरावादी हूं। मैं मानता हूं कि समाचारपत्र के तीन काम हैं—सूचना देना, जन शिक्षण करना और मनोरंजन करना। सूचना के भी दो अंग हैं—समाचार और विचार। समाचार के मामले में मैं चाहता हूं कि पत्रकार बहुत ही वस्तुनिष्ठ हों, निर्मम और निरपेक्ष हों। उस घटना का समाचार भी, जिसका प्रभाव लोगों पर भिन्न-भिन्न रूपों में पड़ता हो, चाहे वह घटना कितनी भी बड़ी क्यों न हो, और उसका प्रभाव बड़े से बड़े समूह पर क्यों न पड़े, पत्रकार को निरपेक्ष होकर देना चाहिए। बड़ा दुख होता है कि पत्रकार ऐसी घटनाओं के प्रति निरपेक्ष नहीं रह पाते। देश के अंदर की घटनाओं पर तो निरपेक्ष रहते भी हैं, पर जहां भारत और पाकिस्तान का मामला आता है, हम निरपेक्ष नहीं रह पाते। विचार के मामले में बहुत वस्तुनिष्ठ नहीं हुआ जा सकता।

पत्रिकाएं निश्चित विचारधारा की हो सकती हैं और होनी भी चाहिए। इसमें कोई बुराई नहीं है। 'पांचजन्य' निकलने से मुझे कोई परेशानी नहीं होती, क्योंकि हमें मालूम है कि वे कौन लोग हैं, उनकी विचारधारा क्या है और वे किस उद्देश्य से निकाल रहे हैं। इसी तरह अन्य दलों या व्यक्तियों की पत्रिकाएं भी हो सकती हैं।

अखबार में क्या छपे, इसका अंतिम अधिकार मालिकान को होना चाहिए या संपादक को? संपादकीय विभाग की स्वतंत्रता के आप किस हद तक पक्षधर हैं?

—देखिए, इस अधिकार का निर्णय रोज-रोज नहीं होता। मालिकान और संपादको के संबंध का भी निर्धारण रोज-रोज नहीं होता। वैज्ञानिक तरीका यह है कि मालिक जिस दिन संपादक को नियुक्त करता है उसी दिन उसे बता देता है कि हमारे अखबार की नीति क्या है। उस गाइडलाइन के अंदर अखबार को कैसे निकाला जाएगा, कौन सा समाचार जाएगा—यह सारा कार्य संपादक का होता है, उसमें मालिक कहीं नहीं आता। निर्धारित गाइडलाइन्स के अनुसार संपादक काम कर रहा है या नहीं, यह देखने का काम मालिक का है।

जहां तक संपादकीय विभाग की स्वतंत्रता का सवाल है, तो उसमें बहुत साफ लाइनें खिंची हुई हैं यानि समाचार देने में वे स्वतंत्र नहीं हैं। समाचार जो हैं, वे हैं और उन्हें जाना

चाहिए। पर कहीं न कहीं स्वतंत्रता की सीमारेखा खींचनी होगी और वह सीमारेखा है—संपादक। पत्रकारिता के नाम पर दुकान चलाने की स्वतंत्रता का मैं पक्षधर नहीं हूं। तर्कपूर्ण ढंग से और सुसंस्कृत भाषा में लिखे गए विचारों को समाचारपत्रों में स्थान मिलना चाहिए—चाहे वे जैसे भी विचार हों।

संपादकीय विभाग और प्रबंधकों के बीच विवाद की मुख्य वजह क्या है और इसका समाधान क्या है?

—मैं समझता हूं कि इसकी मुख्य वजह संपादकीय नीति का अभाव है, जिसके चलते प्रबंधकों एवं संपादकों के विचारों में टकराहट होती है। अपने देश में दिक्कत यह है कि प्रबंधक कोई संपादकीय नीति नहीं बनाना चाहते। संपादकीय नीति बनाना तलवार की धार पर चलने के समान है। इसमें प्रबंधकों को कहना पड़ेगा कि उनके संस्थान की संपादकीय नीति यह है या यह नहीं है, पर उनमें इतना साहस नहीं है। वे तो 'गंगा आए गंगादास, जमुना आए जमुना दास' होते हैं। नरसिंह राव की सरकार है तो नरसिंह राव का गुणगान, आडवाणी जी आएंगे तो आडवाणी जी महान और विश्वनाथ प्रताप सिंह जैसा कवि तो देखा ही नहीं। यानि जिसकी सत्ता उसका खेल उन्हें खेलना होता है। इसमें जो द्वंद्व चलता है, वह अखबार में भी प्रकट होता है। पश्चिम के देशों में संपादकीय नीति है। उदाहरण के लिए, इंग्लैंड में जब चुनाव होते हैं तो संपादक संपादकीय लिखता है कि वह अमुक पार्टी या अमुक उम्मीदवार का समर्थन करता है। मतदाताओं से उस दल के उम्मीदवार को वोट देने की अपील भी करता है। पर यह बात रिपोर्टिंग में नहीं झलकनी चाहिए। अपने यहां तो संपादक सबको खुश करने की नीति अपनाते हैं। अखबार से पैसा भी कमाएंगे, मिशन भी बनाएंगे, उसे अंधेरे में बेच भी देंगे और पवित्रता की बात भी करेंगे। प्रबंधक और संपादक, दोनों ही नहीं चाहते कि कोई संपादकीय नीति बने।

इसका समाधान मैं समझता हूं कि अखबार का नियंत्रण पेशेवर (प्रोफेश्नल) लोगों के हाथ में होना चाहिए। अन्य प्रोफेशनल्स जैसे डॉक्टर, वकील, चार्टर्ड एकाउंटेंट आदि अपनी शर्तों पर काम करते हैं पर अखबारी पेशे का समीकरण कुछ इस तरह बना और बिगड़ा कि प्रोफेशनल्स अखबार के नियंत्रण में हैं। इसका समाधान तभी होगा जब ऐसी संस्थाएं बनेंगी, जिनमें कुछ संपादक या लेखक ही अखबार निकालंगे। मुझे दीख रहा है कि यह दिन दूर नहीं है। इसमें सब कुछ खुला होगा। पांच संपादक बैठकर तय कर लेंगे कि उनकी संपादकीय नीति क्या होगी। जिनके लिए अखबार निकाला जाता है, जो अखबार निकालते हैं या जिन्हें निकालना चाहिए—उस पर यदि उनका नियंत्रण होगा तो स्थिति सुधरेगी, वरना ऐसे ही चलती रहेगी—छापामार लड़ाई।

आप अखबार के प्रबंधन को अन्य उत्पाद इकाइयों के समान ही मानते हैं या उससे भिन्न? आप पत्रकार को एक विशिष्ट बुद्धिजीवी कर्मचारी मानते हैं या अन्य के समकक्ष एक सामान्य कर्मचारी?

—मैं समझता हूं कि हर उत्पाद का प्रबंधन दूसरे से अलग होता है। उस मायने में अखबार का प्रबंधन भी दूसरे से अलग होता है। आखिर जूता बनाने और डालडा बनाने का प्रबंधन एक तो नहीं हो सकता। मैं इस तरह का वर्गीकरण नहीं कर सकता कि अखबार के प्रबंधन

का एक वर्ग और बाकी उत्पाद इकाइयों का दूसरा वर्ग। अखबार को एक उत्पाद के रूप में तो देखना ही पड़ेगा, पर अखबार निकालने का उद्देश्य सिर्फ बेचना नहीं हो सकता। क्योंकि अगर सिर्फ बेचना ही उद्देश्य होता तो वह अन्य उत्पाद इकाई भी बैठा सकता है। किसी ने अखबार निकाला है तो निश्चित रूप से उसका उद्देश्य सिर्फ बेचना नहीं है, कुछ और भी है और यही उद्देश्य इसे अन्य उत्पादों से अलग करता है।

मैं पत्रकार को कोई विशिष्ट बुद्धिजीवी कर्मचारी नहीं मानता। क्या डॉक्टर, वकील, इंजीनियर और कुशल मजदूर बुद्धिहीन होते हैं? पत्रकार लिखने का विशिष्ट कार्य अवश्य करता है पर वह अकेला बुद्धिजीवी नहीं है।

अखबारों में सेवा शर्तों के संबंध में प्रबंधकों के मनमानेपन की स्थिति बरकरार क्यों है?

—यह स्थिति हर क्षेत्र में है। मैं प्रबंधकों की मनमानी को डिफेंड नहीं कर रहा हूं। मैं सिर्फ यह कहना चाहता हूं कि जिस तरह का समाज हमने बनाया है, उसमें मजदूरी करने वाले लोगों के साथ लगातार अन्याय होता आ रहा है, चाहे वह कोई भी क्षेत्र या धंधा हो। यह सिर्फ अखबारों की स्थिति नहीं है। पत्रकार संगठित रूप से उनके मनमानेपन का विरोध नहीं कर रहे हैं। अखबारों में मजबूत ट्रेड यूनियन की परंपरा रही है। वह परंपरा नष्ट हो रही है इसलिए प्रबंधकों के मनमानेपन की स्थिति बरकरार है।

इस संदर्भ में आखिर बछावत आयोग की सिफारिशें क्यों लागू नहीं की जातीं?

—बछावत आयोग अपने आप में इस समस्या का समाधान नहीं है। बछावत तो उनके लिए है जो नियम मानने के लिए तैयार हैं। आज पत्रकारिता में, खासकर हिंदी पत्रकारिता में, ऐसी स्थिति है कि जो लोग अखबार निकाल रहे हैं, सेवा शर्तों की बात तो छोड़ दीजिए, वे किसी भी नियम-कानून को नहीं मानते।

बछावत आयोग इसलिए लागू नहीं होता कि मालिक पैसा नहीं देना चाहते हैं। बहुत साधारण बात है कि अगर मालिक का काम दो पैसे देकर चल जाता है तो वह पचास पैसे क्यों देगा? इस देश में कौन सा कानून लागू होता है? आप जिस समाज में रहते हैं उसी का तो कानून लागू होगा। ऐसा तो है नहीं कि पत्रकारिता के लिए अलग स्थिति है।

अखबार में क्या आप यूनियन के पक्षधर हैं?

—मैं हमेशा यूनियन का पक्षधर रहा हूं, क्योंकि मैं समझता हूं कि यूनियन एक ऐसी संस्था है जो दूसरे पक्ष को वैज्ञानिक तरीके से सामने लाती है। समझौते में अगर दूसरा पक्ष संस्था के रूप में सामने नहीं बैठेगा तो प्रबंधन के किसी निर्णय की प्रतिक्रिया कई रूपों में प्रकट होगी और इससे सिर्फ ऊर्जा का नाश होगा। मैं समझता हूं कि किसी संस्था में यूनियन का होना उतना ही आवश्यक है, जितना एक अच्छे प्रबंधक का होना।

अखबार में सत्ता के राजनीतिक दखल को क्या उचित मानते हैं? क्या आप मानते हैं कि सत्ता से तालमेल किए बिना आसानी से अखबार नहीं चलाया जा सकता?

—अखबार में सत्ता के राजनीतिक दखल को मैं बहुत अनुचित मानता हूं। वैसे बहुत सारे अक्षम लोग इसे अपने निकम्मेपन की ढाल भी बनाते हैं। अपने 20-22 सालों की पत्रकारिता में ऐसा कोई उदाहरण याद नहीं पड़ता जब मेरे ऊपर सत्ता का दबाव पड़ा हो। अगर आप

बेईमान नहीं हैं, राजनीतिकों से पैसा नहीं लेते या उनकी राजनीति नहीं करते, तो आपके ऊपर सत्ता का दबाव नहीं डाला जा सकता। लेकिन आप अगर 'चोर-चोर मौसेरे भाई' हैं तो आप पर सत्ता का दबाव पड़ेगा। मैं ऐसा कतई नहीं मानता कि सत्ता से तालमेल किए बिना अखबार नहीं चलाया जा सकता।

आप पर भी सत्ता की राजनीति करने के आरोप लगाए जाते हैं, खासकर जनता दल का समर्थन करने के लिए। इस संदर्भ में आपका क्या कहना है?

—जब तक जनता दल सत्ता में रहा, तब तक के अखबार निकालकर देख लीजिए, पता चल जाएगा कि मैं जनता दल का समर्थन कर रहा था या नहीं। यह तो ऐसी चीज़ है कि जिसे आप चाहकर भी छिपा नहीं सकते। मैं जनता दल का समर्थक हूं या नहीं, यह तो अखबार से ही देखा जा सकता है। सौभाग्य या दुर्भाग्यवश उस समय मैंने बहुत कम लिखा। मैं तो सिर्फ समाचारों का संयोजन करता था, वह भी पूर्वाग्रह से मुक्त होकर। मैंने लिखना तब शुरू किया जब मंडल और मंदिर का मुद्दा सामने आया। उस समय जनता दल के समर्थक तो क्या, जनता दल के खुद के नेता जनता दल के विरोधी हो गए थे। अगर कोई यह समझता है कि मैं मंडल का समर्थन कर रहा था इसलिए जनता दल का समर्थन कर रहा था तो उससे बड़ा मूर्ख मैं किसी को नहीं समझता। वह तो मेरे लिए अलोकप्रियता के पाताल में ले जाने वाला कदम था, पर मैंने वह कदम इसलिए उठाया क्योंकि मैं वैचारिक रूप से उसे उचित मानता था। उसमें भी मैं समाचारों में कोई दखलअंदाज़ी नहीं करता था। संपादकीय नीति राजेन्द्र माथुर तय करते थे और चूंकि मेरी राय भी उनसे मिलती थी, इसलिए एक तरह की नीति चलती थी। वैसे संपादकीय नीति निर्धारण में सूर्यकांत बाली, विष्णु खरे या राजकिशोर आदि भी सहयोगी होते थे। मैं जो उचित समझता था, उसे मैं अपने नाम से लिखता था और इसके लिए मुझे कहीं कोई शर्म या मलाल नहीं है। आपको सूचित कर दूं कि सत्ता की राजनीति करके पूरे जनता दल के शासन काल में मैं विश्वनाथ प्रताप सिंह से एक बार भी नहीं मिला।

इलेक्ट्रॉनिक मीडिया का प्रसार क्या हिंदी पत्रकारिता के लिए चुनौती नहीं है? इन चुनौतियों का सामना कैसे किया जा सकता है?

—यह चुनौती खुद पत्रकारिता के लिए है। हां, हिंदी पत्रकारिता कोई विशेष पत्रकारिता है, ऐसा मैं नहीं समझता। इलेक्ट्रॉनिक मीडिया छपे हुए शब्दों के लिए चुनौती है। मैं इसे खतरा नहीं मानता। मैं सूचना के मुक्त बहाव में विश्वास करता हूं, चाहे वह किसी भी स्रोत से प्राप्त हो।

इलेक्ट्रॉनिक मीडिया की चुनौती का सामना करने के लिए समाचारपत्रों को और विश्वसनीय बनाना पड़ेगा, इसे समाज से और जोड़ना पड़ेगा। समाचारपत्र के विचार पक्ष को और सुदृढ़ करना होगा क्योंकि दृश्य-श्रव्य माध्यम की सबसे बड़ी कमजोरी यह है कि दर्शक के दिमाग से शब्द बड़ी तेजी से गायब होते हैं। यहीं पर प्रिंट माध्यम की भूमिका शुरू होती है। अखबार की बात को महीनों, वर्षों और सदियों तक सुरक्षित रखा जा सकता है पर इसके लिए आपको तय करना होगा कि अखबार से आपको परचून की दुकान चलानी है या विचारों का लेन-देन करना है।

क्या आप पत्रकारिता जगत में आई चारित्रिक गिरावट की बात स्वीकार करते हैं? अगर हां, तो इसकी वजह क्या है?

—चारित्रिक गिरावट से आपका क्या मतलब है? क्या आप कहना चाहते हैं कि पत्रकार चरित्रहीन हो गए हैं, सवाल को थोड़ा स्पष्ट कीजिए।

मेरा मतलब है कि पत्रकारिता के जरिए कुछ पत्रकार अन्य सुविधाएं और उद्‌देश्य हासिल करने में लगे हुए हैं।

—इस तरह की चारित्रिक गिरावट निश्चित रूप से आई है, पर यह गिरावट समाज के हर अंग में आई है। अखबार पलटकर देख लीजिए, आपको पता चल जाएगा कि कानून की रक्षा करने वाली पुलिस स्वयं हर प्रकार के संगीन जुर्म में शामिल है। ऐसे बहुत से पत्रकार हैं जो पत्रकार के रूप में नेतागिरी करते हैं और नेता बनने के बाद पत्रकारिता करते हैं। पत्रकार कोई देवदूत नहीं होता। इनमें भी बहुत सारे दलाल घुसे हुए हैं। समाज के बाहर रहकर पत्रकारिता नहीं हो सकती। यह कैसे हो सकता है कि समाज तो भारत का हो और पत्रकारिता फ्रांस की हो? समाज में आई चौतरफा गिरावट पत्रकारिता में भी परिलक्षित हो रही है। पत्रकारों की विश्वसनीयता अवश्य कम हुई है पर मेरे लिए यह कोई ज्यादा चिंताजनक बात नहीं है। मेरे लिए चिंताजनक बात यह है कि लोगों का विश्वास राज्य की सत्ता से ही उठता जा रहा है। न्याय व्यवस्था, प्रशासन और सरकार पर से लोगों का विश्वास उठ रहा है। मैं इसे पत्रकारिता की विशेष समस्या नहीं मानता।

कई संस्थानों में मालिक ही संपादक भी हैं। संपादकीय कामों के बगैर किसी कार्यानुभव के क्या किसी को संपादक होना चाहिए?

—मालिक संपादक हो, इसके खिलाफ मैं नहीं हूं। ऐसे बहुत से अच्छे संपादक हैं जो मालिक भी हैं। एन राम (हिंदू), हरि किशोर (डेक्कन हेराल्ड), कर्पूर चन्द्र कुलिश (राजस्थान पत्रिका), लाला जगत नारायण, विजय कुमार (पंजाब केसरी), नरेन्द्र मोहन (जागरण) आदि अच्छे संपादक रहे हैं और हैं। लेकिन जो लोग संपादक के रूप में सिर्फ अपना नाम देना चाहते हैं या जिनके लिए संपादक का नाम छपने से मंत्रियों के दरवाजे खुल जाते हैं, उस पर मुझे आपत्ति है।

मौजूदा समस्याओं मसलन सांप्रदायिकता, जातीयता आदि को बढ़ाने में क्या प्रेस की भी भूमिका रही है? इस संदर्भ में उसे किस तरह की नीति अख्तियार करनी चाहिए?

—बहुत बुरी भूमिका रही है। मैं समझता हूं कि एक दौर, जिसमें सैंकड़ों नौजवानों ने अपने को जलाकर मार डाला, के पीछे सबसे बड़ी भूमिका अखबारों की रही है। कुछ अखबारों ने बाकायदा इस पर 'कैम्पेन' चलाया। मंडल का विरोध उन्हें तब तक संतुष्ट नही कर पाया जब तक नौजवान जलकर मरने नहीं लगे। जलकर मरने वालों का समाचार जब न्यूज़रूम में पहुंचता था तो वहां जैसे उल्लास का एक वातावरण बन जाता था। उसी तरह राम मंदिर मामले में भी देखने को मिला कि पत्रकार कार सेवक बन बैठे। मैं यह नहीं कहता कि पत्रकार धार्मिक भावना से अछूता रहे, पर इतना मैं जरूर सोचता हूं कि पत्रकार को चाहिए कि इस भावना को दबाकर, समेटकर रखे। इसका प्रचार अखबार के माध्यम से न करे।

प्रभाष जोशी ने अपने एक इंटरव्यू में कहा है कि विश्व हिंदू परिषद, बजरंग दल और राष्ट्रीय स्वयंसेवक संघवादी जैसे संगठनों को कमजोर करने के लिए पत्रकारों को भाजपा का समर्थन करना चाहिए क्योंकि अगर ऐसा नहीं किया गया तो सारे देश में पंजाब जैसी स्थिति हो जाएगी। उनकी इस टिप्पणी पर आप क्या सोचते हैं?

—मैं चूंकि यह नहीं जानता हूं कि प्रभाष जोशी जी ने किस संदर्भ में यह बात कही है। वैसे इतना मैं जरूर कहूंगा कि विहिप, बजरंग दल, आरएसएस को भाजपा से अलग मानकर अगर वे कोई विश्लेषण करते हैं तो मैं विनम्रतापूर्वक इससे असहमत होना चाहूंगा। मैं भाजपा को विहिप, आरएसएस और बजरंग दल से अलग कोई सत्ता नहीं मानता और न मैं यह मानता हूं कि भाजपा में आडवाणी जी खराब हैं या अटल जी अच्छे हैं। मैं इन सबको एक ही परिवार, संघ परिवार का सदस्य मानता हूं।

(15 नवंबर 1992, राष्ट्रीय सहारा हस्तक्षेप)

मीडिया हमेशा सवर्णों का पैरोकार रहा है

जाति पुनः चर्चा में है। यह बात आजकल कहीं भी सुनने को मिल जाएगी कि कैसे जाति-पांति की बुराई फिर से सिर उठाने लगी है। ईमानदारी की बात तो यह है कि जाति-पांति का जोर सचमुच कोई खास नहीं बढ़ा है। फर्क सिर्फ यह आया है कि जिन्हें हम सामाजिक और शैक्षिक रूप से पिछड़ा, दलित या अल्पसंख्यक कहते हैं, उनमें से कुछ लोग थोड़ी ज्यादा प्रमुखता पाने लगे हैं। जो कुछ पिछड़ी जातियों के लोग चुनकर आए हैं, उनमें से कुछ मंत्री और कुछ मुख्यमंत्री बन गए हैं। ऐसे नौकरशाह, जो हर बाधा-विपत्ति से टकराते हुए, अब भी किसी तरह बचे रहे हैं, उनमें से कुछ की अच्छे पदों पर नियुक्तियां होने लगी हैं। ये थोड़े बहुत परिवर्तन हो रहे हैं, पर इसका असर न के बराबर है। हलचल सिर्फ सतह पर है, मूलभूत परिवर्तन की दूर-दूर तक संभावना नहीं दिखाई देती। जिन्हें जाति-पांति फैलाने का अपराधी माना जा रहा है, वे चाहकर भी हर पद पर अपने लोगों को नहीं रख सकते। लोग वहां हैं ही नहीं। हां, आरोप खूब लग रहे हैं।

वंचित तबके के लोग उस ऐतिहासिक गलती को सुधारने का प्रयत्न भी आरंभ करें तो उन पर जातिवाद फैलाने का आरोप लग जाता है। पिछले दिनों जब राज्यसभा के टिकट बंटे थे, तब आप कोई भी अखबार उठा लीजिए, अगर चर्चा उत्तर प्रदेश और बिहार की हो रही है तो अक्सर टिप्पणीकार यह अवश्य लिखते थे कि लालू यादव और मुलायम सिंह यादव अपनी जाति के लोगों को तो अवश्य टिकट देंगे। कहीं किसी ने यह पढ़ा कि राव अपनी जाति के लोगों को अवश्य टिकट देंगे? कांग्रेस ने पिछले दिनों राज्यसभा के अपने उम्मीदवारों की जो सूची जारी की थी, उसमें 50 प्रतिशत स्थान ऊंची जातियों को दिया गया था, जिनमें 28 प्रतिशत ब्राह्मण थे। कल्पना कीजिए कि ऐसा ही कोई काम लालू या मुलायम कर देते तो अखबारों में आज कोहराम मचा होता, पर सवर्णों द्वारा फैलाई गई जाति-पांति को हमारे समाचार माध्यम जाति-पांति की बुराई नहीं मानते। सच तो यह है कि मीडिया सवर्णों की पैरोकारी करने में कभी पीछे नहीं रहा। सवर्ण हितों को तरजीह देना उसका प्रमुख ध्येय रहा है। कुछ समय पहले दिल्ली स्थित अखिल भारतीय आयुर्विज्ञान संस्थान में एक क्रांतिकारी काम हो गया। अनुसूचित जाति एवं जनजाति के कोटे से आए छात्रों ने मांग की कि पोस्ट ग्रेजुएट कक्षाओं में दाखिले के लिए आरक्षण समाप्त कर दिया जाए तथा मैरिट के आधार पर दाखिला हो। सवर्ण छात्रों का कहना था कि उनका अपना अलग से आरक्षण बना रहना चाहिए। कल्पना कीजिए, दलित मैरिट की बात कर रहे हैं, सवर्ण आरक्षण मांग रहे हैं। वे समाचारपत्र जो मंडल आयोग आंदोलन के समय आरक्षण का विरोध करते हुए मेरिट व योग्यता की बात कर रहे थे, क्या उनमें से किसी भी अखबार में इसके बारे में कुछ भी पढ़ने को मिला?

आजकल बड़े-बड़े लेख, विश्लेषण, संपादकीय इसलिए लिखे जा रहे हैं, क्योंकि दलित, वंचितों और पिछड़ों के अंदर एक नई चेतना आ रही है। भद्र समाज के लोग कहते मिल जाएंगे कि देखिए, अपराध बढ़ते रहे हैं। यही नहीं, अखबारों में बड़ी-बड़ी खबरें छप रही हैं कि पश्चिमी उत्तर प्रदेश अपराधियों का स्वर्ग बनता जा रहा है। कोई फैसला टीम बिहार पहुंचकर किसी नरसंहार का चित्र ले आएगी। हमेशा इसी तरह का माहौल बनाया जाता है तथा यह अक्सर सफल भी होता है। इस बार भी यही कोशिश हो रही है। जाति-पांति की बुराई की खबरें आजकल इसीलिए आम हैं।

(अंजलि, दलित एशिया टुडे)

(नोट : यह लेख श्योराज सिंह बेचैन और एस एस गौतम की पुस्तक 'मीडिया और दलित' से उद्धृत है।)

इतनी सुखद स्थिति हिंदी की कभी नहीं रही

हिंदी के अखबार और बची हुई पत्रिकाओं की क्या दशा है? आप उनको किस स्थिति में पाते हैं?

—हिंदी के अखबारों की स्थिति बहुत अच्छी है। अगर उनकी तुलना पिछले पांच, दस, पंद्रह व बीस सालों से की जाए तो स्थिति अच्छी है। नेशनल रीडरशिप सर्वे की पांचवीं रिपोर्ट आई है जो मोस्ट ऑथेंटिक रिपोर्ट है। उसमें देश के दस बड़े अखबारों में इस बार पांच अखबार हिंदी के हैं। पहले नंबर पर हिंदी का अखबार 'पंजाब केसरी' है। चार और हिंदी के अखबार हैं—'दैनिक जागरण', 'राजस्थान पत्रिका', मध्य प्रदेश का 'नवभारत' और 'दैनिक भास्कर'। आज तक ऐसी स्थिति नहीं रही। 1977 में हिंदी का एक अखबार पहली बार एक लाख की सरकुलेशन पर पहुंचा था। आज 17-18 साल बाद स्थिति यह है कि देश के दस बड़े अखबारों में पांच हिंदी के हैं। उन दस में से हिंदी के अखबारों का शेयर 52 प्रतिशत है और 48 प्रतिशत में देश के बाकी अखबार हैं जिसमें अंग्रेजी और सभी भारतीय भाषाओं के अखबार हैं।

पत्रिकाओं में स्थिति और भी ज्यादा अच्छी है। देश की दस बड़ी पत्रिकाओं में से सात हिंदी की पत्रिकाएं हैं। बाकी तीन अंग्रेजी की हैं। इस देश में इतनी सुखद स्थिति तो हिंदी की कभी रही ही नहीं, पत्रिकाओं व दैनिकों—सभी में हिंदी शिखर पर है। जितना लोग बता रहे हैं, उतनी स्थिति बुरी नहीं है। पाठकों की संख्या बढ़ रही है। अखबारों की संख्या बढ़ रही है। अखबारों की पृष्ठ संख्या बढ़ रही है। अखबारों में रंग बढ़ रहा है। विज्ञापन बढ़ रहा है। सब कुछ बढ़ रहा है। सिर्फ एक रोने का माहौल भी साथ-साथ चल रहा है।

कंटेंट के स्तर पर ये कहां है?

—कंटेंट के स्तर पर देखने की बात अलग है। मुझे लगता है, हिंदी का पूरा का पूरा जो माहौल है वह रोने का एक माहौल है। मैं पिछले कई सालों से देख रहा हूं कि लोग विलाप में लगे हुए हैं कि हिंदी की पत्र-पत्रिकाएं समाप्त हो रही हैं। कुछ पत्रिकाएं बंद हो रही हैं। उनमें टाइम्स आफ इंडिया प्रकाशन समूह की कुछ पत्र व पत्रिकाएं बंद हो गई हैं। इसका अर्थ यह नहीं हुआ कि हिंदी में कोई भारी संकट आया हुआ है। जो भी उनका स्तर है, अंग्रेजी से उनकी तुलना करना मैं समझता हूं, उचित नहीं है। अंग्रेजी की अपनी सारी की सारी इकॉनॉमी अलग होती है। उसके काम का स्केल अलग होता है। 32, 64 पेज का वह अखबार निकालते हैं, बेचते हैं। वह अलग मामला है। जहां तक अन्य भारतीय भाषाओं का सवाल है, उनमें हिंदी के अखबार तुलनात्मक दृष्टि से बहुत बुरे नहीं हैं।

लेकिन कंटेंट के स्तर पर कुछ दिखाई नहीं दे रहा है।

—कंटेंट के स्तर पर हिंदी के अखबार कितने महान थे, जरा आप मुझे बताएंगे? पहले हिंदी के चार पेज के राष्ट्रीय अखबार हुआ करते थे, बाद में छह पेज के हुए। फिर आठ पेज के हुए। हिंदी पत्रकारिता का जिसे स्वर्णयुग कहते हैं, तब भी छह से आठ पृष्ठों के अखबार हुआ करते थे, जिनमें आप कहीं भी, कुछ भी उलटा-सीधा भरा करते थे। कोई महान परम्परा थी हिंदी पत्रकारिता, जो कि पिछले पांच साल में नष्ट हो गई हो—ऐसा नहीं है।

पत्रिकाओं की दृष्टि से एक सूनापन नजर आता है।

—सारी दुनिया में जहां पर इलेक्ट्रॉनिक मीडिया का एक्स्प्लोजन हो रहा है उसमें पत्रिकाओं की स्थिति थोड़ा खराब होगी। इनमें वही पत्रिकाएं टिकेंगी जिनका अपना एक खास पाठक वर्ग है। जिन्होंने अपनी पत्रिकाओं का एकदम फोकस कर रखा है कि किसके लिए, किन विशेष पाठकों के लिए निकाल रहे हैं। जब मैं यह कह रहा हूं कि देश की दस बड़ी पत्रिकाओं में सात हिंदी की हैं तो सातों पत्रिकाएं ऐसी हैं जिनका फोकस बहुत साफ है। 'सरिता', 'मनोरमा' या 'माया' जो भी हैं, अपने-अपने पाठक वर्ग के प्रति उनका दिमाग साफ है—किसके लिए वह निकल रहे हैं।

इससे पहले हिंदी की जो पत्रिकाएं थीं, जो कि सफल पत्रिकाएं थीं, घालमेल पत्रिकाएं थीं। 'धर्मयुग' था सबके लिए। 'साप्ताहिक हिंदुस्तान' था सबके लिए। उसमें दो पन्ने बच्चों के लिए। दो पन्ने महिलओं के लिए। एक पन्ने में विज्ञापन। एक पन्ने में अमुक। एक पन्ने में चर्चा, साहित्य। वह स्थिति तभी तक चल सकती थी। एक तो दैनिक कमजोर थे, उनके संडे एडिशन बहुत ही कमजोर थे। उनमें कलर नहीं था। अखबारों में सिर्फ सरकार की दी हुई खबरें छपती थीं और ये मनोरंजन मुहैया नहीं कर पाते थे। इसलिए पत्रिकाएं उनके पूरक के रूप में चलती थीं। आज हिंदी के अखबार इतने मजबूत हो रहे हैं, उनकी क्वालिटी की बात मैं अभी नहीं करूंगा, कि वे समाचार देते हैं, विचार देते हैं, फीचर देते हैं, रंगीन पृष्ठ देते हैं।

दूसरी तरफ टेलीविजन आपके सिर पर चढ़कर बैठा हुआ है। तो इसमें से पत्रिकाएं, जिनके दिमाग में यही साफ-साफ नहीं है कि किस पाठक वर्ग के लिए वह पत्रिका निकाल रहे हैं, पिटनी थीं और पिट गईं, इसमें रोना क्या?

तो क्या बेहतर अखबार निकलेंगे?

—जिस तरह के अखबार निकल रहे हैं, इनमें धीरे-धीरे प्रतियोगिता शुरू हो रही है। इसके कारण मुझे लग रहा है कि थोड़ी बेहतरी तो आ ही रही है। पहले एजेंसी की खबरों से सिर्फ अखबार भरते थे। जिनको बड़े-बड़े राष्ट्रीय अखबार कहते हैं वे भी सिर्फ एजेंसी की खबरों से छपते थे। आजकल मध्य प्रदेश के अखबारों को या उत्तर प्रदेश के अखबारों को ही लीजिए तो वे कोशिश करते हैं कि उनके प्रतिनिधि हों। मैंने दिल्ली में हिंदी अखबारों के इतने बड़े-बड़े ब्यूरो कभी नहीं देखे। जितने बड़े ब्यूरो चल रहे हैं, वे विशेष खबरें देते हैं। बाहर संवाददाता भेजने लगे हैं। कहीं बड़ी घटना हो तो वहां अपने संवाददाता भेजने लगे हैं। जैसे-जैसे प्रतियोगिता बढ़ेगी, वैसे-वैसे क्वालिटी बढ़ेगी। आप देखिए, पहले हिंदी

के अखबारों में व्यापार की कितनी खबरें होती थीं। 'अमर उजाला' को ही लीजिए। वहां पर न सिर्फ रोज व्यापार की खबरें होती हैं बल्कि सप्ताह में दो बार वे रंगीन बिजनेस सेक्शन देने लगे हैं। मैं समझता हूं कि यह बहुत बड़ा इम्प्रूवमेंट है।

पत्रकारिता में प्रतिबद्धता का अभाव साफ नजर आता है?

—प्रतिबद्धता किसके प्रति? अब हम यह तुलना करें कि अपनी पत्रकारिता आजादी से पहले जैसी हिंदी पत्रकारिता हो या और कोई पत्रकारिता हो तो मैं समझता हूं कि यह लोगों से बहुत अव्यावहारिक अपेक्षा है। आजादी से पहले जो पत्रकारिता थी, एक तो हम उसके स्केल को नहीं समझते हैं। लोग आजादी की लड़ाई के हथियार के रूप में पत्र निकालते थे लेकिन उन पत्रों की लागत क्या होती थी? उनमें कितना पैसा लगता था? उस पैसे को लेकर आप एक लड़ाई लड़ सकते थे और रिस्क भी ले सकते थे। आज एक पत्र निकालना एक व्यक्ति के बूते की बात नहीं। पत्र निकालने के लिए लाखों-करोड़ों की पूंजी लगाएगा। जाहिर है कि वह उस पूंजी से कुछ पैसा निकालेगा तभी तो लगाएगा। वरना क्यों लगाएगा? जो आदमी दुकान करता है, हम उससे अपेक्षा नहीं करते हैं कि अपनी पूंजी लगाकर वह प्रतिबद्धता के लिए सारी की सारी पूंजी लुटा दे। जो कारखाना लगाता है, उससे भी नहीं करते। एक किसान अपना हल, बीज, खाद, पानी डालकर जो करता है, वह भी अपनी लागत निकालने के लिए आंदोलन करता रहता है और कोशिश करता है कि उसे सही कीमत मिले लेकिन अखबार में जो आदमी पैसा लगाता है, उससे हम यह अपेक्षा करते हैं कि नहीं साहब, वह कमर्शियल न हो, वह मिशन के तौर पर निकाले। मिशन के तौर पर 'गीता प्रेस, गोरखपुर' तो निकल सकता है। वहां किसी एक संस्था का पैसा है या कोई भी इस तरह की संस्था निकाल सकती है लेकिन व्यक्ति या कोई उद्योग समूह पूंजी लगाएगा तो जाहिर है कि उसमें से पैसा निकालने की कोशिश करेगा। जब पैसा निकालने की कोशिश करेगा तो उसकी प्रतिबद्धता कई स्तरों पर होगी।

एक प्रतिबद्धता तो होगी पेशे के प्रति प्रतिबद्धता। सबसे ज्यादा मेरे लिए महत्त्वपूर्ण यह है कि एक पत्रकार है और वह अपनी पत्रकारिता के प्रति प्रतिबद्ध है तो मैं समझता हूं कि वह ईमानदारी का काम कर रहा है। हम जो अखबार निकाल रहे हैं, उसका उद्देश्य यह है कि हम लोगों के सामने अपनी कोई बात कहना चाहते हैं। क्या बात कहनी है, यह हमने तय किया है कि अमुक बात कहनी है और मैं उस बात को कहने जा रहा हूं। उसके प्रति ईमानदारी हो और सारा का सारा ध्यान उस पर लगा रहे कि उस बात को हम लोगों से कैसे कह सकते हैं और उसको चलाने के लिए जितने पैसे की आवश्यकता हो, उसमें से पैसा भी निकलता रहे। उसमें से लाभ भी होता रहे। लेकिन उसे हम किसी दूसरे टूल के रूप में इस्तेमाल न करें, तो वहां तक की प्रतिबद्धता तो हमारे समझ में आती है।

जैसे कि मैं समझता हूं कि एक शिक्षक की प्रतिबद्धता शिक्षण के प्रति होगी या एक वकील की प्रतिबद्धता अपने वकालत के पेशे के प्रति। वैसे ही एक पत्रकार की प्रतिबद्धता पत्रकारिता के प्रति होनी चाहिए। लेकिन कहें कि नहीं साहब, इसे छोड़-छाड़ कर आप हमारे अमुक कॉज के लिए प्रतिबद्ध रहिए। अमुक कॉज के लिए आप प्रतिबद्ध हैं तो उस

संस्था से कहिए या उस कॉज में विश्वास करने वाले लोगों से कहिए कि उस तरह की पत्रिका निकालें और चलाएं। उसकी इकॉनॉमिक्स क्या हो, उसका व्यापार का तंत्र क्या हो, उसे वह समझें व चलाएं। वह उनकी अपनी परेशानी है। क्रांति के लिए निकालना चाहते हैं तो क्रांति का अखबार निकालिए। लेकिन अपने क्रांतिकारी ढंग से उसकी पूंजी जुटाएं। लेकिन आप कोशिश करें कि नहीं, हमारा अखबार तो सेठ निकालें, सारे खर्चे सेठ बर्दाश्त करें और उसमें बैठकर क्रांति मैं करूं तो मैं समझता हूं कि यह अनुचित मांग है।

जैसे ही सत्ता बदलती है, शासक वर्ग बदलता है तो वैसे ही अखबार अपने को बदल लेते हैं।

—जाहिर है, बदलने के पीछे कुछ-एक कारण तो शुद्ध व्यावसायिक ही होते हैं। वही लोग बदलते हैं, जिनकी पत्रकारिता के प्रति अपनी कोई प्रतिबद्धता नहीं है। जिनकी पत्रकारिता के प्रति प्रतिबद्धता है, उनकी अपने जीवन दर्शन के प्रति प्रतिबद्धता है। उन्हें मालूम है कि सरकार बदले, राज बदले या काज, हम जिस उद्देश्य के लिए पत्र निकाल रहे हैं उस उद्देश्य के लिए पत्र निकालते रहेंगे। 175 साल से लंदन से 'इकॉनॉमिस्ट' पत्रिका निकलती है। उसका जो उद्देश्य है, उसमें आज तक एक कॉमा का परिवर्तन नहीं आया है। वह अपने हर अंक में ओपनिंग पृष्ठ पर उस उद्देश्य को प्रकाशित करते हैं। कितने राज आए, कितने काज गए, कितने मंत्री गए, कितनी सरकारें बदलीं, पर वे उसे नहीं बदलते।

मैं समझता हूं कि पूंजीवाद की सबसे अच्छी प्रतिनिधि पत्रिका 'इकॉनॉमिस्ट' है। पूंजीवाद के प्रति भी आप प्रतिबद्ध हैं तो भी अपनी प्रतिबद्धता को रखते हुए निकालेंगे, लेकिन आपकी प्रतिबद्धता पूंजीवाद के प्रति नहीं है और अवसरवाद के प्रति प्रतिबद्ध हैं तो जब जैसा आएगा आप वैसा बनते जाएंगे। गंगूराम आए तो आप गंगूवादी हो गए, मंगूराम आए तो आप मंगूवादी हो गए। तो उनकी बात क्या करनी है?

कुछ ऐसे अखबार निकल रहे हैं और जैसा सुनने में आ रहा है कि कुछ और निकलने वाले भी हैं जिनका उद्देश्य अपने हितों की रक्षा के लिए ही अखबार निकालना है।

—दरअसल ये हित हैं क्या? एक चिटफंड वाली कंपनी है, जिसका काम यह है कि गरीबों के पास जाकर, उन्हें अपने धोखेबाजी की योजना में फंसा लिया जाए और उसके बाद उनके पास से ज्यादा से ज्यादा पैसा खींचा जाए और उससे जो परेशानियां पैदा हों, उनसे बचने के लिए आप एक अखबार निकाल लेते हैं। आपको समाज में प्रतिष्ठा मिलती है। प्रतिष्ठा से ज्यादा आपके पास ब्लैकमेलिंग का एक औजार हो जाता है। मैं समझता हूं कि यह सरासर गलत है और इसके लिए अखबार निकल रहे हैं। सिर्फ इसी के लिए क्यों, आप टुटपुंजिए राजनीतिज्ञ हैं, अपनी राजनीति चलाने के लिए अखबार निकाल लेते हैं, आप मोहल्ले के गुंडे हैं अपनी गुंडई को चलाने के लिए अखबार निकाल लेते हैं, आप शराब के व्यापारी हैं और मजदूर नेता की हत्या करा देते हैं और अपने को बचाने के लिए अखबार निकाल लेते हैं। इस तरह के जो अखबार हैं, उनको अखबार नहीं कहना चाहिए। उनके प्रति हमें कोई बहुत ज्यादा चिंतित भी नहीं होना चाहिए। जिस पाप के रास्ते में वे पैदा हुए हैं, उसी पाप के रास्ते से समाप्त भी हो जाएंगे। वे हमारी बातचीत के विषय के योग्य नहीं हैं।

जिस प्रतिष्ठान से अंग्रेजी और हिंदी, दोनों के अखबार निकल रहे हैं तो यह बात सामने आती है कि वह हिंदी की उपेक्षा करते हैं।

–हिंदी से पैसा नहीं आता है इसलिए उपेक्षा करते हैं। आप संयुक्त परिवार में देखिए कि वह बेटा जो सबसे ज्यादा पैसा कमाता है उस पर सबसे अधिक ध्यान दिया जाता है। घर में पांच बेटे कमा रहे हों, जो सबसे ज्यादा पैसे लाता है उसे हलवा-पूरी सबसे पहले देते हैं। जो सबसे कम लाता है, चाहे जितना मेहनती, ईमानदार और जितना भी सच्चरित्र हो, उसे सबसे आखिर में खाने का मौका मिलता है। उसे सूखी रोटी ही दी जाती है। यह तो हम लोगों का भारतीय समाज है। इसमें अगर बड़े संस्थान में लोग ज्यादा धन अपने अंग्रेजी अखबारों को दे रहे हैं जिनसे ज्यादा पैसा मिल रहा है तो इस बात के लिए दोष क्यों देना है। इसे समझने की कोशिश कीजिए।

तो क्या हिंदी के अखबार लाभ में नहीं आ सकते हैं?

–हिंदी के अखबार बहुत लाभ की ओर जा रहे हैं। देश के दस बड़े अखबारों में जिन पांच अखबारों का मैंने नाम बताया, वे पांच ऐसे अखबार हैं जो किसी बड़े औद्योगिक या किसी बड़े अखबार समूह के बाइ-प्रोडक्ट के रूप में नहीं निकल रहे हैं। वे अपने बूते पर निकलते हैं। उन अखबारों के बूते पर उन संस्थानों का नाम है और वे उसी को आगे बढ़ाते जा रहे हैं। दिन दोगुना, रात चौगुना पैसा उसमें कमा रहे हैं। उनका पूरा ध्यान उसी में रहता है। 'अमर उजाला', 'दैनिक जागरण', 'भास्कर' या 'राजस्थान पत्रिका' के जो मालिक वहां पर हैं, इस तरह की दुविधा उनके मन में नहीं है। दुविधा उनके मन में है जहां हिंदी के अखबारों के निकालने के ऐतिहासिक कारण हैं।

हिंदी के अखबार क्यों निकले थे? वे हिंदी के प्रेम के कारण नहीं निकले थे। आजादी के बाद लोगों को यह लगा था कि शायद इस देश में से अंग्रेजी समाप्त हो जाएगी। अंग्रेजों के जाते ही अंग्रेजी समाप्त हो जाएगी और हिंदी राष्ट्रभाषा बन जाएगी। तो रातोरात इन लोगों ने हिंदी के अखबार निकाल लिए। आप देखें कि टाइम्स ऑफ इंडिया का 'नवभारत टाइम्स' 1946-48 के बीच निकला। जब आजादी की लड़ाई समाप्त हो रही थी और लग रहा था कि देश आजाद हो रहा है, तो उसी समय 'हिंदुस्तान' भी निकला। इनके अंग्रेजी के अखबार बहुत पहले से हैं। और तो और 'जनसत्ता' बाद में भले ही निकला हो लेकिन करीब 1953 में वह पहले निकल चुका है। उस समय इन लोगों ने सोचा था कि राजनीतिज्ञों की जो नई पीढ़ी आ रही है, वे शायद हिंदी जानने वाले होंगे। उन्हें प्रभावित करने के लिए हिंदी भाषा का अखबार चाहिए। इन्हें ये भी लगा होगा कि शायद हिंदी ही देश की राष्ट्रभाषा बन जाए। हम व्यापार में न पिछड़ जाएं इसलिए हिंदी के अखबार निकाल लिए। ओलिवेटी जैसी कम्पनी, जो टाइपराइटर बनाती है, ने उस समय (1947-48 में) हिंदी का टाइपराइटर यह सोच कर निकाल दिया था कि शायद देश में हिंदी के लाखों टाइपराइटरों की जरूरत पड़े। फिर सब का भ्रम खत्म हो गया। इस देश में अंग्रेजी ही रहेगी, जाने वाली नहीं है। ओलिवेटी का भी भ्रम खत्म हो गया। उसने भी मॉडल बनाना बंद कर दिया। सेठों का भी भ्रम खत्म हो गया। वे भी अंग्रेजी में जुट गए। तो इनकी तब भी प्रतिबद्धता व्यापार के प्रति थी। तब भी कमिटमेंट उससे उतना ही व्यापारिक लाभ लेने के प्रति था।

हिंदी, हिंदी समाज या हिंदी-भाषी पाठकों के प्रति नहीं था। तो अपने काम को अब वे नंगे रूप में कर रहे हैं।

संपादक नाम की संस्था को खत्म किया जा रहा है। क्षेत्रीय अखबारों में तो मालिक ही संपादक है। लेकिन महानगरों से निकलने वाले बड़े अखबारों में संपादक का कद कम कर दिया है। वहां मैनेजर या कॉरपोरेट के लोग ज्यादा हावी हैं। इससे पत्रकारिता पर किस तरह का असर पड़ेगा?

—कई तरह के असर पड़ेंगे। एक तो पत्रकारिता का जो प्रोफेशनल स्वरूप है, वह समाप्त हो रहा है। काम तो कोई भी चला लेता है। आप बहुत बड़ा कारखाना लगाएं। उसमें आप मैकेनिकल इंजीनियर रखने की बजाए एक मैकेनिक को रख दीजिए, तो वह काम तो चला ही लेगा। लेकिन वह काम ही चला सकता है उसे कोई नई दिशा नहीं दे सकता है। उसे कहीं आगे नहीं बढ़ा सकता है। उसका कोई विजन नहीं होगा। तो वह अब अखबारों में साफ झलकने लगा है।

मालिक का संपादक होना मैं कोई बुरा नहीं मानता। अगर मालिक है और उसके योग्य है कि संपादक हो तो उसमें कोई बुराई नहीं है। मैं बहुत सारे मालिकों को जानता हूं जो कई बहुत सारे प्रोफेशनल संपादकों से बहुत अच्छे संपादक हैं। यहीं (आज तक, इंडिया टुडे ग्रुप) जहां मैं बैठा हुआ हूं, मैं समझता हूं कि अरुण पुरी इस देश के सर्वश्रेष्ठ संपादकों में से एक हैं। उनकी अयोग्यता इसलिए नहीं होनी चहिए कि वह मालिक हैं इसलिए संपादक नहीं बन सकते। पहले मैं जहां ('टेलीग्राफ' में) था, अभिक सरकार (आनंद बाजार पत्रिका) मैं समझता हूं कि बहुत ही उच्च कोटि के संपादक हैं। 'हिंदू' अखबार है, जहां एन राम या उनके परिवार के लोग बैठे हैं, बहुत ही अच्छे संपादक हैं। ऐसा भी नहीं है कि मालिक संपादक कोई पहली बार हुआ है। आजादी की लड़ाई में जो भी अखबारों की बड़ी भूमिका थी, वे मालिक संपादक लोग ही थे। बाद के भी प्रोफेशनल संपादक कब आए?

आजादी के बाद संपादकों की एक पीढ़ी आई, जो बड़े घरानों ने बनाई। उस समय भी उनको पता नहीं था कि इनकी कितनी आवश्यकता है, इनकी क्या भूमिका है। फिर बाद में पता चला कि अरे, यह तो बहुत सारे बिना रीढ़ के लोग संपादक बन कर आए हैं, जिनका काम ही था मालिकों की जी-हुजूरी करना। मालिकों के काम के लिए उनकी दलाली करना, सरकार में दलाली करना, ब्यूरोक्रेसी में दलाली करना, सत्ता में दलाली करना। जब उनको लगा कि ऐसे संपादक हैं जो दलाली का ही काम करते हैं और दलाली का काम करके हमें लाभ पहुंचा रहे हैं तो उन्हें बिचौलियों की भूमिका की आवश्यकता नहीं रही। जहां तगड़े संपादक थे, वहां संपादक हैं। संपादक जो स्पीसीज़ है, इसको कोई समाप्त नहीं कर पाएगा क्योंकि ये प्रोफेशनल ट्रेड-हुनर जानने वाले लोग हैं। इनकी आवश्यकता हमेशा रहेगी। आप अच्छा अखबार निकालने जाएंगे, बड़े बनने की कोशिश करेंगे तो आपको संपादक की आवश्यकता पड़ेगी। आप उसे संपादक कहें, कार्यकारी संपादक कहें, सह संपादक कहें या मुख्य उप संपादक कहें। जहां भी बिना संपादक के अखबार निकल रहे हैं, वहां संपादक तो हैं, आपने उसका पदनाम बदल दिया है। उसकी बार्गेनिंग क्षमता कितनी है, इसका उसकी तनख्वाह से पता चलता है। यह संक्रमण काल है। थोड़े दिनों तक ऐसा चलेगा फिर अपने आप ठीक हो जाएगा।

मैं नाम गिना सकता हूं ऐसे संपादकों के, जिनकी पूरी की पूरी जेनेरेशन निकल गई है। जो चाटुकार थे, दलाल थे, बिचौलिए थे, कमीशनखोर थे—वे ससुरे रहें या न रहें, उससे हमें क्या खास फर्क पड़ता है? न हमें फर्क पड़ता है और न ही हिंदी पत्रकारिता को।

असल में जो लाइजनिंग करने वाले हैं उनकी संख्या काफी बढ़ी है।

—बढ़ेगी ही। क्योंकि पूरा का पूरा विस्तार इस तरह से हो रहा है। पहले क्या था, कि कोई एक जूट मिल का मालिक एक अखबार निकाल लेता था तो पूरे जूट उद्योग का स्वार्थ उसके साथ-साथ था। अब ऐसा नहीं है। अब एक चिटफंड जो सिर्फ अलीगढ़ में चलता है, अखबार निकाल कर बैठा है। दूसरा चिटफंड सिर्फ गोरखपुर में चलता है, वह भी निकाले बैठा है। कोई माफिया है, शराब बनाकर बेच रहा है तो वह अखबार निकाले बैठा है और अखबारों की जो स्थिति है उसमें पत्रकारों की भूमिका कोई कम नहीं है। इस दलाली को बढ़ाने में पत्रकारों की भी अहम भूमिका है। दलाली भी बढ़ी है। लेकिन मैं कह रहा हूं उसमें अच्छी पत्रकारिता भी हो रही है उसी में आप दुनिया भर की ऐसी रिपोर्टें भी देख रहे हैं जो कि इसके पहले आप कल्पना नहीं कर सकते थे। जिसको हम भारतीय पत्रकारिता का स्वर्णयुग कहते हैं, उसमें एक इन्वेस्टिगेटिव रिपोर्टिंग हुई हो, आप मुझे एक उदाहरण नहीं दे सकते। किसी सरकार की आलोचना हुई हो ऐसा एक संपादकीय मुझे नहीं दिखा सकते। 50, 60 और 70 के दशक तक आते-आते कोई नहीं। सरकार जो करे महान। नेहरू जी संसार के सबसे बड़े नेता। हमारा देश समाजवादी देश। कहीं आपने सुनी कोई आलोचना? तो आज जो यह दलाल पत्रकारिता है, आज जो चाटुकार पत्रकारिता है, यह कम-से-कम कुछ एक सवाल तो खड़े करती है। आप कहेंगे, जिन कारणों से भी करती हो, नक्कारखाने में तूती की आवाज हो लेकिन होती है।

इस देश में इससे पहले तो पूरी की पूरी भाट व चारण पत्रकारिता थी। अब मैं नाम नहीं लूंगा। आप खुद कल्पना कीजिए। बड़े-बड़े अखबारों के कौन-कौन संपादक हुए हैं और उनके क्या-क्या काम थे। किन-किन कारणों से संपादक हुए और क्यों बनाए जाते थे। क्यों रहते थे। क्या करते थे और क्या लिखते थे। इमर्जेंसी के बाद, 77 के बाद जाकर हिंदी पत्रकारिता की थोड़ी सी एक पहचान बनी। थोड़ी सी उसकी एक जबान आई। थोड़ी तल्खी आई। लोगों ने थोड़ी खोजबीन शुरू की। लेकिन चूंकि हम लोग पास्ट (भूत) में जीने के आदी हैं। महान, इतना महान स्वर्ण युग था, समाप्त हो गया। देखिए साहब! बैठकर रो रहे हैं। बिना मतलब छाती पीट रहे हैं। ऐसा कुछ नहीं था। मैं वही जानने के लिए एक बार नेशनल आरकाइव्ज़ में जाकर पुराने पत्रों को, जो महान पत्र कहे जाते थे, पढ़ कर देख आया कि कितनी क्रांतिकारिता हुई।

इलेक्ट्रॉनिक मीडिया अखबारों के सामने किस तरह की चुनौती रख रहा है?

—बहुत बड़ी चुनौतियां हैं। उसके कारण अखबारों को बदलना पड़ रहा है। मैं तो हाल ही में इस मीडियम में आया हूं। मैं देख रहा हूं कि यह मीडियम बहुत ज्यादा अनुशासन मांगता है। इसका व्याकरण अलग है। इसमें फालतू बात की गुंजाइश नहीं है। इसमें अनाप-शनाप खबरें देने में मुश्किल आती है। अखबार में तो आप बैठे-बैठे लिख देते हैं कि सूत्रों ने बताया और कोई भी काल्पनिक कहानी लिख देते हैं। यहां तो कोई रिपोर्ट बनाने

से पहले आपको जिस आदमी ने बताया, उसको दिखाना पड़ता है। उसको बोलते हुए दिखाना पड़ता है। तो, जैसे-जैसे इसका विस्तार होगा, वैसे-वैसे अखबारों पर दबाव पड़ेगा। इस माध्यम से हम जो रिपोर्ट बता रहे हैं उसमें वह आदमी बोलता है। हम कहें कि उस घटनास्थल पर लाखों की भीड़ मौजूद थी, तो लाखों की भीड़ के सामने एक बार कैमरा आपको ले जाना पड़ता है।

इसमें अखबार टिक पाएंगे?

—टिकना होगा अखबारों को। सारी दुनिया में अखबार टिके हैं। जहां बीबीसी, सीएनएन निकलता है, वहां अखबार टिके हुए हैं। लेकिन अखबार अपने आप को बदलते हैं। उनकी रिपोर्टिंग का तरीका बदलता है। छपाई बदलती है। रंग बदलते हैं। उनका सोचने का सारा ढंग बदलता है। आज हमारे अखबारों में क्या है? कोई अखबार उठा कर देख लीजिए। अगर पीआईबी और सरकारी सूत्रों से खबर आनी बंद हो जाए तो अखबार चलाने मुश्किल हो जाएंगे। तो आपको वह सारा बदलना पड़ेगा, जिसे भोजपुरी में कहते हैं, अपना जांगर ठठाना पड़ेगा। घटनास्थल पर जाएंगे। देखेंगे। खबरों को ढूंढ़ेंगे। वास्तविक खबर देंगे।

हमें पत्रकारिता में छोटी सी बात बताई गई थी कि आप भविष्य काल की खबरें देना बंद कर दें तो फिर देखें। पुल बनेगा, सड़क बनेगी, टेलीफोन लगेगा, दो सौ करोड़ रुपए आएंगे। अमुक होगा...। गा-गे-गी निकाल दें तो फिर देखिए कितने समाचार बचते हैं। जो समाचार बचते हैं, वह समाचार हैं। भाषण निकाल दें। भाषण गा-गे-गी होता है। गा-गे-गी निकाल कर जो समाचार करना शुरू करेंगे, वे बचेंगे। जो नहीं करेंगे, समाप्त हो जाएंगे। बाजार की मार वहां पड़ेगी और इसके लिए भी विलाप करने की आवश्यकता नहीं है। जो समाप्त हो गए, सो हो गए।

(29 फरवरी 1996, समकालीन जनमत)

आज हमारी पत्रकारिता की सबसे बड़ी चुनौती है विश्वसनीयता

[सुरेंद्र प्रताप सिंह से उषा महाजन की बातचीत]

भारतीय पत्रकारिता के आधुनिक परिवेश के परिप्रेक्ष्य में चर्चा हो तो लीक से हटकर सोचने वाले एवं अपनी विवादास्पद विचारधाराओं और शैली से चौंकाने वाले युवा संपादक-पत्रकारों में 'नवभारत टाइम्स' के कार्यकारी संपादक सुरेंद्र प्रताप सिंह का नाम सर्वसम्मति से लिया जा सकता है। जटिल प्रश्नों के दो-टूक 'ब्लंट' जवाबों की ही उनसे अपेक्षा की जा सकती है, जो सुनने वाले को झकझोरने के साथ ही अपनी प्रामाणिकता से कहीं तुष्ट-संतुष्ट भी कर जाते हैं। तो शुरू करें :

बहुत कम लोगों को मालूम है कि पत्रकारिता से आपका नाता लगभग अकस्मात् ही जुड़ा, संयोगवश ही।

—हां, सोच-समझकर नहीं आया था मैं पत्रकारिता में। बंगाल में मेरी पढ़ाई-लिखाई हुई और वहीं मैं कॉलेज में पढ़ाने लगा था। सत्तर के दशक की बात होगी। समय कुछ ऐसा चल रहा था—भारी हिंसा मची हुई थी, उथल-पुथल मची हुई थी समाज में। नक्सलाइट मूवमेंट चल रहा था।

मुझे कॉलेज में पढ़ाते साल-भर हो गया था। तभी मैंने 'टाइम्स ऑफ इंडिया' में 'ट्रेनी जर्नलिस्ट' का विज्ञापन देखा। उसमें मैंने इसलिए आवेदन दे दिया कि चलो गर्मी की छुट्टियों में बंबई घूमने का मौका मिल जाएगा। जब इंटरव्यू देने गया तब मेरी पत्रकारिता के बारे में कोई खास धारणा भी नहीं थी। पर मेरा चयन हो गया। चयन के बाद भी मैं चाहता था कि कॉलेज में ही पढ़ाऊं। लौटने से पहले मैं भारती जी से मिलने गया। वे इंटरव्यू बोर्ड में थे। कमलेश्वर महावीर अधिकारी, भारतीजी सब इंटरव्यू बोर्ड में थे। मैंने भारती जी से कहा कि मैं तो चाहता हूं कि पढ़ाना ही जारी रखूं। तब उन्होंने कहा कि पढ़ाता तो मैं भी था, लेकिन वहां लोग 'रस्ट' कर जाते हैं। पत्रकारिता में आने के बाद आपको ऐसा लगेगा कि आपको हमेशा कुछ-न-कुछ नया करते रहने को मिलेगा। इलाहाबाद विश्वविद्यालय में पढ़ाने के बाद मुझे भी ऐसा लगा कि करना चाहिए कुछ इस क्षेत्र में (पत्रकारिता में)। आ जाओ। ज्यादा अच्छा है। तो मैं चला गया। वहां पूरी ट्रेनिंग के दौरान मैं 'माधुरी' फिल्म पत्रिका में रहा। फिर 'धर्मयुग' में चला गया। सन् 1975 में कलकत्ता से 'संडे' पत्रिका का नया 'फॉरमेट' आनंद बाजार पत्रिका द्वारा शुरू हुआ था। एम.जे. अकबर ने शुरू किया था। उनसे मेरी बातचीत होती रहती थी। वे बताते थे कि उसी तरह की पत्रिका आनंद बाजार वाले हिंदी में भी प्रकाशित करना चाहते थे। सन् '77 में उनकी

वह योजना कुछ आगे बढ़ी और मैंने 'रविवार' को शुरू किया। सन् '77 से '84 के अंत तक मैं वहां रहा।

सन् '85 के प्रारंभ में मैं बंबई गया 'नवभारत टाइम्स' का स्थानीय संपादक बनकर। एक साल बाद सन् '86 के प्रारंभ में मैं दिल्ली आ गया।

राजेन्द्र माथुर जी के निधन के बाद 'नवभारत टाइम्स' को चलाने की जिम्मेदारी आपको सौंपी गई है। अपने एक साक्षात्कार में श्री खुशवंत सिंह ने बताया कि 'इलेस्ट्रेटेड वीकली' को आगे बढ़ाने में उन्होंने एक त्रिसूत्री फॉर्मूला अपनाया था—अर्थात् उसे इंफॉरमेटिव (सूचनात्मक), इंटरेस्टिंग (मनोरंजक) तथा प्रोवोकेटिव (उत्तेजनात्मक) बनाकर। 'नवभारत टाइम्स' को नई दिशा देने के लिए आप क्या फॉर्मूले अपना रहे हैं?

—देखिए, खुशवंत सिंह जिस जमाने में नई वीकली शुरू कर रहे थे, उस समय प्रतिस्पर्धा नहीं के बराबर थी। कोई ऐसी पत्रिका नहीं थी, जो उनका मुकाबला कर पाती। उन्होंने एक मरी हुई पत्रिका को नया जीवन दिया था। बहुत बड़ी बात थी, लेकिन अब ऐसी स्थिति है कि बराबरी के बहुत सारे पत्र आ गए हैं। जो हम करेंगे, वही सारे करेंगे। इसलिए उनसे कुछ ज्यादा ही हमें करना पड़ेगा। हम कर तो नहीं पा रहे हैं, पर इसे ज्यादा-से-ज्यादा 'इंफॉरमेटिव', 'एजूकेटिव' और 'एंटरटेनिंग' बनाने की कोशिश कर रहे हैं। यही तीनों काम हैं पत्रकारिता के। इन्हीं तीनों सनातन कार्यों को अगर हम ईमानदारी से करें तो निश्चित रूप से कुछ कर सकेंगे।

इसका सर्कुलेशन बढ़ाने के लिए आप क्या करना चाहेंगे?

—अगर सर्कुलेशन बढ़ाना हो केवल तो मैं छापना शुरू कर दूं कि फलां-फलां राजनीतिज्ञ की फलां-फलां स्वामीजी के साथ मित्रता है, अपने-आप बढ़ जाएगा सर्कुलेशन। लेकिन सिर्फ सर्कुलेशन बढ़ाना मेरा काम नहीं। वह तो अपने-आप ही बढ़ेगा। सर्कुलेशन बढ़ाने के लिए ही अगर हम 'एकसूत्री कार्यक्रम' लेकर चलें, तो हम अखबार नहीं चला सकते। और फिर, सर्कुलेशन किसलिए चाहिए आपको? एक सीमा से आगे सर्कुलेशन बढ़ाने से लाभ भी नहीं होता। यह बड़ा विचित्र धंधा है। यह दुनिया का एकमात्र ऐसा धंधा है, जहां उत्पादन अपनी लागत से कम पर बिकता है। जो इसकी वास्तविक (फिजिकल) लागत होती है, उससे कम पर बिकता है। इसलिए इसकी जितनी प्रसार-संख्या बढ़ती है, उतना ही हमारा घाटा बढ़ता है। सर्कुलेशन हमें क्यों चाहिए? सर्कुलेशन हमें विज्ञापन के लिए चाहिए। जिसके पास जितनी सर्कुलेशन है, उसे उतने ही विज्ञापन मिलते हैं। और विज्ञापन हमें क्यों चाहिए, ताकि हमारी अर्थनीति ऐसी बनी रहे कि हम एक ऐसा अखबार निकाल सकें जो अपने पैरों पर खड़ा हो, जो 'प्रोफिटेबल' (लाभप्रद) हो। जो इतना 'प्रोफिटेबल' हो कि उस पैसे से हम इसमें और तेजी ला सकें, खबरों में और ज्यादा 'इन्पुट' डाल सकें, और अधिक 'इंवेस्टिगेटिव रिपोर्टिंग' (खोजी पत्रकारिता) कर सकें। अगर अमरीका और अफ्रीका में घटनाएं घट रही हैं, तो अपने दो-चार पत्रकारों को वहां भेज सकें। अगर इस तरह की वित्तीय स्थिति हम पैदा कर पा रहे हैं तब यह हमारे लिए आदर्श स्थिति है। मान लीजिए, हमारा 10 लाख का सर्कुलेशन हो गया और एक इंच विज्ञापन नहीं है, तो रोज का 10 लाख का घाटा हमारा कौन भरेगा? इसलिए ऐसा कोई काम नहीं करेंगे कि हमारे अखबार की पूरी छवि नष्ट हो, साख जाए।

क्या किसी संपादक के किसी संस्थान से चले जाने से या उसके अकस्मात् निधन से पत्र की व्यवस्था पर कोई विशेष प्रभाव पड़ता है?

—यह निर्भर करता है कि वह व्यक्ति पत्र को किस तरह चला रहा था या उस पत्र के लिए वह व्यक्ति कितना आवश्यक था। यह देखना पड़ेगा वह वहां कोई तंत्र विकसित कर पाया था या नहीं। वहां टीम के रूप में काम हो रहा था या वह व्यक्ति ही सारा काम कर रहा था। अगर ऐसी स्थिति हो कि व्यक्ति ही सारी टीम का काम कर रहा था, तो सचमुच ही नुकसान होगा। लेकिन अगर उस संपादक की टीम भी काम कर रही थी, तब एक क्षति तो होगी जो कि अपूरणीय होगी (क्षति तो होती ही है, क्योंकि पत्रकारों में कुछ ऐसे पत्रकार होते हैं जो शैलीकार भी हो जाते हैं। उनके जाने के बाद वह शैली तो आपको नहीं मिल सकती); लेकिन वह ऐसी क्षति है जैसी कि एक बड़े साहित्यकार के निधन से होती है। प्रेमचंद जी गए, तो प्रेमचंद जी तो नहीं आ सकते, पर उनकी बनाई एक धारा तो चलती रहती है।

'टाइम्स ऑफ इंडिया' विश्व के छह महान अखबारों में से एक घोषित किया गया है। इसी संदर्भ में उसके संपादक श्री दिलीप पडगांवकर ने बी.बी.सी. को बताया कि उनके अखबार के सभी निर्णय सर्वसम्मति से लिए जाते हैं। क्या 'नवभारत टाइम्स' में भी निर्णय इसी प्रकार सर्वसम्मति से लिये जाते हैं?

—यह 'टाइम्स ऑफ इंडिया' या दिलीप पडगांवकर की ही बात नहीं, किसी भी अच्छे अखबार में जो संपादकीय लिखे जाते हैं, वे सामूहिक निर्णय ही होते हैं। और संपादकीय अग्रलेख, जिनमें किसी का नाम नहीं जाता, वे अखबार की सामूहिक राय ही होते हैं। उसके लिए हमारे पास एक पद्धति है कि हम लोग रोज सुबह बैठकर ग्यारह बजे, जो संपादकीय लिखना हो उसका विषय तय करते हैं, विषय पर चर्चा करते हैं और उस चर्चा के बाद जिस निष्कर्ष पर पहुंचते हैं, उसे किसी एक व्यक्ति को लिखने के लिए कह दिया जाता है। यह जरूरी नहीं कि वह व्यक्ति इससे सहमत हो ही, लेकिन चूँकि वह सामूहिक राय बन चुकी होती है, इसलिए वह उसे लिखता है। वही अखबार की राय होती है।

पर कभी-कभी ऐसा भी होता है कि अकेले भी संपादक को निर्णय लेना पड़ता है और वह सबको मान्य होता है। लेकिन अगर सहयोगी उससे घोर असहमत हों और वे चाहते हों कि उनकी बात भी रखी जाए तो हम लोग कोशिश करते हैं कि वे अपने नाम से कोई लेख लिखें, जिसमें कि संपादकीय सहमति की आवश्यकता नहीं हो।

विश्व पत्रकारिता के नए-नए 'ट्रेंड' क्या हिंदी पत्रकारिता में भी आ रहे हैं? क्या हम इस क्षेत्रों में विदेशों के पिछलग्गू हैं?

—नहीं, हिंदी पत्रकारिता में कोई बहुत नए 'ट्रेंड' आए हों, ऐसा मुझे नहीं लग रह है। हिंदी पत्रकारिता दरअसल दो दिशाओं में जा रही है। एक तो यह आधुनिक होने की कोशिश कर रही है और आधुनिक होने की कोशिश में जो बन रही है वह सामने है। दूसरे, हिंदी-भाषी क्षेत्रों में हिंदी पत्रकारिता की जड़ें और गहरी हो गई हैं। राजस्थान में 'राजस्थान पत्रिका', मध्य प्रदेश में 'नई दुनिया', 'दैनिक भास्कर', 'देशबंधु', उत्तर भारत में 'जागरण', 'अमर उजाला', 'स्वतंत्र भारत', 'पंजाब केसरी' आदि एक नई तरह की पत्रकारिता इस दृष्टि से

कर रहे हैं कि एक नई भाषा, नई शैली, नया व्याकरण—सब कुछ नया ईजाद हो रहा है और लोगों के सोच-विचार को पूरी तरह से बदल रहा है। तो यह न तो ब्रिटिश है, न अमरीकन है, यह विशुद्ध भारतीय है।

वैसे पत्रकारिता अपने-आप में कोई भारतीय विधा तो है नहीं, यह तो पश्चिमी विधा है और पश्चिम से चूंकि उधार ली हुई विधा है, इसलिए जाहिर है कि पश्चिम का प्रभाव इस पर रहेगा। पत्रकारिता में पश्चिम हमसे बहुत आगे है, इसका प्रभाव तो पड़ता ही है।

हिंदी में पीत पत्रकारिता के बढ़ते प्रभाव पर आप क्या टिप्पणी देंगे?

—पीत पत्रकारिता कोई नई बात नहीं है। हिंदी के जो महान पत्रकार कहलाते हैं, उनके जमाने में भी 'घासलेटी साहित्य' लिखा जाता था। यह मेरा शब्द नहीं है, हिंदी के एक महान पत्रकार ने हिंदी के एक दूसरे महान पत्रकार की पत्रकारिता के लिए यह शब्द दिया था। ये दोनों महान साहित्यकार भी थे। तो, दूसरे की टांग खींचने की पत्रकारिता तो पहले भी होती थी। जब आप आम आदमी से संवाद करने जाएंगे तो उस ऊंचाई पर बैठकर बात नहीं कर सकते जिस ऊंचाई पर साहित्य रचा जाता है या इतिहास अथवा दर्शन रचा जाता है। इसलिए थोड़ी-बहुत पीत पत्रकारिता होगी। थोड़ी जमीन की पत्रकारिता होगी। जिस समाज में हम काम कर रहे हैं, जिस स्तर पर हम काम कर रहे हैं, ये उसके 'अबरेशंस' (मतिभ्रंश) हैं।

पहले के पत्रकार, साहित्यकार और लेखक भी होते थे, आज पत्रकारिता में विशेषज्ञता का दौर आ गया है। क्या इससे पत्रकारिता की गुणवत्ता पर कोई अनुचित असर पड़ा है?

—देखिए, ऐसा नहीं है। मैं मानता हूं कि हिंदी पत्रकारिता में साहित्यकार ही मुख्यतः संपादक के रूप में सामने आए। लेकिन यह एक तरह से पत्रकारिता का सौभाग्य था तो दुर्भाग्य भी था।

कैसे?

—इस तरह कि साहित्यकार लोग पत्रकारिता को हमेशा दूसरे दर्जे का कर्म मानते रहे और एक प्रकार के अहसान की मुद्रा में पत्रकारिता करते रहे, जबकि पत्रकारिता अपने-आप में एक अलग स्वतंत्र विधा है जो कि लोगों से संवाद करने के लिए काम में लाई जाती है। इन साहित्यकार-पत्रकारों के पत्रकारिता को दूसरे दर्जे का काम समझ लेने से हिंदी पत्रकारिता को बहुत नुकसान हुआ और हिंदी की पत्रकारिता बहुत पीछे छूट गई। आज जो लोग आ रहे हैं, वे जरूरी नहीं कि अच्छे पत्रकार हों या अच्छे संपादक हों, पर कम-से-कम उनका 'कमिटमेंट' बहुत साफ है। इसलिए पत्रकारिता जिस दिशा में भी जा रही हो, लेकिन अपनी दिशा में जा रही है, किसी आरोपित दिशा में नहीं जा रही है।

क्या पत्रकार लेखकों के मुकाबले घाटे में रहते हैं क्योंकि अक्सर उन्हें नेपथ्य से ही काम करना होता है? उनके काम के मुकाबले उनका नाम नहीं होता?

—दो तरह के पत्रकार हैं। एक तो लिखते हैं जिनका नाम लोगों को पता चलता है, जैसे वे पत्रकार जो संपादकीय टिप्पणियां लिखते हैं, अपने नाम से लेख लिखते हैं, विस्फोटक

रिपोर्ट लिखते हैं। तो उनकी पहचान तो आज बड़े-बड़े लेखकों से भी ज्यादा है। तो वे तो घाटे में नहीं हैं। लेकिन पत्रकारों में एक समर्पित वर्ग भी है जो पर्दे के पीछे बैठकर काम करता है।

उनके लिए क्या 'कंपेंसेशन' (क्षतिपूर्ति) है?

—देखिए, साहित्य एक व्यक्ति की विधा है। पत्रकारिता को भी हम एक व्यक्ति की विधा के रूप में देखना चाहते हैं। पत्रकारिता एक व्यक्ति की विधा नहीं है। यह एक सामूहिक कार्य है। इसलिए दस लोग मिलकर दस काम करते हैं, जैसे सेना करती है। यह एक टीम वर्क है। चूंकि साहित्यकार ही अब तक पत्रकारिता में बैठे रहे, उनको लगता है पत्रकारिता भी एक ही व्यक्ति का काम है, किसी एक व्यक्ति के कारण ही कोई अखबार चलता है, या लोग उसे पढ़ते हैं, या खरीदा जाता है, या उसकी गरिमा अथवा महत्त्व उसी व्यक्ति के कारण है।

अक्सर विदेशी लोग हमारे यहां के अखबारों के बारे में पूछते हैं कि यहां के सभी अखबार एक जैसे क्यों लगते हैं। सभी में वही खबरें देखने को मिलती हैं। आप क्या कहना चाहेंगे?

—देश के सारे अखबार एक जैसे लगते हैं, यह हमारे देश की पत्रकारिता का दुर्भाग्य है। करीब-करीब हर अखबार एक जैसा ही लगता है। जिनके पास सिर्फ ऐजेंसी से खबरें आती हैं उनकी तो मजबूरी है कि वे वही छापेंगे, लेकिन जिनके पास ऐजेंसी के साथ-साथ अपने संवाददाता भी हैं, वे भी ऐजेंसी की तरह ही काम करने की कोशिश करते हैं, यह दुर्भाग्य है। लेकिन कौन इस दुश्चक्र को तोड़े। किसी को भी तोड़ना ही होगा।

बाकी सारी दुनिया में जो भी अच्छे अखबार हैं उनमें खबरें केवल वे ही होती हैं जो सचमुच खबरें होती हैं, बाकी चीजें या खबरें अखबार अपनी तरह से बनाकर देता है। हमारे यहां यह है कि ऐजेंसी जो तय कर दे, वही खबर बन जाती है। और खबरों के बारे में बड़ा सरल 'यार्डस्टिक' (मापदंड) है कि यदि भविष्य-काल में होने वाली खबरों को निकाल दें और फिर देखें कि खबरें क्या हैं तो देखेंगे कि केवल 20 प्रतिशत खबरें ही असली खबरें बचेंगी। नेता भाषण दे रहे हैं कि हम पुल बनाएंगे, हम सड़क बनाएंगे, हम ये काम करेंगे, वो काम करेंगे—इस प्रकार की जितनी गा, गे, गी की खबरें यदि निकाल दी जाएं तो सचमुच कुछ नहीं बचेगा खबरों में। हमारा दुर्भाग्य है कि हम कुछ नहीं कर पा रहे हैं इस मामले में, लेकिन कोई साहसी आएगा, कोई-न-कोई कुछ करेगा तो देश का अच्छा अखबार निकलेगा, पहला।

खबरें देते हुए क्या आप उनसे संबंधित मानवीय पक्ष को भी ध्यान में रखते हैं?

—कोशिश तो हम लोग करते हैं। सबसे पहले तो हम यह देखते हैं कि जो खबर हम दे रहे हैं उसके पीछे उद्देश्य क्या है? हम इसे क्यों दे रहे हैं? इससे समाज का कुछ भला होने वाला है कि नहीं? किसी व्यक्ति विशेष या व्यक्तियों को 'हर्ट' (दुख पहुंचाने) करने के लिए या किसी समुदाय को 'हर्ट' करने के लिए हम खबरें नहीं देते हैं। हम इसका पूरा ध्यान रखते हैं कि ऐसा न हो।

एक आम आरोप है कि अखबारों के दफ्तरों में नए भर्ती हुए लड़के-लड़कियों पर कॉन्वेंटी सभ्यता की छाप है। एयरकंडीशंड दफ्तरों से निकल खबरों के मूल उद्गम तक पहुंचने की न उनमें अभिरुचि है, न उनकी कोशिश है। आपकी टिप्पणी?

—पहले कौन-सा करते थे? हम इसे अंग्रेजियत या रहन-सहन या शैली से न जोड़ें। यह हमारी 'प्रोफेशनल इन्कंपीटेंस' (व्यावसायिक अक्षमता) है। इसे हमें सुधारना पड़ेगा। जब पाठक और जागरूक होंगे, जब उन्हें अच्छे-अच्छे अखबार मिलने शुरू होंगे, जब वे एक अखबार फेंक दूसरा अखबार खरीदना शुरू करेंगे तो लोग अपने-आप जड़ की तरफ भागेंगे। इसलिए प्रतिस्पर्द्धा जरूरी है।

आप नए-नए अखबारों की बात करते हैं, लेकिन जो भी नई पत्र-पत्रिकाएं बाजार में आती हैं, वे कुछ ही दिनों में पिटकर बंद हो जाती हैं और जो प्रतिष्ठित हैं, केवल वही बची रहती हैं।

—प्रतिस्पर्धा से हमारा मतलब है कि जो बाजार में आकर 'कम्पीट' कर सकें। उन्हें किसी प्रोत्साहन या 'सपोर्ट' की जरूरत तो होनी नहीं चाहिए। आ रही है और नहीं बिक पा रही हैं इसका मतलब ही है कि वे कमजोर हैं—या तो आर्थिक रूप से कमजोर हैं या व्यवसाय करना नहीं जानतीं या उन्हें पत्र निकालना नहीं आता। एक ही कारण है कि उनके पिटने का—'शियर इन्कंपीटेंस'।

यह तो नहीं कि पाठक एक अखबार से जुड़े हैं और उसको छोड़ना नहीं चाहते?

—यह भी इन्कंपीटेंस है कि आप अपना माल बेच नहीं पा रहे हैं। आपको अगर रेड लेबल चाय पसंद है, मैं ग्रीन लेबल लेकर आपके पास आता हूं पर आपको 'कन्विंस' नहीं कर पा रहा हूं तो इसमें आपकी तो गलती नहीं है। गलती हमारी है कि हम आपको 'कन्विंस' नहीं कर पा रहे।

खोजी खबरों की प्रामणिकता की जांच करने के लिए आप क्या करते हैं?

—इस तरह की कोई रिपोर्ट आती है तो हमें संदेह होने लगता है, क्योंकि पत्रकार सचमुच खोजी रिपोर्टिंग बहुत कम कर रहे हैं। होता क्या है कि अधिकांश क्षेत्रों में किसी दफ्तर में बैठा कोई इंफ्लुएंशियल (प्रभावशाली) व्यक्ति अपना पूरा सामान इनके सामने लाकर पटक जाता है। ये उसके आधार पर खबरें लिखते हैं। मेरे पास जो भी कोई खबर आती है, मैं पहले यह देखने की कोशिश करता हूं कि इस खबर के छपने से किसी व्यक्ति को कितना नुकसान होने वाला है और किसको कितना फायदा। मान लीजिए, अमुक जगह पर अध्यक्ष पद पर नियुक्ति होने वाली है तो अचानक फाइलें निकलनी शुरू हो जाती हैं कि 1942 में इन्होंने यह किया, 1945 में यह किया था। कहां से आ गईं अचानक ये सारी बातें। जाहिर है कि देखना पड़ेगा कि कहीं कोई बैठा है जो ये सारी चीजें भेज रहा है। मैं चाहता हूं कि जो लोग खोजी पत्रकारिता कर रहे हैं वे पहले यह तय कर लें कि यह समाज के हित में है या नहीं या अमुक समाचार से समाज में क्या फर्क पड़ने वाला है। जिस व्यक्ति के बारे में आप लिख रहे हों, उससे मिलें, उससे बात करें, उसे बताएं कि मैं अमुक-अमुक बातें आपके बारे में लिखने जा रहा हूं आपको कुछ कहना है। हो सकता है कि 80 प्रतिशत बातों का

तो वहीं पर खंडन हो जाए। तो, खोजी पत्रकारिता मुझे ज्यादा उत्साहित नहीं करती। इसे विकसित होने में अभी समय लगेगा।

आपकी नजर में आज पत्रकारिता-जगत की सबसे बड़ी चुनौती क्या है?

—मेरे खयाल से हमारी सबसे बड़ी चुनौती है—क्रेडेबिलिटी, विश्वसनीयता। आज अखबार के पत्रकार की क्रेडेबिलिटी बहुत संदिग्ध होती जा रही है। मुझे कहते हुए बहुत अच्छा नहीं लग रहा है, पर आप चले जाइए गाँवों में कस्बों या छोटे शहरों में, पत्रकार की 'इमेज' पुलिस वाली होती जा रही है। लोग पत्रकार से डरते हैं। सुबह-सुबह देखकर लोग घबराते हैं। तो, चिंता का विषय है कि कैसे पत्रकार की 'क्रेडेबिलिटी' वापस लाई जाए, कैसे वह पुलिस का पर्यायवाची न बने, कैसे पत्रकार अपनी पत्रकारिता के जरिए सत्ता में पहुंचकर अपना या दूसरों का काम न करवाए, कैसे पत्रकारिता खुद को प्रतिष्ठित करने का साधन न बने, कैसे संपादक लोग अखबार के जरिए पुरस्कार लेना, विदेश यात्राएं करना, नौकरियां दिलाना, अपने लिए मकान बनाना, 'आउट ऑफ टर्न' कार अलॉट कराना आदि न करें। हमारी विश्वसनीयता सचमुच शून्य के करीब पहुंच चुकी है।

आपकी नजर में पत्रकारिता का आदर्श?

—आप एक अच्छा अखबार निकालें, जिसके जरिए आप सारी सूचनाएं पाठकों को दें, ईमानदारी से दें। लोगों को जो कुछ चाहिए, वह उनको बताएं और खुद उससे कुछ बेजा लाभ न उठाएं।

हिंदी के पत्रों की विश्वसनीयता अंग्रेजी के पत्रों के मुकाबले कैसी है?

—बहुत अच्छी नहीं है—आप मुकाबले की बात कर रही हैं, इसलिए कह रहा हूं। आप देखिए, पिछले साल-भर से, देश-भर से जिस तरह से राम-मंदिर के नाम पर या मंडल के नाम पर जिस ढंग की रिपोर्टिंग हुई है, जिस तरह के दंगे हुए हैं, उसके लिए प्रेस काउंसिल जैसे संस्थान ने जिन अखबारों को दोषी ठहराया है, वे सब हिंदी के अखबार थे। अंग्रेजी के अखबार बड़े दूध के धुले नहीं हैं, लेकिन चूंकि तुलना हो रही है इसलिए कहना पड़ रहा है। वैसे भी हिंदी के अखबारों में इस प्रकार की रिपोर्टिंग थोड़ी ज्यादा ही होती है।

बाकी भाषाओं के अखबारों की क्या स्थिति है?

—हिंदी से तो अच्छी ही है। बांग्ला में अच्छी है, मलयालम में अच्छी है, मराठी में भी ठीक है। गुजराती में पत्रकारिता बड़ी जबरदस्त हो रही है, लेकिन उसमें बड़ी भयानक स्थिति है, हिंदी के जैसी ही उच्छृंखल पत्रकारिता वहां हो रही है, 'इर्रेस्पांसिबल' (गैर-जिम्मेदाराना) तरह की।

जैसा कि आपने पहले बताया कि विज्ञापन किसी अखबार को चलाने और संभालने में बहुत बड़ा रोल अदा करते हैं, क्या कारण है कि हिंदी अखबार को अंग्रेजी अखबारों के मुकाबले 'क्लासीफाइड' विज्ञापन बहुत कम मिलते हैं?

—क्लासीफाइड क्या, कोई भी विज्ञापन नहीं मिलते। विज्ञापन आखिर किन वस्तुओं के होते हैं? उपभोक्ता वस्तुओं के। हमारे देश में सारे-के-सारे 'डिसीशन-मेकर' अपने-आपको

अंग्रेजीदां समझते हैं। माल बेचनेवाला अंग्रेजी समझता-बोलता है, माल खरीदनेवाला समझता बोलता है, जो एजेंसियां विज्ञापन बनाती हैं वहां भी अंग्रेजी का ही बोलबाला है। उद्योगपति इस छोटे से 'सर्कल' में ही घूमते रहते हैं। वे चाहते हैं कि अंग्रेजी में ही उनका विज्ञापन निकले। वे ही लोग जब दूरदर्शन पर विज्ञापन देते हैं तो बेशक हिन्दी में कर देते हैं, पर 'प्रिंट मीडिया' में उन्हें हिंदी में नहीं देना। यह एक हीन भावना है उनकी, जिसके कारण हिंदी के पत्रों को विज्ञापन नहीं मिलते। वे सोचते हैं कि हिंदी के पाठक के पास 'पर्चेजिंग पावर' नहीं है, यद्यपि यह गलत है। अभी हाल ही में दिल्ली में 'राष्ट्रीय पाठक सर्वेक्षण' के परिणाम से यह पता चला कि 'नवभारत टाइम्स' 'हिन्दुस्तान टाइम्स' से चार गुना आगे है, लेकिन विज्ञापन की दृष्टि से देखा जाए तो 'हिन्दुस्तान टाइम्स' 'नवभारत टाइम्स' से दस गुना आगे है। क्यों आगे है? लेकिन है। क्योंकि जैसा समाज हमने बनाया है, उसी का यह परिणाम है। लेकिन हिन्दी के अखबार अपनी शक्ति से धीरे-धीरे इस स्थिति को तोड़ेंगे। आज से पांच साल पहले स्थिति इससे भी बदतर थी। अब मैं कम-से-कम गर्व से यह कह सकता हूं कि दिल्ली में 'नवभारत टाइम्स' किसी भी हिंदी या अंग्रेजी के अखबारों से ज्यादा विज्ञापन शुल्क लेने वाला दैनिक है। हमारे विज्ञापन रेट 'हिन्दुस्तान टाइम्स' से भी ज्यादा हैं, 'टाइम्स ऑफ इंडिया से भी ज्यादा हैं। तो, कम-से-कम हमने वह साहस तो दिखाया है कि हम वह बड़े अखबार हैं जो सबसे ज्यादा कीमत वसूल कर सकते हैं। आपको विज्ञापन देना है तो आइए, दीजिए।

आज पैसे बड़े अखबार भी आज के समाज से जुड़े कुछ बड़े-बड़े मुद्दों के खिलाफ आवाज उठाने से क्यों कतराते हैं? जैसे कि दूरदर्शन पर दहेज के पक्ष में बोलता जेमिनी चाय का विज्ञापन धड़ल्ले से आता रहा और 'नवभारत' समेत किसी भी अखबार ने इसके विरुद्ध आवाज नहीं उठाई। आखिर क्यों?

—क्योंकि विज्ञापन नहीं मिलेंगे। आप अपने मुहल्ले के गुंडे से खुलकर लड़ पाती हैं? वहीं नुक्कड़ पर उनका अखाड़ा है, वहीं से वे फब्तियां कसते हैं, दंड पेलते हैं, आप में क्या हिम्मत है कि उनको मना करें? तो ये (विज्ञापनदाता) हमारे मुहल्ले के गुंडे हैं।

आपको अपनी प्राथमिकताएं तय करनी पड़ती हैं। आप लड़ने बैठें भी तो यह तो नहीं है कि दसों से एक साथ लड़ने बैठ जाएंगे। नौ से लड़िए, सात से लड़िए, दसों से एक साथ लड़ने बैठे तो पिटकर घर बैठ जाएंगे। जैसी आपकी सामर्थ्य है उतना ही लड़िए।

कहा जाता है कि एक दैनिक पत्र के हिसाब से आपका संपादकीय पृष्ठ इतना गंभीर एवं दुरूह होता है कि वह एक आम पाठक जैसे कि एक रिक्शे वाले या दुकानदार की समझ में नहीं आ सकता। आपकी टिप्पणी?

—उसके लिए यह है भी नहीं। इसे हिंदी भाषा की अच्छी बात कहिए या बुरी बात कहिए—इसमें पाठकों का 'रेंज' इतना बड़ा है कि रिक्शे वाले से लेकर राष्ट्रपति तक हमारे अखबार को कहीं-न-कहीं, किसी-न-किसी तरह से पढ़ते हैं। जाहिर है कि आप एक ही भाषा-स्तर में सबके साथ संवाद नहीं कर सकते, हालांकि हमारी आदर्श स्थिति यही होनी चाहिए कि हम एक ही तरह की भाषा में सबके साथ संवाद कर सकें। लेकिन अभी तक हम उस स्थिति

में नहीं पहुंचे हैं। जिस तरह 'स्पोर्ट्स' का पृष्ठ खेल-प्रेमियों के लिए होता है, व्यापार का पृष्ठ व्यवसायियों के लिए—उसी प्रकार हमारा संपादकीय पृष्ठ भी केवल हमारे 20 प्रतिशत या 25 प्रतिशत पाठकों के लिए ही होता है जो इसको समझते हैं, पढ़ते हैं। रिक्शे वाले के लिए यह है भी नहीं, लेकिन यदि रिक्शा वाला भी इसे पढ़ना चाहे तो वह धीरे-धीरे इनती समझ विकसित कर लेगा कि इतनी समझ सके।

कहते हैं, पत्रकारिता भी एक त्वरित साहित्य है?

—ऐसा मैं नहीं मानता। साहित्य और पत्रकारिता में जिन लोगों ने घालमेल कर रखा है, वे ही ऐसा कहते हैं, वरना पत्रकारिता और साहित्य अलग-अलग मामले हैं। कुछ हुए हैं महान साहित्यकार, जो महान पत्रकार भी थे। कुछ महान राजनीतिज्ञ भी महान पत्रकार हुए। गांधी जी बहुत बड़े पत्रकार थे।

पत्रकारिता के क्षेत्र में आप किससे बहुत प्रभावित हैं?

—किसी व्यक्ति से मैं खास प्रभावित नहीं हूं। मुझे लगता है, पत्रकार को थोड़ा 'इर्रेवरेंट' (श्रद्धाहीन) भी होना चाहिए। फिर भी बहुत से लोगों से प्रभावित हूं। मैं श्री धर्मवीर भारती की बहुत इज्जत करता हूं क्योंकि जिस तरह उन्होंने हिंदी के मानस को समझा, जिस तरह से उन्होंने 'धर्मयुग' को निकाला, उसकी कोई तुलना नहीं की जा सकती। उस समय भी बहुत-से लोग इस बात से असहमत थे, आज भी असहमत होंगे, लेकिन सच यही है कि ये सभी—पत्रकारिता, साहित्य, संस्कृति मूलतः मध्यम वर्ग का काम है और मध्यम वर्ग को इसी तरह के छलावों में रखना पड़ता है जो भारती जी बड़ी अच्छी तरह जानते थे। जो कुछ मैंने सीखा है, बहुत कुछ उनसे ही सीखा और बाकी सामाजिक समझ जो मैंने सीखी, वह श्री गणेश मंत्री से ली। इन दो लोगों ने मेरे पत्रकार-जीवन को बहुत प्रभावित किया। संपादक के रूप में अपने पाठक को समझना, उससे संवाद बनाना, यह भारती जी से ज्यादा अच्छा कोई संपादक क्या जानेगा।

अपने भविष्य से आपकी क्या अपेक्षाएं हैं? भविष्य के बारे में आपकी अपनी कोई निजी योजनाएं हैं?

—भविष्य में बहुत-कुछ करना बाकी है। पता नहीं कौन करेगा? कितना मैं कर पाऊंगा? हिंदी में एक अच्छा दैनिक, एक अच्छा साप्ताहिक या एक अच्छा मासिक निकले। सामयिक पत्रों की घोर दुर्दशा होती जा रही है। किसी जमाने में लाख-लाख बिकने वाली पत्रिकाओं का स्तर आज लाखों तो छोड़िए, हजारों में आ पहुंचा है। उनका स्तर भी कहीं का नहीं रह चला। न हम बाजार को संतुष्ट कर पा रहे हैं, न पाठक को। संपादक के रूप में समाज के प्रति जो कर्तव्य होना चाहिए किसी का, उस दृष्टि से देखें तो हिन्दी में बड़ी दुर्दशा है। जो पत्र-पत्रिकाएं या दैनिक निकल रहे हैं, पैसा बहुत खा रहे हैं।

लेकिन मुझे संतुष्टि है कि ऐसा कोई पत्र निकलेगा ही। शायद मैं ही निकालूं। शायद मैं कोई मासिक निकालूं, त्रैमासिक या वार्षिक ही निकालूं। लेकिन मेरी बड़ी इच्छा है कि अपने पैरों पर खड़ा कोई पत्र-पत्रिका निकले।

एक पाठक के रूप में साहित्य से आपका क्या लगाव है? आप हिन्दी अधिक पढ़ते हैं या अंग्रेजी?

—दोनों ही पढ़ता हूं। लेकिन हिंदी साहित्य किसी दुष्चक्र में फंसा हुआ है। पहले किसी जमाने में मुझे सैकड़ों लघु पत्रिकाएं देखने को मिल जाती थीं। अब तो साल-भर में 20-25 भी नहीं। किताबों की बात तो छोड़िए ही, मैं समझता हूं कि एक अच्छे पत्रकार को कुछ भी पढ़ते रहना चाहिए।

अखबारों में छपने वाले आपके विचारोत्तेजक लेखों से तो हम परिचित ही हैं, उनके अलावा आपने क्या-क्या लिखा?

—मैंने कुछ फिल्में लिखीं। गौतम घोष की एक फिल्म थी 'पार'। वह मैंने लिखी थी। उनकी एक दूसरी फिल्म थी 'महायात्रा।' मृणाल सेन की दो फिल्में भी मैं लिख चुका हूं—उनमें से एक टेली फिल्म थी। लेकिन वह बस यूं ही था।

('राष्ट्रीय प्रसंग' पत्रिका से उद्धृत)

निजी टीवी चैनलों का भविष्य बेहतर है

निजी चैनलों का भारत में भविष्य कैसा है? पत्रकारिता की शैली में यदि आप मुझसे यह प्रश्न पूछें तो मैं कहूंगा कि भविष्य उज्ज्वल है। लेकिन इससे काम चलेगा नहीं। दूरदर्शन को एक तरह की चुनौती मिलनी शुरू हुई है और कई तरह के चैनल हमारे सामने आ रहे हैं। इन नये चैनलों में भारतीय, विदेशी, निजी और सरकारी चैनल शामिल हैं, लेकिन इन चैनलों की गहराई में यदि उतरें तो ऐसा लगता है कि भविष्य जितना उज्ज्वल लगता है, उतना है नहीं। चैनल आते हैं, थोड़े दिनों तक दिखाई देते हैं, गायब हो जाते हैं। स्थायी भाव से दिखने वाले चैनलों में उत्तर भारत में जो हैं, मर्डोक के स्टार नेटवर्क के चैनल हैं। इनके अतिरिक्त दूसरे वे चैनल हैं जो ज़ी और स्टार के चैनलों की नकल हैं। वे उसी की तरह का स्वांग करते हुए बाजार में आ रहे हैं। सोनी टीवी, ज़ी की नकल कर रहा है। एटीएन है, लेकिन वह पूरी तरह फिल्मों पर ही आधारित है। नया होम टीवी शुरू हुआ है। कुछ इलाकों में आ रहा है, कुछ में नहीं आ रहा। कुल मिलाकर स्थिति जो बन रही है, सरसरी तौर पर देखा जाए तो निजी चैनल जितने आये हैं, उनमें सफलता का प्रतिशत ज्यादा नहीं है। फिर भी मैं यह जोखिम लेकर कहना चाहता हूं कि निजी चैनलों का भविष्य उज्ज्वल है।

मैं समझता हूं कि व्यावसायिक कोण के बिना किसी चैनल की सफलता या असफलता को आंकना आज के जमाने में नामुमकिन है। प्रिंट मीडिया जैसी स्थिति नहीं रही, जहां आप छोटी-से-छोटी पूंजी को लेकर एक विचारधारा के सहारे, अपनी पत्रिका निकाल लें। यह ऐसा माध्यम है, जिसमें करोड़ों की पूंजी लगती है। सिर्फ अच्छे कार्यक्रमों के आधार पर किसी चैनल की सफलता को नहीं आंका जा सकता, क्योंकि अगर ऐसा होता तो इस देश में 'डिस्कवरी' एक बहुत सफल चैनल हो गया होता।

जिस आधार पर मैं कह रहा हूं कि निजी चैनलों का भविष्य उज्ज्वल दिखाई देता है, उसके लिए मेरे पास दो आंकड़े हैं। एक आंकड़ा है कि वर्ष 1985 में विज्ञापनों पर कितना पैसा खर्च किया जाता था और दूसरा आंकड़ा वर्ष 1994 का है कि विज्ञापनों पर अब कितना पैसा खर्च किया जा रहा है। वर्ष 1985 में विज्ञापनों पर 1.5 अरब रुपए खर्च किये गये। इनमें से 75 प्रतिशत प्रिंट मीडिया पर खर्च होता था। 12 प्रतिशत रेडियो पर, 3 प्रतिशत सिनेमा पर और शेष 6 प्रतिशत आउटडोर, यानी होर्डिंग आदि पर। लेकिन वर्ष 1994 में विज्ञापनों पर खर्च होने वाली कुल राशि 15 से बढ़कर 35 अरब हो गयी, यानी 10 साल में 400 प्रतिशत से भी ज्यादा की बढ़ोत्तरी हुई लेकिन प्रिंट मीडिया का हिस्सा 75 से घटकर 62 पर आ गया। टेरिस्ट्रियल टीवी यानी दूरदर्शन, तब भी 12 वें स्थान पर

था और अब भी वहीं डटा हुआ है। कुल विज्ञापन राशि का 6 प्रतिशत हिस्सा सैटेलाइट टेलीविजन के पास गया है। रेडियो घटकर 6 प्रतिशत पर आ गया है। चिंता की बात है कि इस गरीब देश में, जहां पर रेडियो की पहुंच सबसे ज्यादा है, उस पर विज्ञापनों में कमी आयी है। रेडियो से भी ज्यादा दयनीय स्थिति सिनेमा की है। उसका पहले का 3 प्रतिशत हिस्सा घटकर लगभग शून्य पर आ गया है। इन आंकड़ों से मुझे निश्चित रूप से यह लगता है कि इस देश में निजी चैनलों का भविष्य उज्ज्वल है।

पर निजी चैनल हैं क्या? निजी चैनल हमारे यहां दो-तीन तरह के हैं। एक वह सॉफ्टवेयर प्रोड्यूसर, जो दूरदर्शन के चैनल पर काम कर रहे हैं। दूरदर्शन के नियम मानते हैं। उसके नियम मानते हुए अपने प्रोग्राम बनाते हैं, अपना विज्ञापन लाते हैं और उस विज्ञापन में शेयर बांटते हैं। दूसरे वे लोग हैं जो चैनल चला रहे हैं। भारतीय चैनल चलाने वाले भी हैं और विदेशी चैनल चलाने वाले भी। पर इनमें कौन कितना भारतीय है कौन कितना विदेशी है—यह साफ नहीं समझ आता। ज़ी भारतीय है और स्टार विदेशी है। ज़ी में लगभग 49.9 प्रतिशत मर्डोक है और 50.1 प्रतिशत ज़ी। होम टेलीविजन शुरू हुआ है, जिसमें 20 प्रतिशत ही शायद 'हिंदुस्तान टाइम्स' का है और बाकी 80 प्रतिशत में चार बड़ी-बड़ी कंपनियों की हिस्सेदारी है। इसे हम भारतीय मानें या न मानें, यह भी अपने आप में विवाद का विषय है।

हम अगर हिंदी मीडिया से बाहर निकलकर उत्तर से दक्षिण भारत पर नजर डालें तो हमारा दिमाग साफ हो जाएगा कि किस पैमाने पर वहां निजी चैनल सफलतापूर्वक चल रहे हैं। वहां पर चार चैनल तो बड़े सफल साबित हो रहे हैं। इनमें सन्, जेमिनी, राज और जेजे शामिल हैं। ज़ी हिंदी का सबसे सफल चैनल है, लेकिन उस पर भी लोकप्रियता की दृष्टि से सबसे ज्यादा देखे जाने वाले कार्यक्रम 'क्लोज अप अंताक्षरी', 'फिलिप्स टॉप टेन' और 'कैंपस' हैं, जिनकी टीआरपी रेटिंग 10 के आस-पास रहती है। इससे ऊपर नहीं जा पाती। दूरदर्शन की रेटिंग बहुत ऊंची है।

जब 'महाभारत' अपने पूरे उफान पर होता है, तो 60-62 पर चलता है। 'कृष्णा'। 50-52 से नीचे कहीं नहीं रहता। 'आपकी अदालत', जो एक तरह से टेलीविजन पत्रकारिता में एक प्रतिमान कायम कर रहा है, वह भी लोकप्रियता में दो प्रतिशत से ऊपर नहीं पहुंच पाता। दूसरी तरफ आप देखिए, तमिल के जो चैनल हैं और वहां पर उनके जो समाचार आते हैं, उन्हें देखने वालों का प्रतिशत 40 से 70 तक पहुंच जाता है। यह सिर्फ तमिल में ही नहीं होता, तेलुगु में भी होता है और मलयालम में भी। जयललिता की पराजय में बहुत बड़ी भूमिका सन् टीवी की रही। अंतिम दिनों में वहां पर रजनीकांत ने जो अपना बयान दिया, उसका असर यह हुआ है कि जयललिता की पार्टी तमिलनाडु में पूरी तरह से साफ हो गई। तो, इतनी प्रभावशाली भूमिका में दक्षिण भारत के चैनल अभी काम कर रहे हैं। आर्थिक रूप से भी वे इतने सक्षम हो गये हैं कि दावे के साथ भारत सरकार के सामने कह रहे हैं कि आप हमें अपलिंकिंग की सुविधा दीजिए, हम सारा इंतजाम खुद करेंगे।

दक्षिण के चैनलों की तरह की स्थिति हिंदी के चैनलों की नहीं बन पा रही है। लेकिन स्थिति कोई बहुत ज्यादा बुरी भी नहीं है कि हम यह मान लें कि उनका भविष्य इस देश में उज्ज्वल नहीं है। यह स्थिति क्यों नहीं बन पा रही है, इसका मुख्य कारण है कि अभी

तक हिंदी के चैनलों का कोई चरित्र नहीं बन पाया है। सिर्फ सिनेमा के क्लिप लेकर और एक लड़का और लड़की को ले लें और वह तरह-तरह से उछलता रहे, कभी सड़क पर कभी चिड़ियाघर में; इस तरह के 20 प्रोग्राम आप हम पर झोंक दें और उम्मीद करें कि वह सफल हो जाएंगे, नहीं होंगे। हर तरह के प्रोग्रामों की एक सीमा होती है और अभी जो स्थिति है कि हम लोग परीक्षण के दौर से गुज़र रहे हैं कि जो चीज सफल हो गयी तो उस पर भेड़चाल से टूट पड़ते हैं। यानी एक अंताक्षरी सफल है तो आप सौ अंताक्षरियों के लिए तैयार हो जाइए या एक काउंटडाउन सफल हो गया है, तो सौ तरह से काउंटडाउन आपके पास आने वाले हैं। हमारा बौद्धिक दिवालियापन इस हद तक है। अगर एक हनुमान चल रहे हैं, तो अब दूसरे भी आ गये हैं। और मैं दावे के साथ कह रहा हूं कि अब तीसरे हनुमान भी आने वाले हैं। यह सिर्फ निजी चैनलों की बात नहीं है। हमारा जो दूरदर्शन है, वहां पर भी कल्पनाशीलता का घोर अभाव है। आज उनकी सबसे बड़ी चिंता यह है कि टीआरपी रेटिंग कैसी है। हमारे देश में अशिक्षितों की संख्या सबसे ज्यादा है। टीवी 44 प्रतिशत निरक्षर लोगों के घरों तक पहुंचता है। पश्चिम में सैटेलाइट या इलेक्ट्रॉनिक मीडिया का जब हमला हुआ तो कमोबेश उस समाज में शिक्षा का एक स्तर पहुंच चुका था, जहां लोग कम-से-कम 90 प्रतिशत और कहीं-कहीं शत-प्रतिशत साक्षर थे। वहां पर जब इसका हमला हुआ, तो इसकी जो बुराइयां थीं, वे उनको झेल गये। हमारा देश तो वैसे भी वाचिक परंपरा का देश रहा है। हम लिखने पर विश्वास कम करते हैं और बोलने में ज्यादा। हमारे ज्यादातर महाकाव्य बोलकर लिखे गये। ऐसे देश में, जो बीच का स्थान था, उसे हम फलांग कर आगे निकल गये। अशिक्षित लोगों के पास अब हम इतने सशक्त माध्यम को लेकर जा रहे हैं जो दृश्य भी है और श्रव्य भी। किस हद तक यह माध्यम उनको प्रभावित कर सकता है, जरा इसके बारे में सोचें और इसके ख़तरे के बारे में विचार करें। इस माध्यम का अच्छा उपयोग करें, तो अच्छी बात होगी लेकिन उपयोग यदि बुरा हुआ तो स्थिति बहुत गंभीर हो जाएगी।

मैं सरकार में नौकरशाही और राजनीतिज्ञों को अलग-अलग करके देखता हूं। इसमें नौकरशाही की भूमिका यह है कि इसने यह समझ लिया है कि इस देश के ज्यादातर लोग गैरजिम्मेदार हैं। हमारा दो प्रतिशत अंग्रेजी बोलने वाला—चेटरिंग क्लास है, उसको लोकतंत्र से ही चिढ़ होती जा रही है। लोग फूलन देवी को चुनकर भेज देते हैं। मुलायम सिंह जीत कर आ जाते हैं। देवगौड़ा को प्रधानमंत्री बना देते हैं। इनकी राय है कि ये तो गैरजिम्मेदार लोग हैं। किसी को भी चुन लेते हैं, कोई भी आकर बैठ जाता है। यह जो देश है, यह जो ढांचा है, यह जो स्टीलफ्रेम हमको अंग्रेजों ने सौंपा था, इसको बनाये रखने की पूरी जिम्मेदारी हमारी है। नौकरशाही अपने बहुत सारे तर्क देती रहती है। सबसे बड़ा तर्क तो यह है कि देश की सुरक्षा पर ख़तरा है। सुरक्षा पर क्या खतरा है? दूरदर्शन और आकाशवाणी मुक्त हो जाएं, तो देश की सुरक्षा पर खतरा है। कश्मीर का मामला है, पंजाब का मामला है, आदि आदि। हम लोग यह जोखिम नहीं ले सकते। हमारी संस्कृति पर खतरा है। इसलिए हम निजी चैनलों को अपलिंकिंग की सुविधा नहीं देंगे।

हम लोग जो समाचार दे रहे हैं, वह सारा झूठ दे रहे हैं। इसकी हमको कोई चिंता नहीं है। हम जो मनोरंजन दे रहे हैं, वह तीसरे दर्जे से भी घटिया किस्म का है। कहीं कोई

कल्पनाशीलता नहीं है, कहीं कोई सामाजिक सरोकार नहीं है। दरअसल, कुछ अखबार वाले आतंकित हैं कि विदेशी आकर हमारा एकाधिकार समाप्त कर देंगे। वे इस तरह का हौआ खड़ा कर रहे हैं। कुछ ऐसे राजनयिक और कुछ ऐसे नौकरशाह हैं, जो सत्ता में रहकर इस माध्यम का अपने हित में इस्तेमाल करना चाहते हैं। मैं समझता हूं कि यह तभी ठीक हो पाएगा जब निजी चैनल भारतीय प्रतिभा के द्वारा संचालित होंगे, जो भारतीय नियमों से चलेंगे और भारतीय जमीन से जिनका जुड़ाव बौद्धिक स्तर पर होगा, तभी इन परिस्थितियों में सुधार आएगा।

(1 जुलाई 2008, प्रथम प्रवक्ता)

बदलती सामाजिक परिस्थितियों में पत्रकारिता की भूमिका

मूलतः वाचिक परंपरा का अर्धशिक्षित देश होने के कारण लिखे हुए शब्दों को जैसा महत्त्व इस देश में प्राप्त है, वैसा पश्चिम के विकसित समाज में देखने को नहीं मिलता। इसीलिए भारत जैसे देश में लेखन और पत्रकारिता अपने आप विशिष्ट दर्जा प्राप्त कर लेती है। आजादी की लड़ाई में पत्रकारिता की भूमिका सर्वविदित है और इसमें भी हिंदी की तत्कालीन पत्रकारिता तो स्वाधीनता संग्राम का एक महत्त्वपूर्ण अंग ही बन गई थी। उस समय अखबार छोटे थे, प्रसार क्षेत्र सीमित था, समृद्धि पूर्णतः अनुपस्थित, लेकिन पत्रकारिता के सामाजिक और राष्ट्रीय दायित्व का क्षितिज असीमित था। पत्रकारिता व्यवसाय नहीं, मिशन थी और पत्रकरों को अपने सामाजिक दायित्व के बारे में किसी भी प्रकार के भ्रम की गुंजाइश नहीं थी।

आजादी के बाद राजनीति ने जिस तीव्रता से अपनी नई भूमिका से समझौता कर अपने को बिलकुल नए साँचे में ढाल लिया और आजादी से पहले के मिशन को साँप के केंचुल की तरह उतार फेंका, पत्रकारिता काफी दिनों तक वैसा नहीं कर पाई। लम्बे अरसे तक भ्रम का एक माहौल बना रहा, जिसके कारण कब राष्ट्रप्रेम और राष्ट्रनिर्माण का संकल्प पार्टी-प्रेम और नेता की छवि-निर्माण के कर्म में बदल गया, बहुत सारे पत्रकारों को इसका पता भी नहीं चला। मिशन और व्यावसायिकता की बहस चलाते हुए हमारे ढेर सारे अग्रणी लेखक, पत्रकार और संपादक सिर्फ चाटुकार बनकर रह गए।

संख्या बल के कारण ही भारत की भाषायी पत्रकारिता अव्वल स्थान पर पहुंच गई। पत्र-पत्रिकाओं के कलेवर स्थूल होने लगे, विज्ञापनों की भरमार हो गई, अखबार रंगीन हो गए, पत्र-पत्रकारों की समाज और सरकार में पूछ बढ़ गई।

उधर, लेखन, विचार और सामाजिक सरोकार के स्तर पर तीव्र गिरावट आई। मिशन और व्यावसायिकता की बहस में अखबार घोर व्यावसायिक हो गए, पत्रकार मिशनभ्रष्ट हो गए और पत्रकारिता समाज में आ रही चहुंमुखी गिरावट का एक अंग मात्र बनकर रह गई।

विधायिका, कार्यपालिका और एक हद तक न्यायपालिका के क्रमिक पतन के पीछे के प्रलोभन तथा कारण स्पष्ट रूप से सामने दिखाई देते हैं, जबकि लोकतंत्र के चौथे सबल स्तम्भ पत्रकारिता के पतन का इतिहास एक हद तक रहस्य के आवरण में छिपा हुआ है। पत्रकारिता को जो सिर्फ मिशन नहीं व्यापार मानते थे, यानी अखबारों के मालिक और व्यवस्थापक आदि, उन लोगों ने इसके व्यापार पक्ष के आगे बाकी सारे पवित्र उद्देश्यों को तिलांजलि दे डाली और समाचारपत्र उद्योग को समृद्धि की एक नई ऊंचाई पर ले गए। आप इनके उद्देश्यों से असहमत होते हुए भी, इनकी कार्यपद्धति की आलोचना नहीं कर सकते हैं, क्योंकि इनके लक्ष्य में कहीं कोई अस्पष्टता या इनके उद्देश्यों में कहीं किसी प्रकार का असमंजस नहीं

था। वैचारिक स्तर पर भले ही ये कभी पत्रकारिता के मिशन स्वरूप को चुनौती न देते हों, लेकिन व्यावहारिक स्तर पर इसके व्यावसायिक पक्ष को संवारने में इन्होंने कोई कोताही नहीं की।

जबकि पत्रकार भ्रम के पुंज बने रहे। इनके मन में पत्रकारिता का मिशन और व्यवसाय पक्ष का द्वंद्व इस सीमा तक गड्ड-मड्ड होता रहा कि कब पत्रकारिता का सामाजिक सरोकार दृश्यपटल से गायब हो गया, इन्हें पता भी नहीं चला। इस दिशाहीनता से पहला साबका करीब दो साल पहले पड़ा, जब मंडल और मंदिर के मुद्दे पर भारतीय समाज पूरी तरह से बंट गया। तब पता चला कि राष्ट्रीय आंदोलन से उपजी हमारी हिंदी पत्रकारिता आज वास्तव में कहां पहुंची है, जब हिंदी के अधिकांश पत्र सवर्ण हिन्दू मानसिकता का दर्पण बनकर सामने आए। वे सभी लोग, जो कभी अपने को समतावादी समाज के लिए प्रतिबद्ध मानते थे या जातिविहीन हिन्दू समाज की कल्पना करते थे, अचानक अपने को उस पंक्ति में खड़ा पाए, जो जातिवाद का विरोध करते हुए खुद शुद्ध जातिवादी बनकर दलित, गरीब, पिछड़ों को उनके वाजिब हक से वंचित करने का षड्यंत्र कर रहे थे। या वे उस पंक्ति में थे, जो इतिहास के किसी नीच वास्तविक अन्याय का बदला लेने के लिए उस सीमा तक जाने को तैयार थे, जहां जरूरत पड़ने पर अपनी न्याय व्यवस्था, अपना संविधान और अपनी लोकतांत्रिक परम्परा को भी खतरे में डाल दिया जाए। यह हिंदी की गौरवशाली पत्रकारिता परम्परा के लिए सबसे महत्त्वपूर्ण परीक्षा की घड़ी थी, जिसमें एकाध अपवाद को छोड़कर हिंदी के अधिकांश पत्र तथा पत्रकार असफल सिद्ध हुए।

हमारे समय का यह संकट आज और तीव्र हुआ है। साम्प्रदायिक उन्माद हमारे सामाजिक ताने-बाने को और छिन्न-भिन्न कर रहा है। जातिवाद ने कुछ ऐसा स्वरूप लिया है कि शहरी मध्यवर्ग और ग्रामीण उच्चवर्ग ने संयुक्त रूप से पिछड़ी, गरीब और दलित जातियों पर अब और आक्रामक रुख अख्तियार कर लिया है। समाज के जिन नेताओं से अपेक्षा की थी कि वे इस विकृति का विरोध करेंगे, वही आज लोकतंत्र के इन खम्भों पर प्रहार कर रहे हैं। ऐसी परिस्थिति में पत्र, पत्रकार और पत्रकारिता ही ऐसे हथियार हैं, जो निर्बल तथा दमित समाज के पक्ष में दृढ़ता से खड़े हो सकते हैं।

मिशन और व्यावसायिकता का द्वंद्व ऐसी स्थिति में समाप्त हो जाना चाहिए। अब यह स्पष्ट हो चुका है कि पत्रकारिता जिनके लिए व्यवसाय है, उनके लिए सब कुछ व्यवसाय है। देश, समाज, राष्ट्रीयता, जाति और धर्म, सभ्य समाज के हर अंग को वस्तु के रूप में बेचा-खरीदा जा सकता है। और जिनके लिए यह मिशन है, उनके सामने भी यह स्पष्ट हो जाना चाहिए कि इसके सहारे घोर व्यावसायिकता की बैसाखी पर सवार होकर सामाजिक सरोकार की लड़ाई सफलतापूर्वक तो क्या, सम्मानपूर्वक भी अब नहीं लड़ी जा सकती।

इसलिए, इस बदली हुई सामाजिक परिस्थिति में यदि सच्ची लड़ाई लड़नी है, तो लड़ाई के अस्त्र-शस्त्र भी अपने खुद के ही होने चाहिए। उधार के हथियार से कभी कोई पवित्र युद्ध न लड़ पाया है और न जीत पाया है। पत्रकारिता कोई ऐसा जटिल व्यवसाय नहीं है कि कलम के सिपाही इसे समझ न पाएं। अब समय है कि अपने सामाजिक सरोकार को स्पष्ट करते हुए लेखक, पत्रकार अपनी आवाज अब खुद गुंजाने का उद्यम करें। तभी वह आवाज सुनी जाएगी।

(पटना से 1992 में प्रकाशित 'जनछवि' के लोकार्पण पर आयोजित विचार गोष्ठी के लिए लिखा गया सुरेंद्र प्रताप सिंह का आलेख, 1 जुलाई 2008, प्रथम प्रवक्ता में पुनः प्रकाशित।)

पत्रकारिता ने जातीयता बढ़ाई है, कम नहीं की है

पत्रकारिता के शोधार्थी और अब दिल्ली विश्वविद्यालय में शिक्षक डॉक्टर श्योराज सिंह बेचैन ने रुहेलखंड विश्वविद्यालय से पी-एच.डी. करने के दौरान एक प्रश्नावली कई पत्रकारों को भेजी थी जिनमें सुरेंद्र प्रताप सिंह भी थे। प्रश्न इस तरह थे—स्वतंत्रता आंदोलन की पत्रकारिता का स्वर जितना अंग्रेजी साम्राज्यवाद के विरुद्ध है, उतना वर्ण व्यवस्था, जाति प्रथा के प्रति क्यों नहीं? हिंदी पत्रकारिता पर हिंदू पत्रकारिता का आरोप कहां तक सही है? क्या मंदिर-मंडल आंदोलन के मुद्दे पर पत्रकारिता तटस्थ और निष्पक्ष रह पाई? अखबारों की कार्यशालाओं और प्रशिक्षण संस्थानों में दलितों की लोकतांत्रिक भागीदारी क्यों नहीं है? इस वर्ग में क्या प्रतिभा का संकट है? संपादक के नाते आपने दलित विषयक प्रश्नों को किस रूप में लिया? दलित साहित्य की कोई भी विधा गैर दलित अखबारों में क्यों नहीं छप रही है, इत्यादि।

—जो लोग पत्रकारिता के शीर्ष पर बैठे थे उस जाति, वर्ग से आए थे जिसे पिछड़ी और दलित जातियों का समान अस्तित्व स्वीकार नहीं था। आर्यसमाज व हिंदू संगठनों ने थोड़े-बहुत उदारवादी आंदोलन चलाए, उनके पीछे उनका विचार यह नहीं था कि जात-पांत संबंधी स्वयं में बुराइयां हैं और उन्हें दूर किया जाए बल्कि उनकी मुख्य चिंता यह थी कि दलित जातियां उनके भेदभावपूर्ण रवैए से तंग आकर कहीं ईसाई या मुसलमान न बन जाएं। यही कारण था कि सुधारवादी आंदोलन जल्दी ही विफल हो गया।

पत्रकारिता में दलितों की भागीदारी क्यों नहीं?

यह तथ्य आंकड़ों से स्पष्ट है कि स्थापित पत्रों, पत्रकारिता संस्थानों व तमाम व्यावसायिक पत्रों के वरिष्ठ पत्रकारों यानी संपादकों या सहसंपादकों में कोई दलित जाति से हो, ऐसा मेरी जानकारी में नहीं है। अपने निजी पत्रों के अलावा प्रमुख पत्रों व हिंदी साहित्य में जब पिछड़ी जाति के लोगों की संख्या ही नगण्य है तो दलितों की सहभागिता की तो शुरुआत भी नहीं। यथास्थिति के समर्थक कहेंगे कि क्योंकि दलितों में शिक्षा ही नहीं है, वे पढ़े-लिखे नहीं हैं, इसलिए ये स्थिति है। सवाल उठता है कि उन्हें पत्रकार बनाने के क्या प्रयास किए गए? क्यों नहीं किए गए? मैं इस आरोप का सौ फीसदी समर्थन करता हूं कि हिंदी साहित्य व पत्रकारिता को जान-बूझकर सवर्ण पत्रकारिता व सवर्ण साहित्य रखा गया है और आज भी रखा जा रहा है।

मंडल विरोधी आंदोलन की रिपोर्टिंग के दौरान पत्रकारिता बिल्कुल निष्पक्ष तटस्थ और वस्तुपरक नहीं रही। इसलिए कि समाचार तंत्र पर सवर्ण जातियों का पूरी तरह कब्जा कायम है। बहुत सारे अखबारों ने भड़काऊ भूमिका निभाई। सवर्ण छात्र-छात्राओं की उत्तेजना को

जलने-मरने को, आत्मबलिदान, आत्मयज्ञ, आत्मशहादत, देश के लिए कुर्बानी देने की बात कही गई, जो पक्षपातपूर्ण और निंदनीय है।

प्रशिक्षण संस्थानों में उनकी नगण्य संख्या व प्रतिभा के संकट के बारे में मैं एक उदाहरण देना चाहूंगा। पिछले सत्र में मैं भारतीय जन संचार संस्थान के साक्षात्कार मंडल में था। मुझसे पहले ही कहा गया कि चूंकि एस.सी., एस.टी के छात्रों के आने से हमारा स्तर गिरता है, परंतु हमारे यहां रिजर्वेशन है इसलिए इन्हें लेना ही पड़ता है। साक्षात्कार में आए छात्रों में मैंने ऐसे छात्र पाए जो योग्य तो थे ही, अपितु बिना आरक्षण के भी दाखिला पाने के लायक थे। मैंने ऐसी प्रतिभाओं के पक्ष में अनुशंसा की। यह मैं नहीं जानता कि उन्हें दाखिला मिला या नहीं, यह मेरा निजी अनुभव है।

हिंदी पत्रकारिता की दलितों से संबंधित भूमिका की जांच कौन करेगा और क्यों करेगा? ऊपर के स्तर पर पत्रकारिता में जब दलित विरोधी जातियों के लोग बैठे हैं तो वे क्या अपनी ही जांच करेंगे? मेरा मानना है कि वे नहीं करेंगे बल्कि यथास्थिति को ही न्यायसंगत ठहराएंगे। यही वे कर रहे हैं।

महिलाओं से संबंधित बलात्कार जैसे अपराधों की रिपोर्टिंग हो या आदिवासी दलितों पर ज्यादतियों के बारे में, मनोरंजन करने का कारण पत्रकारों के मन का ओछापन है। यह दलित स्त्री ही नहीं, स्त्री मात्र के प्रति ओछापन है और यह पत्रकारिता की विफलता या कमजोरी है। जिनके दिलों में इन तबकों के प्रति सहानुभूति नहीं है, वही शीर्ष पर बैठे हैं तो यह कम नहीं हो सकता।

पत्र-पत्रिकाओं में दलित साहित्य सामग्री (कविता, कहानी या लेख आदि) प्रकाशित न होने के कारणों का जवाब भी वही है, जो पहले प्रश्न का है। हिंदी पत्रकारिता जातीयता या सांप्रदायिकता कम कर रही है या बढ़ा रही है, इस प्रश्न पर विचार करेंगे तो पाएंगे कि पिछड़ी या दलित जातियां अपने अधिकारों के लिए प्रयास करती हैं तो तब सवर्ण पत्रकारिता कहती है कि जातीयता बढ़ रही है, ऐसा खुला प्रचार करती है। उसे दो यादवों का मुख्यमंत्री बनना लगता है कि सारे यादव मुख्यमंत्री बन गए। लेकिन बारह ब्राह्मण मुख्यमंत्री हों तो कुछ नहीं लगता। नरसिंह राव व राष्ट्रपति के इर्द-गिर्द रहने वाले तमाम सलाहकार वरिष्ठ आफिसर ब्राह्मण हैं, पर वह नहीं दिखते। किंतु पिछड़ों और दलितों की योग्यता के बावजूद भी अवसर नहीं देंगे। पत्रकारिता ने जातीयता बढ़ाई है, कम नहीं की है। जब उनके स्वार्थों पर आ बनती है तो उन्हें जातीयता दिखाई पड़ने लगती है। यथार्थ में वही पत्रकारिता चलती है जो बिकती है और वही चलेगी जो बिकेगी। सवर्ण पत्रकारिता बलात्कार और दूसरी दलित विषयक खबरें इसलिए नहीं छापते कि उन्हें इनके प्रति मानवीय सहानुभूति है बल्कि बलात्कार बिकता है, हिंसा बिकती है, इसलिए वह छपती है। ये व्यावसायिक कारण हैं। मराठी के दलित साहित्य का हिंदी, अंग्रेजी में इसलिए अनुवाद नहीं हुआ कि उन्हें इज्जत देनी है, इसलिए कि वह भी अब बिकने लगा है।

(डॉ. श्योराजसिंह बेचैन की किताब 'हिंदी की दलित पत्रकारिता पर पत्रकार अम्बेडकर का प्रभाव' से साभार)

तात्कालिकता, निष्पक्षता, जानकारी और फोकस

टीवी समाचारों में किस भाषा के पक्षधर हैं आप?

—वही भाषा जो संचारित करे, संप्रेषित करे। खाली हिंदी या फिर वाक्यों में अंग्रेजी की बात आने की बात करना महज जुगाली करना है। हिंदी के वाक्य विन्यास पर अंग्रेजी का प्रभाव पहले से रहा है। यह विकासशील भाषा रही है। खासकर वह जिसे हम आधुनिक हिंदी कहते हैं। हिंदी ने जहां संस्कृत आदि से शब्द लिए हैं, वहीं उर्दू ने अरबी-फारसी वगैरह से। इससे भाषा समृद्ध ही होती है। हम अंग्रेजी के उन्हीं शब्दों का प्रयोग करते हैं जो जरूरी हों।

प्रिंट अथवा इलेक्ट्रॉनक माध्यमों में भाषा की एकरूपता लाने के प्रयास पर आपका मत?

—भाषा को लेकर किसी भी संघी एकरूपता के खिलाफ हूं। फिर वही बात कि संचार होना चाहिए, बस। एकरूपता या मानकीकरण की बात वह करते हैं जिनके पास और कोई काम नहीं। वह भाषा के नाम पर कृत्रिमता और अनुवाद ठूंस रहे हैं। हिंदी में ऐसा ही हो रहा है। यहां कफन के लिए मुर्दा खोजा जा रहा है।

आज तक में खबरों को लेकर अनुपात कैसे तय करते हैं?

—जब हम खबरों के नियंत्रण में रहते हैं तो अनुपात ताक पर रहता है। लेकिन तब जब खबरों का अभाव हो तो अनुपात को फॉलो करते हैं।

आज तक मेट्रो पर ही क्यों?

—मेट्रो पर हमें 20 मिनट का 1.50 लाख देना पड़ता है जबकि इतने ही समय के लिए यह रकम डीडी-1 पर 4.30 लाख होती है। यानी नफे-नुकसान को भी देखना होता है। आखिर इतने तामझाम पर आने वाले खर्च की भरपाई जो करनी रहती है।

मेट्रो का दायरा बढ़ रहा है, जाहिर है आज तक से अपेक्षाएं बढ़ेंगी। तो बताएं कि क्या इसके लिए कोई योजना है?

—फिलहाल नहीं। एक उदाहरण लें कि बस्तर जिले में हमें पता लगा कि वहां केबल ऑपरेटर केवल रात 10 बजे आजतक दिखाता है। लेकिन हम बस्तर से जुड़ी स्थानीय खबरों को कवरेज नहीं दे सकते। लेकिन हां यदि कभी बस्तर की खबर राष्ट्रीय खबर बनेगी तो हम उसे जरूर लेंगे। यानी हम चुनी हुई खबर देते हैं और देते रहेंगे, देश में वह चाहे कहीं की भी हो। ऐसी खबरें जिन्हें ज्यादा लोग जानना चाहते हैं।

आज तक का प्रतिस्पर्धी किसे मानते हैं?

–उन सभी समाचार आधारित कार्यक्रमों को जो विभिन्न टीवी चैनलों पर प्रसारित हो रहे हैं। कम से कम मैं तो उन सब पर नजर रखता ही हूं और अपने कार्यक्रम को और बेहतर बनाने का प्रयास करता हूं।

आज तक को आप स्वयं क्या कहेंगे–समाचार कार्यक्रम, समाचार बुलेटिन, समाचार आधारित कार्यक्रम या...

–आज तक एक समाचार कार्यक्रम है, लेकिन इसे बुलेटिन कहने में हमें आपत्ति नहीं। अखबार वाले जब 8-10 घंटे बासी खबर छापकर अखबार कह सकते हैं तो ताजी सूचनाएं देकर हम बुलेटिन क्यों नहीं हो सकते।

आज तक में दूरदर्शन का कितना, कैसा हस्तक्षेप या सेंसर रहता है?

दरअसल वह सेंसर नहीं दिशा-निर्देश है, जिनका पालन करने में हमें कोई हर्ज नहीं। दूरदर्शन वाले अनावश्यक टांग नहीं अड़ाते, बल्कि वही कहते हैं जो उचित है मसलन एकांगी न बनाएं, हर पक्ष को लें, ईमानदारी बरतें आदि। अगर आप इसे सेंसरशिप कहते हैं तो इसका हमें तो लाभ ही हुआ है।

फीडबैक कैसे हासिल करते है?

–सबसे बड़ा फीडबैक तो यही है कि विज्ञापन मिल रहे हैं और विज्ञापनदाता हमें तभी विज्ञापन देता है जब उसे लगता है कि हमारे टारगेट ऑडिसंस के बीच कार्यक्रम के जरिए हमारी बात पहुंच रही है।

समाचार संकलन को लेकर आप अपने लोगों को किस तरह के निर्देश देते हैं?

–हमारा यही प्रयास होता है कि वे साफ साफ बात कहें, खबर के मतलब निकालें, सभी पक्षों की बात की जाए, सरल अंदाज में हो और लोगों की जानकारी भी बढ़ाए।

प्रिंट माध्यम की स्थिति पर आप कुछ कहेंगे।

–पत्र-पत्रिकाएं समय की मांग के अनुरूप अपने में बदलाव नहीं ला रहे हैं। वह अभी भी इलेक्ट्रॉनिक माध्यम की चुनौती को समझ नहीं पा रहे हैं। अखबार डल हो गए हैं। उनमें मेल-मिलावट और लाग-लपेट बढ़ रहा है।

कांशीराम प्रकरण में आपने अपने स्तर पर क्या किया?

–हमने उसी संवाददाता को कांशीराम का इंटरव्यू लेने के लिए भेजा, जिस पर कांशीराम ने हमला किया था। बायकॉट करना गलत था, इससे बात बनती नहीं बिगड़ती है। ऐसे ठोस इंतजाम होने चाहिए, जिससे भविष्य में ऐसी घटनाएं न हों। पत्रकारों को भी संयम से काम लेना चाहिए।

आज तक मेट्रो पर ही जाता है लेकिन डार्ट रेटिंग नहीं होती।

–होती है कभी-कभी, यदि आप एशियन एज देखें तो उसमें मिलेगा। बाकी लोग पता नहीं क्यों नहीं देते।

एक निजी कार्यक्रम निर्माण कंपनी के बैनर और खबरों के प्रायोजित होने का असर, क्या आप अपने समाचारों में महसूस करते हैं?

—सवाल ही नहीं उठता। मैं आज तक को अपने ढंग से पेश करता हूं। इसमें मालिकान का किसी भी तरह का कोई हस्तक्षेप नहीं है। सारी योजना और उनका संपादन मैं स्वयं करता हूं। मुझे इस मामले में पूरी आजादी है।

आज तक में आप अपनी समाचार सामग्री के साथ पूरा न्याय होता महसूस करते हैं?

—टीवी समाचारों के साथ पूरा न्याय संभव भी नहीं। आज तक को सिर्फ 20 मिनट मिले हैं। इनमें से हेडलाइन और विज्ञापन ही 7-8 मिनट ले लेते हैं। बाकी बचे समय में हमारी पूरी कोशिश होती है कि आज की खास खबरों, जो कल के अखबारों की हेडलाइन होगी, को अपने दर्शकों को दे दें। टीवी पत्रकारिता में समय का खासा रोल है।

विदेशी मीडिया के प्रवेश पर आपकी राय।

—हमें कोई आपत्ति नहीं है उनके आने से। इससे स्वस्थ प्रतिस्पर्धा ही बढ़ेगी और हमें आत्मावलोकन का मौका मिलेगा। इसी बहाने लोगों में भी समाचारों को लेकर समझ विकसित होगी। तब देश में पत्रकारिता जगत में भी बदलाव आएगा। अभी तो सब अपने मन की कर रहे हैं। हमारे यहां तो पहले से ही विभिन्न क्षेत्रों में विदेशी प्रतिष्ठान हैं ही।

मेट्रो, जिसका सीमित दायरा है, में खबरें देकर आपको नहीं लगता कि हम पूरे देश को संबोधित नहीं कर पा रहे हैं।

—हमने कभी चाहा भी नहीं कि हम पूरे देश को संबोधित करें। हमारी अपनी सीमाएं हैं। मेट्रो की अपनी। हम खाली उन दर्शकों पर केंद्रित होते हैं, जो आज तक देखते हैं या देख सकते हैं। यानी जहां यह सुविधा उपलब्ध है। हम उनकी सूचना की भूख को शांत करने का प्रयास करते हैं।

आज तक की लोकप्रियता मिलने के क्या कारण हैं, आपकी नजर में?

—तात्कालिकता, निष्पक्षता, जानकारी और फोकस, जो हम पूरे टीमवर्क के बूते पर करते हैं।

(आईआईएमसी, पत्रकारिता स्नातकोत्तर डिप्लोमा कार्यक्रम (1996-97) के लिए विजय शर्मा से आज तक के प्रस्तोता-संपादक सुरेंद्र प्रताप सिंह की बातचीत)

मैं इस विलाप में शामिल नहीं हूं

आप प्रिंट मीडिया से इलेक्ट्रॉनिक मीडिया में आ गए हैं। अपनी उपस्थिति में कैसा अन्तर पाते हैं?

—किसी माध्यम या संस्थान में निजी उपस्थिति का कायल मैं कभी नहीं रहा। मैंने जहां भी काम किया, टीम वर्क की तरह काम किया। अखबार में भी जब मैं था तो पहले पन्ने पर दस्तखत करके कुछ भी लिखकर छपने की वासना मुझमें नहीं रही। हिंदी में तो इसकी परंपरा ही रही है। मैं भी चाहता तो ऐसा अक्सर कर सकता था। अब टेलीविज़न के लिए काम करना मुझे रास आ रहा है। बतौर प्रोफेशन मैं यहां पहले से ज्यादा संतुष्ट हूं। क्योंकि यहां लफ्फाजी और छल की गुंजाइश नहीं है। आलस्य और मिथ्या पत्रकारिता यहां नहीं चल सकती जैसा कि कुछ लोग अनजान सूत्रों के हवाले से कुछ भी लिखते रहे हैं। यहां तो आप जो कुछ भी टिप्पणी करते हैं, उसे दिखाना पड़ता है। यह बात अलग है कि यहां ग्लैमर ज्यादा है।

आजकल हिंदी अखबारों पर संकट की हर जगह चर्चा हो रही है। आपको क्या लगता है?

—यह उनके घोर अज्ञान की अभिव्यक्ति है। हिंदी पत्रकारिता का स्वर्ण युग चल रहा है। हिंदी और भाषाई अखबारों की पाठक संख्या, पूंजी, विज्ञापन और मुनाफा लगातार बढ़ रहा है। हां, इस वृद्धि के बरक्स उनके समाचार-विचार के स्तर को लेकर आप चिंतित हो सकते हैं, पर यह सब समय के साथ ठीक हो जाएगा। दूसरी ओर 'आज', 'दैनिक जागरण', 'अमर उजाला', 'राजस्थान पत्रिका', 'दैनिक भास्कर' सहित अनेक क्षेत्रीय अखबार अपना विकास कर रहे हैं। जयपुर में 'भास्कर' और 'पत्रिका' की प्रतियोगिता से कीमतें नियंत्रित हुई हैं। गुणवत्ता भी सुधर जाएगी। सच तो यह है कि हिंदी पत्रकारिता अपने पैरों पर खड़ी हो रही है। हालांकि पेशे के रूप में अभूतपूर्व वृद्धि के कारण हिंदी पत्रकारिता में बड़ी मात्रा में खरपतवार आ रहे हैं लेकिन यह स्थिति स्थाई नहीं होगी।

इसी संदर्भ में कहा जा रहा है कि हिंदी अखबारों की विश्वसनीयता घट रही है।

—भारतीय समाज में तुलसीदास के समय से ही त्राहि-त्राहि का भाव व्याप्त रहा है। पिछले 150 सालों से तो यह रोना और तेज हुआ है। हर आदमी बताता फिर रहा है कि संकट काल है। कम-से-कम मैं इस सामूहिक विलाप में शामिल नहीं हूं। भारतीय संस्कृति मूलतः विलाप की संस्कृति रही है। नरेंद्र मोहन अखबार की बदौलत राज्यसभा पहुंच गए तो बड़ा शोर हो रहा है। 1952 से ही यह सब हो रहा है।

पत्रकारिता के मिशन बनाम प्रोफेशन होने पर भी बहस हो रही है। आप क्या सोचते हैं?

—सरकारी सुविधाएं और पैसे लेकर निकलनेवाले अखबारों की सामाजिक प्रतिबद्धता क्या है? यह एक फरेब है जो हिंदी में ज्यादा चल रहा है। पत्रकारिता कस्बे से लेकर राजधानी तक दलाली और ठेकेदारी का लाइसेंस देती है। मैंने किसी मिशन के तहत पत्रकारिता नहीं की। मेरी प्रतिबद्धिता अपने पेशे यानी पत्रकारिता के प्रति है। आजादी की लड़ाई के दौरान पत्रकारिता मिशन थी इसलिए वस्तुपरक भी नहीं थी। मिशन की पत्रकारिता हमेशा सब्जेक्टिव होती है। यदि कोई पार्टी, संस्थान, आंदोलन मिशन की पत्रकारिता करे तो समझ में आती है लेकिन 'नवभारत टाइम्स', 'जनसत्ता' या 'हिंदुस्तान' क्यों मिशन की पत्रकारिता करें?

मीडिया में वर्चस्व की संस्कृति को लेकर कुछ राजनेताओं ने अच्छा-खासा विवाद खड़ा कर दिया है। कांशीराम द्वारा पत्रकारों की पिटाई का मामला ताजा उदाहरण है। आपने इससे अपने आपको अलग क्यों कर लिया?

—उसमें जातिवादी ओवरटोन ज्यादा था इसलिए मैं अलग हो गया। यदि आप इस पेशे में आए हैं, तो इसकी पेशागत परेशानियों का सामना करें। वरना कोई अतिसुरक्षित पेशा चुन लें। कल्पना कीजिए, यही काम किसी सवर्ण ने किया होता तो क्या ऐसा ही विरोध होता ? सवर्ण पत्रकारों ने इस घटना को दलित नेता को जलील करने के एक अवसर के रूप में इस्तेमाल किया। मीडिया में प्रच्छन्न सवर्ण जातिवादी वर्चस्व है। उत्तर भारत में तो अधिकतर अखबारों में सांप्रदायिक शक्तियां ही हावी हैं। पिछड़ों को सबक सिखाने का भाव आज भी ज्यादातर महान किस्म के पत्रकारों की प्रेरणा बना हुआ है। यह वर्चस्व चूंकि समस्त भारतीय समाज में है, इसलिए मीडिया में भी है।

साहित्य और पत्रकारिता के रिश्तों पर आपकी टिप्पणियां खासा विवाद पैदा करती रही हैं। क्या आप अब भी ऐसा मानते हैं कि साहित्यकारों ने पत्रकारिता में घालमेल कर रखा है?

—भाषा की बात छोड़ दें तो विषयवस्तु या विचार के स्तर पर किसी भी साहित्यकार संपादक ने हिंदी पत्रकारिता को कोई ज्यादा मजबूत किया, ऐसा मैं नहीं मानता। लेकिन ये भी सच है कि आज हिंदी पत्रकारिता की अपनी भाषा बन रही है। सारी दुनिया में पत्रकारिता की भाषा को साहित्य ने अपनाया है। हमारे यहां उलटी गंगा बहाने की कोशिश होती रही। इसे दुराग्रह नहीं तो क्या कहेंगे कि पत्रकारिता की भाषा को साहित्यिक बना दिया जाए। आप बेशक जैसी मर्जी वैसी साहित्यिक पत्रकारिता करें लेकिन बजट और विदेश नीति पर पत्रकारीय लेखन में आपकी दखलअंदाजी क्यों? प्रिंट मीडिया के लिए भाषा और शैली की जरूरत है लेकिन इसका यह मतलब नहीं कि किसी बड़े विद्वान पंडित या साहित्यकार को संपादक बना दें। हिंदी में अक्सर लोग शिकायत करते हैं कि पत्रकारिता में साहित्य को तरजीह नहीं दी जाती। आप बताइए कि संसार के किस भाषा की पत्रकारिता में साहित्यिक खबरें प्रमुख रहती हैं। खबरों में बने रहने की इच्छा वैसी ही वासना है, जैसा कि राजनेता पाले रखते हैं।

ऐसा कहकर आप पत्रकारिता के लिए साहित्य के महत्त्व को रद्द तो नहीं कर रहे हैं? क्या आप रघुवीर सहाय, अज्ञेय, धर्मवीर भारती, सर्वेश्वर दयाल सक्सेना, श्रीकांत वर्मा और अन्य अनेक साहित्यकारों के पत्रकारीय योगदानों को स्वीकार नहीं करते?

–देखिए, एक बात साफ कर दूं कि मैं इन लोगों के प्रति बहुत श्रद्धा रखता हूं। साहित्य पढ़ना मेरी आदत है। जो लोग कविता लिखते हैं, वे बहुत कठिन और बड़ा काम करते हैं। मुझे खुद इस बात का अफसोस रहता है कि मैं कविताएं नहीं लिख पाता। यह मेरी असमर्थता है। लेकिन ये लोग सिर्फ अच्छे साहित्यकार होने की वजह से संपादक नहीं बने। ये लोग अपने समय के श्रेष्ठ पत्रकार थे। ये उस दौर में सामने आए, जब हिंदी पत्रकारिता दोयम दर्जे के हाथों में था। इन लोगों ने इसे नया चमकदार चेहरा दिया। साहित्य सृजन की एक श्रेष्ठ विद्या है जैसे चित्रकला, अभिनय, गायन, नृत्य आदि। फिर आप बहुत बड़े डॉक्टर, इंजीनियर, नेता, वकील या कुछ भी हों, पर इसका मतलब यह नहीं कि आपको संपादक बना दिया जाए। महज इसलिए कि आप उस भाषा में लिखते हैं, जिसमें अखबार निकलता है।

(सुरेंद्र प्रताप सिंह ने अजित राय की यह आखिरी बातचीत 'जनसत्ता' में रविवार 15 जून 1997 को, उन्हें ब्रेन हेमरेज होने के ठीक एक दिन पहले छपी थी।)

परिशिष्ट

फिल्म 'पार' के चुनिंदा संवाद

(गांव का मुखिया रामनरेस, नौरंगी और दूसरे दलित खेत मजदूर मास्टरजी के पास सलाह के लिए जाते हैं कि उन्हें जमींदार से मजदूरी ठीक से नहीं मिलती जिसके कारण उन्हें भूखे तक रह जाना पड़ता है।)

मास्टरजी : सरकारी विधान के अनुसार एक हलवाहा मजदूरी के रूप में ढाई सेर अनाज तथा बटाई पर 15 कट्ठा जमीन का हकदार है।

मुखिया : मालिक लोग इतना देते भी कहां हैं? एक सेर अनाज देते हैं वो भी सड़ा-गला देखकर।

नौरंगी : और बटाई का जमीन को ए कोइरी गांव में कोई हलवाहा को तीन कट्टा से ज्यादा मिला नहीं आज तक।

मास्टरजी : भई, तभी तो सरकार को कानून बनाना पड़ा। तुम कोई पागलों जैसे मांग थोड़े ही कर रहे हो? तुम तो वही मांग रहे हो जो कि सरकारी कानून में लिखा हुआ है। फिर मालिक लोग क्यों नहीं देंगे भला?

मुखिया : मास्टर जी, मालिक लोग हम लोगों का बात मान लेंगे का?

मास्टरजी : मानना ही पड़ेगा उनको। सरकार ने ये तय कर लिया। कोई भी मालिक देश के कानून का उल्लंघन करने के लिए स्वतंत्र थोड़े ही है? चलिए, चल कर बात कर लेते हैं।

मुखिया : मास्टरजी, बाबू हम हरिजन लोगों से बात करेंगे का? आपई बात कर लीजिए न! क्यों नौरंगिया?

मास्टरजी : ठीक है। मैं ही जाऊंगा। तुम लोग उत्तेजित एकदम मत होवो। रामनरेश, हम लोग किसी न किसी निर्णय पर अवश्य पहुंचेंगे। चलो।

...

(जमींदार दालान में बैठकर चंपी करवा रहा है। मास्टरजी वहां हैं।)

मालिक : सरकारी कानून के मुताबिक मास्टरों की तनख्वाह बहुत बढ़ गई है।

मास्टरजी : हां, वो तो बढ़ गई है।

मालिक : क्या आपको वो तनख्वाह मिलती है, जितने पर आप दस्तखत करते हैं? सरकार का काम है कानून बनाना, तो सरकार कानून बना देती है। लेकिन कानून लागू होता है या नहीं होता, ये देखना भी सरकार का काम है। ठीक? लेकिन देखता कौन है? सरकार सिर्फ उतना ही देखती है, जिसमें उसका अपना फायदा है। अब अगर हम सब कानून लागू करने लगें तो आप ही बताइए मास्टरजी, काम कैसे चलेगा।

(जमींदार का छोटा भाई भोला बाबू आता है)

भोला : मास्टरजी प्रणाम।

मास्टरजी : राम-राम भैया।

मालिक : क्या कहूं मास्टरजी, आपको तो मालूम ही है, किसानी में अब कुछ रखा नहीं है। घाटा ही घाटा। कोई एक समस्या हो तो बताऊं। मैं तो सोचता हूं जगह-जमीन बेचकर छुट्टी करें। एक छोटा-मोटा ठेकेदारी है, अपना दाल-रोटी चल जाएगा।

भोला : बड़े सबेरे-सबेरे मास्टरजी! कोई बड़ी समस्या है क्या?

मालिक : अरे, मास्टरजी गरीबों के प्रतिनिधि बन कर आए हैं।

भोला : आह!

मालिक : मास्टरजी, ये नीच लोगों के चक्कर में आप क्यों पड़ रहे हैं? आप ब्राह्मण हैं, उच्च कुल के आदमी। पढ़िए-पढ़ाइए। ये सब खेत, हल, हलवाहा—इनके चक्कर में आप बेकार ही न पड़ते हैं।

भोला : मास्टरजी, आप गांधीवादी हैं?

मालिक : हें! हें!! हें!!!

भोला : गांधीजी बड़ा अच्छा-अच्छा बात बोले थे। लेकिन ये सब अच्छा-अच्छा बात को कोई सुनता है? आप तो दुनिया भर का खबर रखते हैं। आप जरूर जानते हैं, चारों ओर क्या हो रहा है। सब नीच जात के लोग जब मन में आता है, फसल लूट लेते हैं, यूनियन बनाते हैं, गला भी काटते हैं। उनको जाकर आप क्यों नहीं समझाते? क्या आप चाहते हैं कि गांव में खून-खराबा हो जाए? और फिर दंगा-फसाद, पुलिस-थाना ये सब हो जाए?

मास्टरजी : मैं हिंसा में विश्वास नहीं करता।

भोला : वाह-वाह।

मास्टरजी : हिंसा, हिंसा को ही जन्म देती है। शक्ति प्रदर्शन या हिंसा से किसी भी समस्या का समाधान नहीं होता।

मालिक : लेकिन ये पवित्र विचार आज कौन मानता है मास्टरजी?

भोला : मास्टरजी, आप ये सब नीच जात को ज्यादा सर पर मत चढ़ाइए।

मास्टरजी : आप तो जानते ही हैं, मैं जात-पांत, ऊंच-नीच का भेद-भाव नहीं करता।

भोला : लेकिन हम करते हैं। राम-राम। भाई साहब, मैं साइट पर जा रहा हूं।

मालिक : नया खून है।

मास्टरजी : उसकी बात जाने दीजिए।

मालिक : लेकिन आप जब हमारे दरवाजे पर आए हैं मास्टरजी, तो हम आपकी बात तो नहीं टाल सकते। कुछ-न-कुछ तो जरूर बढ़ा देंगे, मगर ऊ सरकारी रेट तो...। समय-काल बहुत खराब है मास्टरजी।

...

(रात में, नौरंगी के घर पर)

नौरंगी : कल से कौनो काम पे नहीं जाएगा। मास्टरजी कह दिए हैं कि हम संघर्ष करके मांगें मनवाएंगे।

नौरंगी का पिता : संघर्स करेगा? मास्टरजी बोल दिया और रामनरेस चिल्ला दिया। अरे, काम पर नहीं जाएगा तो खाएगा का? आसाढ़ का महीना, रोपनी का टाइम। अभी काम बंद करेगा तो सारा गांव का भूखा मरेगा?

नौरंगी : मास्टरजी कुछ गलत तो नहीं बोले थे। जुलम तो मालिक लोग करता है। आगे सरकार का कानून, तो मालिक काहे नहीं देगा मजूरी? मास्टरजी एही तो समझा रहे थे बाबू लोगों को।

पिता : हजार हो, हैं तो हमरे मालिक लोग। जिनगी भर जिनका रोटी खाया, उनका साथ नमकहरामी! आज रोपनी का टाइम में काम बंद। इच्छित नहीं।

नौरंगी : मालिक सरकार से ऊपर तो नहीं है न कि सरकार का कानून भी नहीं मानेगा। तुम खाली देखो, हम दो दिन नहीं जाएगा तो का होता है।

पिता : कान खोलकर सुन ले बहू। सर्वनास का घड़ी आ रहा है। मास्टरजी तो कभी हल का मुट्ठी पकड़ा नहीं। उनको रोपनी भी नहीं करना पड़ता। खट के हम लोगों को ही खाना पड़ता है।

...

(विद्रोहियों को तलाशते जमींदार के आदमी गांव में दलित बस्ती में आग लगा देते हैं। नौरंगी पत्नी के साथ भाग कर मास्टरजी के दिए पते पर कलकत्ता के एक कारखाने में पहुंच जाता है।)

कर्मचारी : हां, कारखाना तो ए ही है। लेकिन ए आदमी कौन है, कहां से पता चलेगा? ये क्या लाट शाहब का पता है, कि खाली नाम लिखा और हावड़ा का गाड़ी पर चढ़ गए। कारखाना के अंदर में डिपारमेन होता है, सेक्शन होता है। जाओ, कुली लाइन में खोज करो। देश वाले लोक का पता उनको ही रहता है। जोत्तो शॉब, काज नेई, कर्मो नेई, लोटा-कंबोल तूललो ऑर चोललो कोलकाता।

...

(कुली लाइन में)

गणेश : वो पीला साड़ी जहां सूखता है, वही है जगदीस का क्वाटर। बाकी जगदीस को तो कई दिन से देखा नहीं मिल में...

जगदीस भैया घर में हैं हो!

जगदीश की पत्नी : घर में नईं हैं।

गणेश : अरे भौजी, हम हैं, गनेस। तनिक बाहर आइए न! आपके लोग आए हुए हैं सब। जगदीस भैया कहां गए हैं?

पत्नी : ये ही मुलुक गए हैं। यही कोई तीन-चार दिन हुआ।

गणेश : कवले लौटेंगे?

पत्नी : का जाने भैया? पहले जाते थे तो तीसरे-चौथे लौट आते थे। अब जो गए सो गए। लौटने का नामै नईं लेते। कभी तीन हफ्ता तो कभी चार हफ्ता। कौनों ठीक नईं है उनका।

नौरंगी : हमको प्रकास बाबू भेजे हैं। ए उनकी चिट्ठी है। प्रकास बाबू बोले थे कि जगदीस बाबू चटकल में कोनौ इंतजाम जरूर कर देंगे।

गणेश : चटकल मा काम?

नौरंगी : परकास बाबू बोले...

गणेश : अरे बिहार में बैठ के तो कोई भी अरकास बाबू-परकास बाबू चटकल में काम दिलाय देगा। जरा हियां आए तो हियां का हाल पता चले ना! कब कारखाना बंद हो जाएगा, इसका कौनो ठीक नहीं है। और ऊपर से रोज छटनी और लाकआउट तो लगा ई रहता है यहां पर।

नौरंगी : लेकिन परकास बाबू तो बोले थे...

पत्नी : कौन है ए परकास बाबू? यहां सांझ का चूल्हा जलता है तो सबेरे के लिए मनौती मनाना पड़ता है। हुंह, परकास बाबू!

गणेश : ठीक है, तो हम चलते हैं।

नौरंगी : सुनिए, जगदीस बाबू तो..। उनका जिला-जवार का कोई है?

गणेश : अरे जिला-जवार का होने से आजकल कुछ नहीं होता। एक काम करो। तुम चलो मेरे साथ। देखते हैं सरदार के पास अगर, सरदार कुछ कर देवे तो। इनको यहीं बैठने को बोलो। डरने का कोनौ बात नहीं है। बैठो हियां, हैं! ए भौजी, हम तनिक सरदार के हियां जा रहे हैं। ई बाहर बैठी है, इनका ध्यान रखिएगा। चलो।

ये, तुम्हारे साथ जो जनाना है, कहीं भगा-वगा के तो नहीं लाया न?

नौरंगी : नहीं, नहीं, हमारा ब्याहता जनाना है। गांव में भी कुछ काम-ऊम तो था नहीं। कभी बाढ़ तो कभी सुखाड़। जगह-जमीन भी कुछ नहीं है। मास्टर है न प्रकास बाबू। वो हमको बहोत मानते हैं। वो बोले कलकत्ता जाओ, कुछ-न-कुछ हो जाएगा।

गणेश : मुलुक में तेरा कौन-कौन है?

नौरंगी : मां है, बाप है, एक ठो लड़का भी था। वो तीन बरस का हो गया था। पानी में डूब गया। हमार घरवाली तो आज भी उसे याद करके दो धार रो लेती है। अभी भगवान की दया से फिर से उसका गोड़ भारी है। वोयाती महरारू, अनजान देश, आप ही लोगों का सहारा है।

गणेश : गोड़ लागूं सरदार!

सरदार : का रे गनेसवा, परले वाली लिस्ट में तोहार नाम आया कि नहीं रे!

गणेश : ना सरदार, आज भी नहीं आया। मगर वो लेबर आफिस में जो साहब है न, वो बोले हैं कि आ जाएगा। बाकी बहुत तकलीफ है सरदार।

सरदार : का करेगा? वो भी का करेगा। सब साला भूखा मरता है। साथ में तोहरा कौन है रे?

गणेश : आप ही के जिले-जवार का है सरदार।

सरदार : ओ! मुंगेर जिले का बा?

नौरंगी : जी सरदार।

गणेश : हां सरदार, जगदीस के पास आया था। अब क्या है कि चटकल में कुछ काम-आम हो जाए तो, बेचारा गरीब आदमी है।

सरदार : हुंह, अपना के लिरी-बिरी, गोतनी के कीर-पूरी! चटकल में काम करेगा! वो जमाना अब खत्म हो गया भाई। तब तो जो कोई आया, सबको काम में लगवाया। एक

जमाना था, जब लोगों ने गांव में भैंस चराता था, दिन भर। दूसरा दिन गाड़ी में चढ़ा, आ के कलकत्ता पहुंचा। फिर गुरु का आसीर्वाद से चटकल में माकू ठेलने लगा। तब तो सरदार का नाम था। इज्जत था। अब तो...

नौरंगी : सरदार, आपके आसीर्वाद से कुछ-न-कुछ हो सकता है।

गणेश : हां सरदार, बहुत तकलीफ में है। और साथ में इसका वाइफ भी है सरदार।

सरदार : वाह, बेटा वाह! साथ में जनाना भी।

नौरंगी : हुजूर थोड़ा खयाल कर लेते तो...

सरदार : क्या खयाल करेगा। चटकल का उम्मीद छोड़ा। सरदारी-वकदारी का जमाना बीत गया भई। अच्छा भाई, कल सवेरे आना।

(इस बीच जगदीश के घर पर)

भौजी : ए! तुम्हारा मरद अभी तक लौटा नहीं?

शांति : वो तो उनके साथ गए हैं। हमको हियंई बैठने को बोले।

भौजी : चेहरा पीला पड़ गया है। लगता है, पेट में दाना भी नहीं पड़ा। का हुआ रे? बईठ। ले मुंह में कुछ डाल ले। कितना महीना हुआ रे?

शांति : चौथा चल रहा है।

भौजी : बाप रे! कैसी औरत है रे तू? पेट में चार महीना का बच्चा और सुबह से निर्जला एकादसी। बड़ा जतन करना पड़ता है रे। खा! खा ले। अपने तो करम ही फूटे हैं बहिनी। भगवान दुस्मन को भी बांझ न बनाए। अब तो इस सरीरो में कुछ नहीं बचा। जब तलक सरीर रहा, डोलते रहते थे। अब अचानक गांव-खेती का खयाल आने लगा है। अब तो बात-बात पर कहते हैं—घर में लड़का-बच्चा है, खेती-बारी है, उनका ब्याह-सादी है। हर दम ओही लोग की चिंता रहती है। गांव जाते हैं न बहिनी, तो लौटने का नामै नहीं लेते। और यहां जिन औरत के मरद नहीं न, ओ का दु जून रोटी भी नसीब नईं। कोयला-ओयला चुन के किसी तरह से काम चल जाता है।

गणेशजी दूध पी रहे हैं

एस पी : आज बहुत सुबह से ही बिजली की तरह यह खबर फैली कि मंदिरों में भगवान की मूर्तियां दूध पी रही हैं। पहले यह बात उत्तर भारत में फैली, बाद में देश के अनेक हिस्सों से इसी तरह की सूचनाएं आने लगीं। 'आज तक' की टीम ने पहले इस सूचना को देखा-परखा और फिर गहराई में उतर कर उसकी खोजबीन की। हमारी विशेष रिपोर्ट।

एंकर : कल रात से ही दिल्ली के मंदिरों में लाइनें लगने लगीं। बच्चे, बूढ़े, औरत और मर्द अपने हाथों में दूध का बर्तन लिए बेसब्री से अपनी बारी का इंतजार कर रहे थे। मंदिर में प्रवेश करते, भगवान का अभिवादन करते और चम्मच को मुंह से लगाते पूरी श्रद्धा और आस्था के साथ।

बाइट : इधर बहुत भीड़ लगी हुई है। गणेशजी को हमने दूध पिलाया। चम्मच से भी पिलाया फिर इससे (कटोरा) भी मुंह लगाया तो इससे भी पी रहे हैं।

एंकर : श्रद्धातु भक्तों ने इसे भगवान का चमत्कार घोषित कर दिया।

बाइट : ये जो कलजुग है, इसके अंदर जो भगवान ने अपना रूप दिखा दिया कि हम भी कुछ हैं। नहीं तो जनता का कैसे मालूम ऊपर वाले को? भगवान की शक्ति तो कुछ है ही।

बाइट : बिल्कुल चमत्कार है, 100 परसेंट।

एंकरः देश के अनेक हिस्सों से इसी तरह की खबरें आने लगीं।

बाइट : वॉक्स पॉप

एंकर : कहीं-कहीं कौन पहले दूध पिलाए, इसको लेकर भी झगड़े शुरू हो गए। कुछ श्रद्धा और भक्ति भाव से आए और कुछ लोग सिर्फ तमाशबीन के रूप में।

बाइट : वॉक्स पॉप

एंकर : ऐसा भी नहीं था कि भगवान सबके दूध स्वीकार भी कर रहे थे।

बाइट : वॉक्स पॉप

एंकरः इसका असर कारोबार पर भी तो पड़ना ही था।

बाइट : वॉक्स पॉप

एंकर : मंदिरों के सामने श्रद्धालुओं की रेलमपेल दिखी तो मंदिरों के पीछे कुछ और ही नजारा था।

यहां दूध जो लोग डाल रहे हैं, वह कहां जा रहा है?

बाइट : पीछे भर रहे हैं हौदी में, नाली भर रही है दूध की, और तीन जगह और देख आया, वहां भी भरा जा रहा है।

एस पी : आज सबसे ज्यादा चर्चा ये थी कि ये खबर आग की तरह देश भर में फैली कैसे? ये इंफोरमेशन सुपर हाइवे से संभव हुआ। जितने मुंह उतनी बातें।

एंकर : देखते ही देखते विदेशों से भी ये ही खबरें आने लगीं। लेकिन कोई ये नहीं बता पाया कि खबरों का सिलसिला शुरू कहां से हुआ?

बाइट : वॉक्स पॉप

एंकर : किसी को फोन पर तो किसी को बस में और किसी को तो बीच सड़क पर ये खबर मिली।

बाइट : मुझे रास्ते में परिचित मिले, उन्होंने बताया।

एंकर : खबरों के फैलने का जरिया चाहे कोई भी हो, पर खबर फैली खूब।

एस पी : राजधानी के दफ्तरों में लोग तो थे पर माहौल छुट्टियों का था।

एंकर : इस घटना का असर काम-काज पर भी पड़ा। सरकारी दफ्तरों में दिन भर चमत्कार की चर्चाएं होती रहीं।

बाइट : वॉक्स पॉप

एंकर : जिन्होंने कहा कि अटेंडेंस नॉर्मल है, उन्होंने इसकी वजह कुछ और ही बताई।

बाइट : आज दफ्तर में काम तो कुछ हो नहीं रहा है। तो छुट्टी क्यों खराब करें।

एस पी : आज पूरे दिन देश जिस घटना की चर्चा में डूबता-उतारता रहा आखिर उसकी सचाई क्या है।

एंकर : दिल्ली के उस्मान गेट के पास अपने जूते की दुकान चलाने वाला यह दुली चंद आर्य भी आज मंदिर में भगवान को दूध पिलाने गया था। अब लौट कर उसने अपनी समझ से इसका हल निकाल लिया।

बाइट : (दुली चंद आर्य)

दिमाग में मेरे टेंशन हो गया। थोड़ी बहुत भी पढ़ाई की है..। तो इसका कारण क्या है। तो मैंने फिर यहां आकर कहा कि देखता हूं कि मेरी तिपाई भी पानी पीती है, दूध पीती है। फिर मैंने पिलाना शुरू कर दिया यहां आकर। तो कुछ-कुछ नीचे गिरने लगा। बाकी जो पीने लगी तो पूरी चम्मच पी गई।

बाइट : (गौहर रज़ा, वैज्ञानिक, एनआईएसटीडीएस) हम बड़े-बड़े एक्सप्लेनेशंस, मुश्किल एक्सप्लेनेशंस देने की कोशिश कर रहे थे। लेकिन बाहर हम निकले जब अपने कैंपस से, तो वहां हमारे दरवाजे के बाहर जो मोची बैठा रहता है, उसने ये चमत्कार करके हमें दिखा दिया।

एंकर : वैज्ञानिकों के पास इस चमत्कार का जवाब है।

बाइट : (गौहर रज़ा, वैज्ञानिक, एनआईएसटीडीएस)

ये सरफेसेस गीले सरफेसेस हैं। जैसे ही हम चम्मच को लगाते हैं इस सरफेस के साथ, मुंह के साथ या अभी जो कहा आपने, मोची के उसमें देखा, लगाते हैं, वैसे ही पानी की एक नाली सी बन जाती है। इस नाली में धीरे-धीरे पानी खिंच करके या दूध खिंच करके नीचे की तरफ बहना शुरू हो जाता है। इस प्रोसेस में दोनों चीजें इनवॉल्व हैं। एक सरफेस टेंशन इनवॉल्व्ड है, और दूसरी तरफ इस चीज के अंदर साइफन ऐक्शन है। यानी एक सरफेस से नीचे की तरफ बहता हुआ पानी या दूध धीरे-धीरे चला जाता है।

एंकर : लेकिन दूध गायब कहां हो जाता है?

बाइट : (गौहर रज़ा, वैज्ञानिक, एनआईएसटीडीएस)–

अगर श्रद्धा बहुत ज्यादा है किसी आदमी की, तो वो मुंह की तरफ देख रहा है, वो चमचे की तरफ देख रहा है। यहां ग्रैजुअली हल्के-हल्के पानी कम होता जाता है। ऐसा लगता है, जैसे जिस चीज के साथ उसे हमने लगाया है, वो चीज पानी को पी रही है।

एंकर : वैज्ञानिकों का मानना है कि ऐसे चमत्कारों के पीछे एक खास वजह है।

बाइट (दिनेश के अबरोल, वैज्ञानिक, एनआईएसटीडीएस)–

धर्म से लोगों का विश्वास उठता-सा जा रहा है, तो ऐसा होना ही था कि धर्म के जो ठेकेदार हैं, वो इस पर स्ट्राइक बैक करें। मेरा खयाल है कि उन्होंने ऐसा सोचा कि उन्होंने यह फिनॉमिनॉन भी नोटिस किया होगा कि ऐसा होता है। और यदि ऐसा किया जाए, तो चमत्कार सा लगेगा।

एंकर : ये भगवान का चमत्कार है या विज्ञान का, इस पर बहस चलती रहेगी। लेकिन इतनी सावधानी बरतनी पड़ेगी कि आस्था और विश्वास कहीं विज्ञान को पीछे न धकेल दें।

एस पी : आज भगवान के दूध पीने पर यह थी देश भर से 'आज तक' संवाददाताओं की रिपोर्ट। दूध की भारी खपत को देखते हुए आज शाम दिल्ली में एक लाख लीटर ज्यादा दूध की सप्लाई बढ़ाई गई।

(21 सितंबर, 1995)

उपहार अग्निकांड

एस पी : उपहार सिनेमा के चार मैनेजर गिरफ्तार, बिजली बोर्ड के पांच अधिकारी भी सस्पेंड। अड़तालीस घायलों में सोलह की स्थिति नाजुक और जान देकर भी फौज का सम्मान रखा कैप्टन भिंडर ने।

नमस्कार।

'आज तक' में पेश हैं अभी तक की खबरें।

दिल्ली में उपहार सिनेमा अग्निकांड के हादसे से आज राजधानी ही नहीं, पूरा देश भी उबर नहीं पाया। इस अग्निकांड के सिलसिले में आज पुलिस ने सिनेमाघर के चार मैनेजरों को गिरफ्तार कर लिया। पांच बिजली अधिकारी भी सस्पेंड कर दिए गए। दुर्घटना के कारणों की बाकायदा जांच भी शुरू हो गई। हादसे में मारे गए लोगों के परिजन आज बिलखते रहे। उधर सोलह घायलों की हालत नाजुक बनी रही। 'आज तक' ने आज बाकी खबरों को छोड़ते हुए पूरा बुलेटिन इसी हादसे पर तैयार किया है।

सबसे पहले देखते हैं, दुर्घटना में बच गए घायलों की हालत पर एक रिपोर्ट।

एंकर : जिंदगी और मौत के बीच झूल रही साढ़े चार साल की मेधा को अभी पता नहीं कि उसे अपनी मां की गोद फिर कभी नसीब नहीं होगी। उपहार सिनेमा की आग ने नन्ही मेधा से उसकी मां को छीन लिया। एम्स में ही दाखिल उसकी मौसेरी बहन आयुषी की सांसें भी रह-रह कर उखड़ जाती हैं। दूसरी तरफ होश में आ चुके दिनेश को अपनी चोट से ज्यादा तकलीफ है अपने दोस्त यशपाल को खो देने की।

बाइट : (दिनेश कुमार, घायल)–

उनकी रविवार को सगाई होनी थी। उस खुशी में उन्होंने हमारे को फिल्म दिखाई। बस।

एंकर : एम्स में दाखिल कराए गए 38 लोगों में से 11 की हालत अभी तक नाजुक है। घायलों के दिलो-दिमाग पर अभी तक कल के हादसे की दहशत हावी है।

बाइट : (संजीव भारद्वाज, घायल)–

एकदम अंधेरा हो गया था। पूरा...मतलब धुआं काला और कोई दरवाजा नजर नहीं आ रहा था, कुछ भी। कोई हेल्प नहीं। फिर आखिर हमने खिड़की से ही ..। तोड़ के खिड़की कूद गए नीचे।

एंकर : सरकारी तौर पर आज मरने वालों की संख्या 57 बताई गई जिनमें से 41 लोग एम्स में और 16 को सफदरजंग अस्पताल में मरा हुआ लाया गया। 48 घायलों में से 16 को अब भी इंटेंसिव केयर यूनिट में रखा गया है। केंद्रीय स्वास्थ्यमंत्री रेणुका चौधरी आज अपनी हैदराबाद यात्रा बीच में ही छोड़कर दिल्ली लौटीं और घायलों से मिलीं। पूर्व प्रधानमंत्री

अटल बिहारी वाजपेयी भी आज घायलों को देखने गए। वाजपेयी ने इस हादसे की न्यायिक जांच की मांग भी की है। नरेंद्र पाल सिंह, दिल्ली, आज तक।

एस पी : इस अग्निकांड के सिलसिले में गिरफ्तार किए गए सिनेमाहॉल के चार मैनेजरों को अदालत ने 14 दिनों की ज्यूडीशियल कस्टडी में भेज दिया जबकि इसी सिलसिले में दिल्ली विद्युत बोर्ड के पांच अफसरों को आज शाम सस्पेंड कर दिया गया।

एंकर : उपहार सिनेमा में कल दर्दनाक अग्निकांड के लिए आज पुलिस ने सिनेमा के चार मैनेजरों—मेजर अजित चौधरी, राधाकृष्ण शर्मा, कृष्णलाल मल्होत्रा और निर्मल सिंह चोपड़ा को गिरफ्तार कर लिया। पुलिस के अनुसार, कल शाम जिस ट्रांसफार्मर में लगी आग से यह हादसा हुआ, उसमें कल सुबह भी आग लगी थी।

बाइट : एस बी के सिंह, एडीशनल डीसीपी, दिल्ली पुलिस

सुबह में आग लगी थी। इनको प्रिकॉशंस लेना चाहिए था। इनको चेक करवाना चाहिए था, कि इस तरह की बात दोबारा न हो। और इन्होंने प्रिकॉशंस नहीं लिया जिसकी वजह से यह बात दोबारा हुई और इतने लोगों की जानें गईं।

एंकर : लेकिन उपहार के गिरफ्तार किए गए एडमिनिस्ट्रेशन मैनेजर के अनुसार उस ट्रांसफार्मर के रखरखाव की जिम्मेदारी दिल्ली विद्युत बोर्ड यानी डेसू की थी।

बाइट—मेजर अजित चौधरी, मैनेजर, उपहार सिनेमा

एक्चुअली वी आर नॉट दोज़ क्वालिफाइड पीपल वी डिपेंड ऑन...(दरअसल हम लोग तकनीकी विशेषज्ञ तो हैं नहीं। डेसू वाले हैं, इंजीनियर आदि। उन्होंने कहा कि ट्रांसफार्मर ठीक कर दिया है तो हमने मान लिया।)

एंकर : मतलब ये हुआ कि उपहार का मैनेजमेंट इस अग्निकांड के लिए दिल्ली विद्युत बोर्ड पर जिम्मेदारी डाल रहा है क्योंकि कल सुबह लगी ट्रांसफार्मर की आग को बोर्ड ने गंभीरता से नहीं लिया। इस बारे में दिल्ली विद्युत बोर्ड के अधिकारी आज तिलमिलाए नजर आए।

बाइट : दिल्ली विद्युत बोर्ड

आप कैसे कह सकते हैं कि ठीक से नहीं हुआ? हम तो यह कह रहे हैं कि हमारा इलेक्ट्रिकल इंस्पेक्टर, हमारे ऑफिसर, आर ऑल इनवेस्टिगेटिंग। रिजल्ट विल बी आउट आफ्टर ट्वेल्व ऑवर्स।

एंकर : पुलिस ने अब तक इस हादसे के लिए सिर्फ उपहार सिनेमा के मैनेजरों को पकड़ा है। लेकिन इसके मालिक अंसल समूह के सुशील अंसल, गोपाल अंसल और दीपक अंसल से कोई पूछताछ नहीं की गई है। पुलिस ने आज कहा कि इस कांड की जांच जारी है और इसके लिए जिम्मेदार कुछ और लोगों को भी गिरफ्तार किया जा सकता है।

एस पी : अब ये तो साफ हो चुका है कि कल मरने वाले सभी सत्तावन लोगों की मौत दम घुटने से हुई। ट्रांसफार्मर में लगी आग के धुएं ने हॉल को एक गैस चेंबर में कैसे तब्दील कर दिया, आइए देखते हैं इसका सिलसिलेवार ब्यौरा।

एंकर : उपहार सिनेमा में कल शाम पांच बजकर दस मिनट तक सब ठीक था। लेकिन इसी मनहूस घड़ी में हॉल के नीचे लेकिन पार्किंग के ऊपर बने मेजनीन फ्लोर पर रखे दिल्ली विद्युत बोर्ड के ट्रांसफार्मर में विस्फोट के साथ आग लग गई। आग के टुकड़े पार्किंग में खड़ी कारों पर गिरे जिससे कारें भी जलने लगीं। उठा धुआं एसी के डक्टों से होता हुआ हॉल

में घुस गया और देखते ही देखते सारे हॉल में यह दमघोंटू धुआं भर गया। हालत खराब हुई बालकनी के दर्शकों की। तीनों दरवाजे बंद और घटाटोप अंधेरा। दम घुटने से भगदड़ मची और दरवाजे तोड़ कर जो बाहर आ पाए तो सीढ़ियों पर अंधेरा ही अंधेरा था। एक तरफ टॉयलेट की खिड़कियों से रोशनी दिखी तो सब उसमें घुस गए। दूसरी तरफ वालों ने खिड़कियां तोड़ कर बचाव की गुहार लगाई। यह सब हल्ला करीब पौन घंटे तक चलता रहा। 57 ने दम तोड़ दिया और 200 से ज्यादा को इन खिड़कियों से फायर ब्रिगेड की ऊंची सीढ़ियों से निकाल कर अस्पताल पहुंचाया गया। दीपक चौरसिया, दिल्ली, आज तक।

एस पी : सरकारी जांच के लिए बनी नरेश कुमार कमिटी ने आज से ही अपना काम भी शुरू कर दिया।

एंकर : आयुक्त नरेश कुमार आज फोरेंसिक विशेषज्ञों के अलावा म्युनिसिपल और फायर ब्रिगेड के अधिकारियों के साथ उपहार सिनेमा पहुंचे। वहां उन्होंने आग का कारण बने ट्रांसफार्मर समेत पूरे थिएटर का मुआयना किया। नरेश कुमार का कहना है कि हादसे के लिए सभी की लापरवाही ही जिम्मेदार है। लेकिन पहली नजर में किसी को दोषी नहीं ठहराया जा सकता।

बाइट : नरेश कुमार, जांच प्रमुख, उपहार अग्निकांड

हमारा बेसिक ऑब्जेक्ट यह था कि इस बिल्डिंग के हर कॉर्नर को अच्छी तरह देख लिया जाए। वह देख लिया है। इसके बाद क्या वायोलेशन हुआ, क्या कमियां थीं, त्रुटियां थीं, वो अभी बैठ के देखेंगे।

एंकर : नरेश कुमार कमिटी को चौदह दिनों में अपनी रिपोर्ट देनी है। फायर ब्रिगेड अपनी जांच अलग से कर रहा है। इस वक्त एम्स में भर्ती दिल्ली के चीफ फायर ऑफिसर एस के ढेरी ने आज एक समाचार एजेंसी को बताया कि उन्होंने दो साल पहले इस ट्रांसफार्मर को कहीं और लगाने की सिफारिश भी की थी लेकिन उनकी सिफारिश को अनदेखा कर दिया गया। ताज्जुब की बात यह है कि फायर ब्रिगेड ने पिछली 15 मई को ही उपहार सिनेमा को नो ऑब्जेक्शन सर्टिफिकेट दोबारा जारी किया था। फायर ब्रिगेड का कहना है कि गड़बड़ी 15 मई के बाद ही हुई क्योंकि तब तक सब ठीक था।

बाइट : आर सी शर्मा, डिप्टी चीफ फायर ऑफिसर, दिल्ली

हर सिनेमा हॉल का ऐनुअल इंस्पेक्शन होता है, ऐनुअल रिन्युअल होता है। और जो भी कंडीशन होती है, हम डीसीपी को लिख देते हैं। अभी तीन सिनेमा हॉल्स को पिछले दिनों से रिजेक्ट किया हुआ है। हमने रिकमेंड नहीं किया है क्योंकि फायर सिस्टम्स मेंटेन नहीं है, कुछ कंडीशंस पूरी नहीं हुई हैं।

एंकर : दिल्ली में पिछले एक साल में छोटे-बड़े अग्निकांडों में करीब चार सौ लोग अपनी जानें गंवा चुके हैं। कल का हादसा भी उसकी ही एक कड़ी है। हर बार जांच कमिटियां बनाने में सरकार बहुत तेजी दिखाती है, लेकिन कल जैसे दर्दनाक हादसे रोक पाने में इससे कोई मदद नहीं मिल पा रही है। रंजन झा, दिल्ली, आज तक।

एस पी : और कमेटियों का काम कैसे बेकार हो जाता है, ये कल शाम ही जाहिर हो गया क्योंकि उपहार सिनेमा में आग से बचाव के सभी जरूरी कायदे ताक पर रख दिए गए थे। यही हाल दिल्ली के ज्यादातर सिनेमाघरों का है।

एंकर : विशेषज्ञों के मुताबिक, उपहार सिनेमा में हुई दुर्घटना के लिए सिनेमा हॉल का मैनेजमेंट तो जिम्मेदार है ही, साथ में वे सरकारी एजेंसियां भी कम जिम्मेदार नहीं जिन्होंने नियमों की खुलेआम धज्जियां उड़ने दीं और सिनेमा का लाइसेंस जारी रखा। दिल्ली प्रशासन के पूर्व सचिव एस सी वाजपेयी से 'आज तक' ने इन मुद्दों पर खास बातचीत की। वाजपेयी ने पिछले साल ही फायर सेफ्टी पर एक रिपोर्ट तैयार कर सरकार को सौंपी थी।

बाइट : एस सी वाजपेयी, पूर्व मुख्य सचिव, दिल्ली

एक तो जो मल्टीस्टोरी बिल्डिंग्स हैं, या सिनेमा हॉल्स या अस्पताल हैं, रूल्स में भी इस प्रकार का प्रावधान है कि उनके आस-पास 10 या 12 मीटर जमीन बिल्कुल खाली रखी जाए। दूसरा, जो पार्किंग है वो ऐसी हो कि जो इनके बड़े टेंडर हैं वो जा सकें।

एंकर : उपहार सिनेमा के दो तरफ ऊंची बिल्डिंगें हैं, जिनसे वहां फायर ब्रिगेड की गाड़ियां पहुंच ही नहीं सकतीं। सिर्फ सामने और दाईं तरफ की सड़क पर ही फायर टेंडर मुश्किल से आ सके। यहां ट्रांसफार्मर का ओवरलोड था और वह लकड़ी के ढांचे में था जो नहीं होना चाहिए। इसके ठीक नीचे बेसमेंट में गाड़ियां खड़ी थीं। जब ट्रांसफार्मर में आग लगी तो वह नीचे बेसमेंट में खड़ी कारों को फूंकती चली गई। वाजपेयी कमिटी ने जो सर्वे कराया था उसमें म्युनिसिपल कमीटियों ने माना था कि नब्बे फीसदी मामलों में बेसमेंट का दुरुपयोग होता है।

बाइट : एस सी वाजपेयी

या तो वहां गैस सिलेंडर रखे होते हैं या उसमें और चीजें होती हैं जिनके लिए बनते हैं, उनके लिए यूज नहीं होते। लेकिन कार्रवाई हमने कहा कि उस पर कीजिए तो उन्होंने मजबूरी दिखाई। उन्होंने कोर्ट के स्टे ऑर्डर्स होते हैं, डेसू ने कहा कि उस पर हमको अधिकार नहीं हैं, लेकिन ये दलीलें लूली-लंगड़ी हैं।

एंकर : वाजपेयी का कहना है कि उनकी कमिटी से पहले भी बारह दूसरी कमिटियां बनीं और सबने अपनी-अपनी सिफारिशें दीं लेकिन उन पर अमल अब तक नहीं हुआ।

बाइट : एस सी वाजपेयी

जिस वक्त आग लगती है, उस वक्त पब्लिक कंजम्प्शन के लिए कार्रवाई कर दी जाती है। उसके अरेस्ट वारंट इशू हो जाते हैं। लेकिन आज तक शायद आपने भी नहीं सुना होगा और मैंने भी कि किसी को इस सिलसिले में कभी कोई सजा मिली।

एंकर : ये सत्तावन जानें बेशक बच सकती थीं बशर्ते पुलिस, फायर ब्रिगेड, एनडीएमसी और दिल्ली विद्युत बोर्ड इस सिनेमाघर पर नजर रखने की अपनी जिम्मेदारी निभा लेते। मृत्युंजय कुमार झा, दिल्ली, आज तक।

एस पी : इस दर्दनाक कहानी में एक भूमिका सेना के उस बहादुर अफसर की भी है, जिसने अपने पूरे परिवार की परवाह किए बिना अपने जूनियर अफसर को आदेश दिया कि वह दूसरों की जान पहले बचाए। कैप्टन भिंडर ने यह साबित कर दिया कि फौजी हमेशा फौजी होते हैं, चाहे कहीं भी हों।

एंकर : कैप्टन एम एस भिंडर अगर दुश्मन से लड़ते तो शहीदों में उनका नाम बेशक शामिल होता। लेकिन आज शहीदों की सूची में उनकी पत्नी ज्योतरूप कौर और चार बरस का अबोध बेटा मास्टर रस्किन भी शामिल हैं। इसलिए नहीं कि ये पूरा परिवार इस हादसे

का शिकार हो गया, बल्कि इसलिए कि दूसरों को मरता छोड़कर बाहर आने की बात सोच भी नहीं पाए।

बाइट : लेफ्टिनेंट अशोक पट्टू

कैप्टन भिंडर की मौत इसलिए नहीं हुई कि वे बाहर नहीं आ सकते थे। कैप्टन भिंडर की मौत इसलिए हुई वो नहीं चाहते थे उन लोगों को छोड़ना जो लोग बहुत डरे हुए हैं।

एंकर : कैप्टन भिंडर ने लेफ्टिनेंट पट्टू की कमीज को भिगो कर अपने नन्हे बेटे के मुंह को ढका और लेफ्टिनेंट पट्टू को आदेश दिया कि वो उनकी परवाह किए बिना बाहर जाकर फायर ब्रिगेड को यहां तक गाइड करे। लेकिन कैप्टन भिंडर का यह आदेश आखिरी आदेश साबित हुआ। तीन बहनों के अकेले भाई और मां-बाप के इकलौते बेटे कैप्टन भिंडर और उनके बेटे रस्किन की मौत से एक घर नहीं सरदार वरदीप सिंह का पूरा वंश उजड़ गया। इस तरह की मौत पीढ़ियों से सेना में रहे इस परिवार को मंजूर नहीं हो रही।

बाइट : कैप्टन वरदीप सिंह, कैप्टन भिंडर के पिता

मुझे कोई इतना अफसोस न होता जितना अब है। ये तो कोई फख्रवाली बात थोड़े ही है? ये तो बहुत ही कमजोर और निकम्मी बात है। लड़ाई में होती तो मुझे इतना अफसोस न होता।

एंकर : आपके फादर भी आर्मी में थे और आपका ब्रदर भी अभी आर्मी में था, आप लोग क्या इसके लिए मेंटली तैयार नहीं होते? कभी जान तो तब भी जा सकती है न?

बाइट : कैप्टन भिंडर की बहन

ऐसा कभी सोचा ही नहीं। 61 कैवलरी में था इसलिए कभी सोचा भी नहीं कि ऐसा होगा। दिमाग में कभी आई ही नहीं ऐसी बातें।

एंकर : दुनिया की अकेली प्योर हॉर्स कैवलरी यानी 61 कैवलरी की शान कैप्टन भिंडर इंटरनेशनल स्तर के राइडर और बेहतरीन पोलो खिलाड़ी थे। अभी तीन दिन पहले ग्यारह जून को बेंगलूर नैशनल गेम्स से वे तीन गोल्ड, एक सिल्वर और एक ब्रोंज मेडल जीतकर लौटे थे। उनकी इस जीत में फेरो भी शरीक था। कैप्टन भिंडर को पीठ पर लेकर चलने वाला फेरो आज उनके पीछे चल रहा है। अलका सक्सेना, दिल्ली, आज तक।

एस पी : आज दिन भर मृतकों के रोते-बिलखते परिजन अंतिम संस्कार करते रहे। कल खुशी-खुशी सिनेमा देखने गए लोगों के परिवारों को क्या पता था कि न तो अब उनकी कोई चिट्ठी आएगी, न कोई संदेशा आएगा और न ही वे खुद लौट कर आएंगे।

एंकर : किसे खबर थी ये कभी घर नहीं आएंगे। संदेशा आया भी तो मौत की मनहूस खबर का। पूर्व केंद्रीय सचिव एस एस सिद्धू का तो पूरा परिवार ही आग की भेंट चढ़ गया। बेटी, बहू और पांच पोते-पोतियां। रह गए तो वे खुद और उनका बेटा। राजेंद्र डांग के अपने दो बच्चों के साथ-साथ उनके भाई की पत्नी और बच्चे भी घर नहीं लौटे। आदिल कोचर का घर अब सूना है। उनके बेटा बहू और दोनों पोतियां भी अब कभी घर नहीं आएंगे। अजय मेहरा की त्रासदी भी यही है कि उनकी पत्नी और बेटा दोनों की आज अंतिम विदाई हो गई। नरेंद्र पाल सिंह के साथ मृत्युंजय कुमार झा, दिल्ली, आज तक।

एस पी : और इस दर्दनाक हादसे पर एक दिन के सरकारी शोक की घोषणा के बावजूद दिल्ली के सिनेमाघरों में आज फिल्म देखने वालों की भीड़ में कोई कमी नहीं आई। नई फिल्मों वाले सिनेमाघरों के बाहर तो हाउसफुल का बोर्ड भी टंगा रहा।

एंकर : सिनेमा की टिकिटों के लिए जुटी यह भीड़ कल उपहार सिनेमा में हुए हादसे से बेखबर तो नहीं थी। लेकिन उस हादसे से फिल्म देखने का इन लोगों के जोश पर कोई असर नहीं पड़ा, हालांकि महिलाएं थोड़ी डरी हुई थीं।

बाइट : रीता नथानी

आना तो हम नहीं चाहते। ये इंसिडेंट सुनकर बहुत ही डर तो लग ही रहा था। लेकिन 0कि उपहार सिनेमा में लगी आग से उनके बिजनेस पर कोई इसर नहीं पड़ा है।

बाइट : आर एस आनंद, मैनेजर, प्लाजा सिनेमा

अगर उसका असर होता तो पब्लिक कम आती। शो की कलेक्शन कम होती। इस शो में फैमिलीज़ भी हैं, लेडीज़ भी हैं, उनके साथ छोटे बच्चे भी हैं। इससे पता चलता है कि पब्लिक कुछ डर गई होगी, शायद दुखी हुई होगी, लेकिन कोई ज्यादा असर नहीं हुआ।

एंकर : फिल्मों के शौकीन ज्यादातर लोगों का कहना यही था कि हादसा कहीं भी, किसी के साथ भी हो सकता है। इसलिए डर की वजह से सिनेमा हॉल न जाने में समझदारी नहीं है। अपर्णा द्विवेदी के साथ सिक्ता देव दिल्ली, आज तक।

एस पी : जिंदगी तो अपनी रफ्तार से चलती रहती है। तो ये थी खबरें आज तक, इंतजार कीजिए सोमवार तक।

(13 जून, 1997)

●●●